大田年鉴

DATIAN YEARBOOK

2014

大田县人民政府主办
大田县地方志编纂委员会 编

方志出版社
Publishing House of Local Records

图书在版编目（CIP）数据

大田年鉴. 2014 / 大田县地方志编纂委员会编. —
北京：方志出版社，2015. 3
ISBN 978-7-5144-1591-9

Ⅰ. ①大… Ⅱ. ①大… Ⅲ. ①大田县—2014—年鉴
Ⅳ. ①Z525.74

中国版本图书馆 CIP 数据核字（2015）第 069732 号

大田年鉴（2014）

编　　者：大田县地方志编纂委员会
责任编辑：刘方圆
出 版 人：冀祥德
出 版 者：方志出版社
地址　北京市朝阳区潘家园东里 9 号（国家方志馆 4 层）
邮编　100021
网址　http://www.fzph.org
发　　行：方志出版社发行中心
电话（010）67110500
经　　销：各地新华书店
印　　刷：福州德安彩色印刷有限公司
开　　本：889×1194　1/16
印　　张：22
字　　数：584 千字
版　　次：2015 年 3 月第 1 版　2015 年 3 月第 1 次印刷
印　　数：001~800 册
ISBN 978-7-5144-1591-9　定价：150.00 元

大田年鉴

2014

编　辑　说　明

一、《大田年鉴》是由大田县人民政府主办、大田县地方志编纂委员会承编的，全面记述大田地情的大型综合性年刊。《大田年鉴》以马列主义、毛泽东思想、邓小平理论、“三个代表”重要思想、科学发展观为指导，坚持辩证唯物主义和历史唯物主义的立场、观点和方法，实事求是，存真求实，遵循国务院《地方志工作条例》和中国地方志指导小组《地方综合年鉴编纂出版规定（试行）》等有关法规和规定进行编写，力求思想性、科学性、资料性三者有机统一。《大田年鉴》编纂宗旨是为国内外各界人士及时提供全面、准确的大田县情资料，坚持为大田县经济建设、政治建设、文化建设、社会建设、生态文明建设服务。

二、《大田年鉴》采用条目体，入鉴文稿务求观点正确、资料翔实、文风朴实、文字简洁，且突出本年度的地方特色和时代特色，符合国家保密规定。本年鉴检索系统：卷首设详细目录，书眉排有栏目、分目标题。2014 年卷《大田年鉴》为第十八卷，结构为类目、分目、条目三个层次，主要记载 2013 年 1 月 1 日至 12 月 31 日大田县自然、政治、经济、文化、社会等方面的大事、要事、新事、特事，个别条目为了交待前因后果及保存资料的完整性，内容有适当的上溯或下延。

三、本年鉴中数据，原则上以统计局公布的数据为准，县统计局没有数据的，参照各专业部门提供的数据。县委全委会报告、政府工作报告中数据均保持原样。所有记数与计量均使用阿拉伯数字，有小数的一般保留两位小数，百分数一般保留一位小数。

四、本年鉴稿件资料由大田县各部门、各乡（镇）提供，单位负责人审稿，在类目下署责任编辑姓名、条目后署撰稿人姓名。所有稿件均经过县地方志办公室编辑加工，并经县地方志编委会、县分管领导、县保密局审定。

五、本年鉴“先进人物”收录受到省委、省政府以上机关表彰的先进人物，或做出贡献、在全省范围有影响的人物；“逝世人物”收录曾担任过正科级以上（含正科级）的领导干部和离休干部及省级以上劳动模范；“先进人物”按表彰时间先后排列；“逝世人物”按卒月排列。

六、本年鉴由大田县地方志编纂委员会编纂，得到中共大田县委、大田县人民政府的关心与支持，各撰稿单位和出版社、印刷厂给予积极配合，在此深表感谢。疏漏、错误之处，谨请批评指正。

卷首语

一年一度春风劲，一岁一回百花红。2013年是个富有朝气、奋勇前行的年份。

大田人杰地灵，钟灵毓秀。回望这一年，大田把握机遇，加快发展，经济社会各项事业成果丰硕，国民经济“运行平稳、稳中有升”，再次蝉联全省县域经济发展“十佳县”。这一年，大田被确认为“原中央苏区范围”；“大田土堡群”入选第七批全国重点文物保护单位。这一年，大田摘得了“全国十大生态产茶县”“全国重点产茶县”桂冠；被授予省级“平安先进县”“法治先进县”“双拥模范县”“药品安全示范县”等称号。这一年，大田全面实施生态保护工程，新增7个国家级生态乡镇，“省级生态县”考核验收顺利通过……

桩桩件件，可圈可点，如血液般渗入大田人生活，如甘霖滋润大田人心田。《大田年鉴》只是开启记忆大门的一把钥匙，让人们回顾过往，抖擞精神，以全新的面貌去迎接新的挑战。

伟大的时代，催生伟大的梦想。大田人民将在县委、县政府的正确领导下，坚持科学发展、跨越发展，应势善谋、砥砺奋进，放飞梦想、玉汝于成，朝着“绿色大田”“生态大田”更高的梦想，“百姓富、生态美”更高的目标，昂首阔步前进、前进、向前进！

编　者

岩城之夜（林跃 摄）

2013年3月29日，省委常委、组织部部长姜信治（右三）到大田县桃源镇蓝玉村调研基层党建工作（桃源镇党政办提供）

2月4日，副省长倪岳峰（左三）在县委书记汤俊生（左一）、县长熊旭明（左四）等的陪同下，在建设镇检查水土流失治理工作并开展春节慰问活动（林建伟 摄）

9月12—13日，省政协副主席、农工党中央常委、农工党福建省主委陈绍军（中）到县调研督导药品零差率工作（林建伟 摄）

12 月 29 日—2014 年 1 月 1 日，县十六届人大三次会议在县影剧院召开（林建伟 摄）

12 月 28 日—31 日，县政协九届三次会议在县影剧院召开（林起煌 摄）

12 月 11 日，大田县省级生态县创建工作验收汇报反馈会在县龙山宾馆举行（县委办提供）

8月7日，福建省能源集团与大田县人民政府举行战略合作框架协议签约仪式（县政府办提供）

10月28日，大田县第八届高山茶文化节开幕式在高山茶文化创意产业园举行（林建伟 摄）

大田红狮水泥有限公司水泥成品库（林志健 摄）

大田高山茶文化创意产业园（王上成 摄）

大田竹林（林业局提供）

大田油茶（林跃 摄）

魅力岩城（林跃 摄）

大田森林人家（陈德政 摄）

白岩公园人工湖晨景（陈广程 摄）

大田县城关第三小学落成（城三小提供）

省级生态村——桃源镇蓝玉村（林建伟 摄）

凤山路、建山路交叉口夜景（林志健 摄）

目 录

大田县人民代表大会

大田县人民政府

政协大田县委员会

中共大田县纪委

社会团体

武 装

法 治

农　业

林　业

水利·电力

工　业

交通·邮电

商业贸易

城建·旅游

财政·税务

金　融

综合管理

科学技术

教育

文化 · 体育

卫　生

社会生活

乡镇概况

人　物

重要文件选编

统计资料

专　记

附　录

大 事 记

□编辑 涂庆南

1月

11日 中共大田县委第十二届四次全体会议召开，县委书记汤俊生主持。会议学习贯彻中共十八大、中央经济工作会议、省委九届六次全会和市委八届五次全会精神，研究部署全年的经济工作及全面建设小康社会工作，审议通过《中共大田县委十二届四次全会决议》。

同日 举行大田县城区水务项目合作协议签约暨授牌仪式，省水利厅厅长刘道崎、三明市副市长詹积富、市水利局局长郑加录，县领导汤俊生、熊旭明、郑建勋、陈庆建出席。

15日 举行晋江农商银行·大田县人民政府合作组建村镇银行签约仪式，晋江农商银行董事长林太白、大田县政府县长熊旭明出席。

2月

4日 副省长倪岳峰到县检查水土流失治理工作，并开展春节慰问活动，县领导汤俊生、熊旭明陪同。

11日 市委书记邓本元到上京镇开展农村工作调研，县委书记汤俊生陪同。

18日上午 召开大田县2012年工作表彰暨2013年项目工作推进会，县委、人大、政府、政协班子领导出席；下午，召开全县人口与计生工作会，县委、人大、政府、政协班子领导出席。

19日 市委副书记、代市长杜源生到龙腾盛世休闲广场、城区东部新城生态宜居城市综合体项目、大田经济开发区调研，县领导汤俊生、熊旭明陪同。

23日 全国政协委员、澳门著名爱国实业家许健康夫妇到县考察投资环境，县领导汤俊生、陈庆建陪同。

26日 上午，召开大田县纪委十二届三次全会，县几套班子领导出席；召开全县组织、宣传、政法、统战工作暨党政领导综治责任书签订仪式，县几套班子主要领导、分管领导出席。下午，召开全县农村工作会议暨“美丽乡村”百日会战动员会，县领导汤俊生、江太生、谢军、张友生、陈贵国出席。

27日 国家煤矿安监局副局长李万疆到惠峰矿业东井田煤矿检查指导工作，省煤矿安监局长陈炎生，三明市副市长王刚，县领导汤俊生、熊旭明、余维语陪同。

3月

1日 大田县革命历史展览馆、彭德怀元帅旧居暨桃源乡苏维埃政府旧址展馆开馆。大田县革命历史展馆原为闽中工委会址展馆，现升为县级馆。1988年开馆，改版4次。该馆展出珍贵图片120多幅；彭德怀元帅旧居暨桃源乡苏维埃旧址设在桃源镇郑氏祖祠——荥阳祠，分为苏区创建、苏区巩固、红色史迹三个部分，展示桃源苏区革命斗争史。

10日 召开全县森林防火工作紧急会议，县几套班子领导参加，会后各自赴所挂钩乡（镇）检查指导森林防火工作。

25日 召开全县安全生产工作会议，县领导熊旭明、陈庆建、张爱兰、谢军、余维语、戴绍松、缑泽昆出席。

29日 省委常委、组织部部长姜信治到桃源镇蓝玉村、格林实业（三明）有限公司、华灿生物科技有限公司调研基层党建和人才工作，市委领导邓本元、刘远，县领导熊旭明、蔡建明陪同。

4月

8日　三明学院和大田县政府举办校·县项目合作推介活动，三明学院院长刘健，县领导熊旭明、苏迎平、黄建总、张爱兰、余维语、戴绍松参加。

12日　“2013年大田·厦门投资项目推介洽谈会”在厦门举行，县领导汤俊生、熊旭明、苏迎平出席。

22日　省住建厅厅长龚友群到县督查建筑工程质量安全生产暨“打非治违”专项工作和保障房建设工作情况，市政府副市长纪熙全，县领导熊旭明、陈庆建陪同。

25日　举行华伦特重工有限公司技术研发中心开工奠基仪式，三明学院院长刘健，三明机械行业协会会长童麟章，县领导熊旭明、余维语出席。

月内　南生科技有限公司工具酶开发企业工程技术研究中心被认定为省级工程技术研究中心。

5月

7日　在均溪、石牌、吴山、桃源、太华、建设、广平、上京等乡镇召开“美丽乡村”建设百日会战现场点评会，县领导汤俊生、熊旭明、陈汉良、郑建勋、江太生、谢军出席。

15—16日　省人口计生委主任池秋娜一行到桃源镇蓝玉村调研“诚信计生·幸福家庭”创建和村级人口文化园建设工作，市人大常委会副主任廖小华，县领导汤俊生、廖金辉、温如校、缑泽昆、高石麟陪同；厦门市泉州商会考察团到县考察并召开项目推介座谈会，县领导汤俊生、熊旭明、戴绍松出席。

28日　市委书记邓本元到中共闽中工委旧址、仙顶高山茶文化研究所调研，县领导汤俊生、熊旭明、陈汉良、郑建勋陪同。

29日　御华园酒楼发生一起28人食物中毒事件，经检测，确定为由副溶血性弧菌污染红鲟八宝饭和三鲜菜肴引起，经及时有效应对处置，中毒患者痊愈。有关部门予以没收当天收入2.06万元、罚款12.33万元的处罚。

6月

7日　福建省第十二届全国人大代表到县开展“中小企业发展环境”专题调研活动，省人大常委会副主任、党组书记徐谦，省政协原副主席、党组副书记李川，省冶金（控股）有限责任公司董事长、党组书记兼三钢集团公司董事长、党委书记陈军伟，南平市委副书记、市长林宝金等15位在闽全国人大代表参加调研活动，县领导汤俊生、陈汉良、郑建勋、蔡建明陪同。

13—14日　香港、澳门福建三明联合商务考察团到县参观考察京口工业园区、福建华伦特重工有限公司、桃源镇蓝玉村“美丽乡村”建设情况并召开项目推介会，市领导杜源生、江兴禄、林俊德，县领导汤俊生、熊旭明、郑建勋、苏迎平、江太生、刘永生陪同考察并参加推介会。

14日　中华环保联合会副主席曾晓东一行到县考察生活垃圾“热解干馏气化”无害化处理技术，县长熊旭明陪同。

28日　召开全县创建省级生态县工作推介会，县领导汤俊生、缑泽昆出席。

7月

3日　市政协主席程立双到县调研企业创新发展情况，县领导汤俊生、郑建勋、张友生陪同。

4日　市人大常委会主任徐铮到县调研人大代表意见建议办理情况，县领导汤俊生、陈汉良、陈钦梅陪同。

8日　召开全县重点项目建设“百日会战”动员大会，县领导熊旭明、郑建勋、苏迎平出席。

11日　省地税局局长陈青文到县调研税收征管工作，市地税局局长符夷杰，县领导汤俊生、陈庆建陪同。

16—17日　全省工会女职工劳动保护工作现场会议在县召开，福建省总工会副主席、纪检组长、女职委主任高榕，三明市总工会党组书记、常务副主席黄建锋，县领导汤俊生、廖金辉出席。

23日　中央党史研究室发文《关于原中央

苏区范围认定的有关情况》（中史字〔2013〕51号），确认大田县为“原中央苏区范围”。

25—28日 新加坡总理公署原部长、新加坡南洋理工大学教授曾士生一行到县考察京口工业集中区、同利祥纺织总厂“三旧”改造、石牌六迪坑开发、仙亭渔洋改造等项目，县领导熊旭明、江太生、陈庆建陪同。考察后举办《现代城市规划及园区开发理念》专题讲座。县领导熊旭明、郑建勋、陈祥治、王福校、温如校、郑宜堆、陈庆建、涂林瑢出席。

同日 大田县被省委、省政府、省军区授予“全省双拥模范县”称号。

8月

6—7日 福建省能源集团董事长林金本、总经理郑震一行到县考察广元矿区管委会总部大厦项目，并举行福建省能源与大田县政府全面合作框架协议签约仪式，县领导汤俊生、熊旭明、郑建勋、苏迎平、陈庆建、余维语出席。

9日 省工商联主席王光远到华伦特重工、成功机械、南湖针织有限公司调研非公经济发展工作。市委常委、统战部长江兴禄，县领导汤俊生、江太生、余维语陪同。

同日 省外经贸厅厅长黄新銮到县调研外经贸工作和企业出口情况，副市长林俊德，县领导熊旭明、苏迎平陪同；中国科协调研组到屏山乡茶叶协会和华兴乡油茶协会调研基层农技协组织发展情况，县领导陈汉良、廖金辉陪同。

同日 在县法院召开大田法学会成立暨第一届代表大会，县领导郑建勋、张英跃及法院、检察院、公安局领导出席。

20—21日 省委常委、纪委书记倪岳峰一行到均溪镇上蔡矿区十八湾矿山治理示范点、银顶格骏原工贸矿区水土流失综合治理项目、蓝玉村等地调研水土流失治理、“美丽乡村”建设工作，市领导邓本元、冯新婷，县领导汤俊生、熊旭明、廖金辉陪同。

23日 举行福建大田县晋农商村镇银行创立大会暨股东大会第一次会议，县领导熊旭明、郑建勋、陈庆建出席。县银监会、各商业银行代表和全体股东到会。

27日 全市老年体育工作会议在大田县召开，市老体协主席杨国风，常务副主席曾万钦、陈若灿和各县（市、区）老体协领导等40多人到会。县委常委、组织部部长蔡建明出席并致辞。

30日 省广电局局长陈必滔一行到县开展群众路线教育实践活动调研，县领导汤俊生、章玲、戴绍松陪同。

31日 国务院安全督查组一行到县开展安全生产督查工作，县领导汤俊生、余维语陪同。

月内 大田县被省依法治省办公室评为“省级法治县先进单位”。

9月

4日 在县政府五楼召开中共大田县委十二届五次全委会，县委书记汤俊生主持并向全会做工作报告，传达学习总书记习近平一系列重要讲话、省委九届九次全会和市委八届六次全会精神，研究部署产业转型升级、推进扶贫开发、发展现代农业等工作。县委委员、候补委员，县几套班子领导出席。

9日 省粮食局局长陈则生到县调研粮食安全、粮库建设工作，县领导郑建勋、陈庆建陪同。

12—13日 省政协副主席、农工党中央常委、农工党福建省委主委陈绍军到县调研督导药品零差率工作并召开座谈会，市政协副主席许清华，县领导汤俊生、郑建勋、张爱兰陪同并出席座谈会。

23日 举行大田县城关第三小学竣工落成仪式，县领导章玲、张爱兰出席。

10月

5日 省人口和计生委主任池秋娜到京口工业集中区调研，县领导汤俊生、郑宜堆陪同。

9日 召开全县重点项目现场督查会议，县领导汤俊生、熊旭明、陈汉良、郑建勋等出席。

19日 大田晋农商村镇银行股份有限公司在建山路6号开业。

23日 “7·21”杀人案件经三个月的缜密侦查告破，在江西省抚州市临川区罗湖镇抓获犯罪嫌疑人邱某（男，20岁）。7月21日，犯罪嫌疑人邱某窜入华兴乡华兴村村民周某（女）家中欲行不轨，遭到反抗后将周某杀害。作案后潜回原籍。

24日 三明军分区司令员林能秋到县人武部检查指导工作，县领导熊旭明、吴昌年及人武部部长杨兴和陪同。

28日 在高山茶文化创意产业园（吴山乡和洋村）举行大田县第八届高山茶文化节开幕式，沈阳军区原司令员、上将钱国梁，原物质部副部长、全国工商联原副主席兼秘书长 桓玉珊，省工商局原局长、海峡茶业交流协会副会长赵觉荣等九位嘉宾，县领导汤俊生、熊旭明、陈汉良、郑建勋出席。各乡（镇）、县直机关干部、茶企业业主、茶叶经销商等共1000多人参加。

同日 举行闽台高新科技创新企业、岩兴工业气体项目开工仪式，县领导熊旭明、陈汉良、郑建勋等出席。

29日 沈阳军区原司令员、上将钱国梁到屏山大方广茶叶公司、太华仙师泉矿泉水公司调研，县领导汤俊生、江太生等陪同。

同日 市委书记邓本元到谢洋、广平、奇韬等乡（镇）开展美丽乡村、工业经济、农村基层组织建设工作调研，县领导汤俊生、郑建勋陪同。

月内 大田县被中国茶叶流通协会评为“全国十大生态产茶县”和“全国重点产茶县”。

11月

12日 兴业银行三明大田支行在建山路23号开业。

15日 三明军分区司令员林能秋到京口工业园区检查指导民兵安全警戒分队动员支前演练工作，县领导吴昌年、刘永生及人武部部长杨兴和陪同。

12月

2日 县十六届人大常委会第十七次会议，任命陈钦梅、廖荣才为大田县人民政府副县长。

6日 召开大田县工会第十五次代表大会，选举产生大田县新一届工会领导班子。县领导汤俊生、熊旭明、陈汉良、郑建勋、张勇民、余维语出席。

8日 福建省浩特纺织科技有限公司试产，该公司是知名健身产业集团——浩沙国际有限公司旗下企业，2012年落户于大田京口工业园区，注册资金3388万元，占地15.87公顷，是集高档织物研发、织布、成衣制造及品牌销售服务为一体的综合性公司。

13日 市委宣讲团到县举行中共十八届三中全会精神报告会，县四套班子领导出席。

同日 经省新农村电气化考核验收组综合考评，大田县正式通过新农村电气化县验收。

20日 大田县初级水利化县建设通过省级验收。

25日 召开大田县第十四届妇女代表大会，选举产生新一届大田妇女联合会领导班子，市妇联副主席唐晓峰，县领导汤俊生、熊旭明、陈汉良、郑建勋、廖金辉、张勇民、戴绍松出席。

同日 举行泉州市侨联暨青安会“泉州侨青楼”捐赠和“泉州侨心小学”揭牌仪式，泉州市侨联原主席陈小钢、三明市侨联主席关文良，县领导郑建勋、廖金辉、张勇民、陈钦梅出席。

28—31日 分别召开大田县第十六届人民代表大会第三次会议和政协第九届大田县委员会第三次会议，县几套班子领导出席。县十六届人大三次会议增补张爱兰为县人大常委会副主任，增补陈钦梅、廖荣才为大田县人民政府副县长，补选叶增稳、林雁强、涂方贵、詹联景为大田县人大常委会委员；政协九届三次会议增补陈庆建为县政协副主席。

月内 大田县旅美科学家黄永恒获美国水环境联合会颁发的2013年度工业污水治理奖——鲁道夫勋章，这是该奖项设立64年来，首次颁授给中国科学家。

年内 大田县通过全国省（市）科技进步考核。

年内 由大田县承担的国家级茶叶标准化示范县项目通过省级验收。

年内，大田县获全省“平安先进县（市、区）”称号。

大田概貌

□ 编辑　涂庆南

基本情况

【地理位置】　大田县位于福建省中部、戴云山脉西侧；地处北纬 25° 28′ 53″—26° 09′ 42″，东经 117° 28′ 58″—118° 03′ 13″；周边与德化、永春、漳平、永安、三元、沙县、尤溪等县（市、区）毗邻，总面积 2233.12 平方公里。境内交通便利，“泉三”高速公路从境内通过，县城至福州 371 公里（高速），至泉州 141 公里（高速），至厦门 223 公里（高速），至三明（高速）126 公里、（省道 306 线）105 公里。

（涂庆南）

【建置沿革】　县域，周至元朝先后隶属七闽地、吴越地、闽中郡、江南东道福州、福建路南剑州、福建道延平府；明嘉靖十四年（公元 1535）建县，隶属延平府；清雍正十二年（公元 1734）改属永春州；民国时期属福建南路道、厦门道和仙游、龙岩、永安等专署；大田 1949 年 9 月 6 日后，先后隶属永安、晋江和三明专区，1983 年三明专区改市后属三明市至今。

（涂庆南）

【自然地理】　县境地处西南华力西—印支拗陷带之大田—龙岩拗陷的东北部，政和—大埔断裂斜贯全境。地质构造复杂，岩石以钙质砂岩、石英砂岩为主，次为花岗岩、花岗长岩、凝灰岩和变粒岩。地表水域多年平均径流量为 19.84 亿立方米；地下水总量 3.54 亿立方米，地下热水有太华汤泉、桃源广汤、石牌老厝、广平大竹林、华兴京口 5 处，水温 29℃—79℃，总流量 11.56 升 / 秒。县境为中低山地带，地势大致由西南向东北倾斜，山岭、谷地分布趋向与境内构造基本一致；境内千米以上山峰 175 座，大仙峰海拔 1553.4 米，居全县之首；溪流纵横，是闽江、九龙江和晋江支流发源地之一，汇水面积 30 平方公里以上河流 25 条，均溪河最大，其主干流长 81.7 公里，是街面水库电站的主要水资源。气候属亚热带季风湿润区，无严寒酷暑，雨量充沛，日照充足。

（涂庆南）

【气候概况】　2013 年，县境内气候属正常，气温、雨量正常，日照偏多，阶段性、区域性气象灾害多次发生，对农业生产、群众生活造成一定的损害。

气温：年平均气温 19.4℃，较常年略高 0.7℃，属正常，其中 2 月显著偏高，3 月、6 月偏高，12 月偏 低。年极端最低气温出现在 12 月 28 日，极端值为 -1.8℃，与上年极端值相比略高 0.4℃；年极端最高气温出现在 8 月 9 日，极端值 37.6℃，较上年低 1.3℃。春播期，天气以强对流天气为主，无“倒春寒”“五月寒”天气。夏季气温 ≥ 35℃高温天气 27 天，比常年多 7 天，高温日集中在 7 月、8 月间。按季度上分；冬季（上年 12 月—当年 2 月）平均为 12.4℃，与常年同期比为偏高；春季（3—5 月）平均为 19.4℃，正常；夏季（6—8 月）平均为 26.4℃，正常；秋季（9—11 月）平均 20.0℃，正常。全年无霜日 313 天。

降水：2013 年，降水量 1508 毫米，较常年偏少 3%，属正常，其中，1 月、10 月异常偏少，2、9 月显著偏少，3 月、4 月偏少，6 月、8 月偏 多，7 月、8 月显著偏多，12 月异常偏多，5 月、11 月正常，全年降水温 ≥ 50.0 毫米的暴雨日数有 7 天，比常年偏多 4 天；汛期（5—6 月）出现 3 场降水温 ≥ 50 毫米的暴雨天气，日最大降水量出现在 7 月 14 日，雨量 111.9 毫米。按季度分：冬季（上年 12 月—当年 2 月）131.8 毫米，偏少；春季（3—5 月）464.3 毫米，正常；

夏季（6—8 月）808.2 毫米，偏多；秋季（9—11 月）95.4 毫米，显著偏少。

日照：年时数 1660.9 小时，与常年相比偏多。最多的是 7 月，206.3 小时；最少的是 2 月，67.3 小时。冬季 267 小时，正常；春季 332.2 小时，正常；夏季 531.3 小时，正常；秋季 467.6 小时，偏多。

气象灾害：全年的气象灾害主要有强对流、暴雨、台风。一是秋寒，9 月 21 日出现“23 型”秋寒天气，偏迟；10 月 3 日出现“20 型”天气，偏早。二是低温，11 月冷空气活跃，多次出现明显降温，11 月 29—30 日，桃源镇出现最低气温 -3.4℃，全县气温均低于 0℃。三是暴雨，受高空槽和低层切变影响，6 月 10—13 日全县出现大范围暴雨天气，各乡（镇）过程雨量均超过 100 毫米，以华兴乡的 192.7 毫米为最大，城区气象站过程雨量 147.6 毫米。暴雨造成 1169 人受灾，紧急转移安置 350 人；农作物受灾面积 38 公顷，损坏房屋 95 间，造成农业损失 952 万元，工矿企业损失 580 万元，基础设施损失 200 万元，家庭财产损失 164 万元。四是台风。7 月 13—14 日，受“苏力”台风影响，境内出现大暴雨天气，全县 18 个乡（镇）雨量均超过 100 毫米，有 2 个乡（镇）超过 200 毫米，尤以吴山乡 219.2 毫米为最大，县气象站 153.2 毫米，日降雨强度和范围为历史罕见。全县 18 个乡（镇）均出现灾情，受灾人口 1.19 万人，紧急转移 456 人，房屋受损 102 座，塌方 3464 立方米，农作物受灾 906.7 公顷，粮食减产 418 吨，经济损失 189 万元；公路和水利设施多处塌方、受毁，直接经济损失 3157 万元。8 月 22 日，受“潭美”影响，境内出现大范围强降雨天气，有 8 个乡（镇）日雨量超过 100 毫米，以屏山乡 200.2 毫米为最大。全县 18 个乡（镇）均受灾，受灾人口 1350 人，直接经济损失 634.2 万元，其中，农作物受灾 153.3 公顷，粮食减产 1.34 万吨，经济损失 26.5 万元；工矿企业停产损失 89.1 万元；水利设施受损 160 多处，损失 423 万元。

（李　桥）

【水文（特征值）】　2013 年 7 月 14 日，均溪河干流（水文站断面）最高水位为海拔 355.19 米，超警戒水位 0.6 米，文江河最高水位 257.19 米，超危险水位 0.35 米。六角宫水库蓄水位 538.9 米（正常水位 539 米），为历史最高蓄水位。12 月 12 日，均溪河最低水位 352.68 米，年平均水位 352.98 米；最大流量 305 立方米 / 秒（7 月 4 日），最小流量 1.02 立方米 / 秒（12 月 12 日），年平均流量 10.4 立方米 / 秒；最大断面含沙量 7.5 千克 / 立方米（7 月 4 日），最小断面流沙量 0 千克 / 立方米（12 月 12 日），年平均含沙量 0.522 千克 / 立方米，年平均输沙量 5.43 千克 / 秒。

（周铮宏）

【区划人口】　2013 年，全县设 8 个镇、10 个乡，辖 8 个社区（居委会）、265 个建制村，2371 个村民小组，136 个居民小组。全县户籍人口 100175 户、373529 人，其中城镇人口 90602 人，非城镇人口 282927 人；人口出生率 18.38‰，自然增长率为 10.12‰。

（涂庆南）

国民经济与社会发展

【概况】　2013 年，县委、县政府团结带领全县人民群众砥砺奋进，放飞梦想，实现国民经济运行保持“总体平衡、稳中有升”的发展态势，城镇居民人均可支配收入、农民人均收入、农村牧渔业总产值、固定资产投资、实际利用外资 5 项指标增幅居全市前三位，连续三年蝉联福建省县域经济发展“十佳县”。全年完成生产总值 135.29 亿元，比上年增长 10.8%。其中，第一产业实现增加值 24.97 亿元，增长 4.9%；第二产业实现增加值 73.04 亿元，增长 13.7%；第三产业增加值 37.29 亿元，增长 8.3%。第三产业占 GDP 的比重从上年同期的 28% 下降为 27.56%，回落 0.24 个百分点。人均生产总值 43529 元，比上年增长 9.69%。社会事业持续进步，在一些重大领域取得突破。申报中央苏区工作获得成功，被中央党史研究室确认为“原中央苏区范围”，大田的革命历史地位和重大贡献得到首肯。社会管理创新更加扎实，被省委、省政府授予“平安先进县”“法治先进县”“双拥模范县”“药品安全示范县”称号。

存在的困难和问题：经济总量不大，产业结构不合理，支撑大田发展的大项目、好项目不多，转型升级任务艰巨，财力不足、融资难仍然是经济社会发展的主要矛盾；城镇化水平不高，农村基础设施比较薄弱，农村群众总体生活水平还不高；水土流失治理任重道远，减排压力较大，生态环境亟待改善；教育、卫生等社会事业与人民群众的期待还有差距。

（涂庆南）

【农业和农村】 2013年，继续坚持发展大农业的理念，用现代经营方式拓展农业，提高农业效益，全年完成农林牧渔业总产值41.81亿元，比上年增长5.1%，增幅位居全市第三位。其中，农业产值26.3亿元，增长4.4%；林业产值7.11亿元，增长7.8%；牧业产值7.14亿元，增长5.0%；渔业产值1亿元，增长5.8%；林牧渔服务业0.27亿元，增长4.6%。粮食生产得到保证，全年播种面积、总产、单产均比上年有所增加和提高。特色农业更特，优势农业更优，茶叶、油茶、木薯、肉兔饲养仍然是农业发展中的重头戏。全县新增茶园面积260公顷，新增茶叶加工厂105家，茶园总面积达6.44万公顷，成功举办大田县第八届高山茶文化节，被中国茶叶流动协会评为“2013年度全国十大生态产茶县”和“2013年全国重点产茶县”；新增油茶林595公顷，总面积达到9066.67公顷；种植木薯4333.3公顷，建立文江千亩标准化示范片和均溪百亩高效栽培示范片；饲养肉兔334万只；种植蔬菜1.93万公顷，总产50.46万吨，桃源蔬菜标准园成为省农副产品直供基地；完成造林面积4033.3公顷，占省、市下达任务的112.38%。创建省级农业龙头企业2家、市级29家、县级16家，创办农民专业合作社288家，比上年增加97家，被评为市级示范社3家、县级示范社10家。实施农业产业化项目17个，总投资45.56亿元，年内完成投资13.29亿元。实施农村“造福工程危房改造”900户、4515人；建设7个省级扶贫开发重点村，总投资102.2万元，农村道路、自来水等公共基础设施建设和生产性项目扎实推进。农村能源建设取得新成效，新建沼气池226个，全县沼气池保有量达7352户；农村自来水普及率达94.96%，无害化厕所普及率达89.64%。全县265个村全面启动“美丽乡村”创建活动，首批18个中心村、22个特色村累计投资1.5亿元，14个村有明显成效。

（陈源发　涂庆南）

【工业与园区建设】 2013年，工业经济运行平稳，全年实现规模以上工业产值230.35亿元，比上年下降0.62%，实现工业增加值89.52亿元，比上年增长15.4%。其中，建材水泥、冶铸及机械加工、轻纺服装三大产业集群完成产值87.73亿元，比上年增长7.2%；传统产业完成产值102.6亿元，比上年增长9.2%；新兴产业完成产值4.77亿元，比上年增长1.2%。规模以上工业销售收入230.56亿元，比上年增长10.8%，销售率98.52%；工业经济效益综合指数427.18%，比上年增长25.71%。县委、县政府在工业经济工作中，一是强帮扶，一厂一策，出台扶持采矿选矿企业发展、工贸企业稳增长的三十七条配套政策措施，兑现各类扶持资金1.27亿元，建立企业应急转贷金5000万元，融资担保风险补偿金120万元，办理转贷业务周转资金1.22亿元。金融部门加大对工业经济实体的支持力度。二是攻项目，开展“百日会战”，强化项目动作攻坚，实施工业建设项目275个，完成投资103.2亿元，其中，重点项目123个，完成投资81.41亿元。着力打造机械铸造、矿产品深加工、轻纺新型面料等产业集群，浩特服饰、闽台高新机具、三井科技、岩兴气体、三九军大等37个项目动工新建，46个项目竣工或部分投产，新策划矿产品深加工产业链8条60个项目。三是重提质，实施工业技改项目219个，完成投资78.35亿元。县财政安排1000万元作为工业发展专项资金扶持企业科技进步，华伦特重工、金泰铝业建立企业研发中心，加强新技术的推广和新产品的研发。发展循环经济15个，其中清洁生产企业3家。工业园区建设不断扩大，京口轻纺面料产业园、济阳金鸡化工园、上京机械铸锻集中区等特色园区建设速度加快，全县新平整工业园区面积122.7公顷，已入驻企业56家，创工业产值70亿元。

（林万端　涂庆南）

【财政金融】 2013年，县财政总收入11.2亿元，比上年增长6.4%，其中地方性一般预算收入7.39亿元，比上年增长10.3%。税务部门加强税收征管，实现总收入增长，全年完成税收收入11.08亿元，其中，地方税收征收入库6.99亿元，比上年增长1.8%；国税征收入库4.09

亿元，比上年增长 0.32%。至年末，金融机构本外币各项存款余额 76.05 亿元，比上年增长 6.1%，其中个人存款 43.93 亿元，比上年增长 10.97%。贷款余额 66.04 亿元，比上年增长 21%。全县银行结汇总额 1765 万美元，比上年下降 68%，付汇总额 423 万美元，比上年增长 95%；对外贸易进出口总值 7941 万美元，比上年下降 67%，其中出口 7439 万美元，进口 502 万美元，进出口顺差 6937 万美元。晋江农商银行与大田县政府合作创建大田晋农商村镇银行，兴业银行入驻大田，分别于 10 月 19 日、11 月 12 日开业，为大田的经济建设拓宽了融资渠道和提供货币支撑。

（陈吉浣　涂庆南）

【基础设施建设】　2013 年，完成固定资产投资 157.73 亿元，比上年增长 31.58%，其中建安工程投资 113.2 亿元，比上年增长 28.5%；房地产开发投资 16.94 亿元，比上年增长 72.9%。全县实施重点项目建设 123 个，完成投资 81.4 亿元，新开工项目 37 个，竣工投产或部分竣工项目 46 个。城市建设“南进东拓北扩西延”四大板块重点突破，14 个城建项目完成投资 13.7 亿元，占年度计划的 119.4%。商品房开发健康强劲，金象温泉、龙腾盛世、锦绣福田、福裕名城、赤岩壹号公馆、体育中心改造、岩城明珠、水岸人家等 8 个楼盘，完成投资 16.93 亿元，比年计划投资增加 1.93 亿元，完成年计划的 112.87%。保障性住房建设累计完成投资 1.89 亿元，建设各类保障性住房 1647 套。村镇建设力度不减，完成集镇建设面积 5.8 万平方米、村庄建设面积 12.2 平方米，城镇化率比上年提高 2 个百分点。公路建设总投资 2.07 亿元，完成公路改造 40.28 公里，安保工程 540.5 公里；新农村电气化县建设通过省级验收，3 个 35 千伏输变电站完成技改扩容，吴山 110 千伏输变工程建成投入使用；投资 3768 万元，实施新一轮农村电网改造提升工程。水利化建设完成投工 158 个工日、土石方 179 万立方米，总投资 1.26 亿元，占年计划的 112.6%。初级水利化县建设完成土石方 118.81 万立方米，投入劳力 330.9 万个工日，累计投资 1.92 亿元，项目建设通过省级验收。

（郑祥果　潘梅　魏兰兰　涂庆南）

【生态建设】　2013 年，实施“生态保护工程”，创建国家生态县，年内，已通过“省级生态县”考核验收，7 个乡（镇）通过“国家级生态乡镇”考核验收。成立全省首个生态综合执法局，落实环境保护“一岗双责”制，推进节能减排、水环境保护、环境污染防治工作。审批各类建设项目 102 个，总投资 13.9 亿元，其中环保投资 0.7 亿元，占总投资的 5.02%；执行建设项目环评和环保设施“三同时”制度，完成 149 家企业“三同时”验收；实施“四绿”工程，完成造林绿化 4033.3 公顷；突出抓好矿山水土流失综合治理示范点建设 23 个和以均溪、文江河为主的水流域综合治理，投入资金 1.79 亿元，治理水土流失面积 5046.67 公顷，完成市下达任务的 107.1%；完成年度复垦任务，新增耕地面积 98.67 公顷；淘汰 4 家水泥企业落后产能生产线 6 条，关停 3 家造纸企业生产线，全年减排化学需养量 462.62 吨、氨氮 57.5 吨、二氧化硫 79.3 吨、氮氧化全物 208.4 吨。境内主要河段水质符合国家标准，闽江流域交界断面水质达二类标准，城区空气质量达到国家二级标准，区域环境和交通噪音达到功能区要求，县域环境质量指数 99.59%，环境质量为优。

（陈吉浣　涂庆南）

【商贸物流与外经贸易】　2013 年，全县社会消费品零销售总额 34.27 亿元，比上年增长 14.6%，其中，限额以上 16.23 亿元，比上年增长 19.4%，限额以下 17.67 亿元，比上年增长 10.3%，新增物流企业 25 家，限上企业 8 家。外经外贸再展新姿，新批办外商投资企业 1 家，外贸出口总值 1.44 亿美元，比上年增长 88.3%，可比口径利用外资 3500 万美元，比上年增长 19%，验资口径利用外资 1012 万美元，比上年增长 17.7%。总投资 5 亿元的闽台新农具创意产业园项目落户京口工业园区；引进台湾樱花种植，面积 100 公顷。

（潘梅　涂庆南）

【社会事业】　2013 年，围绕“教育强县”目标，实施“全面提升教育教学质量”工程，设立 300 万元的教育质量奖励基金，健全城乡教师交流机制，逐步实现城乡教育资源的均衡，全面提升教育教学质量。全年，投入预算内教育经费 4.13 亿元，占县财政支出的 25.95%，完成校安工程、校区扩容、薄弱学校改造等项目65个，新建中小学校舍面积3.83万平方米，总投资3500万元，其中，城关第三小学建成投入使用，缓解城区小学学龄儿童入学难、校园超负荷的压力；“九年义务教育”巩固提高，“双高普九”强力推进，职业教育成绩凸现。科技工作不断加强，实施工业技改项目218个，完成投资77.05亿元，其中已完成技改项目211个；主导或参与制定国家标准6项、行业和地方标准4项，新获专利45件，9家企业通过第一批省级科技企业认定，红狮水泥获工信部水泥行业准入认定。年内，大田县通过2013年全国县（市）科技进步考核。卫生事业长足进步，完成3所卫生院、50个村卫生所规范化改造，实现县级公立医院改革，村级卫生所药品零差率销售实现全覆盖。文化惠民工程扎实推进，建设农家书屋269个，“大田土堡群”入选第七批全国重点文物保护单位。“诚信计生、幸福家庭”创建活动深入开展，人口出生率、自然增长率、出生人口政策符合率、性别比等主要指标完成市下达的年度目标任务，大田县在省、市“人口计生先进县”评比中获二等奖，县人口和计生局获“全国计划生育优质服务先进单位”称号。

（林万端 陈昭才 魏庆赐 潘梅 涂庆南）

【群众生活与民生保障】 2013年，大田人民的民生幸福指数有较大提高。城镇居民人均可支配收入2.48万元，比上年增长11.1%，增幅位居全市第一位。城镇居民人均消费支出1.4万元，增长9%；农民人均纯收入1.07万元，增长13.1%，增幅全市位居第三位。农民人均生活消费支出0.8万元，增长13.9%；市场物价平稳，居民消费价格指数102%，同比上涨2%，比上年回落0.7个百分点。贯彻落实积极的劳动就业政策，新增城镇就业2293人，转移农村劳动力5821人，城镇居民的工薪收入比上年增长4.6%，农村居民的工资性收入增长15%。年底，城镇登记失业率2%，低于市控制任务1.6个百分点。社会养老保险体系进一步完善，惠民政策更加落实，成立城区社会保障服务中心，扩大各类保险覆盖，城乡居民社会养老保险参保率达91%，城镇居民基本医疗保险覆盖率达97.8%，新型农村合作医疗参合率达99.9%。城镇参保职工基本医疗保险统筹基金封顶线从5万元提高到8万元，门诊特殊病种从13种增至18种，参保居民在一、二、三级医疗机构住院的医疗支付比例从原来的70%、60%、50%分别提高到85%、75%、65%；企业退休人员基本养老金水平人均提高269.5元／月。社会救助救济力度加大，城乡低保标准、五保户供养水平、高龄补贴、独生子女伤残死亡家庭特别扶助金等提高，农村低保由原110元／人·月提高到120元／人·月，城镇低保由原330元／人·月提高到360元／人·月；对集中和分散供养的五保户由原来的400元／人·月、300元／人·月分别提高到530元／人·月、410元／人·月；救灾救济、优抚安置、慈善救助也相应提高；五保、低保对象住院治疗实行减免制度；率先在全市推行惠民殡葬政策，免除城乡居民基本殡葬服务费。

（陈吉浣 魏庆赐 涂庆南）

2013年党政军社团组织机构及其领导人名录

【中共大田县委员会】

电　话　7222097　邮编　366100
地　址　凤山西路40号
书　记　汤俊生（2012.9—　　）
副书记　熊旭明（2012.9—　　）
　　　　郑建勋（2011.6—2013.10）
　　　　廖金辉（2013.10—　　）
常　委　吴昌年（2011.6—　　）
　　　　苏迎平（2010.12—2013.10）
　　　　张英跃（2005.12—　　）
　　　　章　玲（女，2010.12—　　）
　　　　蔡建明（2009.10—　　）
　　　　张勇民（2013.10—　　）
　　　　江太生（2011.6—　　）
　　　　黄建总（2012.5—　　）
　　　　谢　军（2013.10—　　）
（其中书记、副书记为常委不重列）

（林贻培）

【大田县人大常委会】

电　话　7222223　邮编　366100
地　址　凤山西路40号

主　任　陈汉良（2011.2—　　）
副主任　温如校（2003.12—　　）
陈钦梅（女，2009.2—2013.12）
张爱兰（女，2013.12—　　）
刘永生（2011.12—　　）
郑宜堆（2011.12—　　）
（林贻培）

【大田县人民政府】
电　话　7222168　邮编　366100
地　址　凤山西路40号
县　长　熊旭明（2012.12—　　）
副县长　苏迎平（2007.7—2013.10）
谢　军（2007.1—　　）
陈庆建（2003.12—2013.12）
张爱兰（女，2003.12—2013.12）
陈钦梅（女，2013.12—　　）
余维语（2009.10—　　）
戴绍松（2011.12—　　）
缑泽昆（科技挂职，2012.7—　　）
廖荣才（2013.12—　　）
（林贻培）

【政协大田县委员会】
电　话　7220099　邮编　366100
地　址　凤山西路40号
主　席　郑建勋（2012.12—　　）
副主席　张友生（2001.4—　　）
陈庆建（2013.12—　　）
高石麟（2003.12—　　）
涂林瑢（女，2011.12—　　）
（林贻培）

【中共大田县纪委】
电　话　7222226　邮编　366100
地　址　凤山西路40号
书　记　廖金辉（2011.6—2013.10）
张勇民（2013.10—　　）
副书记　陈清辉（2008.4—　　）
陈永明（2009.4—2013.12）
詹联景（2013.11—　　）
（林贻培）

【大田县人武部】
电　话　7222209　邮编　366100
地　址　凤山西路29号
部　长　杨兴和（2011.6—　　）
政　委　吴昌年（2011.6—　　）
副部长　尹培虎（2012.4—　　）
（林贻培）

【县委工作部门及直属单位】

办公室
电　话　7222097　邮编　366100
地　址　凤山西路40号
主　任　吴初增（2011.7—　　）

台湾工作办公室
电　话　7223296
主　任　吴初增（兼，2011.7—　　）

督查室
电　话　7223229
主　任　（未配备）

信访局
电　话　7222117　邮编　366100
地　址　龙山路4号
局　长　甘满香（女，2011.5—　　）

党史研究室
电　话　7222086　邮编　366100
地　址　凤山西路40号
主　任　廖舒静（女，2013.11—　　）

组织部
电　话　7222096　邮编　366100
地　址　凤山西路40号
部　长　蔡建明（2009.10—　　）

组织员办公室
电　话　7222550　邮编　366100
地　址　凤山西路40号
主　任　张春桃（2008.4—　　）

老干部局
电　话　7223291　邮编　366100
地　址　白岩山南路1号
局　长　罗　浩（2009.4—2013.11）
周建峰（2013.11—　　）

宣传部
电　话　7222093　邮编　366100
地　址　凤山西路40号
部　长　章　玲（女，2010.12—　　）

文明办
电　话　7222255　邮编　366100

地　址　建山路46号
主　任　蒋先切（2008.4—　　）
报道组
电　话　7222225　邮编　366100
地　址　凤山西路40号
组　长　张知松（2008.4—　　）
统战部
电　话　7222413　邮编　366100
部　长　江太生（2011.7—　　）
政法委
电　话　7222001　邮编　366100
书　记　张英跃（2011.7—　　）
综治委办公室
电　话　7226776　邮编　366100
主　任　林书设（2005.10—2013.11）
　　　　乐余聪（2013.11—　　）
县委群众工作部
电　话　7332970　邮编　366100
地　址　龙山路4号
部　长　张英跃（兼，2011.8—　　）
县直机关党工委
电　话　7222228　邮编　366100
地　址　凤山西路40号
书　记　蔡建明（兼，2010.4—　　）
常务副书记　纪虎劲（2009.4—　　）
县委教育工委
电　话　7222064　邮编　366100
地　址　玉山路12号
书　记　章　玲（兼，女，2011.2—　　）
县委党校
电　话　7222094　邮编　366100
地　址　文山路12号
校　长　蔡建明（兼，2010.4—　　）
常务副校长　周丽华（女，2008.8—　　）
农村工作领导小组办公室
电　话　7222131　邮编　366100
地　址　建山路74号
主　任　郑成鑫（2011.7—　　）
县委编办
电　话　7222191　邮编　366100
地　址　凤山西路40号
主　任　叶增稳（2004.12—2013.11）
　　　　陈汝传（2013.11—　　）

档案局（馆）
电　话　7222183　邮编　366100
局（馆）长　林如耀（1999.11—　　）

（林贻培）

【县人大常委会工作机构】

办公室
电　话　7222223　邮编　366100
地　址　凤山西路40号
主　任　陈汝传（2011.7—2013.11）
副主任　涂振鹏（2011.7—　　）
人事代表工作室
电　话　7226151　邮编　366100
主　任　章宗炼（2013.12—　　）
副主任　章宗炼（2011.5—2013.12）
内司委
电　话　7225117　邮编　366100
主　任　林乃群（2006.12—　　）
财经委
电　话　7223423　邮编　366100
主　任　阮　芳（女，2006.12—　　）
环城委
电　话　7223423　邮编　366100
主　任　廖乃平（2010.3—2013.4）
　　　　林雁强（2013.12—　　）
教科文卫委
电　话　7225117　邮编　366100
主　任　卢建宏（2011.7—　　）
侨台委
电　话　7234775　邮编　366100
主　任　程美花（女，2009.2—　　）
信访室
主　任　李方广（2010.3—　　）

（林贻培）

【政府工作部门及直属机构】

办公室
电　话　7226582　邮编　366100
地　址　凤山西路40号
主　任　黄和新（2011.7—　　）
机关事务管理局
电　话　7223202　邮编　366100
局　长　卢作福（2010.4—　　）
监察局
电　话　7222226　邮编　366100

局　长　陈清辉（2008.4—　　）
发展和改革局
电　话　7223188　邮编　366100
地　址　建山路20号
局　长　涂剑峰（2011.7—　　）
经贸局
电　话　7222048　邮编　366100
地　址　建山路27号
局　长　杜忠进（2011.7—2013.9）
　　　　陈文琴（2013.12—　　）
教育局
电　话　7222064　邮编　366100
地　址　玉山路12号
局　长　林　镛（2006.5—2013.9）
　　　　蔡建峰（2013.9—　　）
教育督导室
电　话　7243345　邮编　366100
主　任　徐建清（2011.6—　　）
公安局
电　话　7230909　邮编　366100
地　址　建山路1号
局　长　叶其勇（2012.5—　　）
政　委　刘阳辉（2012.5—　　）
指挥中心
电　话　7230904　邮编　366100
主　任　余建载（2011.12—　　）
国内安全保卫大队
电　话　7230909—3128　邮编　366100
大队长　陈斯辉（2002.4—　　）
公共网络安全监察大队
电　话　7230904　邮编　366100
大队长　杨维格（2009.1—　　）
刑侦大队
电　话　7223325　邮编　366100
地　址　白岩山北路5号
大队长　郑乾智（2011.4—　　）
出入境管理大队
电　话　7230906-3136　邮编　366100
地　址　建山路1号
大队长　周　芳（女，2008.12—　　）
治安大队
电　话　7230909　邮编　366100
大队长　陈永超（2011.4—　　）
经侦大队
电　话　7230909—3143　邮编　366100
大队长　余新荣（2002.4—　　）
交通管理大队
电　话　7222013　邮编　366100
地　址　福田路72号
大队长　卢有明（2011.12—　　）
法制大队
电　话　7230906—3126　邮编　366100
地　址　建山路1号
大队长　郑学春（2011.4—　　）
看守所
电　话　7222067　邮编　366100
地　址　白岩山北路5号
所　长　刘文高（2011.4—　　）
拘留所
电　话　7222068　邮编　366100
所　长　林芳耀（2011.4—　　）
民政局
电　话　7222101　邮编　366100
地　址　雪山南路2号
局　长　陈成册（2008.4—　　）
勘界办
电　话　7230016　邮编　366100
主　任　林开斌（2011.6—　　）
司法局
电　话　7222107　邮编　366100
地　址　南山路253号
局　长　陈文琴（2009.4—2013.12）
　　　　田是告（2013.12—　　）
财政局
电　话　7223376　邮编　366100
地　址　凤山西路40号
局　长　田　勇（2003.11—　　）
公务员局
电　话　7222191　邮编　366100
局　长　余育好（2011.7—　　）
人力资源和社会保障局
电　话　7222150　邮编　366100
地　址　建山路190号
局　长　郭育靖（2009·4—　　）
机关社保中心
电　话　7222249　邮编　366100

地　址　文山路 2 号
主　任　陈志清（2010.3—　　）

国土资源局

电　话　7223527　邮编　366100
地　址　建山路 11 号 2 楼
局　长　林宗镇（2011.7—　　）

库区移民开发局

电　话　7243595　邮编　366100
地　址　宝山路 107 号
局　长　林玉温（2011.7—　　）

住房和城乡规划建设局

电　话　7222155　邮编　366100
地　址　建山路 24 号
局　长　林建明（2008.4—　　）

交通运输局

电　话　7222028　邮编　366100
地　址　凤山中路 209 号
局　长　郑际楷（2012.3—　　）

交通运管所

电　话　7222110　邮编　366100
地　址　凤山中路 213 号
所　长　郑一刚（2011.6—　　）

交通综合行政执法大队

电　话　7280909　邮编　366100
地　址　建山路 210 号
大队长　张　文（2011.12—　　）

水利局

电　话　7222063　邮编　366100
地　址　建山路 23 号
局　长　肖世祥（2002.2—2013.8）
　　　　田仁芳（2013.12—　　）

坑口水库管理处

电　话　7236870　邮编　366100
地　址　谢洋乡坑口村
主　任　郭华阳（2004.5—2013.4）
　　　　范明铁（2013.12—　　）

农业局

电　话　7223311　邮编　366100
地　址　凤山中路 219 号
局　长　池乃国（2008.4—　　）

农业机械化管理中心

电　话　7222159　邮编　366100
地　址　宝山路 97 号
主　任　叶一旭（2008.4—2013.4）
　　　　翁祖勇（2013.12—　　）

林业局

电　话　7222185　邮编　366100
地　址　雪山南路 3 号
局　长　叶宝生（2008.4—　　）

林业科技推广中心

电　话　726619　邮编　366100
主　任　苏亨荣（2010.3—　　）

大仙峰省级自然保护区管理处

电　话　726619　邮编　366100
主　任　周仲琼（2005.1—　　）

卫生局

电　话　7222132　邮编　366100
地　址　建山路 19 号
局　长　邱樑发（2009.4—2013.4）
　　　　陈永晶（2013.09—　　）

人口和计划生育局

电　话　7222116　邮编　366100
地　址　凤山西路 5 号
局　长　蔡宝发（2003.11—2013.9）
　　　　周家好（2013.12—　　）

审计局

电　话　7222268　邮编　366100
地　址　建山路 31 号
局　长　严建忠（2011.7—　　）

环境保护局

电　话　7222081　邮编　366100
地　址　建山路 76 号
局　长　施发烧（2002.2—　　）

统计局

电　话　7222284　邮编　366100
地　址　建山路 20 号
局　长　吴高勇（2009.4—　　）

农调队

电　话　7222260　邮编　366100
队　长　詹以利（1999.10—　　）

城调队

电　话　7222260　邮编　366100
队　长　林美华（2010.3—　　）

安全生产监督管理局

电　话　7220737　邮编　366100
地　址　建山路 27 号

局　长　徐锦平（2006.5—　　）

公安局森林分局

电　话　7222058　邮编　366100

地　址　雪山南路3号

局　长　林建楠（2004.3—　　）

教导员　林建群（2004.3—　　）

科技局

电　话　7222139　邮编　366100

地　址　凤山西路40号

局　长　田是告（2011.7—2013.12）

　　　　陈永明（2013.12—　　）

文体广电出版局

电　话　7222157　邮编　366100

地　址　建山路14号

局　长　林春忠（2008.7—　　）

文化市场综合执法大队

电　话　7222157　邮编　366100

大队长　李　敏（2011.6—2013.12）

　　　　连福石（2013.12—　　）

外经贸局

电　话　7223022　邮编　366100

地　址　宝山路30—1号

局　长　林奕明（2006.12—　　）

人民防空办公室

电　话　7305881　邮编　366100

地　址　凤山西路40号

局　长　茅同烨（2008.4—2013.4）

　　　　罗　浩（2013.12—　　）

畜牧水产中心

电　话　7222029　邮编　366100

地　址　赤岩山路10号

主　任　高丽辉（2002.2—　　）

茶业局

电　话　7223235　邮编　366100

地　址　宝山路107号

局　长　陈昭云（2008.4—　　）

旅游局

电　话　7260655　邮编　366100

地　址　白岩山南路1号

局　长　陈益存（2008.12—　　）

电视台

电　话　7222190　邮编　366100

地　址　文山路13号

台　长　李建政（2010.12—　　）

方志办

电　话　7222114　邮编　366100

地　址　建山路11号5楼

副主任　林元圈（2010.3—2013.12）

主　任　林元圈（2013.12—　　）

【县政协工作机构】

办公室

电　话　7222099　邮编　366100

地　址　凤山西路40号

主　任　陈德强（2010.3—　　）

提案和法制委

电　话　7220193

　　　　主　任　涂林瑢（女，兼，2011.7—2013.12）

　　　　易清花（女，2013.12—　　）

文史学习和民族宗教委

电　话　7223628　邮编　366100

主　任　林　毅（2006.12—　　）

经济和港澳侨台委

电　话　7223628　邮编　366100

主　任　张玉莲（女，2009.1—　　）

社会事业委

电　话　7223628　邮编　366100

主　任　（未配备）

（林贻培）

【县纪委工作部门】

办公室

电　话　7222226　邮编　366100

地　址　凤山西路40号

主　任　许志鹏（2010.2—　　）

纪检监察室

电　话　7220466　邮编　366100

主　任　詹联景（2006.7—　　）

效能监察室

电　话　7222395　邮编　366100

主　任　叶玉成（2013.11—　　）

党风廉政建设室

电　话　7220907　邮编　366100

主　任　颜清德（2010.2—　　）

案件审理室

电　话　7220908　邮编　366100

主　任　郭善锋（2010.2—　　）

执法监察室

电　话　7220907　邮编　366100

主　任　涂锦发（2011.6—　　）

信访室

电　话　7220466　邮编　366100

主　任　施生陆（2013.11—　　）

案件监督管理室

电　话　7222395　邮编　366100

主　任　岳荣耀（2013.11—　　）

纠风工作室

电　话　7222395　邮编　366100

主　任　张　华（女，2004.6—2013.4）

　　　　范逢春（2013.11—　　）

宣传教育室

电　话　7260875　邮编　366100

主　任　（未配备）

（林贻培）

【县人武部工作部门】

军事科

科　长　尹培虎（兼，2012.3—　　）

政工科

电　话　7260367　邮编　366100

科　长　肖贯华（2012.2—　　）

后勤科

电　话　7233445　邮编　366100

科　长　陈家银（2010.6—　　）

（林贻培）

【武警中队】

电　话　13348430575　邮编　366100

地　址　白岩山北路5—3号

中队长　赵革卫（2010.8—　　）

【消防大队】

电　话　7222118　邮编　366100

地　址　建山路178号

大队长　岑超凡（2012.7—　　）

（林贻培）

【县人民法院】

电　话　7222232　邮编　366100

地　址　凤山西路30号

院　长　朱文绣（2011.12—　　）

副院长　史小闽（1995.10—　　）

　　　　叶清慧（1997.8—2013.4）

　　　　陈　晶（女，2002.5—　　）

　　　　肖雄忠（2002.5—　　）

（林贻培）

【县人民检察院】

电　话　7223609　邮编　366100

地　址　福田路231号

检察长　陈福东（2011.12—　　）

副检察长　蒋原成（1999.10—　　）

　　　　吴明华（2002.5—　　）

　　　　郑向阳（2011.6—　　）

（林贻培）

【群团组织】

总工会

电　话　7222039　邮编　366100

地　址　凤山西路73号

主　席　廖金辉（兼，2011.8—2013.12）

　　　　张勇民（兼，2013.12—　　）

常务副主席　杨加炎(2008.12—　　)

团县委

电　话　7222227　邮编　366100

地　址　白岩山南路1号

书　记　乐永权(2008.11—　　)

妇女联合会

电　话　7222522　邮编　366100

地　址　白岩山南路1号

主　席　林　婕（女，2007.2—2013.12）

　　　　林爱红（女，2013.12—　　）

工商业联合会

电　话　7222472　邮编　366100

地　址　凤山西路40号

主　席　田光梯（兼，2011.12—　　）

常务副主席　柯荣辉（2009.4—　　）

科学技术协会

电　话　7222154　邮编　366100

地　址　凤山西路40号

主　席　罗双珠（女，2008.10—2013.4）

　　　　方来银（2013.12—　　）

社会科学界联合会

电　话　7222093　邮编　366100

地　址　凤山西路40号

主　席　林乃溪（2010.10—2013.4）

文学艺术界联合会
电　话　7222157　邮编　366100
地　址　建山路 14 号
主　席　乐加固（2010.2—2013.8）
归国华侨联合会
电　话　7222549　邮编　366100
地　址　凤山西路 40 号
主　席　黄军晖（2011.6—　　）
残疾人联合会
电　话　7222902　邮编　366100
地　址　雪山北路 143 号
理事长　黄桂珍（2011.6—　　）
国际商会（贸促会）
电　话　7222902　邮编　366100
地　址　雪山北路 143 号
副会长　张景程（2008.12—　　）
关心下一代工作委员会
电　话　7241061　邮编　366100
地　址　白岩山南中 1 号
主　任　范起溧（1999.5—　　）

（林贻培）

【其他事业单位】
良种场
电　话　7382115　邮编　366101
地　址　桃源村 308 号
场　长　黄志金（2010.3—　　）
农科所
电　话　7248935　邮编　366100
地　址　赤岩山路 2 号
所　长　周高山（2011.6—　　）
卫生监督所（疾病控制中心）
电　话　7222017　邮编　366100
地　址　南山路 150 号
所　长　林其汉（2008.4—2013.9）
　　　　郑雪珍（2013.9—　　）
妇幼保健院
电　话　7222038　邮编　366100
地　址　建山路 8 号
院　长　林大平（2002.9—　　）
福建电大大田工作站
电　话　7222255　邮编　366100
地　址　玉山路 12 号
站　长　俞建营（2011.6—　　）
教师进修学校
电　话　7222197　邮编　366100
地　址　玉山路 12 号
校　长　郭典杨 (2008.9—2013.8)
　　　　林再生（2013.8—　　）
大田一中
电　话　7222167　邮编　366100
地　址　文山路 17 号
校　长　林再生（2001.7—2013.8）
　　　　颜良重（2013.8—　　）
大田五中
电　话　7222613　邮编　366100
地　址　天山路 43 号
校　长　章德泉（2008.9—2013.8）
连青阳（2013.8—　　）
大田二中
电　话　7408219　邮编　366105
地　址　建设镇建设村 272 号
校　长　郑兴民（2009.9—　　）
大田三中
电　话　7382819　邮编　366101
地　址　桃源镇桃源村 108 号
校　长　林还诚（2008.9—2013.12）
职业中专
电　话　7223634　邮编　366100
地　址　福田路 160 号
校　长　林凤瑮（2008.9—　　）
医院
电　话　7222137　邮编　366100
地　址　雪山北路 180 号
院　长　林树跃（2008.1—2013.8）
　　　　林其汉（2013.8—　　）
中医院
电　话　7222047　邮编　366100
地　址　建山路 69 号
院　长　高石麟（1997.11—　　）
供销合作社联合社
电　话　7222051　邮编　366100
地　址　雪山南路 5 号
主　任　陈　群（2011.6—　　）
城镇集体工业联合社
电　话　7222089　邮编　366100
地　址　宝山路 35 号

主　任　吴联广（2013.12—　　）
副主任　吴联广（2011.5—2013.12，主持）

吴山交通公路稽查站

电　话　　　　　　邮编　366118
地　址　吴山乡吴山村
站　长　涂振超（2010.3—　　）

交通开发公司

电　话　7226300　邮编　366100
地　址　建山路188号
经　理　郑泽光（2002.2—　　）

（林贻培）

【乡镇党委、人大、政府】

均溪镇

电　话　7223419　邮编　366100
地　址　凤山中路156号
党委书记　肖宏强（2011.5—　　）
人大主席　陈华塔（2012.1—　　）
镇　　长　吴初通（2012.1—2013.11）
镇长候选人　陈秀达（2013.11—　　）

石牌镇

电　话　7224731　邮编　366100
地　址　石牌村1号
党委书记　吴文旗（2011.5—　　）
人大主席　林雁强（2012.1—2013.11）
镇　　长　施正钻（2008.4—　　）

华兴乡

电　话　7229968　邮编　366100
地　址　华兴街001号
党委书记　严志利（2010.1—　　）
人大主席　魏初寨（2012.1—　　）
乡　　长　颜佳秀（2010.4—　　）

屏山乡

电　话　7308238　邮编　366116
地　址　兴屏街1号
党委书记　连仁山（2011.5—　　）
人大主席　陈庆进（2010.3—2013.11）
乡　　长　张乃军（2008.5—　　）

吴山乡

电　话　7328063　邮编　366118
地　址　吴山新街48号
党委书记　林世畅（2009.4—　　）
人大主席　郑丁炫（2012.1—2013.11）
乡　　长　叶德镇（2010.3—　　）

济阳乡

电　话　7348850　邮编　366117
地　址　济阳新街007号
党委书记　林芳庆（2008.4—　　）
人大主席　周茂座（2012.1—　　）
乡　　长　温如凤（2012.1—　　）

谢洋乡

电　话　7338115　邮编　366119
地　址　复兴路1号
党委书记　余启珠（2011.5—　　）
人大主席　田首道（2010.3—　　）
乡　　长　黄永强（2012.1—　　）

武陵乡

电　话　7358088　邮编　366121
地　址　宏图街001号
党委书记　范一彬（2009.4—　　）
人大主席　陈开尧（2010.3—　　）
乡　　长　廖正楼（2012.1—　　）

桃源镇

电　话　7382210　邮编　366101
地　址　桃源村1号
党委书记　周庆裕（2011.5—2013.11）
　　　　　林永田（2013.11—　　）
人大主席　陈建伟（2010.3—　　）
镇　　长　林永田（2010.3—2013.11）
镇长候选人　陈庆进（2013.11—　　）

上京镇

电　话　7363205　邮编　366102
地　址　上京南路1号
党委书记　林廷灶（2011.5—　　）
人大主席　陈秀达（2012.1—2013.11）
镇　　长　杨道成（2012.1—　　）

太华镇

电　话　7391020　邮编　366103
地　址　太华村35号
党委书记　刘玉江（2006.12—　　）
人大主席　涂育贵（2010.3—　　）
镇　　长　郑一强（2010.3—2013.11）
镇长候选人　涂育严（2013.11—　　）

建设镇

电　话　7408018　邮编　366105
地　址　建设街001号
党委书记　茅有温（2011.5—　　）

人大主席　陈宏宾（2010.3—　　）
镇　　长　林起严（2010.3—　　）

广平镇

电　话　7416237　邮编　366107
地　址　广平村 325 号
党委书记　田仁芳（2010.1—2013.11）
　　　　　吴初通（2013.11—　　）
人大主席　陈首光（2012.1—　　）
镇　　长　陈占对（2012.1—　　）

奇韬镇

电　话　7438026　邮编　366108
地　址　奇韬村 372 号
党委书记　肖长祥（2011.5—　　）
人大主席　郑国炼（2012.1—2013.11）
镇　　长　黄兴烈（2012.1—　　）

文江乡

电　话　7458028　邮编　366109
地　址　文江路 161 号
党委书记　周家好（2011.5—2013.11）
　　　　　范德溥（2013.11—　　）
人大主席　陈世忠（2010.3—　　）
乡　　长　范德溥（2010.3—2013.11）
乡长候选人　郑丁炫（2013.11—　　）

前坪乡

电　话　7478134　邮编　366112
地　址　前坪村 1 号
党委书记　陈建文（2009.4—　　）
人大主席　郑昌文（2010.3—　　）
乡　　长　陈结章（2012.1—　　）

梅山乡

电　话　7468028　邮编　366114
地　址　梅山村 036 号
党委书记　陈有明（2011.5—　　）
人大主席　林联毕（2012.1—　　）
乡　　长　林昌儒（2012.1—　　）

湖美乡

电　话　7488011　邮编　366115
地　址　仁美村 1 号
党委书记　翁淑燕（2011.5—　　）
人大主席　陈蕃族（2005.1—　　）
乡　　长　林大红（2010.3—　　）

（林贻培）

【部分省、市直属单位】

永安煤业公司上京分公司

电　话　7366699　邮编　366102
地　址　上京镇京仙路 1 号
经　理　陈开甜（2010.4—　　）

国网大田县供电公司

电　话　7241807　邮编　366100
总经理　郑光华（2011.4—　　）
副书记　柳建民（2012.3—2013.3，主持）
书　记　柳建民（2013.3—　　）

国税局

电　话　7227845　邮编　366100
地　址　建山路 192 号
局　长　郑礼广（2007.1—　　）

地税局

电　话　7222378　邮编　366100
地　址　建山路 41 号
局　长　张建祥（2012.6—　　）

工商局

电　话　7222339　邮编　366100
地　址　福田路 345 号
局　长　郭伟平（2010.9—　　）

质量技术监督局

电　话　7220386　邮编　366100
地　址　福田路 216 号
局　长　吴伟建（2002.10—　　）

食品药品监督管理局

电　话　7238396　邮编　366100
地　址　建山路 19 号
局　长　施发帅（2001.11—　　）

三明银监分局大田监管办

电　话　7261696　邮编　366100
地　址　建山路 18 号
副主任　乐光锻（2011.3—　　）

人行大田支行

电　话　7222372　邮编　366100
地　址　建山路 18 号
行　长　陈增城（2007.3—2013.9）
　　　　林长平（2013.9—　　）

工行大田支行

电　话　7222281　邮编　366100
地　址　凤山西路 36 号
行　长　张伟华（2011.4—　　）

农行大田支行

电　话　7222358　邮编 366100

地　址　雪山南路 1 号

行　长　李天明（2010.3—　　）

建行大田支行

电　话　7238579　邮编　366100

地　址　建山路 51 号

行　长　饶建南（2010.1—2012.11）

　　　　李兴超（2013.3—　　）

副行长　李兴超（2012.11—2013.3，主持）

中行大田支行

电　话　7320993　邮编　366100

地　址　建山路 18 号

行　长　梁友忠（2001.4—　　）

邮政储蓄大田支行

电　话　7221298　邮编　366100

地　址　凤山西路 44 号

行　长　郑日周（2011.3—2013.10）

　　　　陈汉榕（2013.10—　　）

农村信用联社

电　话　7232683　邮编　366100

地　址　建山路 16 号

理事长　张上志（2010.6—　　）

中国财产保险股份有限公司大田支公司

电　话　7222241　邮编　366100

地　址　凤山中路 156 号

经　理　邓国勇（2007.12—2013.7）

　　　　牛鹤翎（2013.7—　　）

中国人寿保险股份有限公司大田县支公司

电　话　7229767　邮编　366100

地　址　建山路 10 号

经　理　谢泽平（2007.1—2013.12）

　　　　王　舒　（2013.12—　　）

邮政局

电　话　7222178　邮编　366100

地　址　宝山路 111 号

局　长　陈铭山（2010.7—2013.4）

　　　　吴　华（2013.4—　　）

电信局

电　话　7239599　邮编　366100

地　址　凤山西路 44 号

局　长　郑志坚（2011.7—　　）

公路分局

电　话　7222076　邮编　366100

地　址　雪山北路 210 号

局　长　郑占茶（2011.7—　　）

气象局

电　话　7222077　邮编　366100

地　址　建山路 20 号

局　长　高丽娥（女，2006.5—　　）

烟草专卖局

电　话　7239668　邮编　366100

地　址　建山路 37 号

局　长　刘常胜（2009.7—2012.5）

　　　　吴　乒（2012.5—　　）

水文局

电　话　7222115　邮编　366100

地　址　均溪镇福塘村 226 号

局　长　杜传垦（2013.12—　　）

桃源林场

电　话　7382395　邮编　366101

地　址　桃源镇桃源村 559 号

场　长　黄德龙（2011.8—　　）

梅林林场

电　话　7365345　邮编　366102

地　址　上京镇梅林村 93 号

场　长　林庆富（2011.8—　　）

福建新华发行集团有限责任公司大田分公司

电　话　7223017　邮编　366100

地　址　建山路 6 号

经　理　涂新民（2005.10—2013.12）

　　　　林还诚（2013.12—　　）

（林贻培）

特 载

□编辑 魏兰兰

在县委十二届四次全体（扩大）会议上的讲话

汤俊生

（2013 年 1 月 11 日）

同志们：

这次全会的主要任务是，深入学习贯彻党的十八大、中央经济工作会议、省委九届六次全会和市委八届五次全会精神，对全面建成小康社会作出部署，研究安排我县今年的经济工作，审议通过《中共大田县委十二届四次全会决议》，团结动员全县上下进一步振奋精神，开拓创新，真抓实干，努力推动科学发展跨越发展，为加快建设创新创造、宜居宜业幸福大田做出新的贡献。下面，根据县委常委会研究的意见，我着重讲三个方面。

一、深刻领会、全面把握，把思想和行动统一到十八大精神上来

党的十八大是在我国进入全面建成小康社会决定性阶段召开的一次十分重要的会议。胡锦涛同志代表十七届中央委员会所做的报告，对新形势下推进中国特色社会主义事业作了全面部署，是指引全国各族人民开创中国特色社会主义新局面的政治宣言和全面建成小康社会的行动纲领。大会审议通过的《中国共产党章程（修正案）》，充分体现了党的理论创新和实践发展的成果。十八届一中全会选举产生的以习近平同志为总书记的新一届中央领导集体，反映了全党意志和全国人民的心愿，为夺取中国特色社会主义新胜利、如期实现全面建成小康社会目标提供了坚强保证。县委和全县各级党组织、广大党员干部群众坚决拥护以习近平同志为总书记的党中央，坚决在思想上政治上行动上与党中央保持高度一致。

深入学习贯彻党的十八大精神，是当前和今后一个时期的首要政治任务。我们要在前一阶段学习贯彻的基础上，按照中央和省市委的部署要求，做到学习更加深入，领会更加透彻，贯彻更加自觉。特别是要深刻领会党的十八大主题，深刻领会过去 5 年和 10 年党和国家取得的重大成就，深刻领会科学发展观的历史地位、指导意义和实践要求，深刻领会中国特色社会主义的丰富内涵和夺取中国特色社会主义新胜利的基本要求，深刻领会全面建成小康社会和全面深化改革开放的目标，深刻领会中国特色社会主义总体布局和各项重大部署，深刻领会全面提高党的建设科学化水平的新要求，深刻领会党的十八届一中全会明确的“六个方面工作”和强调的“四个表率”，锐意进取，开拓创新，为实现十八大确定的目标任务而努力奋斗。

学习贯彻党的十八大精神，要紧密结合大

田实际，总的要求是，高举中国特色社会主义伟大旗帜，以邓小平理论、“三个代表”重要思想、科学发展观为指导，全面落实县第十二次党代会的部署，解放思想，改革开放，凝聚力量，攻坚克难，全面推进社会主义经济、政治、文化、社会、生态文明建设和党的建设，加快建设创新创造、宜居宜业幸福大田，确保到2017年全面建成小康社会，不断开创大田各项事业发展的新局面。重点要把握好以下五个方面：

一是必须始终坚持解放思想。实现全面建成小康社会的目标，关键是要解放思想、转变观念。全县上下一定要冲破不符合科学发展观的思想束缚，进一步树立开拓创新、勇于实践、勇于争先、敢于担当的意识，学习沿海先进的发展理念和成功的经验做法，努力用新思维破解难题，用新理念谋划发展，用新办法推动落实。**二是必须始终坚持突出发展。**实现全面建成小康社会的奋斗目标，归根到底要靠发展。结合大田实际，我们必须坚持做大经济总量，加快转变经济发展方式，优化产业结构，促进产业转型升级，构建以现代农业、先进制造业、战略性新兴产业和现代服务业为支撑的现代产业体系。**三是必须始终坚持改善民生。**我们所做的一切工作都是为人民谋幸福。要千方百计增加城乡居民收入，扩大社会保险覆盖面，加快保障性安居工程建设，不断完善覆盖城乡的社会保障体系。坚持教育优先发展，健全基本医疗卫生制度，繁荣发展文化事业，创建省级文明县城，做好人口和计划生育工作，促进基本公共服务均等化。创新社会管理，深化“平安大田”建设，抓好安全生产工作，提升社会管理科学化水平。**四是必须始终坚持统筹协调。**要突出民主政治建设，凝聚推进经济社会事业发展的合力。要突出城乡协调发展，努力构建城乡一体化发展新格局。要突出人与自然和谐发展，强化矿山水土流失治理，积极推进生态文明建设，推进绿色发展、循环发展、低碳发展，努力打造天蓝山青水绿的美丽大田。**五是必须始终坚持加强党建。**要牢牢把握加强党的执政能力建设和先进性、纯洁性建设这条主线，全面加强党的思想、组织、作风、反腐倡廉和制度建设。要认真贯彻落实中央关于改进工作作风、密切联系群众的“八项规定”和省委《实施意见》，深化干部人事制度改革，夯实党的基层基础，推进反腐倡廉建设，以抓党建的实际成效，促进经济社会持续较快发展。

二、稳中求进、转型发展，不断提高经济发展的质量和效益

中央经济工作会议和省市委全会对今年经济形势作了全面深刻的分析，指出国际经济形势仍处于应对金融危机的状态之中，主要经济体需求疲软，低增长态势仍将延续。同时，我国经济增长下行压力和产能相对过剩的矛盾有所加剧，企业经营成本上升和创新能力不足问题并存，经济社会发展仍然存在不少不确定因素。从我县情况看，经济总量不够大、产业结构不尽合理等问题将进一步凸显，加快发展、加快转变的任务更加紧迫、更加艰巨。**一是产业转型升级的压力加大。**大田是资源型县份，以资源开发为主的工业经济对经济增长的贡献率已超过70%，且大部分企业属于“大、笨、粗”的原材料和初级产品加工行业，产品价格受市场波动影响较大，新兴产业和高新技术产业比重偏低，运用高新技术改造传统产业、推动产品升级的能力较弱。而当前国家对产能过剩行业调整升级的刚性要求越来越严，市场优胜劣汰的自然法则对我县相当一些企业的影响不断加剧，在这样的情况下，我们既面临着做大总量、加快发展的压力，又面临着改造提升、加快转型的考验。**二是增强发展后劲的压力加大。**虽然近年来我县在引进大项目、培育大企业、打造大产业方面取得了较好成效，但与发达地区和周边县（市）相比，仍然存在较大差距，部分重大项目因政策、资金等因素的影响进展缓慢，能有效带动产业发展的大项目好项目不多。比如，我县单体投资最大的华润水泥项目总投资38亿元，而尤溪有2个项目单体投资超60亿元；今年我县“六大战役”年度计划投资为86.6亿元，而尤溪为136.9亿元。**三是统筹协调发展的压力加大。**三次产业结构不尽合理（18.1∶53.7∶28.2），第三产业增加值占GDP比重偏低。乡镇发展不平衡，农林牧渔业产值增幅最高与最低相差2.1个百分点，规模以上工业产值增幅相差33.8个百分点，固定资产投资增幅相差70.9个百分点，总量、速度参差不齐。城乡发展不协调，农村发展滞后，农民持续增收难度较大，特别是农村教育、文化、卫生等社会事业发展还要进一步加快，农村水、电、路等基础设施还要不断完善。对这些问题，全县各级各部门务必清醒认识，高度重视，抓住关键，全力突破。

与此同时，我们也要看到，做好今年的工作仍然拥有诸多有利条件和难得机遇。**一是宏观政策有利。**国家继续实施积极的财政政策和稳健的货币政策，持续加大对结构调整、“三农”工作、社会事业、民生保障、实体经济和欠发达地区的支持力度，有利于我们进一步向上争取更多项目和资金扶持；省委、省政府继续实施“五大战役”，有利于激发我们比学赶超、奋力跨越的热情和干劲，为经济社会发展注入新的活力；市委、市政府要求大田充分发挥优势，持续发展、转型发展，有利于我们寻求新动力、开辟新途径、增创新优势。**二是发展态势有利。**近年来，县委、县政府针对制约大田发展的要素瓶颈，集中力量，全力突破，用地难、用工难、用电难、融资难等问题逐步解决。随着“六大战役”全力推进，“三维项目”相继落地，华伦特重工、鑫鹭峰铸造、鑫城水泥、汇鑫铸造等15个总投资亿元以上项目建成投产，形成新的经济增长点，为经济持续较快增长提供了重要支撑。2012年，我县蝉联全省“县域经济发展十佳县”，获奖位次从第10位上升到第7位。这些都为今年及今后一段时期的发展奠定了良好的基础。**三是发展环境有利。**在推进发展过程中，全县上下形成了风清气正、干事创业的浓厚氛围，形成了致力发展、服务发展的整体合力，广大干部群众想发展、议发展、谋发展、促发展成为一种常态，“等不起”的紧迫感、“慢不得”的危机感、“坐不住”的责任感进一步增强，这些都为我们做好今年各项工作创造了更为有利的条件。我们一定要坚定发展信心，主动抢抓机遇，把各种积极因素转化为发展优势。同时，也要保持清醒头脑，树立“底线思维”，对各种风险和挑战做好充分准备，积极应对，赢得主动，努力实现更好更快发展。

今年工作的总体要求是，深入学习和全面贯彻党的十八大精神，以邓小平理论、“三个代表”重要思想、科学发展观为指导，按照中央经济工作会议和省市委全会的各项部署，紧紧围绕主题主线，以提高经济增长质量和效益为中心，坚持“工业打头阵、农业创特色、三产增活力、城镇扩规模，建设新农村”的发展思路，进一步深化山海协作，促进产业转型，统筹城乡发展，增进民生福祉，实现稳中求进、进中求好、进中求快、更好更快，推动经济持续健康发展和社会和谐稳定。

今年发展的主要预期目标是：全县地区生产总值、地方公共财政收入、城乡居民收入均增长13%以上。各级各部门一定要咬紧这些目标任务，充分调动一切积极因素，坚定信心、自加压力，朝着更高目标去努力，按照更高要求去落实，在更高起点上实现大田发展的新跨越。

1.山海协作更加深入。大田是三明的南大门，要立足山区前沿、沿海腹地的区位优势，敞开南大门，着力做好山海协作文章，切实通过思想观念的转变、产业项目的对接、保障机制的创新，推动大田更好更快发展。

一要转变思想观念。深入开展“解放思想、跨越发展”大讨论活动，进一步强化忧患意识、危机意识和沿海意识，树立“不进则退，慢进也是退”的思想观念，增强发展的紧迫感和责任感。学习沿海爱拼会赢、敢闯敢试精神，以更宽的眼界、更大的胸襟，谋求更大开放、更快发展。要适应经济发展新形势，积极参与沿海产业分工与协作，更加主动融入沿海，对接港口，发展外向型经济，以思想观念的大转变，促进经济社会的大繁荣。

二要对接产业项目。深化与中国纺织科学研究院、省政府投资项目评审中心和省煤田地质局的对接合作，加快沿海产业转移承接集中区建设，引导产业链关联企业向园区集聚，重点推进京口轻纺新型面料产业园、济阳金鸡化工园、广平循环经济示范园、上京机械铸锻集中区等特色园区开发建设，力争开发工业用地4000亩以上。加大招商选资力度，通过周末招商、以商招商、专场招商、产业链招商等方式，引进一批投资强度大、科技含量高、税性比重大、带动能力强的“三维项目”，力争引进超亿元项目10个以上。继续打好六大战役，组建七个重大项目工作组，深化项目竞赛活动，实行重点项目视频点评制度，全年安排县级以上重点项目123个，总投资483.2亿元，年度计划投资86.6亿元，其中省市重点项目29个，单体投资5亿元以上项目34个，确保新开工项目50个、在建项目51个竣工投产。

三要创新保障机制。在资金保障上，重点做好“三扩”文章，扩充信贷规模，确保全年银行新增各类贷款10亿元以上。扩展融资渠道，力争有1—2家企业实现上市，确保新发行1—2只中小企业集合债券。扩张金融体系，筹建金融办，引进兴业银行、晋江农商行等区外银行到我县设点，加快村镇银行、小额贷款公司发展，推动国有商业银行县域网点全覆盖。在用地保障上，积极向上争取用地指标支持，用好用足低丘缓坡地利用等政策，力争工业用地利用低丘缓坡地的比例超过70%，今年要新增建设用地2500亩以上，新增林地用地1500亩以上。要做好和谐征迁工作，保障建设用地及时有效供给。在政策保障上，在确保现有各类惠企政策100%兑现、确保符合补助条件的企业100%受益的基础上，根据形势的发展变化，及时出台针对性强的具体扶持政策，支持实体经济加快发展。

2.产业转型更加优化。从目前来看，国家政策在推动转型，市场机制在倒逼转型，加快产业转型升级已经没有退路。我们必须早转、快转、主动转，切实在做大经济总量的同时，通过产业的转型升级来不断提高经济增长的质量和效益。

一要做特农业。在稳定粮食生产的基础上，大力发展设施农业、休闲观光农业，以及茶叶、油茶、木薯等现代特色农业。突出做大做强茶产业，用好民生银行授信贷款10亿元等资金支持，培育2—3个规模大、实力强、有品牌的现代茶业龙头企业。办好第八届高山茶文化节，借助林博会、茶博会、网络销售、天津“大田高山茶”一条街等平台，打响“大田高山茶”品牌。发展油茶深加工，重点加快总投资6亿元的三九军大生物科技项目建设。创新农业经营体制机制，着力培育新型经营主体，发展多种形式的新型农民合作组织，新增农民专业合作社50个以上。加大农田水利基础设施建设投入，重点抓好农业综合开发、烟田基础设施、高标准农田等项目建设。

二要做强工业。按照抓龙头、铸链条、建集群的要求，发展壮大机械铸造、矿产品深加工、轻纺新型面料等支柱产业集群，培育产值超10亿元龙头企业2家以上。机械铸造产业，重点推进华伦特重工、鑫鹭峰铸造、金泰铝业等5家企业投产达产，加快推进总投资3亿元的铭晟机械、总投资1.8亿元的中德顺机械等项目建设。矿产品深加工产业，重点推进金阳矿业、鑫城水泥等5家企业达产达效，加快推进华润水泥、海容建材等5个项目建设。轻纺新型面料产业，重点推进万华实业、飞鹰实业等5家企业达产增效，加快建设总投资1亿美元的浩特服饰项目，确保新建成投产项目5个。大力培育生物医药、新能源、新材料等新兴产业，重点推进总投资10亿元的双嘉新能源、总投资5亿元的岩兴工业气体等项目建设，致力构筑新的产业集群。深入实施创新驱动战略，支持企业进行技术改造，实施技改项目60个。鼓励企业争创品牌，主导或参与制定国家、地方、行业标准。

三要做活三产。财政安排1000万元第三产业发展专项引导资金，重点抓好旅游、商贸物流、文化产业发展。旅游业方面，组建县旅游开发公司，加快推进凯天龙文化创意产业园、仙峰养生温泉度假区、高山茶文化创意产业园等项目建设，动工建设总投资10亿元的海峡酒文化生态观光园。商贸物流业方面，重点抓好闽中现代物流园、同乐物流等项目建设，动工建设总投资3亿元的浩沙体育文化产业园。文化产业方面，将茶文化、土堡文化、民俗文化、红色文化融入旅游项目建设，推进旅游与文化的良性互动，用好文化产业发展专项资金，扶持发展新型文化业态，培育壮大文化产业实体，规划建设土堡生态文化产业园，推动文化产业增加值占GDP比重有较大幅度提高。

3.城乡环境更加美丽。始终把统筹城乡发展放在突出位置，把生态文明理念全面融入城镇化全过程，坚持城乡建设和生态文明建设并重，营造宜居宜业的发展环境。

一要做大城市。牢固树立“为民建城”理念，大力实施“南进东拓北扩西延”战略，成立城市规划管理委员会，启动新一轮城市总体规划修编，规划区面积从原来的34平方公里扩大到80平方公里。全面实施“点线面”攻坚计划，挖掘山水特色和民俗文化，高起点、高标准加快旧城改造和新城开发。在继续抓好体育文化中心、龙腾盛世等在建项目的基础上，重点突破城市“四大板块”建设：东部新城核心区板块，启动总面积达1300亩的核心区详规设计，积极引进有实力的企业进行整体开发，重点抓好华石公路（二期）、汽车站迁建等项目建设，逐步实现再造一个大田县城目标；南部城市综合体板块，启动火电厂及周边地块综合体详规设计，打造企业总部、销售及研发中心集中区，加快城三小、中医院迁建、赤岩路（二期）、法院迁建等项目建设；西北新区板块，启动以国道“纵五线”周田至长溪路段为轴线、总面积达9600亩的城市新区规划及设计工作，进一步拉大城市构架；三旧改造板块，重点抓好“渔池洋”小区、纺织总厂改造等项目，统一推进村庄改造，引导城市产业“退二进三”。在城市管理上，推进“数字城管”，规范城市公交运营和物业管理，严厉打击违法用地、违法建房行为，加大市容市貌“脏、乱、差”的整治力度。抓好城市拦河蓄水清水工程、市民休闲广场、主题森林公园、河滨景观提升工程等市政基础设施建设，不断提升城市品位。

二要做美乡村。积极创建美丽乡村，围绕“一好五美”目标，开展美丽乡村“百日会战”活动。加快小城镇改革发展，以建设、桃源2个市级中心镇为重点，实施19个产业发展项目，完成投资3.28亿元以上。扎实推进新农村建设，开展各具特色的新型农村社区建设试点工作，重点加快高速公路、国省道沿线及重要节点乡村建设，全县培育蓝玉、阳春等10个以上精品村，每个乡镇培育3个以上美丽乡村；继续实施农村环境综合整治，健全农村环境卫生管理长效机制；加强农村基础设施建设，实施7.14万人安全饮用水工程；加大扶贫开发力度，完成造福工程搬迁1500人以上。完善户籍、土地、住房、教育等政策措施，引导农民向城镇集聚，有序推动农业转移人口市民化。

三要做优生态。积极创建国家级生态县，确保9个乡（镇）达到省级生态乡（镇）标准，245个村达到市级生态村标准，年内通过省级生态县考核验收。成立生态综合执法局，严格落实“河长制”，全面推进节能减排、水环境保护、环境污染防治等各项工作，加大对全县30家重金属污染企业的治理力度，大力发展绿色、低碳、循环经济，确保完成年度节能减排目标任务。突出矿山水土流失治理，加快23个矿山水土流失治理示范点建设，重点抓好贵竹林水土流失治理、银川矿区地质环境治理等项目。继续实施“四绿”工程，确保完成5.38万亩造林绿化任务，争创国家级森林城市。

4.民生福祉更加和谐。着眼于共建共享“幸福大田”，将新增财力主要用于民生事业，使发展成果更多、更公平惠及全县人民。

一要促民富。围绕城乡居民收入增长目标，突出抓好就业这一民生之本，确保新增城镇就业2200人以上，转移农村劳动力5000人以上。深入实施全民创业工程，以创业带就业，全面落实全民创业优惠政策，加大创业培训力度，帮助创业者向上争取项目、资金和政策支持，新增创业贴息贷款5000万元以上。落实农民收入“倍增计划”，加大对种养大户、农民专业合作社等经营主体的扶持力度，增加农民二、三产业收入，确保农民收入与城镇居民收入同步增长。

二要谋民利。集中精力抓好总投资26.6亿元的50项为民办实事项目，年度投资13.4亿元，确保当年任务当年完成、当年见效。健全完善社会保障体系，成立社会保障综合服务中心，扩大各类社会保险覆盖面，力争城镇居民养老、失业、医疗、工伤、生育保险参保率有较大提高。坚持教育优先，推进城乡教育均衡发展，做好省级“教育强县”创建工作。争创省级文明县城，做好公共文明指数测评工作。深入实施文化惠民工程，完善公共文化服务体系，加快县图书馆、博物馆等文化项目建设，健全乡镇、村居文化基础设施。深化医药卫生体制改革，有效提升全县医疗机构服务能力和管理水平，确保通过省级卫生县城考核验收。巩固计生“国优”创建成果，推广诚信计生管理模式，争创人口计生综合改革示范县。加强保障性住房建设和管理，新建保障性住房700套（户）以上。扎实开展“交通攻坚年”活动，加快推进“泉三”高速上京互通、“湄渝”高速奇韬互通等项目建设。

三要保民安。围绕“平安大田、法治大田、过硬队伍建设”政法工作目标，不断提高平安建设“三率”，扎实抓好“全省加强和创新社会管理综合试点县”工作，争创全国综治“长安杯”和全省“平安先进县”。坚持以群众工作统揽信访工作，发挥县委群众工作部作用，严格落实信访工作“路线图”，深入开展领导干部接访下访活动，依法维权维稳，妥善化解和处理矛盾纠纷。全面落实重大决策、重大项目社会稳定风险评估机制，畅通群众利益协调、诉求表达、权益保障渠道，切实从源头上预防和减少社会矛盾。严格落实安全生产“一岗双责”责任制，重点抓好矿山、道路、食品、药品等重点行业和重点领域的安全监管。

三、强化党建、转变作风，为经济发展提供组织和作风保障

做好今年各项工作，关键在党、关键在人、重在作风。各级党组织和广大党员干部要充分发挥战斗堡垒和先锋模范作用，以更实的作风、更优的服务、更快的节奏、更好的成效，确保各项目标任务全面完成。

一要强党建。要加强基层组织建设，着力抓好党建“四项机制”建设的落实，分领域打造一批过得硬、叫得响的党建示范点，扩大影响、形成特色、创建品牌，增强基层党建服务发展、服务民生、服务群众的功能。强化经费保障，县财政每年投入不少于1000万元，确保全县每年村办公经费平均不少于5万元、社区运转经费不少于10万元。改进干部管理办法和考核评价方式，把“两述两评三公示”考核评价模式延伸到乡镇干部，由任期改为年度，突出群众公认和工作实绩。在机关单位实行履职与服务公开承诺践诺评诺制度，并与“亮岗履职”结合起来，不断完善干部考核办法。创新人才引进机制，通过柔性引进人才等方式，做好招才引智工作。完善人才激励机制，规划建设人才公寓，舍得花本钱，真心实意帮助人才解决实际困难，营造“重才、育才、聚才、用才”的浓厚氛围，让人才进得来、干得好、留得住，形成人尽其才、才尽其用的良好局面。

二要转作风。“实干兴邦，空谈误国”。转变作风重在落实、贵在坚持。各级各部门特别是领导干部要认真贯彻落实中央“八项规定”和省委《实施意见》，深入开展“贯彻十八大精神，转作风、提效能、促发展”主题教育活动，严格落实机关干部作风行为规范“十不准”，以良好的党风带政风促民风。要强化学习力，各级干部要始终有一种“本领恐慌”的危机感，自觉加强学习，深入思考发展中面临的实际问题，把学习成果真正内化为推动跨越发展的思路办法、外化为贯彻政策措施的能力本领。要提高执行力，对县委县政府做出的决策部署，要勇于担当，该管的事主动管好，该解决的问题及时解决。要严格落实岗位职责，切实解决一些干部不敢接触矛盾、不愿担负责任的问题。

三要聚合力。人心齐，泰山移，大田的发展事业需要全县上下的共同努力。无论是经济主管部门、执法执纪部门，还是垂直管理部门，只要是在大田这块土地上，就要切实担负起发展大田的重大政治责任。要加强民主政治建设，全力支持人大、政协依法履职，加强对法院、检察院的领导，坚持党管武装，切实做好统一战线、民族宗教和侨务工作，发挥工会、共青团、妇联等人民团体作用，凝聚方方面面智慧和力量，形成推动科学发展跨越发展的强大合力。要加强党风廉政建设，全面落实党风廉政建设责任制，扎实推进惩治和预防腐败体系建设，严肃查处违纪违法案件，营造清正廉明的政治环境。不断加强机关效能建设，加大治庸治懒力度，重点加大对关键部门、重要岗位的监管力度，确保各项决策部署落到实处。

四要抓当前。各级各部门要集中精力抓好岁末年初各项工作。要抓好冬春农田水利基础设施建设，加强农业生产资料的生产供应和市场管理，搞好物资储备，确保价格基本稳定、供应充足、质量安全。要高度重视社会稳定和安全生产工作，排查消除公共场所、交通运输、烟花爆竹等领域的安全隐患，严防发生各种重特大安全事故。要加强节日期间廉洁自律和厉行节约工作，统筹安排好各项重要活动，做好访贫问苦工作，搞好市场供应保障，加强食品安全，特别要妥善安排好困难群众的生产生活，保证全县人民过一个平安、祥和、幸福的春节。

同志们，让我们紧密团结在以习近平同志为总书记的党中央周围，坚持以科学发展观为指导，深入学习贯彻党的十八大、中央经济工作会议和省市委全会精神，开拓进取，扎实工作，全力推动科学发展跨越发展，为建设创新创造、宜居宜业幸福大田、早日全面建成小康社会而努力奋斗！

政府工作报告

——2013年12月30日在大田县第十六届人民代表大会第三次会议上

县　长　熊旭明

（2013年1月11日）

各位代表：

现在，我代表县人民政府，向大会报告工作，请予审议。并请县政协委员和列席代表提出意见。

2013年工作回顾

一年来，县政府在上级党委、政府和县委的正确领导下，在县人大及其常委会的法律监督、工作监督和县政协的民主监督支持下，深入贯彻落实党的十八大、十八届三中全会精神，围绕科学发展、转型发展，统筹做好稳增长、惠民生、促和谐，经过全县人民的共同努力，预计全年完成地区生产总值138.62亿元，增长13%；地方公共财政收入7.4亿元，增长10.4%；城镇居民人均可支配收入25268元，增长13%；农民人均纯收入10719元，增长13.5%，基本可以完成县十六届人大二次会议确定的各项目标任务。一些重要领域取得新突破：

——蝉联福建省县域经济发展“十佳”县，县域经济保持平稳健康发展。

——被确认为“原中央苏区范围”，大田的革命历史地位和重大贡献得到充分肯定。

——被评选为2013年度全省唯一的“全国十大生态产茶县”，特色农业取得新发展。

——全县265个村获得市级以上“生态村”命名，通过了省级生态县考核验收。

——在全省率先成立生态综合执法局，创新生态环境综合执法体制。

——华伦特重工成为全市首家在海峡股权交易中心挂牌企业，拓宽了企业融资渠道。

——荣获省级“平安先进县”“法治先进县”“双拥模范县”“药品安全示范县”等荣誉称号，社会事业取得新成效。

一年来，我们主要在以下四个方面作出努力：

（一）坚持稳增长，经济发展稳中向好

强帮扶。深入开展“下基层、进企业、解难题、促发展”活动，“一企一策”帮助企业解决实际困难。及时出台扶持采矿选矿企业发展、工贸企业稳增长等37条配套政策，兑现各类扶持资金达1.27亿元。建立企业应急转贷资金5000万元、融资担保风险补偿金120万元，办理转贷业务周转资金13笔、1.22亿元。新设立晋农商村镇银行、兴业银行，积极引导金融部门加大对实体经济的支持力度。

攻项目。开展“百日会战”攻坚活动，实施123个重点项目，完成投资81.41亿元，岩兴气体、三九军大等37个项目动工建设，高山茶文化创意产业园、黎祥食品、浩特纺织等46个项目竣工或部分竣工投产（使用）。新策划矿产品深加工八条产业链项目60个，成功举办“4·12”厦门专场招商，组织参加各类招商活动，共对接项目32个、总投资136.1亿元，落地开工项目15个、总投资27.6亿元。

重提质。实施工业技改项目218个，完成投资77.05亿元，鑫鹭峰、农翔食品等211个技改项目相继完成。实施重点减排项目15个、节能项目5个、循环经济项目7个，单位生产总值能耗降低和主要污染物减排完成省市下达任务。主导或参与制定国家标准6项、行业和地方标准4项，新增省著名商标3枚，新获授权专利45件，飞鹰实业等9家企业通过第一批省级科技型企业认定，红狮水泥获国家工信部水泥行业准入认定。建设省级以上农业标准化示范区4个，新培育省市级龙头企业13家、“五有”示范合作社6个，成功举办第八届中国高山茶文化节，茶叶、油茶、木薯、蔬菜等特色优势农业稳步发展。新增物流企业25家、限上企业8家，紫诚、仙顶电子商务等新型业态起步发展。仙峰养生温泉度假区、“农家乐”和“森林人家”等旅游项目加快建设。

（二）坚持重统筹，城乡面貌彰显新容

城市建设步伐加快。启动新一轮县城总体规划修编。石牌开发建设全面展开。兴田路及河滨景观、福田路改造等项目建成投入使用，体育文化中心、中医院迁建、汽车站迁建、赤岩苏区森林公园等项目加快建设；龙腾盛世市民休闲广场顺利推进；省级“文明县城”“卫生县城”创建工作深入开展，城市交通、园林、环卫等管理进一步规范。

“美丽乡村”有序推进。开展美丽乡村创建“百日会战”活动，蓝玉、和洋、栋仁等18个中心村、22个特色村面貌明显改善。实施“生态环境保护工程”，扎实推进以银川矿区为重点的矿山水土流失综合治理和以均溪、文江河为重点的水流域综合整治，完成治理面积7.57万亩，新增造林绿化面积6.05万亩。完成年度旧村复垦任务，新增耕地面积1480亩。

基础设施日益完善。经多方争取，增设“泉南”高速上京互通并开展初设，国道“纵五”、华石线二期、大德公路等项目顺利推进，“湄渝”高速及文江互通工可获批，完成公路改造里程47.7公里、安保工程540.5公里。新农村电气化县建设通过省级验收，文江、广平、济阳35千伏输变电站完成技改扩容，吴山110千伏输变电工程建成投入使用，新一轮农村电网改造提升工程顺利实施。与省水利投资集团合作成立大田水务有限公司，城区水厂加快建设，全县农村安全饮用水问题基本得到解决。

（三）坚持惠民生，社会大局和谐稳定

惠民实事办好办实。共筹集资金8.1亿元，基本完成54项为民办实事项目。保障性安居工程开工建设1592套、完成配租配售426套，完成“造福工程”搬迁1512人、农村危房改造604户，建成县福利中心公益项目、残疾人“福乐家园”、5所乡（镇）敬老院。开展各种技能培训5564人次，发放创业小额担保贴息贷款3896万元，新增城镇就业2293人，实现农村劳动力转移就业5821人。城乡居民社会养老保险参保率达91%，城镇居民基本医疗保险覆盖率达97.8%，新型农村合作医疗参合率达99.9%。城乡低保标准、五保户供养水平、高龄老人补贴、独生子女伤残死亡家庭特别扶助金、村主干固定补贴、离任村主干养老补助标准和企业离退休人员基本养老金待遇得到提高，五保、低保对象住院治疗实行减免制度。率先在全市推行惠民殡葬政策，免除城乡居民基本殡葬服务费。

社会事业持续推进。围绕“教育强县”目标，实施“全面提升教育教学质量”工程，设立教育质量奖励基金，健全城乡教师交流机制，理顺教师队伍编制，加强学校班子和教师队伍建设；完成校安工程、城区扩容、薄弱校改造等项目65个，新建中小学校舍面积3.83万平方米，城关第三小学投入使用。完成3所卫生院、50个村卫生所规范化改造，实施县级公立医院改革，村级卫生所药品零差率销售实现全覆盖。加强人口计生工作，“诚信计生·幸福家庭”创建活动深入开展。文化惠民工程扎实推进，“大田土堡群”入选第七批全国重点文物保护单位。

社会管理创新发展。深入实施“六五”普法，深化综治“1+N”联动工作模式，落实信访工作“路线图”，高度重视安全生产，社会保持安定稳定。健全完善防灾减灾体系，灾害预警预报、快速反应和紧急救援能力得到提高。扶贫开发和库区移民后扶工作扎实开展。慈善总会作用有效发挥。

与此同时，人民武装、国防动员、人民防空、双拥、地方志、档案、外事侨务、民族宗教、老区、老龄、老体协、妇女儿童和关心下一代等各项工作取得新进展。

（四）坚持转作风，自身建设得到加强

自觉接受人大法律监督、工作监督和政协民主监督，共办理人大代表议案（建议）和政协委员提案238件，办复率、满意率均达100%。修订县政府工作规则，不断完善科学民主决策机制，依法行政水平进一步提高。贯彻落实中央“八项规定”，深化“转作风、提效能、促发展”主题教育活动，推行“一线工作法”，实行部门“优质服务郑重承诺”，开展“百名（科）股长亮岗评议”，行政效率进一步提高。认真落实党风廉政建设责任制，廉政建设和反腐败工作进一步加强。

各位代表，成绩来之不易，这是在上级党委、政府和县委的正确领导下，全县人民共同奋斗的结果。在此，我谨代表县人民政府，向辛勤工作在各条战线上的全县人民，向给予政府大力支持和有效监督的人大代表、政协委员、工商联、各人民团体、无党派人士、离退休老同志、社会各界人士和全体纳税人，向为大田经济社会发展做出积极贡献的人民解放军、武警官兵、民兵预备役部队、公安干警，向所有关心支持大田发展的同志们、朋友们，表示最衷心的感谢，并致以最崇高的敬意！

在看到成绩的同时，我们也要清醒地认识到，我县经济社会发展还存在不少困难和问题，主要是：经济总量不大，产业结构不合理，支撑发展的大项目、好项目不多，转型升级任务艰巨；城镇化水平不高，农村基础设施比较薄弱；水土流失治理任重道远，污染减排压力较大，生态环境亟待改善；教育、卫生等社会事业与人民群众的期盼还有差距；政府个别部门和干部精神懈怠、能力不足、脱离群众、消极腐败等现象仍有存在，等等。对此，我们将采取更加有力的措施，认真加以解决。

2014年主要工作任务

2014年，全县经济社会发展主要预期目标是：地区生产总值增长11.5%；地方公共财政收入增长10%；全社会固定资产投资增长22%；外贸出口增长12%，实际利用外商直接投资增长10%；社会消费品零售总额增长17%，居民消费价格总水平涨幅控制在3.5%左右；城镇居民人均可支配收入增长11.5%，农民人均纯收入增长11.5%；城镇登记失业率控制在3.6%以内；完成上级下达的人口与计划生育、单位生产总值能耗降低和主要污染物减排年度任务。围绕上述目标，着重抓好五个方面工作：

一、着力推进转型发展，切实加快产业结构优化提升

突出发展新型工业。在提质增效上，继续实施工贸企业稳增长政策，加大财政扶持力度，开展资源型企业可持续发展转型试点，遴选一批骨干企业予以重点扶持，实施工业技改项目252项，加快现有企业转型升级。在产业链延伸上，围绕资源办工业，发展壮大新型轻纺面料、机械铸造、建材水泥、矿产品深加工等产业集群，拓展培育新能源、生物医药等新兴产业，突出产业链招商，重点抓好八条矿产品深加工产业链的填平补齐。在推动企业自主创新上，强化企业创新主体地位，鼓励行业协会、企业建立机械铸造、特种纸、新型轻纺面料、新型墙体材料等研发中心，培育具有自主知识产权的专利技术和自有品牌的企业产品。

大力发展现代农业。鼓励发展多种形式的农村合作社，允许财政项目资金直接投向符合条件的合作社，允许财政补助形成的资产转交合作社持有和管护，允许合作社开展信用合作。加快新型农业经营主体培育，围绕农业办工业，规划建设农产品加工集中区，鼓励发展家庭农场，壮大农产品营销企业，扶持29家省市级以上龙头企业做大做强，促进农业产业向有税型态发展。加快现代农业示范园培育，大力发展设施农业、生态农业、休闲农业，健全农业社会化服务体系，规划建设富硒农产品示范园，壮大茶叶、油茶、木薯、蔬菜、林下经济、珍稀花卉苗木等特色优势产业，建成一批省市级农业创业基地和农民创业示范园，推动农业功能从单一的“生产”向“生产、生活、生态”转变。完善农产品质量安全监管体系，强化源头管控，逐步建立农产品产地可追溯制度，大力发展无公害、绿色和有机农产品，做特打响农产品品牌。

加快发展现代服务业。繁荣发展商贸物流，重点推进闽中现代物流园、同乐物流等项目，加快城乡农贸市场、农村超市、社区便利店建设，引导鼓励个体工商户转型升级为企业，促进更多符合条件的批发零售、住宿餐饮企业升级为限上企业，力争达100家以上。积极培育新型业态，重点扶持电子商务、总部经济、中介组织和物业管理发展，大力推动以“休闲·养生”为主题的1—2日乡村游，确保有实质性进展。全力打造诚信金融，深化“金融生态县”创建，抓好“全国小微企业信用体系试验区”建设，鼓励金融机构创新金融产品和信贷模式，引导信贷资金重点投向项目建设、农业农村和小微企业，确保全年新增贷款15亿元以上，新引进金融机构1—2家。

二、着力推进开放发展，不断激发经济社会发展活力

推进重点领域改革。创新农业生产经营体系，在稳定完善农村现有土地承包关系的基础上，出台农村土地承包经营权规范化流转具体管理办法，逐步建立县、乡、村三级土地信托服务平台，健全土地信托收益分配制度，推进农业适度规模经营。深化集体林权制度改革，健全林权动态管理制度，鼓励林权规范流转，探索林权资本化、资产化，大力发展林业专业合作社、股份林场、家庭林场等新型经营主体。积极应对财税体制改革，依法加强税收征管，改进预算管理制度，强化国库集中支付，健全完善政府财政预算绩效管理和监督机制。探索户籍管理制度改革，有序推进农业转移人口市民化。

强化项目支撑。高水平争取项目，抢抓我县被确认为“原中央苏区范围”和省市纪委挂钩我县的有利机遇，认真研究苏区政策，打好“苏区牌”，加大向上沟通协调力度，做深做细对接工作，形成竞赛氛围，争取更多的政策、项目和资金支持。高效能建设项目，实施重点项目122个、年度计划投资79.7亿元，继续实行一个项目一名县领导负责制，落实“责任到人、工期倒排、挂图作战、定期通报”项目工作机制，建立全县统一征迁补偿机制，着力化解项目用地、用电、用工、融资等实际问题，确保全年新开工项目56个以上、竣工或部分竣工投产（使用）项目47个以上。高标准引进项目，完善招商选资工作机制，把项目履约率、落地率、科技含量和财税贡献作为考核重点，将固定资产投资额、财税贡献率、土地利用率作为兑现优惠政策的前提条件，突出商会招商、以商招商、小分队招商，形成全民招商氛围，着力引进一批科技型、税源型、生态型的大项目、好项目，力争全年新引进亿元以上项目10个以上。

加快民营经济发展。落实支持民营经济发展的政策措施，着手出台平等准入、财税和金融扶持等政策，把民营经济引入创新驱动、内生增长的新轨道。筛选一批生态型、成长型民营企业，通过资本扩张、联合重组和贷款贴息、技术改造、品牌培育等综合措施，在科技创新、安全生产、节能降耗等方面达到国内先进水平。大力发展商会经济、楼宇经济，实施田商“回归工程”，支持组建行业协会，发挥行业自律作用，促进中小微企业抱团发展，力争全年新增产值超亿元企业25家以上、税收超百万元企业10家以上。

三、着力推进统筹发展，全面提升新型城镇化建设水平

提升城市品质。在规划上，按照“城在山中、山在城中、山水一色、生态岩城”理念，注重产城联动、绿色发展，大力实施“南进东拓北扩西延”战略，完成新一轮县城总体规划修编，高起点编制各类专项规划，确保城市“显山露水”。在建设上，加大“四大板块”开发力度，东部新城板块，抓好宝龙城、浩沙体育文化产业园、广元矿区等小区开发，加快推进凯天龙文化创意产业园、汽车站迁建等项目建设；南部城市综合体板块，加快石牌开发建设进度，完成福塘桥、赤岩路二期、中医院迁建等项目，动工建设南部生态宜居综合体；西北新区板块，完成以国道“纵五”为轴线的城市新区规划，启动北部新城开发建设；三旧改造板块，动工改造凤山东路、麻纺厂小区，建成体育文化中心项目，完善城区幼儿园、菜市场、停车场、公厕等配套设施，抓好城市河道清水蓄水景观工程、河滨景观栈道工程、市民休闲广场、森林公园等市政提升工程。在管理上，整合城市管理资源，实行“街长制”，强化交通秩序、违章搭盖、违法建设、占道经营、渣土运输和环境卫生综合整治，优化公交运营，培育一批物业管理示范小区，积极推进“数字城管”，构建城市网格化管理体系。

建设“美丽乡村”。按照“一好五美”目标要求，全面实行“点、线、面”攻坚计划。“点”，每个乡（镇）每年重点抓好1个中心村、2个特色村建设，因地制宜，通过典型示范带动，打造一批环境整洁、配套完善、房屋美观、自然生态的新型农村社区。“线”，重点抓好高速公路、国省道沿线村庄和企业厂房整治，拆除各类违章搭盖、违法建筑，梳理规范架空缆线，确保沿线景观面貌明显改善。“面”，抓好农村“四旁”绿化、美化、亮化工作，推进农村环境连片综合整治，深化“家园清洁”行动，健全完善农村绿化、保洁等长效管护机制，切实改变农村面貌。

完善基础设施。动工建设上京互通、国道“纵五”、吴山至屏山公路等重点项目，建成大德公路、华石线二期，加快推进“湄渝”高速、国省干线公路、“长永泉”铁路等重大交通建设项目前期工作。推进新一轮农村电网改造提升工程，动工建设京口110千伏、梅山35千伏输变电工程，技改仙峰、奇韬35千伏输变电站，加快百石220千伏、福塘110千伏输变电工程前期工作。完善园区开发投融资机制，鼓励社会资本参与园区开发，重点抓好大田经济开发区、海西（大田）机械铸锻集中区等园区开发，加快经济开发区配套服务项目建设，完成园区开发4000亩以上。

四、着力推进绿色发展，深入实施生态环境保护工程

高度重视环境保护。坚持把“天蓝、地绿、水清”的生态理念贯穿于各项工作全过程，全面推进生态环境保护工程。健全组织保障机制，成立环境监察指挥中心，配齐配强生态综合执法局和乡（镇）执法分局力量，延伸“河长制”，做到“一河一长、一河一策、一河一方案”，实现全县环境保护全覆盖。健全执法监管机制，对重点污染源实行全天候在线视频监控，加强源头管控，严厉打击偷排、直排、水洗砂、水洗矿、乱弃土弃渣等违法行为，做到“严管、勤查、联动、重罚”，对不符合环境保护法律法规的建设项目，一律不予立项；对水土流失治理不到位、环保不达标的企业，一律不予通过年检；对监管不力、执法不严的单位和个人，一律严肃追究责任。健全公众参与机制，建立环保社会监督员制度，增设村环保监督员，聘请志愿者，设立有奖举报电话，从学生抓起，用每一名学生带动每一个家庭，营造浓厚的社会舆论氛围。

强化资源节约利用。坚持节约集约用地，鼓励企业“退二进三”、“退城入园”，建设多层厂房，充分利用地下空间，积极推进土地增减挂钩、工矿废弃地复垦和低丘缓坡开发利用，严守耕地保护红线，切实提高土地利用率。实行最严格的水资源保护制度，突出抓好矿山水土流失综合治理和“青山挂白”整治，实施四条小流域水土流失综合治理项目，加强坑口水库等12处集中式饮用水源地保护。严格落实节能减排目标责任制，逐步淘汰落后产能，大力发展循环经济，实施重点节能项目5个以上、减排项目5个以上、循环经济项目10个以上。

争创国家级生态县。按照国家级生态县创建总体要求，全面整改省级生态县考核验收存在的问题，确保城镇污水集中处理率达80%以上、城镇生活垃圾无害化处理率达90%以上。加快林木采伐方式转变，限制皆伐，提倡择伐，在三年内对城区和乡（镇）所在地周边、公路河流两侧一重山及生态脆弱区实行禁伐，加大造林绿化力度，争创省级“森林县城”。全力推进国家级生态乡镇创建，争创国家级生态县。

五、着力推进和谐发展，全面促进民生改善社会稳定

提升民生保障水平。量力而行，做好群众最急需、受益面最广的为民办实事项目。落实促进创业就业政策，加大对大中专毕业生、农民工、城镇就业困难人员和退役军人等群体的就业帮扶，新增城镇就业2000人以上，完成农村劳动力转移就业5200人以上。提高新农合保障水平和城乡居民养老保险基础养老金标准，完善被征地农民社会保障。实施居家养老服务工程，全面改造提升乡(镇)敬老院，建成老年公寓及康复训练中心，动工改造县殡仪馆。加快保障性住房建设，新开工1689套，降低配租配售门槛，让更多困难群体受益。实施残疾人“安居工程”50户，完成“造福工程”、危房改造1500户以上。广泛动员全社会力量，大力发展慈善事业。

加快社会事业发展。围绕“教育强县”目标，大力实施新一轮学前教育三年行动计划，抓好农村中小学生“幸福成长”工程，探索义务教育城区学校“小片区管理”和农村薄弱校“委托管理”改革；加强教师队伍建设，理顺教师岗位职称评聘关系，优化教师年龄和学科专业结构，全面提升教育教学质量；新建中小学生社会实践基地和2所公办幼儿园，实施校安工程、薄弱校改造、城区扩容等项目6个；大力发展职业教育，规范发展民办教育，推进特殊教育、成人教育、老年教育、社区教育发展，关注留守儿童、外来务工人员子女教育。围绕“人才强县”目标，健全人才培养引进、合理配置、激励保障等机制，加快人才公寓建设，优化人才发展环境。创建国家公共文化服务体系示范区，规划新建县博物馆，建成县图书馆，提升“六大重点文化惠民工程”；完成大田土堡群保护规划方案编制，推动文江“朱坂丰场戏”申报省级非物质文化遗产；广泛开展全民健身运动，促进群众体育和竞技体育全面发展。深入推进医药卫生体制改革，完善公立医院药品零差率、院长医生年薪制、单病种付费等改革，实施村级卫生所网络信息化建设，完成县中医院和疾控中心搬迁，改造乡（镇）卫生院2所，促进基本公共卫生服务均等化。坚持计划生育基本国策，稳定低生育水平，深化“诚信计生·幸福家庭”创建活动，促进人口计生长期均衡发展。认真开展第三次全国经济普查工作。做好库区移民后扶工作。促进民族宗教、地方志、档案、气象、水文、地震、老区、老龄、老体协和关心下一代等工作全面进步。

推进社会治理创新。持续深化群众性精神文明创建活动，创建省级“卫生县城”“文明县城”。深入实施“六五”普法，增强全民法治意识，抓好人民调解、社区矫正、安置帮教和法律服务工作。深化“平安大田”建设，严厉打击违法犯罪活动，完善社会治安视频监控系统，增强社区服务功能，引导社会组织参与公共服务和社会治理。健全重大决策、重大项目社会稳定风险评估机制，严格落实信访工作“路线图”，依法处理信访事项，有效化解社会矛盾。强化安全生产责任落实，坚持“管行业必须管安全、管业务必须管安全、管生产经营必须管安全”，持续深入开展安全生产大检查，抓好矿山、消防、道路交通、建筑施工、食品药品等领域安全生产工作，严防重特大事故发生。做好对台和外事侨务工作，抓好“双拥”共建、国防教育、国防动员、优抚安置和人民防空工作，支持工会、共青团、妇联等人民团体开展工作。

加强政府自身建设

新形势、新任务对政府提出了更高要求，我们将围绕建设服务型、高效型、法治型、廉洁型政府，尽心竭力把党和人民赋予的神圣职责履行好、落实好。

改革创新抓落实。坚持把改革创新精神贯穿于各项工作的全过程，用党的十八大、十八届三中全会精神武装头脑、指导实践，做到常思能力不足、常怀本领恐慌、常找学习差距。扎实推进政府机构改革，加快政府职能转变，把政府该管的事全力管好，把不该由政府管的事交给市场和社会组织。进一步解放思想，只要是对大田发展有利的事，对百姓民生有利的事，就要大胆地试、大胆地闯、大胆地干。

转变作风抓落实。认真落实中央“八项规定”，扎实开展党的群众路线教育实践活动，深化“转作风、提效能、促发展”主题教育活动，聚焦“四风”找问题、抓整改。全面推行“一线工作法”，大兴调查研究之风，在基层中接地气、摸实情，在一线中“比激情、比作风、比运作、比实效”。大力改进文风会风，减少会议、文件，减少一般性考核、检查、评比活动，减少迎来送往和各种应酬，把时间和精力用在为民服务和推动工作上。

高效服务抓落实。全面深化行政审批制度改革，落实容缺审批、联审联办、限时办结等制度，实行审批服务标准化管理。持续开展“马上就办、办就办好”、部门“优质服务郑重承诺”、“百名科（股）长亮岗评议”活动，开通“网上效能投诉平台”，加强行政服务中心、公共资源交易中心、社会保障综合服务中心规范化建设，更好地服务群众、方便群众。进一步提高工作效率，对议定的事项、做出的承诺，立说立行、只争朝夕，快节奏推进、高效率完成，用严格的责任追究推动工作、促进落实。

从严治政抓落实。自觉接受县人大及其常委会的法律监督和工作监督，虚心接受县政协的民主监督，及时办理人大代表议案（建议）和政协委员提案，主动听取各民主党派、工商联、人民团体和社会各界人士的意见建议。始终坚持依法行政、文明执法，着力解决有法不依、执法不公等群众反映强烈的突出问题，以政府依法行政带动全社会的知法守法，以政府诚信带动全社会的诚实守信。严格执行党政机关厉行节约反对浪费条例，落实党风廉政建设责任制，加强行政监察和审计监督，深入推进政务公开、村务公开和办事公开，促进政府工作公开透明，让权力在阳光下运行。

各位代表，困难激励斗志，改革迸发活力，团结昭示力量！让我们在县委的坚强领导下，坚定信心、攻坚克难，众志成城、开拓进取，为加快建设创新创造、宜居宜业的幸福大田而努力奋斗！

中共大田县委

□编辑 涂庆南

综 述

2013年，中共大田县委坚持以邓小平理论、“三个代表”重要思想、科学发展观为指导，认真学习贯彻中共十八大、十八届三中全会及总书记习近平的一系列重要讲话精神，团结带领全县广大干部群众，励志拼搏，奋力跨越，全力推进产业发展、城乡建设、民生改善、生态建设、党的建设等各项事业，取得新的突破，连续三年蝉联福建省县域经济发展“十佳”县。着力从六个方面抓好抓实。

抓理论学习，贯彻总书记重要讲话精神 一是及时召开县委常委（扩大）会议，传达学习系列讲话精神，把握精神实质，专门下发通知，召开县委十二届五次全会进行部署，推动各级各部门增强学习贯彻的自觉性、主动性和坚定性。二是把学习贯彻总书记习近平重要讲话精神同学习贯彻中共十八大和十八届三中全会、省市委全会精神结合起来，做到学与思、学与用、知与行的高度统一，引导广大党员干部真正用讲话精神武装头脑、指导实践、推进工作。三是运用学习、研讨、培训、宣讲等多种形式，推动学习贯彻活动有序开展，各新闻媒体开设专栏、专版进行宣传阐释，营造浓厚氛围，形成学习贯彻热潮。

抓产业促转型，提升经济发展质量与效益 一是壮大产业龙头，强化龙头支撑作用。工业着力打造机械铸造、矿产品深加工、轻纺新型材料等的产业集群，重点推进海容建材、岩兴工业气体等单体投资10亿元以上的工业项目建设，华伦特重工、鑫鹭峰铸造等项目建成投产，华伦特重工成为全市首家在海峡股权交易中心招牌企业。农业突出发展设施农业、观光农业、休闲农业等现代农业，做大做强茶叶、油茶、木薯等优势特色产业，全县茶园面积达6413.33公顷、油茶林9066.67公顷、木薯4333.33公顷，创建省级龙头企业2家、市级29家，大田县被评为“全国十大生态产茶县”。服务业着重推进商贸物流、文化旅游等产业发展，突出抓好浩沙体育文化产业园、仙峰养生温泉度假区等投资3亿元以上的现代服务业和旅游重点项目建设，总投资4.56亿元的福建高山茶文化创意产业园项目建成投入使用。二是促进产业集聚。重点推进京口轻纺新型面料产业园、济阳金鸡化工园、上京机械铸锻集中区等特色园开发建设，新平整工业用地122.67公顷，新增建设用地149.53公顷，新增林业用地566.67公顷，浩特服饰、闽台高新农机具、三九军大、三井科技等一批产业链项目落户园区并动工建设。三是抓技改创新，县财政安排1000万元作为工业发展专项资金，突出抓好鑫鹭峰铸造、华阳光电等218个技改项目，完成技改投资77.05亿元，占年计划的102.7%。深化与中国纺织科学研究院、省政府投资项目评审中心、省能源集团、省煤田地质局和三明学院的对接合作，实现产学研用结合。推进金泰铝业、华伦特重工等企业的研发中心建设，提高科技进步对经济增长的贡献率。

抓项目促增长，资源向重点项目倾斜和配置 成立七个重大项目组，实行一个项目由一名处级领导挂包制度，强化领导责任；开展重点跟踪项目现场办公，加大督查力度；组织开展“百日会战”，推进项目建设。全县123个重点项目完成投资81.4亿元，新开工项目27个，竣工投产或部分投产46个。

组织参加“6·2”“6·18”“9·8”等招商活动，签约项目66个，与省能源集团签订100亿元的项目投资和金融支持协议；与省国土资源厅、水利厅、发改委等15个省直部门对接项目48个，其中有12个项目被列入省纪委第一批挂钩帮扶项目。加强一线服务，以“五到一线”为重点，全面推行“一线工作法”，深入项目建设现场，服务、指导、帮助项目业主解决实际困难，全年兑现扶持资金1.27亿元，办理转贷业务周转资金1.22亿元。县发改局、行政服务中心开展联合审批，改革审批制度，缩短审批时限60%；县国土、住建、环保等职能部门强化跟踪服务，派专人入驻重点项目建设现场，全程参与质量监管。

抓城乡促统筹，推进城乡一体化进程 一是实施城市“南进东拓北扩西延”战略，重点突破城市“四大板块”建设，龙腾盛世、岩城明珠等14个城建项目完成投资13.7亿元，占年度计划的119.4%，总投资20亿元的“宝龙城”项目进驻东部新城。二是开展“美丽乡村”百日会战，全县265个村全部完成村庄规划。加快小城镇改革发展，贯彻落实省推进城镇化的十二条措施，以建设、桃源2个市级中心镇为重点，实施16个产业发展项目，完成投资3.69亿元，占年计划的145.8%。三是创建国家级生态县，顺利通过“省级生态县”考核验收，桃源、湖美、梅山、屏山、吴山、谢洋、石牌7个乡（镇）通过“国家级生态乡镇”考核验收。成立全省首个生态综合执法局，落实环境保护“一岗双查”，推进节能减排、水环境保护、环境污染防治工作。实施“四绿”工程，完成造林绿化4000公顷，超额完成省市下达的任务。抓好23个矿山水土流失示范点建设，投入资金1.79亿元，治理水土流失面积5046.67公顷，完成市下达任务的107.1%。

抓民生促和谐，推动社会和谐进步 一是办好惠民实事。筹集资金8.1亿元，基本完成54项为民办实事项目。教育、文化、卫生等各项事业长足发展，一批与群众生产生活息息相关的热难点问题得到妥善解决。开工建设保障性住房1592套，完成配租配售426套，建成县福利中心公益项目、残疾人“福乐家园”、5个乡（镇）敬老院。二是增强民生保障。开展多种技能培训5564人次，发放创业担保贴息贷款3896万元，新增城镇就业2293人，实现农村劳动力转移就业5821人。成立社会保障综合服务中心，扩大各类保险覆盖面，城乡居民社会养老保险参保率91%，城镇居民基本医疗保险参合率达97.8%，新型农村合作医疗保险参合率99.1%。城乡低保标准、五保户供养水平、高龄老人补贴、独生子女伤残死亡家庭特别扶助金、村主干固定补贴、离任村主干养老补助标准和企业离退休人员基本养老保险金待遇得到提高，实行五保、低保对象住院治疗减免制度。率先在全市免除城乡居民基本殡葬服务费。三是推进扶贫开发。制定出台《关于贯彻落实〈中国农村扶贫开发纲要〉（2011—2020年）的实施意见》，加强7个省级重点村、14个市级重点村、18个县级重点村的扶贫开发工作，争取上级扶持资金1300多万元，实施项目50多项，实施扶贫搬迁1512人的“造福工程”，农村危房改造1320户。“干群结对帮扶济困”对象1905户，落实帮扶资金450万元。四是持续推进社会事业。实施“全面提升教育教学质量工程”，设立教育质量奖励基金，健全城乡教师交流机制，理顺教师队伍编制；完成校安工程、城区扩容、薄弱校改造等项目65个，新建中小学校舍面积3.83万平方米，城关第三小学投入使用。完成3所卫生院、50个村卫生所规范化改造，实施县级公立医院改革，村级卫生所药品零差率销售实现全覆盖。加强人口计生工作，“诚信计生·幸福家庭”创建活动深入开展。文化惠民工程扎实推进，“大田土堡群”入选第七批全国重点文物保护单位。被确认为“原中央苏区范围”，大田的革命历史地位和重大贡献得到充分肯定。荣获省级“双拥模范县”“药品安全示范县”等荣誉称号，各项社会事业取得新成效。五是维护社会稳定。坚持每周一召开信访维稳形势研判分析会制度，领导干部接访下访活动、社会稳定风险评估机制、政法系统群众工作经验做法分别得到中央综治办调研组、中央政法委群众路线教育实践活动调研组的充分肯定；“县委群众工作部”“道路交通事故1＋N联调机制122模式”“社会稳定风险ABC分类分级评估”三项社会治理创新经验在全省推广，平安建设“三率”（平安建设知晓率、党政重视率、公众安全满意率）居全省前列；成立全市首家县级法学会，综治工作连续6年保持全市领先，荣获全省“平安先进县”“法治先进县”称号。

抓党建促发展，提高党的建设科学化水平 一是组织开展中共十八大精神轮训，分6期对全县759名科级干部进行集中办班辅导；开设“岩城大讲堂”，邀请知名专家学者作专题报告。改革干部管理办法和考核评价方式，在县直机关开展“三公三诺”（公开承诺、公示践诺、公众评诺）活动，把对村干部“两述两评三公示”（述职、述廉，民主测评、组织考评，公示民主测评、任期工作业绩、任期经济责任审计结果）的考核评价办法拓展到乡（镇）干部年度考核中。实行领导班子状况定期分析制度，对全县87个县直单位进行全面考核。二是突出典型培育，在“两线一圈”（泉三高速公路沿线、省道沿线和城区中心区）培育桃源蓝玉村、格林实业等一批党建示范点；选派24名村党支部书记跨市、县和县内挂职锻炼。开展非公企业、社会组织党组织覆盖“百日行动”，党组织覆盖率分别提高72.1%和92.1%。县财政安排专项经费1000万元用于基层组织建设，新建或改造42个村级综合服务场所，确保平均每个村办公经费不少于5万元，每个社区经费不少于10万元，基层基础更加牢实。三是落实党风廉政建设责任制，执行土地出让、房地产开发和矿山开发“三不介入”规定，加大54项为民办实事和21个民生及社会事业项目的督查力度，推进惩治和预防腐败体系建设。立案查处违法违纪案件70件，追缴违纪款项158万元，贯彻落实中央“八项规定”和省市委《关于贯彻落实中央政治局改进工作作风、密切联系群众八项规定的实施意见》，推进领导干部“四下基层”（信访接待、现场办公、调查研究、宣传党的方针政策下基层）工作和县直机关“马上就办”，开展“转作风、提效能、促发展”主题教育活动，集中整治干部队伍中的“庸懒散”现象，增强服务发展的能力水平。

（涂庆南 郭尚荣）

县委全会与常委会

【县委十二届四次全体（扩大）会议】 1月11日，在县政府五楼会议室举行，会期一天。会议学习贯彻中共十八大、中央经济工作会议、省委九届六次全会和市委八届五次全会精神，对全面建成小康社会做出部署，研究部署全县2013年的经济工作。全会审议通过《中共大田县委十二届四次全会决议》。县委书记汤俊生，县委副书记、县长熊旭明在会上讲话。县委副书记、县政协主席郑建勋及其他县委常委廖金辉、吴昌年、苏迎平、张英跃、章玲、蔡建明、江太生、黄建总出席会议。县几套班子领导，担任过副处级以上职务的离退休干部，县纪委委员，各乡镇党委书记、乡镇长，县直副科级以上机关事业单位党员正职领导或主持工作的党员副职领导，省、市驻大田副科级以上机关企事业单位党员正职领导等参加会议。

（郭尚荣）

【县委十二届五次全体（扩大）会议 9月4日下午，在龙山宾馆七楼会议室举行，会期半天。会议的主要任务是，贯彻落实总书记习近平一系列重要讲话、省委九届九次全会和市委八届六次全会精神，动员全县上下进一步坚定信心、狠抓落实、推动发展。县委书记汤俊生主持会议并代表常委会向全会做报告，县委副书记、县长熊旭明在会上讲话。县委副书记、县政协主席郑建勋，县委常委廖金辉、苏迎平、张英跃、章玲、蔡建明、江太生、黄建总出席会议。县几套班子领导，担任过副处级以上职务的离退休干部，县纪委委员，各乡镇党委书记、乡镇长，县直副科级以上机关事业单位党员正职领导或主持工作的党员副职领导，省、市驻大田副科级以上机关企事业单位党员正职领导等参加会议。

（郭尚荣）

【县委常委会】 1月10日晚上常委会议，县委书记汤俊生主持（下同），传达学习省委九届六次全体（扩大）会议和市委八届五次全体（扩大）会议精神，研究本县贯彻意见；研究讨论《在县委十二届四次全体（扩大）会议上的工作报告》《在县委十二届四次全体（扩大）会议上的讲话》《中共大田县委十二届四次全会决议（草案）》。

1月31日上午常委（扩大）会议，组织学习总书记习近平关于厉行勤俭节约反对铺张浪费重要批示精神，听取省市组织部长暨人才工作座谈会、老干局局长会、农村工作会、人口计生工作会议精神汇报，研究本县贯彻意见；研究讨论本县贯彻落实中央《关于改进工作作风密切联系群众八项规定》具体实施办法、2012年度各项工作考评结果及2013年度工作考评方案修改意见、调整充实党建工作领导小组等有关事宜。

2月25日上午常委（扩大）会议，传达学习2013年中央1号文件、省纪委九届四次全会、市纪委八届四次全会，全国、全省、全市政法工作会议，全省、全市宣传部长工作会议，全国、全省、全市统战部长会议，全省、全市文明办主任会议以及全国、全省信访局长和全市信访工作电视电话会议的精神，研究本县贯彻意见。

3月8日下午常委（扩大）会议，听取全市机关党的工作会议精神汇报，研究本县贯彻意见；研究讨论《大田县投资兴业优惠政策的暂行规定（送审稿）》、提高公务员津贴补贴标准、推荐省市劳模人选和2012年度科级干部年度考核等有关事宜。

3月25日下午常委（扩大）会议，县委副书记、县长熊旭明主持，会议传达学习党的十八届二中全会、全国“两会”以及省、市委常委（扩大）会议主要精神，研究本县贯彻意见。

4月10日下午常委会议。传达学习省、市老年人体育协会2012年年会精神，研究本县贯彻意见；研究讨论公务员提前退休有关工作、当前工作等事宜。

5月13日上午常委（扩大）会议，听取考察组赴上海、江西等地考察情况，落实2012年度综治领导责任书存在问题和整改意见建议，“双高普九”和实现义务教育基本均衡发展、创建教育强县工作情况；听取2012年度省市农体协年会精神汇报，研究本县贯彻意见；研究讨论2013年县直部门综合财政预算支出安排情况。

5月27日上午常委（扩大）会议，听取全省推广领导干部“四下基层”工作制度视频会精神汇报，研究本县贯彻意见；研究讨论“下基层、进企业、解难题、促发展”调研活动、人口计生工作、加强和完善矿产品监督管理等有关事宜。

6月25日下午常委（扩大）会议，传达市委市政府工作检查总结会及全市重点跟踪项目点评会精神，听取全市农业产业化工作座谈会精神汇报，研究本县贯彻意见。

8月1日下午常委（扩大）会议，传达学习市委上半年党风廉政建设形势分析视频会、省市维稳形势分析会和全市政法综治工作会精神，研究本县贯彻意见；研究讨论创建国家级生态县工作、城市管道燃气建设项目和县委办、县政府办、县旅游局核增科级领导职数及提请县委常委会研究解决的有关事宜。

9月4日上午常委（扩大）会议，传达学习总书记习近平一系列重要讲话和省委九届九次全 会、市委八届六次全会精神，研究本县贯彻意见；研究讨论现代农业发展和扶贫开发工作、相对集中行政处罚权实施生态环境领域综合行政执法工作、中小学教师职称制度改革试点工作、教师节慰问表彰、推荐表彰“申苏”工作突出贡献单位和有功人员名单以及县总工会换届等事宜。

10月12日下午常委（扩大）会，组织学习省委书记尤权在省委党校授课文稿《认真学习贯彻习近平总书记系列重要讲话精神，推动福建科学发展跨越发展上新水平》精神，研究本县贯彻意见；研究讨论大田县第八届中国高山茶文化节活动方案、《中共大田县委关于加强新形势下党外代表人士队伍建设的实施意见》等有关事宜。

11月8日下午常委（扩大）会议，传达学习省市宣传思想工作会、省市组织工作会精神，研究本县贯彻意见；研究讨论部分县领导工作分工、县财政收入考核奖励分配、县妇联换届、县直机关党委（含纪委、人武部）领导职数核定、县老干局和县总工会核增科级领导职数及提请县委常委会研究解决等有关事宜。

11 月 22 日下午常委（扩大）会议，传达学习中共十八届三中全会、省市委常委（扩大）会议精神和《中共中央关于在全党深入开展党的群众路线教育实践活动的意见》，研究本县贯彻意见。

12 月 25 日下午常委（扩大）会议，传达学习中央红军东方军入闽作战 80 周年纪念活动暨理论研讨会和省党史教育基地授牌仪式暨革命遗址遗迹保护利用工作会精神，研究本县贯彻意见; 研究讨论县政府工作报告、《2013 年国民经济和社会发展计划执行情况及 2014 年国民经济和社会发展计划草案的报告（送审稿）》、《2013 年预算执行情况及 2014 年预算草案的报告（送审稿）》、创建省级卫生县城、农业企业总部大厦出让、成立大田县诚信促进会、推荐市级“党管武装好书记”和“武委会好主任”人选、增补政协九届常委人选及有关案件处理意见等有关事宜。

（郭尚荣）

【县委专题会议】 1 月 25 日上午，县委副书记、县政协主席郑建勋主持，专题安排部署春节期间城市管理整治有关事宜。

2 月 20 日，县委书记汤俊生主持，现场调研市级重点跟踪项目现场点评项目进展情况，协调解决项目建设中存在的困难和问题，研究部署下阶段项目工作。

2 月 27 日下午，县委副书记、县政协主席郑建勋主持，专题研究华润水泥大田项目建设推进有关事宜。

5 月 6 日上午，县委书记汤俊生主持，现场调研石牌镇开发建设情况，协调解决集镇规划、道路改造、桥梁建设等项目推进中存在的困难和问题，研究部署下阶段工作。

5 月 21 日，县委书记汤俊生主持，听取华伦特重工、蓝玉新村等市拉练检查迎检项目建设情况汇报，实地察看项目进展情况并协调解决项目推进中存在的困难和问题，研究部署下阶段工作。

7 月 2 日下午，县委副书记、县政协主席郑建勋主持，专题研究华润水泥大田项目暂缓建设有关事宜。

7 月 10 日，县委书记汤俊生主持，现场调研城市规划建设项目情况，协调解决项目建设中存在的困难和问题，研究部署下阶段项目工作。

7 月 19 日，县委书记汤俊生主持，学习贯彻省长苏树林对信访工作的重要指示精神，通报分析当前信访突出问题，研究部署下阶段信访工作。

7 月 22 日上午，县委书记汤俊生主持，听取福建高山茶文化创意产业园、福建省仙峰养生温泉度假村、华伦特重工、蓝玉村“美丽乡村”建设等 4 个 2014 年省市拉练检查备检项目进展情况汇报，协调解决项目建设中存在的困难和问题，研究部署下阶段工作。

7 月 22 日上午，县委书记汤俊生主持，专题研究福建万华实业有限公司恢复生产有关事宜。

7 月 25 日下午，县委副书记、县政协主席郑建勋主持，专题研究万华实业有限公司融资有关事宜。

8 月 1 日下午，县委书记汤俊生主持，听取县人武部的工作情况汇报，讨论县人武部提请解决的问题。

8 月 2 日上午，县委副书记、县政协主席郑建勋主持，专题研究华润水泥大田项目暂缓建设有关事宜。

8 月 12 日上午，县委副书记、县政协主席郑建勋主持，专题研究万华实业有限公司恢复生产等有关事宜。

8 月 30 日下午，县委常委黄建总主持，专题研究华石线（二期）项目征用闽中现代物流园红线范围内部分土地问题。

9 月 16 日上午，县委书记汤俊生主持，专题研究万华实业有限公司办理转贷业务有关事宜。

9 月 27 日上午，县委书记汤俊生主持，听取县委常委、常务副县长苏迎平关于赴省直部门对接项目情况汇报，研究部署下阶段项目策划与对接工作。

10 月 9 日，县委书记汤俊生主持，现场点评重点项目进展情况，协调解决项目建设中存在的困难和问题，研究部署下阶段项目工作。

10月12日下午，县委书记汤俊生主持，传达学习总书记习近平6月7日关于安全生产的重要指示和7月18日在中央政治局常委会关于安全生产工作的重要讲话以及近期省、市政府安全生产会议精神，分析本县安全生产形势，研究贯彻意见。

12月25日上午，县委副书记廖金辉主持，专题研究城市规划区范围内违法建房、违法占地综合整治有关事宜。

（郭尚荣）

【县委领导外联活动】 1月30日，县委书记汤俊生会见中电集团专家，就大田风电建设有关事宜交换意见。

4月17—20日 县委副书记、县政协主席郑建勋率东部新城指挥部成员、县直有关单位负责人到本省将乐县和江西省犁川、南丰、上饶等地考察学习城市建设与管理工作。县委调研员王福校随同前往。

6月13日 县委书记汤俊生会见香港南益实业（集团）有限公司中国区首席代表吴长谋一行，商讨项目投资事宜。

17—18日 县领导汤俊生、苏迎平、江太生赴福州参加第十一届中国·海峡项目成果交易会暨第三届福建民营企业产业洽谈会。

26日 县委书记汤俊生会见福州中建城市开发有限公司总经理李晓广一行，商讨项目投资有关事宜。

27日 县领导汤俊生、熊旭明、郑建勋会见厦门·泉州商会会长苏福伦一行，洽谈项目投资有关事宜。

7月3—5日 县委副书记、县长熊旭明到北京参加三明市政府组织的央企对接活动。

17日 县委书记汤俊生会见宝龙地产控股有限公司副总裁洪群峰一行，商讨城市建设项目事宜。

9月6—9日 县领导汤俊生、熊旭明、苏迎平赴泉州、厦门拜访客商并参加第十七届中国（厦门）国际贸易洽谈会。

11月6—9日 县领导熊旭明、江太生等到三明参加第九届海峡两岸林业博览会暨投资贸易洽谈会。

13日 县委书记汤俊生会见三明钻石集团有限公司董事长庄黑将一行，商讨茶文化创意产业园项目建设有关事宜。

14日 县委书记汤俊生会见省地勘局副局长郭立新一行，商讨有关地质勘探、富硒农产品开发有关事宜。

12月4日 县委常委、统战部部长江太生到三明参加市政府与省农科院和省农行战略合作框架协议和对接洽谈活动。

12日 县委书记汤俊生赴泉州拜访客商、洽谈项目。

（郭尚荣）

【省、市委、纪委领导到县调研检查工作】 1月22日上午，三明市委常委、组织部部长刘远到吴山乡程堂村调研并慰问贫困户；开展2012年惩防体系建设和党风廉政建设责任制工作检查并召开汇报会。下午，参加县委常委会2012年度开放式民主生活会。

2月27日 市委常委、组织部部长刘远到桃源镇调研。

3月7日 市委常委、秘书长余红胜到屏山乡大方广茶叶有限公司、武陵乡上岩村“两评两述三公示”示范点、桃源镇蓝玉村检查指导工作。

13日 市委常委、政法委书记、市公安局长夏钢到均溪镇赤岩社区、京口工业园区检查指导工作。

18日 省委组织部副部长袁毅到京口工业园区、桃源镇蓝玉村调研非公企业和基层党组织建设。

21日 市委常委、宣传部部长曾祥辉到县调研宣传思想文化工作。

同日 省委党史研究室副主任黄玲到县检查指导党史研究工作。

7月9日 省公安厅党委委员、纪委书记、三明市委常委、政法委书记、公安局局长夏钢率市公安局党委成员、十二个县（市、区）公安局局长、市公安局各部门负责人到县公安局调研星级民警评定管理工作，并开展上半年公安工作现场观摩交流活动。

22日 市委常委、纪委书记冯新婷到县调研廉政文化建设情况。

25日　市委常委、统战部部长江兴禄到县调研非公经济、民营企业科技创新和转型升级、统战和宗教工作。

8月14—15日　省纪委常委惠学京率调研组到县开展“入企进村访农户”下基层调研活动。

8月18日　市委常委、纪委书记冯新婷到建设镇、桃源镇指导水土流失治理、“美丽乡村”建设工作。

9月5日　省纪委副书记邓卫平到吴山和洋村、济阳乡济中村调研“美丽乡村”建设和扶贫开发工作。

10—11日　省纪委副书记彭锦清到均溪镇银顶格骏原工贸矿区水土流失综合治理项目、许思坑芳联堡、鑫鹭峰矿业有限公司、吴山和洋村、高山茶文化产业创意园、大方广茶叶有限公司、建设镇贵竹林水土治理点调研经济社会发展、水土流失治理工作。市委常委、纪委书记冯新婷陪同并参与调研。

10月31日　省纪委副书记彭锦清到县指导挂钩帮扶项目工作，市委常委、纪委书记冯新婷陪同。

11月19日　省纪委副书记黄德安到县调研省纪委挂钩帮扶项目进展情况，市委常委、纪委书记冯新婷陪同。

12月2日　省监察厅副厅长孙阳到县调研挂钩帮扶项目进展情况，市委常委、纪委书记冯新婷陪同并参与调研。

5日　省纪委副书记、监察厅厅长陈善光到大方广茶叶有限公司、仙顶实业有限公司调研，市委常委、纪委书记冯新婷陪同并参与调研。

24日　市委常委、纪委书记冯新婷到县参加并指导2013年度县委常委会开放式民主生活会。

（郭尚荣）

【县委领导慰问活动】　1月14—15日，县领导分别到乡（镇）开展对农村离退休干部、五老人员、军烈属、侨胞、台胞、科技人员、五保户、特困户慰问活动。

16日　县委常委、纪委书记、工会主席廖金辉参加在城区慰问企业劳模、困难职工、特困下岗人员活动。

17日　县委领导汤俊生、熊旭明、陈汉良、郑建勋、蔡建明到离退休老干部代表家中开展慰问活动。

23日　县委书记汤俊生到武陵乡慰问革命“五老”人员和参加越南自卫反击战老兵。

25日下午　县委领导汤俊生、熊旭明、郑建勋、苏迎平到县人武部慰问官兵；同日，县委领导汤俊生、郑建勋、廖金辉、吴昌年、苏迎平到永安二炮部队慰问官兵；熊旭明、廖金辉到县消防大队、武警中队慰问官兵。

2月9日　县委领导汤俊生、张英跃在城区慰问春节期间坚守工作岗位的公安、群工部、城管、环卫、供电、高速交警队等部门、单位干部职工。

8月1日　县委领导廖金辉、吴昌年、苏迎平等到县人武部、武警中队、消防大队开展“八一”建军节慰问活动。

9月9—10日　县几套班子领导分别到大田一中、大田五中等全县各类学校开展教师节慰问活动。

10月8日　县委书记汤俊生到湖美乡敬老院慰问老年人。

（郭尚荣）

组织工作

【概况】　2013年，县委组织部以中共十八大、十八届三中全会精神为指导，认真贯彻执行党的组织工作路线、方针、政策，突出抓好基层组织建设、党员队伍建设、领导班子思想政治建设、干部人事制度改革、人才工作和部门自身建设，着力提升组织工作科学化水平和满意度，成效显著，持续保持市级文明单位称号，拍摄制作的《一个贫富山村的华丽转身》在“全省第二届党员教育电视片暨第三届党员远程教育课件观摩交流活动”中获“党建工作纪实片”三等奖。

基层组织建设　2013年，县委组织部一是抓责任、强意识。落实基层党建工作责任制，开展“书记抓党建项目”竞赛活动，实施党委书记、分管副书记、组织委员挂包党建示范点制度，推行党组织书记党建专项述职和考核结果公示制度，强化“第一责任人”意识。二是抓机制，促规范。深化农村、社区、机关、企业党建“四项机制”建设，不断丰富农村党建富民强村“三道加法”（村党组织＋专业合作社、带创党员＋致富能人＋普通农民、两述＋两评＋三公示）、非公企业党建“一提前四同步”（党组织组建提前介入企业的筹建工作、招聘新员工与吸纳党员和入党积极分子同步进行、生产管理制度和党建制度同步建立、生产行政组织和党务干部同步配备、生产管理制度和党建制度同步制定）和机关企事业单位党员干部“双向管理、双向争优”（在单位“亮岗履职”、在社区“设岗定责”）党建工作内容，创新工作模式，推进基层党建规范运作。三是抓载体、育典型。总结推广桃源镇、上京镇、湖美乡等先进典型，培育出桃源镇蓝玉村、石牌镇长溪村、湖美乡西燕村等党建新亮点，发挥示范榜样作用。省市领导多次到蓝玉村调研指导，对该村“党建富民强村”的做法和成效给予肯定。四是抓覆盖，扩影响。开展非公企业、社会组织党建“百日攻坚”行动，新组建非公企业党组织36个、社会组织党组织3个，非公企业党组织覆盖率从15.2%提高到72.1%，社会组织党组织覆盖率从23.7%提高到92.1%。五是抓保障，夯基础，由县财政统一拨付专项经费补助42个村级综合服务场所的新建和改造（新建每个补助7万元、改造每个补助3万元），总额151万元；提高村干部的补贴标准，村主干由原来的600元／月提高到700元／月，离任村主干的养老补助标准由60元／月提高至100元／月；做好省财政“以奖代补奖励金”的发放。

党员队伍建设　2013年，县委组织部在党员队伍建设上，一是加强“带头人”队伍建设，全县共举办重点村党组织书记示范培训班、村干部学历提升班等25期，参训人员1360人次，选派村党支部书记24名跨市（7名）、县（7名）、乡（10名）异地挂职锻炼活动，建设致富、带富能力“双强型”带头人队伍。二是加强党员管理，在发展党员工作上，按照“控制总量、优化结构、提高质量、发挥作用”的新要求，推行党群推荐、上岗锻炼、群众评议的“两推一岗一评”做法，提高门槛，建立滚动淘汰机制，确保好中选优。全年发展新党员305名，其中，35岁以下184名，占60.3%；高中以上文化程度199名，占65.2%；妇女党员66名，占21.6%。完善流动党员“四个一”管理制度，选好配强挂包责任人，定期群发手机短信，保持沟通联系。健全流动党员流入地与流出地的衔接、联合管理机制。三是加强党员教育工作，重点推进蓝玉村、和洋村等10个远程教育示范广场和仙顶实业、华兴油茶合作社等10个现场教学示范基地建设，分批次分类别举办对党员进行党性、形势政策、致富技能等培训班72期，累计培训党员1.1万多人次。

领导班子思想政治建设　2013年，县委组织部一是把学习贯彻中共十八大、十八届三中全会精神作为班子思想政治建设的首要任务，以县委党校为阵地，于3—4月分6期对全县科级干部、重点岗位干部和基层党组织负责人就学习贯彻中共十八大精神进行专题轮训。名乡（镇）、县直机关各党委也都广泛运用理论中心组、乡（镇）党校培训讲座等形式，对各级领导班子思想政治建设发挥了重要的平台作用。二是按照“抓住重点、纵横延伸”的要求，拓展延伸领导班子内部制度建设和改进干部考核评价机制，分别于3月、6月完成乡、村两级和县直机关部门工作考核制度的顶层设计，用制度规范领导班子运作和领导干部行为，让考评考核工作在阳光下运作；突出抓好乡（镇）干部“两述两评三公示”考评工作，从内容、标准、方式进行相应调整和改进，区分不同类别乡（镇）进行分类实绩考核。县直部门重点抓好机关干部“三公三诺”（公开承诺、公示践诺、公众评诺）考评，全县210个单位3860多名机关企事业干部全部签订公开承诺书，公开承诺事项2.51万个，实行领导班子定期分析研判制度，采取正向测评与“德”情逆向测评相结合方式，力求全面掌握县直部门领导班子状况和领导干部履职情况。三是创新干部教育培训方式，采用分类别、针对性、小型化、短期式的方式，通过案例剖析、实地调研、学员帮带、异地培训、远程教育等，提高培训“含金量”。全年举办科级干部进修班、青干班、团干班等各类培训班12期，培训干部1253人次。完成省、市各级调训31人次。四是持续深化转作风、提效能、促发展的“转提促”主题教育活动，会同有关部门开展“十不准”执行情况督查等专项整治行动25场次。五是推进“四下基层”活动，察民情，晓民意，脱民困，解民忧，全年发放民情日记本3000多册、民心卡片3万余张，收集意见、建议1400多条，建立民情台账412条，化解矛盾纠纷386件。

干部人事制度改革 2013年，县委组织部一是加大优秀年轻干部培养力度，提拔到科级岗位73人，并加强对科级后备干部的培养。继续实行选派优秀年轻干部到农村、企业、信访维稳、招商引资、重点项目、服务窗口“六个一线”挂职锻炼工作机制；完成38名在岗大学生村干部的工作手册调阅和等次评定；完成15名2011届大学生村干部任职期满考核工作。二是合理进行干部交流调整，转任非领导职务干部11人，办理退休3人；继续实行鼓励公务员提前退休政策，113名公务员办理了提前退休手续。三是强化干部监管工作。组建干部德情观察员队伍，对县直72个科级单位的考核首次使用干部“德”情反向民意测评；委托县审计局对9单位“一把手”进行任期经济责任审计和5个重要岗位的“一把手”任中经济责任审计。做好12名科级干部的出国（境）政审工作。办理学历变更10人，对43名干部进行廉政、计生协审，对提拔的73名干部进行廉政考试。

人才工作 2013年，县委组织部一是加强宏观指导，把人才强县战略摆上经济发展重要战略，立足本地人才的培养提高，依托县域培训基地，举办高（中）级专业技术人才、农村实用人才、党政干部、企业经营管理人才等进修培训班10期，计461人；组织49名企业经营管理人才参加在延安干部学院举办的海西（福建）企业家培训班。二是加大人才引进力度，编制《2013年度急需紧缺人才引进指导目录》，并公开进行招聘、考核，全年通过招聘引进140人（优秀人才1人、急需紧缺人才47人、工作人员36人、紧缺科技教师56人），其中，硕士生2人；推荐申报福建省第三批“百人计划”。三是完善人才政策，提高人才待遇，按规定兑现在职高层次人才和优秀人才的津贴和奖励金。对获得市级以上优秀人才、拔尖人才、学科带头人、特级教师等专业技术人才实行岗位职称直聘政策；将“人才公寓”建设列入县委、县政府重大民生项目，已完成前期各项工作；将省一级、二级达标学校高级职称比例，提高到30%和25%，相应增加高级职数31人。四是加强与科研单位的合作，全县157家规模以上企业中，40%以上的企业与高校院所建立科技合作关系，其中有20个科技项目落地转化，12个项目竣工投产。通过科技合作，造就一批本土人才。

自身建设 2013年，县委组织部深化学习型党组织创建工作，打造先进组工文化，继续实行每周一晚组工干部集中学习制度，坚持日学一小时、一周一点评、一月一交流、一季一本书的“四个一”活动，倡导“研讨交流式”互动学习模式。部机关干部15人，全年撰写学习心得体会27篇；对组工干部实行“岗位交流轮换”，全年抽调6名年轻干部到部机关试用，1名组工干部驻村任职，1名干部到省委组织部跟班学习；结对帮扶9户，落实帮扶资金0.65万元；做好组工信息的采编、上报，全年上报信息98条，其中被中组部采用3条，省组采用15条，市组采用29条。

截至2013年12月，全县有基层党（工）委34个，其中，乡（镇）党委18个、机关党（工）委11个、教育工委1个、非公企业工委1个，非公党委1个，国有企业党委1个、经济开发区党委1个；党总支16个，党支部679个（村党支部267个、机关企事业单位党支部398个、其他社会组织党支部14个）。有党员18083名，其中，农村10542名，机关企事业5300名（非公有制企业803名），离退休人员1484名，其他757名；党员中，女3186名，占17.62%；少数民族81名，占0.05%；35岁以下4281名，占23.67%；大专以上学历5400名，占29.86%。

（詹永璋 余联云）

【村（社区）党组织书记异地挂职锻炼】 3月，按照省、市开展村（社区）党支部书记异地挂职锻炼活动的部署要求，通过考试考核，本县确定24名村（社区）党支部书记跨市、跨县和跨乡镇挂职锻炼，其中，跨市7名、跨县7名、跨乡（镇）10名；做好外县到本县挂职的组织安排。

（朱柏丞）

【干部道德观察员队伍成立】 4月，县委组织部组建一支15人的干部道德观察员队伍。道德观察员采取个人自荐、差额考察的形式，从政治素质成熟、业务熟悉、原则性强的县、乡人大代表、县政协委员、社区干部、离退休干部、热心群众中推选。组织部门通过每月一反馈、每季一座谈、半年一走访、一年一通报的平台，与观察员建立双向沟通联系方式，动态掌握领导干部的德情信息，建立德情台账。

（林贻培）

宣传思想工作

【概况】 2013年，县委宣传部门贯彻落实中央、省、市宣传工作会议精神和总书记习近平系列重要讲话精神，围绕县委中心工作，坚持正确的舆论导向，弘扬正能量，着力把握发展基调，营造发展环境，歌颂发展主体，宣扬发展典型，保持宣传思想工作健康向上的良好态势，被评为全省舆情信息工作和全市宣传信息工作、全市网络文化建设与管理工作、全市重点党报刊发行工作先进单位；县委报道组被三明市委宣传部评为2012年度新闻工作先进单位，张知松被省委宣传部、省公务员局评为“2009—2012年度全省党委宣传部先进工作者”，获《福建日报》“十佳通讯员”称号；2名新闻工作者获全市新闻通联与对外宣传工作先进个人，新闻报道稿《民情日记“晒”在两会上》获2012年度福建广播电视新闻电视类二等奖。

宣讲活动 2013年，县委宣传部组织“学习贯彻十八大，推动大田新跨越”主题宣讲团到18个乡（镇）“集中讲”，成立农业、教育、文化等9支宣讲小分队进企入村“专题讲”，全年共举办学习宣传中共十八大、十八届三中全会、总书记习近平系列重要讲话精神等各类宣讲活动100多场（次），受众10多万人（次）。

理论武装 2013年，县委宣传部做好县委中心组学习服务工作，共安排集体学习12次14个专题。开展“岩城大讲堂”活动，先后邀请省委党校肖文涛教授、中央党校祝彦教授等到大田举办“加强和创新基层社会管理”“学习长征精神，加强党性修养”等专题讲座6场。县委中心组理论学习“五课”机制全面推广，桃源镇党委中心组、交通局党委中心组被评为全市党委（党组）优秀中心组，县委“五课”学习机制、白岩社区睦邻点、奇韬中心组学习“旁听制”、屏山宣讲队的“法与理”及共青讲坛、农民夜校、三夜三增等7个案例入选《三明市理论进基层工作案例100例》，桃源镇蓝玉村被确定为全市理论学习联系点，均溪镇白岩社区被确定为全市理论宣传示范点。县委中心组成员共有20多篇调研文章在省、市刊物发表，其中县委书记汤俊生撰写的《山区资源县转型发展的实践与思考》在福建省人民政府发展研究中心主办的《发展研究》刊出，《实施文化强县战略 推进大田文化大发展大繁荣》等4篇论文被评为全市2012—2013年度基层思想政治工作优秀论文，《闽中大田文物精粹》获市第六届社科优秀成果三等奖。

舆论宣传 2013年，县委宣传部做优县广播电视台、大田新闻网等本地新闻网络宣传平台，创办《大田手机报》，壮大对外宣传阵地，大田新闻网通过省政府新闻办办网资质验收。组织新闻单位实施“七个重大项目组”以及创建省级文明县城、卫生县城、生态县城等战役性宣传报道，总结宣传大田在科学发展中的先进典型和成功经验。策划对外宣传主题，加强与中央和省、市级主流媒体沟通联系。邀请央视《绿色时空》《地理中国》《远方的家》等栏目及新华社、福建日报等各级新闻媒体30多批200多人次到县采访，采写了《大田：生态致富，一个都不能少》《“两会”上晒“民情日记”》等一批大稿、重稿和特稿在中央和省、市级媒体刊播。全年县委报道组、县广播电视台采编各类新闻稿件2000多篇（条），在各级媒体刊发稿件1000多篇（条），其中《福建日报》120多篇、《三明日报》600多篇；在市电视台播出新闻稿件220多条、省电视台播出16条。建立舆情阅评员QQ群，做好网络舆情的发现收集、分析研判和预警处置。编发《网络舆情专报》33期、《网络舆情信息》18期；落实“八项规定”，《大田宣传信息》停止纸质编印，在大田新闻网开设专栏，改为电子网络发布。

公共文化建设 2013年，县委、县政府加快公共文化建设步伐，完成县体育文化中心项目的体育馆屋面钢屋架工程、两馆一中心主体封顶，并进行室内精装修；实现农民体育健身工程点和农家书屋行政村全覆盖，新建激情广场、群众文化活动示范点3个；在各村免费放映电影3180场；全面完成农村有线广播县乡村三级联播联控工程建设；完成第三次全国文物普查文物地图集三明（大田）分卷的编撰工作，“大田土堡群”入选第七批全国重点文物保护单位，均溪镇东坑村郑氏祖祠、桃源镇桃源村荥阳祠两处古建筑入选第八批省级文物保护单位，命名屏山乡美阳村章公肇十墓、均溪镇周田村富衍堂等两处文物点为第七批县级文物保护单位，全县确定现存62处红色遗址，立碑挂牌保护50多处，完成文江朱坂“宋代杂剧”申报省级非物质文化遗产文本制作工作。中央苏区革命历史陈列馆、“第二集美学村”旧址陈列馆、吴山乡推广普通话展览馆等被命名为第四批三明市爱国主义教育基地。文化活动缤纷出彩，举办“农行之夜——央视星光大道走进大田”、“清风颂”（大田）专场文艺晚会、纪念“五四”运动94周年青春歌会暨县歌《爱在大田》传唱活动、“激情广场”汇报演出、第八届大田高山茶文化节、环球比基尼小姐国际总决赛佳丽进茶乡等大型活动20余场，开展科技、文化、卫生“三下乡”等文化惠民活动20多场。挖掘和发展富有大田山海文化特色的艺术门类，办好《大田文艺》刊物，新成立白鹤画院、赏石家协会等一批文艺实体，新增5位“本土作家”为福建省作家协会会员。加大文艺精品创作，《白发均溪》等十多部文学专著出版，7件作品通过市委宣传部初选上送参评省第七届百花文艺奖，“大田高山茶”茶艺队获省首届“辉日杯”团体茶艺大赛二等奖，颜建光行书作品入展“农行杯”首届中国电视书法大赛，并获得中国书法家协会入会资格。编辑出版《“三田”文萃》等各类专辑、采风文集7本。

文化产业发展 2013年，县委、县政府重视文化产业建设，推进高山茶文化创意产业园建设项目，累计完成投资2.45亿元，占年度计划的122.5%。全县7个1000万元以上重点文化产业项目累计完成投资9.64亿元，占年度计划的120%。落实“一县一实体”工作要求，做大、做强福建仙顶高山茶文化研究所等重点文化企业，仙顶公司被评为省龙头企业，“留芳园”品牌获省著名商标。落实文化改革发展工作责任制和系列扶持政策，建立文化产业项目储备库，全年下拨文化产业资金100万元，争取市级补助20万元。成功承办第六届海峡两岸文博会三明馆布馆工作，获省组委会颁发的“最佳展示奖”。做好做实文化产业统计，当年拥有文化企业法人单位116家、活动单位44家、个体工商户320家，分别比2012年增加68家、27家、149家。

（严景业）

【央视《星光大道》栏目在大田巡演】 2月18日晚，中央电视台《星光大道》栏目组特邀《星光大道》冠军得主、铁岭艺术团青年演员王超、张春丰、李煌和星光大道挑战高音度十强歌手山林鹏在县影剧院为观众表演东北“二人转”等节目，为大田观众提供一场欢畅、热烈的文娱大餐。

（严景业）

【县赏石协会成立】 3月23日，县赏石协会举行“大田县赏石协会成立大会暨首届观赏石展览”，来自三明市区及各县100多名观赏石爱好者汇聚大田，观摩石展。

（严景业）

【中央党校教授祝彦到大田作专题讲座】 6月28日，中共中央党校党史教研部教授、博士生导师、全国毛泽东思想研究会副秘书长祝彦应邀在县政府五楼会议室作《学习长征精神，加强党性修养》专题讲座。200多名科级以上领导干部到场听讲。

（严景业）

【《大田手机报》开通】 7月6日，由县委宣传部主管、县委报道组主办的《大田手机报》正式开通。该报每周定期制作发生在本县内的时政、经济、民生等本土化新闻，传播资讯，传递乡音。截至年底，共编发26期。

（严景业）

【国泰君安期货公司董事长何晓斌到大田作专题讲座】 9月30日，国泰君安期货有限公司董事长何晓斌应邀作《金融与地方经济的关系》专题讲座。县委学习中心组成员及200多名科级领导干部到会听课。

（严景业）

【环球比基尼小姐走进大田】 9月29—30日，由环球比基尼小组国际组委会、三明市泰宁县人民政府、大田县人民政府、三明市旅游局、浩沙国际（香港）有限公司联合主办的2013年环球比基尼小姐国际总决赛众佳丽走进茶乡大田，观光白岩公园、芳联堡、闽湖、象山、屏山生态茶园、福建仙顶高山茶文化研究所等休闲旅游场所。

（严景业）

【张建田散文集《我是大田人》首发】 10月5日，中国政法大学法学院教授、军事法研究中心特约研究员、北京市政法管理干部学院、中国人民武装警察部队学院兼职教授、硕士生导师张建田创作的散文集《我是大田人》首发式在大田一中会议室举行。《我是大田人》由解放军出版社于2013年9月出版，是作者“回忆三部曲”的第一部作品，全书收录了六十余篇散记，讲述了作者1956年—1976年在大田的经历和见闻。

（严景业）

【大田野红菇在央视七套《绿色时空》播出】 10月20日，央视七套《绿色时空》播出大田县采集的节目《以稀为贵，野红菇成了香馍馍》，宣传大田特色农业。

（严景业）

【大田汉剧在海峡卫视播出】 10月19日，海峡卫视《客家人》栏目播出在大田县采集的节目《汉剧传奇》，展示了大田本地的优秀传统文化。

（严景业）

【白鹤画院成立】 11月30日，举行大田县白鹤画院成立暨揭牌仪式。白鹤画院位于白岩公园茶文化活动中心，由三明学院4名教师独办。三明学院党委书记曾祥辉出席并现场挥毫。

（严景业）

【央视《地理中国》栏目走进大田】 11月，央视科教频道《地理中国》栏目组到大田县拍摄专题片。该栏目组先后到大仙峰自然保护区和建设镇、太华镇、桃源镇等地的土堡进行实地拍摄，从地质科考角度，讲述本县地质地貌与土堡建筑之间的关系，展示大田独特生态地理魅力。

（严景业）

【《百山百川行》摄制组走进大田】 12月12日，央视中文国际频道《远方的家》大型系列节目《百山百川行》摄制组入闽首站到大田县国家文物保护单位的代表性建筑“芳联堡”，向国人推介大田土堡群的历史、建筑风格和所蕴含的厚重文化。

（严景业）

【集美航海学院师生访“第二集美学村”】 12月21日，集美大学航海学院的30余名师生到均溪镇玉田村“第二集美学村”旧址陈列馆，寻访先辈曾经的足迹，观看陈嘉庚在玉田村的抗日演讲历史文献片，瞻仰陈嘉庚铜像。

（严景业）

统战工作

【概况】 2013年，县委统战部认真贯彻落实中共十八大、十八届三中全会和全国、省市统战部长会议精神，坚持围绕中心、服务发展的主旨，探索统战工作的新思路、新方法、新举措，统战工作取得新进展、新成效。

党外人士工作 2013年，县委统战部在联系、团结党外人士工作中，一是推动出台《中共大田县委关于加强新形势下党外代表人士队伍建设的实施意见》，加大对党外代表人士的实职安排、政治安排和社会安排。全县有党外副科级以上干部50名，其中，处级领导4人（县人大常委会副主任、县政府副县长各1人，县政协副主席2人），县管党外后备干部82名，占总后备数的20.5%。人大代表中，有非党人士71名，占代表总数的35.5%；政协委员中，非党人士122名，占委员总数60.1%，非党人士政协常委26人，占常委总数的65%；工商联执委71名，非党人士51名，占71.8%；县侨联委员27名，非党人士14名，占51.9%。二是完善、调整、充实县领导班子成员与党外人士联系交友制度，加强沟通联系，16名县处级党员领导干部联系党外代表人士32人。三是建立“党委出题、党派调研、政府采纳、部门落实”的党外人士专题调研和考察活动制度，全年组织调研考察活动4次，写出调研考察报告12篇，提出意见建议10条。四是出台《关于进一步做好特约人员工作制度的通知》，完善特约人员中党外代表人士聘用和管理。

“海西春雨行动” 2013年，县委统战部引导非公经济人士参与“光彩事业”“温暖工程”“爱心助残、安居工程”等公益事业，为新农村建设、希望工程、捐资助学、抗灾赈灾等慈善事业捐款800万元，组织大型义诊活动2场。9月28—29日，莆田市民宗局率领福建省基督教莆田义诊队30余人到梅山乡、桃源镇开展义诊活动，接诊700余人，开出免费处方单170余份，赠送药品价值2.5万元。元旦、春节及“七一”期间，统战部到少数民族村、挂钩村及宗教团体慰问困难党员、特困户、残疾户、少数民族干部、宗教界代表人士50多人次，发放慰问金、慰问品1.5万元。

信息调研 2013年，县委统战部向中央、省、市统战部门报送信息200多条，被采用61条；编发《大田统战信息》20期，获2013年度全省县级统战信息工作三等奖、全市统战（信息调研）一等奖和全县党委办公室系统信息工作先进单位。向省、市统战部报送调研文章12篇，其中《在加强和创新大田县社会管理中发挥统战的优势和作用》和《发挥统战优势，着力把东坂村打造成特色村寨的思考》《关于创新发展大田非公有制经济》的调研报告分别获三明市“统一战线和三明科学发展论坛”二、三等奖，《发挥统战优势和作用，积极引导大学生进入县域非公领域的思考》和《关于加强党外知识分子干部队伍的思考》《台湾农民在三明发展现状调查》分获全市统战调研成果二、三等奖。有2人获“2013年度全市统战信息工作先进个人”称号，1人获“2013年度大田县党委办公室系统信息工作先进个人”称号。

民族宗教 2013年，全县少数民族有回族、畲族、苗族、布依族、满族、壮族、朝鲜族等23个，人口1662人。少数民族村有桃源东坂畲族村（畲族人口110户、557人，占全村人口的64%）、前坪山川村（回族人口66户、338人，占全村人口的58%）；少数民族人口较集中的有均溪华坑村（回族32户、180人）、梅山沈岭村（畲族18户、70人）、沈口村（畲族3户、17人）、沧州村（畲族8户、40人）。其余零星分布在其他乡镇和机关企事业单位、居委会，主要是因婚嫁而迁入。年内，县民宗局为18名高考生、15名中考生出具少数民族身份证明。

宗教团体有大田基督教三自爱国运动委员会、基督教协会、道教协会、佛教协会。基督教堂有城关、上京、桃源、广平、丰庄、铭溪、铭栋、下坪、桃东、建设、魁城、仙峰、元沙、梅山、福田等15处，信教群众3000多人，教会中有福建省神学院毕业生3人，三明市基督教“两会”常务委员2人，县政协委员2人；道教宫观有均溪玉田村龙兴殿1处，道士1人；佛教寺庙有建设镇感德寺、屏山乡大仙峰崇圣岩2座，和尚1人，县政协委员1人。年内，县民宗局为28名宗教教职人员落实医保、养老保险，为38名宗教教职人员认定备案；召开大田县基督教“两会”第五届代表大会。当年，县民宗局获全市民族宗教工作考评三等奖。

（池上亮）

【反邪教宣传活动】 3月8日，县基督教三自爱国运动委员会、基督教协会在白岩山公园举办诵赞美诗、跳赞美舞游园活动，100多人参加，发放反邪教宣传单500多份。

（池上亮）

【优秀民营企业家评选活动启动】 3月19日，大田县启动优秀民营企业家评选活动。通过申报推荐、初审、公示，评选出2012年度优秀民营企业家10名。该活动自2013年起，每两年评选一次，由县委、县政府给予表彰。

（池上亮）

【南益希望小学落成】 4月1日，石牌镇南益希望小学举行落成庆典，香港福建省基金会顾问林劲，访问团成员王东升、黄正体、孙建华、陈玲，省委统战部主任科员陈艳影、市委统战部部务会成员王坚英，县领导章玲、江太生等出席。石牌南益希望小学于2011年动工，2013年竣工，总投资344万元，其中南益集团捐赠35万港元。

（池上亮）

【厦门市泉州商会考察团到县考察】 5月15日，厦门市泉州商会考察团23人到桃源镇参观蓝玉村、桃源村和东坂村“美丽乡村”建设，考察农业休闲项目、荥阳祠、安良堡等。

（池上亮）

【“企业管理与战略决策”培训班举办】 5月28—29日，县委统战部、工商联在县委党校举办“企业管理与战略决策”培训班，邀请北京大学教授陈竹友专题授课2天，100多名民营企业主参加培训。

（池上亮）

【港澳考察团到县考察】 6月13—14日，香港澳门福建三明联合会会长、香港王氏仁森机构集团主席王明洋，香港万兴国际集团总经理赖新达，大田石凤水泥有限公司董事长李祖协等组成港澳考察团共20多人到县参观考察京口工业园区、华伦特重工有限公司和桃源镇蓝玉村“美丽乡村”建设，达成投资意向3项。市领导江兴禄、林俊德，县领导汤俊生、熊旭明、郑建勋、苏迎平、江太生、刘永生陪同。

（池上亮）

【6名企业家荣获闽商建设海西突出贡献奖】 6月17日，在全省第四届闽商大会上，本县章晓明（红狮水泥有限公司总经理）、温荣学（凯天龙实业有限公司董事长）、郑清坪（万华实业有限公司法人代表）、李世快（仙峰养生温泉旅游开发有限公司董事长）、施毅然（浩特纺织科技公司董事长）、黄金杯（飞鹰实业（三明）有限公司董事长）6名民营企业家获省政府颁发的“闽商建设海西突出贡献奖”。

（池上亮）

【大田·永春商会成立】 6月29日，大田·永春商会举行成立庆典。大田县人大常委会主任陈汉良，县委副书记、县政协主席郑建勋，县委常委、统战部部长江太生；永春县人大常委会主任林金星，县委副书记郑显章，县委常委、统战部部长林海鸥等出席。该商会是本县正式成立的第二家异地商会，首批会员73名，涉及房地产、机械加工、纺织服装、汽车运输、酒店餐饮、机电产品、五金工具、茶叶茶具等行业。大田县华福建材公司总经理翁成发当选为第一届理事会会长，县农行与商会签署战略合作协议，授信金额3亿元。

（池上亮）

【荥阳祠荣列福建省第八批文物保护单位】 9月5日，桃源镇举行荥阳祠荣列福建省第八批文物保护单位揭牌（匾）仪式暨2013年祭祖大典。台湾工党主席、台湾两岸关系发展促进会会长郑昭民，世界郑氏宗亲联谊会永远名誉会长郑庆模，市委统战部副部长武丹，县政协主席郑建勋，县人大常委会副主任郑宜堆及来自浙江、广东、江西和省内各地的800多名郑氏宗亲代表参加。

（池上亮）

【东坂村成功申报福建省民族特色村寨】 9月20日，桃源镇东坂畲族村申报“福建省民族特色村寨”经省民族宗教厅正式批复确认，共获补助资金80万元，分三年实施，首批扶持资金20万元年内到位。

（池上亮）

【县基督教“两会”第五届代表大会召开】 11月21—22日，大田县基督教三自爱国运动委员会、大田县基督教协会第五届代表大会在城关教堂召开，全县21个堂（点）基督教 代表49人出席。大会选举产生三自爱国运动委员会委员21人、协会常委9人，林泽存当选为三自爱国运动委员会主席、协会会长。

（池上亮）

【福建省民间信仰活动场所联系点揭牌仪式举行】 12月11日，广平镇龙湖堂举行福建省民间信仰活动场所联系点揭牌仪式，市民宗局调研员孙海平、县委统战部副部长涂育攀及县道教协会、龙湖堂管委会等相关人员90多人参加，孙海平、涂育攀为龙湖堂揭牌。龙湖堂是福建省第三批民间信仰活动场所联系点，也是本县第一个由省民宗厅批准的民间信仰活动联系点。

（池上亮）

精神文明建设

【概况】 2013年，县委、县政府以坚持提升公民文明道德素养为重点，以争创省级文明县城为载体，广泛开展精神文明创建活动，成效显著，助力政治、经济、生态文明建设。全县56个单位、23所学校、2个社区、41个村分别被评为2012—2013年度县级文明单位（文明学校、文明社区和文明村）。

创建活动 2013年，全县精神文明创建活动广泛开展。一是深入开展省级文明县城创建活动。发动县直机关、企事业单位干部职工、社区群众参与，做实迎接检查各项工作。县创建文明县城指挥部分别召开创建省级文明县城工作点评会和促进会，抽调县委办、政府办、效能办人员组成三个督查组，每周进行一次工作督查，及时发现问题、限期整改。6月中旬，省文明县城创建工作测评组到县对创建工作进行测评，给予充分肯定。二是确定9月为“环境综合整治活动月”，集中开展环境综合整治行动，落实“文明交通行动计划”和“环境卫生集中整治”两项工作。三是继续开展“文明乡镇”竞赛活动，设一、二、三等奖，进行年终考评。奇韬镇获一等奖，建设镇、屏山乡获二等奖，均溪镇、武陵乡、济阳乡获三等奖。组织开展“家园清洁行动”“婚育新风进万家”“十星级文明户”评选和创建“美丽乡村”等活动，改善农村人居环境，全县18个乡（镇）通过省级“美丽乡村”验收。四是在服务窗口开展“微笑服务”活动。

道德建设 2013年，全县道德建设不断强化。一是广泛开展道德讲堂活动，于年初在县委党校设立“道德讲堂”总堂，组织省级文明单位（学校、乡镇、社区）每月举办一堂“道德讲堂”活动，做到一堂一档，有视频、有材料。道德讲堂活动逐步向市、县级文明单位（学校、乡镇、社区）拓展，培育市级“道德讲堂”示范点1个、县级示范点7个。年底，省、市级文明单位（学校、乡镇、社区）道德讲堂覆盖面达100%，总期数达295期。二是开展“道德模范”“身边好人”评选、推荐和宣传活动，组织广大干部群众参与各级“道德模范”“身边好人”的推荐和评选，推荐“身边好人”“道德模范”“基层最美人物”22人。其中，桃源镇广电工作站负责人曾垂育获第三届“福建省见义勇为道德模范”称号；大田一中学生陈光彪获第二届“福建省诚实守信美德少年”称号；省物价局挂职武陵乡上岩村党支部第一书记张增田获第三届“三明市敬业奉献道德模范”称号；石牌供电所职工邱冬花获第三届“三明市诚实守信道德模范”称号；柯坑中学学生吴清芬获三明市第二届“文明有礼美德少年”称号，施晶晶同学获三明市第二届“尽责奉献美德少年”提名奖；评选表彰大田县第二届“美德少年”12名；协助省电视台拍摄“中国敬业奉献好人榜好人”郭显诲、“福建助人为乐好人榜好人”陈兴光等先进事迹电视片；县文明办、县供电公司联合做好三明市组织的“德耀沙溪”道德模范和身边好人先进事迹巡回展演；组织人员拍摄“身边好人”事迹专题片，每周一期在县电视台《文化经纬》栏目中播出。三是加强未成年人思想道德建设。建设乡村学校青少年宫19所，学校成立未成年人心理健康辅导站，为未成年人的思想道德建设提供平台。组织德育主题实践活动。以评选“美德少年”为契机，开展青少年“向国旗敬礼”及“学习雷锋，做美德少年”“文明小博客”“我们的节日”等网上签名寄语活动，参与学生5.3万人次，上传寄语3.8万条，培养青少年诚实守信、助人为乐和“知荣辱树新风”的道德操行；组织“快乐成长、道德先行”文明小博客博文大赛，5000多名中小学生开通文明小博客，上传博客词句3.6万多条，发表主题文章800多篇；开展“青春魂·中国梦”宣讲，“我的中国梦”专题征文、演讲，校园文化建设，“童心向党”歌咏传唱和歌谣征集活动；开展“网上祭英烈”“学习雷锋”等网上签名寄语，留言3.9万条，6000多人登录“网上祭英烈”专栏，用寄语表达对革命先烈的崇敬和对祖国的热爱。

“讲文明树新风”活动 2013年，全县开展“讲文明树新风”公益广告宣传活动，全年利用纸类宣传公益广告24整版，利用有线电视播映公益广告630次，运用网络、手机短信发布公益广告5万多条；持续推动以“公共生活好习惯”为主题，实施文明交通、文明引导、文明旅游、文明餐桌、文明传播等“文明大行动”活动。开辟“讲文明树新风”活动新内容，发动城区400多家餐饮企业（宾馆）和县直机关、工商企业、学校等单位食堂参与“文明餐桌行动”；在新华网、新浪网、腾讯网上发表博文4000多篇，转播网络跟帖、信息2万多条。

社会志愿服务活动 2013年，全县加强社会志愿服务队伍建设和机制建设。全县共注册志愿者人数1.35万人，约占常住人口的14.6%。3月，全县开展“学雷锋志愿服务活动月”活动，分别于3月5日、3月12日组织城区干部职工及学校师生参与社区义务劳动和义务植树活动，参与人数达1500多人；组织开展“12·5”国际志愿者服务日、“我们的节日”、卫生县城创建、生态文明县创建及“星期六”上街文明劝导等各式志愿服务活动，实现社会志愿服务活动常态化。有3名志愿者获“三明市优秀志愿者”称号，1名志愿者获“三明市优秀志愿服务工作者”称号，1个单位获“三明市先进志愿服务组织”称号。

（陈加培）

【农村寄宿生“冷暖关爱工程”捐助活动开展】 7月22日，由县委文明办、教育局、团县委发起在全县机关、企事业、学校开展农村寄宿生“冷暖关爱工程”捐助活动倡议，发出倡议书600多份，募集资金49.83万元，为全县家庭经济困难的农村中小学寄宿生捐赠被褥三件套（棉被、垫被、枕头）2927件和电风扇725台。

（陈加培）

【湖美乡“敬老文明号”创建工作】 2013年，湖美乡政府投入160万元新建敬老院1所，各项设施齐全；配备3名管理人员，每年有10万—15万元的运转经费；成立敬老院协调机构和院务管理委员会，开展“情牵敬老院·爱心志愿行”活动。被市民政局、民政学会在《三明民政》刊物推广，被市老龄委确定为市级“敬老文明号”创建示范点。

（陈加培）

对台工作

【概况】 2013年，县委台湾工作办公室继续贯彻中央对台工作方针政策，把握两岸和平发展主题，双向交流活动愈加频繁，经贸活动稳步推进，全年为台胞、台属提供政策咨询服务19批52次，参与接待到大田探亲旅游、投资考察、经贸洽谈活动18批96人次。

民间双向交流 2013年，海峡两岸民间共有5批人员互访，分别是：6月，桃源镇郑氏宗亲12人赴台参加宗亲交流；8月，台湾萧氏宗亲组团一行28人参加在大陆召开的海峡两岸肖公首届论坛会，会后到上京萧氏林埔大宗祠参观；9月，台湾郑氏组织人员到桃源镇郑氏祖祠“荥阳祠”祭祖，参加寻根谒祖活动，两地宗亲互述衷情，共商加强交往事宜；同月，台南连氏宗亲到太华镇魁城连氏古墓祭祖，祭拜先祖；10月，大田连氏宗亲会派员参加省连氏宗亲联谊会组织的赴台宗亲文化交流活动。

经贸考察合作 2013年，全县有6批次开展两岸经贸考察合作，分别是：5月，县人大副主任温如校率团赴台参加海峡两岸学术交流与合作活动；6月，县人大常委会副主任刘永生率团赴台参加三明农学会组织的两岸农业交流与合作研讨会；7月，大方广茶叶有限公司组织人员赴台参加茶产业交流，考察台湾的茶叶种植、制茶技术；8月，县法院组织法官赴台参加海峡两岸法学交流会，开展法学专业理论研讨；同月，谢洋、济阳等乡（镇）书记参加省委组织部组织的培训班赴台培训，考察台湾中小企业及农业发展，接触当地经济组织；10月，县矿业协会组织人员参加省矿业协会交流会，赴台考察交流生态环境恢复治理及建设绿色矿山经验；同月28日，台湾9名台商应邀参加“大田县第八届高山茶文化节”活动。

台资企业 2013年，县有台资企业5家，注册资金5425万元，其中，茶企业3家，年产茶叶83吨，完成产值7581万元；引进台湾樱花，在谢洋乡蕉坂村推广种植102公顷，获得成功；闽台高新农机具创业产业园项目落户京口工业园区，总投资5亿元，建设生产农业机械设备厂房和研发基地。产品以台湾新技术、新工艺生产成套制茶设备为主。达产后年产值15亿元，可上缴税利2亿元，安排就业1000人。

（陈首哲 陈新彬）

党校工作

【概况】 2013年，县委党校有专兼职教师11人，其中，本科学历10人、大专1人；高级教师5人、讲师5人、助讲1人；中共党员13人。全年共举办各类培训班、进修班18期，培训人数1263人次。

党建工作 2013年，县委党校以“三创”（创学习型、研究型、熔炉型、服务型、创新型“五型”党校，创省级先进基层党组织，创省级文明单位）、“三优”（党性最优、作风最优、业绩最优）为目标，做好党建工作，一是健全党支部班子，增补支部委员1人。二是以争创办学质量全市一流县委党校为目标，确定服务中心和建设队伍的办学方针，开展三级联创活动，提高党建科学化水平。三是开展“三公三诺”活动，评选优秀党员2人、优秀岗位能手2人。四是争创“五型”党校，全年组织集体学习26场次，举办道德讲堂1场、岩城大讲堂4场，邀请县领导作“反腐倡廉”讲座1场，选派教师参加省、市委党校学习培训23人次，组织教师参观遵义会址、息烽集中营和王若飞故居等党性教育基地。五是下基层，接地气，扶贫帮困，慰问贫困户15户，发慰问金1.36万元，帮扶村文化建设资金3000元。

干部培训 2013年，县委党校以中共十八大和十八届三中全会精神为主要培训内容，举办各类培训班、进修班18期、参训1623人。其中，科级干部进修班2期、70人，青年干部培训班1期、42人，重点村党支部书记培训班1期、36人，在岗大学生村干部培训班1期、38人，非公经济组织入党积极分子培训班1期、50人，就业大中专毕业生转正定级培训班1期、121人，农村党员大户（茶叶经营管理）创业培训示范班1期、50人，县工商联执委培训班1期、70人，县生态综合领域行政执法专业行政执法资格培训班1期、279人，科级干部学习贯彻中共十八大精神专题轮训班6期、727人，城乡规划建设管理与国土资源管理专题培训班1期、70人，现代农业专题培训班1期、70人。全年聘请专家学者和各级领导授课42人次，其中，专家学者13人次，县领导5人次，县直部门和乡（镇）领导22人次，企业管理人员2人次。组织到江苏江阴、安徽合肥、贵州遵义、贵阳和本省的建阳、建瓯、安溪和永春等异地培训6个班次、236人。派教师到基层党校、单位上专题课48场次，受教育人数3840人次。

科研工作 2013年，县委党校参加省市学术研讨会5人次；完成教研论文14篇，其中在各级报刊发表8篇。廖生明撰写的《党校遭受的五大冲击与应对策略》被评为2013年市级党校教育研究会年会优秀论文。

（郭立新）

教学研讨 2013年，县委党校参加省市学术研讨会6人次；组织参加三明市党校系统教学精品课评选活动，1名参赛教师获三等奖；完成教研论文20篇，在《福建省委党校学报》综合版发表2篇、准印证刊物发表3篇、入选全市党校研讨会2篇、获市级奖励1篇，郭立新撰写的《深化党校主体班教学改革的几点思考》一文被评为2012年市级党校教育研究会年会优秀论文。

其他工作 2013年，县委党校按照县委、县政府的部署要求，挂包街面水库湖美库区网箱清理整治工作10户，完成清理投饵网箱119箱4882平方米、不投饵网箱94个4878平方米、机动渔船7艘66米、水上管理房4

座117.2平方米的任务；按时完成福田路改造工程项目中拆除3幢违章建筑、装修毛坯墙面、改造沿街防盗网和店面的挂包任务。做好招商引资工作，从晋江引进成立“大田县福邦雨具制造有限公司”独资项目，总投资1500万元。该项工作获2012年度县直部门引资500万元以上项目三等奖。

（郭立新）

【上级领导到县委党校作专题报告】 12月19—20日，省委党校副校长、省行政学院副校长、教授刘大可率省委党校科研处教授到县委党校作《迈向“一流科研”的校院发展新境界——关于提升科研工作水平的几点认识》的科研与决策咨询专题报告。市、县委党校教师22人听取讲座。

（郭立新）

【县级党校办学质量评估获通过】 3月22—23日，三明市委党校常务副校长汪震国率三明市县级党校办学质量评估小组，对大田县委党校的班子、教职工队伍建设、教学与科研工作、办学条件等进行逐项考评。评估结果：大田县委党校评估分数为95分、办学质量为一类。

（郭立新）

【岩城大讲堂举办】 2013年，县委党校根据县“贯彻十八大精神，转作风、提效能、促发展”主题教育活动安排，承办“岩城大讲堂”4场专题讲座，县委理论中心组成员、县直机关副科级以上干部共800多人次参加。中共中央党校党史教研部教授、博士生导师祝彦，福建省委党校、省行政学院应急管理培训中心主任、教授肖文涛，上海国泰君安期货有限公司董事长、经济学博士、上海交通大学、同济大学兼职教授何晓斌，中共三明市委委员、市委党校常务副校长汪震国等应邀作专场讲座。

（郭立新）

党史工作

【概况】 2013年，县委党史研究室履行党史工作存史、资政、育人的职责，挖掘历史资料，还原大田土地革命时期的历史原貌，党史研究工作成绩斐然。“申苏”工作取得成功，县委党史研究室被中共三明市委、市政府表彰为“申苏”工作先进集体，江太生、廖舒静、杨连益、郑晓婷被评为先进工作者。

省、市征编任务完成 2013年，县委党史研究室按照省、市党史室下达的任务，撰写大田县土地革命时期历史概述、大田党史特色、《中共三明地方史》(一卷)大田补充部分；整理进驻大田红军高级将领朱德、彭德怀、罗荣桓、粟裕、罗炳辉等史实，收集整理《三明市重要革命文物画册》照片(大田部分)、东方军史实照片，完成征编任务。

党史宣传教育 2013年，县党史研究室一是与电视台联合摄制《红军在这里播下革命火种》《红旗飘飘》《红色的土地》《红动大田》等党史专题片，在县电视台滚动播放。二是利用网络宣传大田苏区史，在新浪网开通“红色大田”博客，有50多篇文章被福建党史网、大田政府网、新闻网采用。三是在《福建党史月刊》《厦门党史通讯》《三明日报》《三明党史》等报刊发表党史题材文章20多篇，获全省党史信息工作第一名。四是举行“中央红军村”采风活动，通过组织大田本土作家参观武陵、华兴、屏山、建设等多处革命遗址，召开座谈会，撰写文章，再现历史。五是依托红四军指挥部旧址、闽中工委会址、革命烈士陵园、集美第二学村等爱国主义教育基地，接待干部、群众、学校师生1万多人次，进行革命传统教育；应邀到县委党校、大田一中、鸿图中学等作党史专题讲座6次。

革命遗址保护和开发利用 2013年，县委、县政府重视对革命遗址的保护和开发利用。一是开展普查。采访知情人士，寻找革命遗址线索，通过调查、摄影、核实，已确认革命遗址遗迹70多处。二是整合部门职能。以县委、县政府为主导，宣传、党史、文物、旅游和民政等部门，联合制订修缮、开发和保护规划，申报文物保护单位、教育基地，加大保护力度。三是修缮保护。县政府投入140.2万元，对建筑保存完好且有较大教育影响力的革命遗址进行修缮、立碑，对朱德、彭德怀、粟裕、罗炳辉等人居住、战斗过的20多处遗址遗迹挂牌保护。四是开发红色旅游。设置了7条红色旅游线路，形成红色旅游圈。五是建设苏区主题公园。规划用地面积46公顷，投资2547.3万元，以红色文化为主线，形成“一轴四区”的景观格局，建成大田标志性红色公园。

（郑晓婷）

【红色书籍出版】 5月，由县委党史研究室编辑的《大田中央苏区史料选编》《大爱之田》正式出版，印数各1500册。《大田中央苏区史料选编》是首部反映大田中央苏区斗争历史的资料选编，翔实记载苏维埃时期革命斗争历程；《大爱之田》由省委党史研究室主任逄立左作序，收录了“中央苏区行”采风组成员采写的反映苏维埃时期的红色历史文章40篇和大田苏区红军故事23篇。

（郑晓婷）

【大田县被确认为“原中央苏区范围”】 7月23日，中央党史研究室发文《关于原中央苏区范围认定的有关情况》确认大田属于“原中央苏区范围”。文件指出，确认“原中央苏区范围”的工作是根据2012年6月国务院出台的《关于支持赣南等原中央苏区振兴发展的若干意见》文件精神，对中央苏区区域范围做出的准确界定，也是提供今后国家有关部门制定实施有关战略规划的重要参考依据。

（郑晓婷）

【大田新增3个市级爱国主义教育基地】 11月26日，在三明市委、市政府命名的第四批三明市爱国主义教育基地中，大田县中央苏区革命历史陈列馆、大田县“第二集美学村”旧址、大田县吴山乡推广普通话展览馆被列其中。

（郑晓婷）

【《红色大田·绿色发展》出版】 12月，由县委党史研究室编辑、详尽记述大田“申苏”工作历程的《红色大田·绿色发展》一书出版发行，收录了大田“申苏”报告、重要历史文献、县委会议纪要、“申苏”大事纪要、“申苏”工作亲历、“申苏”历程影照等，全书24万字。中共三明市委副书记余红胜为该书作序。

（郑晓婷）

老干部工作

【概况】 2013年，全县有离休干部50人，其中行政单位25人、事业单位12人、企业单位13人。副处级（含享受）以上待遇的19人，党员31人，条管4人（副处级以上待遇2人）；“5·12”退休干部38人，原任副处级以上退休干部20人。

共筑“中国梦”活动 2013年，县委老干部局根据省、市委老干部局关于在离退休老干部中开展“八闽夕阳红·共筑中国梦”和“共绘三明美·同筑中国梦”活动的通知精神，一是利用老干部政治学习日、党支部、老年大学教学等平台，组织老干部学习贯彻中共十八大精神，围绕“什么是中国梦、如何实现中国梦，怎样为实现中国梦贡献力量”开展讨论，共召开学习、座谈会3场，200多人（次）参加。二是开展“同心共筑中国梦”征文活动，共收到征文43篇。三是国庆节期间，举办以“缅怀·感恩·中国梦”为主题的书画摄影展，展出作品近百幅。四是于10月10日举办“岩城夕阳红·助力中国梦”专题讲座，邀请市委党校教授张建国做专场讲座。五是创办橱窗板报1期，发表优秀文稿15篇。通过系列活动，许多老干部以亲身经历，通过口述、文字、镜头、画笔忆往昔、讲现在、谈未来，描绘“中国梦”的宏伟蓝图。

落实好“两个待遇” 2013年，县委老干部局以老干部安度晚年、颐养天年为目的，加强人性化管理，从政治上尊重、思想上关心、生活上照顾，抓好“两个待遇”的落实。一是继续做到“六个坚持”，即：（1）县委、县政府重要会议邀请老干部参加；（2）重要决策征求老干部意见、建议；（3）向老干部通报工作；（4）组织老干部参观视察；（5）处级领导挂钩联系、走访慰问老干部；（6）于每月15日组织老干部集中学习。全年，老干部列席或参加县委全委会、人大、政协会和领导干部“述职述廉”会、干部推选测评会等8场，160人（次）参加；县委、县政府召开重大决策征询会2场、工作通报会2场，共620人（次）参加；30名处级领导挂钩、联系老干部22人，全年走访、慰问老干部44人（次）；组织老干部参观视察重点工程、重大建设项目3次；召开集体学习12场，480人（次）参加。老干部阅览室订有10多种报纸杂志，丰富老干部政治、文化生活。二是对老干部生活多方面关心，做到“生病住院、疑难急事、重大节日”三必访。老干局除每月对居住城区的老干部一次走访慰问外，春节期间，对全县老干部及遗属进行慰问210人（次），送去慰问品和困难补助金，探视生病住院的老干部50次；为老干部祝寿108人。改组、改制、破产企业各项经费提前预留，每人每年180元的书报费于年底前由老干部局发放，实现“两费”无拖欠。三是建立老干部服务卡，明确对老干部的各项服务内容，了解、掌握老干部的动态，帮助老干部解决一些实际问题。四是在元旦、“五一”、重阳节期间开展适合老干部特点的游园活动。

（陈辉文）

县直机关党的工作

【概况】 2013年，县直机关党工委下辖系统党委11个、企业公司党委1个、非公有制经济组织党委1个、总支11个、党支部229个。新成立机关党委1个（中共大田县工商行政管理局机关委员会）、更名党委1个（“中共福建省大田县供电有限公司委员会”更名为“中共国网福建大田县供电有限公司委员会”）；新成立党支部24个、更名24个、撤销总支（支部）9个，调整支部的隶属关系2个。年末，党员4765名，其中，预备党员86名，女党员875名，少数民族党员26名，大专以上党员3092名（其中研究生18名），35岁以下党员811名；年内新发展党员80名，培养、考察入党积极分子184名。县直机关党工委在深入推进“1263”机关党建工作机制中以改革的胆气求创新、显实效，用实际行动贯彻落实中共十八大和十八届三中全会精神。

机关党建工作 2013年，县直机关党工委在党建工作中，一是加强党建考核的实效性。党建工作考评分值总体提高，在党建检查中除了检查党建内业资料和上墙资料外，更加注重考评每个支部和党员的业务成绩和服务评价，引导各基层党组织在党建工作中更加务实、更紧密结合业务工作，提高党建工作促进业务工作的实效性。二是加强制度建设。工委制定《党工委班子成员挂钩联系基层党委制度》，由每位工委委员至少挂钩联系1个基层党委，加强与基层党委的联系和沟通，加大对机关党建的指导和督查力度。各党委（单位）已全部制定完成《领导班子工作制度》，从岗位职责、运行机制、监督管理、奖惩措施等进行完善和规范。三是加强党内民主制度建设。坚持党员领导干部参加双重民主生活会，开展批评和自我批评，保障党员的主体地位和权利，激发党员参与党内事务的积极性、主动性和创造性。党务公开形成制度，公开的范围、内容、形式和方法进一步规范，增强党组织工作的透明度，加强党内监督。四是加强规范化建设。持续开展“亮岗履职”，深化“三亮三比三评”。以开展“三服务”（服务发展、服务基层、服务群众）、评选“三十佳”（十佳服务单位、服务之星、帮扶个人）活动为载体，结合党建“富民强村”工作要求，对县直单位挂钩村（居、社区）在为群众办实事、做好事、解难题中当先锋、树形象，促进机关党员干部在一线中创先争优。年内，已有党员示范岗25个，党员诚信店15个。五是抓示范。及时总结、推广县法院、供电公司、党校、刑侦大队、交通执法大队、婚姻登记中心等一批党建示范点党建工作的典型。公安局党委开展“星级民警管理”的经验做法在市公安系统推广，格林实业有限公司的“一提前四同步”经验被市委组织部引用推行。六是加强党员队伍建设。重点抓好党委中心组学习以及各基层党组织的“三会一课”。共参与交通、住建、供电等系统党委上党课6次，到11个党委（党组）开展巡听11次，参加13个党委（党组）民主生活会13次。年底，对各党委和支部“三会一课”开展情况进行专项检查。加强党务干部和入党积极分子的培训，编印学习资料3000册，以党章、中共十八大精神学习辅导材料等作教材，供入党积极分子和党务干部培训班上学习使用。继续推行“两推一岗一评”（党群推荐、上岗锻炼、群众评议）发展党员工作制度，严把发展党员源头关，优化新党员队伍结构，提高发展党员质量，做到“先上岗、再入党”。党支部将确定为发展对象的基本情况、现实表现、培养考察等情况，在党务公开栏进行公示，接受群众监督。全年，共预审党员47名。机关各党委每年承担1个党建理论调研课题，深入基层实地调研，全年共收到具有较高质量的调研论文20篇，其中，县法院课题组的调研文章《基层法院干警思想政治工作研究报告》获市机关党建理论研讨论文三等奖。加强党务干部的学习培训，工委3人次参加省市组织的学习培训。七是加强机关效能建设。年初，要求全县机关党员干部在“亮岗履职”时开展“三公三诺”活动，99名县直机关科级党政正职领导的“三公三诺”（公开承诺、公示践诺、公众评诺）情况由工委统一安排在县政府网和县纪检监察网公开，并在县政府一楼大厅LED电子显示屏滚动播放；加大效能直查快办力度，重点查处一批效能低下、群众反映强烈的违反“说办就办”行为。2013年来，共开展工作纪律督查8次，其中告诫1人，诫勉教育1人，通报批评4人，移送党政纪处理1人，电视台曝光单位5家，约谈11人。八是加强对党员的人文关怀。机关全面建立“党员之家”，添置书报杂志和健身器材，设立“谈心室”，让党员学习交流有场所、休闲健身有去处、发表意见和建议有人听。“七一”期间，通过慰问走访困难党员、举办各类文娱体育活动、召开离退休党员座谈会等一系列活动，提升广大党员的“精、气、神”。九是加强宗旨意识和廉洁自律教育。继续开展“四下基层”“三个一”“结对济困帮扶”等一系列活动。通过深入基层“接地气”，贴近群众“暖民心”，使广大党员拉近与群众的距离，牢固树立宗旨意识。加强廉洁从政教育，扎实推进廉政文化建设，组织广大党员观看廉政教育片《先遣连》《周恩来的四昼夜》，参观廉政书画展，单位主要领导到廉政教育基地永安监狱接受教育。坚决贯彻落实中央八项规定和县委“十不准”，机关作风明显改变，“三公”经费大幅度下降，腐败之风得到有效遏制。

换届选举 12月中旬开始，县直机关党工委所属13个党委、11个党总支、229个党支部全面开展换届选举工作。

服务中心 年初，机关党工委下发责任状时将党建与业务工作同部署、平时同推进、年底同检查，防止“两张皮”现象，促进党建工作与业务工作有效融合。如全县六大项目指挥部均成立临时党支部，加强对党员的教育引导，增强党员的责任意识。6月，组建成立县行政服务中心党支部，有党员10名，以一位党员为一面旗帜，为行政服务中心进一步提高服务质量和服务水平作表率。

信息报送 2013年，县直机关党工委报送的信息被省、市工委采用53条，其中，福建机关党建网39条，三明机关党建网14条。

县直人武工作 2013年，完成县直机关人武部经过民兵整顿、登记。8月，开展兵役登记和冬季征兵工作。

（郭守东）

【党委书记联系会】 3月8日上午，在住建局会议室召开。党工委副书记郑祥源主持，党工委常务副书记纪虎劲传达省、市机关党的工作会议精神以及县委常委会精神，并对2013年县直机关企事业党的工作作具体部署；县委常委、组织部部长、党工委书记蔡建明到会并讲话。12月13日上午，在经贸系统党委会议室召开。党工委副书记郑祥源主持，对2013年县直机关党委和下属各支部换届选举工作进行部署；党工委常务副书记纪虎劲到会并讲话。

（郭守东）

【省、市直工委领导到大田调研】 6月8日，省直机关工委常务副书记朱清在市直机关工委常务副书记毕宪初的陪同下，到县调研。1月31日、7月5日、10月17日，市直机关工委常务副书记毕宪初率领导班子部分成员先后三次到大田调研党建工作。

（郭守东）

机要保密工作

【概况】 2013年，县机要、保密局围绕《中华人民共和国保守国家秘密法》等法律法规和政策规定，提升机要、保密工作水平，被国家保密局评为2013年保密通联工作先进单位。一是开展保密宣传教育。以处级领导、科级干部和涉密人员为重点，开展形式多样的宣传、警示、忠诚教育，在县委党校举办保密知识讲座暨县委党校第17期青年干部培训班和第21、22期科级干部进修班，100多名干部参加学习。8月，邀请市国家保密局局长黄茂升在县委中心组学习（扩大）会议上作专题讲座，县几套班子领导、各乡（镇）党委书记、县直单位正职领导和县委办、人大办、政府办、政协办、机要局、保密局全体工作人员150多人听取讲座，接受一次系统的保密知识教育。二是组织保密专项检查。于8月组织政府信息保密审查专项检查，检查单位16个，发现问题2个，落实整改2个，从源头上防范失泄密事件发生。参与高考试卷保密室检查验收和巡查。全年无失泄密事件发生。三是开展全国保密普查。召开企业保密普查工作动员会议，以会代训，培训普查员78名。至9月上旬，完成普查数据汇总和上报，并通过国家、省、市验收。四是规范管理，做好报务和通信工作，提高应对突发事件和应急通信保障能力。全年收发电报575份，内部明传电报385份。

（颜建动）

党员领导干部民主生活会实景（县直党工委提供）

大田县人民代表大会

□编辑 陈昭才

综 述

2013年，大田县人大常委会认真贯彻落实中共十八届二中、三中全会精神，围绕全县工作大局，认真履行宪法和法律赋予的职责。共召开常委会会议7次、主任会议15次，听取和审议“一府两院”及有关部门工作报告12项，组织检查、视察、调研22次，配合省、市人大开展执法检查、立法调研和专项工作调研19次，任免国家机关工作人员68人次。较好地完成县十六届人大二次会议确定的各项工作任务。

促进经济健康发展 一是依法决定重大事项。县人大常委会听取和审议了县政府2013年县本级财政预算和部门预算细化方案情况的工作报告、2013年上半年财政预算执行情况报告、2012年县本级财政预算执行和其他财政收支情况的审计工作报告。开展审计发现问题整改情况的跟踪检查，规范预算执行，强化预算管理，提高监督实效。探索全口径预决算监督，要求县政府每月汇报预算外资金使用情况，将监督范围由预算内向预算外延伸。加强对“十二五”规划实施情况中期评估的检查，听取和审议县政府专项工作报告。注重地方荣誉称号的授予对经济社会发展的促进作用，对县国税局争创2012年度“人民满意单位”活动进行评议。二是依法履行监督职能。着眼于目标任务落实，针对经济运行环境较差、重点项目建设进展缓慢、工业增长后劲不足等问题，听取和审议县政府关于2013年上半年国民经济和社会发展计划执行情况报告；开展重点项目视察、矿产品流通情况专项检查、全县工业经济运行情况调研。督促县政府进一步转变作风、靠前服务，主动为项目、企业排忧解难，确保项目建设顺利推进。三是依法行使人事任免权。坚持党管干部和人大依法任免干部相统一的原则，规范和完善任免程序，实现人事任免权和监督权的有机统一。加强任后的依法监督，对政府组成部门继续开展工作评议，在一定范围内公开，并将评议结果报送县委参阅。四是参与中心工作。参与重点项目、美丽乡村建设等中心工作。开展招商引资，帮助企业做好开工立项、环境评估、土地征用等各项工作，确保三九军大生物科技和岩兴工业气体等项目按序时推进。深化“四下基层”和“干群结对帮扶济困”等活动，帮助挂钩乡镇、村理清发展思路，落实帮扶措施。年内，共争取各项资金400多万元，推动挂钩乡（镇）、村加快发展。

关注民生，维护群众根本利益 一是推动社会事业的协调发展。关注医疗卫生工作，针对群众看病难、看病贵的问题，开展医疗卫生资源状况专题调研并听取专项工作报告，提出“优化医疗资源配置，提高医疗保障水平，特别是要关注‘五保户’和‘低保户’的就医问题”等建议。关注人口与计生工作，开展专题调研，要求县政府加大公共财政投入，加快改革创新步伐，全面加强人口和计划生育公共服务体系建设。二是关注人居环境的突出问题。围绕创建省级和国家级生态县的目标任务，开展“美丽乡村”建设情况专题调研，建议县政府要进一步编制好村庄整治的布局规划，突出重点，有序推进，长效管理，着力打造具有特色的现代宜居城镇。对水污染情况开展明察暗访，广泛征求各方意见，力求全面掌握第一手资料，为下一步开展水污染治理专题询问做好准备。三是关注群众生活的现实需求。促使县政府从2013年1月1日起率先在全市12个县、市（区）免除城乡居民殡葬基本服务费；对农村新建骨灰楼（堂）进行补助；把殡仪馆改造和灵堂迁移列入“为民办实事”项目之一，推动县殡葬改革工作的顺利实施。持续关注食品安全工作，在2012年开展专题询问的基础上，听取县政府落实县人大常委会食品安全专题询问审议意见的情况报告，着力解决食品生产、流通、消费等环节存在的突出问题。持续开展社会治安综合治理和“平安大田”建设工作情况视察，听取县公安局关于城区治安工作情况报告，督促其严厉打击各类违法犯罪活动，强化整治突出的社会治安问题，保障市民安居乐业。

立足根本，推进依法治县进程 一是开展法律法规宣传。以“土地日”“环境日”“法制宣传日”等为契机，支持和配合相关部门抓好有关法律法规的宣传教育，进一步增强全民的法治观念，提高全社会法治化管理水平，营造人人学法、守法、用法良好氛围。二是优化法治环境。开展贯彻实施妇女权益保障法及省实施办法执法检查，针对存在的问题，要求县政府加大宣传力度，严厉打击违法行为，保障妇女的合法权益；开展台湾同胞投资保护法和省实施办法贯彻实施情况的跟踪检查，进一步维护台湾同胞合法权益。专项听取和审议县法院民事审判工作情况报告，针对薄弱环节，督促县法院改善民事审判环境，加强审判队伍建设，提高审判质量，促进司法公正。加强规范性文件备案审查工作，维护规范性文件的严肃性和权威性。三是化解矛盾纠纷。把信访工作作为反映民声、维护民权、化解民怨的重要抓手，规范信访转办程序，强化跟踪督办。年内，接待群众来访58批83人次，受理来信46件，督促“一府两院”认真研究解决涉及群众切身利益的正当诉求和实际问题。

搭建平台，发挥代表主体作用 一是改善代表履职环境。通过多种形式，组织代表学习培训，提高代表履职能力。坚持县人大常委会组成人员分片联系人大代表制度，密切与代表的沟通联系；定期为每位代表寄送人大刊物和人大工作信息，及时向代表通报全县经济社会发展情况和常委会工作动态；邀请市、县人大代表列席常委会会议，拓宽代表知情知政渠道。二是丰富代表活动内容。2013年，共邀请200多名省、市、县人大代表参加常委会组织的相关活动。受市人大常委会委托，组织市代表集中开展重点项目、美丽乡村建设、矿山水土流失治理等工作视察；指导乡（镇）人大组织县、乡人大代表，围绕创建国家级生态县等重点工作和人民群众关注的热点难点问题，开展视察、调研活动。三是增强代表建议办理实效。改进督办方式，在代表建议办理之初，常委会将城市交通管理、水污染治理等8件建议列为重点督办件，实行领导分工督办、全程跟踪，促使相关问题的解决。

强化管理，推进常委会自身建设 一是抓思想建设。坚持学习制度，组织常委会组成人员和机关干部学习中共十八大、十八届三中全会精神及有关法律法规，不断提高政治素养和业务能力。切实转变作风，深入基层开展调研，广泛了解社情民意，力求常委会的决策更加符合实际。落实党风廉政建设责任制，不断增强自律意识和拒腐防变能力，树立人大机关良好形象。二是抓制度建设。制定《中共大田县人大常委会党组会议议事规则》《中共大田县人大常委会党组工作职责》《大田县人民代表大会常务委员会关于对县政府组成部门进行年度工作评议的暂行规定》，进一步完善《大田县人民代表大会常务委员会组成人员守则》，确保常委会组成人员按照规定参加各种活动，高质量、高效率地集体行使职权。三是强化上下交流。加强人大制度和人大工作的宣传，不断扩大人大工作的社会知晓面和影响力。注重与省、市及兄弟县（市、区）人大常委会的沟通联系，学习先进的工作思路和做法，提高县人大工作水平。重视基层人大建设，开展“加强乡镇人大工作，发挥乡镇人大作用”专题调研，召开乡镇人大工作座谈会，增强基层人大工作实效。

（颜建福）

人民代表大会与人大常委会会议

【县第十六届人民代表大会第三次会议】 2013年12月29日—2014年1月1日，大田县第十六届人民代表大会第三次会议在县影剧院召开，代表共199名，其中调离本行政区域1名、辞去代表职务7名，补选代表7名，暂停执行代表职务1名，出席代表197名，列席人员201名。会议听取和审议县人民政府县长熊旭明作的《政府工作报告》、县人大常委会主任陈汉良作的《县人大常委会工作报告》、县人民法院院长朱文绣作的《县人民法院工作报告》、县人民检察院检察长陈福东作的《县人民检察院工作报告》，并通过相应的决议。会议审议县发展和改革局局长涂剑峰作的《关于大田县2013年国民经济和社会发展计划执行情况及2014年国民经济和社会发展计划（草案）的报告》、县财政局局长田勇作的《关于大田县2013年预算执行情况及2014年预算（草案）的报告》，并通过相应的决议。大会补选张爱兰为大田县人大常委会副主任，补选叶增稳、林雁强、涂育贵、詹联景为大田县人大常委会委员。

（颜建福）

【县第十六届人大常委会会议】 3月28日，县十六届人大常委会第12次会议在县人大会议室（下同）召开，副主任陈钦梅主持，会期半天（下同）。会议主要内容：一是审议通过大田县人大常委会2013年工作要点（草案）。二是听取县公安局城区治安管理工作情况汇报。三是人事任免事项。

5月27日第13次会议，副主任刘永生主持。会议主要内容：一是听取和审议县政府2013年县本级财政预算、部门预算细化方案情况汇报。二是听取县政府关于医疗保障工作情况报告。三是审议通过《大田县人民代表大会常务委员会组成人员守则(草案)》。四是审议通过《大田县人民代表大会常务委员会关于对县政府组成部门进行年度工作评议的暂行规定(草案)》。五是人事任免事项。

6月26日第14次会议，副主任郑宜堆主持。会议主要内容：审议通过接受章永湖辞去县十六届人民代表大会代表职务事项。

7月31日第15次会议，副主任温如校主持。会议主要内容：一是听取和审议县政府2013年上半年国民经济和社会发展计划执行情况报告。二是听取和审议县政府2013年上半年财政预算执行情况报告。三是听取和审议县国税局创建“人民满意单位”活动情况汇报。四是听取县法院民事审判工作情况报告。

9月27日第16次会议，副主任陈钦梅主持。会议主要内容：一是听取和审议县政府2012年度县本级财政预算执行和其他财政收支情况的审计报告。二是人事任免事项。

12月2日第17次会议，主任陈汉良主持。会议主要内容：人事任免、代表补选等事项。

12月23日第18次会议，副主任刘永生主持。会议主要内容：一是听取和审议县政府关于“十二五”规划中期执行情况报告。二是听取代表议案、建议办理情况报告。三是人事任免事项。四是审议通过县人大常委会工作报告（草案）。五是审议通过召开县第十六届人民代表大会第三次会议的决定(草案)。六是听取县第十六届人民代表大会第三次会议筹备工作情况的报告。七是审议通过县第十六届人民代表大会第三次会议议程（草案）和日程(草案)。八是审议通过县第十六届人民代表大会常务委员会代表资格审查委员会关于代表变动情况的报告。九是审议通过财政经济计划审查委员会和议案审查委员会名单(草案)。十是审议通过各代表团划分及团长名单(草案)。十一是审议通过县第十六届人民代表大会第三次会议主席团和秘书长、副秘书长、主席团常务主席、执行主席分组名单(草案)。十二是审议通过邀请上主席台就座人员和列席会议人员名单(草案)。十三是审议通过大田县第十六届人民代表大会第三次会议选举办法(草案)。

（颜建福）

主要活动

【人大代表议案、建议办理】 县十六届人大二次会议期间与闭会期间代表共提出议案、建议、批评和意见127件。3月19日，县人大常委会与县政府召开议案、建议、批评和意见交办会。县人大常委会改进督办方式，在代表建议办理之初，就将城市交通管理、水污染治理等8件建议列为重点督办件，实行领导分工督办、全程跟踪，促使相关问题的解决，至6月19日，按规定期限全部以书面形式答复代表，代表对建议办理情况表示满意和基本满意的占80.6%，建议得到解决或基本解决的占69.8%，一时无法解决的列入工作计划，在今后逐步解决的占26.3%。

县十六届人大三次会议期间，代表共提出议案、建议、批评和意见127件。经大会议案审查委员会审查，全部作为大会建议、批评和意见办理。

（颜建福）

【省、市人大领导到大田调研】 4月17—18日，省人大常委会研究室调研处处长林侯军一行3人，到县开展“进一步发挥代表作用”课题调研。县人大常委会副主任温如校陪同。

5月22—23日，市人大常委会副主任王庆一行9人，到县开展矿产资源“一法一例”执法检查。检查组到福建省永安煤业有限责任公司仙亭煤矿、大田县溪口煤矿有限公司溪口煤矿等企业检查，听取县政府及国土资源局、经贸局、公安局、环保局、林业局、水利局、安监局、工商局、供电公司等部门贯彻实施“一法一例”的情况汇报，并与福建省永安煤业有限责任公司上京分公司、惠峰矿业有限公司，大田县盛鑫矿业有限公司、县前峰矿业有限公司、大田县新岩水泥有限公司、大田县溪口煤矿有限公司、大田县山贵崎煤矿有限公司、大田县鹭峰矿业有限公司、大田县太华铁矿、大田红狮水泥有限公司等企业负责人座谈。县人大常委会副主任温如校、副县长陈庆建陪同。

6月4—5日，省人大常委会信访局二处处长饶云生一行3人，到县开展信访工作调研。县人大常委会副主任陈钦梅陪同。

7月4—5日，市人大常委会主任徐铮一行3人，到县开展代表意见建议办理情况调研。调研组走访了在县的部分市人大代表，了解代表议案建议办理情况。县委书记汤俊生、县人大常委会主任陈汉良、副主任陈钦梅陪同。

7月11—12日，市人大常委会副主任张知通一行11人，到县开展水土保持工作审议意见贯彻落实情况跟踪检查。检查组到均溪镇周田溪小流域综合治理、太华镇山贵崎矿山二号井水土流失治理、建设溪小流域水土流失治理、建设贵竹林矿山水土流失治理等项目点进行检查，县政府及县水利局、林业局、发改局、财政局、国土局、环保局、交通局、公路局、城建局、农办等相关单位汇报落实水土保持工作审议意见情况。县人大常委会副主任温如校、副县长余维语陪同。

7月18—19日，市人大常委会副主任王庆一行5人，到县开展行政复议和行政裁决工作、法院民事执行工作、检察院查办和预防职务犯罪工作调研。调研组听取县政府、法院及县政府法制办、公安局、司法局、人社局、国土局、环保局、住建局、交通局、林业局、卫生局、工商局、药监局等部门的情况汇报，并与上述部门的业务人员及部分人大代表、律师座谈。县人大常委会副主任陈钦梅、副县长緱泽昆陪同。

7月23日，省人大常委会教科文卫工委副巡视员王犹升一行3人，到县开展《福建省民族民间文化保护条例》修订调研。调研组与文体广电出版局（文化馆、博物馆、图书馆）、发展和改革局、财政局、民族与宗教局、经贸局、住建局、教育局、旅游局等部门负责人及非遗传承人座谈。县人大常委会副主任刘永生、副县长张爱兰陪同。

8月28日，市人大常委会副主任廖小华一行6人，到县开展文化旅游产业发展情况跟踪调研。调研组到芳联堡民俗文化旅游区、福建高山茶文化创意产业园等地察看了解。县人大常委会副主任刘永生、副县长戴绍松陪同。

9月10—11日，市人大常委会副主任廖小华一行7人，到县开展食品安全工作情况调研。调研组随机抽查县部分食品生产加工、流通、餐饮企业，听取县政府及县直相关部门关于食品安全工作情况汇报，并与县食安办、经贸局、药监局、农业局、工商局、卫生局、质监局、财政局、畜牧兽医水产中心等部门负责人座谈。县人大常委会副主任刘永生、副县长余维语陪同。

10月8日，市人大常委会副主任洪明德一行8人，到县开展“十二五”规划中期执行情况调研。调研组实地察看大田职专、县中医院等建设项目，听取县政府及有关部门关于大田县“十二五”规划实施情况中期评估汇报。县委常委、副县长苏迎平，县人大常委会副主任郑宜堆陪同。

（颜建福）

【全国、市人大代表到大田调研】 6月7日，全国人大代表（福建团）一行20人，到县开展专题调研。调研组到福建万华实业有限公司、华伦特重工有限公司等实地察看了解。省人大常委会委员、人事代表工作室主任李元兴，市人大常委会副主任王庆，县委书记汤俊生、县人大常委会主任陈汉良陪同。

7月29—30日，市人大代表（尤溪团）一行30人，到县开展“美丽乡村”和重点项目建设情况视察。视察组到桃源镇蓝玉村、福建华伦特重工有限公司、格林实业（三明）有限公司、仙顶实业有限公司等项目点察看了解。县委书记汤俊生，县人大常委会主任陈汉良，县人民政府县长熊旭明，县委常委、组织部部长蔡建明，县人大常委会副主任陈钦梅陪同。

8月21日，市人大代表（宁化团）一行20人，到县开展“美丽乡村”建设视察。视察组到桃源镇蓝玉村、均溪镇芳联堡民俗文化旅游区、福建仙顶实业有限公司等地察看了解。县人大常委会主任陈汉良，县长熊旭明，县委常委、组织部部长蔡建明，县人大常委会副主任陈钦梅陪同。

（颜建福）

【县人大常委会调研活动】 4—5月，县人大常委会副主任刘永生带领部分常委会委员和部分省、市、县人大代表一行11人，分期到县医院、中医院、妇幼保健院、疾控中心、医疗保险管理中心、新农合管理中心、桃源、梅山卫生院等单位，听取汇报、座谈讨论、实地察看，对县医疗保障工作情况进行专题调研。5月15日，调研组听取县卫生局、编办、发展和改革局、财政局、公务员局等相关部门汇报，对县医疗卫生资源现状及存在问题进行座谈讨论。

6月18—25日，县人大常委会副主任郑宜堆带领县人大常委会部分委员及县人大代表一行8人，对矿产品流通情况进行专项检查。检查组到县国土局、国税局、地税局、经贸局、矿产品协调办、煤行办、冶金化学矿行办、建材行办、煤炭公司、矿产开发公司、建材公司等企业及前坪、文江乡等乡（镇），听取汇报、召开座谈会、查阅相关资料、实地察看等方式，了解2011年起县矿产品销售税费征管、矿产品销售过程中存在的困难和问题，听取相关部门、单位对如何加强矿产品流通监管的意见和建议。

8月19—30日，县人大常委会副主任刘永生带领部分常委会委员和县人大代表一行6人，对县人口计生服务体系建设情况进行调研。调研组到县计生服务站、屏山乡计生服务所、内洋村、广平镇计生服务所、铭溪村等单位，听取汇报、座谈讨论、实地察看、查阅相关资料，了解县人口计生服务体系建设的主要举措和成效以及存在的困难和问题。

11月19日，县人大常委会副主任刘永生带领县人大常委会部分委员及县人大代表一行7人，开展台湾同胞投资保护法和省实施办法贯彻实施的跟踪检查。检查组一行到县大方广茶叶有限公司，查阅资料、走访了解、听取汇报，对县贯彻实施情况进行跟踪检查。

（颜建福）

【执法检查】 6月14—17日，县人大常委会副主任陈钦梅带领部分常委会委员一行6人，对全县自2011年起贯彻执行妇女权益保障法及福建省实施办法情况进行执法检查。检查组到县总工会、人力资源和社会保障局、安监局、妇联、汇鑫铸造公司、红狮物流公司等单位及太华镇等乡（镇），听取汇报、查阅资料、走访调查、座谈讨论，检查了解上述法律法规的贯彻实施情况。

（颜建福）

【人大代表视察活动】 7月2—3日、8月6日，省十二届人大代表、市十二届人大代表（大田团）30余人，分别到将乐县、永春县、惠安县、德化县开展工业园区重点项目建设、小城镇建设及“美丽乡村”建设等视察活动。

8月15—17日、12月20日，县人大代表以乡（镇）为单位，组成18个代表小组，乡（镇）人大代表组成若干个代表小组，在全县范围内开展以“生态县创建、水污染治理、村容村貌整治、裸露矿山治理”为主题的县、乡（镇）人大代表小组视察活动。

（颜建福）

屏山茶园（屏山乡党政办提供）

大田县人民政府

□编辑 魏兰兰

综 述

2013年，大田县政府贯彻落实中共十八大、十八届三中全会精神，围绕科学发展、转型发展，统筹推进稳增长、惠民生、促和谐各项工作，基本完成县十六届人大二次会议确定的各项目标任务。全年实现地区生产总值135.29亿元，比上年增长10.8%；农林牧渔业总产值41.81亿元，比上年增长5.1%；全社会固定资产投资157.73亿元，比上年增长31.58%；地方公共财政收入7.39亿元，比上年增长10.3%；验资口径实际利用外资1210万美元，比上年增长13.3%；城镇居民人均可支配收入2.48万元，比上年增长11.1%；农民人均纯收入1.07万元，比上年增长13.1%；居民消费价格指数102%，10项主要经济指标中有7项增幅高于全市平均水平，连续第三年获福建省县域经济发展"十佳"县；被中央党史研究室确认为"原中央苏区范围"；被中国茶叶流通协会评选为2013年度全省唯一的"全国十大生态产茶县"；在全省率先成立生态综合执法局；通过省级生态县考核验收。

加快促转型，产业结构不断优化提升 一是力促重点项目建设提速提质。开展"百日会战"攻坚活动，实施123个重点项目，完成投资81.41亿元，岩兴气体、三九军大等37个项目动工建设，高山茶文化创意产业园、黎祥食品、浩特纺织等46个项目竣工或部分竣工投产（使用）。新策划矿产品深加工八条产业链项目60个，与省能源集团签订100亿元的项目投资和金融支持协议，举办"4·12"厦门专场招商，组织参加各类招商活动，共对接项目32个、总投资136.1亿元，落地开工项目15个、总投资27.6亿元。二是力促工业经济做大做强。开展"下基层、进企业、解难题、促发展"活动，"一企一策"帮助企业解决实际困难；出台扶持采矿选矿企业发展、工贸企业稳增长等37条配套政策，兑现各类扶持资金达1.27亿元；建立企业应急转贷资金5000万元、融资担保风险补偿金120万元，办理转贷业务周转资金13笔、1.22亿元；华伦特重工成为全市首家在海峡股权交易中心挂牌企业。工业经济呈现企稳回升态势，全年实现工业总产值230.35亿元、同比减少0.62%，规模以上工业增加值73.04亿元，同比增加13.7%。支持企业与科研院所共建企业研发中心，实施工业技改项目218个，完成投资77.05亿元，鑫鹭峰、农翔食品等211个技改项目完成，飞鹰实业等9家企业通过第一批省级科技型企业认定，红狮水泥获国家工信部水泥行业准入认定。实施重点减排项目15个、节能项目5个、循环经济项目7个。完成23家企业强制性清洁生产审核评估工作，单位生产总值能耗降低和主要污染物减排省市下达任务。三是加快农业结构做特调优。在稳定粮食生产基础上，重点发展茶叶、油茶、木薯、蔬菜、林下经济、珍稀花卉苗木等特色优势产业，全县茶园面积6413.33公顷，油茶林面积9066.67公顷，木薯面积4333.33公顷。发展设施农业、观光农业、休闲农业等现代农业，建设省级以上农业标准化示范区4个，新培育省市级龙头企业13家、"五有"（有办公场所、有组织制度、有经营活动、有注册商标、有盈余返还）示范合作社6个，举办第八届中国高山茶文化节。四是推进第三产业稳步发展。

制定出台第三产业发展引导资金使用管理办法。重点推进闽中现代物流园、同乐物流、仙峰养生温泉度假区、凯天龙文化创意产业园、福建高山茶文化创意产业园等项目建设，加快培育壮大紫诚、仙顶电子商务等新型业态，规范发展批发零售、住宿餐饮、家政服务等消费性服务业，培育中介服务、信息服务等生产性服务业，新增物流企业25家、限上企业8家。深化“金融生态县”创建，开展“全国小微企业信用体系试验区”建设，获2012—2013年度三明市守合同重信用企业18家，新设立晋农商村镇银行、兴业银行，鼓励金融机构创新金融产品和信贷模式，金融服务和金融环境不断优化。

立足统城乡，新型城镇化进程步伐加快 一是打造美丽城市。启动新一轮县城总体规划修编，大力实施城市“南进东拓北扩西延”战略，重点突破城市“四大板块”建设。石牌开发建设全面展开；兴田路及河滨景观、福田路改造等项目建成投入使用；体育文化中心、赤岩苏区森林公园等项目加快建设；龙腾盛世市民休闲广场项目顺利推进；总投资20亿元的“宝龙城”项目进驻大田东部新城。省级“文明县城”“卫生县城”创建工作深入开展，城市交通、园林、环卫等管理进一步规范。二是打造美丽乡村。围绕“一好五美”（基层组织好、产业精美、生态优美、村庄秀美、乡风和美、生活甜美）目标，开展美丽乡村创建“百日会战”活动，全县265个村村庄规划全部完成，蓝玉、和洋、栋仁等18个中心村、22个特色村面貌改善。实施“生态环境保护工程”，推进以银川矿区为重点的矿山水土流失综合治理和以均溪、文江河为重点的水流域综合整治，完成治理面积5046.67公顷，新增造林绿化面积4033.33公顷。完成年度旧村土地复垦任务，新增耕地面积98.67公顷。全县18个乡（镇）、265个行政村分别获得“省级生态乡镇”、市级以上“生态村”命名，桃源、湖美、梅山、屏山、吴山、谢洋、石牌等7个乡（镇）通过“国家级生态乡镇”考核验收。三是完善基础设施建设。经多方争取，“泉南”高速上京互通增设项目开展初设，国道“纵五”、华石线二期、大德公路等项目顺利推进，“湄渝”高速及文江互通口项目获批；完成公路改造里程47.7公里、安保工程540.5公里。新农村电气化县建设通过省级验收，文江、广平、济阳35千伏输变电站完成技改扩容，吴山110千伏输变电工程建成投入使用，新一轮农村电网改造提升工程顺利实施。与省水利投资集团合作成立大田水务有限公司，城区水厂加快建设。全县农村安全饮用水问题基本得到解决。

着力惠民生，社会大局保持和谐稳定 一是惠民办实事。共筹集资金8.1亿元，基本完成54项为民办实事项目。职业中专新校区、县医院综合楼等项目建成投入使用，汽车站迁建、中医院迁建等项目加快推进。开工建设保障性住房1592套、完成配租配售426套。完成“造福工程”搬迁1512人、农村危房改造604户。扶贫开发，共争取资金1300多万元，实施项目56项。建成县福利中心公益项目、残疾人“福乐家园”、5所乡（镇）敬老院。开展各种技能培训5564人次，发放创业小额担保贴息贷款3896万元，新增城镇就业2293人，实现农村劳动力转移就业5821人。成立社会保障综合服务中心，扩大各类保险覆盖面，城乡居民社会养老保险参保率达91%，城镇居民基本医疗保险覆盖率达97.8%，新型农村合作医疗参合率达99.9%。提高城乡低保标准、五保户供养水平、高龄老人补贴、独生子女伤残死亡家庭特别扶助金、村主干固定补贴、离任村主干养老补助标准和企业离退休人员基本养老金；五保、低保对象住院治疗实行减免制度。率先在全市推行惠民殡葬政策，免除城乡居民基本殡葬服务费。二是社会事业协调发展。加快推进科技创新体系建设，实施省区域科技重大项目1项、市级科技项目3项，主导或参与制定国家标准6项、行业和地方标准4项，新增省著名商标3枚，新获授权专利45件。围绕“教育强县”目标，实施“全面提升教育教学质量”工程，设立教育质量奖励基金，健全城乡教师交流机制，理顺教师队伍编制，加强学校班子和教师队伍建设；完成校安工程、城区扩容、薄弱校改造等项目65个，新建中小学校舍面积3.83万平方米，城关第三小学投入使用。完成3所卫生院、50个村卫生所规范化改造，实施县级公立医院改革，试行县级公立医院院长、医生年薪制，村级卫生所药品零差率销售实现全覆盖，人均基本公共卫生服务经费由25元提高至30元，新农合和城镇居民医保补助标准均由240元提高到280元。加强人口计生工作，开展"诚信计生·幸福家庭"创建活动，前坪乡被评为全国人口和计划生育依法行政示范乡镇。推进文化惠民工程，"大田土堡群"入选第七批全国重点文物保护单位。三是社会大局平安稳定。推进社会管理创新，全面深化"平安大田"建设，全县社会治安满意率位居全省前列，综治工作连续6年保持全市领先。实施"六五"普法，积极构建人民调解、司法调解、行政调解三位一体的大调解工作格局，在全市率先推行行政负责人出庭应诉制度，成立全市首家县级法学会，增强全民法制观念。落实安全生产"一岗双责"（地方人民政府及其有关部门的主要负责人分别对本行政区域、本行业安全生产工作负全面领导责任），开展安全生产大检查和道路交通安全综合整治"三年行动"，安全生产形势稳定。健全完善防灾减灾体系，灾害预警预报、快速反应和紧急救援能力得到提高。

注重转作风，政府自身建设不断加强 一是科学执政。学习贯彻中共十八大、十八届二中和三中全会等重要精神，切实提高运用能力。深化"转作风、提效能、促发展"主题教育活动，围绕大田经济发展中的热点难点问题，深入基层调查研究，开展冶铸产业发展、加快第三产业发展、生态城市建设、深化文化教育卫生体制改革、社会管理创新等课题调研，提出具有指导性、操作性、可行性的对策措施。二是依法行政。服从县委的统一领导，认真落实县委做出的决策部署，重大事项及时向县委汇报。接受人大法律监督、工作监督和政协民主监督，共办理人大代表议案（建议）和政协委员提案238件，办复率、满意率均达100%。大田县群众安全感（满意率）居全省第二，公众对政府满意度评议居全市第二。三是高效勤政。深入开展"百名（科）股长亮岗评议"，实行部门"优质服务郑重承诺"，践行"马上就办、办就办好"工作理念，推行"一线工作法"，开展联合审批，减少审批环节，审批时限缩短到过去的60%以内，行政效率进一步提高。四是廉洁从政。认真贯彻落实党风廉政建设责任制和中央"八项规定"，严格执行党政机关厉行节约反对浪费条例，严守机关干部作风行为规范"十不准"要求，加强行政监察和审计监督，深入推进政务公开、村务公开和办事公开，反腐倡廉取得新成效。

（柯永晋）

县政府会议

【县政府全体会议】 2013年，县政府全体会议共召开2次。

1月25日会议，在县龙山宾馆七楼会议室召开（下同），县长熊旭明主持（下同）。会议要求各乡（镇）和政府组成单位深入贯彻落实中共十八大精神以及县委十四届四次全会和县"两会"的部署，进一步安排细化工作任务，理顺重点，理清责任；进一步提振信心，全面启动当年工作，落实预定工作任务，兑现向全县人民做出的承诺，确保全年目标任务的全面完成。

12月6日会议，会议要求各乡（镇）和政府组成单位确保全面或超额完成全年各项目标任务；并对县政府领导班子和政府组成部门调整到位后，就推动政府高效运转以及将工作落到实处事宜，提出具体要求。

（李生军）

【县政府常务会议】 2013年，县政府共召开常务会议7次。

2月27日会议，在县政府二楼会议室召开（下同），县长熊旭明主持（下同），研究讨论《大田县全面提升教育教学质量实施意见》《大田县高中教学质量考评办法（试行）》《大田县初中教学质量考评办法（试行）》《大田县小学教学质量考评办法（试行）》《大田县投资兴业优惠政策的暂行规定》《2013年度全县工作考评方案》《大田县2013年深化项目竞赛活动暨继续打好"六大战役"考评方案》、《大田县屏山乡总体规划（2010—2030年）（送审稿）》及提高公务员津贴补贴、银川矿区地质环境治理项目示范工程建设经费、大田县2011年度“守合同重信用企业”评选表彰、高山茶文化创意产业园项目基础设施建设资金、提高村主干补贴和离任村主干养老补助标准、大田县煤炭工业公司所属企业改制、组建大田县水利投资有限公司、重大交通基础设施建设和恢复县政府驻厦门办事机构等问题。

4月23日会议，传达贯彻全省、全市人力资源和社会保障工作会议精神，研究讨论《关于缓解企业用工短缺做好用工服务十条措施的通知》《大田县文江河水环境综合整治实施方案》《提升均溪河水环境质量实施方案》《大田县“十二五”农村饮水安全工程规划》《大田县湖美乡总体规划（2011—2030年）》《2013年县直部门综合财政预算支出安排情况》《兑现2010—2011年项目工作优惠政策》《2012年税收征收经费分配方案》《大田县发展总部经济税收优惠政策》《纳税大户考核奖励办法》《培育壮大货物运输业发展的实施意见（讨论稿）》；研究社会保障综合服务中心装修、申请解决国有集体改制企业离休人员津补贴费用、增加县劳动保障监察大队和劳动仲裁办人员、仙峰养生温泉项目设计方案调整和县矿产开发公司与惠峰矿业有限公司合作投资奇韬煤矿区桃舟南井田项目等问题。

5月27日会议，研究讨论《关于落实省、市促进工贸企业稳定增长措施》《大田县旧城镇旧厂房旧村庄改造工作方案（试行）》《福建省大田县田阳旅游开发有限公司组建方案》《大田县计划生育特殊家庭救助帮扶意见（送审稿）》及海西（大田）机械铸锻集中区管理归属、提高农村低保补助标准和开展第三次全国经济普查和城乡住户收支调查一体化改革等问题。

9月22日会议，研究讨论《福建省大田县林业保护利用规划（2010—2020年）（送审稿）》、购买中国长城资产管理公司持有岩城水泥公司部分股权、县国投公司持有鑫融担保有限公司股权以及第九届海峡两岸林业博览会暨投资贸易洽谈会参展筹备等有关问题。

10月14日会议，研究讨论《大田县鼓励企业入驻福建高山茶文化创意产业园的扶持政策》《坑口水库饮用水源地保护基金使用管理办法（试行）》《大田县武陵乡总体规划（2011—2030年）》《大田县生态环境保护工程实施方案（送审稿）》；研究医保基金经办机构整合，原大田会计事务所、审计事务所脱钩改制遗留问题，加强殡葬管理，建立高龄补贴制度，2013年度新农村建设资金、农发资金、科技三项经费、茶业专项资金、旅游发展资金、农村卫生基础建设专项资金、教育规划建设项目资金安排，县体育文化中心田径场及地下停车场项目建设，兴田路改建项目二期工程，均溪河（温镇段）防洪堤及河滨景观工程项目建设合同补充协议，黎祥食品项目建设合同补充协议等有关问题。

12月16日会议，研究讨论《2013年度水土保持工作目标责任考评先进单位》《城区道路、桥梁命名更名方案》《推进城区菜市场建设改造管理的实施方案（送审稿）》；研究调整离任村主干生活补助政策条件和标准、贵竹林矿区水土流失综合治理项目经费补助以及县政府及办公室规范性文件清理等有关问题。

12月23日会议，研究讨论《政府工作报告》《2013年国民经济和社会发展计划执行情况及2014年国民经济和社会发展计划草案的报告》《2013年预算执行情况及2014年预算草案的报告（送审稿）》；研究城市公交特许经营权、创建国家公共文化服务体系示范区工作以及城乡居民社会养老保险制度一体化实施意见等有关问题。

（李生军）

领导工作分工

【县政府领导工作分工】 2013年，因人事变动，12月5日调整分工如下：

县长熊旭明 主持县政府全面工作，负责机构编制、人事、财政、监察、审计、规划工作。

常务副县长谢军　负责县政府常务工作，协助县长分管县政府机构编制办公室、监察局、公务员局工作，分管县发展和改革局（含物价局、粮食局）、统计局、公安局、信访局、国土资源局（土地）、住房和城乡规划建设局（含城市管理综合执法大队、城投公司）、人民防空办公室、交通运输局、铁路建设办公室、外经贸局、招商局、县政府驻外机构工作，联系县人大常委会，县法院、检察院，县武警中队、消防大队，国际商会、外商投资企业家协会、老体协、关工委，公路分局、闽通长运大田分公司。

副县长陈钦梅　分管县教育局、卫生局、人口和计划生育局工作，联系县文明办、计生协会、红十字会。

副县长余维语　分管县经贸局、国土资源局（矿产资源）、人力资源和社会保障局、安全生产监督管理局、大田经济开发区、非公办、城镇集体工业联合社、矿业监督管理局（含协调办、煤管局、冶金化学矿行办、建材行办）、煤炭公司、矿产开发公司、建材公司工作，联系县政协，县总工会、质量技术监督局、食品药品监督管理局、工商局、工商联、供电公司、邮政局、电信公司、移动公司、联通公司、石油分公司、永安煤业上京分公司、广元矿区管委会。

副县长戴绍松　分管县政府办（含效能办、纠风办、公共资源交易中心、外侨办）、行政服务中心管委会、民政局（含老龄办、老区办）、文体广电出版局、旅游局、民族与宗教事务局、县志办工作，联系团县委、妇联、残联、侨联、台办、文联、社科联、新闻单位、老促会、慈善总会、新华书店。

科技副县长缑泽昆　分管县政府法制办、司法局、环保局、科技局（含地震办）、机关事务管理局、林业局（林业科技）工作，联系县保密局、档案局、科协。

副县长廖荣才　协助县长分管县财政局、审计局工作，分管县政府农村工作办公室、农业局、林业局、水利局、生态综合执法局、茶业局、库区移民开发局、烟草局、供销联社、农业机械化管理中心、畜牧兽医水产中心、坑口水库管理处、东风农场、农科所、良种场、金融办、国投公司，联系县气象局、盐务局、水文站、国税局、地税局、人民银行大田县支行、大田银监办、住房公积金管理中心大田管理部、医疗保障基金大田管理部、金融和保险机构。

副调研员陈贵国　协助分管农业、农村工作。

（李生军）

政务活动

【现场办公】　1月6日　常务副县长苏迎平带领相关部门领导到金泰铝业、高山茶文化创意产业园、华石线公路（二期）、县汽车站督查迁建等项目建设有关情况。

7日　副县长陈庆建在县城区召开现场办公会议，研究规划、用地有关问题。

10日　县长熊旭明召集相关部门领导到桃源镇现场查看华伦特重工、金泰铝业、蓝玉新村等项目建设进展情况，研究加快推进项目建设问题。

22日　副县长陈庆建召开银顶格——川石矿区矿山地质环境治理示范工程项目专题会；召开现场办公会研究上京镇规划、用地问题。

2月20日　县长熊旭明、常务副县长苏迎平出席全县2013年市级重点跟踪项目督查现场会。

3月1日　副县长谢军召开现场会，研究解决建设贵竹林矿区解决水土流失治理有关问题。

2日　县长熊旭明，副县长张爱兰、谢军赶赴泉三高速公路大田县石牌段交通事故现场指挥救援和协调处置。

4日　副县长谢军召开现场会议，研究解决街面水库大田库区网箱清理有关工作。

19日 副县长余维语参加全省地理标志产品保护工作建宁现场会议。

25日 副县长张爱兰出席全县深化“诚信计生·幸福家庭”创建工作暨村级服务室建设推进现场会并发表讲话。

26日　副县长谢军主持召开现场办公会议，研究吴山高山红精品深加工区项目建设有关问题。

5月6日　县领导汤俊生、熊旭明、陈庆建、谢军到石牌镇召开现场办公会议，专题研究解决集镇规划、道路改造、桥梁建设等项目建设有关问题。

7日　县长熊旭明、副县长谢军出席全县“美丽乡村”建设“百日会战”现场点评会；副县长陈庆建到均溪镇温镇村召开宝龙城市广场项目征求意见座谈会。

16日　副县长谢军在高山茶文化创意产业园主持召开现场办公会议，研究加快推进项目建设进度有关问题。

31日　副县长陈庆建在县城区主持召开现场办公会议，专题研究讨论规划、用地等有关问题。

6月7日　副县长陈庆建主持召开现场会议，研究解决均溪镇金岭新村、城区弃土场等项目建设相关问题。

28—29日　副县长谢军到均溪镇宋京村、良元村参加村民代表大会，动员部署国道纵五线溪柏林至长溪段工程项目征迁等工作。

7月1日　副县长谢军主持召开国道纵五线溪柏林至长溪段工程项目土地征迁均溪镇华坑村、后华村村民代表动员座谈会。

2日　常务副县长苏迎平主持召开现场会，研究安排2014年省市工作检查项目准备工作。

3日　副县长张爱兰主持召开现场会议，研究解决上京中学操场等附属工程建设、铭溪小学操场征地等有关问题。

9日　县长熊旭明、副县长缑泽昆参加全市生态市和环保模范城市创建工作泰宁现场会。

10日　县长熊旭明、副县长陈庆建参加东部新城及城市规划建设项目组“百日会战”现场推进会议。

13日　县长熊旭明主持召开现场会议，研究解决合成革企业污水处理有关问题；

18日　县长熊旭明主持召开现场会议，研究解决县城区地表水厂项目建设有关问题；常务副县长苏迎平主持召开现场会议，专题研究解决加快现代服务业及旅游项目组建设有关问题。

24日　县长熊旭明，副县长谢军、缑泽昆，副调研员陈贵国出席全县生态环境保护工程现场推进会。

29日　县长熊旭明主持召开现场会议，研究解决石牌镇开发建设有关问题，常务副县长苏迎平、副县长陈庆建出席会议。

8月6日　副县长张爱兰主持召开现场会议，研究解决县城关第三小学项目建设有关问题。

13日　副县长缑泽昆召开现场会议，研究京口工业集中区督促检查合成革企业污水处理设施建设有关问题。

14—15日　副县长谢军主持召开现场会议，研究解决街面水库湖美库区冲关网箱处置及网箱清理等有关问题。

21—23日　副县长谢军到县防汛指挥部安排部署和指挥协调防抗台风“潭美”有关工作。

29—30日　副县长谢军到县防汛指挥部开展安排部署和指挥协调防抗台风“康妮”有关工作。

9月16日　副县长余维语到太华镇检查指导山贵崎煤矿整合工作。

27日　副县长谢军主持召开现场会议，专题研究解决国道纵五线溪柏林至长溪段项目征迁等有关问题。

10月9日　县长熊旭明，常务副县长苏迎平，副县长谢军、戴绍松出席全县重点项目督查现场会。

11月22日　副县长余维语到均溪镇十八湾矿山和前坪乡428线矿山、银场沟矿山、川石南坑矿山检查指导矿山恢复治理工作。

25日　常务副县长谢军主持召开现场会议，专题研究解决泉南高速吉州服务区通水有关问题。

28日　常务副县长谢军在县城区主持召开现场会议，专题研究解决规划、用地等有关问题；参加全省深化预防处置医患纠纷“五位一体”机制和加强肇事肇祸严重精神病患者救治管理工作电视会议。

12月16日　副县长廖荣才在银顶格骏原工贸矿区主持召开现场办公会议，研究解决矿区水土流失治理项目建设有关问题。

7—9日　副县长余维语到上京、建设、

屏山等乡镇和京口工业集中区、县污水处理厂、垃圾处理厂研究部署省级生态县创建工作。

（李生军）

【参观考察】 1月10日 副县长谢军到漳州市参加全省城乡环境综合整治“点线面”工作会。

4月22日 副县长余维语带领相关部门领导到清流县考察光伏项目建设等有关工作。

24—28日 副县长陈庆建到宝龙集团上海总部和无锡、太仓等考察宝龙城市广场项目工作。

5月10—17日 副县长张爱兰到新疆乌鲁木齐参加全国计划生育药具工作新机制培训班学习。

6月1—12日 县长熊旭明参加省委组织部在新加坡举办的县（市、区）长“现代城市规划与管理”专题培训班学习。

27—28日 副县长张爱兰到泉州一中、泉州五中、厦门双十中学、厦门外国语学校考察学习教育精细化管理、教学质量管理和素质教育工作。

7月8—15日 副县长谢军参加市委组织部组织的赴台湾的“发展现代农业”专题培训班。

15—19日 副县长陈庆建到山西等地学习考察煤炭行业税收征管、银行卡结算业务等经验。

9月22—28日 副县长余维语带领县部分企业领导到延安参加海西（福建大田）企业家培训班学习。

10月17日 副县长缑泽昆参加市政府组织的到北京与清华大学开展市校合作系列活动。

（李生军）

【外引内联】 1月11日 县长熊旭明、副县长陈庆建出席县城区水务合作项目签约暨授牌仪式。

15—16日 县长熊旭明会见晋江农商银行董事长林太白一行，商谈组建村镇银行相关事宜，并举行晋江农商银行·大田县人民政府合作协议签约仪式。

28—29日 常务副县长苏迎平到省发改委汇报重点项目工作。

2月25日 副县长陈庆建出席中国银行大田支行、中国外运福建有限公司与大田县鹭峰矿业有限公司举行的存货质押现场签约仪式暨试点推广发布会。

3月7—8日 副县长谢军赴海南中国热带农业科学院考察学习高新农业技术，并签订战略合作协议。

8日 常务副县长苏迎平与香港新纶集团总经理肖凌安一行商谈项目入驻有关事宜。

11日 副县长陈庆建与宝龙集团负责人洪群峰洽谈项目投资合作意向等有关事宜。

12—15日 县长熊旭明到省发改委、能源集团和国家开发银行沟通汇报高速公路建设、红狮水泥二期项目及贷款等有关事宜。

19日 中华两岸连锁经营协会总执行孙景生一行到县考察，常务副县长苏迎平陪同。

4月1—2日 县长熊旭明到省发改委等有关部门沟通汇报红狮水泥二期项目立项有关问题。

3日 副县长谢军到省高速公路建设总指挥部商谈国道纵五线溪柏林至长溪段施工图审等有关事宜。

8日 县长熊旭明、常务副县长苏迎平、副县长张爱兰、戴绍松出席大田县与三明学院项目合作推介座谈会。

11—13日 县长熊旭明、常务副县长苏迎平到厦门拜访客商，并出席2013年大田·厦门投资项目推介洽谈会。

17—18日 副县长陈庆建到省国土厅、财政厅、华兴信托投资公司、创业投资公司沟通汇报工作。

25日 厦门福联兴游艇有限公司董事长林添福一行到县实地考察闽湖乡村游艇基地建设项目，常务副县长苏迎平陪同；中华两岸连锁经营协会总执行孙景生一行到县实地考察闽台特色小吃城项目建设，常务副县长苏迎平陪同。

5月15日 厦门市泉州商会会长苏福伦一行到县考察，县长熊旭明，副县长谢军、戴绍松陪同。

23—24日 副县长谢军到省高速公路建设总指挥部沟通汇报湄渝高速文江互通口、泉三高速上京互通口相关事宜。

28日 常务副县长苏迎平与厦门福联兴

游艇有限公司董事长林添福商谈京口工业集中区项目入驻相关事宜。

6月5—6日 副县长谢军到省林科院、市水利局、财政局等部门沟通对接“6·18”签约项目、矿山水土流失植被恢复以及中央小型水利重点项目建设等有关工作。

14日 中华环保联合会副主席曾晓东一行到县考察生活垃圾“热解干馏气化”无害化处理项目，县长熊旭明陪同；全国政协委员、香港福建三明联会会长、香港王氏仁森机构集团主席王明洋率领到县考察调研，常务副县长苏迎平陪同。

16—21日 常务副县长苏迎平到福州参加第十一届“中国·海峡”项目成果交易会。

7月2-3日 县长熊旭明到省国土、水利等部门沟通汇报大田县水土流失治理工作相关情况。

3—5日 县长熊旭明参加市政府在北京举办的央企项目对接活动。

14—17日 县长熊旭明、常务副县长苏迎平出席大田县与浩沙集团在北京共同举办的“浩沙盛典”暨2013年环球比基尼小姐大赛国际总决赛新闻发布会。

30—31日 副县长缑泽昆到省环保厅沟通汇报县合成革企业环境污染整改落实情况。

8月6日 常务副县长苏迎平主持签订福联兴机电设备有限公司游艇生产休闲旅游产业链项目投资协议书。

12日 常务副县长苏迎平到厦门、泉州商会洽谈城市开发建设、现代物流园和现代农业开发等项目建设相关事宜。

15—16日 副县长陈庆建到厦门与民生银行、国际信托投资有限公司洽谈融资贷款及土地一级开发等事宜。

30日 副县长谢军与省发改委、高速公路建设总指挥部沟通汇报泉三高速上京互通口项目建设有关事宜。

9月2—3日 副县长谢军到厦门DAC中国特别机遇（巴巴多斯）有限公司沟通洽谈县公路建设历史遗留债务清偿有关事宜。

23—25日 县长熊旭明，常务副县长苏迎平，副县长陈庆建、谢军到省纪委、农办、发改、财政、国土、住建、交通、农业、水利、移民、省政府项目策划和评审中心、电力、能源集团等部门沟通汇报对接中央苏区政策重点项目工作。

10月11日 副县长张爱兰到省发改委、财政厅、卫生厅等省直有关部门沟通汇报对接中央苏区政策重点项目工作。

21—22日 县长熊旭明，副县长戴绍松、缑泽昆到省环保厅、体育局等省直有关部门沟通汇报对接中央苏区政策项目工作。

22—25日 副县长陈庆建到省财政厅、住建厅、国土厅等省直有关部门沟通汇报对接中央苏区政策重点项目工作。

11月7日 常务副县长谢军到省纪委、省交通厅等省直有关部门沟通汇报对接中央苏区政策重点项目有关工作。

26日 副县长缑泽昆到省环保厅沟通汇报县坑口水库饮用水源地区划及环保基础能力建设等工作。

12月13日 副县长戴绍松到省广播电视局、残联等省直有关单位沟通汇报县广播电视和残疾人工作开展情况。

18日 县长熊旭明会见台湾烟酒股份有限公司董事长徐安旋一行，并陪同考察海峡酒文化产业园项目建设情况。

（李生军）

【省市领导到县指导工作】 1月10—11日 省安监局、福建煤监局局长陈炎生一行到县东井田煤矿、广源矿业检查指导安全生产工作，副县长余维语、缑泽昆陪同。

16—17日 省委农办副主任兰斯琦一行到县检查“点线面”攻坚计划和村庄环境综合整治有关工作，副县长陈庆建陪同；市政府副市长张丽娟一行到县检查指导县职业教育工作，副县长张爱兰陪同。

2月4日 副省长倪岳峰一行到县检查指导水土流失综合治理工作，实地考察建设镇贵竹林矿区水土流失综合治理示范点，并到建设镇建设村、建丰村，太华镇罗丰村、汤泉村慰问生活困难老党员、五老人员和参战退役士兵等，县长熊旭明、副县长谢军陪同。

11日 市委书记、市政府市长邓本元一行到上京镇检查指导新农村建设有关工作，县长熊旭明陪同。

19 日 市政府代市长杜源生一行到县调研城市建设和园区开发工作，县长熊旭明陪同。

27 日 国家煤矿安监局副局长李万疆一行到惠峰矿业公司东井田煤矿检查指导安全生产工作，副市长王刚、县长熊旭明、副县长余维语陪同；市人口计生委副主任郑晓英一行到县石牌、上京、广平等乡（镇）调研计生服务等工作，副县长张爱兰陪同。

3 月 7 日 市政府副市长林俊德一行到县调研外经、外贸等工作，副县长余维语陪同。

9 日 省科协科普部部长武红谦一行到县检查指导开展社区科普建设有关工作，副县长戴绍松陪同。

14 日 省统计局副局长林文芳一行到县开展原煤生产企业清查工作，常务副县长苏迎平陪同。

15 日 省人口计生委原主任张学梅一行到县调研出生人口自然增长率等工作，副县长张爱兰陪同。

17 日 市政府副市长詹积富一行到县调研春耕备耕有关工作，副县长谢军陪同。

18 日 省委组织部副部长袁毅一行到县检查指导非公企业党组织建设和基层党建工作，县长熊旭明陪同；省能源集团广平矿区管理委员会副主任陈文阶一行到县考察设立总部等工作事宜，副县长陈庆建陪同；省药监局应急管理处处长陈上龙一行到县检查指导创建食品安全示范县工作，副县长张爱兰陪同。

21 日 市委常委、宣传部部长曾祥辉一行到县调研宣传思想文化工作，县长熊旭明陪同。

25 日 省质监局局长黄维礼一行到县检查指导质量技术监督工作，县长熊旭明、常务副县长苏迎平陪同。

29 日 省委常委、组织部部长姜信治一行到县调研基层党建工作，县长熊旭明陪同。

4 月 3 日 省军区司令员汪庆广到县人武部检查指导民兵预备役相关工作，县长熊旭明陪同。

10 日 市政府副市长王刚一行到县检查指导企业安全生产等有关工作，县长熊旭明、副县长余维语陪同。

22 日 省住建厅厅长龚友群一行到县调研建筑工程质量安全生产、“打非治违”和保障性住房建设等工作，县长熊旭明、副县长陈庆建陪同。

5 月 15—16 日 省人口和计生委主任池秋娜一行到桃源镇蓝玉村调研“诚信计生·幸福家庭”创建和村级人口文化园建设工作，副县长缑泽昆陪同。

28 日 市委书记邓本元一行到县调研，深入武陵乡、福建仙顶实业有限公司等地检查指导基层工作、“美丽乡村”建设和茶产业发展情况，县长熊旭明陪同。

6 月 6 日 省发改委副主任余军一行到县调研社会事业发展改革工作，常务副县长苏迎平陪同。

17—18 日 省政府发展研究中心副研究员吴元兴一行到县开展创建“国家级生态乡镇”验收工作，副县长张爱兰陪同。

26 日 省政府投资项目评审中心副主任詹晨辉一行到桃源镇蓝玉村调研“美丽乡村”建设情况，常务副县长苏迎平陪同；市地税局局长符夷杰一行到县指导税收征管有关工作，副县长陈庆建陪同。

28 日 市政府副市长肖明光一行到县检查指导组织财政收入有关工作，县长熊旭明、副县长陈庆建陪同。

7 月 9—10 日 省煤监局副局长戴文鹏一行应邀到县参加“惠峰杯”煤矿安全生产书画采风活动并开展调研，副县长余维语陪同。

11 日 省地税局局长陈青文一行到县调研地税工作开展情况，副县长陈庆建陪同；市政协副主席张来水一行到县调研省级生态县创建工作情况，副县长缑泽昆陪同。

11—12 日 市人大常委会副主任张知通一行到县开展水土保持工作审议意见贯彻落实情况跟踪检查，副县长余维语陪同。

16 日 省总工会副主席高榕一行到县调研女职工劳动保护工作情况，副县长余维语陪同。

17 日 省农业种植业技术推广总站站长高峰一行到县开展现代茶叶生产发展资金项目验收工作，副县长谢军陪同；人行三明中心支行行长史可山一行到县开展中小微企业金融服务情况调研，副县长余维语陪同。

23 日　省人大教科文卫委巡视员王犹升一行到县召开《福建省民族民间文化保护条例》修订征求意见座谈会，副县长张爱兰参加；市人大常委会副主任郑国仁一行到县调研工业园区及城市建设项目情况，副县长余维语陪同。

24 日　省计生协会副会长陈世泽一行到县调研计生工作，副县长张爱兰陪同。

25 日　市委常委、统战部部长江兴禄一行到县调研非公有制经济、民营企业科技创新及转型升级、统战和宗教等工作开展情况，县长熊旭明陪同。

25—28 日　新加坡总理公署原部长、新加坡南洋理工大学教授曾士生一行到县考察京口工业集中区、同利祥纺织厂区“三旧”改造、石牌六迪坑开发、仙廷渔池洋改造等项目建设情况，县长熊旭明、副县长陈庆建陪同。

26 日　国家煤矿安监局副局长李万疆一行到永安煤业公司仙亭煤矿、京东煤矿检查指导煤矿安全生产等有关工作，副县长余维语陪同。

30 日　国家中医药管理局副局长吴刚一行到县调研县中医院迁建项目建设情况，副县长张爱兰陪同。

8 月 1 日　厦门泉州商会会长苏福伦一行到县考察城市开发建设、现代物流园和现代农业开发等项目情况，常务副县长苏迎平陪同。

6—7 日　省能源集团董事长林金本、总经理郑震一行到县考察广元矿区管委会总部大厦建设项目，并与大田县政府战略合作框架协议签约仪式，县长熊旭明，副县长陈庆建、余维语陪同。

8—9 日　省外经贸厅厅长黄新銮一行到县调研外经贸工作和企业出口情况，县长熊旭明、常务副县长苏迎平陪同。

9 日　省工商联主席王光远一行到县华伦特重工、成功机械、南湖针织有限公司调研非公经济发展工作，副县长余维语陪同。

13—14 日　省银监局副局长黄邦锋一行到县调研金融服务县域经济发展情况，副县长陈庆建陪同。

20—21 日　省委常委、纪委书记倪岳峰一行到县调研均溪镇上蔡矿区十八湾矿山整治示范点、银顶格骏原工贸矿区水土流失综合治理项目、蓝玉村调研水土流失治理、美丽乡村建设工作，县长熊旭明陪同。

28 日　市人大常委会副主任廖小华一行到县调研文化旅游业发展情况，副县长戴绍松陪同。

30 日　省广电局局长陈必滔一行到县调研广播电视工作，实地察看新广电新闻中心建设情况，并到均溪镇周田村现场查看“村村响广播”设备运行、管理情况，副县长戴绍松陪同。

31 日　国家能源局电力安全监管司副司长苑舜一行到永安煤业公司京东煤矿和县新华都购物广场（岩城店）现场检查国家部署安全生产大检查落实情况，副县长余维语陪同。

9 月 5 日　省纪委副书记邓卫平一行到吴山乡和洋村、济阳乡济中村检查指导“美丽乡村”建设和扶贫开发工作，副县长谢军、缑泽昆陪同。

10 日　省粮食局局长陈则生一行到县考察粮油储备库项目有关情况，副县长陈庆建陪同；市人大常委会副主任廖小华一行到县开展食品安全工作情况督查，副县长余维语陪同。

10—11 日　省纪委副书记彭锦清一行到县调研经济社会发展、水土流失治理工作情况，副县长谢军陪同。

12 日　省政协副主席、农工党中央常委、省委主委陈绍军一行到县调研督导药品零差率工作，副县长张爱兰陪同；省水利厅水保处处长林捷一行到县开展 2012 年度省级水土流失专项治理资金项目验收，副县长谢军陪同。

23 日　省体育局局长徐政国一行到县调研体育工作，并实地考察了县体育文化中心项目建设情况，副县长戴绍松陪同。

10 月 8 日　市人大常委会副主任洪明德一行到县检查“十二五”规划中期执行有关情况，常务副县长苏迎平陪同。

18 日　省国土资源厅巡视员何清和一行到县开展纠正违法违规强制征地拆迁维护被征地农民合法权益专项督查，副县长陈庆建陪同。

11月8日　省环保厅副厅长杨荣郎一行到县检查指导重金属减排有关工作，县长熊旭明、副县长缑泽昆陪同。

12日　省绿化办主任庄晨辉一行到县检查指导创建省级森林县城有关工作，并召开大田创建省级森林县城总体规划评审会，县政府党组成员廖荣才陪同。

14日　农业部经管司副司长黄延信一行到县督导检查农村集体“三资”监管工作，县政府党组成员廖荣才陪同；省地勘局副局长郭立新一行到县调研地质勘查及矿山生态环境治理有关工作，副县长余维语陪同。

20日　副市长纪熙全一行到县调研城市建设和环境保护等工作，县长熊旭明，常务副县长谢军，副县长余维语、缑泽昆陪同。

25日　副市长肖明光到县调研财税收入情况，县政府党组成员廖荣才陪同。

26日　国家土地督察上海局督察三室主任科员叶维梦一行到县京口工业园区开展维护被征地农民合法权益专项督查工作，常务副县长谢军陪同。

12月5日　省纪委常委陈国建一行到梅山乡检查指导梅山沈岭岬至盖竹道路建设工作，县长熊旭明、常务副县长谢军陪同。

10—11日　省环保厅副厅长陈宁一行到县开展省级生态县创建考核验收工作。县长熊旭明，常务副县长谢军，副县长陈钦梅、余维语、缑泽昆陪同。

（李生军）

【法治工作】　2013年，县政府法制办积极参与项目评审、企业改制、社会稳定等重大事项的决策以及县政府出台的规范性文件的严格审查，以确保重大事项决策依规合法和出台的文件合法有效。全年向县人大和市政府报备规范性文件8件，合法率100%；全面落实规范性文件实效制度，共废止规范性文件37件，保留113件，修改8件。按照省市要求，提升执法队伍法律素养，组织执法人员学习相关法律法规，做到依法行政、依法执法。通过与省政府法制办沟通协调，省政府法制办在大田县单独开设生态综合领域的执法考试，县矿业监督管理局、生态综合执法局以及各乡（镇）共284人参加考试，227人考试合格并获得生态领域执法资格证。

（陈先烂）

【政务信息】　2013年，县政府办公室编发《大田政讯》46期，增刊14期，呈阅件4件；上报省、市信息专报465件，省府办《今日要讯》、市府办《三明要讯》分别采用30件、52件。加强对县政府门户网站的管理和维护，及时更新栏目内容，采用信息414件。

（陈汝钢）

【行政服务工作】　2013年，县行政服务中心管委会开展中心标准化建设和“马上就办”的审批提速增效活动，推进审批制度改革，规范审批行为，提高服务质量和水平，创建良好的发展环境。一是规范管理，全面提高办事效率。全年中心各窗口完成收件2.68万件，办结2.63万件，办结率为98.32%，其中即办件1.93万件，即办率72.11%，提前办结2.58万件，提前办结率96.23%；8个统一受理窗口收件12.95万件，办结12.92万件，办结率为99.7%；网上审批系统上半年收件6578件，办结6561件，办结率99.74%，提前办结6233件，提前办结率95 %。二是把握机遇，推进中心标准化建设。从规范场所建设、项目进驻、人员派驻和服务设施等“四个规范”要求入手，推进行政服务中心标准化建设。继续推进乡镇便民服务中心建设，提升基层行政服务工作水平，全县有桃源、太华、吴山、济阳、均溪5个乡镇按照规范化要求建立便民服务中心，并正常运作。三是改进服务方式，推行“审批加指导”模式服务。全年共指导办事群众完成办件1109件。四是创新机制，搭建“三个平台”。创新审批服务工作机制，探索项目服务“一站式”、企业市场准入“一窗式”和便民服务“即办式”三个平台建设，执行审批服务限时办结制、集中办理制和重大项目联审会议制。行政服务中心管委会对审批工作进行全程跟踪督办，精简审批环节，优化审批流程，缩短审批时限，推进审批服务的高效、便民、优质。

（李生军）

人事编制工作

【概况】 2013年，大田县公务员局以科学发展观和科学人才观为统领，坚持“服务发展、人才优先”工作主线，投资10万元，在县职专创建首个“大田考试评价中心”，完善人事考试基础实施，确保人事考试的公开公平公正。加大人才引进培养力度，进一步推进公务员队伍建设，加快推进事业单位人事制度改革，继续推进工资收入分配制度，积极促进毕业生就业创业，抓好各项人事人才工作。

人事计划统计 2013年，县公务员局按照上级下达的增人增资计划控制干部总数，逐步建立适应人事制度改革的调控机制。年末，全县在职干部职工总数7674人，其中政府机关公务员1324人、参照中华人民共和国公务员法管理工作人员（简称“参公人员”）190人、事业单位工作人员6160人（管理人员361人、专业技术人员5257人、工勤人员542人）。

干部管理 2013年，非师范类大中专毕业生回县报到333人，其中硕士6人、本科204人、大专109人（高职21人）、中专14人。调配干部职工69人，其中，县外调入6人，调出19人，县内调整44人（转业士官安置2人），办理借调23人；事业单位招聘144人，其中优秀人才1人、急需紧缺人才47人、紧缺学科教师56人、工作人员40人；矿产品协调办转制14人；接收大学生村干部14人、“选调生”14人、乡（镇）卫生院临床医学专升本定向委培生1人；安排服务期满考核合格村干部就业3人；面向社会公开招考录用国家公务员44人（含参公人员5人）。确定科员25人、九级职员68人、十级职员29人。党政纪处分14人（警告2人、开除党籍3人、开除公职9人），效能诫勉教育8人，效能告诫10人。会同有关部门审核把关，上报省、市评选先进个人8人。完成福建省人事信息系统大田县公务员数据库升级和数据修正工作，完成2012年县政府系统新录用公务员转正登记23人，新录用公务员参加市公务员局举办的初任培训14人。

人才市场管理 2013年，县人才服务中心办理事业单位改制人事代理168人、推荐受代理人员参加职称评审153人、代理毕业生就业转正定级48人，免费保管毕业生人事档案2092人、转递档案101人。大学生志愿者到基层服务9人，大学毕业生到社区服务4人。

干部档案管理 2013年，县公务员局转入干部档案161册、转出72册，提供查阅98人次，确认干部本科学历44人次、大专学历19人次。投入专项资金5.8万元，进一步完善档案管理设施。公务员局档案室通过市干部人事档案目标管理三级达标档案室的验收。

工资福利 2013年，完成477个单位人员工资基金核定，办理新录用人员工资223人次，调入、调出等工资审批项目1506人次；办理机关工作人员级别滚动升级229人次、事业单位工作人员薪级晋升7307人次，职务晋升280人次、等级工考试增资57人次、岗位降低7人次、浮动转固定16人次；办理退休人员退休金139人次、死亡人员及受处分人员工资核减89人次、警衔变动增资33人次。兑现2012年被确定为优秀等次公务员296人的奖励，并对合格（称职）以下等次的6名机关事业单位工作人员，取消当年一次性年终考核奖金。

年度考核 2012年，全县机关事业单位人员参加考核7321人，经考核，优秀974人、称职（合格）6158人、不称职（不合格）6人、不定等次145人、未参加考核38人。对获省、市级文明单位优秀等次比例分别追加8%、6%；对获得2012年度乡镇工作考评一、二、三等奖的单位，优秀等次比例分别追加3名、2名、1名；对获得县直单位工作考评一、二、三等奖的单位，优秀等次比例分别追加3名、2名、1名。会同县委组织部审核、审批三等功41人、嘉奖255人。

退休干部职工管理 2013年，办理退休人员139人，其中干部75人、工人64人；办理提前退休113人。审批办理机关事业单位在职、离退休死亡抚恤75人，遗属困难补助13人，70周岁以上退休干部高龄补贴85

人、80周岁以上退休干部高龄补贴22人。开展退休干部慰问探亲、送温暖，政治学习和重大节日文体、游园活动，慰问退休干部1623人、特困退休干部70人、退休干部代表60人，发放慰问品1623份。

机构编制管理 2013年，县委编办根据省、市的工作部署，推进行政体制改革和事业单位分类改革。完成事业单位清理规范工作，在调研评估基础上，结合实际，按照《福建省事业单位类别编号表》对全县450个事业单位模拟分类：行政类9个、公益一类412个、公益二类20个、生产经营类6个、未能确定3个。建立健全机构编制管理的动态调整体系，按照核定的编制和人员结构比例审核编制使用计划；办理机关、事业单位申请调动人员入编事项486人次；加强事业单位登记规范管理，提高登记率和年检率。全县共有事业单位450个，符合登记条件282个，已登记282个；新设立登记2个，变更登记46个，年检率达100%。

（余启伟 周庆锋）

【优化人才政策环境】 12月，县政府办下发《转发县卫生局、县公务员局、财政局关于进一步加强卫生人才队伍建设意见的通知》（田政办〔2013〕158号），从提高医疗卫生事业单位工作人员待遇、提高在职专业技术人员岗位聘用比例、妥善解决医疗卫生单位工作人员住房问题、完善优秀卫生人才培养奖励制度、加大医务人员进修培训力度、加大人才引进和医学院校毕业生招聘力度六个方面制定实施细则，优化人才政策环境。当年共发放优秀人才、正高级人才等津贴2.6万元。

（余启伟）

【事业单位岗位设置管理】 2013年，县公务员局根据《大田县事业单位岗位设置管理实施意见（试行）》精神，全面开展第二轮岗位设置管理工作。围绕“人才强县”目标，制定岗位聘用各项优惠政策：一是完善在职专业技术人才岗位聘用制度。对特级教师、省级优秀教师、省级优秀教育工作者、省杰出人民教师等专业技术人员，可不参加岗位竞聘，由其所在单位根据专业技术职务内部细分级别的岗位任职条件，直接聘用到相应职务级别的岗位，不占核定的岗位限额。二是提高全县小学、初中学校的高、中级专业技术岗位结构比例控制标准。即由原来的小学2∶33∶65，初中8∶36∶56，分别提高为10∶55∶35和20∶40∶40，在农村学校任教累计满25年及以上且仍在农村任教的教师，已取得中、高级职务任职资格，参加岗位竞聘未竞聘上的人员可直接聘任。对人才集中的县进修学校、省一级和二级达标的一中和五中、县医院、中医院等事业单位，高、中级岗位结构比例参照省或市同类同级别单位的设置标准。

（余启伟）

【专业技术人员管理】 2013年，举办专业技术人员参加继续教育培训56期、参训5825人，其中，教育系统4197人、其他事业单位1628人，完成2012年度继续教育登记验证5725人；推荐评审各类专业技术人员63人次（高级14人、中级45人、初级4人）。确认专业技术初级职务任职资格103人；与县建设局联合向上级推荐申报转定乡镇或非公有制建筑企业中级职称11人，通过转定初级职称97人；组织企事业单位人员参加2013年工程技术人员初级职务评审，取得初级职务任职资格70人。组织机关事业单位工勤人员162人参加等级考核报名工作，其中报考技师47人；通过技师考试11人，参加继续教育网络培训823人。

（余启伟）

【智力项目推荐申报】 2013年，县公务员局向省公务员局推荐申报县林业局“白桂木种质资源保护及种苗繁育研究”和“油茶产品的综合开发”引智项目，被国家外专局列入2013年度国家引进国外技术管理人才项目计划，并获补助经费4万元。

（余启伟）

信访工作

【概况】 2013年，大田县信访局贯彻中共十八大和十八届三中全会关于改革信访工作“畅通、规范、公开、有效”的要求和省、市、县信访工作会议精神，树立“维稳更加注重创稳”“维稳更加注重维法”“维稳更加注重治理”“维稳更加注重创新”的理念，依法实施处理信访事项“路线图”，深化信访工作“五抓”（预防、排查、化解、处置、责任）机制，落实“四个到位”的工作要求，解决大批信访问题，促进社会和谐稳定。全年，共受理群众来信来访502件次，比上年下降28.18％。其中，来信108件，下降18.79%；来访227批、377人次，批数下降32.44%，人次下降32.55%。全年，县领导17人、84次参加接待日，共接待来访群众168批、268人次。办结上报上级机关批示县信访局查报件333件，其中省长信箱160件，办理人民网留言6件、国家信访局网上投诉件29件、“12345”政务服务平台326件。到上级机关上访135批、449人次，其中进京上访30批、31人次，省访28批、75人次，市访77批、343人次。

（章高乾）

【县委常委信访工作专题会议】 1—8月，县委常委（扩大）会议召开6次，传达贯彻全国、省、市信访工作会议精神，研究完善信访联席会运行机制以及调整信访联席会领导小组事宜，落实信访问题领导包案责任，安排部署信访攻坚、涉法涉诉信访案件处理及信访专项督查活动等工作。每周召开维稳研判会，县委书记主持，县委常委以及县人大、政协、纪检及相关乡镇、部门主要领导参加，研究维稳信访工作情况，落实信访突出问题，部署维稳相关工作。

（章高乾）

【省、市局领导到县调研督导】 2月26日，省信访局副局长赵荣生到县调研督导信访工作，县委书记汤俊生，县委常委、政法委书记张英跃陪同。

7月26日，市政府副秘书长、市信访局局长邓善存到县开展“1+N”道路交通事故联调联处工作机制以及加强基层信访干部队伍建设课题调研，县委常委、政法委书记张英跃、县信访局局长甘满香陪同。

9月25—26日，省联席办副主任、省信访局副厅级督查专员李晓建一行4人，到县检查督导解决特殊疑难信访问题省级专项资金管理和使用情况，市信访局副局长林淑英陪同。

12月25日，省信访局副厅级督查专员余道望一行2人，到县督导检查信访工作，市信访局局长邓善存陪同。

（章高乾）

【县信访联席会议】 2013年，县信访局召开信访联席会议4次。5月31日，在龙山宾馆一楼会议室召开。参加会议有信访联席会议成员单位领导，有关县直单位、各乡（镇）分管领导以及信访突出问题有关单位的领导。会议主要传达全市维稳会议精神，通报信访形势，分析存在问题和薄弱环节，部署下阶段工作。县委副书记郑建勋提出工作要求。

7月19日，在县龙山宾馆一楼会议室召开。参加会议有信访联席会议成员单位领导，有关县直单位、各乡（镇）分管领导以及信访突出问题有关单位的领导。县委常委、政法委书记张英跃通报了上半年信访形势，分析信访问题存在原因，具体部署下阶段工作；县委书记汤俊生对信访工作提出要求。

10月10日，在县政府二楼会议室召开，参加会议有县信访联席会议成员单位领导，有关县直单位、乡（镇）领导以及信访突出问题有关单位的领导。县委副书记郑建勋主持，县委常委、政法委书记张英跃通报全县信访工作情况，分析原因，部署下阶段维稳工作。

11月6日，在均溪镇政府四楼会议室召开，参加会议有信访联席会议成员单位领导，部分县直单位、各乡（镇）分管领导。会议研究信访突出问题，排查化解情况，部署信访维稳工作。县委常委、政法委书记张英跃提出工作要求。

（章高乾）

【信访信息与论文撰写】 2013年，县信访局共编写《信访简报》12期、《信访情况》4期、信访信息24条，其中被市采用8条。政法委书记张英跃撰写的《联系群众八必问服务群众八到家》《“美丽乡村”基础在平安稳定》在《法制今报》刊登；张知松等撰写的《大田：

诚信信访，因信而访》在6月16日《福建日报》第1版刊登；高忠怀等5人撰写的《创新党的群众工作促进社会和谐稳定——大田县创新群众工作的成功实践与探析》在12月1日的《三明日报》A3版刊登。林书设撰写的《用五心办五事推动社区网格化管理》《践行五要尽职尽责》在《福建信访》第7、10期刊登。

（章高乾）

外事侨务工作

【概况】 2013年，大田县外事侨务部门以侨为本，为侨服务，履行参政议政、维护侨益、海外联谊职能，发挥桥梁作用。全年共接待华侨华人和考察项目的客商18批、103人次，办理来信来访12件，完成实际到资验资口径1135万美元，协助新批办外资企业1家；协助引进资金1500万元，建设均溪镇金岭村大雾山茶叶产业化工程；开展扶贫济困和慰问工作，协助引进农发资金和侨捐资金64万元，发放慰问金、助学金4.68万元，挂村帮扶资金1万元。全年按照规定审核办理因公出访事项12批、16人次，均为省、市组团或统一安排后由县组团出访或公务出访。

（郑桂珠　陈汝钢）

【省侨办领导到县调研慰问】 1月25日，省侨办副主任叶康勇、经科处副处长潘晨辉一行到省侨办派驻的湖美乡湖上村和挂钩帮扶的梅山乡沈岭村慰问归侨贫困户，并送上慰问金1.5万元，市外侨办副调研员魏景纹，县委常委、统战部长江太生陪同。3月13—15日，省侨办机关党委专职副书记、人事处处长陈传应、行政财务处处长张志英一行18人，到湖美乡湖上村，开展“绿满乡村”植树造林、“美丽家园”整治村居环境和“环保知识进乡村”“学雷锋献爱心”系列志愿服务主题活动，为孤寡老人、贫困家庭送慰问金4800元。

（陈汝钢）

【曾士生专题讲座】 7月25日，新加坡总理公署原部长、新加坡南洋理工大学教授曾士生率团到大田考察访问期间，举行《现代城市规划及园区开发理念》专题讲座，对大田城市规划、工业园区开发和人力资源管理提出建议，县各乡（镇）长及各机关单位主要领导210人参加听讲。

（郑桂珠）

【第六次归侨侨眷代表大会召开】 8月30日，县第六次归侨侨眷代表大会在龙山宾馆七楼会议室召开。县侨联正式和特邀代表共150人参加会议。省侨联副主席谢小建、市侨联主席关文良、大田籍海外侨亲代表、兄弟县市侨联主席及县委书记汤俊生等出席大会开幕式。会议选举产生大田县侨联新一届领导班子，选举黄军晖为大田县侨联第六届委员会主席，选举林廷喜为专职副主席兼秘书长。

（郑桂珠）

【侨胞捐资教育】 2013年，县外事侨务部门引导侨胞捐资教育，协助引进归侨黄仲咸教育基金会资金8万元，用于资助大田一中、大田五中80名贫困生；美国角声基金会为20名贫困女大学生资助6万元；引导海内外侨胞爱心回访，协助引进泉州侨联青委会捐款25万元，用于均溪中心小学“侨青楼”建设。

（郑桂珠　陈汝钢）

【服务侨资企业】 2013年，县外事侨务部门履行服务侨企职责，为侨资企业黄金茶叶有限公司争取县农发资金25万元，用于茶园水泥道路硬化和茶园灌溉工程建设。

（郑桂珠　陈汝钢）

【挂钩帮扶工作】 2013年，县侨联与石牌镇龙坑村挂钩帮扶，为龙坑村引进帮扶资金1万元，用于修缮老年人活动中心，添置健身器等文体设施，为帮扶贫困对象乐成科和乐昌鸿发放帮扶资金1000元；引进黄廷芳慈善基金4000元，资助特困老归侨户涂联兴、郑莲；引进“广东骏马育才助学金”6000元和福建省华侨事业发展基金1.1万元，用于资助涂福运等7名贫困侨界大学生。开展春节慰问活动，走访慰问颜家广等7户困难归侨，发放慰问金6000元。

（郑桂珠）

政协大田县委员会

□编辑 魏兰兰

综 述

2013年，政协大田县委员会（简称县政协）在县委领导、县政府支持和上级政协指导下，把握团结和民主两大主题，围绕中心，服务大局，不断探索和创新工作思路，切实履行政治协商、民主监督、参政议政职能，为推进大田科学发展、跨越发展做出贡献。

围绕中心建言献策，服务大田科学发展 一是围绕大局开展协商建言。县政协常委会开展调查研究，向县委、县政府提交《关于培育壮大我县货物运输业发展的建议》《关于加快大田高山茶产业发展的调研报告》《关于加强我县城市管理工作的调研报告》，得到县委、县政府的重视，部分意见建议已经被采纳并在落实中。二是服务发展做好提案工作。全年共征集委员提案109件，经审查立案99件，提案办复率100%，委员反馈满意率达100%，一批群众关心的热点难点问题得到回应和解决。三是紧抓重点开展调研视察。县政协组织开展美丽乡村建设调研、矿山水土流失治理及生态恢复情况视察，向县委、县政府提交《关于结合美丽乡村建设项目打造美丽大田的建议》《关于加强我县水土流失综合治理工作的建议》等提案，为创造优良的宜居宜业环境献计献策。

完善监督工作机制，提高民主监督实效 一是坚持重大事项协商机制。县政协不定期组织召开政协委员座谈会，围绕全县重点工作征求意见建议，为县委、县政府科学决策提供参考。二是完善专项问题督办机制。政协委员通过调研视察、会议发言、小组讨论、撰写提案等方式，就提高办事效率、提高城市管理水平、增强环保意识、优化投资环境等方面工作提出意见建议，开展民主监督。三是建立民主评议长效机制。通过民主评议方式，配合县效能办对党群部门、政府部门、乡（镇）机关、百名科（股）长亮岗履职进行测评，取得较好成效。

努力打造履职平台，充分发挥委员作用 一是提高委员履职能力。举办委员培训班，对政协统战理论和党的民族宗教政策等进行授课；举办知识讲座，邀请县发改、经贸等部门领导讲解促进非公经济发展的各项政策措施，助推非公经济发展壮大；组织工商联界和经济界委员赴延安干部学院培训。二是优化委员履职环境。通过开展“优秀委员”“优秀提案”等评比活动，表彰为经济社会发展做出重要贡献的政协委员；《人民政协报》6次报道县政协工作特色和委员履职成效。三是畅通委员履职渠道。组织医疗卫生界委员到安徽等地考察学习公立医院综合改革试点工作，组织部分省、市、县政协委员到建宁、泰宁等地考察农业产业化、旅游产业、城市规划建设等工作情况。

充分发挥政协优势，营造和谐社会环境 一是加强与各界人士的联系沟通。县政协加强与县外特邀委员、港澳台同胞、海外侨胞和出国人员及在外经商人士的联系，加大引资、引智力度，推动“田商回归工程”落实。二是扎实做好文史资料编辑出版工作。与厦门集美学校委员会联合编辑出版《集美职校在大田》；与县书法家协会联合编辑出版全县性书法作品集《大田书法》。三是努力促进社会和谐稳定。坚持主席会议成员走访常委、常委走访委员、委员走访界别群众的下访制度；募得捐款300多万元，积极参与慈善事业、医疗义诊、希望工程等活动；深入少数民族村和宗教场所开展专题调研视察。

加强政协自身建设，不断提高履职水平 一是坚持理论武装。县政协通过召开常委会、委员座谈会、专题会、机关干部职工大会等形式，学习贯彻中共十八大、十八届三中全会、全国“两会”和总书记习近平一系列重要讲话精神。二是充分发挥政协常委表率作用。政协常委会组成人员带头学习、贯彻执行党和国家的方针政策和政协规章制度，深入了解和研究事关人民群众切身利益的热点、难点问题，带头为社会公益事业奉献爱心。三是切实提高专委会工作水平。继续推进专委会工作制度建设，理顺工作机制，拓宽工作领域，统筹谋划专委会工作，撰写高质量的调研报告，促进调研成果转化。四是加强乡（镇）政协委员联络组建设。举办乡（镇）政协委员联络组负责人培训班，政协常委会对均溪、桃源等政协委员联络组示范点开展调研视察，推动全县乡（镇）政协委员联络组建设，促进政协工作向基层延伸和拓展。五是全面加强政协机关建设。认真贯彻落实中共中央关于改进工作作风、密切联系群众的“八项规定”和反对“四风”要求，建立和完善县政协联席会、政协委员履职量化考核等制度；继续深入开展“创先争优”和党建“三级联创”活动；认真做好老干部工作，扎实推进政协机关政务性、事务性工作，政协服务发展、履职为民得到有效保证。

（陈文行）

政协全委会与常委会会议

【县政协九届三次会议】 12月28—31日，在县影剧院召开，县政协委员202人出席会议，在县的省、市政协委员，省、市属单位领导，县直机关、企事业单位领导以及离退休老干部代表列席会议，县政协副主席张友生主持。会议听取审议并通过县政协主席郑建勋作的《中国人民政治协商会议第九届大田县委员会常务委员会工作报告》、副主席涂林瑢作的《政协第九届大田县委员会常务委员会关于九届二次会议以来提案工作情况的报告》；会议补选陈庆建为政协第九届大田县委员会副主席，柯荣辉、郑礼广、方来银、余爱华、陈玉森、陈克援为县政协常委会委员；大会表彰优秀委员15名、优秀提案5件、提案办理先进单位3个。与会政协委员列席县十六届人大三次会议第一次全体会议，听取大会有关报告，就全县的科学发展、跨越发展建言献策。

县领导汤俊生、熊旭明等四套班子领导应邀出席开、闭幕式。

（陈文行）

【常委会会议】 2013年，县政协九届常委会共召开会议5次。

4月10日会议，在均溪镇政府会议室召开。县政协主席郑建勋主持（下同），参加会议的有县政协副主席张友生、高石麟、涂林瑢、秘书长陈德强和县政协九届常委，驻县的省、市政协委员及县政协机关各委办副科级以上干部列席。会议主要内容：一是传达全国“两会”精神；二是视察均溪镇政协委员联络组，听取工作开展情况汇报。

7月17日会议，在福建闽农农业发展有限公司会议室召开。参加会议的有县政协副主席张友生、高石麟、涂林瑢，秘书长陈德强和县政协九届常委、县政协机关各委办副科级以上干部列席。会议主要内容：一是传达全市各县（市、区）政协主席第25次座谈会、政协第九届三明市委员会常务委员会第六次会议精神；二是讨论通过县政协《委员视察工作制度》等四项制度；三是讨论通过《关于加快大田高山茶产业发展的调研报告》。

11月27日会议，在龙山宾馆一楼会议室召开。参加会议的有县政协副主席高石麟、涂林瑢，秘书长陈德强和县政协九届常委，省、市政协委员，乡（镇）政协委员联络组组长及县政协机关各委办副科级以上干部列席。会议主要内容：一是听取县委党校老师林克进关于中共十八届三中全会精神解读；二是讨论通过《关于大田县城市管理工作情况的调研报告》。

12月26日会议，在县政府四楼会议室召开。参加会议的有县政协副主席张友生、高石麟、涂林瑢，秘书长陈德强和县政协九届常委，县政协党组成员陈庆建、县政协机关各委办副科级以上干部列席。会议主要内容：一是协商通过增补政协第九届大田县委员会常委、委员名单；二是审议通过召开政协第九届大田县委员会第三次会议的决定；三是审议通过政协第九届大田县委员会第三次会议议程（草案）、日程（草案）；四是审议通过《政协第九届大田县委员会常务委员会工作报告（讨论稿）》和《政协第九届大田县委员会关于九届二次会议以来提案工作情况的报告（讨论稿）》；五是审议通过政协第九届大田县委员会第三次会议关于邀请上主席台就座人员名单；六是审议通过政协第九届大田县委员会第三次会议各组召集人名单；七是审议通过政协第九届大田县委员会第三次会议列席人员范围；八是审议通过县政协九届常委会关于授权主席会议审议县政协九届常委会第九次会议未尽事宜的决定；九是审议通过有关人事任免事项。

12月29日会议，在县政府四楼会议室召开。参加会议的有副主席张友生、高石麟、涂林瑢和县政协九届常委，县政协党组成员陈庆建列席。会议主要内容：一是县委组织部宣读市委、县委提名的政协第九届大田县委员会副主席候选人和常务委员会委员候选人名单；二是酝酿政协第九届大田县委员会副主席、常务委员候选人提名名单；三是讨论确定政协第九届大田县委员会第三次会议监票人名单。

（陈文行）

主要活动

【政协领导外联活动】 1月15日 县政协副主席涂林瑢率队到厦门集美参加陈嘉庚研究会2012年年会。

3月3—4日 县委副书记、县政协主席郑建勋到泉州拜访闽华、浩沙公司等客商。

12—15日 县委副书记、县政协主席郑建勋就华润水泥大田项目建设事宜到省环保厅等部门沟通协调。

27日 泉州市丰泽区政协常委一行到县参观考察，县委副书记、县政协主席郑建勋，县政协副主席张友生陪同。

5月26日 福州客商到桃源镇考察新能源汽车项目落地工作，县政协副主席涂林瑢陪同。

6月8—9日 县政协副主席涂林瑢带队到厦门、漳州市考察一级土地开发项目。

21日 湖南省汝城县政协机关领导干部一行到县学习考察农业产业化暨小城镇建设相关工作，县政协副主席张友生陪同。

27日 厦门泉州商会会长苏福伦一行到石牌镇考察农业项目，县委副书记、县政协主席郑建勋，县政协副主席涂林瑢陪同。

8月8日 县委副书记、县政协主席郑建勋到福州参加省经贸委召集召开的万华实业有限公司资金困难协调会；县政协副主席涂林瑢到厦门集美校委会协商对接联合出版《集美职校在大田》一书事宜。

9月25—26日 县政协副主席涂林瑢到将乐县参加全市政协经济委员会工作联席会。

10月24日 将乐县政协主席俞德光一行到县考察，县委副书记、县政协主席郑建勋，县政协副主席张友生陪同。

31日—11月1日 县委副书记、县政协主席郑建勋到南安、厦门等地考察城市广场建设情况。

11月21—22日 县政协主席郑建勋带领驻县的省、市政协委员到建宁县、泰宁县考察学习农业、旅游、城建等情况，县政协领导张友生、陈庆建参加。

12月5—6日 县政协副主席涂林瑢率队到厦门集美参加陈嘉庚研究会2013年会。

14—15日 县政协副主席涂林瑢到福州参加全省客家研究会年会。

27日 县政协主席郑建勋到厦门参加厦门大田商会第二届第二次会员大会。

（陈文行）

【挂钩村帮扶】 1—8月，县政协机关继续帮扶挂钩华兴乡杞溪村，县政协办高中茂任党支部第一书记，协助村规划种植烟草11.33公顷；慰问困难户3户，送慰问金3000元。10月起，县政协机关帮扶挂钩均溪镇后华村、大道山村、和丰坪村，为挂钩村筹措资金9万元，慰问困难户10户，送慰问金和慰问品

6000 元。

（陈文行）

【省、市政协领导到县调研】 4 月 24—25 日 省人行副行长晏露蓉、市人行行长史可山一行到县调研金融信用体系建设情况，县委副书记、县政协主席郑建勋陪同。

6 月 7 日 福建省全国人大代表到桃源华伦特重工有限公司开展专题调研，县委副书记、县政协主席郑建勋陪同。

7 月 3 日 市政协主席程立双到桃源镇、上京镇、华兴乡调研部分企业的创新发展情况，县委副书记、县政协主席郑建勋，县政协副主席张友生陪同。

8 月 6 日 省能源集团一行到县调研城市建设等情况，县委副书记、县政协主席郑建勋陪同。

7 日 省政协原副主席高胡到县视察调研，县政协主席郑建勋、副主席张友生陪同。

10 月 31 日 市委书记邓本元到谢洋乡调研农村工作，县委副书记、县政协主席郑建勋，县政协副主席涂林瑢陪同。

11 月 1 日 市政协副主席曾明生带领部分市政协委员到桃源镇视察“美丽乡村”建设，县政协副主席涂林瑢陪同。

12 月 27 日 省农发办一行到县检查验收农业综合开发项目，县政协副主席张友生陪同。

（陈文行）

【提案工作】 12 月，县政协九届三次会议期间，共收到委员提案 82 件，其中个人提案 35 件、联名提案 44 件、集体组织提案 3 件；经提案委审查、立案 74 件，作为委员来信办理 8 件。内容涉及经济社会发展、城市建设管理、科教文卫体、农林水利、生态保护、群众生活等方面。提案委员会经过研究，对已立案的提案呈交县政府领导审阅后，转交有关部门办理。

（易清花）

【文史资料工作】 2013 年，县政协文史资料委员会与县书法家协会联合征编出版《大田文史资料》第二十五辑《大田书法》专辑，选刊 100 幅优秀作品。县政协文史委与厦门市集美学校委员会联合征编出版第二十六辑《集美职校在大田》，该辑从收集史料到付印历时六年，并于陈嘉庚在家乡集美创办学校 100 周年、播迁 75 周年之际出版发行；共收录史料 85 篇 26 万字，图片 275 张。

（林 毅）

中共大田县纪委

□编辑 涂庆南

纪委全会与常委会会议

【县纪委十二届三次全会】 2月26日，在县龙山宾馆召开，县纪委委员22人出席，县委常委、纪委书记廖金辉主持并作题为《以党的十八大精神为指导，在更高起点上推进反腐倡廉建设》的报告。县几套班子领导参加，县委书记汤俊生作讲话。

（王圣荣）

【纪委常委会】 2013年，县纪委召开常委会9次（1月29日、3月4日、4月2日、6月13日、8月23日、9月23日、10月21日、11月19日、12月23日），分别研究2012年度委局机关工作人员工作绩效、乡（镇）和县直各单位纪检监察工作考评情况；传达学习省、市纪委全会精神，研究本县贯彻意见；研究2013年度县直机关、乡（镇）纪检监察工作考评办法和委局机关工作人员绩效考评办法修订方案；研究有关案件的处理意见和反腐倡廉工作。

（王圣荣）

纪律检查与行政监察

【概况】 2013年，县纪委、监察局仍合署办公，有办公、纪检监察、信访、案件审理、宣传教育、党风廉政建设、执法监察、纠正行业不正之风、案件监督管理、效能监察等10个职能室和机关效能投诉、信息技术2个中心，干部职工34人。县政府纠正行业不正之风办公室依托在县纪委纠正行业不正之风办公室，县机关效能建设办公室挂靠在县纪委、监察局效能监察室。配备乡（镇）纪委书记16人；派驻法院、检察院、国土资源局纪检组配备组长3人；在14个系统、部门、单位配备纪委书记14人；派驻16个部门、单位监察室配备主任13名。

2013年，县纪委、监察局在全市落实党风廉政建设责任制和惩防体系建设考评中获2012年度第二名，被中共三明市纪委、监察局评为2010—2012年度全市纪检监察信访举报目标管理工作先进单位、三明市"清风颂"系列活动组织工作先进单位。陈清辉被中共三明市委、市政府授予2012年度县（市、区）政府和市政府工作部门绩效管理评估先进个人；方斯前被省纪委、监察厅授予2012年纪检监察工作成绩突出个人称号。

党风廉政建设 2013年，县纪检监察机关在抓反腐倡廉、党风廉政建设上，一是落实中央"八项规定"。制定下发《贯彻落实<关于改进工作作风、密切联系群众八项规定>的实施意见》，加强监管力度，通过实行机关干部行为规范"十不准"，集中整治官僚主义、奢靡之风等突出问题，机关"庸、懒、散"作风有明显改变，"三公"经费大幅度下降，贪腐之风得到有效遏制。二是创新廉政教育。开展"警钟教育""勤廉教育""正气教育"三大工程，各单位党员干部到县廉政教育基地参观学习，组织100多名党政干部到永安监狱开展"警示之旅"教育活动，接受警示教育；面向普通党员干部，开展廉政教育大讲堂"六进"和廉政短信上手机、廉政台历上桌面、廉政屏保上电脑、廉政短片上电视等宣传活动，将廉政教育渗透到党员干部生活的方方面面；建立全省首个领导干部任前廉政法规知识测试系统，组织71名新提拔及转任领导职务的副科级以上领导参加测试；举办“严明党的纪律，加强作风建设”演讲比赛、“大田县反腐倡廉书法作品展”、“田阳清风”大田书画新秀作品展及“清风三明行”全市反腐倡廉演讲会 、书画展、成果展大田专场等一系列活动，有8名参赛者获市纪委反腐倡廉书画作品展奖项，获奖人数全市最多。组织参加全国中小学生廉政文化创作比赛，有2名选手分获二、三等奖；加强廉政文化阵地建设，规划建设“清风岩”廉政主题公园，建设3座村级廉政主题公园；制作廉政台历1200册分发给全县科级以上领导干部；在县纪检监察网开通“网上廉政教育基地”。三是落实责任制。印发《关于实行党风廉政建设责任制的规定的实施方案》，明确各级党政一把手担当党风廉政建设第一责任人，定责到位，完善党风廉政建设和惩防体系的工作机制；印发《2013年县直机关贯彻落实反腐倡廉建设主要的分工意见》，将2013年反腐倡廉工作要点和主要任务细化分解为60项、21个牵头单位和有关参与单位；对107个单位进行考评，将考评结果与评价政绩、干部任用、奖惩激励相挂钩。年内，对落实党风廉政建设不力的2个单位、5名党员评先评优实行党风廉政建设“一票否决”。四是抓党内监督和廉洁自律。落实党员领导干部报告个人事项、述职述廉、诫勉谈话、任前廉政谈话制度。30位处级领导干部参加双重党内民主生活会，开展批评与自我批评，并对照廉政准则进行述职述廉，报告个人有关事项；2名科级干部提交宴请报告，4个单位报备购车审批；县纪委负责人同下级党政主要领导个人谈话5人次，领导干部任前廉政谈话71人。定期邀请党风廉政监督员对乡（镇）、部门单位党风廉政建设责任制贯彻落实、党务公开、专项治理等工作情况进行专项检查，对存在问题通报，提出整改意见，督促整改。五是强化农村党风建设。制发《2013年大田县农村党风廉政建设工作意见》和《关于全面推行村干部“两述两评三公示”考评办法实施意见》，在全县265个村全面推行“两述两评三公示”考核评价模式，1.51万名党员群众参与对1885名村干部进行“听、询、评”，提出意见、建议1530条次。排查解决矛盾纠纷68个。督促落实村务监督委员会“五有”（办公有场所、对外有牌子、工作有印章、监督有流程、经费有保障）建设，859名村务监督员通过列席村“两委”会议，参与制定财务计划和财务管理制度，检查审核财务账目和收支凭证及相关经济活动，行使监督权利。在265个村中全部运用“世纪之村”软件规范财务管理，开展农村经济“三资”专项督查。全年，全县乡（镇）村公有资产监管中心登记资产86467.01万元，增加9416.67万元；村集体会计委托代理中心审核退回手续不完整发票1000张、223.14万元，剔除违规发票67张、8.081万元，收缴违纪金额5.04万元；招投标监督服务中心开展工程招投标163项，中标金额4037.59万元，节约资金478.01万元。资产处置类招投标34项，中标金额3304.44万元，增值703.27万元。建立“八闽农村党风网·大田”，转变村务党务监督方式。在县级设立视频管理平台，有6个乡（镇）已开通网络公开平台和电视公开平台，2个乡（镇）开通手机信息公开平台。网络开通以来，已发布信息1100条，访问量1万多人次。六是实行目标管理。制定《大田县2013年度乡（镇）纪检监察工作考评办法》和《大田县2013年县直单位纪检监察工作考评办法》，从查办案件、党风廉政建设、宣传教育、执行监督、纠风工作、效能建设、信息工作等七项工作实行百分制考评，均溪镇纪委（监察室）获一等奖，上京、桃源镇获二等奖，石牌、广平、奇韬镇获纪委（监察室）三等奖；县驻检察院纪检组和县公安局纪委（监察室）、林业系统纪委（监察室）获县直单位纪检监察工作先进单位。

案件查办 2013年，县纪检监察机关共受理信访举报150件（次），其中业务内初信初访86件，初检66件，初检率76.7%；信访监督20件（信访约谈5件、做出说明15件）。已办结75件，办结率87.21%。内容属实或部分属实的29件，占信访初查的43.94%，转立案23件，转立案率34. 84%，给予党政纪处理23人；其他处理7件，为25名党员干部澄清是非。立案查处违法违纪案件70件，与上年持平，其中，党纪立案

64件、政纪案件6件；科级以上案件8件，万元以上大案14件，经济案件19件；自办案件37件，比上年增加7件，其中自办经济案件19件，占自办件的51.3%，移送司法机关立案侦查15人，直接追缴违纪金额158万元。依法依纪审理案件49件（党风案件47件、政纪案件2件）全部审结，其中委局机关自审30件、占60%，协审19件、占38%；回访教育26人次，回访率83.87%。

预防腐败 2013年，县纪检监察机关一是深化公共资源市场化配置，参与监督县公共资源交易中心交易119宗（场次），通过竞标节约资金5289.2万元、节约率6.45%。二是落实“标前审计”制度，对政府45个投资项目进行预算（标前）审计，送审预算价9.32亿元，审核后预算价8.34亿元，减少0.98亿元，审减率10.52%；对281个建设项目进行竣工审计，净审减9600余万元，审减率5.8%。

执法监察 2013年，县纪检监察机关成立行政综合监察工作组，对县财政局2011年度、2012年度依法行政工作情况进行综合监察，发现问题9个，查明违纪金额419万元，发出整改意见6条；对国土资源、环境保护、住房和城乡建设、林业4个系统的依法行政综合监察进行“回头看”。全年共规范拍卖、挂牌出让经营性土地使用权30宗，用地93.33公顷，总成交价6.24万元；开展安全生产和建筑工程质量专项检查，发出事故隐患整改通知书12份，提出整改意见62条，对18位履职不到位的项目经理进行扣分处罚；立案调查安全生产事故1起，给予党政纪处分6人。

纠风工作 2013年，县纪检监察机关一是在全县55个单位开展以“围绕服务、助推发展”为主题的民主评议活动，共聘请民主评议政风行风评议监督员9人。通过半年、全年两次的综合评定，有4个单位被定为“免评”单位；9个单位名列前三，3个单位为后三名。二是持续开展纠正医药和医疗领域不正之风、规范教育收费、减轻农民负担、涉农收费、强农惠农、救灾救济资金管理等专项治理。在18个乡（镇）、30个村、126个基层所站和30个县直机关涉农收费单位开展专项检查，发现有问题的13个，印发督查通报2份，发出整改通知书14份，查纠违规资金68万元。

效能建设 2013年，县纪检监察机关、行政服务中心、效能办一是组织41个窗口单位一把手开展“优质服务、郑重承诺”活动，印发承诺书2000余册，播出电视专栏16期；在23个县直重点部门进行“开门办公”，直接面向基层，面向群众，邀请县人大代表、政协委员、企业代表、市民代表对各单位竞岗履职、作风纪律、提速增效、办事公开4个方面11项内容监督检查；开展“百名科（股）长亮岗评议”活动，对36个部门的136名股（室）、所站负责人进行网络实时评议，建立评议情况跟踪、预警制度，每月评选服务“十佳”“十差”科（股）长，责成满意率排名靠后的11个单位整改，通报13名股（室）负责人，立案查处1名。二是建立“大田县办事服务大厅视频监控平台”，深化审批制度改革，实现审批提速，全县222个审批事项按法定审批时限缩短50%以上项目215个，达到96.8%，35个单位承诺马上就办事项173个，其中即办74个；对列入县7个重点项目组的123个重点项目及“百日会战”确定的53个开工、54个竣工项目实行“一月一督查一通报”，发出督查通报10期、督查通知书8份，对12个项目建设滞后的责任单位给予电视曝光。三是开通“网上效能投诉平台”，受理投诉件57件，其中网络投诉36件；效能问责8人次，约谈11人，移送党政纪立案6人次，电视曝光单位5家；在办理1起部门服务窗口一次性告知不清导致群众办事延误的投诉件中，在县《纠风效能之窗》栏目予以曝光。

干部培训 2013年，县纪检监察机关选派2名委局机关干部和1名乡（镇）纪委书记参加中纪委、1名委局机关干部参加省纪委、4名乡（镇）纪委书记参加市纪委的业务培训；组织全县81名纪检监察干部参加全市纪检监察系统业务知识测试。

信息报道 2013年，县纪检监察机关有69篇稿件被《中国纪检监察报》《福建日报》《福建方圆》《三明日报》《三明清风》等报刊采用；上报信息92条，被采用50条，其中省“两办”专报1条、省纪委10条、市纪委18条、县“两办”21条。方斯前被市纪委、监察局授予2012年度纪检监察信息工作先进个人称号，其撰写的《大田县反映基层医疗机构实施药品零差率销售存在的问题及建议》被评为2012年度全市纪检监察好信息。

驻村帮扶 2013年，县纪检监察局挂包帮扶前坪乡黎明、下坑村，共筹集资金3万元，用于发展当地的经济和改善生活设施及慰问困难群众。

（王圣荣）

镇东桥全景（林志健 摄）

社会团体

□ 编辑 陈昭才

大田县总工会

【概况】 2013年，县总工会新组建基层工会173家，新发展会员1489人。年末，全县有工会组织891家，其中，非公企业工会585家，国企工会21家，乡镇工会18个，共有会员3.01万人。县总工会获福建省县级工会经费审查工作规范化建设A级单位，全省工会《女职工劳动保护特别规定》知识竞赛优秀组织奖，市总工会2013年度县级工会工作责任目标综合考评一等奖，县委、县政府县直部门综合考评二等奖，县委、县政府综治和平安建设工作先进单位。

劳模管理工作 2013年，县总工会一是“两节”期间做好困难劳模和特困劳模走访慰问工作，走访慰问56名劳模，发放慰问金19.42万元。二是做好五一劳动奖状、奖章推荐评选，全县评选出4名省级劳模、10名市级劳模。三是开展“百名劳模走进国家电网”活动；召开全县劳模代表座谈会；与县电视台联合开设《劳模风采》电视专栏，宣传12位劳模的典型事迹；组织全县92名劳模进行免费体检；提请县政府落实劳模补充养老保险待遇、医疗费用报销等问题。

工会组织建设 2013年，县总工会组织人员对数据库企业进行逐家入户核对排查，做到全覆盖、零遗漏，共核查企业1289家。按照“六有”（有机构、有队伍、有制度、有活动、有经费、有阵地）要求制作工会建设一览表及非公企业“双亮”（工会干部亮身份、工会主席亮牌子）公示牌235块，下发到各乡（镇）和相关企业。表彰2011—2012年度工会工作先进集体10个，模范职工之家10家，模范职工小家5家，女职工工作先进集体5个，优秀工会工作者25人，工会工作积极分子10人。在全县工会组织中开展“面、心、实”（面对面、心贴心、实打实服务职工在基层）活动，认真做好“亮岗履职”和“三个一线”（在一线宣讲政策法规、调处矛盾纠纷、为民排忧解难）工作作风建设。组织23名基层工会干部到省总工会参加培训，提高工会干部业务水平和综合素质。

维权工作 2013年，共接待职工来访38人次，办理市总工会转办件4件，县劳动部门共立案受理各类劳动争议案件187件，涉及劳动者247人，已仲裁裁决107件，涉案金额917万元。其中，涉及经济补偿金、工伤赔偿金等882万元，县总工会派员参加审理劳动争议仲裁18件。

职工医疗互助工作 2013年，县总工会继续开展职工医疗互助活动，年内，共办理职工互助金补助987人次，支付补助金额81.05万元。组织开展2014年第四期职工医疗互助活动，全县共有374个单位、1.94万人参加，完成市下达任务的108.72%，位列全市第一名，收缴互助金107.36万元。

女工工作 2013年，县总工会配合县人大开展《中华人民共和国妇女权益保障法》《女职工劳动保护特别规定》执法检查；组织企业签订《女职工特殊权益保护专项集体合同》；组织基层女职工参与全国总工会《女职工劳动保护特别规定》竞赛试题答题1000多份，2名工会干部分获全国、全省知识竞赛优秀个人奖；实施“女职工健康工程”，组织1215名女职工进行健康检查，普查率80.1%，治愈率98.2%。成立女职工周末学校创建领导小组，开展女性健康知识讲座；创建市级女职工周末学校4家。

（范可杰）

【市总工会女职委五届二次全委（扩大）会在大田召开】 3月14日，市总工会女职委五届二次全委（扩大）会议暨“妈妈班组”现场会在县总工会五楼会议室和格林公司会议室召开。市总工会女职委委员、各县（市、区）总工会分管领导和女工部部长共80人参加会议。市总工会副主席黄敏在会上讲话，县委常委、纪委书记、县总工会主席廖金辉致辞。与会人员参观格林公司“妈妈班组”工作现场；了解“妈妈班组”建设情况，会上，大田县总工会作“妈妈班组”经验介绍，各县（市、区）交流工作情况。

（范可杰）

【县总工会十四届八次全委（扩大）会议】 3月25日，县总工会十四届八次全委（扩大）会议在龙山宾馆七楼会议室召开，县总工会十四届全体委员、经审委员，各乡（镇）、各系统及部分基层工会主席和县总工会部(室)负责人共60人参加。副主席郑昌建主持，常务副主席杨加炎做工作报告。县委常委、纪委书记、县总工会主席廖金辉就如何做好2013年度全县工会工作发表讲话。

（范可杰）

【县总工会十四届经费审查委员会第五次会议】 3月25日，县总工会十四届经费审查委员会第五次会议在县总工会五楼会议室召开，总工会十四届经审委员（7人）出席，总工会副主席、经审委主任郑昌建主持。会议审议并通过县总工会2012年度经费结算和2013年经费预算方案。

（范可杰）

【全省工会女职工劳动保护工作现场会在大田召开】 7月16—17日，在县总工会会议室召开。福建省总工会副主席、党组纪检组长、女职委主任高榕，三明市总工会党组书记、常务副主席黄建锋及各设区市总工会分管领导、女工部长共42人参加。县委书记汤俊生出席会议并致辞。与会人员参观大田县格林公司“妈妈班组”工作现场，了解“妈妈班组”建设情况。会上，县总工会作“妈妈班组”建设典型经验发言；各地市女职委主任就工会女职工劳动保护作经验交流。

（范可杰）

【金秋助学活动】 8月23日，县总工会召开金秋助学工作座谈会，就县近年来所开展的助学工作——拓展助学渠道、提升助学水平进行深度探讨。年内，县总工会开展“金秋助学”活动，通过定向资助、一对一资助、统筹安排等方式，共资助困难大学生169人、39.35万元。

（范可杰）

【县总工会第十五次代表大会召开】 12月6日，县工会第十五次代表大会在龙山宾馆七楼会议室召开，出席会议代表163名。县委常委、纪委书记、县总工会主席张勇民主持，县总工会常务副主席杨加炎代表大田县总工会第十四届委员会作题为《突出特色树品牌，服务中心建功业，为建设创新创造、宜居宜业幸福大田而奋斗》的工作报告，会议选举大田县总工会第十五届委员会委员21人、常务委员9人、经审委员7人。县委常委、纪委书记张勇民当选为县总工会主席，杨加炎为常务副主席，郑昌建、刘文玲为副主席，郑昌建兼任经费审查委员会主任，刘文玲兼任女职工委员会主任。

（范可杰）

【县政府与县总工会第六次联席会议召开】 12月23日，县政府与县总工会第6次联席会议在县政府二楼会议室召开，县长熊旭明主持会议并讲话，县委常委、纪委书记、县总工会主席张勇民，县委常委、副县长谢军，副县长陈钦梅、余维语、戴绍松、缑泽昆、廖荣才，县总工会副主席和有关部（室）负责人，县直有关部门负责人参加会议。会议听取县总工会第五次联席会议以来工会工作情况汇报，研究讨论当前职工关注的热点难点问题和县总工会提请政府研究解决的事项。会议议定：由县财政安排2014年“金秋助学”专项补助资金10万元；进一步采取措施解决企业拖欠职工工资问题；切实重视女职工劳动保护，保障女职工休息、休假权。

（范可杰）

【送温暖、献爱心活动】 2013年，县总工会组织各基层工会对困难职工重新调查摸底，入档困难职工803户，其中临时救助档案145户；经帮扶脱困、注销档案225户。全年累计慰问困难职工456人，发放慰问金34.215万元。县总工会对5个乡（镇）职工服务站建设，每个站补助8000元。

（范可杰）

【工会干部下基层指导工作】 2013年，县总工会以“要约行动月”为契机，到各基层工会指导开展区域性集体合同、工资集体协商工作，完成签订集体合同、工资集体协商覆盖企业873家。做好企业职工生活后勤保障提升工作，落实《福建省企业厂务公开规范办法》，厂务公开工作不断向非公企业延伸。

（范可杰）

【“妈妈班组”经验在全省推广】 2013年，格林实业（三明）有限公司建立“妈妈班组”实施弹性工作制和亲情化管理，既解决了“妈妈职工”打工赚钱和兼顾家庭的矛盾，又拓宽企业用工渠道，被授予“全国五一巾帼标兵岗”荣誉称号。当年，省、市总工会分别在大田召开“妈妈班组”现场会，其典型经验在全省推广，并得到全国总工会肯定。

（范可杰）

【劳动竞赛及其成果】 2013年，县总工会围绕县经济发展目标，重点跟踪108个县级项目和15个市级重点项目，继续深化“当好主力军、建功十二五”劳动竞赛和重点项目建设“百日会战”等活动。一是牵头举办大田县“格林”杯第三届职工缝纫技能大赛，有60名选手参赛，其中6名选手被授予“大田县缝纫技术能手”称号。二是与县教育局联合举办全县首届中小学教师教学技能大赛，有265名教师参赛，其中170名选手获奖，36名选手被授予“大田县教学能手”称号。三是开展“安康杯”劳动竞赛、安全月活动和职业病防治宣传周工作，与卫生、安监、劳动部门联合开展职业病防治宣传周工作，在进一步完善落实煤炭行业职业病防治专项集体合同的基础上，向非煤矿山和其他重点企业推行。四是推荐优秀选手参加省、市级技能大赛，城关派出所女民警沈洁在参加市第三届技能大赛民警综合对抗考核中，获个人项目总成绩第一名，市总工会授予“三明市五一劳动奖章”；县职专选送的参加市第三届职工技能大赛选手，其中茶叶生产与加工获团体一等奖；县林业局办事大厅等2个班组、县医院内一科等8个班组分别获省、市“工人先锋号”称号。

（范可杰）

【职工创新活动】 2013年，县总工会一是组织申报第八届“海峡两岸职工创新成果展”项目14项，县获1金1银6铜荣誉。二是广泛开展读书知识竞赛、主题征文等活动，有80多篇文稿被《工人日报》《福建日报》《三明日报》和官方网站采用，其中《工人日报》上稿5篇，居全市第一。范可杰的报告文学作品《“泡”进煤海最美丽》在福建省总工会第二届职工文化节文学作品评奖中获一等奖。三是新创建职工书屋有国家级1个、市级2个、县级5个，给企业送书籍1400多册。

（范可杰）

【和谐企业创建】 2013年，县总工会坚持创建与规范同步进行，建立健全劳动争议调解、劳动法律监督等制度。调整充实县和谐企业创建工作领导小组，制订下发年度工作方案，格林公司等6家企业被授予第三批“三明市和谐企业”称号。

（范可杰）

【职工文体活动】 2013年，县总工会开展多样化职工文体活动。一是举办全县职工乒乓球赛，有35个代表队、215名运动员参赛。二是举办全县职工书画展，有81位职工选送书画作品123幅，选出70幅进行为期一周的展览。三是举办全县职工健身跑活动，有31个单位、近千名职工参加。四是举办全县职工摄影展，有80幅摄影作品展出。五是全县各级工会利用春节、“三八”、“五一”等节假日开展登山、自行车、球类、民俗舞龙舞狮、猜灯谜等活动150余场次，3万多人次参加。

（范可杰）

共青团大田县委

【概况】 2013年，团县委辖基层团委52个，全县新发展团员3712人，超龄退团1796人，年末，有团员3.74万人。优秀团员经推优加入中国共产党176人。

（王尧钦）

【"海尔杯"2012年度共青讲坛分享交流会召开】 1月25日，团县委在县青少年宫四楼共青讲坛室召开"海尔杯"年度共青讲坛分享交流会。各基层团干、大学生志愿者、县部分选聘生共70余人参加。施秋萍以《阡陌家园—漫谈美丽农村建设》获得"最佳主题奖"。蒋新华以《正能量，在路上》获得"最具人气奖"。鸿图中学、大田五中和格林实业团委分别以《改变自我，拒绝平庸》《中国梦，我们的梦》《立交桥下农民工》为题，分享人生感悟、工作态度、对中国梦的憧憬以及社会热点的关注。

（王尧钦）

【团市委书记到县调研】 3月12日，团市委书记廖卫国一行3人，先后到大田县青年企业家协会、石牌镇、实验小学、大田五中等单位，对青年企业家协会运作、乡（镇）实体化大团委和组织格局创新、学校团队工作等进行调研。副县长戴绍松陪同。

（王尧钦）

【群团部门工作会议召开】 3月25日上午，县群团部门工作会在龙山宾馆七楼会议室召开，总工会、妇联、团县委等单位干部和基层团委书记共150多人参加，县委常委、纪委书记廖金辉主持会议并做讲话。

（王尧钦）

【团省委领导到县调研】 4月17日，共青团省委常委、少年部部长胡葆华一行3人，到均溪小学、五中就学校团队工作情况进行调研，团市委副书记夏智勇、团县委书记乐永权陪同。

（王尧钦）

【纪念"五四"运动94周年活动】 5月3日晚，县纪念"五四"运动94周年青春歌会暨县歌《爱在大田》传唱活动在县影剧院举行。全县各学校团员代表和少先队员代表共近千人参加，县委常委、纪委书记廖金辉，县委常委、宣传部部长章玲及有关部门、单位领导出席活动。5月10日下午，"中国梦·青春梦·我的梦"中学生演讲比赛决赛在鸿图中学举行。5月12日下午，县机关单位青年趣味运动会在五中举行，全县机关单位青年共15支队伍、200余人参加比赛。

（王尧钦）

【暑期社会实践活动】 8月15日，泉州师范学院暑期实践队一行28人到县玉田村"第二集美学村"参观。当年暑期，团县委组织学生开展多种形式社会实践活动。一是"搭好桥"，借助大田"第二集美学村"等平台，与华侨大学、闽江学院、集美大学等多所高校结对子，加强与各高校沟通联系。二是"护好航"，指导开展形式多样的实践活动。三是"助好力"，及时报道实践动态，扩大社会影响。

（王尧钦）

【中学共青团及少先队工作培训班举办】 10月7日，团县委与县教育局在县老干局会议室联合举办2013年大田县中学（中职）共青团及少先队工作培训班，全县各中小学分管领导，各中学、职专团委书记，各中小学少先队大队辅导员共100多人参训。省少工委副主任、省少先队总辅导员邱孝感，福建师大附中原党委书记林寿华，省团校校委会成员、高级讲师、省青少年研究会副秘书长王少萍等授课。

（王尧钦）

【纪念中国少先队建队64周年活动】 2013年，团县委围绕"红领巾相约中国梦"主题，组织全县各中、小学广泛开展纪念中国少年先锋队建队64周年活动。一是组织开展全县"红领巾相约中国梦"主题队会观摩活动。二是组织开展少年先锋队建队64周年暨"红领巾相约中国梦"主题大队会活动，各校开展队列展示、新队员入队仪式、讲述梦想故事、合唱歌曲、诵读经典等活动。三是依托第二集美学村、烈士陵园等革命传统教育基地，组织全县5000多名少先队员参观体验，感受革命先烈无私奉献精神，激发广大少先队员们热爱祖国、奋发向上的热情。

（王尧钦）

大田县妇女联合会

【概况】 2013年，全县设乡镇妇联18个，村(居)妇代会273个，县直系统妇委会7个，非公有制新经济妇女组织4个，配有专职妇干9人，兼职22人。县妇联围绕县委、县政府工作大局，认真履职，抓好维权与发展问题，团结带领广大妇女为建成小康社会做贡献。年内，县妇联被省平安家庭创建活动领导小组评为“福建省平安家庭创建活动先进集体”。

（叶新慧）

【香港华恩助学活动】 1月4—8日，香港华恩基金会促学经理江荣基、华恩助学部主任梁翠芳、香港城市大学曾玮洪及香港城市大学学生等一行8人组成助学探访团，到县广平镇丰庄、苏桥，均溪镇金山、金岭村开展慰问活动。6日，在大田一中六楼会议室召开受助学生恳谈会。7—8日，在大田五中体验受助学生学习、生活的情况。暑假期间，县妇联联合香港华恩基金会、县教育局举办夏令营交流活动，县受助贫困生共90多人参加活动。活动历时4天，以参观访问、座谈交流、集体游戏等方式，加强与香港义工的交流。

（叶新慧）

【“家庭助廉”活动】 在元旦、春节期间，县妇联联合县纪委、县委组织部向全县领导干部家属发出“构筑家庭助廉防线，创建廉洁文明家庭”倡议书750多份，向移动用户发送廉洁短信、彩漫3万条，提高家庭成员反腐倡廉意识和能力，创造稳定和谐的家庭环境。

（叶新慧）

【“三八”妇女节纪念活动】 “三八”妇女节期间，县妇联一是于3月5—6日在县老年人体育活动中心举行“庆‘三八’·林业杯”女子气排球比赛，县直机关、企事业单位和乡(镇)共19支代表队参加。县教工委、老体协、宣传党委、非公党委、供电公司、水利党委代表队分别获机关组前六名；石牌、均溪、太华、奇韬、吴山、武陵获乡(镇)组前六名，其余获得组织奖。二是3月7日，与县一中联合开展“四自”教育助女孩成长教育活动。县法院副院长陈晶为高一年段400名女生作法治教育讲座，解答青春期困惑；组织收看《为青春护航》电视节目，增强学校女生自我保护意识和防范能力。三是3月8—13日，全国“‘三八’健康使者万里行”活动使者——西安医学院杨秀婵教授一行3人，到前坪、奇韬、广平等8个乡(镇)开展为期5天的女性生殖健康知识讲座，为近1000名育龄妇女免费提供咨询、义诊服务。

（叶新慧）

【“平安家庭”创建活动】 年初，县妇联向全县家庭和妇女姐妹发出《教育一名妇女、挽救一个家庭、创建一个无邪教村(社区)》活动倡议书2.5万份，印制反邪教宣传彩页5万份。3月13日，省、市、县妇联与县公安局、司法局、防范办等单位在建设镇联合开展“三八”维权月主席接访、法治宣传活动，发放妇女维权法律法规及反邪教、禁毒等平安建设知识宣传单600多份，妇女儿童维权、平安建设宣传手册500多份，与群众现场交流15例。年末，全县评出“平安家庭”9.6万户，占总户数的95.3%；县级以上“平安家庭”示范村(社区)205个、示范(标兵)户494户，有39户“平安家庭”户被摘牌，38户家庭通过帮扶进入“平安家庭”行列。年内，大田县“平安家庭”创建活动领导小组被评为省“平安家庭”创建活动先进集体；县前峰硫铁矿蔡孝清家庭、屏山乡屏山村郭香华家庭、桃源镇桃新村林春蓉家庭、武陵乡上岩村叶光胜家庭被评为省“平安家庭”示范户；建设镇建强村、文江乡龙门村、均溪镇南街社区被评为省“平安家庭”创建活动先进村(社区)。

（叶新慧）

【妇女维权“三制”工作】 3月12日，省妇联党组副书记、副主席马义英，副巡视员兼组织部部长李凤鸣一行3人，到县开展妇女维权“三制”(妇女议事制、妇女信访代理/协理制、妇女互助制)工作调研；到均溪镇上太村、华坑村、后华村走访慰问杨桂香、严莲珠、张桂莲等贫困妇女；为获得省级“三八红旗集体”的县实验幼儿园挂牌、祝贺，市妇联主席包萍，县委常委、纪委书记廖金辉，县妇联主席林婕陪同。4月8日，市妇联副主席钟秀梅、市妇女儿童权益部部长蔡小榕一行3人，到均溪镇南街社区调研妇女维权“三制”、“爱心敲敲门”、“妇女之家”工作，县妇联主席和均溪镇1名副镇长陪同。6月13—14日，县人大常委会副主任陈钦梅一行5人，对县贯彻实施《福建省〈中华人民共和国妇女权益保障法〉实施办法》进行执法检查，采取听汇报、走访、座谈等形式，先后到县妇联、工会、人社局、安监局、太华镇、汇鑫铸造公司、红狮物流公司进行实地检查。年内，均溪镇后华村、梅山乡沈岭村被评为市级维权"三制"示范村；均溪镇南街社区选送的《巾帼调解化纠纷，女性携手促和谐》维权"三制"案例被省妇联评为三等奖。

（叶新慧）

【县妇联十三届六次执委（扩大）会】 3月25日，在县妇联4楼会议室召开。县妇联主席林婕部署2013年全县妇女工作，表彰2011—2012年城乡妇女岗位建功先进个人60名、乡（镇）妇联先进工作单位6个、乡（镇）妇联先进工作者5名、2011—2012年度"五好文明家庭"57户。

（叶新慧）

【基层组织建设】 4月18日，县妇联组织均溪镇、石牌镇、华兴乡三个乡（镇）妇代会主任、妇联主席80多人，在均溪镇五楼会议室参加维权"三制"、"爱心敲敲门"、艾滋病宣传、巾帼志愿者服务队业务工作培训。发挥"妇女之家"在宣传教育、维权服务、帮扶救助等方面的作用，把妇联组织建设成为党开展妇女工作的阵地。年内，均溪镇后华村被列为福建省第二批"先进妇女之家"示范点。

（叶新慧）

【岗位建功】 2013年，县林业局办事大厅、福建闽通长运股份有限公司大田汽车站售票组获省"巾帼文明岗"称号；检察院公诉科、公安局出入境管理大队、梅林国有林场经营科木材检验组获市级"巾帼文明岗"称号；县实验幼儿园获得省妇联表彰的"三八红旗集体"称号；国税局刘小容、妇幼保健院吴红女、华兴乡京口村杨金华获市妇联表彰的"三八"红旗手荣誉；均溪中心小学教师林幼春获市授予的"三八"红旗手标兵称号，并被评为三明市第六届"十大杰出女性"。

（叶新慧）

【"母亲节"活动】 2013年，县妇联以南街居委会为示范点，全面开展"爱心敲敲门"巾帼志愿者服务活动；协助梅山乡成立关爱留守儿童"爱心接力站"，开展"双拥"活动；发动乡（镇）妇干、村妇代会主任及市级以上巾帼文明岗位为"两癌"贫困母亲捐助，共收捐助款1.81万元，有5位贫困母亲获得救助；推荐均溪镇许吟霜为市"十佳军嫂"候选人；推荐湖美乡林文香、文江乡余玉华为市"十佳军人母亲"候选人。叶宝生与宋建萍、张鹏与郑秀华、许国宗与吴雪英、黄新花与郑天荣、颜双琴与施生斌5个家庭获市级"五好文明家庭"表彰。

（叶新慧）

【"春蕾计划"活动】 2013年，县妇联加强对"春蕾计划"受助生的管理，组织协调好社会各界资助款下发工作。年内，社会各界资助县贫困学生182名、金额15.68万元。其中，县妇联资助2名、1000元；市妇联牵线由市各界人士资助20名、6200元；香港华恩基金会资助120名、8.4万元；省妇女儿童发展基金会资助20名、5600元；上京、奇韬等乡镇10位贫困女大学生，获得美国角声基金会助学款3万元（每年每人3000元）；其他各界人士捐助1.7万元。县"巾帼文明岗"为"冷暖关爱工程"捐款1.3万元。

（叶新慧）

【服务城乡妇女事业发展】 2013年，县妇联为妇女事业发展做好服务工作。一是大力推进"巾帼示范村、巾帼示范基地"创建。均溪镇华坑村板栗种植基地、太华镇西埔村蔬菜种植基地被评为省级"巾帼示范基地"；均溪镇后华村被评为省级"巾帼示范村"。二是加大巾帼小额信贷扶贫力度。发放2012年度"巾帼扶贫"小额信贷贴息款9.2万元，帮助70户妇女发展生产；完成2013年度170万元巾帼扶贫小额贷款的核对、审查、分配工作；与劳动部门共同帮助118名妇女解决创业贷款资金671万元，并获得贴息。三是举行2013年"春风行动"大型人才资源招聘会，2月17日，由县劳动和社会保障局、县妇联、团县委在岩城文化广场联合主办；县内38家知名企业进行现场招聘，共提供各类用工岗位4464个，其中300多名妇女到场咨询或应聘，180多名妇女达成就业意向。

（叶新慧）

【“两纲”实施】 2013年，县妇联一是推动《大田县妇女发展纲要（2011—2020年）》和《大田县儿童发展纲要（2011—2020年）》新“两纲”目标实施，解决“两纲”实施中的重点难点问题。县妇女儿童事业发展的重点部门主要指标、妇女儿童发展纲要重点领域主要目标进展顺利。二是争取项目资金24万元，用于妇女儿童活动中心建设。三是配合妇幼保健院开展低保妇女常见病和农村妇女“两癌”（乳腺癌、宫颈癌）筛查工作，完成农村妇女“两癌”筛查3000例，5名患癌妇女获得救助。四是与县东南医院在“九九”重阳节之际到湖美乡敬老院联合举办“关爱老人健康义诊活动”，为120多名老人做餐前血糖和血压、心电图检测。

（叶新慧）

大田县科学技术协会

【概况】 2013年，县科学技术协会第四届委员会有委员41名、常委15名、主席1名、副主席3名（其中兼职2名）。全县共有县级协（学）会17个，乡镇科协18个，企业科协16个，学校科协4个，机关科协1个，农村专业技术研究会8个；共有个人会员2374人。12月，组建大田县农业技术协会，县质量技术监督协会提请注销。年内，屏山乡茶业协会被评为国家级基层科普行动计划先进单位；华兴乡油茶协会被评为省级基层科普行动计划先进单位；广平镇花卉协会被评为市科普惠农新村先进单位；武陵乡百束村党支部书记、大田县陵百兔业养殖场总经理蒋承伟被评为全市科普惠农新村带头人；均溪镇白岩社区被评为省级科普示范社区。

（廖凌凌）

【县首期“农村经济管理”大专班开办】 8月，县科协与县委组织部联合开办首期农村经济管理大专班，于12月15日结束招生考试。参加入学考试56人，通过42人。

（廖凌凌）

【“全国科普日”活动】 9月14—20日，县科协在“科普活动日”活动期间，开展形式多样的科普宣传活动。一是开展以科普巡展为主要形式的科技、文化、卫生“三下乡”活动，在均溪镇、太华镇政府所在地展出关于自然灾害防范、食品安全、农业新品种、艾滋病预防科普板30幅，发放科普挂图200多张，科普资料6000份（册），播出科普影像2场，1万多人次参与。二是围绕“保护生态环境，建设美丽大田”主题，邀请县茶业学会高级农艺师吴选族到屏山乡举办茶叶栽培和制茶技术培训班，60多名茶农参加培训；邀请县农业局高级农艺师周高山、田新湖到桃源镇举办水稻高产栽培技术培训班，村农技员、水稻种植大户、水稻高产示范片示范户等61人参训；邀请县水土保持学会农艺师杨生健到武陵乡举办水土保持培训班，村干部、村民共56人参训。三是与县科普作家协会联合举办首届全县科普征文比赛。参赛科普文章43篇，其中范立洋等6人获奖。四是县消防科普教育基地、气象观测科普教育基地、均溪小学科普教育实践基地、农函大教学基地、青少年科技活动中心等免费为青少年、中小学生开放，共接待青少年、中小学生5800多人次。

（廖凌凌）

【县科协四届七次全委会】 12月16日，在县政府二楼会议室召开，出席委员26名，县委常委、纪委书记张勇民主持，县委组织部副部长叶增稳出席会议。会上补选方来银为县科协第四届委员会委员、常委、主席，廖凌凌为委员会委员、常委、副主席。

（廖凌凌）

【县农村专业技术协会成立】 12月23日上午，在县农业局六楼会议室召开，51名会员全部到会，县科协主席方来银主持。市科协副主席、农技协理事长李志海，市农函大办公室主任、农技协秘书长许宗得，县委常委、纪委书记张勇民，县民政局副局长陈玉兰等领导出席。大会选举产生协会理事29名，之后召开农技协第一次理事会，选举廖凌凌为协会理事长，郑学圣、陈联双为协会副理事长，曾广昌为协会秘书长。

（廖凌凌）

【青少年活动中心建成】 2013年，县科协投入30万元，建成面积300平方米的青少年活动中心，内设体验区、互动区、演示区，位于玉山路12号。

（廖凌凌）

【科普“五进”活动】 2013年，县科协继续抓好科普“五进”活动。一是进农村，省农函大大田分校举办茶叶、农机具、沼气、油茶等培训班13期，近2000人受训，培育科技示范户100户；向农民赠送科普资料、实用手册共3万余册（份）；为18个乡（镇）赠送科普挂图330份、科技书籍8000册（份）。二是进社区，发挥8个社区“站、栏、员”作用，督促社区科普宣传员每2个月更新一次科普挂图；组织社区工作人员参与“人才·科技周”科普活动3场。三是进机关。以创建学习型党组织、机关活动为抓手，由组织部牵头，将循环经济、节能减排、保护生态、改善环境、安全生产、健康生活等科学知识和科学理念列入单位集体学习重要内容；以理论辅导、专题讲座、电化教育等方式，开展理论、科学知识学习。四是进校园，组织全县中小学生参加科技创新大赛，参赛作品获省一等奖1个、二等奖2个、三等奖2个，获市一等奖1个、二等奖2个。五是进企业，县科协与工商联联合下发《大田县科普进企业实施方案》，围绕企业的重点、难点技术问题，开展科技交流，提高员工科学素质，推动企业技术创新，增强企业核心竞争力。年内，共开展群众性技术创新交流活动3次。

（廖凌凌）

大田县老科技工作者协会

【概况】 2013年，县老科协在各乡镇开展农业技术推广活动19次，科技扶贫、服务“三农”活动35次；举办黄秋葵和秋马铃薯高产栽培、蔬菜周年生产栽培、油茶良种繁育及其栽培管理、雷竹栽培管理、水库网箱养鱼、池塘养鱼和热带鱼养殖技术、养羊“十法”和野外蜜蜂收集与饲养培训班9期、488人参训。年内，县老科协协助珍山农林开发有限公司从永泰县调进闽43、48、60三个省油茶优良品种穗条，培育良种苗25万株；从广西引进火麻仁中药材在上京下溪口村试种；引进台湾甜玉米并推广种植；县老科协工业企业专业组老科技工作者自筹资金7万元，在石牌老厝村一宿舍屋顶试建一个6.24KWP（太阳能光伏电池峰值总功率）光伏发电站获得成功，最大发电功率7488瓦，年末获准并入县电网；应泮林毅通农场、太华汤泉鱼苗场邀请，老科技工作者分别到毅通农场和汤泉鱼苗场对桂花树病虫害防治和鱼苗繁殖出塘及清塘等技术作指导；会员张良驹红豆杉嫁接香榧获得成功；常年协助县电力公司、华伦特重工有限公司，研发电力提升技术和大铸件铸造新技术；协助县旅游局开展兴田路景观工程建设；参与前坪川石35千伏输变电工程建设技术指导。

（郑学圣）

【理事会议】 1月11日，县老科协第二届第三次理事会在县老科协会议室召开，出席35人，会长范起溧主持。会议传达市老科协第三次会员代表大会和省老科协第九次会员代表大会精神；布置2013年县老科协工作。2月28日、3月12日，分别在县老科协会议室召开县老科协第四次、第五次常务理事会，出席会议的常务理事分别有11人、9人，会长范起溧主持。会议学习县委、县政府有关文件精神；专题研究如何发挥县老科协5个科普示范基地的作用，抓好农、林高产、优质品种的示范和推广工作。11月10日，召开县老科协第六次理事会，全体理事出席，会长范起溧主持。会议总结1—3季度工作情况，布置第4季度工作。

（郑学圣）

【永安市老科协到大田考察】 8月23日，永安市老科协农业、卫生、工业企业老科技工作者一行7人到县交流老科技工作者发挥余热、老有所为工作经验；参观县老科协“大田老科协工作剪影”“大田老科协工作者风采”图片展；考察老科协均溪镇分会、宝通瓷业有限公司和永大工艺制品有限公司。

（郑学圣）

【科普宣传活动】 2013年，县老科协按照省老科协关于“十、百、千、万”（组织十个科普报告团、一百个科普宣传队，举办一千场报告宣讲会、受众十万人次以上）科普活动的实施意见和科普常态化的要求，5个科普报告团作科普报告10场，受众650人次；开展健康咨询、义诊900多人次；编制科普挂图40版，分发科普读物2万册（份）；其他科普活动10次；增订《农村百事通》《农村新技术》刊物336份，分发给5个老科协乡（镇）分会。老科协建设分会举办科普讲座和观看科教宣传片两次，127人次参加。

（郑学圣）

大田县工商业联合会

【概况】 2013年，县工商业联合会新发展会员6个，全县共有会员336个，其中企业会员156个，个人会员177个（老工商业者6个），团体会员3个。会员中有省人大代表1人，市人大代表2人，市政协委员9人，市工商联执委10人（常委4人），县人大代表2人（常委1人），县政协委员35人（常委13人）。

（张流篇）

【县永春商会成立】 4月13日，大田县永春商会成立，选举产生会长1人，常务副会长7人，副会长15人；有会员89人。

（张流篇）

【非公经济人士培训】 5月28—29日，县工商联聘请北京大学教授陈竹友，在县委党校作"企业管理与战略决策"专题授课，县工商联常委、执委，县委统战系统干部，乡（镇）统战委员，规模以上非公企业主共120人参加培训。8月22—28日，组织非公经济人士赴延安干部学院举办"海西（福建）企业家培训班"，学员49人，其中民营企业家43人。其间，举办课堂研究式课程"延安精神及时代价值""中国道路与中国梦"，参观革命旧址、纪念馆、展览馆共8处，聆听现场专题讲授6场。11月28日，聘请北京大学教授李振一，在县委党校作学习中共十八届三中全会精神辅导报告，探讨如何加速发展民营企业，提高企业管理水平，增强企业发展后劲，132名非公人士参加。

（张流篇）

【非公经济运行】 2013年，全县新增个体工商户1852户，新增注册资金1.81亿元，新增从业人员2012人，总数分别为9254户、5.35亿元、1.75万人；新办私营企业275家，新增注册资金11.83亿元，新增从业人员1124人，总数分别为1830家、76.46亿元、1.87万人。年内，12家出口创汇企业创汇7161万美元；36个城镇非公经济重点建设项目完成民间投资37.95亿元，同比增长26.3%；156家规模以上非公企业完成工业增加值68.71亿元，同比增长30.12%；全县非公经济实现产值（销售收入）235.68亿元，同比增长15.78%；上缴税收7.07亿元，同比增长3.38%。

（张流篇）

【非公企业中共党组织建设】 2013年，县工商联分别在易津茶业、铭晟机械、仙顶实业、紫城（福建）信息技术等6个非公有制企业和永春商会新组建党支部，发展新党员27人，其中业务能手、企业经营管理骨干13人。年底，非公有制经济组织党委下辖党支部40个，党员总数268人。有党员的企业，党组织覆盖率100%；从业人员50人以上的企业，党员覆盖率100%。

（张流篇）

【光彩事业捐赠】 2013年，县非公经济人士、商会会员为新农村建设、希望工程等光彩事业捐赠资金25.5万元，资助26名贫困大学生就学。

（张流篇）

大田县个体私营企业协会

【概况】 2013年，全县新增个体工商户1852户，注册资金1.81亿元；年末，个体工商户总数9254户，注册资金5.35亿元，比上年分别增长7.17%、减少22.8 %。新办私营企业275家，注册资金11.83亿元；年末，私营企业总数1830家，注册资金76.46亿元，比上年分别增长17.16%、18.12%。

（颜继奋）

【"走千家、入百户、办实事"大走访活动】 5月4日，县个私协会与县工商局组织个私协会理事、县工商局青年干部走访福建闽农农业发展有限公司，与该企业工作人员进行座谈，了解企业情况，倾听发展需求，全力服务企业发展。

（颜继奋）

【“七一”党员日活动】 7月1日，县个私协会组织党员参观1934年中国工农红军红九军团总部住所安良堡等革命旧址，接受爱国主义传统教育；联合县工商局开展“送法进美丽乡村”活动，到蓝玉村宣传食品安全知识，向村民介绍“QS”标志、辨别假冒伪劣商品方法等常识，现场接受村民咨询80余人次，发放宣传资料500余份，张贴宣传单200余张。

（颜继奋）

【党建工作指导员培训班举办】 9月16日，县个私协会、县工商局联合县委组织部，在仙顶实业有限公司二楼会议室，举办全县非公企业党建工作指导员培训班，参加培训30人。

（颜继奋）

【慰问困难户活动】 2013年，县个私协会加强与会员的联系，了解会员困难和需求，慰问困难会员8户，送慰问金4000元。年内共帮助企业解决困难20件，为企业提供政策、法律咨询100多人次。

（颜继奋）

【非公有制企业党建工作联系点确定】 2013年，县工商局确定万家兴百货、华闽纸业、闽中交电、弘惠纸业、前峰矿业、成功矿山机械、宝山机械、红岩商贸、大众医药、惠通运输等10家非公有制企业作为党建工作联系点。

（颜继奋）

【非公有制企业党建工作】 2013年，县工商局挑选30名非公企业党建工作指导员，配合县委组织部推进非公企业党建“百日攻坚行动”。至年末，全县非公企业共组建中共党组织38个，规模以下小微型企业单独建立党组织26个，联合组建党组织11个；规模以下小微型企业现有党员286人，党组织覆盖率7.33%。个体工商户现有党员201人，其中，组织关系在各乡（镇）、村的186人。个私协会单独建立支部1个，党员15人。

（颜继奋）

【“会员活动年”开展】 2013年，县个私协会通过短信服务平台，向全县个体工商户、私营企业会员发送服务短信2万条，内容涉及工商法律、法规及工商部门近期出台的政策。开展无偿代理服务工作，共为个私企业会员年检、设立、变更无偿服务500人次。

（颜继奋）

【非公企业人士获表彰】 2013年，温荣学、李世快、黄金杯、施毅然、郑清坪、章晓明等6名非公有制企业负责人获省政府“闽商建设海西突出贡献奖”。

（颜继奋）

大田县消费者权益保护委员会

【概况】 2013年，县消费者权益保护委员会围绕“让消费者更有力量”年主题，坚持“执政为民，以人为本”，把协助当地党委、政府维护社会稳定，构建和谐社会，作为责无旁贷的重要使命，按照“尊重消费者、理解消费者、帮助消费者、依靠消费者”的要求，充分发挥消委会联系广泛、代表性强的优势，作好党和政府联系广大消费者的桥梁和纽带，把消费维权工作作为一项党和政府的“民心工程”来抓；努力当好消费者的代言人，做好消费者的“娘家人”，办好消费者的申诉、举报，为消费者排忧解难，把消费维权融入构建和谐社会和促进经济协调发展的工作中去。

（翟永昌）

【科技文化卫生“三下乡”活动】 1月24日，县消委会参与县政府组织的科技文化卫生“三下乡”活动，与县科技局、农业局、司法局、计生局、人社局等有关部门人员到济阳乡政府所在地，向广大农民群众宣传中共十八大精神，进行文艺演出，开展有关法律法规、科技咨询和体检、义诊等服务，并到困难党员和五保户家中慰问。

（翟永昌）

【银行业消费者满意度调查活动】 4月中旬，县消委会开展银行业消费者满意度调查活动，共发放《三明市银行业消费者满意度调查问卷》600份，收回有效问卷582份，调查问卷比例城镇占78%，农村占22%。调查结果：被调查的消费者对中国工商银行大田支行的服务表示“很满意”“满意”“不满意”分别为15%、60%、13%；对中国农业银行大田支行的服务表示“很满意”“满意”“不满意”分别为15%、59%、16%；对中国银行大田支行的服务表示“很满意”“满意”“不满意”分别为17%、63%、11%；对中国建设银行大田支行的服务表示“很满意”“满意”“不满意”分别为14%、59%、12%；对中国邮政储蓄银行大田支行的服务表示“很满意”“满意”“不满意”分别为17%、57%、12%；对大田县农村信用合作社的服务表示“很满意”“满意”“不满意”分别为12%、62%、14%。5月21日下午，召集大田各商业银行，在建行五楼会议室召开银行业服务座谈会，邀请县人大财经委、政协法制办、银监办及人行领导参加。会上，消委会秘书长翟永昌通报银行业消费者满意度调查情况，人大、政协、银监办及人行代表分别发言，各商业银行针对消费者反映的问题都提出了整改意见，切实保障消费者的合法权益。

（翟永昌）

【法律法规培训】 10月22日上午，县消委会召集全县各乡（镇）消委会分会联络员共46人，在县工商局会议室就《中华人民共和国消费者权益保护法》《福建省实施〈中华人民共和国消费者权益保护法〉办法》及有关法律法规、调解处理消费纠纷技巧进行培训，以提高联络员对维权有关的法律法规知识水平和调解、处理消费纠纷的能力。

（翟永昌）

【“3·15”国际消费者权益日纪念活动】 2013年，县消委会围绕“让消费者更有力量”年主题，开展形式多样的纪念“3·15”国际消费者权益日活动。一是“3·15”当天，县消委会召集成员单位和各类企业的有关人员在时代广场开展现场接诉咨询活动，共发放宣传材料700多份，现场受理消费者投诉8起，接受消费者咨询157人次。二是组织参加由市工商局、市消委会联合开展的“十佳维权卫士”“十例维权小故事”“十大维权典型案例”评选活动。其中，由县消委会选送的“两地四方齐努力，终使干戈化玉帛”案例被评为“十例维权小故事”。三是领导现场办公。分管领导在现场接受投诉8起，当场办理1起。四是课堂互动。县工商局、县消委会有关人员到职业中专开展模拟“12315”现场办公活动，向学生讲解当今消费投诉热点，引导学生理性消费。五是各工商所、县消委会各成员单位及各消费维权站点均悬挂横幅宣传标语开展宣传活动，共悬挂宣传横幅12条。六是光影宣传。制作消费热点图文影像和宣传标语，在电视台和广告屏循环播放，向消费者宣传维权知识。七是各工商所、各消委分会开展“送知识、送服务——消费维权进乡村”活动，共发放宣传资料300多份，接受消费者咨询112人次。

（翟永昌）

大田县残疾人联合会

【概况】 2013年，县残疾人联合会按照残疾人事业“十二五”发展纲要要求，创新工作思路，抓好残疾人康复、就业、教育、宣传、基层组织建设等方面工作，并取得新的成效。年内，县残联获县委、县政府“双高普九先进单位”“平安先行单位”表彰。年末，全县共有残疾人2.78万人，其中持证1.17万人。

残疾人康复 2013年，县残联一是为80名贫困白内障患者免费实施复明手术；为110名贫困精神病患者提供一次性住院医疗救助，救助标准为4000元／人次、住院期3个月。二是完善和巩固中医院，福田社区、文昌社区卫生服务站，桃源、建设卫生院5个残疾人社区康复室建设，为每个康复室配备5万元康复训练器材；对在职技术人员和社区康复协调员进行培训，共有53人参训。三是对全县0—6岁残疾儿童开展摸底调查，共有35名残疾儿童信息录入“海西助残”数据库。四是建立智力残疾儿童康复训练档案30本、肢体残疾康复训练档案85本。五是开展盲人定向行走培训，参训盲人35人。六是结合“安居工程”建设，为68户残疾人进行居家无障碍改造。七是做好115名下肢残疾人机动轮椅车燃油补贴发放工作，共发放

2.99万元。八是完成53名低视力残疾人康复训练，配用助视器53台；选送11名聋儿到市残联康复语训部训练，发放助听器11台。九是实施“福乐辅助行动”——假肢适配项目，共安装假肢17例，其中大腿2例、小腿15例。十是县残联安排专项资金5万元，在助残日到来之际，为1100名贫困残疾人免费配送手杖凳、腋拐等辅助器具。

残疾人教育 2013年，县残联继续实施“双百扶残助学计划”，残疾人参加各类职业技术培训实行免费或补贴制度。对103名就读于高中和中专以上院校的残疾学生及贫困残疾人子女，分别给予500元或1000元的学费补助，共发放补助金17.45万元；选送1名残联干部和5名残疾人联络员参加清华大学远程培训；支持县特殊教育学校做好2014年招生摸底工作，当年招生26人。

残疾人就业 2013年，县残联一是为290名残疾人提供职业技能和实用技术培训，培训盲人保健按摩人员4人、医疗按摩人员1人；组织盲人参加全国盲人医疗按摩人员考试。二是做好年度盲人按摩场所的审批和年审工作。三是学习永安市等周边县（市）残联就业中心开展省级优秀残疾人就业服务机构及就业服务规范化建设工作经验，建设就业服务示范窗口、建立规范档案。12月16日，通过残疾人就业机构规范化建设省级验收。四是扶持125名城乡贫困残疾人家庭创业和生产经营，每户补助5000元；规范福乐种养基地建设，加强基地建设资金监管，落实帮扶措施。年内，有483名残疾人家庭增加收入，生活状况得到改善。五是帮助福利企业华闽纸业、东升包装制品有限公司争取国家贴息贷款200万元。六是做好残保金征收工作，完成残保金征缴165万元。七是县残联开展残疾人创业之星评选工作，评出10名残疾人为大田县创业之星。全县新增就业残疾人109人，其中集中就业41人、分散就业30人、个体就业38人。

残疾人保障 2013年，县残联配合民政局做好重度贫困残疾人生活救助金发放和残疾人医疗保险、养老保险及扶贫工作。年内，共为6009名重度残疾人发放生活救助金216.5万元；有553名城镇低保对象和重度残疾人参加城镇居民基本医疗保险；有1.07万名农村残疾人参加新型农村合作医疗和新型社会养老保险。用好扶贫配套资金，发放扶贫贷款15万元，帮助残疾人发展生产；做好小额扶贫贷款贴息工作，共发放贴息资金3.28万元。推进农村贫困残疾人“安居工程建设”，县财政给予每户补助1.2万元，为95户残疾人实施危房改造。春节期间，走访慰问残疾人350人，给每人送上慰问金200元，共发放慰问金7万元。

残疾人维权 2013年，县残联做好信访接待工作，共接待来访150余人次，处理、解决来访问题96人、来信41件，其中残联法律援助站协调有关部门，提供法律援助15件。

（颜晓斌）

【关爱活动】 5月16日，县残联与宁波吉德电器公司、大田县中田电器城联合发起“爱心助残和谐大田”帮扶残疾人优惠活动。县内持二代证残疾人到中田电器城购买家电一律享受300—500元优惠；向70名贫困残疾人赠送电风扇、电炖锅、电饭煲等小家电，价值1万余元；赠送县福乐幼儿园吉德电冰箱一台、消毒柜一台。5月17日，省残联、省残疾人福利基金会与大田县委、县政府在县特殊教育学校联合开展“送爱心、送福乐、关爱残疾儿童·欢度‘六一’儿童节”活动，省残疾人福利基金会为大田400名残疾儿童赠送礼物、爱心企业代表为特教学校赠送学生用品，价值6.1万元。

（颜晓斌）

【残疾人工作网络完善】 2013年，县残联实行机构独立、经费单列、理事长专职，配副理事长1人、残疾人理事1人。继续做好残疾人人才库和残疾人后备干部数据库建设，18个乡（镇）残联配齐专（兼）职理事长和294个残疾人工作联络员（工资补贴不变），全县273个村（社区）均成立残疾人协会。全县残联干部均纳入考核管理，按工作绩效进行考评，形成较完善的县、乡、村三级残疾人工作网络。

（颜晓斌）

【残疾人爱心保险】 2013年，全县有6589

名持证残疾人参加爱心保险，共投保费15.65万元。年内，共理赔42人、金额10.35万元。

（颜晓斌）

【残疾人居家养护】 2013年，县残联做好152名智力、精神和重度残疾人居家养护工作，发放金额30.4万元；并实行服务项目网上录入“实名制、直通车”制度，补助资金做到人、钱、物一一对应。

（颜晓斌）

【残疾人状况监测】 2013年，县残联做好新一轮全省残疾人状况监测筛查工作，对石牌老厝村第3小区和屏山杨梅村第2小区进行现场监测，并做好监测点台账上报工作。监测时为每个监测对象赠送礼品100元。

（颜晓斌）

【残疾人体育选拔赛】 2013年，县残联开展全省残疾人体育运动苗子选拔工作，经广泛调查摸底，选送10名8岁以上的智力残疾人参加三明市特奥运动员选拔赛。陈宏、陈剑分别获8—11岁组羽毛球男子单打第一名、第二名；张春淦获16—21岁组乒乓球男子单打第三名。

（颜晓斌）

【残疾人综合服务中心建设】 2013年，县委、县政府继续将残疾人综合服务中心工程建设列入为民办实事项目。年末，内、外墙装修基本完工，人防、环保、防雷等设施通过验收；操场平整、活动场地和通道硬化等附属工程在建设中。项目累计完成投资500万元。在服务中心内创办残疾人康复中心、福乐幼儿园、辅具适配中心及福乐健身站、福乐书屋、福乐盲人按摩中心；福乐康贝启智中心聘请负责人1人、教师3人，开办小、中、大三个班，9月招生10人。

（颜晓斌）

【爱心助残先锋行动】 2013年，县残联挂包桃源镇桃源村，上京镇延京、溪口、下溪口村。开展“爱心助残一助一”先锋行动，为残疾人办实事。在桃源村为残疾人举办实用技术培训班1期，53人参训；慰问残疾人4人、每人慰问金500元。为延京村残疾人陈清容安居工程帮扶2.5万元。在溪口村康复扶贫4户、每户5000元；残疾人居家托养1户、5000元。在下溪口村，为残疾人赠送护理床1张，轮椅一部；为精神病患者赠送药品价值1000元；残疾人居家托养1户、5000元。慰问延京、溪口、下溪口村残疾人共10户，给每户送上慰问金500元。

（颜晓斌）

关心下一代工作委员会

【概况】 2013年，县关心下一代工作委员会内设农村教育、学校教育、城市教育、法制教育、家庭教育、宣传教育、基金管理7个专业委员会，组建普法、德育2个报告团和关爱、卫生保健、金秋农业科技3个服务工作团，是一支以老干部、老专家、老战士、老教师、老模范“五老”为主体，专兼结合的青少年思想道德建设队伍。当年，县关工委深入学习贯彻闽委办〔2011〕50号文件《中共福建省委办公厅、省人民政府办公厅关于进一步加强基层关心下一代工作的意见》和明委办〔2011〕142号及田委办〔2011〕115号文件精神，主动争取当地党委和政府的支持，努力抓好关心下一代各项工作落实。县关工委领导多次到乡（镇）、村、社区、学校调研，协调基层党政领导抓紧抓好，配强、配齐关工委领导班子，动员更多的老同志参与到关心下一代工作中来；会同县财政局联合下发田财行〔2013〕220号《关于转发〈进一步贯彻落实省委办、省政府办关于加强基层关心下一代工作意见的通知〉的通知》，推动各乡（镇）政府，将基层关工委活动经费纳入财政经费预算，促使村、社区、学校落实关心下一代工作运转经费。

为全面提升全县基层关工委“五好”创先争优活动的水平和档次。县关工委先后依托县委党校、均溪镇、一中和玉田“第二集美学村”旧址分别举办基层关工委主任、学校关工委主任、报告团骨干及“五老”报告员培训班，推动关心下一代工作的拓展和创新。

（池其政）

【青少年法制教育活动】 5月4日至6月26日国际禁毒日期间，县关工委组织人员协同县禁毒委、公安局、司法局、教育局、团县委等部门组织力量，先后在一中、六中、职专等学校开展“大田县青少年法制教育基地”禁毒巡回展览。县关工委、公安局、团县委、一中联合组建“志愿者服务队”随展赴各校为师生义务讲解法律常识、剖析涉毒案例、分发禁毒宣传材料。各校组织师生参观禁毒展览，开展禁毒专题教育活动；寒暑假期间，县关工委协助县综治委、司法局、教育局、交通安全综合整治领导小组组织中学生开展主题为“关注文明交通，关爱生命安全”的“带法回家”社会实践活动，制作法制巡回展板，印发8万份宣传材料；组织学校师生参加市关工委举办的全市“关爱明天、普法先行”青少年普法教育知识竞赛活动，取得中学组第一名和优秀组织奖；11月，在一中召开全县学校法制教育推进会，发挥一中省级“法制教育先进试点校”辐射作用，进一步推介“带法回家”活动、青少年法律咨询室和青少年法治教育基地等创新经验。

11月28日，县关工委与县公安局、教育局、司法局、老干局、团县委、妇联等部门代表联合到看守所看望失足青少年，开展帮教活动。为服刑人员赠送有关法律读本200本、道德教育读本50本。

（池其政）

【基层组织建设】 2013年，县关工委贯彻落实全省民营企业关工委建设工作座谈会精神（漳州）和全市非公经济组织关工委工作座谈会精神，到民营企业摸底调查，协同工商联、工商局与业主沟通、协调，多次召开全县各民营企业党支部书记会议，稳妥推进民营企业关工委组织建设，民营企业关工委从原先的7个，发展为11个，全县基层关工委组织数净增33个。年末，全县有基层关工委组织356个，其中乡镇18个、县直机关10个、民营企业10个、村265个、社区8个、中小学45个；报告员、校外辅导员、帮教员、家教员、科教员、文化市场督导员1200余人。

年内，全县约98%的基层关工委已达到或基本达到新一轮创“五好”活动的预期要求，均溪镇关工委被中国关工委评为“全国基层关工委创五好先进单位”。省电视台少儿频道《成长1+1》栏目摄制组先后两次到大田拍摄8个县关心下一代工作专题片，在少儿频道《成长1+1》栏目和公共频道的《金秋》栏目播放，省关工委《成长》月刊连续刊载相关工作经验。

（池其政）

【“中国梦”教育活动】 2013年，县关工委与县委宣传部、文明办、司法局、教育局、团县委联手开展“我的中国梦”主题教育活动。一是联合举办“青春魂·中国梦”巡回宣讲进校园活动，向各乡镇、中小学下发有关“三热爱”教育、前途理想教育、法治教育、珍爱生命教育、安全教育、师德教育、班主任工作艺术、家庭教育等范畴的160个报告课题，由各中小学各取所需自主“点菜”。县精选来自各部门的26名优秀讲师分题备课、应邀到各校“下厨”授课。年内，有33所学校“点菜”开讲座52场次，受教育师生2.5万多人次。二是开展“我的中国梦”主题教育。举办“中国梦·青春梦·我的梦”读书、征文和演讲比赛活动。三是开展“中国梦·我的梦”主题校园文化建设活动。全县中小学举办校园文艺展演等主题教育活动。大田一中的“青春梦·中国梦”歌咏活动，大田四中“青春飞扬·唱中国梦”校园读书、歌咏活动，大田五中的“同铸复兴路、共圆中国梦”校园科技文化艺术节，实验小学“纪念碑前的誓言”队日活动等颇具特色。

（池其政）

【关爱工作】 2013年，全县各级关工委建立或在关工委协助下建立助学基金会15个，筹集基金85万元，扶贫助学365人、29.3万元；加强省关工委“禾和助学金”的管理和发放工作；经县关工委牵线搭桥，岩城文化广场“钓鱼岛”餐馆老板为打工求学的特困女大学生发“双薪”、县医院退休老医生郝滔夫妇捐助4名特困大学生等扶困助学事迹屡受新闻媒体褒奖。

县关工委通过各级关工委“五老”人员对社会上的少数失学、失教、失业、失足的“四失”青少年开展一对一帮教工作，如均溪镇关工委运用讲座、培训、典型引路、牵线搭桥等途径热忱为“四失”青年分忧解难，帮助他们掌握一技之长，自食其力，走上正道。

（池其政）

【参与社会管理创新】 2013年，县关工委一是依托大田一中12名兼职法律教师的力量，进一步办好县青少年法律咨询室，为青少年及其亲属排忧解难，运用法律手段化解矛盾纠纷；二是按照“疏堵结合”的原则，选派29位网吧监督员和文化市场督导员配合公安、工商和文化部门开展督查活动近百次，净化青少年成长环境。

（池其政）

11月13日，2013年度黄仲咸教育基金发放仪式在大田一中举行（黄秀凤 摄）

武装

□编辑 林万端

人民武装

【概况】 2013年，大田县人民武装部以科学发展观为指导，围绕“突出教育固根基，注重实效精整组，紧贴任务抓准备，提升素质带队伍、针对特点严管理，军地联动促发展”的工作思路，聚焦中心扎实推进，突出重点狠抓落实，较好地完成上级赋予的各项任务，民兵预备役建设得到新的发展。

当年，大田县被省委、省政府、省军区评为“全省双拥模范县”；县人武部被省军区评为“依法治军、从严治军先进单位”，被三明军分区评为“规范化建设达标单位”。

思想政治建设 2013年，县人武部坚持把思想政治建设摆在各项工作的首位，做好“三抓”。一抓学习贯彻中共十八大和十八届三中全会精神。通过集中辅导与个人自学相结合、理论灌输与讨论辨析相结合等方式，力求在全面理解、系统把握上下功夫，在理清思路、实践运用上见成效，不断加深干部职工对党的创新理论和重大方针的理解、领悟和认同。二抓党委中心组理论学习。开展《坚定信念、筑牢军魂》和《学习贯彻党章、弘扬优良作风》等主题教育，通过理论灌输和课题牵引，提高党委机关谋划指导工作的能力，干部职工的军魂意识、使命意识进一步增强。三抓经常性思想政治工作。注重做好一人一事的思想工作，有针对性地做好教育引导，尤其在干部职工成长进步、探亲休假、家属就业、子女入托入学等方面做到关心关爱，帮助解决实际困难，营造拴心留人的良好环境。

规范化建设 3月25日，县人武部召开全县民兵预备役工作暨民兵整组业务会，在上年均溪镇试点成果的基础上，在建设镇抓好基层武装部规范化建设试点，促进基层武装机构规范化建设上层次。

民兵整组 3—4月，全县民兵组织按照精减数量、优化结构的要求进行调整，编实建强应急、支援和储备三类队伍、分队，民兵组织建设更加合理，更加适应形势任务需要。

国防潜力调查 5—6月，县国防动员委员会根据市国动委《关于国防动员潜力调查工作的通知》精神，由县人武部牵头，对全县科技、信息、装备、交通、人防、经济、政治、武装力量等潜力情况进行调查、核实，完善国防潜力数据库，为战时实施快速动员提供科学依据。

战备工作 5—6月，县人武部根据应急防卫作战、动员支前、人民防空与城市管制等主要任务，结合辖区内战场环境，在调查核实应急动员潜力的基础上，修订军事行动方案及其配套方案，修订抗洪抢险、森林扑火、抗震救灾、反恐维稳等非战争行动方案，补充部分物资器材。同时，与二炮、武警等单位进行任务对接，确保一有情况能依案行动。

军事训练 4月上旬，县人武部选送7名专武干部参加军分区“三新”（新录用、新调整、新提拔）专武干部集训；下旬，在全面展开各民兵专业分队训练的同时，集中15天，强化训练专武干部和民兵营（连）长240人。5月中下旬，集训安全警戒、装备维修、勤务保障、保交护路等4个专业分队、123人。6月中旬，集训工程抢修、交通运输两个专业分队、77人，同时，选送15名骨干参加军分区在尤溪县举办的14.5毫米高级机枪集训。11月中旬，县人武部8名干部参加军分区“麒麟—2013”室内指挥所演习和练将训官考核，获军事理论平均成绩第一名。尔后，按照建制全、要素全、内容全、过程全和指挥所演习战术背景一致、指挥班子一致的要求，组织民兵参加安全警戒分队动员支前演练，按照动员集结、快速机动、野外宿营、情况处置、返营归队“一个过程”的要求，练组织指挥、练专业技能、练行动协同、练综合保障，提高指挥员的组织指挥和民兵分队遂行多样化任务的能力。

学生军训 8—9月，全县驻军及民兵预备役人员承训中学新生3480人，其中初中生1960人、高中生1520人。

国防动员 2013年，县国防动员委员会针对人员变动情况调整成员，完善相关设施，开展国防动员潜力调查，全面掌握国防潜力数量和质量情况，并修订完善各类保障方案，为兵员快速集结和动员支前打下坚实基础。9月20日，举行防空警报试鸣，同时组织城区部分中小学、幼儿园开展防空、防震、防灾疏散演练。

兵员征集 5月中下旬至6月底，县人武部组织兵役登记，全县设登记站68个，到登率94.5%、自登率83.5%。7月12日，召开全县征兵工作会议；22—28日，组织各乡（镇）应征青年初检初审。8月2—6日，组织应征青年到县站参加体检、政审，确定“双合格”青年242人；23—28日，县征兵办派员走访“双合格”青年，了解“双合格”青年的现实表现、社会关系、病史情况、心理状况、家长和本人态度。9月5日，召开定兵大会，审批新兵入伍，县征兵工作实现连续33年无责任退兵。

安全管理 2013年，县人武部坚持从严治军方针，严格执行条令条例和规章制度，突出“人、车、枪、弹、密”等管理重点，抓好季节性安全工作，保持人武部安全稳定，民兵武器装备管理实现连续第35个安全年。

拥政爱民 2013年，县人武部拥政爱民工作取得新进展，一是抓好“部局村”共建工作，县人武部和市国税局出资16万元援建武陵乡茶山村“造福工程”新村点护坡整修、绿化工程、村道混凝土路面铺设等项目。二是“六一”节、教师节和春节，县人武部领导慰问中小学和幼儿园教师，送慰问金2.5万元。三是干部职工捐款4000元作为“助学基金”，资助县一中6名贫困生。四是县人武部率领民兵预备役人员，参与抢险救灾、扑灭山火、应急突发事件处置和社会维稳工作，为“和谐大田、平安大田”建设做出贡献。

（肖贯华）

【林能秋到县检查征兵等工作】 9月5日、11月15日，三明军分区司令员林能秋到县检查定兵工作和指导京口工业园区民兵安全警戒分队动员支前演练。

（肖贯华）

武 警

消防大队

【概况】 2013年，大田县公安消防大队按照省、市政府的要求，落实“政府统一领导、部门依法监管、单位全面负责、公民积极参与”的消防工作原则，持续深化消防安全“网格化”工作，推广重点单位“户籍化”管理，深入开展火灾隐患排查整治，前移火灾预防关口，提升全社会火灾防控能力，确保全县火灾形势的持续稳定。全年共检查机关、企事业单位770家，发现火灾隐患1266处，督促整改1254处，发责令改正通知书483份，行政处罚33起，罚款14.45万元，行政拘留1人；接警114次，出动警力895人次、消防车127辆次，抢救被困人员74人，疏散群众56人，抢救财产价值581万元。先后成功处置“6·18”泉三高速大巴着火、“6·22”上京车辆连环相撞、“7·14”台风苏利石牌镇宽田洪涝等灾害事故，中央电视台等新闻媒体对大田县消防大队官兵英勇事迹作了报道。年内，大田县消防大队被市政府评为消防工作先进单位；被支队评为安全工作先进单位；大队获支队攻坚比武现役组团体第二名、合同制组团体第一名和灭火预案评比第一名；一名战士参加考干，被中国人民武装警察部队学院录取。

（高锦灏）

【消防二中队揭牌】 10月18日，大田县消防二中队（建设镇消防中队）正式揭牌。驻地占地6875平方米，建筑面积3286.8平方米，总投资700多万元。

（高锦灏）

【消防经费加大投入】 2013年，县政府落实省财政厅《福建省地方消防经费管理办法》，共拨消防经费537.9万元。其中，业务经费317.9万元，专项经费220万元；单位支持659万元，其中国投公司支持500万元建设消防二中队；科技局支持159万元用于购置地震救援装备；18个乡（镇）政府为乡（镇）消防安全网格员列支专项补助2.92万元，每人每月200元。

（高锦灏）

【乡镇消防安全"网格化"管理】 2013年，全县18个乡（镇）政府配备专（兼）职防火员，负责消防工作，开展火灾隐患排查和消防宣传；乡（镇）、村（居）层层签订年度《消防安全责任书》，并组织考评、兑现奖惩；编制完成18个乡（镇）消防规划和265个村简易消防规划，并结合公共基础设施建设，设立消防工作管理办公室及消防器材管理室，配齐消防器材装备，设置消防水源；每个乡镇（不含城区）配置消防机动三轮车（含消防水泵）1辆、水枪2把、4公斤灭火器4具、消防战斗服5套、水带6条；夯实群防群治工作基础，在村民集中处设立固定消防宣传栏1个，在村民出入的主要道路设置消防标语牌2块，配备消防警示锣1面、广播设施或报警警铃1套，设置1个消防宣传资料发放点，制订宣传计划，定期开展防火巡查和形式多样的消防宣传活动；各乡（镇）依托综治办、派出所、治安联防队、护林联防队建立5—10人的农村专（兼）职消防队或者治安、消防合一的治安联防消防队。

（高锦灏）

【二星铁军建设】 2013年，县消防大队在上年一星铁军建设的基础上，再投入40万元购置训练器材和场室设置用于二星铁军建设，并严格按照标准进行训练，提高部队战斗力。

（高锦灏）

【社会消防宣传教育】 2013年，县消防大队联合县电视台开办《岩城消防》，播放消防常识、曝光火灾隐患。元旦期间，开展清剿火患战役和消防安全"零点"行动，县电视台记者全程跟踪拍摄"零点"夜查过程，对存在隐患的单位集中曝光；元宵节期间，县电视台向全县播放安全燃放烟花的消防知识短片；联合县移动公司开办《每周消防提示》，向群众发送消防常识短信，全年累计发送公益消防短信40万条；利用城区沿街店铺的53块LED屏24小时连续滚动播放防火知识；发放消防宣传资料1万余份。

（高锦灏）

武警中队

【概况】 2013年，武警大田县中队确保执勤目标绝对安全和部队内部安全，圆满完成执勤、处置各类突发性事件。全年共出警6次、43人次，其中，武装押解3次、武装警戒2次、安全保卫1次。中队长赵革卫被支队评为优秀干部；副中队长邓常敬被支队嘉奖1次；曹竟松、岩胆等8名战士被支队评为优秀士兵，并予以嘉奖。中队连续20年保持执勤无事故、无案件、无严重违纪。

（何树链）

【军事训练】 2013年，武警大田中队组织官兵50人次参加支队、大队的勤训轮换，冲锋舟、狙击手、特战排集训等。5月，中队与大田县政府联合在闽湖举行冲锋舟演练，提高官兵抢险救灾能力。

（赵革卫）

【国防教育活动】 2013年，武警大田中队，先后为大田五中高初中部承训学生千余人，并接待多所学校师生参观中队营区，体验部队生活。

（赵革卫）

【军地两用人才培养】 2013年，武警大田中队培养军地两用人才36人，其中参加总队、支队集训6人，地方培训30人。

（赵革卫）

法 治

□编辑：郑祥果

政法委及综治工作

【**概况**】 2013年，全县没有发生重大政治性事件、非法聚集事件、大规模群体性事件、暴力恐怖事件、个人极端事件以及群死群伤重大治安安全事故。公安机关共立刑事案件2470起，破1351起，抓获犯罪嫌疑人1023人；查处治安行政案件3.69万件，治安行政处罚3.54万人次。检察机关批准决定逮捕刑事案件130件、184人，审查提起公诉302件、442人。审判机关受理各类案件4364件、审执结4332件。司法机关共排查调处各类矛盾纠纷1671件，调处成功1591起，调处成功率95.2%。当年，大田县被省委、省政府授予全省平安先进县（市、区）称号，综治工作考评获二等奖。全县群众社会治安安全感率达96.46%，名列全省第二、全市第一。

（胡建国）

【**县社会稳定风险评估管理中心成立**】 3月13日上午，县社会稳定风险评估管理中心成立，挂靠县委群众工作部，由县综治办主任兼任中心主任，每年按10万元标准单列专项工作经费，纳入县财政预算。

（叶正锐）

【**“434”社会稳定风险评估机制建立**】 3月起，县委政法委对涉及群众切身利益的重大事项、重大项目、重大决策、重大活动建立“434”社会稳定风险评估机制，确保从源头上预防和化解社会矛盾。“434”即成立风险评估领导小组、组建县社会稳定风险评估管理中心、建立一个评估专家库、完善一套评估体制，决策前广泛听取各方意见、评估中提出风险消减法则、决策后坚持全程跟踪管理，确定评估事项、广泛调研论证、形成评估报告、审查审核评估意见。至年底，完成全县生产性项目、城市建设、社会事业、落实上级决策等领域40个重点项目评估，被叫停事项5个。

（叶正锐）

【**综治平安宣传活动**】 3—5月，县综治委围绕提高平安建设参与率、知晓率、满意率“三率”的目标，开展综治集中宣传活动。踩街展示活动1次，平安建设“三率”测评1次，知识专题讲座18场次，学生“带法回家”宣传845场次、民俗文化宣传6场次，制作电视专栏3期、大幅广告牌40块，发送短信20万条、彩漫1万条，发放宣传手册和宣传单2万份。

（叶正锐）

【**“有序信访、依法信访”宣传教育活动**】 6月20日至9月20日，县综治委、依法治县办针对全县因征地拆迁、涉法涉诉、劳资关系、医患纠纷等引发的信访问题日益突出，并呈现组织化、激烈化、极端化的趋势，组织开展了“有序信访、依法治访”法治宣传教育活动。其间，共召开专题会议3次、法治宣传咨询活动1场次，发放信访宣传资料1.5万份，到各乡镇开展大型的巡回宣传活动10场次，组织学生开展“带法回家”宣传，制作播放电视信访专题法治宣传教育片3期。

（叶正锐）

【**“社会稳定风险评估”推进会在大田召开**】 10月12日，全市社会稳定风险评估推进会在县召开。市综治办副主任刘尔法、发改委纪检组组长胡伟成、交通局交战办常务副主任罗钦荣、教工委副书记陈瑞迈及公安局国保支队支队长、维稳办副主任陈建明等领导，综治办、发改委、经贸委、住建局具体负责人，各县（市、区）综治办主任、发改局分管领导，本县各乡镇综治副书记、县直有关部门分管领导共100多人参加会议。与会人员参观了县发改局项目风险评估办、社会稳定风险评估管理中心等；观看了县社会稳定风险评估工作专题片。县委常委、政法委书记张英跃在会上介绍了县情和社会稳定风险评估工作经验，梅列区发改局副局长林宏峰、三元区发改局副局长潘建华、将乐县委政法委副书记、综治办主任黄兴泉、市发改委纪检组组长胡伟成作发言。

（叶正锐）

【全县人民调解工作经验交流座谈会召开】 12月20日，县政法委在均溪镇召开“枫桥经验在均溪、矛盾化解基层”人民调解工作经验座谈会。学习“枫桥经验”，推广全国人民调解能手”陈开通的“三开三通”调解法，总结交流全县人民调解工作的经验做法；实地参观了均溪镇南街社区居委会“巾帼调解队”和均溪镇“开通调解室”。县委常委、政法委书记张英跃，县政府副县长缑泽昆、县委政法委（综治办）和县委群工部有关领导、各乡镇分管综治副书记、各司法所所长及县司法局各科室人员等50余人参加了会议。市司法局副局长时建华到会指导。

（叶正锐）

【社会治理创新经验在全省推广】 2013年，县委、县政府以全省加强和创新社会管理创新试点县为契机，组织实施《关于加强和创新社会管理的实施意见》，全县社会治理创新工作取得阶段性成效。“434”社会稳定风险评估机制、政法系统群众工作经验做法分别得到中央综治办调研组、中央政法委群众路线教育实践活动调研组的充分肯定；县委群众工作部、县道路交通事故“1+N”联调中心等社会管理创新经验在全省推广。

（叶正锐）

【政法队伍建设加强】 2013年，全县政法队伍建设坚持“建一流班子，带一流队伍，树一流形象，创一流业绩”的目标要求。一是抓政治建警，贯彻中央改进工作作风、密切联系群众的八项规定，以实际行动践行政法干警价值观。二是抓素质强警，通过分系统、分阶段、分重点，组织全县政法干警开展业务大培训、岗位大练兵、技能大比武、标兵大评比等活动，着力提升政法干警的能力。三是抓从严治警，切实加强对政法干警的日常监督管理，严格执行各项禁令规定，打造过硬的作风。当年，全县政法系统共有23个集体和56人受到市级以上表彰，县委政法委首次获“全省党委政法委系统先进集体”称号，并在全省政法工作会议上作典型发言。

（胡建国）

【四项工作制度建立】 2013年，县综治委建立四项工作制度。一是年初约谈制度，对上年度综治平安建设工作考评靠后3个乡镇的分管领导，以及被县综治委一票否决、黄牌警告的单位主要领导或班子进行集体约谈，通过约谈教育、提醒、警示，进一步强化综治领导责任制落实，改进综治工作中存在的薄弱环节。二是半年一次考评制度，根据县委、县政府的委托，通过采取实地查看、“三率”电话测评、部门评分相结合的办法，对各乡镇和部分县直机关、企事业单位的综治和平安建设工作进行检查考评，并将考评情况以书面形式进行反馈，提出整改意见。三是季度督查制度，每季度最后一个月的下旬，组成专门督查组，采取随机抽查的方式，通过听汇报、看资料、座谈会等形式，对部分乡镇、县直单位贯彻落实本季度县综治委部署的具体工作开展情况进行督察，并对督查情况进行书面反馈。四是每月下旬召开一次例会制度，由各乡镇分管综治工作副书记或综治办副主任参加会议，听取当月乡镇综治平安建设和社会管理创新工作汇报，推广基层综治平安建设和社会管理创新工作典型经验，安排部署下一个月工作。

（叶正锐）

【综治“黑点”整治工作】 2013年，全县共确定综治“黑点”18个，其中市级2个、县级4个、乡级12个。县综治委对6个县级以上“黑点”，全部按照“一点一册一个会议纪要”的要求，落实项目化运作、网格化管理、民俗化调解、法治化教育运作机制，有效解决100多个矛盾纠纷多发、交通安全管理、民爆物品管理、消防安全管理等突出治安稳定问题。

（叶正锐）

【领导干部大接访活动】 2013年，县综治委根据省委办、省政府办《关于进一步完善领导干部接待群众来访制度的意见》，坚持每月15日、25日、5日分别开展县主要领导接访日、群众工作部长接访日、综治信访维稳“1+N”联动中心接访日活动，每周一为县处级领导接访日，重大问题由县委书记、县长接访、约访、带案下访。全年，共接待来访群众227批、377人，解决问题136个，化解率66%。

（叶正锐）

【政法“护绿行动”开展】 2013年，全县政法各部门结合“百姓富，生态美”建设，开展政法护绿行动。一是生态建设护航，主动打击非法采矿行为，与其他部门联手“找问题”，取缔6处非法开采稀土、采矿捞沙点，并依法追究法律责任。二是生态建设服务，主动参与水土流失治理，与建设镇建爱村贵竹林等6个县级治理示范点“攀亲”，对停采、废弃、无主、闭坑等矿山进行种植草和灌木、乔木相结合进行治理。三是生态建设共建，主动推进美丽乡村建设，与桃源镇蓝玉村等37个“美丽乡村”建设试点“结亲”，建设一批城市人向往、农村人留恋的美丽乡村。

（叶正锐）

【社区网格化服务管理建设】 2013年，县综治委为均溪镇与中国移动大田分公司合作牵线，多方筹资80余万元，在均溪镇和8个社区居委会搭建社区网格化服务管理系统，实现镇、社区、基础网格三级互联互通；与中国电信大田分公司合作，在建设镇建国村、屏山乡内洋村等40个村试行建立亲情视频沟通平台，构筑农村的空巢老人、留守儿童等群体安全防范绿色通道。

（叶正锐）

公 安

【概况】 2013年，全县公安机关共立各类刑事案件2470起、破1351起，其中，省厅挂牌督办4起、破4起，市局挂牌督办3起、破3起；侦破年前隐漏积案296起。抓获各类犯罪嫌疑人1023人，其中提请逮捕171人、起诉492人；抓获在逃人员150人，其中历年本县籍逃犯20人、外省籍逃犯49人。全年受理各类行政案件3.69万起，查处率99.97%；治安行政处罚3.54万人次，其中行政拘留429人次、罚款2.79万人次。立各类经济犯罪案件35起、破37起，其中年前案件16起；涉案金额5358.9万元，抓获犯罪嫌疑人39人、起诉27人。全年发生一般以上交通事故89起，死亡21人，受伤113人，直接经济损失102万元；轻微事故899起。全年发生火灾事故14起，直接经济损失81.8万元，没有人员伤亡。看守所收押刑拘人员452人，刑满释放166人，投送监狱执行182人，其他处理出所38人，年底在押268人。法制大队共审核各类行政案件431件、6182人，取保候审案件123件、206人，纠正各类执法问题152件，没有因执法过错而发生行政复议撤销、诉讼败诉、国家赔偿案件。全年受理各类信访件45件、办结45件。全年受理审核出国（境）及往来港澳台地区4550件，其中受理公民出国申请1640件，往来港澳地区申请2390件，前往台湾514件，台湾居民签注签发6件；办理机动车注册登记2.4万辆、检测机动车2.1万辆、发换驾驶证2.3万本。

年内，县公安局被全国妇联、全国维护妇女儿童权益暨平安家庭创建协调组授予“全国维护妇女儿童权益先进集体”称号，县公安局创新流动人口管理专项活动办公室被省公安厅授予集体二等功；民警李建成、苏荣地、陈文锴立个人二等功。林芳耀被公安部监管局评为全国拘留所社会化解先进个人；刘家满被省公安厅评为2012年度全省纪检监察信息工作成绩突出个人、范承耀被评为全省公安机关宣传思想文化工作先进个人，肖祥富被省公安厅交警总队评为执法标兵，严昌炽被省公安厅政治部评为全省公安机关“百佳”政工干部、吴祥江被评为全省公安机关学雷锋活动成绩突出个人，田素春、周以棍被省公安厅评为全省公安机关综合警务改革创新工作先进个人，周以棍被省委宣传部、共青团福建省委、省教育厅、省少工委联合授予“福建省优秀少先队员志愿辅导员”称号。

（吴美华）

【省厅挂牌督办诈骗案告破】 3月8日，县公安局民警在广东惠州和安溪、晋江、漳州等地抓获苏某、陈某、王某英、王某彬、王某花、苏某呈等7名犯罪嫌疑人，查获短信群发器（短信猫）2台、笔记本电脑2台、手机号码卡100余张、银行卡数十张等作案工具。20余起省厅挂牌督办系列虚假信息诈骗案件成功告破，涉案价值30余万元。

（吴美华）

【中央综治办调研组到县交管大队调研】 3月13日上午，中央综治办一室巡视员田大忠和四室处长禹丽芸一行到县公安局交管大队考察调研“1+N”道路交通事故联合调处服务中心运作情况，省政法委副书记李晋闽，市委常委、政法委书记、公安局局长夏钢，县委书记汤俊生，县委常委、政法委书记张英跃等陪同。

（吴美华）

【GPS车辆防盗器安装】 5月，县公安局与移动公司大田分公司协作，动员车主安装车辆GPS防盗器。至年底，全县共安装GPS防盗器4260台。通过防盗器追踪抓获犯罪嫌疑人12人，破获盗窃摩托车、电动车案件38起，追回被盗车辆25辆。

（吴美华）

【夏季治安百日会战】 6月20日至9月，县公安局开展“打现行、严管防、保安全”夏季治安百日会战。破获系列盗窃案件151起，案值100余万元。

（吴美华）

【华兴乡“7·21”命案告破】 7月21日，华兴乡华安村民周某（女）被人杀死在家中。案发后，县公安局局长叶其勇、副政委王国泰，带领专案组民警经过三个月的侦查，于10月23日上午，在江西省抚州市临川区罗湖镇将该镇犯罪嫌疑人邱某（男，20岁）抓获，此案告破。

（吴美华）

【惠安县7年前命案积案连带告破】 8月1日，县公安局通过盗窃现场血迹DNA与犯罪嫌疑人王某良（男，41岁，四川省内江市人）比对，在大田城区某出租屋内将其抓获归案，查获手机、电脑、相机等被盗物品价值9万余元。同时，通过连带破获惠安县一起7年前命案积案。经审，王某良供述其在均溪镇南山路1号楼7号店面的婷记手机体验中心专卖店实施盗窃和2006年在惠安县城实施抢劫杀害摩的司机的犯罪事实。

（吴美华）

【两起交通肇事逃逸案告破】 8月3日晚7时许，苏某（男，57岁，石牌镇老厝村人）驾驶三轮车在省道306线石牌老厝村路段与一辆两轮摩托车发生相撞，造成摩托车驾驶员林某重伤，经县医院抢救无效死亡。案发后，苏某驾车逃逸，8月17日，县公安局破获该重大交通肇事逃逸案。

10月9日晚8时许，郑某驾驶闽G3398E货车在省道306线太华镇玉井村路段撞倒行人陈某后逃逸，致陈某死亡。10月11日下午，县公安局民警在太华镇群团村路段抓获犯罪嫌疑人郑某业（男，太华镇西埔村人），此案告破。

（吴美华）

【大田县法学会成立】 8月9日，县法学会成立暨第一次会员代表大会在县公安局七楼会议室召开。参会会员代表102人。选举县委常委、政法委书记张英跃任会长，县委政法委副书记、县综治办主任林书设任常务副会长，县法院院长朱文绣，县检察院检察长陈福东，县公安局局长叶其勇，县委政法委副书记李启智，县司法局局长陈文琴，县人大内务司法委主任林乃群，县政协提案和法制办副主任易清花，县政府办副主任，县政府法制办主任刘传贵，县委群工部副部长乐余聪，县委党校副校长郭立新任副会长，县委政法委副主任科员叶正锐任专职副会长兼秘书长。

（叶正锐）

【特大网络传销诈骗案告破】 8月17日，县公安局破获一起特大网络传销诈骗案件，抓获主要犯罪嫌疑人吴某（男，1987年出生，大田县梅山人）。经查，吴某自2010年5月起，通过浙江亿家电子商务有限公司建立的“万家购物”网站，组织273人在全国范围开展传销诈骗活动，涉案金额1000余万元。

（吴美华）

【虚开增值税专用发票案告破】 8月23日，县公安局破获一起涉嫌虚开增值税专用发票案，抓获犯罪嫌疑人孙某（男，31岁，福建省晋江市人）。经查，孙某供认当年2—7月在大田县经营的金亮雨具制造有限公司与湖南省怀化市芷江侗族自治县祥云纺织有限公司没有真实货物往来，共虚开增值税专用发票12份，开票金额119.65万元，涉税金额20.34万元。

（吴美华）

【“9·5”系列杀人案告破】 9月5日上午，在县城区过境公路靠近“世外桃源”路段公路旁水沟内发现一具男性尸体。县公安局接报后立即成立专案组开展案件侦破工作。经查明死者林贵川（德化县人）。在省公安厅和三明市局的指挥协调和泉州市局、德化县公安局的协助下，于9月13日、14日分别抓获犯罪嫌疑人陈建炎（1965年3月生）、林基珠（1970年1月生）和陈书田（1968年5月生），均系男性、汉族、德化县人，该案告破。并连带破获2起发生在德化县的命案。

（吴美华）

【货运车辆超载治理行动】 9—12月，县公安局开展货运车辆超载治理行动，共查处货车超载违法行为513起，人均查处1.9起。其中，各基层公安派出所查处货运车辆违法行为268起，占总数的52.2%。

（吴美华）

【非法侵入他人计算机案告破】 10月28日，县公安局在市局网安支队的技术支持下，在城区时代广场抓获涉嫌非法侵入他人计算机信息系统的犯罪嫌疑人范某、杜某（男，均溪镇人）。范某、杜某自2012年11月起，通过互联网利用木马程序，非法获取他人游戏账号信息和密码，并将他人游戏账户内的虚拟物品和装备卖出，涉案51起，从中获利170余万元。

（吴美华）

【“雷霆治爆”专项行动】 12月13日，县公安局开展为期3个月的“雷霆治爆”专项行动，集中清查收缴非法爆炸物品、烟花爆竹，严厉打击整治涉爆违法犯罪活动。当月，收缴雷管8发、二踢腿鞭炮1859头、射钉枪1支和子弹93发。

（吴美华）

【刑事信息提取采集】 2013年，县公安局共勘查刑事案件现场1152起，勘查率52%。其中勘查十类案件现场433起，DNA认定率16%，现场指纹提取率32%，九类涉案人员信息采集率72%，有价值生物物证提取率17%，监所在押人员掌纹信息采集率86.3%，为攻坚破案打下基础。

（吴美华）

【保卫餐桌安全专项行动】 2013年，县公安局落实县食品安全工作部署，开展打击食品犯罪保卫餐桌安全专项行动。共立各类危害食品类犯罪案件15起。其中，生产销售不符合卫生标准的食品案3起，生产销售伪劣产品案4起，生产销售有毒、有害食品案6起，其他案件2起。当年破案12起，正在调查3起；抓获犯罪嫌疑人25人，打掉犯罪团伙3个，捣毁、取缔各类食品非法加工窝点9个；查扣毒豆芽1556公斤、未经检验检疫的不合格猪肉1578公斤、非法加工的烟丝及烟叶1.56万公斤。

（吴美华）

【“清剿火患”战役】 2013年，县公安消防部门深入“二合一”“九小”等11类场所，开展消防安全检查776家，整改消防安全违法行为和火灾隐患1270处， 24家，责令停产4家，临时查封3家，行政拘留1人。

（吴美华）

检　察

【概况】 2013年，县检察院出台《关于充分发挥检察职能为大田科学发展跨越发展服务的意见》，发挥检察机关打击、保护、监督、预防等职能作用，把握法律政策，规范办案行为，不断提高服务企业发展的能力和水平，优化法制环境。全年共批准逮捕各类刑事犯罪案件130件、184人，提起公诉302件、442人。其中，批准逮捕故意杀人、故意伤害致人重伤或死亡、绑架等严重暴力犯罪案件14件、17人，提起公诉18件、23人；批准逮捕“两抢一盗”等多发性侵财型犯罪案40件、54人，提起公诉46件、59人；批准逮捕聚众斗殴、寻衅滋事、开设赌场等严重扰乱社会秩序犯罪案36件、52人，提起公诉41件、102人。

当年，县检察院再次获省高检省级“先进基层检察院”称号；控申科再次获得“全国检察机关文明接待示范窗口”称号，并被评为2010—2012年度省、市检察机关“文明接待室”称号；公诉科获省级“青年文明号”称号；院连续5年保持“全国青少年维权岗”“省级文明单位”称号。

（郭书翰）

【健康经济环境营造】 2013年，县检察院一是批准逮捕侵犯知识产权和制售假冒伪劣商品、非法经营、合同诈骗、金融诈骗等破坏市场经济秩序类犯罪案7件、7人，提起公诉40件、50人，规范和整顿市场经济秩序，促进市场和金融秩序健康发展。二是介入重点工程，跟进项目审批、招投标、决算验收等环节预防职务犯罪，发出检察建议3份，受理行贿犯罪档案查询291件，保障政府投资安全，促进社会信用体系建设。

（郭书翰）

【民生民利保障】 2013年，县检察院一是深入查办危害能源资源和生态环境犯罪案，批准逮捕10件、14人，提起公诉28件、39人。二是严厉打击制售伪劣食品、药品以及破坏生态环境、资源等严重危害人民群众身体健康和生命安全的犯罪案，批准逮捕4人，提起公诉29件、40人。三是建立民生案件申诉便利机制，提供一站式联动接待服务，着重维护外来务工人员等弱势群体的合法权益，支持提起民事诉讼6件。

（郭书翰）

【宽严相济刑事政策落实】 2013年，县检察院在办案中贯彻宽严相济的刑事政策，对于因邻里纠纷、家庭琐事引起的轻伤害犯罪、初犯、偶犯、过失犯等轻微刑事案件，依法决定不批捕11人，不起诉12人。未成年人刑事检察科实行批捕、起诉、监督、预防一体化工作机制，开展未成年犯罪嫌疑人品行调查、分案起诉、回访帮教、犯罪记录封存工作，试行合适成年人到场制度，加强对未成年人的保护、教育、感化和挽救。进一步规范办案程序，强化对未成年人维权，当年对未成年犯罪嫌疑人依法决定不批捕4人、不起诉2人。

（郭书翰）

【矛盾纠纷化解】 2013年，县检察院一是推行检调对接、不捕直诉、非羁押诉讼、刑事被害人救助等办案机制，逐案开展风险评估预警，加大释法说理力度，主动约谈、电询、走访案件当事人及其家属，听取意见，答疑解惑，共有11件轻微刑事案件或民事案件在检察环节达成和解。二是确保下基层接访、办信、“12309”举报电话和网站群众诉求渠道畅通。三是落实检察长接待日及下乡巡访、办访制度，对来访群众及时接谈，耐心听取诉求，对群众反映的问题及时处理，做好教育疏导和稳控工作。全年检察长接访活动48场次，接受群众法律咨询72人次，化解矛盾纠纷13起，带案下访15件，全年无一起因检察环节办案而引发涉检信访。

（郭书翰）

【侦查审判法律监督】 2013年，县检察院一是依法纠正漏捕22人、漏诉7人，改变定性10件、21人，均得到法院采纳。纠正应当立案而不立案5件、9人；纠正不应当立案而立案16件、16人；发出纠正违法通知书8份。二是搭建行政执法与刑事司法的“两法衔接”平台，开展专项行政执法检查，对卫生、环保、安监等10余个行政执法机关进行走访检查，查阅卷宗200余册，建议移送涉嫌犯罪案件10件、12人，其中公安机关立案3件、4人。开展量刑建议，共向法院提出量刑建议281份，采纳率95%。

（郭书翰）

【民事行政案件法律监督】 2013年，县检察院应用新修改旅行的民事诉讼法，将以往偏重对生效裁判的抗诉监督，变成对诉讼过程、诉讼结果、执行活动的全面监督格局。

全年共办理民事执行监督10件、支持起诉10件、行政执法监督案件9件。向有关单位发出改进工作的检察建议14份，均在指定期限采纳反馈。

（郭书翰）

【执行监管监督】 2013年，县检察院依法监督县看守所执法活动，开展专项检查2次，堵塞监管漏洞，严厉打击和防范“牢头狱霸”行为。催办羁押期限即将届满的案件42人次，监督看守所及时送监执行2人，核查监外执行罪犯338人，纠正脱管1人。

（郭书翰）

【职务犯罪查办】 2013年，县检察院根据高检院的部署，开展查办和预防涉农惠民领域、农村违法占地和违法建设背后的职务犯罪，集中查办发生在群众身边、侵害群众利益的职务犯罪。石牌镇原人大主席章某某涉嫌受贿罪被判处有期徒刑4年，原副镇长邓某某涉嫌受贿罪被判处有期徒刑4年6个月，县国土资源局执法监察大队原副大队长张某某涉嫌受贿罪被判处有期徒刑6年；大田县广平联办煤矿原矿长廖某某涉嫌受贿罪被判处有期徒刑7年。当年，县检察院共立案侦查贪污贿赂犯罪案件9件、12人，其中大案9人，涉及科级干部2人；立案侦查渎职侵权犯罪案件1件、1人。通过办案挽回直接经济损失300多万元。

（郭书翰）

【职务犯罪预防】 2013年，县检察院结合执法办案，开展预防职务犯罪进机关、进企业、进学校、进乡村、进社区的“五走进”活动。分别与县纪委、国税局等单位举行预防职务犯罪工作联系会议，建立警示教育基地，编写《公职人员刑事法律风险防范》教育读本。进行预防调查12件，发出《检察建议书》12份，开展警示教育96场次，接受预防咨询184人次，从源头上预防职务犯罪发生，提升预防职务犯罪的实效。

（郭书翰）

【检察人员队伍建设】 2013年，县检察院一是继续抓好基本功训练，深化岗位实训练兵、业务竞赛和技能比武活动。二是开展“立德、正行、精业”读书活动，每月举办“道德讲堂”“青年干警论坛”。三是扎实抓好以修改后刑事诉讼法、民事诉讼法、全国统一运用业务软件培训工作为重点的全员轮训和全员练兵活动，着力提升检察人员的业务技能和实战能力。

（郭书翰）

【内外监督制约制度加强】 2013年，县检察院一是严格执行职务犯罪案件提请上级检察院审查决定逮捕、职务犯罪案件一审判决上下两级检察院同步审查制度。二是扎实推进案件集中管理工作，实现动态监督，确保监督的及时性和有效性。三是加强案件评查备案，开展案件抽查及专项检查，严把案件质量关。四是严格执行人大及其常委会的决议和决定，加强与人大代表的联系，及时办理人大交办事项，并办结反馈。

（郭书翰）

法院

【概况】 2013年，县法院共受理各类审（执）案件4364件，审（执）结案件4332件。当庭裁判率98.38%，司法确认与诉讼案件结案比为17.28%，一审案件陪审率为99.68%，结案均衡度为0.77，与上年同期相比分别上升19.05%、14.03%、3%、0.16。其中，受理各类刑事案件374件、510人，审结370件、496人；受理各类民商事案件3665件，审结3637件；受理、审结行政案件6件；受理、执结行政非诉执行案件16件；受理、执结执行案件303件，执结标的2338.2万元。当年，县法院被三明市中级人民法院评为档案工作先进单位；有2个集体3次获市级以上表彰，9人次获县委、县政府以上表彰。

（张五一）

【“改革创新年”活动】 4月，县法院开展以开拓思维，凝聚力量，创新亮点，打造拿得出、叫得响的司法品牌为主题的“改革创新年”活动。制定实施方案，明确工作目标和工作重点。一是着眼“一优化”，即优化司法资源配置，着力解决案多人少的突出矛盾。二是实现“二突破”，即突破涉诉信访难题和执行难问题，着力解决制约本院发展“瓶颈”。三是达到“四推进”，即在推进“1263”(实现党建走前头“一个目标”；落实服务中心、建设队伍“两大任务”；抓好一岗双责、促进履职、思想作风、党内监督、文明和谐、基层组织“六个重点”；坚持省、市、县“三级联创”)机关党建、司法品牌、审判绩效、文化建设。力争综合工作进市优、创省优，单项工作有新突破。

(张五一)

【首例强制医疗案审结】 6月14日，县法院依法对因患精神分裂症，经鉴定不负刑事责任而实施抢劫的林某某做出强制医疗决定。此案属刑事诉讼法新修订后为避免公共安全危机，通过对患者疾病的强制治疗，以维护社会公众利益。

(黄承超)

【司法助企方案出台】 8月12日，县法院出台《大田县人民法院关于扶持企业发展实施方案》，紧扣大田经济实际，围绕“防”字为企业避险预警、“调”字化解企业纠纷、“活”字助企业渡过难关、“慎”字灵活保全措施、“惩”字维护市场秩序“五字方针”，与企业建立“点对点”联系沟通制度。加强涉企案件立案阶段的诉讼引导和法律释明，调动社会力量共同化解涉企纠纷，坚持能调则调，当判则判，调判结合，案结事了人和。市中院院长陈明对该方案做出批示：“方案很好，服务当前经济，护航辖区企业，司法能动，转各基层法院。”当年，共审结涉企案件339件，化解小微企业纠纷89件，审结涉企融资债务案件73件。

(张五一)

【审判执行标准化服务推行】 8月，县法院全面推行完善审判执行标准化服务建设。将标准化服务融入民商事、刑事、行政、林业等各类型审判中，依法严惩刑事犯罪，加强民商事审判，妥善处理行政争议，致力案件诉前调解。在案件审理中通过加强诉讼引导、全程释法、说理解疑，用最短的司法路径依法保护当事人的合法权益，做好公正审判和释法说理“两篇文章”，促进审判流程清晰、依据明确、职责分明的标准化服务，使公平正义变得触手可及、亲眼可见。全年共受理各类审(执)案件4364件，审(执)结案件4332件，结案率99.27%，其中上诉案件106件，改判8件，没有发回重审案件。

(张英灿)

【生态环境审判巡回法庭成立】 10月19日，在县生态综合执法局举行“大田县人民法院生态环境审判巡回法庭”成立揭牌仪式，在三明市属首例。巡回法庭的成立，县法院直接派法官到县生态综合执法局办公，加强生态执法力度，为“美丽乡村”和生态县建设主动司法，靠前服务，携手管护全县生态资源环境。当年，共开展“绿色司法 服务生态”法治宣传12场次，发放宣传材料1100余份，提出改进环境执法司法建议5条，妥善化解各类生态资源环境纠纷19起。

(曾海鹰)

【邪教组织犯罪案审结】 12月9日，县法院以组织、利用邪教组织破坏法律实施罪，判处被告人陈某某(女)有期徒刑三年、缓刑四年。经审理查明，2007年，被告人陈某某结识一名信仰“全能神”的江西籍李某某(女)。经李某某的介绍，加入该邪教组织，先后担任“浇灌”“带领”等职务。负责管理大田小区27个教会所有事务，联系上级邪教组织和传达、落实指令，向各教会发放宣传物品、收取信徒所捐财物。至案发时，共收取信徒上缴的“奉献款”30.18万元。

(黄承超)

【执行规范化建设】 2013年，县法院大力推进执行规范化建设，不断提升执行工作效率、效果。一是建立点对点网络执行查控机制，维护当事人的合法权益。二是开展金融小会战、清理拖欠农民工工资执行专项活动。三是对有履行能力而拒不履行的被执行人，实施依法公开曝光、追究拒不执行判决裁定罪等强制措施，阻力较大的8件涉行政机关执行案件全部执结。

(张五一)

【建设法庭“无讼村居”创建】 2013年，建设法庭以“无讼村居”活动为依托，聘请退休干部担任“调解法官”，推广诉前调解、委托调解和协助调解等做法，化解农村矛盾纠纷。全年共审结各类案件571件，辖区

60%乡村实现“无讼”目标。

（张五一）

司法行政

【概况】 2013年，大田县司法局继续以推进社会矛盾化解、社会治理创新、公正廉洁执法三项工作为重点，开展“法律服务到一线，司法行政促发展”主题实践活动，做好普法、依法治理、人民调解、社区矫正、安置帮教、法律服务等各项工作，较好地完成全年工作任务。大田县被依法治省办评为“省级法治县先进单位”，县法律援助中心被司法部评为“全国法律援助便民服务示范窗口”，桃源司法所副所长肖衍呈被司法部评为“全国模范人民调解员”；均溪镇和吴山乡人民调解委员会被省司法厅评为“全省优秀人民调解委员会”，太华司法所被评为“2012年度福建省规范化司法所”，陈文琴被评为“全省司法行政先进个人”并记三等功。

法治宣传 2013年，县司法局一是加强城区法治宣传一条街和乡镇法治宣传基地建设，通过向移动手机用户发送法治动漫彩信、出法律宣传栏、挂宣传横幅标语、上街开展法律咨询、入户普法等多形式开展普法宣传活动。二是继续抓好学生“带法回家”和“夕阳红”等特色普法活动。印发学生“带法回家”宣传材料6万多份，制作“维护信访秩序”“道路交通安全整治”“水土保持”“食品安全”等法律法规专题宣传展板，组织学生赴各乡镇开展大型法治宣传教育活动，把法律带进乡村、社区和家庭。各乡镇、社区“夕阳红”普法宣传队创新采取南音戏曲文艺表演、讲故事、快板、小品等群众喜闻乐见的形式宣传法律法规。三是以“六五”普法中期督导为契机，广泛开展法治单位、法治村居创建活动，表彰柯文润等60户家庭为“遵纪守法示范户”。四是坚持普治并举，向全县52个县直部门颁发“谁主管谁普法、谁执法谁普法”责任书，促进执法与普法工作有机结合。

人民调解 2013年，县司法局一是加强调解组织建设，健全县调解中心、乡镇调委会、村调解员、调解信息员四级工作网络。全县建立各类调委会337个，配备调解员1470人。二是创新调解工作机制，参与1+N联动，开展“大调解”工作，在乡镇派出所设立人民调解工作室，配备专职调解员36人，并发放聘书，推进“公调对接、民调进所”工作。三是结合“争当人民调解能手”，开展争创“金银铜牌调委会、调解员”活动，树立典型，创先争优。全县18个乡镇全部落实“以案定补”激励机制，调解工作经费进一步得到保障。四是组织学习“枫桥经验”，创新调解组织模式，在均溪镇成立县首家个人调解室——“开通调解室”，在南街社区成立“巾帼调解队”，力求把居民之间的各类矛盾消除在萌芽状态。五是每半个月开展一次矛盾纠纷排查调处工作。全个共排查调处矛盾纠纷1671件，调解成功率95.2%。

社区矫正 2013年，县司法局一是加强培训，促使社区矫正工作人员依法规范开展工作，增强工作实效性；主动加强与公检法等部门的沟通协商，进一步规范社区矫正人员交付、接收、宣告程序。二是聘请专门人员每季度对新的社区矫正对象开展集中教育学习活动，进行法律法规教育和心理辅导，努力使矫正人员树立起重新生活的勇气，顺利回归社会。三是在社区矫正人员的日常管理上实行“日定位、周听声、月见面、季评议、年考评”，配备定位手机375部，配备率95.4%；设置定位手机告警围栏，确保社区矫正人员不脱管、不漏管。四是采取“一帮一、多帮一”等帮扶措施，多渠道帮助无业人员实现就业，引导社区矫正人员自主创业。全县累计接收社区矫正人员955人、解除562人，年底在册矫正人员393人，无一脱管、漏管和重新犯罪。

安置帮教 2013年，县司法局一是健全安置帮教组织网络，完善衔接、管控、帮教工作机制。在管安置帮教人员共1687人，已安置1646人，安置率97.6%，并全部录入电子系统。全县重新违法犯罪人员28人，重新违法犯罪率1.66%。二是进一步落实安置帮教措施，利用已建立的2个帮教基地安置、输出安置、回原单位安置和鼓励自谋职业等形式，采取政策、技术、资金扶持，全力做好刑释解教人员再就业工作，促进刑释解教人员顺利回归并融入社会。

法律援助 2013年，县法律援助中心一是完善便民服务措施，在均溪司法所一楼设立便民服务窗口，进一步方便群众寻求法律援助。二是加大宣传力度，利用各种节假日走上街头、深入乡镇开展法律援助宣传咨询活动，扩大法律援助社会影响，全年共发放宣传材料8000余份。三是推进刑事诉讼法律援助工作有序开展，贯彻实施新《中华人民共和国刑事诉讼法》关于法律援助的规定，扩大法律援助覆盖面，与公检法部门协调沟通，建立部门联动机制。四是大田一中继续办好“青少年法律咨询室”，为全县师生及其亲友提供全天候的法律服务。五是加强法律援助案件办案质量监督，通过旁听庭审、问卷调查、案件卷宗审查、电话回访等方式，全方位跟踪加强案件质量监控，提升服务质量。全年共办理法律援助案件211件，解答法律咨询310人次。法律援助案件回访率、满意率均达100%。

律师公证 2013年，县司法部门一是继续组织律师参与县领导信访接待日活动，引导人民群众依法解决利益诉求。二是利用学雷锋服务月和“12·4”法治宣传日组织律师上街开展法律宣传，为群众提供免费法律咨询，促进律师自觉履行社会责任。三是落实律师管理职责，加强对律师办理重大案件和群体性事件的监督指导。全县3个律师事务所共有执业律师16人，担任法律顾问169家，为全县16个重点项目建设提供法律服务，涉及投资总额13亿元；办理各类案件681件，代书423份，解答法律咨询2600多人次。公证处办理各类公证535件，其中民事公证383件、涉外公证123件、涉台公证22件、涉港澳公证7件。

基层法律服务 2013年，全县基层法律服务工作者共担任法律顾问16家，办理案件165件，解答法律咨询450多人次，广泛开展农村资金、资产、资源“三资”监管法律服务工作。

（范清萍）

【首家个人调解室成立】 2月，县司法局在均溪镇成立了首家个人调解室——“开通调解室”。至年底，“全国人民调解能手”陈开通创新开展“三开三通”调解法（掰开双方、沟通情谊，打开心扉、疏通隔阂，解开心结、做通双方），共组织调解纠纷76件，调解成功率100%。

（范清萍）

【省司法厅领导到大田调研】 4月19日，省司法厅巡视员薛育卿带领厅律管处负责人到岩城、宏岩、协胜律师事务所调研律师工作，市司法局党组成员、纪检组长王小涛，县政府副县长缑泽昆陪同调研。

8月29—30日，省司法厅副厅长赵闽阳到县调研基层司法行政工作，市司法局副局长陈春兰，县委常委、政法委书记张英跃，县政府副县长缑泽昆陪同调研。

（范清萍）

【《中华人民共和国保守国家秘密法》专题讲座】 8月2日，县委中心组召开专题学习会议，邀请三明市保密局局长黄茂升作《中华人民共和国保守国家秘密法》及相关知识专题讲座。县几套班子领导、乡（镇）书记及县直副科级以上单位领导共100多人参加听讲。

（范清萍）

【社区矫正人员自主创业工作现场会召开】 8月9日，县司法局在均溪镇召开全县社区矫正人员自主创业现场会，推广均溪镇、谢洋乡引导社区矫正人员自主创业的做法，总结全县社区矫正人员自主创业工作经验。县社区矫正工作领导小组成员、相关单位分管领导、各乡镇分管综治副书记、司法所所长及均溪镇各村居社区矫正志愿者等80余人参加会议。

（范清萍）

【“送法进高墙”活动】 11月28日，县司法局、关工委、县妇联、团县委等单位联合开展向县看守所在押青少年赠书活动，共赠送《农村家庭常用法律手册》《悟——为人处事》等书籍100多本，并与在押青少年谈心，进行开导劝诫，鼓励他们多读书，读好书，重新做人，早日回归社会。

（范清萍）

农 业

□编辑 陈源发

综 述

【概况】 2013年，大田县农业部门贯彻中央一号文件和中央、省、市农村工作会议精神，落实科学发展观，加快农村经济转型，发展现代农业，创建美丽乡村，增强农村发展活力，农业农村各项工作取得较好成效。全县完成农业总产值41.89亿元，同比增长4.8%；农民人均现金收入1.07万元，同比增长13.1%。粮食总产量11.8万吨，茶叶4250吨，烟叶2275吨，木薯10.37万吨，蔬菜50.46万吨，食用菌5795吨；全年饲养生猪33.84万头，牛1.25万头，羊4.41万只，禽208万只，兔334万只，肉类2.13万吨、禽蛋4793吨；水产品5890吨。

（涂萃林）

【市农耕健身大赛获奖】 9月25日，县农体协选派亿万农民健身活动先进乡镇，建设镇代表大田组队参加在沙县马岩生态园举办的市农耕健身大赛，获得三等奖。

（魏初时 乐丁补）

【农业专场招商】 10月12—18日，县委常委、统战部部长江太生带领农办、东风农场等单位主要领导，以及京口洋、高峰茶业、岬顶茶业、兴田食用油等部分龙头企业业主和客商共10人代表团，赴上海市参加由市政府组织的三明市2013年农业项目对接活动。共引进九道山生态农庄、水资源综合开发、油茶标准化生产、凤岩桥生态农业、特色花卉设施栽培、樱花种植等6个项目，总投资13亿元。年底，资金全部到位。

（涂萃林 王有铭）

【县农体协第四次代表大会召开】 12月25日，县农体协在县政府会议室召开第四次代表大会，县四套班子领导、县第三届农体协组成人员，各乡（镇、场）长、乡（镇）农体协主席，县直有关部门领导等68人参加。会议选举产生县农民体育协会第四届委员会，选举黄少春为新一届协会主席，对农民体育工作先进单位和先进个人进行表彰。

（魏初时 乐丁补）

【“美丽乡村”创建】 2013年，大田县以“绿色城镇、美丽乡村”为主题，以基层组织建设好、产业精美、生态优美、村庄秀美、乡风和美、生活甜美“一好五美”为目标，全县265个村全面启动“美丽乡村”创建，每个乡镇重点抓好1个中心村、2—3个特色村建设。全县首批18个中心村、22个特色村有序推进，累计完成投资1.5亿元，桃源镇蓝玉村、翁厝村大湾新村，吴山乡和洋村、阳春村，均溪镇城东村、石牌镇长溪村，上京镇梅林村，建设镇建国村，广平镇栋仁村，奇韬镇龙坪村，前坪乡黎明村、山川村，湖美乡西燕村，屏山乡内洋村等取得显著成效。

（涂萃林）

【小城镇建设】 2013年，大田县小城镇建设项目重点安排在建设和桃源2个市级中心镇实施。建设镇实施项目9个，总投资9.23亿元，当年计划投资1.78亿元，实际完成投资2.73亿元，其中消防中队、石材加工、校安工程、信用社综合楼、建设公路站综合楼、建设溪小流域治理、三宝住宅小区、“美丽乡村”、农业特色精品园等9个项目竣工或部分竣工。桃源镇实施项目7个，总投资2.37亿元，当年计划投资0.75亿元，实际完成投资1.01亿元，其中农村安全饮用水、大湾造福工程、“美丽乡村”、农业特色精品园等4个项目竣工或部分竣工。建设镇获全市

2013年度小城镇改革发展战役工作先进乡镇二等奖。

（涂萃林 刘传明）

【阳光工程培训】 2013年，大田县组织实施“阳光工程”，培训1200人，其中农业职业技能200人、农业专项技术1000人，分别由县农科所、县农广校、县职业中专学校3个培训机构进行培训。农业职业技能以农业生产及管理技术、农产品贮藏加工技术、农业经营管理及农村社会管理知识等为重点，人均补助700元；农业专项技术培训以农作物病虫害防治、农产品质量安全、专业合作社骨干种植养殖技术等知识为主，人均补助200元。组织实施“雨露计划”，由县东南职业培训学校培训1000人，培训对象为农村贫困劳动力，人均补助200元。

（涂萃林 吴丽娟）

【农业产业化】 2013年，大田县实施农业产业化工作，一是县委县政府下发《关于实施百亿现代农业产业发展行动计划的通知》，发展高优粮食、绿化林业、精致园艺、生态养殖、现代烟草5项现代农业产业；抓好高山茶、油茶等14条产业链。全县完成现代农业产业总产值85.7亿元。二是扶持龙头企业发展。争取省农产品深加工项目固定资产投资补助资金265万元，全县新增省级龙头企业1家，市级龙头企业13家。年底，全县共有省级农业产业化龙头企业2家，市级29家，县级16家。三是推进农业产业化及生态保护项目建设。实施全国绿色食品原料（高山茶）标准化生产基地、三九军大生物综合开发利用、仙顶茶产业一体化、高山茶精品深加工及品牌、江山美人茶产业一体化、东风农场红菇基地、10万亩油茶产业基地等建设和森林资源培育及林产品深加工、农翔食品加工、福田生态农业开发、银川矿区地质环境治理示范工程、农业综合开发等17个项目，总投资45.56亿元，当年完成投资13.29亿元。获全市2013年度千亿现代农业产业跨越发展行动计划竞赛活动先进县二等奖。

（涂萃林 王有铭）

【扶贫开发工作】 2013年，县扶贫开发工作一是继续推进“造福工程危房改造”，全县共实施“造福工程危房改造”900户、4515人，争取“造福工程”搬迁指标及补助资金1098万元，其中梅山乡保山新村列入省级重点扶持“造福工程”集中安置区进行扶持，争取基础设施建设资金补助100万元。二是争取省级扶贫开发工作重点村捆绑资金102.2万元，用于建设镇和平村、武陵乡上岩村、屏山乡内洋村、桃源镇蓝玉村、湖美乡湖上村、梅山乡沈岭村、前坪乡下地村等7个省级扶贫开发工作重点村道路、自来水等公共基础设施建设和生产开发性项目，每个村安排捆绑资金14.6万元；争取计生小额贴息信贷资金额度505万元，贴息22.5万元，扶持计生户发展生产，争取“巾帼扶贫”小额贴息信贷资金额度170万元，贴息11.2万元，扶持农村贫困妇女发展生产；争取农村贫困人口“雨露计划”培训补助资金20万元，用于贫困人口发展生产培训。三是争取市级造福工程基础设施建设补助资金30万元。

（涂萃林 林永焜）

【农科教工作】 2013年，县农广校共完成招生160人，推荐选送10名专业技术人员参加职称评审（高级7名，中级2名，初级1名）。推荐5名农技推广骨干人员参加年省农业厅举办的全国基层农技推广补助项目县专家组的农技人员培训班。争取基层农技推广服务体系建设中央预算内投资230万元及全国基层农技推广补助项目县中央预算内补助50万元，争取县财政农发资金调剂解决配套补助资金160万元，用于购置农业检测仪器及办公设备，全面推进县乡两级农技推广体系改革，进一步改善乡镇农技推广机构工作条件，增强农业技术推广站公共服务能力。

（乐丁补）

【农业信息化】 2013年，县农业信息站、“12316”农业服务中心做好“三农”服务，接待群众来访来电130人次，指导解决农业生产实际问题28人次，解答农村政策4人次；发送气象预警短信652条，发布预警信息15条。农业信息投稿总量266条，发布农业信息188条，其中县农业155网站发布222条，被市农业局155信息网采用73条。

（乐丁补）

【农村经济管理】 2013年，县、乡经管站做好农村经济管理工作。一是加强农村集体“三资”监管。剔除手续不完整发票1100张，金额223.41万元，剔除违纪发票67张，金额8.08万元，收回违纪金额5.04万元。做好公有资产监管中心工作，对村级公有资产资源进行全面清理，确保资产资源保值增值。做好招投标监管中心工作，对资产、资源的拍卖、转包、转让、工程发包实行招投标，全年资产处置招投标34次，标的2601.17万元，中标3304.44万元，增加村财收入703.27万元；工程项目招投标163件，标的4515.6万元，中标4037.59万元，减少村财支出478.01万元。二是稳定完善农村土地承包关系。全县共协审土地征用27个项目，总面积50.77公顷，协审失地养老保障对象3248人。加快推进土地承包经营权流转，全县实行土地承包经营权流转的农户总数6218户，流转的耕地面积2160公顷，占耕地总面积的15.8%。三是发展规范农民专业合作社。全年申报省级示范社3家、规范化建设1家。被评为市级示范社3家；县级示范社10家。年底，全县经工商登记的农民专业合作社288家，比上年增加97家。

（乐丁补）

【农村能源建设】 2013年，县农业局举办沼气知识培训28期、1420多人次。印制《沼气建设及安全使用须知手册》1.3万册，发放宣传手册等8200多份；做好农村沼气建设项目申报工作，争取省级以上资金补助161.5万元。新建沼气池226户，全县户用沼气池保有量达7352户，其中省级以上资金扶持建设5963户；新建农村沼气乡村服务网点7个，采购检测设备、清池设备、维修工具等沼气维护设备45套，抽渣车7部。全县有农村沼气乡村服务网点（包含县服务中心）51个，其中省级以上资金扶持的45个。

（乐丁补）

【农资打假】 2013年，县农业执法大队出动执法人员590人次，开展农业执法检查10次，检查农资经营店207家，查处案件18起，结案16起，罚没款7.58万元；完成标签抽查164个（种子61个、农药56个、肥料25个、兽药22个），合格150个，合格率91.46%；完成质量抽查28个，检测20个，不合格4个，合格率80%，其余8个由市农业执法支队统一送检，均合格。

（乐丁补）

【农产品质量抽检】 2013年，全县共抽检样品2711个，合格率99.9%，其中蔬菜1685个样品，合格率98.8%；茶叶972个，合格率100%；水果54个，合格率100%。

（乐丁补）

【农业品牌建设】 2013年，县葫芦岩露茶业有限公司、大田县大明春秋茶叶有限公司的4个茶产品（铁观音、金观音）获得农业部绿色食品认证。

（乐丁补）

【家庭农场发展扶持】 2013年，县工商局贯彻中央一号文件精神，支持承包土地向专业大户、家庭农场、农民合作社流转，推动全县家庭农场快速发展。全县共发展家庭农场27户，注册资金2984万元，主要涉及粮食作物、花卉、水果、蔬菜、油茶种植、家禽养殖和农业观光等服务。

（黄清渊）

种植业

【概况】 2013年，大田县农业工作以科学发展观为指导，用工业化理念发展农业，用先进适用技术提升农业，用现代经营方式拓展农业，推进大田现代农业更好较快发展。

粮食生产 2013年，县农业局承担农业部粮食创高产示范任务，在桃源和太华建立两个万亩片。桃源创建单季晚稻万亩高产示范片平均亩产干谷607.3公斤，比目标产量（600公斤）高7.3公斤；太华创建中稻万亩高产示范片平均亩产干谷609公斤，比上年同片单产（512公斤）增产97公斤，比增18.95%。参与全市超级稻高产竞赛活动，上京镇上坪村超级稻百亩高产田示范片亩产844.6公斤，再获三明市超级稻百亩示范片高产竞赛平均单产第一名。全县全年播种粮食作物面积2.53万公顷，总产12.16万吨，平均单产320公斤，播种面积、总产、单产分别比上年增 466.67 公顷、0.43 万吨和 8 公斤。

木薯生产 2013 年，县农业局建立文江千亩标准化示范片和均溪百亩高效栽培示范片，全县推广木薯间作西瓜、大豆、花生栽培模式 266.6 公顷，推广标准化栽培 666.67 公顷。全县木薯种植 4066.67 公顷，平均亩产 1.7 吨，与上年持平。

蔬菜生产 2013 年，县农业局继续完善桃源全国蔬菜标准园建设，面积 266.67 公顷，种植莴苣、黄瓜、大白菜三大类，年产蔬菜 1.8 万吨，成为省农副产品直供基地，直接与超市对接。在武陵大石、上岩和太华新增大棚蔬菜栽培 6.67 公顷。全县蔬菜（含菜用瓜）种植面积 1.93 万公顷，总产 50.46 万吨，其中优质菜、特色菜、反季节蔬菜 2666.67 公顷。

烟叶生产 2013 年，全县烟农 1162 户，种植烤烟面积 1226.67 公顷，户均种烟 15.8 亩，单户种植面积最大 11.33 公顷。其中，户种植 20 亩以上的 242 户、面积 525.87 公顷，占总面积的 43%；户种植 50 亩以上 30 户、面积 152.07 公顷。全年收购烟叶 2273.4 吨，比上年增加 199.01 吨；烟农售烟总收入 5841.48 万元，比上年增加 691.84 万元。

水果生产 2013 年，全县建立精品果园示范片 4 片、96 公顷。县农业局经作站技术服务挂钩点 3 个，建立柑橘引进新品种“春香杂柑”高接换种示范基地 34.67 公顷，推广“春香杂柑”高接换种种植 13.33 公顷，使用中微肥 2000 公顷次，推进全县果树品种结构调整。年末，全县果园面积 5856 公顷、总产 8.2 万吨。

食用菌生产 2013 年，县农业局创新食用菌栽培技术，推广利用木薯秆、渣和烟秆等代用料栽培食用菌技术，促进菌农增收，提高菌业效益。新成立大田县兰欣食用菌专业合作社和桃源镇广汤食用菌专业合作社 2 家，注册资金 200 万元。全县完成栽培食用菌 1780 万袋（平方尺），实现食用菌产量 5795 吨，产值 6650 万元。

（乐丁补　庄婧　郑景生）

【烟叶生产基础设施建设验收通过】 11 月 27 日，省烟草局烟叶处一行 8 人到县验收烟叶生产基础设施建设，评为优良，获通过。

（庄婧）

【国家立项农业综合开发】 2013 年，国家立项农业综合开发土地治理项目 1 个，在奇韬镇东佳、奇韬、西韬，石牌镇桃山、桃坑、拱桥和前坪乡前坪、福井等村实施，总投资 918 万元，实施面积 680 公顷。土地治理项目完成开挖疏浚渠道 19.5 公里、衬砌灌溉渠道 12.37 公里、拦水坝 11 座，新建、修建机耕路 8.07 公里；实施产业化经营项目 4 个，总投资 445 万元，其中财政补助项目 3 个，分别是高峰茶业有限公司 2 万公斤东方美人茶加工新建项目，利民茶叶专业合作社 500 亩“猪—沼—茶”高山生态茶园新建项目和屏山乡溢香茶叶专业合作社 800 亩低产茶园改造项目。产业化经营财政补助项目已完成厂房建设 300 平方米，修建蓄水池 10 座、机耕路 1500 米、水渠 1.21 公里；实施贷款贴息项目 1 个，农翔（福建）食品有限公司年加工 1000 吨蜜饯扩建项目，贴息额 33 万元。

（涂萃林　林友波）

【良种工程】 2013 年，县种子站引进农作物新品种 107 个，其中水稻 65 个、高效蔬菜 23 个、旱作 19 个（甘薯、马铃薯、大豆各 2 个，玉米 12 个，花生 1 个），分别在武陵、华兴、广平、上京、均溪、桃源等乡镇进行多点试验示范，从中筛选出水稻 5 个、玉米 3 个、蔬菜 8 个，甘薯、马铃薯、大豆各 1 个，新品种将在县内进一步推广应用。通过项目实施，辐射带动全县推广农作物新品种 1.61 万公顷，其中优质稻品种 9300 公顷，高效蔬菜品种 2400 公顷，旱作品种（甘薯、马铃薯、大豆、玉米、花生、油菜）4400 公顷，主要粮油作物良种覆盖率达 98%，蔬菜良种覆盖率达 91%，主要粮油作物优质专用率达 82% 以上。

（乐丁补）

【测土配方施肥】 2013 年，县土肥站采集土样 466 个，调查农户施肥情况 202 户。在石牌、桃源、广平镇实施早稻、中稻、晚稻的田间肥效试验 9 组 135 个小区。建立测土配方施肥示范片 153 片 3340 公顷；完成土样养分检测 1400 项；推广测土配方施肥面积 3 万公顷，其中推广配方肥 0.99 万吨、面积 5786.67 公顷。制作、发放测土配方施肥农户指导手册5.78万册。

（乐丁补）

【标准农田建设】 2013年，县农业局完成吴山乡科山片标准农田建设项目，建拦河坝、抽水泵站各2座、蓄水池25座，总蓄水容积620立方米；铺设灌溉管网长8103米；建排洪沟、机耕路各1条，长各707.5米。技术培训300余人次，实施茶园测土配方施肥29.33公顷，推广幼龄茶园套种经济绿肥26.67公顷，总受益面积80公顷，8月8日，该项目通过省农业厅验收。

（乐丁补）

【病虫害测报与防治】 2013年，县植保站发布《病虫情报》14期、1400份。在防治二化螟保苗、稻飞虱防治、单晚和烟后稻预防穗瘟保穗、秋茶防治茶假眼小绿叶蝉等关键期，制作病虫防治电视预报5期，发布手机短信5期、3万条次，在大田农业信息网上发布《病虫情报》15条；全县水稻病虫害中等偏重发生、面积1.49万公顷次，防治面积2.79万公顷次，挽回粮食损失6910吨；完成新农药试验2个，推广烯啶虫胺、吡蚜酮、哌虫啶、醚菊酯防治稻飞虱，氯虫苯甲酰胺、甲维盐防治螟虫、卷叶螟，爱苗防治纹枯病等共2300公顷。

（乐丁补）

茶业

【概况】 2013年，大田县茶业局推广茶叶新品种、新技术、新机具、新肥料、新农药的“五新”技术，加强服务，推动茶产业发展。举办茶叶种植加工等培训班9期，参训620人次，印发技术资料2150份；调剂茶苗620万株，新建茶园260公顷，新建茶叶加工厂105家。大田县被中国茶叶流通协会评为“2013年度全国十大生态产茶县”“2013年全国重点产茶县”。在省农业厅举办的全省名优茶鉴评活动中，大田县选送的8只茶样获省名茶称号，28只茶样获省优质茶称号。留芳园、九道山、高峰、九龙峰4家茶企获有机茶转换产品认证，面积39.72公顷。年末，全县共有茶园面积6413.33公顷，茶叶产量4250吨、产值7.16亿元。

（罗义航）

【县海峡茶业交流协会成立】 1月8日，县民政局批准大田县海峡茶业交流协会登记注册，注册第一批会员65人。4月16日，大田县海峡茶业交流协会正式成立，市海峡茶业交流协会会长林纪承、常务副会长严凤英、秘书长纪圣和，县委常委、统战部部长江太生，各乡镇分管农业领导及协会会员等89人出席成立大会。林纪承、江太生在成立大会上讲话。大会选举陈汉良为协会会长，陈昭云为常务副会长，吴选族为秘书长。林纪承、陈汉良共同为大田县海峡茶业交流协会揭牌。

（罗义航）

【参加“9·8”茶叶展和林博会】 9月7—11日，县茶业局组织仙顶实业、五龙山茶业有限公司参加“9·8”投洽会品牌茶业展暨三明市茶业公共品牌启动仪式。11月6—9日，组织大方广、仙顶、易津、高峰茶业有限公司等企业参加第九届三明林博会，并在会上举办“大田高山茶”主题日活动。

（罗义航）

【茶叶标准化示范县项目通过验收】 9月24日，省农业厅组织省质监局、省林业厅、省种植业技术推广总站等单位组成验收小组，通过听取工作汇报、检查资料和实地查看，确认大田县承担的国家级茶叶标准化示范县项目验收合格。

（罗义航）

【现代茶庄园项目建设】 10月20日，位于均溪镇上太村的县九道山现代茶庄园被省农业厅列为2013年福建省现代农业（茶业）省级资金现代茶庄园建设项目，总投资360万元，其中业主自筹260万元，省财政补助100万元，建设周期为2013年11月1日至2014年11月1日，建设内容包括茶作坊、茶叶品评室、茶文化展示馆、茶艺表演厅、茶加工生产观光走廊、旅游食品开发、园区绿化美化及茶叶质量可追溯体系建设。

（罗义航）

【福建高山茶文化创意产业园钢琴音乐会举办】 10月27日晚，福建高山茶文化创意产业园音乐之夜吴吟钢琴独奏会在县影剧院举办。参加第八届中国高山茶文化节的嘉宾、县四套班子领导及音乐爱好者500余人出席。吴吟在钢琴独奏会演奏了《彩云追月》《浏阳河》《南飞雁》等曲目，受到好评。

（罗义航）

【高山茶文化创意产业园杯秋茶赛】 10月27日，大田县第八届中国高山茶文化节暨福建高山茶文化创意产业园杯秋茶赛在福建仙顶实业有限公司举行，共有148只茶样参赛，其中铁观音115只，东方美人茶18只，金观音15只。经省农业厅、省茶叶质量检测中心专家鉴评，龙湖山茶业有限责任公司陈兴波选送的茶样荣获铁观音茶王称号，易津茶业有限公司、旺隆茶业专业合作社分获东方美人茶、金观音金奖。

（罗义航）

【第八届高山茶文化节举行】 10月28日，由省农业厅、省茶叶协会主办，市农业局、市海峡茶业交流协会、省高山茶文化创意产业园（钻石集团）协办，县委、县政府承办的大田县第八届中国高山茶文化节在吴山乡福建高山茶文化创意产业园开幕。为期3天，以“生态、健康、富民”为主题，着力宣传大田高山茶，弘扬茶文化，努力打造全国一流的“中国高山茶之乡”。沈阳军区原司令员、上将钱国梁，原物资部副部长、全国工商联原副主席兼秘书长桓玉珊，省工商局原局长、海峡茶业交流协会副会长赵觉荣，中央军委法制局正师职法制员张建田，解放军出版社副社长、副总编、大校李杰，市政府副市长陈瑞喜，市政协副主席李茂胜，市委原副书记、市海峡茶业交流协会会长林纪承，市人大常委会原副主任、市海峡茶业交流协会常务副会长严凤英，县领导汤俊生、熊旭明、陈汉良、郑建勋等，以及茶叶专家、书画名家、媒体记者、客商代表、茶企代表、周边群众等1300多人参加开幕式。县委书记汤俊生在开幕式上致辞，海峡茶业交流协会副会长赵觉荣宣读中国茶叶流通协会表彰决定。开幕式还举行了福建高山茶文化创意产业园开业仪式，并为本届秋季茶叶鉴评赛中获奖的茶企、茶农颁奖。开幕式后，与会嘉宾观摩茶企展示区，与茶企、茶农一同品茗、洽谈。文化节期间，还举行闽台高新科技创新产业基地、岩兴工业气体等项目开工仪式，举办民间戏曲调演、书画家茶乡行、中国高山茶电商高峰论坛和文艺演出。

（罗义航）

【第一届中国高山茶电商高峰论坛】 10月28—29日，县茶业局、仙顶实业有限公司在福建仙顶高山茶文化研究所举办第一届中国高山茶电商高峰论坛。聘请中国茶业电商论坛发起人吴文材，厦门又一城软件科技有限公司渠道总监陈桂良，厦门百搜网络科技有限公司副总经理徐信俊等电商专家授课，来自全县茶企及电商爱好人士98人参加。

（罗义航）

【茶艺队在茶艺大赛获奖】 11月28日，“大田高山茶”茶艺队参加由福州市雅真海峡茶艺职业培训学校举办的福建省首届“辉日杯”团体茶艺大赛，获二等奖。

（罗义航）

【评茶技术及技能操作培训】 12月17—19日，县茶业局与人力资源和社会保障局在仙顶实业培训中心联合举办评茶技术及技能操作培训班，共有73人参加培训，并通过技能考核。

（罗义航）

畜牧业

【概况】 2013年，大田县畜牧业生产持续稳步发展，全县饲养生猪33.6万头，比上年增长4.25%；牛6071头，比上年增长4.29%；羊4.58万只，比上年增长9.25%；禽202.73万只，比上年增长2.37%；兔349.46万只，比上年增长7.75%。肉类产量2.17万吨，比上年增长增5.75%；禽蛋产量4156吨，比上年下降8.96 %。畜牧业产值7.22亿元，比上年增长6.55%。

常年免疫工作 2013年，县畜牧兽医水产局在太华、建设、均溪、石牌、武陵和桃源6个乡（镇）60个重点村实行常年免疫，其中太华、均溪全镇实行常年免疫。县财政拨出动物防控工作专款10万元，配备32名专职动物防疫员，建立健全考核奖罚制度。每位专职防疫员年补助工资4000元，不足部分由乡（镇）财政负责，确保每人月工资不少于1000元。

动物防疫工作 2013年，全县完成高致病性猪蓝耳病免疫33.12万头，猪瘟免疫34.33万头，完成生猪口蹄疫免疫34.33万头，禽流感免疫209.82万羽，新城疫免疫137.36万羽。

动物疫情测报 2013年，县动物疫情测报站开展高致病性禽流感、口蹄疫、猪瘟、鸡新城疫免疫抗体监测，猪免疫抗体监测620头份，猪瘟抗体合格率为92.5%，口蹄疫抗体合格率为91.2%；牛羊免疫抗体监测40头份，口蹄疫抗体合格率为83.5%；鸡免疫抗体监测660只份，检测鸡新城疫抗体合格率为93.3%，禽流感抗体合格率为95.5%；鸭免疫抗体监测180只份，检测禽流感抗体合格率为93.4%。盐酸克伦特罗、莱克多巴胺、沙丁胺醇检测各1980份，均为阴性。

动物卫生监督 2013年，县动物卫生监督所开展动物产地检疫14.72万头（只），其中生猪5.58万头，牛羊0.76万头，禽兔8.38万头（只），检出病畜禽113头（只），全部无害化处理。开展规模场病死猪无害化处理工作，县内9家生猪规模养殖场无害化处理病死猪1138头。

（田新提）

【湖羊养殖】 2013年，福建省湖田生态农业有限公司首家引进湖羊养殖，投资200万元，在桃源镇仙头经济区建标准羊舍1000平方米，建设青饲料储料库3座，可储青饲料300吨。并从浙江引进湖羊优良品种512头，年底存栏560头。

（田新提）

渔　业

【概况】 2013年，全县水产养殖总面积1388.4公顷，其中池塘66.33公顷，占人工养殖面积4.8%，山塘水库1322.07公顷，占95.2%；水产品总产量5890吨，比上年增加299吨，增长5.3%，全县人均水产品占有量15.5公斤，其中淡水捕捞水产量501吨，人工养殖产量5389吨，全县渔业产值按现行价计算为9956万元，比上年增长6.21%，渔业产值占农业产值262995万元的3.8%。全县有渔业专业劳动力1150人，渔农兼业劳动力300人。大田县隆锦顺生态有限公司无公害水产品鲈鱼、倒刺鲃无公害农产品产地认定与产品认证通过省海洋与渔业厅审核，并报送农业部审批。

（田新提　陈仁收）

【水产技术推广改革与建设补助】 2013年，县基层水产技术推广体系改革与建设补助项目在全县18个乡镇建立200个科技示范户，辐射带动1000户。创新“专家+试验示范基地+水产技术人员+科技示范户+辐射带动户”的渔业科技成果转化应用快捷机制，建立2个渔业科技示范基地，选聘10名技术指导员，围绕主导产业，遴选主导品种和主推技术，主推技术入户率达100%。该项目取得中央财政补助20万元。

（陈仁收）

【渔业行政执法】 2013年，县渔政大队开展打击非法违法从事渔业生产经营专项行动，组织水面及陆上巡查检查，出动车船28次、执法人员112人次，检查渔船97艘、养殖场3家，发现安全生产隐患8件，发出责令整改通知书8份。查处违法电鱼案8起，没收电鱼机8台。

（林玉派　田新提）

【渔业许可证发放】 2013年，全县检验新造渔业船舶24艘，审验渔业船舶53艘，换证检验渔业船舶22艘。组织渔业职务船员考试1期，发放渔业职务船员证书15本。

（田新提　林玉派）

【渔业重点养殖区水质监测】 2013年，县畜牧兽医水产局开发渔业重点养殖区水质现场监测36次，常规水质监测12次，水质特征污染物、浮游生物监测各2次，沉积物、生物残毒监测各1次，各项指标均合格。

（陈仁收）

【标准化水产养殖池塘改造】 2013年，桃源镇桃源村源辉养殖专业合作社，完成标准化水产养殖池塘改造2口，面积3.96公顷，投入资金38.7万元，其中省级补助9.6万元。

（陈仁收）

农业机械

【概况】 2013年，大田县县机械化管理中心以服务农业、方便机手、兴机富民为主线，开展创建“平安农机”活动，做好农机推广、监理、培训、维修监管等工作。组织机耕服务队115个、456人，维修服务队68个、124人，检修农机具2266台次，农机人员下村305人次。年末，全县有农机户9296户、9332人，农业机械净值1亿元，农机总动力16.1万千瓦，其中，拖拉机612台、6801千瓦，耕整机4223台、1.89万千瓦，机动插秧机19台、62千瓦，机动收割机29台、435千瓦，农副产品加工机械1.3万台、4.72万千瓦，其他机械8.76万千瓦。共完成机耕1.23万公顷、机插秧466.7公顷、机收割1000公顷；农机运输完成作业量6080.4万吨公里，农机化经营收入1.11亿元。

（林志凌）

【农业机械购置补贴】 2013年，全县农机购置补贴工作实施《2013年大田县农业机械购置补贴实施方案》，农机购置补贴资金实行“全价购机、县级结算、直补到卡”的兑付方式，全县共办理指标确认书5397份，机具8583台（套），受益农户3500户，合计补贴资金668.15万元，其中中央资金664.44万元、省级资金3.71万元，超额完成665万元。

（林志凌）

【农机监理】 2013年，县农机中心年检农机修理网点16家、配件供应店3家。开展拖拉机“安全生产月”“年检月”和“打非治违”活动，发放宣传材料3000份，排查拖拉机、联合收割机、驾驶操作人等个体生产单位352个，排查拖拉机、联合收割机等农业机械停放、作业、转移等有关场所2个，排查一般隐患6项，发放整改通知书6份；开展农机道路交通安全综合整治“三年行动”，出动安全巡查208人次，现场咨询96人次，发放安全手册240份、宣传单500份，排查一般隐患、整改9项。办理拖拉机年检747台、挂牌53台，上牌率、检验率、持证率分别为97.97%、59.86%、96.58%。创建平安农机示范乡（镇）2个、示范村4个、示范户8个。

（林志凌）

农（良种）场

【概况】 2013年，全县国有农场、良种场各1个，1138户、3918人，耕地面积301公顷，农业总产值4025.6万元。

东风农场 2013年年底，全场有1085户，3728人。耕地面积269.5公顷，粮食播种面积400公顷，产量2500吨；种植烤烟50.67公顷，共售烟叶97.5吨；新成立“三门竹业合作社”1家，雷竹面积110公顷，年产值1600万元。完成工农业总产值8080万元，比上年增长8%，其中农业产值3829万元，比上年增长7.5%；人均纯收入8640元，比上年增长10%。

县良种场 2013年，全场有53户，190人；耕地面积31.5公顷，完成农业总产值196.6万元，人均纯收入7200元。玉米种植10公顷，产量22.5万公斤，产值67.5万元；蔬菜种植26.6公顷（含复种），总产量140万公斤，产值196万元；大棚蔬菜种植1公顷，产值22.5万元；温州蜜柑80亩，产量10万公斤，产值7.5万元；烟叶产量301担，产值30.1万元。

（林生郁　林生游）

【基础设施建设】 2013年，东风农场完成垦区危房改造65户（套），总投资1510万元，其中中央、省、市补助125万元；完成造福工程危房改造30户，上级补助30万元；农村灾毁土地整治拆旧房21座，新增耕地面积1.94公顷；“美丽乡村”建设投入资金100万元，建设农垦公园1座，安放移动式垃圾桶15个，聘用专业卫生保洁员1名；建设红菇基地采菇木栈道500米，竹篱围栏500米，总投入10万元；培训现代农业示范基地道路整修及新技术推广2期，投入资金15万元；引进福建省思源矿泉水项目，总投资5000万元，当年完成厂房征地及建设前期工作，投资800万元；集中建设密集式烤烟房15座，总投入50万元，农场投入15万元；分别建设下排吉、盂坂建设灌溉引水渠1500米、820米；完成泼水村有线电视信号覆盖工程，投入5万元。

（林生郁）

大田高山云雾茶园（县茶叶局提供）

林 业

□编辑 陈源发

森林资源培育

【概况】 2013年，大田县按照省、市林业工作部署，围绕建设生态文明主题和林业“服务中心、培育资源、保护资源、深化改革、发展产业”五大任务，以创建国家级生态县和森林城市为战略目标，持续深化林业改革。当年，县林业局被市委、市政府评为三明市争创全国综治“长安杯”先进集体；县林业局办事大厅先后被省妇联、“巾帼建功”活动领导小组评为“巾帼文明岗”，被省总工会评为“工人先锋号”，被省林业工会评为林业系统“工人先锋号”称号。

营林造林 2013年，全县共完成造林绿化面积4030.67公顷，占省、市下达任务的112.38%。其中，造林更新面积1587.54公顷（人工造林731.67公顷、人工更新713.8公顷、人工促进天然更新142.07公顷），占省、市下达任务的132.29%；林分补植修复面积1980.2公顷，占省、市下达任务的102.42%；“四绿”工程建设面积463公顷（绿色城市20公顷、绿色村镇168公顷、绿色通道68公顷、绿色屏障207公顷），占省、市下达任务102.12%。

苗木培育 2013年，全县育苗7.32公顷、产苗463万株，其中，马尾松2.8公顷、250万株，杉木2.86公顷、150万株，木荷1公顷、53万株，油茶、其他阔叶树各0.33公顷、产苗各5万株；培育轻质机型马尾松容器苗0.2公顷、60万袋，绿化苗182.67公顷、548万株。

竹业开发 2013年，全县巩固“两高一优”丰产竹林面积1333.33公顷，新发展“两高一优”毛竹笋竹两用林133.33公顷，低产毛竹林改造715.2公顷；完成竹山机耕路（宽3米）22.57公里，建竹山灌溉蓄水池4个、119立方米。全年生产原竹260万根，中小径竹材产量1045吨，鲜笋1.3万吨，清水笋730吨，笋干850吨；竹业总产值1.6亿元，其中加工产值5500万元；竹业招商引资600万元。

油茶开发 2013年，全县新造油茶林598公顷、油茶林改造1353公顷；争取中央现代农业（油茶）生产发展项目、市级油茶产业发展项目的国家和省市财政补助资金342万元。

（陈鹏飞 乐景传 叶德扬）

【义务植树】 2013年，全县参加义务植树19.7万人次、植树73.6万株。20个绿色村庄创建新增公园绿地2.5公顷、新建义务植树基地2个，植树3.26万株；国、省、县、乡道150公里公路两旁植树6.8万株。

（方来毅）

森林资源保护

【概况】 2013年，县林业局执行《中华人民共和国森林法》《中华人民共和国森林法实施条例》等法律、法规，严格采伐限额管理，控制森林资源过量消耗，实现森林可持续利用；建立健全森林资源管理制度，做到管理、服务一起抓，强化措施，依法行政，使森林资源管理工作逐步适应社会和林业发展的需要，促进林业经济可持续发展。

限额采伐 2013年，县林业局根据省林业厅下达的商品材采伐计划，分解下达各乡（镇）、场采伐蓄积量25.15万立方米，确保年度采伐消耗量及分项结构不突破指标。

全县共办理商品材林木采伐证1106份、蓄积量21.29万立方米，出材15.59万立方米；审批采伐毛竹1.83万根。

依法护林 2013年，县林业局执法部门共受理查处各类森林案件416起，其中立刑案69起，破案51起，抓获逃犯16人，摧毁犯罪团伙6个、26人；受理查处林业行政案件347起，处置违法犯罪人员417人次，其中依法逮捕13人、取保候审49人、行政处罚348人次，为国家挽回经济损失207.6万元。全年办理木材运输证1.62万份，运输木材23.83万立方米。

森林防火 2013年，全县贯彻执行森林防火的法规、政策，按照省、市政府下达的森林防火责任目标要求，坚持“预防为主、积极消灭”的方针，结合实际，突出重点，抓好各项防范措施落实。全年召开指挥部成员及其他形式会议200场（次），参加3200人（次），多层次、全方位抓森林防火；出动宣传车930车（次），制作固定宣传牌100块，印发防火宣传单、禁火令和刷写、张贴标语14.5万张（条）；查处违章野外用火480起，罚款1万元。全县发生森林火灾9起、受灾面积223.93公顷，发生率和受害率分别为0.6次/10万公顷、1.28‰。

森防检疫 2013年，县林业局森防站执行国家《植物检疫条例》和《森林病虫害防治条例》，坚持“预防为主、科学防控、依法防治、促进健康”的林业有害生物防治方针，做好森林病虫害测报和防治。全年测报病虫种10种，监测面积14.21万公顷，发布虫情预警4次，产地苗木检疫15户、面积111.3公顷，产苗量9831万株，产地检疫率100%，无发现检疫对象。

（林伟才 沈荔琴 曾建新）

【山林纠纷调处】 2013年，县山林纠纷调处办调处县内森林林地、林木纠纷4起、面积1.23公顷；接待群众来访56人次，受理林权纠纷信访、办结反馈76件。没有恶性纠纷案件发生。

（吴贵戊 郭行泽）

【树王评选活动】 2013年，在三明市首届树王评选活动中，广平镇万宅村银影坑有1株银杏，树高38.8米、胸围7.54米、冠幅18.6米×19.1米，以胸围第一和综合得分第一摘得“银杏王”桂冠。

（林伟才）

林业改革

【概况】 2013年，县林业局做好集体林权制度配套改革。一是完成林权区划宗地登记2.34万个、面积15.5万公顷，发证率96.2%；林权初始登记113宗（份），发放林权证148本，补办27本，注销登记40宗、变更登记36宗。二是推进培育新型林业合作经济组织，引导成立梅山璞溪红菇、五王一黄竹业、亿康茶油、源农花卉、三门竹业等5家专业合作社。年末，全县有各类林业专业合作社41家。三是加强生态林管理，签订重点生态林管护合同415份、重点生态公益林监管责任书224份、林业站工作人员生态公益林监管责任书48份。全年发放国财、省财补助资金1128.36万元。

（张峰林 林因鸿）

【林权抵押贷款和贴息】 2013年，县林业局共办理林权抵押登记51宗、面积1544.8公顷，抵押贷款金额3376万元；申请林农小额贴息贷款6404万元；中央财政贴息192.12万元；支付2012年度小额贷款贴息309.52万元。

（张峰林 庄丽）

国有场圃

【概况】 2013年，县境内国有场圃4个，其中，市属林场2个，县属林场、苗圃各1个。共有经营面积1.54万公顷（含苗圃用地1.2公顷），其中有林地1.4万公顷，林分蓄积量225.3万立方米。全年迹地更新造林182.7公顷，中幼林抚育1733.87公顷；木材生产3.69万立方米、销售3.66万立方米，主营业务收入4069.41万元、利润1436.92万元。年末，共有职工186人，其中专业技术人员68人。

桃源国有林场 2013年，全场经营面积6902.53公顷，其中林地5951.5公顷，森林覆盖率86.2%，林分蓄积量101.8万立方米。当年迹地更新造林86.07公顷，其中速生丰产林面积48.73公顷、生物药材种植面积20.53公顷，平均成活率96.1%；中幼林抚育面积791.2公顷、森林抚育面积811.8公顷，杉木、马尾松当年抽高综合合格率、速生丰产林达标率未成林造林转有林地综合合格率、幼林进阶率均100%；防火林带抚育50.722公里，林道维修42.98公里；森林病虫害防治66.87公顷；新办林权证1本、面积3.07公顷。全年主伐择伐林木面积40.47公顷，抚育间伐面积72.93公顷，木材生产1.88万立方米、销售1.86万立方米，木材平均销售单价1109.87元/立方米。主营业务收入2068.2万元，利润1168.15万元，利润率56.48%；营林、抚育投资320.98万元。年末，全场在职干部职工73人，其中专业技术人员28人（中级职称9人、高级13人）。

梅林国有林场 2013年，梅林国有林场林业用地面积5800公顷，其中有林地5302.4公顷，森林覆盖率91.4%，林分蓄积量83万立方米，生态公益林面积923公顷。当年大田育苗0.07公顷，造林33.33公顷，成活率97%，中幼林抚育656公顷，抚育间伐34.6公顷，珍贵树种培育24.47公顷（福建柏）；森林病虫害防治217公顷；林道维修92公里，防火林带抚育51公里。协助森林派出所查处盗伐林木案件15起，查处被盗林木382株，材积21立方米。全年木材生产1.07万立方米，销售1.03万立方米，销售收入1079.38万元。年末，在职干部职工76人，其中专业技术人员30人。

赤头坂国有林场 2013年，赤头坂国有林场全场经营面积2540公顷，其中有林地2433.33公顷，森林覆盖率96%，林分蓄积量40.5万立方米，实施国家木材战略储备示范基地项目1270.2公顷。当年迹地更新造林63.33公顷，全部选用优质杉木三代苗木，其中种植杉木、马尾松混交林63.33公顷；幼林抚育286.67公顷；新营造木荷防火林带7.2公里，维修防火路64.9公里，森林病虫害防治361公顷。全年木材生产、销售5855立方米，销售收入707万元，利润107万元，财务收支节余143万元；实现林业金费71万元，提取林价款75万元。年末，全场有干部职工37人，其中专业技术人员10人。5月，赤头坂国有林业采育场更名为“大田县赤头坂国有林场”。当年，林场被评为“省级生态文明教育基地”“省级四星级森林人家”及省林业厅、省第一护林联防区委员会“先进单位”。

汤泉苗圃 2013年，苗圃有水田1.07公顷、旱地0.13公顷，全年育苗1.07公顷、产苗130万株。年末，有职工6人。

（陈德泼 张加汪 林起刚 余瑞真 林伟才）

【桃源国有林场公有住房分配】 4月11日，桃源国有林场第九届职工代表大会第三次会议，表决通过桃源林场租房分配管理方案。

（张加汪）

【梅林国有林场住房改造分配】 4月，梅林林场通过职工申请、公示、林场审核，分配场部房改造和均溪镇红星村枫坑垅口的住房各78套。

（林起刚）

【参加国有林场职业技能竞赛】 7月29—30日，梅林国有林场代表省林业厅，参加在河北省塞罕坝机械林场举办的“首届国有林场职业技能竞赛”，该赛事由国家林业局、中国农林水利工会主办，河北省林业厅承办，24个省（区、市）的72名选手参加了竞赛，梅林国有林场代表队获得最佳风尚奖、团体第六名，参赛选手均获优秀成绩奖。

（林起刚）

【森林资源培育示范】 2013年，梅林国有林场以省道306、307线为轴线，抓好森林资源培育示范片建设，有福建柏子代测定林、马尾松大径材培育基地和马尾松中幼林培育示范基地、林下种植草珊瑚、千亩马尾松示范片、森林防火林带建设等6个示范片，发挥国有林场森林资源培育的示范辐射作用。

（林起刚）

水利·电力

□编辑 陈源发

水 利

【概况】 2013年，大田县继续实施水利重点项目建设，完成投资1.18亿元，占全年计划的112.6%。其他水利工程投入劳力158万工日，完成土石方179万立方米，成投资1.16亿元。

（周庆生 陈精高）

【水旱灾情】 2013年，全年平均降雨量1584.1毫米，比多年平均1533.7毫米多50.4毫米。共受“苏力”“西马仑”“潭美”“康妮”“天兔”等5个台风影响，其中“苏力”台风降雨量上京上坪站221毫米、屏山站215毫米、吴山牛沟岭站215毫米、桃源双纲站214毫米，日降雨强度和范围之大为历史罕见。受台风雨影响，县内两条主要河流均超警戒水位，两座中型水库泄洪。均溪河最高洪水位发生在7月14日4时，为355.19米，超警戒水位0.6米；文江河7月14日7时最高洪水位257.21米，超危险水位0.35米。六角宫水库蓄水位538.9米（正常蓄水位539米），为历史最高蓄水位，8月30日至9月1日共泄洪315万立方米。坑口水库在8月23日至24日泄洪66万立方米，8月29日至9月1日泄洪451万立方米。受连续台风影响，万湖水库长期处在高水位工作状态，9月22日19时放水涵洞口坍塌，下游6.67公顷农田受淹，放水涵洞部分冲毁，直接经济损失约200万元。7月14日受“苏力”台风形成暴雨洪水影响，桃源水位站被冲倒。连续的台风暴雨，全县全年受灾人口1.19万人，转移456人，直接经济损失3524万元。其中农作物受灾面积1060公顷，因灾减产粮食520吨，农牧渔业直接损失686万元；公路中断2条次，工业交通经济损失665万元；损坏堤防95处、护岸119处、灌溉设施584处、电站1座，冲毁塘坝34座，水利设施经济损失2188万元。

（周庆生 刘永亮 陈精高）

【赤岩景观坝工程开工】 10月18日，赤岩景观坝工程开工，位于均溪河城区龙腾盛世广场下游100米处，总投资1615万元。项目完成后，在城区河道形成一座总库容33.2万立方米，以观景为主的小（二）型水库，形成集自然景观、历史文化、休闲娱乐为一体的城区滨河生态景观走廊，改善城区濒水景观，营造“城在水中，水在城中”的人文美景，进一步做优做美城市环境。

（周庆生 陈精高）

【初级水利化县建设通过验收】 10月21日，县初级水利化县建设通过省水利厅验收。该项目完成土石方量118.51万立方米，投入劳力330.9万工日，累计完成投资19.18亿元，其中计划内投资6550.62万元（中央专项补助资金1769.5万元，省补助701.7万元，市专项补助120万元，县配套600万元，乡（镇）、村自筹3359.42万元）。完成计划外新增投资1.26亿元，建成一批重点水利工程。全县有效灌溉面积达1.27万公顷，占总耕地面积的85.8%；保证灌溉面积1.15万公顷，占总耕地面积的77.7%；节水灌溉面积7033.33公顷，占有效灌溉面积的55.6%。

（周庆生 陈精高）

【险病库塘除险加固】 2013年，全县投资240万元，对重点小（二）型病险水库张坑水库、乾元水库除险加固，张坑水库于9月完工，乾元水库完成招投标工作。投资90万元，完成谢洋乡象山，桃源镇大头垅、罗坑垅、莲花山，上京镇溪口、黄石寨，东风农场睦坪、八专，太华镇后垅坑等9座小山塘除险加固整治，开挖土石方8286立方米，浇筑混凝土357.73立方米。

（周庆生　陈精高）

【农村饮水安全工程】 2013年，县农村饮水安全工程，总投资3482万元，其中中央预算内投资1160万元、省投资1103万元，建设饮水工程163处，解决全县农村7.14万人的饮水安全。至此，全县农村100%完成饮水安全工程。

（周庆生　陈精高）

【小型农田水利河塘整治】 2013年，全县投资1022万元，对建设镇建设溪、广平镇元沙溪开展河塘整治，河道清淤6.75公里，河道整治10.08公里。改善建国、和平、建乐、建丰、元沙、苏桥等8个村沿河733.33公顷农田灌溉条件。

（周庆生　陈精高）

【水土保持】 2013年，全县共完成水土流失治理面积5046.67公顷，占省市下达任务的107.07%；共完成投资9176万元，占省市计划投资的159.08%，其中水利部门完成投资1785万元。完成屏山乡屏山溪、前坪乡三角溪、谢洋乡和春溪、武陵乡武陵溪4条小流域水土流失综合治理，面积2125公顷，投入1285万元；前坪乡、谢洋乡两个重点乡镇水土流失综合治理面积500公顷，投入500万元。

（周庆生　陈精高）

【水政管理】 2013年，全县征收水资源费257万元，建设项目水资源论证审查审批3件，年检取水证201本，其中水电站取水证换证181本。

（周庆生　陈精高）

电　力

【概况】 2013年，县水利、供电部门以“安全稳定”为工作主线，落实安全责任制度，推进电网建设，大田县通过省经贸委省级“新农村电气化县”验收。全县有水电站180处、发电机337台，总装机容量14.65万千瓦，当年完成180处水电站年检，完成发电量5.49亿千瓦时，比上年增长56.87%，综合线损率6.72%，比上年下降0.07个百分点。完成售电量12.57亿千瓦时，比上年增长14.22%，完成年度指标105%，上缴税收4102.47万元。县供电公司工会被中华全国总工会授予“全国模范职工之家”称号、公司团委被省电力公司授予“五四红旗团委”称号，县供电公司被省电力公司评为创建“平安单位”活动达标单位。

（周庆生　丁群兴）

【电网建设】 2013年，县供电公司完成固定资产投资5901万元，输变电工程吴山110千伏和文江35千伏二期扩建投产；加大配网建设改造力度，新建及改造低压线路135.32公里，改造居民户表3232户；投资3768万元，推进新一轮农网改造提升，解决“低电压”及配变超载问题，完成治理2159户。

（丁群兴）

【电力管理】 2013年，县供电公司一是推进配电自动化建设，累计安装智能电表7.43万只，安装覆盖率56.53%；全覆盖全接入台区425台，占42.16%，采集成功率达98%的台区数373台，占37%；安装公、专变采集终端2087台，公变安装覆盖率99.9%，专变安装覆盖率99.82%。二是配网专业化抢修队伍建设，中、低压平均修复时长同比分别下降46.16%、16.43%，客户问题一次解决率、客户回访满意率均达100%。三是开展“安全管理提升”活动，深化安全责任量化考评机制，开展履责评价，各级管理人员到岗到位率达100%；深化“两票”的过程管控，全年执行两票共5112份，合格率98.2%；加大执规检查力度，累计检查现场629个，发现违章163起，处罚金额3.3万元；开展安全大检查，发现问题719条，整改率98.3%，整改及时率100%。四是加强设备的巡视、维护，发现各类缺陷126项，整改108项，消缺率85.71%；提高电网风险过程管控，检查252台设备的运行状态，治理隐患23处，成功防范8项六级以上电网风险。五是开展用电满意提升工程，走访企业、社区、农村5394户次，提供优化企业用电建议书17份，解决客户问题113个；调整项目服务团队组织机构，发放服务手册1.2万份；贯彻落实省政府惠企政策，满足条件的大企业6家，减免电费近千万元；兑现城乡“低保户”、农村“五保户”电费补贴金额41.14万元。

（丁群兴）

大田闽湖风光（湖美乡党政办提供）

综 述

【概况】 2013年，全县规模以上工业企业165家，实现产值230.35亿元，比上年减少1.44亿元，同比下降0.62%。实现工业增加值73.04亿元，同比增长13.7%。全年实施工业建设项目275项，完成投资103.2亿元。发展循环经济项目15项，其中清洁生产企业3家。

经济运行 2013年，县贯彻省、市有关促进工业稳定增长的一系列政策措施，狠抓各项工作的落实，帮助企业克服困难、提振信心、加快发展，全县工业经济保持平稳发展。县经贸局为符合条件的工贸企业争取省、市奖励资金1504万元。一是规模以上工业企业销售产值完成229.35亿元。工业产品产销率98.77%。二是重工业完成产值202.1亿元，比减2.72%。其中，非金属矿、有色金属采选及铸造业产值增幅分别达13.4%、24.3%和31.3%，成为拉动工业增长的主力。三是全县工业用电11.34亿千瓦时，其中规模以上工业用电8.32亿千瓦时。红狮水泥、华阳光电、金阳矿业等企业月用电量均达1000万千瓦时以上。四是工业经济效益综合指数达440.8%，同比增长49.51%；实现利税14.13亿元，同比增加6400万元。

项目投资 2013年，县政府强化项目运作，拓展项目对外合作，增强工业跨越发展支撑力。共实施工业建设项目275项，完成投资103.23亿元，其中城镇工业项目(3000万元以上)203项，完成投资87.67亿元。全县列入市千万元以上重点工业项目63项，完成投资36.76亿元，其中上年度结转项目30项，完成投资22.71亿元；新开工项目33项，完成投资14.05亿元。加强新增长区域年度项目跟进、协调与落实，重点扶持符合国家产业政策、发展前景好的大项目、好项目，华阳光电、鑫城水泥、飞鹰实业等企业已全面投产。全年共上报民企项目对接成果4项，总投资83亿元。其中，500兆瓦/年多晶硅晶片和500兆瓦/年电池片制造投资70亿元，绿色生态节能墙板生产线项目（上省台签约项目）投资6亿元，鑫城仓储物流中心投资2亿元，高品质工业气体生产项目投资5亿元。

企业技术改造 2013年，全县实施工业建设技改项目219项，完成投资78.35亿元，其中列入市重点技改项目53项，完成投资27.36亿元。主要项目有鑫鹭峰实业公司的年产9万吨机械铸造生产线技改项目(二期)，总投资3.22亿元，完成投资1.52亿元，已完成厂房建设和部分生产线安装；华伦特重工的年产4万吨机械铸件生产线技改项目，总投资1.04亿元，已完成投资4000万元，厂房建设和设备安装全部完工；万华实业有限公司的年产1000万米超细纤维无纺布生产技改项目，总投资3.51亿元，完成投资7500万元，征地基本结束，进入厂房建设阶段；弘惠纸业有限公司的新增年产10万吨包装特种纸扩建项目，总投资1.2亿元，完成投资2932万元，其中一条生产线已进入安装，另一条生产线正在征地；长鑫船舶配件制造有限公司的扩建年纯铸件5万吨项目，投资3.3亿元，已投产；和晟机械铸造有限公司的扩建3万吨消失模铸造及配套中频炉炉前连铸技改项目，总投资1亿元，完成投资9093万元，已完成厂房建设和部分生产线安装；华闽纸业有限公司的10.6万吨工业用特种纸生产线技改项目，总投资2.8亿元，完成投资1.06亿元，已进入土地平整等工作；华阳光电有限公司的年产1.6万吨多晶硅原材料技改项目，投资6000万元，已竣工投产；庆成新型建材有限公司的年产9000万块（折标）综合利用煤矸石、尾矿渣、页岩烧结空心砖技改项目，总投资5100万元，完成投资2300万元，已进入设备安装阶段，其中一条生产线已投产；闽发纸业有限公司的年产6.5万吨机制纸技改项目，完成投资3000万元，已投产。

园区开发 2013年，县政府重点推进京口轻纺面料产业园、济阳金鸡化工园、上京机械铸锻集中区等特色园区开发建设，全县新平整工业用地122.7公顷。浩特服饰、闽台高新农机具等56家企业入驻，创工业总产值70亿元。其中，京口开发区三期完成场地平整40公顷，市政路C线建设完成76%，110千伏输变电站完成场地平整等前期工作，完成一、二期园区部分主干道路灯。海西（大田）机械铸锻集中区完成土地平整40.7公顷，拦土坝主体工程已完成，其他附属及连接道路路基等工程已开始施工。均溪镇东坑垅工业集中区完成土地平整10公顷，进入配套设施建设。太华镇罗丰工业集中区完成园区一期平台、道路、高压线路、防洪沟和挡墙等基础设施建设，平整场地26.7公顷。奇韬工业集中区基础设施建设项目已平整土地5.3公顷。

循环经济和节能 2013年，全县按照"管住增量、调整存量、上大压小、扶优汰劣"的思路，加强政策调控和扶持，调整优化工业结构，强化措施，加强资源节约和环境保护，全面推进节能减排工作。当年，规模以上工业万元产值能耗0.239吨标煤，比上年度（0.302吨标准煤/万元）下降20.8%；全县发展循环经济项目15项，其中清洁生产审核验收企业3家，节能项目5项，资源综合利用7项。飞鹰实业、弘惠纸业、华能达机械铸造、华闽纸业、格林实业等5个节能项目已改造完成，预计年可节约标煤1.2万吨；源荣矿业、鑫磊矿业、宏岩新型建材、沈宏矿业、广联木业、森利生物、恒隆空心砖等7个资源综合利用项目已全部完成，投入使用；淘汰立窑水泥生产线6条、落后产能60万吨，其中岩城水泥公司、灵川水泥公司各2条均为20万吨，石凤水泥公司、奇韬水泥厂各1条均为10万吨。

（刘兴发）

【全县工业经济工作会议召开】 3月25日，全县工业经济与信息产业工作暨运行调度工作会议在县政府五楼会议室召开。副县长余维语传达了全省工业经济与信息产业工作暨运行调度工作会议精神，并就如何抓好2013年工业经济工作提出意见。

5月28日，全县工业经济暨推动企业自主创新工作会议在县政府五楼会议室召开，县长熊旭明出席会议并作讲话，副县长余维语通报1—4月全县工业经济运行情况并对下阶段工作提出要求。

（刘兴发）

【促进工贸企业稳定增长措施出台】 5月28日，县政府办下发《关于落实省、市促进工贸企业稳定增长措施的通知》，从强化政策宣传贯彻、鼓励企业增长增效、执行丰（弃）水期电价、持续加大技改投入、进一步减轻企业负担、推动企业转型升级、支持县内采矿和选矿企业发展、鼓励工业企业和建筑业采购县内工业产品等八个方面扶持全县工业企业发展。

（刘兴发）

矿物采选工业

【概况】 2013年，全县矿物采选工业有规模企业71家、职工1.13万人，比上年减5家、821人；固定资产原值18.37亿元，同比增长11.6%；工业产值87.6亿元，销售总额92.74亿元，完成利税5.49亿元，分别同比减少31.99%、17.36%和同比增长0.73%。

2013年大田县矿物采选工业规模企业基本情况

表1　　　　单位：人、万元、万吨

企业名称	职工数（人）	固定资产原值（万元）	产品		年工业产值（万元）	年销售总额（万元）	年完成利税（万元）
			名称	产量（万吨）			
明达矿业公司	42	394.00	铁矿	42.00	12636.00	12636.00	502.00
富豪矿业公司	140	390.00	铁矿	26.00	8608.00	7911.00	175.00
前峰矿业公司	74	2907.00	铁精矿	8.90	8738.00	8738.00	105.00
顺嘉矿业公司	35	1515.00	铁矿	25.00	7984.00	7984.00	69.00
广源矿业公司	26	360.00	铁精矿	6.40	4807.00	2712.00	30.00
骏原工贸公司	105	1397.00	铁矿	72.00	25227.00	25227.00	205.00
明盛矿业公司	27	2295.00	铁精矿	3.20	2601.00	2601.00	255.00
均溪香口硫铁矿	65	1521.00	硫铁矿	38.50	7744.00	6994.00	22.00
盛发矿业公司	49	1548.00	铁精矿	7.90	5987.00	5779.00	158.00
均溪矿业管理站	255	4997.00	铁矿	90.00	31596.00	31596.00	2476.00
源荣矿业公司	26	4337.00	铁精矿	4.00	3104.00	2824.00	189.00
均溪镇非金属矿	95	126.00	石灰石	373.00	28003.00	28003.00	469.00
沈荣矿业公司	39	1100.00	铅锌精矿	2.00	3251.00	2998.00	58.00
华兴矿业公司	85	2543.00	铅锌精矿	4.50	6845.00	5120.00	112.00
金阳矿业公司	110	4748.00	硅锰合金	3.80	34725.00	34257.00	5.00
上京煤矿	260	652.00	原煤	32.00	23579.00	21696.00	1928.00
永丰煤矿	260	982.00	原煤	16.00	13460.00	13091.00	919.00
溪口煤矿	121	1062.00	原煤	8.00	6210.00	3649.00	349.00
上京非金属矿	104	1223.00	石灰石	300.00	22888.00	22023.00	1124.00
太华煤矿	467	2118.00	原煤	45.00	39081.00	39081.00	6054.00
华太铁矿深加工公司	72	1655.00	铁精矿	6.40	4814.00	4813.00	317.00
太华铁矿	256	594.00	铁矿石	136.00	47673.00	47705.00	2459.00
恒泉直接还原铁公司	39	6543.00	铁精矿	5.30	4033.00	4033.00	19.00
岩鑫矿业公司	38	394.00	铅锌精矿	4.30	6684.00	6684.00	146.00
恒华铁矿公司	22	1671.00	铁矿石	14.00	4914.00	4914.00	17.00
太华非金属矿	84	90.00	钾长石	48.18	4162.00	4162.00	168.00
谐坤矿业公司	69	986.00	富锰渣	5.87	11775.00	11775.00	360.00
广平非金属矿	50	277.00	石灰石	175.00	13195.00	13195.00	50.00
富杰矿业公司	61	249.00	铁精矿	4.20	3162.00	3162.00	11.00
联发煤业公司	470	7708.00	原煤	7.50	6385.00	6385.00	87.00
大建矿业公司	76	2918.00	原煤	8.60	7345.00	7345.00	30.00
海鑫矿业公司	160	26909.00	铁矿	26.50	9317.00	7438.00	31.00
大竹林煤矿	356	300.00	原煤	4.20	3570.00	3570.00	750.00
广平镇联办煤矿	660	2784.00	原煤	16.40	13945.00	13945.00	—

续表 1

企业名称	职工数（人）	固定资产原值（万元）	产品		年工业产值（万元）	年销售总额（万元）	年完成利税（万元）
			名称	产量（万吨）			
龙盛矿业公司	45	239.00	石灰石	87.00	6568.00	6568.00	149.00
建设煤矿	252	1256.00	原煤	9.60	8171.00	8171.00	115.00
福金选矿厂	174	1189.00	铅锌矿	15.20	8643.00	8643.00	102.00
金达矿业公司	56	1369.00	铅锌矿	29.00	16676.00	16676.00	136.00
富岭煤业公司	192	1052.00	原煤	6.50	5567.00	5567.00	141.00
丰源煤业公司	182	1074.00	原煤	10.00	8478.00	8478.00	111.00
建设有色金属矿	270	1420.00	铅锌矿	41.70	23696.00	23696.00	135.00
桥选矿业公司	154	1165.00	铅锌矿	12.00	6896.00	6896.00	101.00
金源煤矿	160	1260.00	原煤	3.90	3312.00	3312.00	96.00
爱鑫矿业公司	63	1308.00	铅锌矿	20.00	11655.00	11655.00	96.00
福旺矿业公司	69	1116.00	铁矿	46.00	16203.00	16203.00	96.00
惠峰矿业公司	183	1203.00	原煤	3.50	3021.00	3021.00	112.00
富友石墨科技公司	76	1182.00	铅锌矿	25.00	14502.00	14502.00	109.00
金源矿业公司	65	1198.00	铅锌矿	13.00	7870.00	7870.00	96.00
香浮煤矿	71	3690.00	原煤	4.50	3810.00	3810.00	83.00
奇韬煤矿	433	2407.00	原煤	23.00	19704.00	19704.00	3373.00
宏源矿业公司	108	1304.00	铁精矿	14.50	10992.00	10992.00	831.00
乾泰矿业公司	72	2301.00	铅锌精矿	7.00	10617.00	10617.00	609.00
大华金陵矿业公司	68	2543.00	铅锌精矿	5.00	7794.00	7794.00	247.00
东源煤矿	312	1918.00	原煤	28.00	23960.00	23960.00	2876.00
捷盛矿业公司	54	1965.00	锌金属	1.04	16651.20	16651.20	347.00
盛鑫矿业公司	80	2377.00	铅锌矿	1.30	16742.00	16742.00	331.00
兆丰矿业公司	89	1197.00	石墨矿	25.70	14122.20	14122.20	142.00
文江煤矿	271	943.00	原煤	7.80	6635.00	6635.00	203.00
宝树矿业公司	265	18565.00	铅锌矿	14.80	8452.00	8439.00	1351.00
前坪乡矿业公司	28	483.63	铁矿	96.00	33777.00	33777.00	−129.21
金瑞矿业公司	50	460.00	富矿粉	1.20	9789.00	9789.00	−100.00
广福矿业公司	89	5500.00	铅锌矿	15.70	8951.00	8951.00	260.00
前鑫矿业公司	96	489.00	铅锌矿	17.00	9680.00	9680.00	300.00
山海矿业公司	51	415.00	铁矿石	26.50	9257.00	9257.00	5.00
万源矿业公司	29	3687.00	锌金属	1.370	5891.00	5891.00	50.00
鑫丰矿业公司	65	2128.00	硫铁矿	10.00	2000.00	2000.00	810.00
朝阳矿业公司	75	430.00	铁精矿	25.00	19047.00	16050.00	303.00
上丰矿业公司	50	440.00	铁精矿	22.80	17121.00	14120.00	284.00
宏福矿业公司	50	520.00	铁精矿	25.50	19150.00	16430.00	324.00
圣安多选矿厂	45	560.00	铁精矿	24.00	18009.00	15010.00	307.00
福余多金属选矿厂	50	320.00	铁精矿	24.90	18678.00	16030.00	313.00

续表1

企业名称	职工数（人）	固定资产原值（万元）	产品		年工业产值（万元）	年销售总额（万元）	年完成利税（万元）
			名称	产量（万吨）			
奇峰矿业公司	95	708.00	铅锌矿	17.00	9745.00	9745.00	498.00
矿产开发公司	109	1050.85	铁矿石	6.50	2299.14	2299.14	541.90
永煤上京分公司	1835	21976.00	原煤	63.00	53605.00	53605.00	19526.00

（林丁峰 温升占 乐生瑞 朱起坚 陈开朝 杨 辉 林乐斗 颜全峰 邱惠敏 吴占样 林秀盛 章选建 林芳樟）

【矿山地质环境恢复治理示范项目开工】 2月26日，银顶格——川石矿区矿山地质环境恢复治理示范项目开工，该项目位于均溪镇十八湾和前坪乡南坑铁矿水尾及银场沟等，工程投资2009万元，工期300天，由厦门地质工程勘察院、省水文地质工程勘察研究院等甲级地质灾害施工治理资质单位中标施工。主要治理工程有拦沙坝15座、引水洞1个，整理河道1400米，植被恢复67公顷。

（洪向新）

【广元矿区管委会成立】 3月4日，省能源集团有限责任公司广元矿区管委会在广平镇成立，管辖生产和在建的省属国有苏桥、坪芦坑、元沙和水井坑等4个煤矿及广平矿区配套项目，设计年产煤炭87万吨。

（洪向新）

【矿业监督管理局成立】 7月1日，根据县政府《关于进一步加强和完善矿业监督管理的实施意见》，组建“大田县矿业监督管理局”，办公地点设在宝山路156号。内设办公室、财务室、煤炭行业管理股、煤炭安全监督管理股、冶金化学矿行办、建材行办、流通票证管理股、监控室、执法大队，下设石牌、郭村、桃源、上京、广平、奇韬、文江7个矿产品管理申报站，事业编制69人，劳务派遣工48人。

（许金锋 洪向新）

【汤泉南矿段矿山治理竣工】 12月，太华镇政府汤泉南矿段矿山水土流失与土地综合治理项目竣工，总投资507.5万元，由泰宁县鑫辉水利工程有限公司中标施工。通过治理新增农地5公顷，恢复植被2.73公顷。

（洪向新）

【矿产品流通管理】 2013年，县建材公司落实县政府《关于研究协调加强石灰石、石墨等非金属矿矿产品流通领域管理问题的会议纪要》精神，投资120万元，建立8个矿山管理站，建设5座过磅房；发放“福建省矿产品准运证凭单”3021本，实行一本一单申报查验。全年征收石灰石、石墨矿等矿产品计量费634.6万元。

（涂经建）

【百丈坑矿山水土流失治理】 2013年，红狮水泥公司制定的《王岩——百丈坑矿山水土保持及生态环境恢复方案》被列入县矿山水土流失治理示范项目，总投资323.4万元，建设期2年，当年完成投资161.4万元。

（涂经建）

【非煤矿山安全检查】 2013年，县组织非煤矿山安全检查小组12个，出动监督检查人员273人次，督查露采矿山44家56次、地采矿山25家35次，查出安全隐患278条，发出整改通知书84份，安全隐患整改率达96%，61座非煤矿山实现安全标准化建设三级达标。

（涂经建）

建材工业

【概况】 2013年，全县建材工业有规模企业15家，职工1682人，比上年少1家、多8人，固定资产原值10.84亿元，同比增长39.33%；工业产值18.69亿元，销售总额17.67亿元，分别同比减少21.55%、15.7%；完成利税8125.71万元，同比增长48.19%。

2013年大田县建材工业规模企业基本情况

表2

企业名称	职工数（人）	固定资产原值（万元）	产品			年工业产值（万元）	年销售总额（万元）	年完成利税（万元）
			名称	单位	产量			
石牌岩城水泥粉磨公司	30	1051.00	水泥	万吨	7.15	2501.00	2492.00	47.00
新岩水泥有限公司	170	2483.00	水泥	万吨	87.00	28724.00	24591.00	375.00
梅林水泥公司	63	1464.00	水泥	万吨	26.00	8659.00	8533.00	-73.00
灵川水泥公司	162	1240.00	水泥	万吨	21.00	7091.00	7091.00	611.00
红狮水泥公司	481	50251.00	水泥	万吨	251.24	63459.00	62134.00	5547.00
盛岩水泥有限公司	180	2800.00	水泥	万吨	15.00	5200.00	5200.00	15.71
鑫城水泥有限公司	220	31000.00	水泥	万吨	15.00	4990.00	4990.00	580.00
奇韬水泥厂	54	896.00	水泥	万吨	11.20	3295.00	3295.00	291.00
辉田石灰公司	46	53.00	石灰	万吨	33.00	10890.00	10571.00	140.00
恒隆空心砖公司	61	3017.00	砖	万块	8769.00	11400.00	10938.00	122.00
东方红新型建材公司	31	543.00	砖	万块	4309.00	4434.00	4346.00	94.00
成熙新型墙体建材公司	42	298.00	砖	万块	9833.00	12784.00	9044.00	212.00
华盛建材公司	56	382.00	空心砖	万块	4833.00	6284.00	6284.00	35.00
建龙新型建材公司	55	3618.00	混凝土多孔砖	万吨	2.19	9581.00	9581.00	106.00
飞麟新能源科技公司	31	9258.00	机制沙	万立方米	63.00	7580.00	7580.00	23.00

（乐生瑞　朱起坚　陈开朝
林乐斗　颜全峰　杨　辉　林芳湖）

【新型建材发展】　2013年，全县新型墙体材料企业17家，生产标砖2.8亿块，工业产值1.62亿元，销售收入2.27亿元，完成利税366万元。全年征收新型墙体材料专项基金334.53万元。

（涂经建）

【散装水泥推广应用】　2013年，全县推广应用散装水泥148.66万吨，使用率达55.58%，其中城关使用散装水泥63万吨，使用率达70%。全年征收散装水泥专项资金208.15万元。

（涂经建）

机械铸造工业

【概况】　2013年，全县机械铸造有规模企业27家、职工2748人，比上年少4家、440人；固定资产原值7.93亿元，同比增长28.52%；工业产值48.72亿元，销售总额54.94亿元，完成利税4844.7万元，分别同比减少16.2%、4.47%、52.96%。

2013年大田县机械铸造工业规模企业基本情况

表3　　　　单位：人、万元

企业名称	职工数（人）	固定资产原值（万元）	产品			年工业产值（万元）	年销售总额（万元）	年完成利税（万元）
			名称	单位	产量			
金门油压制造公司	43	702.00	热压机	台	36.00	13125.00	8501.00	30.00
宝山机械公司	90	1454.00	破碎机	台套	152.00	12417.00	11768.00	112.00
昌盛机械制造公司	62	2100.00	铸件	万吨	1.50	8125.00	7440.00	357.00
镇石机械公司	50	3477.00	铸钢件	万吨	2.00	19020.00	18793.00	225.00
和发机械公司	50	412.00	铸件	万吨	0.35	20341.00	20222.00	235.00
协进机械公司	83	1420.00	液压原件	件	180.00	6348.00	4921.00	105.00
山友机械公司	72	3106.00	矿山机械	台	233.00	4580.00	4112.00	86.00
大华机械制造公司	73	2358.00	铸铁件	万吨	0.50	2150.00	2150.00	83.00
华阳光电公司	109	2436.00	结晶硅	万吨	5.00	22982.00	21523.00	22.00
长鑫船舶配件制造有限公司	388	4314.00	铸铁件	万吨	13.00	88479.00	80580.00	-1087.00
金川机械铸造公司	119	1138.00	铸铁件	万吨	10.10	40982.00	40982.00	889.00
恒丰工贸公司	95	787.00	铸铁件	万吨	6.48	27546.00	27527.00	522.00
华能达机械铸造公司	79	724.00	铸铁件	万吨	5.88	26328.00	26328.00	262.00
东方升铸造责任公司	75	646.00	铸铁件	万吨	6.56	27249.00	27230.00	442.00
鑫华铸造公司	73	287.00	铸铁件	万吨	4.31	17721.00	17721.00	327.00
晨晖铸造公司	76	644.00	铸铁件	万吨	4.20	17304.00	17304.00	344.00
山川铸造公司	65	526.00	铸铁件	万吨	2.30	9813.00	9813.00	-120.00
盛联铸造公司	50	430.00	铸铁件	万吨	1.40	5968.00	9813.00	60.00
鑫鹭峰股份公司	511	33000.00	铸铁件	万吨	3.50	14647.00	94445.00	34.70
盛达铸造公司	85	2576.00	铸铁件	万吨	1.50	6950.00	6950.00	270.00
福隆铸造公司	63	481.00	铸铁件	万吨	1.10	4490.00	4490.00	80.00
和盛机械制造公司	87	589.00	铸铁件	万吨	2.37	13328.00	13328.00	80.00
晨华铸造公司	53	7638.00	铸铁件	万吨	6.00	26862.00	26862.00	1350.00
全鑫机械制造公司	93	3568.00	铸铁件	万吨	1.20	5325.00	5325.00	—
岩盛铸造公司	55	2177.00	铸铁件	万吨	0.80	3600.00	3600.00	11.00
宏盛铸造公司	79	1172.00	铸铁件	万吨	5.00	20974.00	20974.00	63.00
鑫业铸造公司	70	1134.00	铸铁件	万吨	4.80	20560.00	20560.00	62.00

（林丁峰　温升占　朱起坚　陈开朝　林秀盛　林芳湖）

【铭晟机械公司成立】　1月，铭晟机械公司在太华镇罗丰村成立，法人代表丁其祥，总投资1.26亿元，设计生产铸铁件5万吨，5月投产。至年底，生产铸铁件2.86吨，产值1230万元。

（陈开朝）

造纸工业

【概况】　2013年，全县造纸工业有规模企业4家，职工434人，固定资产原值1.12亿元，比上年增长22.38%；工业产值4.2亿元，销售总额4.09亿元，完成利税560万元，分别同比减少2.55%、1.68%、80.77%。

当年，弘惠纸业有限公司被省评为2007—2012年私营先进企业。“弘惠”字号获省知名字号。

（庄家乐）

2013年大田县造纸工业规模企业基本情况

表4　　单位：人、万元、万吨

企业名称	职工数（人）	固定资产原值（万元）	产品		年工业产值（万元）	年销售总额（万元）	年完成利税（万元）
			名称	产量（万吨）			
华闽纸业有限公司	169	6156.00	机制纸	3.00	27393.00	26908.00	165.00
闽发纸业有限公司	142	1894.00	机制纸	0.99	3977.00	3977.70	60.00
弘惠纸业有限公司	88	1644.00	包装纸	0.66	5249.00	5082.00	220.00
兴洲纸业有限公司	35	1532.00	卫生纸	0.10	5348.00	4910.00	115.00

（庄家乐　温升占　周调产）

印刷工业

【概况】 2013年，全县经工商注册年检的个体、私营印刷企业16家，注册资金2380.7万元。

2013年大田县个体私营印刷工业企业情况

表5　　单位：万元

企业名称	法定代表	注册资本（万元）	经营范围	住所
兴发纸品有限公司	李灵玉	150.00	一般经营项目：包装装潢印刷品、其他印刷品的销售	均溪镇凤山东路82号
鸿达印刷厂	黄文地	3.20	其他印刷品的印刷	大田县均溪镇富山新村三路一巷7号
飞腾彩印厂	范起炳	150.00	出版物（专项）、包装装潢印刷品、其他印刷品的印刷	大田县均溪镇玉山路15号
东升包装制品制造有限公司	陈秀喜	500.00	纸袋、编织袋、编织布的制造、销售；包装装潢印刷品、其他印刷品	均溪镇温镇工业区
连福公共交通运输有限公司	丁宜相	510.00	公共汽车客运；大中型客车、小型车辆维修（限分支机构经营）汽车美容，汽车租赁，洗车，汽车零配件零售，车身、电视、广播、网络、路牌、印刷品、灯箱的设计、制作，平面设计、喷绘	大田县石牌镇石牌路六迪坑
连福公共交通运输有限公司广告部	何金平		电视、广播、网络、路牌、印刷品、灯箱、车身广告的设计、制作，平面设计、喷绘	大田县石牌镇石牌路
领航印刷厂	谢丽英	50.00	其他印刷品	大田县均溪镇建山路78-4号
新泉包装制品有限公司	王加想	900.00	水泥袋、集装袋的生产、加工；包装装潢印刷品、其他印刷品的制造	大田县石牌镇上坡村小汤泉工业项目区

续表 5

企业名称	法定代表	注册资本（万元）	经营范围	住所
诚华印务有限公司	陈雪华	50.00	其他印刷品（有效期至2014年3月）	大田县均溪镇赤岩山路1-22号
山西生活向导广告有限公司大田分公司	陈开郎	10.00	代理、设计、制作国内印刷品广告，代理、设计、制作报纸、电视、电台、杂志、路牌广告	大田县均溪镇岩城广场4号楼13#店
万力印务有限公司	卢超相	10.00	一般经营项目：印刷品及耗材、电脑耗材、纸制品、文教用品的销售；印务设计、商务信息咨询，企业事务的策划、代理、代办	福建省三明市大田县均溪镇福田大道126号
金点广告装饰有限公司	郑在栋	10.00	广告设计、制作、发布，会展庆典服务；印刷品、宣传册的设计；室内外装潢装修	大田县均溪镇宝山路148号
精诚印刷厂	池守国	15.00	其他印刷品的印刷	大田县均溪镇香山路109号
长江印刷厂	林秀菊	0.50	其他印刷品的制造	大田县均溪镇赤岩经济开发区A幢8号
东阳印刷厂	林美莲	2.00	其他印刷品的印刷	大田县均溪镇香山路77号
旭日升印刷厂	廖金土	20.00	其他印刷品	大田县均溪镇白岩山南路98-2号

（黄清渊）

纺织服装工业

【概况】 2013年，全县纺织服装工业有规模企业8家、职工2144人，比上年增加2家、减少832人；固定资产原值9.89亿元，同比增长46.95%；工业产值26.45亿元，销售总额26.62亿元，完成利税2585.3万元，分别同比减少4.41%、3.9%、50.37%。

当年，格林实业（三明）有限公司被市政府授予“就业先进企业”称号。

2013年大田县纺织服装工业规模企业基本情况

表 6

企业名称	职工数（人）	固定资产原值（万元）	产品			年工业产值（万元）	年销售总额（万元）	年完成利税（万元）
			名称	单位	产量			
宏润针织时装公司	230	914.00	针织品	万打	13	12451.00	12451.00	9.00
同利祥纺织实业公司	116	6831.00	毛绒布	万打	21	15801.00	15801.00	142.00
富发布业公司	51	316.00	起毛布	万米	1566	5598.00	5502.00	66.00
格林实业（三明）公司	377	5411.00	童装	万件	200	13286.00	13286.00	93.00
南湖针织时装公司	525	4148.00	棉线衫	万件	176	4777.00	4777.00	225.00
诚盛手袋服饰厂	120	81.00	包袋	万个	36	9060.00	9060.00	189.00
飞鹰实业（三明）公司	225	13126.00	PU革	万米	830	17702.00	21630.00	501.30
万华实业公司	500	68100.00	无纺布	万米	3000	185823.00	183673.00	1360.00

（林丁峰　温升占　周调产）

【黄新銮到南湖公司调研】 8月9日，省外经贸厅厅长黄新銮一行4人，到南湖针织时装有限公司调研，察看公司新引进342台“电脑横机生产线”车间。副市长林俊德、市外经局局长谢家芹、县长熊旭明等陪同。

（傅晓达）

陶瓷工业

【概况】 2013年，全县陶瓷工业有规模企业4家，职工715人；固定资产原值7630万元，工业产值4.38亿元，销售总额4.07亿元，完成利税408万元，分别同比增长2.57、11.19、12.14、1.58倍。

2013年大田县陶瓷工业规模企业基本情况

表7

企业名称	职工数（人）	固定资产原值（万元）	产品			年工业产值（万元）	年销售总额（万元）	年完成利税（万元）
			名称	单位	产量			
永大工艺制品公司	106	306.00	工艺陶瓷	万件	986.0	14376.00	14376.00	
宝通瓷业公司	136	497.00	日用瓷	万个	43501.0	18932.00	18932.00	11.00
顺天来彩陶制品公司	126	4720.00	陶瓷	万块	2.10	2130.00	2130.00	92.00
宝丰陶瓷公司	347	2107.00	陶瓷	万件	69854.0	8382.00	8382.00	305.00

（林丁峰　杨辉　颜全峰）

【陶瓷原料资源管理】 2013年，县建材公司根据县政府《大田县陶瓷原料资源管理暂行规定》文件精神，发放采矿许可证6本，开采陶瓷原矿13.83万吨，征收陶瓷原料矿产品金费41.5万元。

（涂经建）

食品工业

【概况】 2013年，全县食品工业有规模企业7家、职工388人，分别比上年增2家、29人；固定资产原值1.36亿元，工业产值4.83亿元，销售总额4.83亿元，完成利税952万元，分别同比增长83.06%、55.22%、55.22%、197.69%。

当年，福塘朝阳食品有限公司陈朝智被市政府授予“就业创业优秀个人”称号。

2013年大田县食品工业规模企业基本情况

表8　　单位：人、万元

企业名称	职工数（人）	固定资产原值（万元）	产　品			年工业产值（万元）	年销售总额（万元）	年完成利税（万元）
			名称	单位	产量			
农翔食品公司	55	2574.00	蜜饯	万吨	0.68	6808.00	6808.00	19.00
聚祥生物公司	52	2698.00	淀粉制品	万吨	0.73	7612.10	7612.10	117.00
九道山茶叶公司	65	4600.00	茶叶	吨	150.00	6300.00	6300.00	760.00
高峰茶叶公司	48	660.00	茶叶	吨	292.00	11459.00	11459.00	745.00
大方广茶叶公司	96	820.00	茶叶	吨	57.00	7205.00	7205.00	672.00
一方茶叶公司	52	690.00	茶叶	吨	34.00	3200.00	3200.00	358.00
留芳园茶业公司	20	1550.00	精制茶	吨	50.70	5688.40	5688.40	56.00

（林丁峰　邱惠敏　连华民　苏晋聪）

【粮食加工企业】 2013年，全县有粮食加工企业2家，职工7人，固定资产60万元；加工大米1561吨，工业产值582.1万元，销售收入722.6万元，完成利税2.3万元。其中，福丰粮食加工厂有职工4人，固定资产原值45万元，年加工大米1393吨，产值和销售收入各517.4万元，利税2万元；上京镇勇兴粮食加工厂有职工3人，固定资产原值15万元，年加工大米168吨，产值和销售收入各63.7万元，利税3000元。

（张加泰）

生物医药工业

【概况】 2013年，全县生物医药企业有福建华灿生物科技有限公司1家，内设机构有办公室、财务室、博士后科研工作站、全国工具酶标准化工作组秘书处、实验室、化验室、生产部、设备部、销售部等，职工125人，固定资产原值1.2亿元，工业产值5000万元，销售总额4900万元，完成利税4000万元。子公司有福建南生科技有限公司、福建华灿制药有限公司、福建华灿兽药有限公司和福建华灿酶制剂有限公司4家。有技术人员52人，其中高级工程师5人、工程师11人、助理工程师8人、其他技术人员28人；博士学历1人、硕士8人。

该公司《生物源纤维蛋白止血贴的临床前研究》课题获省科技厅重大专项立项（编号2013Y3004），补助项目经费80万元。

（林芳镇）

【姜信治、黄维礼到公司调研】 3月25日，福建省质监局局长黄维礼率省、市质监局领导一行8人到华灿公司调研，察看公司研发中心实验室和全国工具酶标准化工作组秘书处，听取黄发灿博士汇报公司制药企业建设和全国工具酶标准化工作组秘书处工作进展情况。常务副县长苏迎平陪同调研。3月29日，省委组织部部长姜信治到华灿公司调研第一批"百人计划"，实地考察华灿公司的实验室、车间和博士后科研工作站，市长邓本元和县长熊旭明陪同。

（林芳镇）

其他制造加工工业

【概况】 2013年，全县其他制造加工工业有规模企业12家、职工1736人，比上年减少8家、636人；固定资产1.71亿元，工业产值13.04亿元，销售总额12.92亿元，完成利税1963万元，分别比上年减少50%、65.27%、65.62%、57.76%。

2013年大田县其他制造加工工业规模企业基本情况

表9

企业名称	职工数（人）	固定资产原值（万元）	产品			年工业产值（万元）	年销售总额（万元）	年完成利税（万元）
			名称	单位	产量			
新茂电子公司	376	1100.00	电子表芯	亿只	1.20	8059.00	8061.00	7.00
东升包装制品制造公司	154	1208.00	复合袋	万条	4676.00	3925.00	3925.00	189.00
新泉包装制品公司	256	1031.00	包装袋	万条	19930.00	25909.00	24135.00	345.00
广联木业公司	207	712.00	细木工板	万立方米	7.40	20721.00	20033.00	279.00
雅安居装饰材料公司	70	940.00	木家具	万套	1.35	4707.00	4458.00	49.00
协源木业公司	63	244.00	胶合板	万立方米	11.00	11779.00	11413.00	168.00
金盛木业公司	52	236.00	胶合板	万立方米	10.00	12564.00	12062.00	208.00
金杉木业公司	75	786.00	胶合板	万立方米	9.50	10832.00	10334.00	462.00
众佳木业公司	98	4365.00	胶合板	万立方米	8.00	9380.00	9380.00	106.00
联瑞建材公司	168	2980.00	家具	万立方米	1.32	2630.00	2630.00	75.00
博大轻工制品公司	172	3179.00	家具	万件	161.56	12352.00	12352.00	52.00
绿佳木业公司	45	343.00	细木工板	万立方米	2.00	7560.00	7560.00	23.00

（林丁峰 乐生瑞 朱起坚 杨辉 林芳湖）

【仙师泉山泉水公司成立】 2月，仙师泉山泉水公司在太华镇华溪村成立，法人代表陈文团，总投资8050万元，设计年生产矿泉水1.5万吨，第一条生产线已试产。

（陈开朝）

【周庆寨的木雕作品获奖】 5月，神韵雕刻厂周庆寨创作的木雕作品《八骏图》《鹤鹿同春》获第八届中国（福建莆田）海峡工艺品博览会优秀作品铜奖和第七届福建省工艺美术精品“争艳杯”大赛“百花奖”。

（庄家乐）

【县水务公司组建】 5月，县水利投资有限公司与省水利投资集团公司签订组建“福建省水利投资集团（大田）水务有限公司”股东协议，并制定章程，开发、建设、经营水务项目，首期工商注册资金1000万元。

（郑序在）

【城区地表水厂建设】 12月，县自来公司累计完成投资4907.5万元，完成管材、设备采购招标和净水厂区三通一平；输水管线A标段隧道贯通，隧道内喷浆162米、衬砌90米，开挖管沟400米，安装管道264米；取水头桥梁工程完成45%；编制《坑口水库流域整治补偿方案》；完成林地、土地征用80%和办公楼、宿舍楼、加药房厂区土建工程等。

（郑序在）

【高龄职工医保申报】 12月，县城镇集体工业联合社帮助11名高龄职工申报生活保障和医疗保险，已批复1人。

（庄家乐）

【县自来水公司生产】 2013年，县自来水公司供水661万吨，工业产值659万元，上缴税收43万元；代征收污水处理费466万元、垃圾处理费166万元。全年水质综合合格率99.64%。同时，投资217万元，新建改造供水管道6.2公里。

（郑序在）

个体私营工业

【概况】 2013年，全县经工商注册的个体、私营工业企业有1201家，从业人员9431人，比上年增加172家、1030人；注册资金1.82亿元，同比增长24.36%。

2013年大田县个体私营工业企业基本情况

表10　　单位：户、人、万元

		项　目	户数（户）	从业人员（人）	注册资金（万元）
全县	总　数		1201	9431	252114.23
	2013年新登记注册		172	1030	18249.40
其中	个体	总　数	565	1975	2972.82
		2013年新登记注册	136	662	1963.40
	私营	总　数	636	7456	249141.41
		2013年新登记注册	36	368	16286.00

（黄清渊）

交通·邮电

□编辑：郑祥果

交通建设

【概况】 2013年，大田县公路建设总投资2.07亿元。完成四级公路建设24条、40.28公里，危桥改造3座。年底，全县有公路219条、1661.18公里。其中，高速公路1条、60.61公里；省道2条、136.6公里；县道14条、254.25公里；乡道8条、92.73公里；村道171条、967.68公里；专用公路23条、149.31公里。全县有高级（混凝土、沥青）路面1199.53公里，中级（泥结碎石）259.94公里，低级（粒料改善）201.71公里，晴雨通车1599.97公里。县专业养护班（站、组）15个、员工116名，配备运输小货车16部、工具车4部、压路机2台及小型挖掘机、灌溉机、装载机、刻纹机、清缝机各1台，割草机、修剪机各15台。县、乡、村道非专业养护站18个、养护工280人，配备装载机、洒水车、小型挖掘机各1台，割草机40台，清缝机、灌缝机各2台。

（林加兴）

2013年大田县公路建设改造情况

表11 单位：米、公里、万元

序号	路线起讫地点	组织实施单位	路基宽（米）	混凝土路面（米）	里程（公里）	总投资（万元）	动工时间	竣工时间
1	后坪自然村—高柄里自然村	湖美乡后坪村	4.5	3.5	0.65	38	2012.5	2013.4
2	西坪自然村—苦山炉自然村	桃源镇翁厝村	3.5	3.5	1.50	52	2012.7	2013.4
3	西坪自然村—岭头岬	桃源镇翁厝村	3.5	3.5	3.46	204	2012.7	2013.4
4	大垄自然村—早兴街	华兴乡早兴村	4.5	3.5	2.45	166	2011.5	2013.4
5	蕨坑自然村—上坪自然村	均溪镇华坑村	4.5	3.5	0.50	20	2012.10	2013.4
6	泮车村—大水垅自然村	太华镇泮车村	3.5	3.5	3.65	185	2012.5	2013.4
7	后洋自然村—前洋自然村	梅山乡沈口村	3.5	3.5	1.15	55	2012.4	2013.4
8	津坑自然村—长乾—岭兜	梅山乡长津村	3.5	3.5	1.42	80	2012.4	2013.4
9	南坪自然村—溪口村	上京镇溪口村	4.5	3.5	1.75	82	2012.10	2013.4
10	坂头自然村—镇江自然村	文江乡文江村	4.5	3.5	0.75	35	2012.4	2013.4
11	苏村自然村—苏村路口	济阳乡济阳村	3.5	3.5	1.60	80	2012.10	2013.4
12	后格自然村—拱桥头	吴山乡阳春村	4.0	4.0	0.73	46	2012.10	2013.4
13	前坑仔自然村—前坑仔路口	均溪镇宋京村	4.5	3.5	0.90	50	2012.10	2013.4
14	后坑自然村—茅厝自然村	均溪镇周田村	4.5	4.5	1.30	65	2012.5	2013.4
15	高坑自然村—高坑路口	湖美乡西燕村	4.5	3.5	0.62	30	2013.1	2013.6
16	东坑自然村—群团村	太华镇群团村	4.5	4.5	2.90	135	2011.10	2013.10
17	草洋自然村—茶山村	武陵乡茶山村	4.5	3.5	2.00	2	2012.5	2013.10

续表 11

序号	路线起讫地点	组织实施单位	路基宽（米）	混凝土路面（米）	里程（公里）	总投资（万元）	动工时间	竣工时间
18	岭头自然村—大洋自然村	梅山乡高泉村	4.5	3.5	1.15	45	2013–1	2013.10
19	溪口村—溪岭自然村	上京镇赤水村	4.5	3.5	4.40	154	2013–1	2013.11
20	北河自然村—龙盘崎自然村	谢洋乡珍山村	4.5	3.5	1.10	55	2013–1	2013.11
21	有仕坂自然村—岩头自然村	谢洋乡仕福村	4.5	3.5	3.60	215	2013–1	2013.11
22	和垄仔自然村—大儒村	济阳乡大儒村	4.5	3.5	1.33	82	2013–1	2013.11
23	墓前垄自然村—墓前垄路口	济阳乡大儒村	4.5	3.5	0.40	35	2013–1	2013.11
24	乡里中自然村—陈八垅自然村	屏山乡和坑村	4.5	3.5	0.97	45	2012–5	2013.11

（林加兴）

【昆山平板桥危桥改建】 6月，华兴乡昆山平板危桥改建完工。桥长110米，宽6米（行车道宽5米），5跨空心简支板梁，单跨20米。由昆山村组织实施，永安市永信交通设计有限公司设计，南平市高速咨询监理有限公司监理，福建省华明路桥建设有限公司施工。工程总投资313.65万元。

（林加兴）

【县福田农村养护有限公司成立】 3月，县福田农村养护有限公司在石牌镇石牌街道成立，负责县道日常维护工作，法人郑荣森。注册资金10万元。

（林加兴）

【建设桥危桥改造】 3—11月，县交通运输局对建设镇建设桥危桥进行改造。桥长25米，宽12.5米，单跨16米空心简支板梁。由建设镇政府实施，福建省亿达工程咨询有限公司设计，南平市高速咨询监理有限公司监理，广西现代路桥工程有限责任公司施工。投资103.4万元。

（林加兴）

【莆炎高速公路（大田段）被列入国家高速网】 5月，国家发改委以发改基础〔2013〕980号文，将福建莆田至湖南炎陵高速公路（大田段）项目列入国家高速网，编号G1517，途经大田广平、奇韬、文江、梅山4个乡镇。

（林加兴）

【国道纵五线（大田段）用地征迁】 6月，国道纵五线浙江至广东公路大田段完成设计。从尤溪新阳镇经梅山、湖美、均溪、石牌、谢洋、武陵等乡镇，至漳平吾祠乡，大田段全长77.5公里。按二级公路标准建设，路基宽17米，计划分三期兴建，预计总投资约29亿元。第一期周田至长溪段10.05公里，起点均溪镇溪柏林，经均溪镇后华、华坑、良元、宋京，至石牌镇长柄尾，路幅宽度24.5米，双向六车道，设计时速60公里/小时，总投资约5.5亿元。项目业主为大田县锦田公路建设有限责任公司。福建省交通规划设计院设计。8月，开始全面土地征迁。11月，周田至长溪段工程监理招标，厦门合诚工程咨询股份有限公司中标。至年底，周田至长溪段5个村共完成征用水田19.33公顷、旱地5.47公顷、林地35.67公顷；征迁房屋85幢、建筑面积2.68万平方米，迁移坟墓957穴。

（林加兴）

【省道石门格和梓溪隧道整治】 6—9月，县公路分局对省道306线石门格隧道和梓溪隧道加装机电照明、防治渗漏等。三明永达公路有限责任公司施工，三明永达公路工程监理咨询有限公司监理。总投资240.99万元。

（林加兴）

【农村公路安保工程建设】 6—12月，县交通运输局对上京至赤水、梅林至隆美、溪口至灵川等75条、333.39公里农村公路实施安保工程。县交通局组织实施并技术质量监督。由福建通和路桥设计院有限公司设计，福建省富方建筑工程、大田县龙顺建筑工程、永安市华宇建设工程、三明辉宏建设、远方建设、大田县龙昌建设工程、三明市源捷交通建设、南安市第一建设和合达建设工程有限公司大田分公司施工。修建防撞护栏2.37万米，标志1825面，反光镜126面。总投资1194.5万元。

（林加兴）

【省道(大田段)钢筋砼防撞护栏建设】 7—10月，县公路分局对省道S306、S307线大田段实施安保工程建设，建筑钢筋砼防撞护栏8885.7米。由清流县龙达公路工程有限公司施工，三明永达公路工程监理咨询有限责任公司监理。总投资408.74万元。

（林加兴）

【县道华武线德化界至华兴乡公路改建】 8月动工，路线起点大田与德化县界处，终点华兴至京口公路K1+300处，长8.7公里，按三级路标准设计，路基宽7.5米，路面宽6.5米。其中，仙峰大桥至终点，路基宽8.5米，路面宽7.5米。由福建省亿达工程咨询有限公司设计，龙岩市永顺路桥工程有限公司承建，三明永达公路工程监理咨询有限公司监理，业主为大田县锦田公路建设有限责任公司。预算造价约3000万元。年底，完成路基7公里，铺设半幅水泥路面6公里，完成投资1700万元。

（林加兴）

【大同拱桥危桥改造】 10月，县交通运输局对建设镇大同拱桥拱圈及桥墩台加固、桥面栏杆修复。由建设镇政府实施，福建省亿达工程咨询有限公司设计，南平市高速咨询监理有限公司监理，三明市和信工程建设有限公司施工。至年底，完成投资35万元。

（林加兴）

【泉三高速公路上京互通口项目通过工可】 11月，泉三高速公路上京互通口及接线项目通过省发改委工程可行性研究审查。与工可配套的环评、水保等项目委托交通运输部公路科学研究院、福建环境保护设计院中标单位进行编制。

（林加兴）

【农村公路规划完成】 12月，经县政府批复，县交通运输局完成大田县农村公路网规划（2012—2030年）。农村公路总里程从2011年1672.33公里，上升至2030年的2424.2公里，其中规划县道401.31公里，乡道964.85公里，村道1058.04公里。

（林加兴）

【华石线公路续建】 2013年，华兴至石牌（过境公路二期）公路，完成环评、水保、地灾报告等项目前期工作的审查批复及土地征用批复等相关手续。至年底，完成土地征用66.85公顷，其中农地39.98公顷、林地26.87公顷；完成路基工程2公里，隧道掘进80米。完成投资1.13亿元。

（林加兴）

【拱桥至谢洋县道养护示范路建设】 2013年，县交通运输局对拱桥至谢洋10公里路段实施养护示范路建设，共修复路面300平方米，修筑防撞护栏163米、片石混凝土挡土墙260立方米，种植乔木2950株、小苗12.5万株。投资130万元。

（林加兴）

交通运输

【概况】 2013年，全县拥有营业性货车3104辆、2.18万吨位，其中货运汽车2943辆、2.16万吨位，低速汽车161辆、165.4吨位。全年完成货运量1549.37万吨，周转量16.94亿吨公里。拥有营业性客车223辆（含旅游、出租车）、3242座，平均日发客车263班次，运送乘客4145人次，全年完成客运量358.34万人次，周转量1.75亿人公里。至年底，有省际客运线路2条，省内跨地（市）线路12条，市内跨县（市）区线路8条，县内线路20条，学生周末班车线路7条，城区公交客运线路2条。营业性公交班车12辆，人力三轮车145辆。

（林加兴）

【组织运力保春运】 1月26日至3月6日，县交通运输部门按照“以客为主、科学组织、协调配合、安全有序”的指导原则，做好春运工作，合理调控运力，采取长短客运经营，多班、双班、包车和卸载分流相结合抓好客运业务。春运40天，组织客车240辆，发车1.19万班次，安全运送旅客32.9万人次（不含县内短途客运），完成周转量3242万人公里。

（林加兴）

【少林牌公交车投入运营】 2月，县连福公共交通运输有限公司更新的4辆少林牌SLG6605C3GE公交车投入运营，更新后实行无人售票，并配置空调，安装GPS全球卫星定位系统，载监控系统，配有专人负责安全监控，投资62.4万元。至此，共有12辆少林牌公交车投入运营。

（林加兴）

【华兴乡中小学学生周末班车开通】 5月，华兴乡中心小学、中学学生周末班车开通，解决仙峰、早兴、柯坑、杞溪、张墘、横坑等6个偏远山村27名学生出行难问题。

（林加兴）

【建设镇汽车站动工兴建】 12月10日，位于大田县建设镇建强村的建设镇客运汽车站动工。按国家二级客运站标准设计建设，由二层主站房、办公及配套用房、8个发车位、37个停车位组成，项目用地面积1.63万平方米，建筑占地3649.5平方米，建筑面积6932.5平方米，站前广场面积1382.7平方米。设计日客流量5000人以上。预计项目总投资2300万元。由厦门中福元建筑设计研究院设计，福建第一建筑工程公司承建，福建省蓝图监理有限公司监理，项目业主福建省闽通长运股份有限公司。至年底，完成投资860万元（含土地出让金、建设镇政府地价款及围墙、排水沟等费用）。

（林加兴）

【33家物流有限公司通过许可】 2013年，县运管所依照《道路货物运输及站场管理规定》，对县长隆、合众、圆丰、鑫发、华城、岩城、东嘉、鑫通、金顺、食为天配、正百、俊杰、田乐、通顺、鑫顺、德润、富吉、中岩、恒顺、长信、万通、建鑫、惠通、福建华闽、泉州英豪、路路通、腾弘、长东、汉德、顺兴、星大、盛岩等32家物流公司和启路汽车运输有限公司经营资质进行审核，准予经营普通货运。

（林加兴）

【11家机动车维修企业通过许可】 2013年，县运管所依照《机动车维修开业条件》DB35/T749.3规定，对大田县车尚居汽车美容装潢店、闽中进口汽车维修厂、华通汽车贸易有限公司、瑞元堂汽车烤漆中心、圣辉轿车养护中心、李超汽车美容店、速达汽配店、速捷汽车服务中心、盛通汽车修理厂、福众汽车美容会所、诚誉车业有限公司等11家机动车维修企业进行审核，准予经营机动车三类汽车维修许可。

（林加兴）

【县汽车站迁建项目工程续建】 2013年，县汽车站迁建项目续征用地1.66公顷，其中征用水田1.35公顷、山地0.31公顷；拆除临时搭盖4117.95平方米，迁移苗木2.67万株、坟墓7座，发放拆迁补偿款240.33万元。至年底，已完成代征道路设计、土地招拍挂等相关手续，一期工程土地平整开挖土石方15万立方米。完成投资2300万元。由厦门中福元建筑设计研究院、福建省蓝图监理有限公司监理，福建第一建筑工程公司承建。

（林加兴）

2013年大田县客运班线一览表

表12　　　　单位：公里、辆

线别	序号	营运班线	里程（公里）	客车（辆）
县内	1	大田—广平东景	80	2
	2	大田—广平丰庄	82	1
	3	大田—建设—广平	75	12
	4	大田—桃源	51	4
	5	大田—梅山	55	7
	6	大田—梅山秀岭	53	1
	7	大田—上京	32	5
	8	大田—上京上矿	32	1
	9	大田—奇韬	64	4
	10	大田—太华魁城	36	1
	11	大田—桃源(东风农场)	60	1
	12	大田—桃源广汤	56	1
	13	大田—武陵	26	2
	14	大田—济阳	46	2
	15	大田—谢洋	30	1
	16	大田—屏山	23	2
	17	大田—湖美	24	4
	18	大田—早兴	24	1
	19	大田—太华大合	54	1
	20	大田—均溪上华	15	1

续表 12

线别	序号	营运班线	里程（公里）	客车（辆）
市内跨县（市）区	1	大田—永安（高速）	87	6
	2	大田—沙县	125	2
	3	大田—尤溪	114	2
	4	大田—三明北（高速）	136	1
	5	大田—三明	105	10
	6	建设—永安	107	1
	7	梅山—沙县	150	1
	8	上京—永安	55	1
省内跨地（市）	1	大田—泉州（高速）	141	6
	2	大田—建设—福州	397	1
	3	大田—福州（高速）	371	3
	4	大田—石狮（高速）	164	3
	5	大田—厦门（高速）	223	5
	6	大田—漳州	248	1
	7	大田—龙岩	218	1
	8	大田—武夷山	386	1
	9	大田—晋江（高速）	154	2
	10	大田—安溪	132	1
	11	大田—莆田	230	1
	12	大田—泉港	250	1
省际	1	大田—深圳（高速）	812	2
	2	大田—广州（高速）	905	2
合计				108

交通管理

【概况】 2013 年，全县拥有营业性客运企业 4 家，客车 223 辆（含旅游、出租车），道路运输证持证率、年审合格率 100%；客运驾驶员从业资格证办证 40 人，办证率 100%；乘务员从业资格证办证率 99%。货运企业 61 家，营业性货车 3104 辆，其中货运汽车 2943 辆、年审合格率 53.86%，低速汽车 161 辆、年审合格率 58.39%，货运汽车驾驶员从业资格证办证 200 人、办证率 96.5%。五级以上货运企业 61 家，经营许可证办证率 100%。运输企业质量信誉考核达 AA 级 23 家，B 级 5 家，免予考核 33 家。汽车维修经营业户一类 1 家、二类 17 家、三类 27 家，摩托车维修业经营户 5 家；维修质量信誉考核达到 AAA 级 2 家、AA 级 28 家、A 级 6 家、B 级 1 家，免予考核 9 家，维修技工持证率 98%。机动车驾驶员培训企业 4 家，二类、三类各 2 家，驾培质量信誉考核达 AA 级 3 家、A 级 1 家。教练车 147 辆，其中小型汽车 137 辆、大型汽车 10 辆。教练员 218 人，其中专兼职理论教练员 26 人、实际操作教练员 213 人。培训机动车驾驶员 5805 人，其中小型汽车 2379 人、大型汽车 31 人、摩托车 3395 人。

（林加兴）

【开展维权“春雷”行动】 1 月，县交通综合行政执法大队开展维护广大旅客合法权益的“春雷”行动。一是加强教育宣传，采取严管重罚，重点打击，巡查布控等手段，消除道路运输违法行为。二是与高速公路交通综合执法机构建立联动联勤工作机制，联合打击道路违法行为。其间，共上路稽查 18 天、参加 118 人次，检查客运车辆 219 辆次，现场警告纠正违法行为车辆 35 辆，查处各类违法车辆 30 辆，疏散分流旅客 55 人，罚款 4.12 万元。

（林加兴）

【机动车驾驶培训学时管理系统启用】 1 月，县运输管理所和 4 家机动车驾驶员培训有限公司同时启用福建省机动车驾驶培训学时管理系统，结合 IC 卡计时设备、GPS/GPRS（通用分组无线服务技术）定位、生物指纹识别和图片抓拍等功能，对全县 147 辆教练车、213 位教练员和参加机动车驾驶培训学员，进行全程监督管理和网上无纸化办公培训。

（林加兴）

【县公路交通综合执法中队成立】 6 月，根据《三明市人民政府办公室转发市编办等单位关于三明市交通综合行政执法改革实施意见的通知》精神，成立大田县公路交通综合执法中队，隶属三明市交通综合执法大队。机构从大田公路分局整体划出，人员由原县公路路政管理所人员组成。同月，大田公路分局成立公路路政管理股，负责公路维权审批职能。

（林加兴）

【安全生产检查整治百日行动】 6—9 月，县交通运输局按照“全覆盖、零容忍、严执法、重实效”的总体要求，开展安全生产大检查暨安全生产重点整治百日行动。对全县4家道路客运企业及所属车辆223辆，其中班线客车109辆、旅游包车4辆、出租汽车98辆、公交车12辆和422名驾驶员从业资质进行全面整治。共组织检查41次，参加检查284人次，检查道路运输、机动车维修企业31次家，检查车辆881辆次，查获违法车辆79辆（客车违章5辆、非法营运6辆），整改GPS掉线、车载摄像头位置不正确客运班车、出租车5辆；责令停止占道作业、违章搭盖9起。全县客运企业落实了安全目标责任制100%，客运驾驶员参加安全应急教育和培训100%，客车（班车、旅游车、出租车、公交车）安装GPS、配齐安全锤、配足灭火器等安全设备100%。

（林加兴）

【县锦田公路建设有限责任公司成立】 7月24日，大田县锦田公路建设有限责任公司在建山路51号（建设银行大楼二楼）挂牌成立，主要经营县境内公路基础设施项目，注册资本5000万元。

（林加兴）

【“打非治违”专项整治行动】 2013年，县交通综合行政执法大队继续开展“打非治违”专项行动。全年共上路稽查227天、1792人次，发放宣传单3000多份，检查车辆2905辆次，处罚各类违章车辆628辆。

（林加兴）

邮　政

【概况】 2013年，大田县邮政局受区域经济发展和宏观政策管理的影响，邮企发展出现较大局限，贺卡、分销产品、集邮品、报刊等业务均不同程度受到制约。当年，县邮政局完成业务总收入2188.6万元，占年预算91.2%，比上年增长4.88%，列全区第11位。其中，代理金融收入1349万元，同比增长4.9%，邮务类收入680.3万元，同比增长2.32%，其他收入159.3万元。完成收支差额261万元，列全市倒数第二。全县城乡邮路71条，全长1651公里。报纸期发数19.86万份、杂志14.68万份，分别比上年减少29.8%、11%；出口函件57.17万件、进口函件131.1万件，出口包件0.36万件、进口包件0.98万件。

（谢　铁）

【金融板块项目竞赛】 2013年，县邮政局金融板块对接省、市各项竞赛项目。一是在“岁末疯狂挖”“春节七天乐”短期余额竞赛中，完成率全区第一，3个网点和8个人获奖，全区45个奖项中县局获奖12个。二是在保险销售“银蛇起舞”“春节七天乐”全区竞赛活动中，“网点全员达标奖”3个网点获奖，“蛇年开门夺金奖”4个网点获奖；准入全区第三期精英俱乐部5人。镇东储蓄所主任廖雪花续任俱乐部会长。

（谢　铁）

【短信业务发展】 2013年，县邮政局通过激励发展，优化处理流程，短信用户比上年净增1.6万户，完成年计划133.32%，年底短信在网用户4.46万户。

（谢　铁）

【航空机票网点出票“破零”考核】 2013年，县邮政局航空机票业务通过强化网点出票“破零”考核，理顺出票渠道，联合代理人出票，加快实现中航信自动出票和自有资质出票，全年机票网点出票1859张。

（谢　铁）

【缴费业务稳步发展】 2013年，县邮政局逐一跟踪落实电子化网点和便民站点缴费情况，提升网点业务规模，现金缴费5350.6万元，完成年计划的104.9%。代缴电费由上年月均1.45万笔增至近3万笔。

（谢　铁）

【便民服务站规模扩张】 2013年，县邮政局对邮政便民服务站空白服务补缺布设45个网点（城区7个、均溪10个、建设5个，华兴、桃源、上京各3个，太华2个、广平8个，梅山、屏山、文江、济阳各1个），开展营销辅导，加大农村市场拓展，累计建设便民服务站网点129个。

（谢　铁）

【“自邮一族”会员发展】 2013年，县邮政局落实便民利民警邮合作，宣传代理业务“亮点”和其他生活中优惠项目“卖点”，组织人员到各乡镇召开产品说明会，发展“自邮一族”会员1860户，完成年计划143.1%。

（谢　铁）

邮政速递物流

【概况】 福建省邮政速递物流有限公司大田县营业部成立于2010年7月13日。2013年，有员工17人。营业部经营项目：邮件寄递、货运代理、货物仓储、印刷品广告发布、邮购、电子产品寄递、礼仪服务。许可经营项目：国内快递、国际快递、批发兼零售预包装食品。是县内最大的快递业务运营商，属于大型国有企业，业务范围面向全球，通达全国，覆盖全省。城区内设营业网点3个，乡镇营业网点18个，搭起直接为全县乡、村生产生活服务的配送平台，服务覆盖面广、速度快、服务质量好。当年，业务收入245万元，比上年增长20%。

（范训木）

【EMS特快专递业务】 2013年，邮政特快专递业务除提供国内、国际特快专递服务外，EMS（全球邮政特快专递服务）相继推出国内次晨达和次日递、国际承诺服务和限时递等高端服务，并提供代收货款、收件人付费、鲜花礼仪速递等增值服务。在城区范围内，客户拨打电话号码“11183”，30分钟内免费提供上门服务。EMS还具备领先的信息处理能力，建立以国内300多个城市为核心的信息处理平台，与万国邮政联盟（UPU）查询系统链接，可实现EMS邮件的全球跟踪查询。建立网站（www.ems.com.cn）、短信（10665185）、客服电话（11183）三位一体的信息查询系统。

（范训木）

电 信

【概况】 2013年，中国电信大田分公司完成电信业务收入5428.82万元，比上年增长7.54%；纳税由上年185万元提升到228万元。推广“智慧城市”建设，打造阳光政务和智慧校园、企业、社区，实现桃源、上京等9个乡镇光宽带全覆盖，城区全光网区域达85%以上。全县拥有固话5.38万部；天翼5.3万户，其中智能机用户2.03万户、3G用户2.67万户；宽带3.19万户，其中光宽带1.1万户；光缆2803.67皮长公里，天翼基站198个，全县信号覆盖率100%。通话村263个，通话面99.9%，有20个营业网点、10个渠道专营店，为社会提供全方位电信服务。当年，分公司被电信福建公司、电信集团工会福建省委员会评为“安康杯”先进单位，获电信福建公司“2012年度网络运行维护十佳县公司”称号，吴山支局、维护安装组分别被中国电信福建公司、电信集团工会福建省委员会评为“工人先锋号”、“六好”客户装维班组。大田分公司获电信三明分公司2012年网络建设管理劳动竞赛先进集体一等奖、WiFi(无线保真)建设优胜团队二等奖、光宽带建设优胜团队二等奖、运维竞赛优胜单位一等奖、创新维护与管理优秀项目三等奖，获2012年全市效绩考核二等奖、2012年度安全管理先进集体二等奖；被电信三明分公司党委授予“先进基层党组织”称号。公司连续17年实现创安工作“三无”目标。

（严慧芳）

【慰问敬老院老人】 1月，电信大田分公司发扬“尊老爱幼、扶贫济困”的传统美德，为大田敬老院的老人送去食用油等生活必需品和5000元现金。

（严慧芳）

【电信福建公司领导到县调研】 3月7日，电信福建公司总经理段建祥一行在市公司领导的陪同下到大田电信主营业厅和桃源、上京支局现场了解经营情况，对大田分公司首季度的业绩给予肯定。

（严慧芳）

【“亲情视频沟通平台”开通】 10月22日，电信大田分公司在屏山开通全县第一个天翼“亲情视频沟通平台”，为空巢老人和子女、留守儿童与父母搭建了远程沟通的亲情绿色安全通道。

（严慧芳）

【“阳光政务”信息化推动】 2013年，电信大田分公司通过3G网络推动信息的发送，将党务、政务、村务公开内容融入手机，让基层群众通过政务平台公开栏目了解当地的实情及惠农政策。满足基层群众的知情权，让群众直接参与热门话题讨论，监督党务和政务公开，提高乡、村党务政务村务公开、民主管理工作水平。

（严慧芳）

【“翼支付”应用推广】 2013年，电信大田分公司大力推广翼支付手机钱包。开通翼支付账户即可在联盟商商场、超市、加油站等消费场所实行手机刷POS机消费，在手机客户端及网站上完成水电煤缴费、话费充值，购影票、车票、彩票、电视缴费等。

（严慧芳）

【“翼校通”应用推广】 2013年，电信大田分公司利用天翼3G网络、互联网融合优势，为学校、家长提供家校互动平台。帮助老师和家长更好关爱孩子，识别本校学生，防止无关人员进入学校，维护校园秩序等，为“智慧校园”提供保障。

（严慧芳）

【“GPS车载定位”信息化应用推广】 2013年，电信大田分公司利用中国电信CDMA（码分多址）网络广覆盖、公交车监控管理系统、电子地图等为闽通公共交通有限公司提供运用互联网（Internet）、卫星定位（GPS）、地理信息（GIS）以及移动通信（3G）等，提升公交车综合管理服务能力和GPS定位技术视频监控服务。

（严慧芳）

【“地灾监控”信息化应用推广】 2013年，电信大田分公司利用天翼移动网，融合高清录像等模式，为县国土资源局提供地质灾害远程监控，通过互联网、手机远程调阅视频监控图像，提供地灾预警，起到及时指挥、调度的作用。

（严慧芳）

【农村电信工作机制创新】 2013年，电信大田分公司以真机上柜、酬金抽成、上柜展示、销售路径、培训考试的“五统一”工作模式，创新农村工作机制，获省公司高度评价并在全省推广。

（严慧芳）

中国移动

【概况】 2013年，中国移动大田分公司围绕省公司“攻坚克难，创新转型，全面提升公司持续健康发展水平”的总体要求，灵活创新开展各项工作，持续巩固区域市场占有率的领先地位。全年业务收入1.38亿元，比上年增长14.05%；年底，全县移动客户18.7万户；各乡镇全部开通了OLT（光线路终端）设备，ONU（光节点）端口数2.8万个；全县有2G基站403个、TD（时分同步的码分多址技术）基站109个，其中新建2G基站10个、TD网络基站63个；首建4G基站7个。

当年，移动大田分公司经营业绩获省公司三季度分组竞赛一等奖、二季度分组竞赛二等奖，市公司首季劳动竞赛三等奖；获综合业绩“先进集体”及“女职工标兵岗”“和谐企业”“三明市2013年守合同重信用企业”称号；被省总工会授予“模范职工之家”称号，被县委、县政府授予“纳税四百万以上企业”称号。

（邱志萍）

【车卫士业务助破摩托车盗窃案】 5月，移动大田分公司与县公安局刑侦大队联合开展盗车案追踪活动，依托车卫士产品的定位追踪功能，顺藤摸瓜，成功破获4起摩托车盗窃案，抓获犯罪嫌疑人2人，找回涉案摩托车10部，有效打击了盗窃摩托车犯罪分子的嚣张气焰。

（邱志萍）

【集团彩漫产品合作签订】 6月，移动大田分公司针对县政府关注民生的诉求，与各乡镇政府、县政法委签订集团彩漫合作协议。为各级政府部门发送公益类提醒图文彩漫、与政法委共同推进平安建设“三率”测评，发送集团彩漫10万条。

（邱志萍）

【社区网格化服务管理平台建设】 7月，移动大田分公司协助县委政法委共同推进“均溪镇赤岩社区网格化服务管理平台”建设，通过手机客户端现场拍照采集、上传至服务平台，即可完成信息对接，在全市首次实现社区服务管理信息化、网络化。

（邱志萍）

【全区首个行业手机报协议签订】 8月，移动大田分公司签订全区首个政府行业手机报协议，协议期3年，累计可产生收入9万元，凸显了行业手机报的便捷性、自主性、及时性等优势。

（邱志萍）

【校园迎新大型促销活动】 8月，移动大田分公司公开招募在校生组建直销员队伍，在大田鸿图中学、大田五中、大田职专开展大型迎新促销活动，共受理终端 148 部，发展话费优惠及号码卡 221 笔；借力校园网络圈子进行宣传造势，使迎新宣传费用比往年节省 80%。

（邱志萍）

【网络质量提升】 8 月，移动大田分公司一是确定每周一上午召开片区人员、投诉处理员、网络人员联动响应协调例会。二是对一线人员上报的信号弱覆盖或无信号区域进行逐条记录，并根据“信号整治兼顾利益与效率”的原则，对已记录的基站位置、驻地人口、区域性质、客户投诉率等数据对比进行轻重缓急排序，逐项确定人员名单、完工时间、设备材料等方案细节。当月，弱覆盖解决率达到 63%，超额完成挑战值 126%，排名全区第二。

（邱志萍）

【宽带结合机顶盒营销推广】 9 月，移动大田分公司率先推广宽带结合机顶盒营销。当月，共受理宽带 835 户，其中与网络机顶盒结合营销 57 户，取得阶段性成效。

（邱志萍）

【茶博会网络服务】 10 月 28—31 日，县政府在吴山乡和阳村举办大型茶博会现场活动，最高时段应急站通话达到约 60 爱尔兰。移动大田分公司网络部提前了解茶博会的会期、地点、人数、流程，在茶博会前一天完成应急站的安装、调试及和洋村相关基站的载频扩容，确保会间网络正常通信。

（邱志萍）

【4G 基站零突破】 12 月 25 日，移动大田分公司开通大田移动大楼、总工会凤山西路至东街口、宝山路建行大田支行至山水大酒店一条街的 4G 信号，开启 4G 基站的新纪元。

（邱志萍）

中国联通

【概况】 2013 年，中国联通大田分公司完成业务收入 2892 万元，比上年增长 31.28%。全县拥有联通基站 245 个，联通 2G 用户 2.61 万户、3G 用户 1.31 万户。优质的网络服务、优良的客户服务使企业的核心竞争力得到加强，为改善大田投资环境、促进经济发展提供通信保障。当年，分公司获中国联通福建分公司 2013 年县（区）分公司“业务发展奖”，被评为县委、县政府“2012 年度第三产业发展工作先进单位”；总经理游光华被县委、县政府评为“第三产业发展工作先进个人”。

（郭秀明）

【联通神脑营业厅开业】 10 月 1 日，位于城区东街口凤山西路 70 号的大田首家联通神脑营业厅开业，联通神脑是台湾最大手机代理通路商神脑国际联手中国联通的一项业务。营业厅面积 80 平方米，厅内设置了 3G 业务体验区、产品展示区、业务受理区。体验区分别摆放了 iPhone 手机、无线上网卡及其他 3G 产品，有国际品牌三星，国产的华为、酷派、联想、小米等全新智能手机，每台体验手机都下载安装不同类型的与用户生活相关的应用软件，提供给市民免费体验。

（郭秀明）

【联通营业厅改造提升】 11 月，位于建山路 2 号的联通营业厅重新装修，12 月 8 日完工启用。共投入资金 30 万元。改造后的营业厅客户缴费窗口安装了自助服务终端和自动排号系统，方便客户查询和缴费，是联通三明分公司下属较为规范、功能较齐全的营业厅。

（郭秀明）

【帮扶济困活动】 2013 年，大田联通分公司开展“干群结对帮扶济困活动”，组织人员到定点帮扶村——广平镇广平村帮扶困难户 4 户，入户联系 4 次，送去帮扶资金 3000 元。

（郭秀明）

商业贸易

□编辑：潘梅

商业系统商业

【概况】 2013年，大田县经贸局履行职能，抓好商贸、食品安全、商务执法等各项工作。全县社会消费品零售总额34.27亿元，比上年增长14.6%，其中限额以上企业零售额16.23亿元，限额以下零售额18.04亿元，居全市第7位。一是建立县级可控副食品基地49个，投入建设资金3000万元（县财政补助100万元），其中蔬菜基地21个、面积203.3公顷，年产蔬菜1.45万吨；生猪基地18个，年出栏生猪3.6万头；蛋禽基地5个，存栏蛋鸡8.4万只，年产蛋品134.4万公斤；水产基地场5个，网箱养殖550箱，年上市淡水产品2490吨。主要副食品价格指数分别为：菜112.3%、肉禽及其制品102.3%、水产品100.9%、蛋100.6%。二是加强商务执法。全年与公安、工商、畜牧兽医等部门联合执法37次，出动执法车辆24台次、执法人员154人次；开展猪、牛肉品质量安全专项整治工作，进行生猪屠宰执法检查27次，出动人员66人次；加强38个加油站监管，开展专项检查5次，出动人员17人次，查处违规经营2起，责令整改2家，处罚金额5万元；完成酒类备案登记121家，发放宣传材料600余份；"12312"商务举报投诉服务大田工作站受理举报投诉咨询服务8次。三是加大食品安全检测治理力度。全县共组织开展食品安全执法检查2555次，出动执法人员7519人次，检查食品生产、加工、经营企业2.5万户次，查处各类食品违法行为105起，查获污染食品总价值22.82万元。全县共抽样检测主要食品1.97万件，各项指标均符合国家和省定标准。四是加强国有企业管理。商业总公司职工共57人，年营业收入547万元，上缴税收112万元，实行增收节支，节约费用5万元，实现营业利润13万元。其中饮服公司实现营业额265万元，同比增长2.5%，上缴税收43万元，实现利润3280元；县食品公司屠宰厂全年共屠宰生猪3.39万头、牛1071头，实现产值104万元，上缴税收5.88万元，实现利润5.82万元。五是强化市场管理。县市场服务中心干部职工6人、协管员16人、保安11人，设2个管理组。下辖满田春、岩城新市场、活牲畜3个市场，年成交额分别为1.5亿元、800万元、900万元。

（叶五二、高上柳、陈永昱、陈真珍、陈荣事）

【紫诚（福建）信息技术有限公司成立】 4月17日，紫诚（福建）信息技术有限公司成立，注册资本500万元，位于大田县建山路岩城文化广场4号楼，总面积900平方米，团队成员共24名，均为返乡本专科大学生，是一家专注电子商务平台建设，集BTB、BTC、CTB多种电子商务模式延伸的行业门户网站建设及服务的专业公司，从事电子商务外包服务及销售、电子商务培训、企业信息化建设及文化创意产业咨询业务。公司下设有特色项目大田县高山茶网络推广中心，全年共销售毛茶375.5吨，并获得县政府颁发的"大田高山茶销售明星"称号。

（杜超洋、叶五二）

【省级城市副食品基地建设】 2013年，桃源镇无公害蔬菜基地上市蔬菜（莴苣、黄瓜、大白菜）1.82万吨，县昌荣畜牧有限公司出栏生猪1.05万头，均获得省经贸委、财政厅拨付基地项目建设扶持资金20万元。

（叶五二）

【岩城旅社升级改造】 2013年，县饮服公司投入30余万元，对岩城旅社三、四楼重新装修，更新安装了电脑、电视、热水器、空调等设备，提高宾馆的舒适度和品位。客房月床位数103张，平均入住率为60%，年接待达2.27万人次，收入265万元。

（陈真珍）

【国有资产管理加强】 2013年，县商业总公司加大房租的催缴力度，更新与出租店面、房屋签订的治安消防安全责任书、计生责任书，拨款做好大楼维护修缮，保证出租屋质量；对到期店面及时进行公开招标，年增加收入70万元。

（陈真珍）

【社区便利店建设】 2013年，大田县金盈粮油贸易有限公司继续承办全县社区便利店建设，根据省经贸委下达指标，企业投资50万元，分别在城区白岩、玉凤、赤岩、镇东4个社区和京口工业园区建设改造社区便利店。

（叶五二）

供销系统商业

【概况】 2013年，大田县供销合作社联合社内设办公、人事、财会、业务、合作指导、社有资产管理、农副产品信息中心等7个科室；县供销社统辖18个乡镇基层社、供销贸易服务中心及供销贸易总公司、农资公司、烟花爆竹经营部等3个专业公司。有经营网点127个，在职干部职工42人。固定资产原值886万元，比上年减少0.11%；流动资产3621万元，同比增长0.28%。全年商品购进总额4.09亿元，同比增长36.79%，商品销售总额4.30亿元，同比增长39.16%；实现利润62.3万元，同比增长67.02%。

（丁首群）

【社有资产管理加强】 12月，县供销社进一步完善内部管理，加大社有资产管理力度，成立社有资产租金清理工作领导小组，对全系统社有资产摸底造册，规范租金清缴，应收尽收社有资产租金27.9万元，解决产权不明、承租方转租损害社有资产利益等历史遗留问题。

（丁首群）

【农村合作经济组织协会成立】 12月，县供销社牵头组建的“大田县农村合作经济组织协会”正式成立，高峰金绿生姜、高山茶叶、桃源蔬菜、东风农场红菇等53家专业合作社成为成员单位，农民组织化程度进一步提高。

（丁首群）

【烟花爆竹专营成效凸显】 2013年，县供销社加强烟花爆竹专营管理，县设烟花爆竹配送中心，占地538平方米，下设经营网点136个，其中城区28个、乡镇108个，共有从业人员268人。全年出动执法车辆22辆次、人员120人次，查处违规营运烟花爆竹案件11起，实行规范、安全、有序的经营和管理。全年销售总额4580万元，实现利润580万元，上缴税收229万元。

（丁首群）

【综治信访工作取得新成效】 2013年，县供销社重视信访维稳工作，坚持有理的解决到位，无理的教育到位，生活困难的扶持到位“三个到位”。针对刘盛秋要求补发工资的信访案件，县供销社召开6次专题研究会，走访有关人员，调阅历史档案，还原历史事实，长达三年的信访案得到平息。

（丁首群）

粮食系统商业

【概况】 2013年，大田县粮食局履行粮油市场监管与服务职能，依法管粮，全县粮食工作取得较好的成绩。县地方储备粮库安全储粮8500吨、储油70吨；县国有粮食企业实现净利润11万元，购销公司房租收入156万元。推进县粮油储备库建设，改善储粮条件，夯实科学保粮基础，固定资产原值6554万元（粮食企业1346万元），比上年增加2956万元；流动资产6466万元（粮食企业3444万元，政策性亏损挂账1507万元），比上年增加402万元。局及下属企业年末职工总数32人（局机关15人，国有粮食企业17人），比上年减少2人。

（张加泰）

【社会粮食供需平衡调查】 1月，县粮食局根据省局统一部署和要求，抽调监督检查股和业务股7个人，分2个组到5个乡（镇）的45户农户及城区8个居委会的16家居民户抽样调查全县粮食供需情况，为政府决策提供依据。

（张加泰）

【农户科学储粮专项建设】 6月，县政府根据省粮食局《关于做好2013年农户科学储粮专项建设工作的通知》，全县分配储粮仓6000套，培育农户科学储粮示范户6000户。协助中标企业湖南雄龙置业有限公司确定石牌粮点为科学储粮仓制作点。县粮食局在梅山、文江、建设、太华、桃源、上京、石牌等7个乡（镇），利用新闻媒体、印发宣传手册和墟日现场讲解、实物操作演示等形式向农民传授科学储粮知识，推广使用新型储粮仓具，培育科学储粮示范户。8月下旬，与80个村的示范农户签订《农户科学储粮示范项目协议书》，各村委会采取分片包干形式，收取农户个人承担的部分资金。9月30日开始，发放储粮仓到7个乡镇80个村，至10月15日，6000套新型储粮仓发放完毕。

（张加泰）

【订单粮食收购】 7月，县政府根据“订单粮食”收购政策及地方储备粮轮换需要，确定“订单粮食”任务2301吨，并制定订合理的订单粮食收购价格。当年，产国标中等早籼稻收购价格为每50公斤133元，晚籼稻收购价格为每50公斤135元。直接补贴标准保持12元/50公斤的水平。县地方储备粮库实行“三公开一预约一兑现”的办法收购，即：公开订单直补标准、公开收购价格、公开质量标准，预约收购时间，及时兑现粮食收购款及直补款。至12月6日，全面完成订单粮食收购任务。

（张加泰）

【粮油储备库建设】 2013年，县粮食局争取国家发改委专项补助400万元、省财政支持65万元，向农发行贷款3500万元，保证粮油储备库建设资金需求。抽调精干人员强化现场管理，坚持跟班作业，按设计要求施工，确保工程质量与进度。至年底，完成3＃仓库、4＃仓库、地磅房、消防池、公路连接线混凝土道路工程和护坡溜方治理工程及9＃仓库主体工程、库区混凝土道路部分完成。全年完成年度投资任务1220万元，累计完成投资5635万元。

（张加泰）

【粮食流通市场监管加强】 2013年，县粮食局按照《粮食流通管理条例》赋予的职责及相关政策规定，加强粮食流通市场的监督和粮食市场监测，完善旬报制度，开展最高最低库存量检查，指导粮食经营者合理购销，保证粮食市场供应，价格平衡。在2月底，召开粮食统计工作会议，对粮食经营及加工业主进行粮食统计业务培训，部署统计工作，确保粮食统计的及时、准确，为政府做好粮食宏观调控工作提供决策依据；春节、“五一”等节日前，组织有关人员在城区和重点乡镇开展粮油质量检查，督促粮食经营者依法经营，杜绝陈粮进入口粮市场；在收购期间，组织人员进乡入村调查，杜绝哄抬粮价、压级压价等行为，维护正常收购秩序，保证粮源质量。

（张加泰）

民爆物品经营

【概况】 2013年，大田县永丰民爆器材专卖有限公司进一步强化企业管理，做好工农业生产建设和重点工程建设所需民爆物品的供应，抓好企业的安全生产和增收节支工作，确保国有资产的保值增值。有干部、职工15人，总资产1799.38万元，比上年下降0.01%；净资产1439.79万元，比上年增长5.28%；全年销售工业炸药4615吨，比上年增长0.87%；销售工业雷管473万发，比上年减少3.99%。实现销售收入4960.64万元，比上年减少0.62%；利税总额857.37万元，比上年减少0.65%。

（陈华贡）

烟草专卖

【概况】 2013年，大田县烟草专卖局、三明市烟草公司大田分公司继续合署办公，实行“一套班子、两块牌子”体制模式，简称“大田县烟草专卖局（分公司）”，有员工143人。

专卖管理 2013年，县烟草专卖局依据

《中华人民共和国烟草专卖法》及其实施条例、《烟草专卖许可证管理办法》履行专卖管理职责，依法行政，诚信服务，全年共出动打假打私2896人次，查办烟草专卖案件23起，其中，无证生产烟草制品案件1起，查获烟支324.18万支、卷烟机组2台套；非法收购、加工烟叶案件2起，查获烟叶7.22吨、烟丝9.06吨；卷烟案件20起，查获卷烟2370条，罚没款1.27万元。年末，全县共有烟草专卖零售许可证经营卷烟1658户。

烟叶购销 2013年，全县收购烟叶2273.4吨，比上年增长9.59%，上等烟比例占58.55%，平均亩产量124公斤，同比下降20.51%，平均亩产值3178元，同比下降8.49%，户均种烟收入5.03万元，同比增长6.12%，单户烟农售烟总额最高达46.43万元，烟农售烟总收入5841.48万元、同比增长13.43%，户均5.03万元，同比增长6.12%。实现烟叶税1188.7万元，规模种烟效益进一步彰显。

卷烟销售 2013年，全县卷烟销售1.42万箱，同比增长2.9%，其中，销售一类烟1835.2箱，同比增长1.8%，二类烟3407.95箱，同比增长8.26 %，其他类烟8956.85箱，比增1.26%。全年含税销售额3.43亿元，同比增长4.57%。

（庄 婧）

石油经营

【概况】 2013年，县辖区内成品油经营单位有：中石化森美（福建）石油有限公司三明分公司加油站13座（含泉三高速4座），中石化森美商客部大田批发点，中国石油天然气股份有限公司大田加油站8座，社会私营加油站17座；员工总数255人。中石化森美公司为国有控股合资非独立核算单位，中石油公司为国有控股非独立核算单位，人、财、物由上级公司统一管理，油品由上级公司配送，销售价格由省级公司根据国家规定统一下发。全年度油源充沛，未出现市场紧张现象。年均油价：柴油每吨8300元，93号汽油每吨9700元，97号汽油每吨1.02万元。全县成品油零售总量9.1万吨，其中中石化森美销量4.6万吨；中石油销售2.5万吨，私营加油站销售2万吨；中石化森美代批发0.6万吨。中石化森美公司大田片区全年上缴税收520万元、中石油上缴171万元。

（范祯钟）

农机经营

【概况】 2013年，大田县农业机械公司有在职职工10人，退休职工9人。固定资产103.93万元，与上年持平；流动资产76.66万元，同比增长7.23%。因经营机制转变，市场竞争激烈，公司业务经营基本处于停业状态。

（尤德生）

医药经营

【概况】 2013年，福建省大众医药有限责任公司职工总数76人，其中药学高级职称1人、中级4人、初级31人；取得执业注册证药师4人、从业药师6人。企业注册资本1100万元，固定资产3785万元，流动资金1720万元。全年药品购进2283万元，比上年下降16%，销售总额2667万元，比上年下降16.45%，实现利税150万元，其中利润44万元。

（杨建新）

个体私营商业

【概况】 2013年，全县经工商行政管理局登记注册的个体商业户和私营商业企业共有9256户，比上年增长29.51%，从业人员2.35万人，比上年增长48.73%，注册资金40.70亿元，比上年增长72.98%，其中，城区5811户，从业人员1.68万人，注册资金33.72亿元；农村3445户，从业人员0.66万人，注册资金7亿元。总户数中，个体商业户8265户，比上年增长24.57%，从业人员1.4万人，比上年增长27.27%，注册资金3.65亿元，比上年下降32.9%；私营商业企业991户，比上年增长93.55%，从业人员9475人、比上年增长95.56%，注册资金37.07亿元、比上年增长104.81%。

（张秀莹）

城乡集市贸易

【概况】 2013年，全县城乡集市贸易继续实行市场巡查制和区域管理制，强化食品安全监管，促进管理到位、规范有序。

（乐晓卓）

【蔬菜、水产品等质量监测】 2013年，县工商局开展城区上市蔬菜、水产品等大宗食品的质量监测，共抽检样品1408个次，其中，蔬菜及水果687个、水产品517个、各类干货53个、粮食制品112个、送检食品样品39个。

（乐晓卓）

【食品安全快速检测】 2013年，县工商局对城区中心集贸市场的蔬菜、水产品等大宗食品进行重点监测和检查，每月对食品经营户、市场的专项抽检不少于3次，检测1513次，各大超市、市场、海产品批发店、茶厂均配备食品安全快速检测箱，抽查蔬菜、水果、海产品等各类样品4327次。其中，查出并没收销毁不合格、过期变质各类预包装食品品种11个，约15公斤。

（乐晓卓）

对外经济贸易

【概况】 2013年，县委县政府创新项目策划理念，围绕国家产业政策，加强招商选资，支持出口企业加快转型升级，提升外贸出口创汇能力。

外贸 2013年，大田县对外贸易经济合作局做好对南湖、宏润、永大、宝通、宝山等纺织、陶瓷、机械生产性出口企业的扶持、服务、协调工作，拓宽旭丰、诺斯奇、加铭宇等对外贸易公司业务渠道。全县外贸出口7412万美元，比上年减少48.53%，完成市下达任务数114%。

外资 2013年，全县新批办外商投资企业1家，完成验资口径1210万美元，同比增长19.57%。

（林凤洁）

【大田·厦门投资项目推介洽谈会举办】 4月12日，县委、县政府组织近200人在厦门市举办大田·厦门投资项目推介洽谈会，邀请驻厦门市各商会客商256人，其中新客商218人，占邀请客商总数的85.2%。全县共对接“三维”项目44个，总投资176.24亿元，其中上台签约项目20个，总投资123.34亿元。

（林凤洁）

【组团参加第十七届“9·8”投洽会】 9月8—12日，县委、县政府组团近70人参加第十七届厦门“9·8”投洽会。邀请客商30人，对接项目12个，上台签约合同项目2个，总投资5100万美元。其中，中小轻型游艇制造生产合同项目，总投资3500万美元；思源山泉水农业综合一体化开发项目，总投资1600万美元。

（林凤洁）

4月8日，三明学院和大田县在龙山宾馆一楼会议室举办校县项目合作推介活动

（县发改局提供）

城建·旅游

□编辑：潘梅

规划设计

【概况】 2013年，县城规划工作以“南进东拓北扩西延”为主线，继续做大做美城市。一是严格执行建设项目选址意见书、建设用地规划许可证和建设工程规划许可证的“一书两证”制度，严把规划审批关，加强城市规划管理，城区建房办证率达100%。全年共办理单位建设项目选址意见书8件，用地34.2万平方米；单位建设用地规划许可证13件，用地面积51万平方米（含华石线）；单位建设工程规划许可证14件，用地面积4.4万平方米，建筑面积25.4万平方米。个人建房办理建设规划用地许可证96件，用地面积1.2万平方米，建筑面积6.5万平方米；个人建房办理建设工程规划许可证119件，用地面积2.1万平方米，建筑面积9.5万平方米。二是着力抓好规划编制工作。完成《大田县城总体规划修编（2013—2030）》（简称《总规》）、《大田县绿地专项规划》和《大田县环境卫生专项规划》的编制工作，完成《城市空间拓展战略规划》及《总规》修编的专题评估报告并得到市政府批复；完成183个村庄规划修编工作并全部通过县政府审批。三是推进城市“四大板块”建设规划。东部新城核心区板块完成凯天龙文化创意产业园规划设计方案报批；完成能源集团广元矿区企业总部、浩沙体育文化产业园及宝龙生态城开发建设项目前期的概念性规划设计，正进行土地征迁报批工作。南部城市综合体板块启动《大田县城区南部城市总体规划》，完成六迪坑、石牌美食城概念性规划和土地征迁报批。西北新区板块完成地形图测绘及概念性规划设计初稿，并与建发集团商讨北部开发合作意向。城区三旧改造板块完成鱼池洋小区改造前期概念性规划设计，由镇村两级进行摸底调查；完成原麻纺厂地块前期概念性规划设计。

（柳　青）

【水岸人家小区规划设计完成】 年初，大田县水岸人家农民集中安置小区委托泉州市住宅建筑设计院规划设计完成。项目位于兴田路以南、均溪边上，南面为大田变电站。用地性质为居住用地，总用地面积7575.26平方米。小区内群主体由2栋点式一类高层住宅组成，其中1号、2号楼裙楼部分设置大型商业中心。配备地下车库及地面局部临时绿化停车位，方便住户使用。景观设计上重点表现大中庭景观体验，绿地率为25%。

（柳　青）

【县汽车站方案设计完成】 5月，大田县汽车站建设方案委托厦门中福元建筑设计研究所设计完成。该项目位于县新规划的东部新城区西部，属均溪镇温镇村井美，紧邻县老城区，用地约为3.6万平方米。车站按国家一级客运站标准设计，月客流量5000人以上。拟建建筑面积约为6.5万平方米。功能组成主要有汽车站、中心站房、综合商业、休闲娱乐、综合楼及职工安置房。

（柳　青）

【浩沙活力城建筑规划设计方案完成】 9月，福建省大田浩沙活力城建筑规划设计方案委托美国RTKL和中国中建设计集团有限公司上海分公司设计完成。本地块位于兴田路西侧、均溪河沿线，总用地面积4.1万平方米，地块为三角形，周边山水环抱。该项目位于旧城区和东部新城之间，以“健康活力”

为规划主题理念，形成以体育健身为核心的新型城市综合体。

（柳 青）

【“三旧”改造项目规划设计完成】 11月，福建同利祥纺织实业有限公司“三旧”（旧城镇、旧厂房、旧村庄）改造项目委托远泰地产投资和新加坡邦城规划顾问有限公司规划设计完成。该项目位于县城区南部，东南片区控制性详细规划的中心地块。西临福田路，隔均溪河与仙亭山遥遥相望，东至过境公路，西南侧是在已规划建设的福裕名城商住小区，南至职业中专学校、北至后坂路。规划总用地面积约17.2万平方米，规划总建筑面积约48.1万平方米，总投资约10亿元。项目功能定位：以中心城市为依托，集商务办公、休闲娱乐、幼儿园、和高尚居住功能为一体的生态宜居综合体。

（柳 青）

【德润住房小区规划设计完成】 2013年，德润保障性住房小区（福星花园）委托中国中轻国际工程有限公司规划设计完成。该项目位于县城区北部，总用地面积1.5万平方米，规划建筑面积4.6万平方米，530套限价商品房，总投资1.8亿元。

（柳 青）

城市建设

【概况】 2013年，县住建局以“完善城市基础设施”为根本，提高城市综合承载力。一是加强市政道路建设。继续做好栋山路拓宽改造项目征地拆迁工作，已投资1000万元，A标段路基基本成型，挡墙、护坡等工程、推进坟墓迁移和征迁工作；完成福田路道路改造工程、公交站台设置和夜景亮化美化工程等；完成东兜、国税边巷道、富山新村一路等混凝土路面铺设；组织实施河滨栈道景观工程前期地质勘探、施工图设计。二是加强市政桥梁建设。完成县为民办实事项目福塘桥改造工程大部分征地工作，工程招投标工作合同已签订，工程队进行桥桩基础施工；完成半岭后朱宝桥设计、工程预算和招投标等工作，12月初工程队进场进行桥墩基础施工；加紧完成福田桥、南门桥拓宽改造工程。三是加强市政公用行业安全管理。县住建局组织相关股室于6月、12月对市政公用行业燃气、公交、供水等安全状况进行一次全面检查，并对存在问题提出整改意见，消除了事故隐患。四是全面排查市政公用基础设施。对存在隐患的防洪沟安排人员清理，确保畅通；更换破损窨井盖板56块，确保行人车辆的安全。加强全县16.5公里污水主干管的日常巡查维修，污水处理厂的污水量和COD(化学需氧量)含量基本达到省市要求。

（柳 青）

【项目推进年活动获奖】 2013年，东部新城及城市规划建设组计划投资11.5亿元，完成投资13.73亿元，超额完成全年投资任务119.39%。在三明市“深化项目推进年”活动中获“七个重大项目组”一等奖。

（柳 青）

【路灯夜景管理日趋完善】 2013年，县城夜景路灯基本运行正常，完成了文明县城检查和迎接各级领导检查等各项任务。同时，在路灯设计和建设上注重节能减排，逐步采用智能照明等节能控制装置，实现亮丽与节约双赢。

（柳 青）

【东部新城和南部城市建设】 2013年，东部新城核心区板块完成兴田路及均溪河部分河滨景观等市政设施建设，凯天龙商务酒店主体工程已完工，建筑面积1.09万平方米，进行室内外装修；汽车站迁建工程一期和占地13.5公顷的凯天龙文化创意产业园商住部分动工建设。南部城市综合体板块完成福田大道路面及沿街立面改造，实施管网下地、雨污分流和夜景工程建设，完善沿街市政设施并对福田桥进行拓宽改造。

（柳 青）

城市管理

【概况】 2013年，县城市管理以“监管并进，建立长效机制”为抓手，提升城市管理水平。一是进一步完善城区市容环卫设施。全年投资53万元，添置人行道清扫车1辆、果皮箱200个、维修城区公厕3座，逐步解决城区垃圾清扫、清运难及公厕破旧的问题。全年共清运垃圾3.12万吨。二是加大市容监管力度。以开展“创建省级卫生、文明县城”环境综合整治活动为重点，有计划、有重点地开展市容环境卫生和违法用地、违法建设的“两违”管控工作。做好西门露天菜市场、满田春市场等早市摊点外溢和占道经营现象整治。纠正违章占道摊点4200余起，取缔违章摊点500起。三是加大城市规划区内违法用地、违法建房行为清理整顿力度。查处违章建设125起，制止和拆除违法建筑52起，行政处罚34宗，违法建筑面积约9580平方米，送达《违法（章）行为停止通知书》450份。四是加大城区渣土、弃土整治力度。县政府专门成立县渣土办，制定《大田县建筑渣土砂石运输管理实施方案》，齐抓共管，有效解决城区渣土、弃土乱倒、乱排等行为。全年共查处违章弃土25起，责令施工单位整改30起。五是进一步加强园林绿化管理工作。全县新增建成区绿地面积19公顷，投入绿化资金980万元，新建园林绿地面积10公顷（含京口公路、福田路），建成区绿地率达36.7%，绿化覆盖率达41.6%，人均公共绿地面积24.5平方米。初步形成了以公园绿化、广场绿化为中心，道路绿化为骨架，环城防风林带为屏障的生态绿化环境格局。

（柳 青）

【城区春季绿化补植】 3月上旬，县园林处安排人员对市区主要路段行道树、绿化隔离带缺株、缺苗及白岩公园、岩城广场公共绿地空档情况进行调查统计，制订详细的绿化补植方案。全年共完成白岩公园补苗1.01万株，岩城广场补苗3725株，街道绿化带补苗6600株。

（柳 青）

【规划执法力度加强】 2013年，县综合执法大队按照全县“两违”整治工作要求，查处违规违章建设125起，发停建通知书450份；拆除临时搭建、搭盖46起，违章建筑面积约6500多平方米；组织强制拆除8起，违章面积约1650平方米；行政处罚33宗，金额30.2万元。

（柳 青）

【省级文明县城创建】 2013年，全县以创建省级文明、生态园林县城为目标，县园林处会同公园广场物业公司组织人员对城区绿化及白岩公园、岩城广场进行大整治，做好绿化带及公共场所卫生保洁工作，在广场和公园设立禁烟区、便民利民志愿者服务站、便民服务点、文明宣传栏各2处，布设夜景灯35盏、雕塑果皮箱50个，修换窨井盖、喷泉水泵各5个，确保园内各项设施正常运行使用。

（柳 青）

房地产

【概况】 2013年，县住房办落实国家宏观政策，保持房地产业健康发展。一是商品房开发强劲有力。县城区主要有金象温泉城、龙腾盛世、锦绣福田、福裕名城、赤岩壹号公馆、体育中心改造、岩城明珠、水岸人家等8个楼盘，年计划投资15亿元，已完成投资16.93亿元，占年计划的112.87%。年商品房销售任务数17.8万平方米，至年底，已销售面积18.04万平方米，超额完成年初下达的任务。二是规范房产管理。完成房屋所有权登记2930宗，面积64.62万平方米；办理所有权抵押登记3001宗，面积92.54万平方米；出具房屋登记信息证明5544份；住宅专项维修资金归集金额584.70万元，累计归集金额1699.28万元。三是保障性安居工程建设力度加强。累计完成投资1.89亿元，争取中央和省级财政补助资金4717.99万元，共建设各类保障性住房1647套（户）。

（柳 青）

【住房价格略升】 2013年，全县商品房销售均价7514元/平方米，比上年增长1084元/平方米；全县存量住房均价3747元/平方米，比上年增长113元/平方米。

（柳 青）

【商品房预售和备案管理】 2013年，县住建局加大商品房预售管理力度，办理商品房预售许可证16宗，预售面积26.51万平方米；

县房管所办理商品房购销合同备案登记1477宗，面积16.73万平方米，金额13.31亿元。

（柳　青）

【保障性安居工程建设】 2013年，全县保障性安居工程廉租房项目实际建设60套已基本建成；公租房项目实际安排建设1045套；限价商品房项目秋桐住宅小区364套均在主体施工，达预售许可条件，并已配售269套；棚户区改造项目水岸人家安置小区（一期）工程58套进入基础施工；东风农场国有垦区危旧房改造65套主体全部完工，开始室内外装修。新增住房租赁补贴55户。全年保障性住房超额完成219套。

（柳　青）

【住房公积金管理】 2013年，三明市住房公积金管理中心大田管理部坚持确保资金安全、提高资金使用率及其保值增值，进一步规范住房公积金缴存、提取、贷款管理。单位和个人按工资总额同等比例缴交住房公积金，央企、国属单位各按单位、个人15%，市、县属企业各按单位、个人12%缴交。当年，全县缴交住房公积金单位495个、职工1.38万人，比上年增加945人，归集额1.36亿元，同比增长1.5%；购房、还贷、退休等3680人，提取公积金7904万元，同比增长19%；为369户发放公积金贷款9550万元，同比增长123%，回收4219万元。截至年底，全县累计归集住房公积金7.74亿元，余额4.24亿元，同比增加5700万元；提取额3.5亿元，占缴存总额的45.22%；为4961户发放贷款金额5.67亿元，回收2.55亿元，贷款余额3.12亿元，同比增加5331万元，个贷率73.58%。

（陈进端）

建筑业

【概况】 2013年，县住建局加大建筑工程质量安全监管力度，把好建筑质量安全关，实现建筑业快速发展。一是抓落实。县住建局成立安全生产大检查及“百日行动”领导小组，制定《2013年安全生产重点整治“百日行动”工作实施方案》，开展重点行业领域安全专项整治。在全县年度安全生产工作目标责任考评中获一等奖。二是抓督查。全年共组织8次安全大检查，对存在的问题提出整治措施，确保安全生产。三是抓安全管理。共受理《工程安全措施备案》工程项目57个，确保建筑工程安全施工的规范运行。四是抓建筑市场管理。强化建设工程管理，按照《建设工程施工许可证管理办法》规定，共审查办理建筑项目工程施工许可证45份，建筑面积66.4万平方米，总造价10.33亿元；抓好招投标管理，全年招标项目50个，招投标比例达100%。

（柳　青）

【建筑业产值增长】 2013年，全县完成建筑业产值19.7亿元，比上年增加2.3亿元，同比增长13.22%。

（柳　青）

【建筑市场管理规范】 2013年，县质监站加大建筑工程质量管理力度，审核办理工程竣工验收备案25个，建筑面积12.5万平方米，总造价2.63亿元。

（柳　青）

村镇建设

【概况】 2013年，县住建局村镇规划与管理工作围绕“城镇扩规模，建设新农村”，统筹搞好和谐乡镇建设。一是重视村庄规划编制。按照县政府办公室《关于加快村庄规划编制工作的通知》，全县完成183个村庄规划修编，并通过专家评审和县政府审批。当年，进行总体规划15个乡镇，已获县政府审批13个乡镇，武陵乡规划已上报县政府，梅山乡正组织报批资料。二是抓好村镇建设。全年完成集镇建设面积5.8万平方米，村庄12.2万平方米，农村人口逐步向城镇集聚，城镇化率提高2个百分点。三是继续开展家园清洁行动。吴山乡已完成垃圾中转站主体工程，进入后期设备安装阶段；石牌镇垃圾中转站已完成选址，进入建设阶段。四是做好美丽乡村建设。按照农村生产发展、生活富裕、生态良好和县委、县政府《大田县开展美丽乡村行动计划的通知》要求，县村建站协助县农办整治建设精品村2个、中心村

19个、特色村21个。

（柳　青）

【村镇公建项目审批力度加大】 2013年，县住建局共审批发放村镇建设选址意见书5份，用地面积359.61万平方米；建设用地规划许可证32份，用地面积51.06万平方米；建设工程规划许可证51份，占地面积5.86万平方米，建筑面积19.38万平方米；乡村建设规划许可证8份，用地面积800平方米，建筑面积2400平方米；核发规划意见函27份，其中9个新村建设占地面积5.23万平方米，可满足235户村民建房；生产性建设项目18个，占地面积61.73万平方米。

（柳　青）

旅游经济开发

【概况】 2013年，县旅游局投入旅游开发和建设资金约5.8亿元，其中，仙峰养生温泉度假区项目2.17亿元，凯天龙文化创意产业园项目2.11亿元，仙廷大酒店建设项目1.12亿元，仙亭山、赤岩公园建设项目860万元，芳联堡土堡民俗文化旅游区项目1245万元，象山避暑养生度假区项目520万元，高山茶生态茶园休闲体验区项目1525万元。同时开展旅游宣传推介活动，组织旅游从业人员学习培训、做好旅游统计、加强自身行业管理业务；出台旅游地接奖励办法，成立田阳旅游开发有限公司，制定旅游工作部门联动制度；做好旅游系统的党建、机关效能、文明单位创建工作。至年底，全县共接待游客99.05万人次，比上年增长18%，实现旅游总收入2.25亿元，比上年增长20.32%，主要景区（象山）接待游客3.63万人次，门票收入15.2万元，比上年增长30.1%和26.7%。

（张春珍）

【旅游接待住宿设施普查】 1—2月，县旅游局开展旅游接待住宿设施普查工作。全县普查对象122家，由各乡镇、社区承担普查数据采集工作，普查结果：全县旅游接待住宿床位共4133张。

（张春珍）

【县旅游风光摄影展举办】 2月，县旅游局在县影剧院一楼举办大田县旅游风光摄影展，展出16位摄影爱好者的摄影作品60幅，主要内容有象山、闽湖、高山茶园、大仙峰等景区的自然风光和大田土堡群，展现大田“山水一色、生态岩城”的旅游新形象。

（张春珍）

【旅游项目招商引资】 4月12日，县旅游局组织参加在厦门举行的“2013年大田·厦门投资项目推介洽谈会”。其中，福建茂林珍稀花木有限公司就县闽湖旅游度假区、厦门福联兴游艇有限公司就县闽湖游艇俱乐部、福建隆德集团就县象山避暑养生度假区等3个旅游项目具有投资意向。11月9日，厦门福联兴（福建）游艇有限公司游艇生产项目在大田县经济开发区开工奠基。

（张春珍）

【旅游地接奖励办法实施】 4月26日，县政府办出台《大田县发展旅游地接奖励办法（试行）》，以调动和鼓励旅行社开展地接业务积极性，拓展客源市场，提升大田旅游知名度。奖励办法以旅行社和旅游车辆运营企业组织、招徕县外游客到县游览一个景区以上的人次作为奖励依据，分为景区门票奖励、旅游团队车辆奖励、入境旅游团队奖励、年度游客累计人数奖励和入住星级饭店奖励等。

（张春珍）

【假日旅游协调小组成立】 5月，县委办、县政府办调整充实县旅游工作领导小组，成立县假日旅游协调小组，由分管副县长任组长，成员单位25个，下设办公室，由旅游局长兼任主任，制定办公室及各成员单位的职责分工，为发挥旅游工作部门联动提供制度依据。

（张春珍）

【大鹏集团到县考察】 7月3—6日，香港大鹏旅游集团（环球）投资有限公司区域总经理徐敏峰一行5人在副县长苏迎平的陪同下考察大田旅游资源，先后到屏山茶园、象山、闽湖、土堡等景点考察，提出大田旅游产业整合及发展思路，拟订参与大田旅游品牌建设规划。

（张春珍）

【酒店服务技能比赛】 7月19日，县旅游局组织县山水大酒店、仙廷大酒店和仙廷御华圆酒楼的优秀服务员24人进行中式铺床、中餐宴会摆台等服务技能比赛，全县星级酒店和拟评星级酒店的服务人员进行观摩，市旅游局副局长王秀文及市旅游服务中心行业专家进行现场讲评指导。

（张春珍）

【田阳旅游开发有限公司成立】 8月，县旅游局在原已注册的县田阳旅游有限公司的基础上，优化调整福建省大田县田阳旅游开发有限公司的组建方案，明确公司领导班子人选，由县国资办注入开发资金，增加资产规模和扩大经营范围，进行公司变更和增资手续的办理，成立大田县田阳旅游开发公司。计划通过资产整合、资金注入、股份合作等多种形式，逐步形成“公司加景点加农户”的新型旅游开发模式，提高全县旅游的组织化程度和投资实力，构建加快大田旅游产业发展的运作平台，逐步开发建设一批旅游项目实体和龙头企业。

（张春珍）

【《中华人民共和国旅游法》暨强化旅游安全生产培训班举办】 9月23日，县旅游局在县委党校举办学习贯彻《中华人民共和国旅游法》暨强化旅游安全生产培训班。三明旅游学院院长曾祥添作学习贯彻《中华人民共和国旅游法》暨强化旅游安全生产专题讲座。县旅游局、旅行社、旅游景区、宾馆饭店、乡村旅游经营单位管理人员、县职专旅游班师生以及全体导游共90多人参加听讲，并观看三明市旅游局和旅游协会制作的《游客安全乘车，文明旅游温馨提示》影碟片。

（张春珍）

【浩沙杯环球比基尼小姐大田采风举办】 9月29—10月1日，环球比基尼小姐大赛国际

组委会、市旅游局、大田县政府、浩沙国际（香港）有限公司联合举办2013年浩沙杯环球比基尼小姐总决赛大田采风活动，来自51个国家和地区的53位国际小姐到象山、闽湖、茶园、土堡等景区进行采风。

（张春珍）

【全市首届森林食品烹饪大赛参赛】 10月14日，由御华圆大酒楼和杏花村酒家10位参赛选手组成的大田县代表队，参加在三明天元国际大酒店举办的全市首届森林食品烹饪大赛，本县选手制作展台主题为“闽中之秀，生态岩城”，原林生态笋、蜂潮蛹动、山海林缘分、满腹经（菌）纶、九层粿、香叶粿、孔雀开屏等烹饪食品获得团体铜奖，胡春灯获得个人赛银奖，刘兴财获得铜奖，廖辉锋获得优秀奖。

（张春珍）

【旅游系列电视宣传】 2013年，县旅游局加大大田旅游电视宣传力度，一是与县电视台合作，制作大田旅游专题宣传片《游在大田》系列节目，定期在大田电视台滚动播放；二是请央视科教频道《地理中国》栏目组到大仙峰自然保护区、土堡等拍摄专题片；三是在央视中文国际频道《远方的家》大型系列栏目《百山百川行》摄制大田县土堡风情节目。

（张春珍）

财政·税务

□编辑：陈吉浣

财政工作

【概况】 2013年，大田县财政局积极应对当年减收增支困难局面，大力组织财政收入，控制一般性支出，加强资金筹集调度，保障民生和重点建设项目支出，促进经济社会平稳健康发展。

公共财政收支 2013年，全县公共财政总收入11.19亿元，比上年增长6.42%，其中地方公共财政收入7.39亿元，同比增长10.32%；全县公共财政支出16.34亿元，同比增长22.29%。

公共财政预算平衡 2013年，全县地方公共财政收入7.39亿元，上级补助收入8.52亿元、债券转贷收入2600万元、预算外资金调入235万元、其他调入219万元，体制上解支出1767万元，专项上解支出851万元，全县总财力15.95亿元；总财力加上年结余4.33亿元，减去当年公共财政支出16.34亿元、债券还本支出1500万元、结转下年支出3.79亿元，全县财政净结余19万元。

政府性基金收支 2013年，全县财政基金预算收入7.00亿元，同比下降30.18%；全县财政基金预算支出7.44亿元，同比下降30.74%。

基金预算平衡 2013年，全县财政基金预算收入7亿元，省市补助8302万元，上年结转8986万元，基金总收入8.73亿元；全县财政基金预算支出7.44亿元，上解上级支出764万元，基金总支出7.52亿元。收支相抵，滚存结余1.22亿元。

2013年大田县财政收入情况

表13 单位：万元、%

收入项目	决算数（万元）	比上年	
		增减额（万元）	增减幅度（%）
一、全县地方公共财政收入	73918	6912	10.32
1. 国内增值税	8192	−208	−2.48
2. 改征增值税	929	890	2282.05
3. 营业税	13996	655	4.91
4. 企业所得税	6723	354	5.56
5. 个人所得税	2211	−42	−1.86
6. 资源税	2555	200	8.49
7. 城市维护建设税	2045	91	4.66
8. 房产税	1076	253	30.74
9. 印花税	613	−19	−3.01
10. 城镇土地使用税	474	85	21.85
11. 土地增值税	2195	−384	−14.89
12. 车船税	340	−6	−1.73
13. 耕地占用税	796	−2702	−77.24
14. 契税	2141	−789	−26.93
15. 烟叶税	1189	181	17.96
16. 专项收入	2730	−1181	−30.20
17. 行政事业性收费收入	3734	−760	−16.91
18. 罚没收入	3011	94	3.22
19. 国有资源（资产）有偿使用收入	18960	10194	116.29
20. 其他收入	8	6	300.00
二、政府性基金收入	70024	−30270	−30.18
三、上划中央收入	37995	−166	−0.43

2013年大田县财政支出情况表

表14　　　　单位：万元、%

支出项目	决算数（万元）	比上年	
		增减额（万元）	增减幅度（%）
一、公共财政支出	163445	29788	22.29
1. 一般公共服务	19390	1763	10.00
2. 国防	433	175	67.83
3. 公共安全	8155	-582	-6.66
4. 教育	42865	3226	8.14
5. 科学技术	2423	337	16.16
6. 文化体育与传媒	3363	1662	97.71
7. 社会保障和就业	15975	2580	19.26
8. 医疗卫生	14683	1697	13.07
9. 节能环保	4008	1076	36.70
10. 城乡社区事务	4320	1682	63.76
11. 农林水事务	28570	5085	21.65
12. 交通运输	2220	603	37.29
13. 资源勘探电力信息等事务	2879	2213	332.28
14. 商业服务业等事务	2081	154	7.99
15. 金融监管等事务支出	103	1	0.98
16. 国土资源气象等事务	2435	1769	265.62
17. 住房保障支出	5721	3467	153.82
18. 粮油物资储备事务	881	363	70.08
19. 国债还本付息支出	154	53	52.48
20. 其他支出	2786	2464	765.22
二、基金预算支出	74357	-33002	-30.74
合　计	237802	-3214	-1.33

（林克夏）

【企业发展困难应对】　2013年，县财政用足用好省、市一系列经济发展扶持政策，落实县委、县政府有关扶持采矿、选矿、货物运输业发展、稳定工贸企业增长等配套措施和鼓励投资兴业、发展总部经济税收优惠政策，兑现扶持奖励资金1.27亿元。设立5000万元企业应急转贷资金和120万元融资担保风险补偿金，为4家企业办理转贷业务13笔、1.22亿元；支持推进营业税改征增值税试点及扩围工作，落实取消和免征部分行政事业性收费政策，进一步减轻企业负担。注资成立县水利投资、金凤凰农业开发、田阳旅游开发和锦田公路建设公司，融资3.2亿元，调度各类财政资金4.83亿元，缓解重点项目建设的资金困难；推动引进兴业银行和组建大田晋农商村镇银行及上京镇农村金融改革试验区建设。

（林克夏）

【民生事业财政支持】　2013年，县财政在继续落实原有各项民生政策的同时，重点支持实施一批新增的民生项目，对秋季入学的农村和城市低保家庭小学一年级新生免费提供新华字典，并设立教育质量奖励基金。提高企业离退休人员基本养老金待遇和城市低保、农村五保供养、计生失独家庭补助金标准，农村低保年保障标准提高到1900元，月人均补差提高10元、为120元；建立高龄补贴制度，对年满85—89周岁、90—99周岁、满百岁的人分别月补30元、50元、200元；免除全县城乡居民基本殡葬服务费。基本公共卫生服务经费标准由人均25元提高到30元；县乡村三级医疗机构全面实施基本药物制度；新农合和城镇居民基本医疗保险财政补助标准人年提高40元，为280元；试行县级公立医院院长、医生（技师、临床药师）年薪制；支持做好城镇职工、城镇居民医疗保险、新农合医疗保险基金经办机构整合和新型农村合作医疗基金实施市级统筹工作。全县实施村级公益事业建设"一事一议"财政奖补项目126个，拨付奖补资金1550万元，并争取省财政厅将桃源镇蓝玉村列入当年"一事一议"财政奖补美丽乡村试点村。提高村干部补贴和离任村主干生活补助标准；村办公经费、社区运转经费分别提高到不低于5万元和10万元。当年全县财政用于民生支出13.2亿元，同比增长27.34%，占公共财政支出的79.63%，比上年提高1.71个百分点。

（林克夏）

【科学理财】　2013年，县财政一是深化部门预算改革，清理归并县级专项资金。二是在国库集中支付50个试点单位的基础上，对

98 个县直预算单位全面实行国库集中支付制度。三是制定《县本级预算单位公务卡改革实施方案》《预算单位公务卡管理暂行办法》，选择县纪委、审计局、财政局等 3 个单位启动公务卡改革试点。四是制定财政支出绩效评价管理办法，完成县公安局专案、工业发展、新农合、体育中心改造、新农村建设、城市污水处理等 6 个项目 1.56 亿元专项资金或重点项目资金绩效管理工作试点，资金覆盖面 20% 以上。五是加强和规范地方财政专户管理，撤销合并专户 33 个；清理财政对外借款，可追收的立即组织清收，已完工或政府已审批的项目，转列当年预算支出；开展强农惠农富农政策资金使用情况检查，抽查县交通运输局、职业中专学校、自来水公司、劳动就业中心、鑫融担保有限责任公司等 5 个单位会计信息质量情况，完成 2012 年度 149 个村级公益事业建设“一事一议”财政奖补项目考评。

（林克夏）

【会计基础管理加强】 2013 年，县财政严格会计从业资格管理，全年发放新证 439 本；举办初级会计电算化考试培训班 2 期，参训 94 人，考试合格 92 人；组织会计人员继续教育培训，坚持面授教育和网络培训相结合，提高会计人员素质；做好会计职称考试报名、审核，当年报考高级会计技术资格 2 人、中级 44 人、初级 191 人。

（林克夏）

国家税收

【概况】 2013 年，大田县国家税务局面对经济发展趋缓、税收下滑的困难局面，坚持走群众路线，锐意进取，做好组织收入、依法治税、税源专业化管理、营业税改增值税（营改增）试点、机关队伍建设和纳税服务等各项工作。当年，获县年度“行风免评单位”称号；7 月，被县人大常委会授予“人民满意单位”称号；被县委、县政府评为“2013 年度服务大田发展先进单位”。

税收收入 2013 年，县国税局组织各项税收收入 4.09 亿元（含免抵调库 251 万元），比上年增长 0.25%，完成年任务 93.17%。其中，增值税 3.37 亿元，同比增长 0.3%；企业所得税 5463 万元，同比下降 7.88%；车辆购置税 1721 万元，同比增长 46.97%；消费税 18 万元，同比下降 33.33%；全年办理先征后退 764 万元、减免退税 533 万元。完成县本级税收 1.13 亿元，同比增长 4.63%，其中，增值税 9121 万元，同比增长 8.09%；所得税 2185 万元，同比下降 7.88%。

税收征管 2013 年，县国税局开展新一轮税收征管改革。一是明晰权利义务，优化纳税服务，清晰界定征纳双方的权利和义务。二是税源分类分级，实行重点税源集中管理，一般税源行业管理。将税源管理事项分为户籍、涉税事项和审批、发票、定额、欠税、其他临时性税源的管理和调查执行、税源综合分析、税收特定业务、宣传辅导等 10 项管理事项，及分析监控、纳税评估 2 项风险管理事项。三是纳税评估实行团队评估和主辅评制度。一般纳税评估由税源管理分局实施，跨地域、跨行业集团企业、重点行业和国际税收（反避税）等特定业务及重大、复杂事项评估由市、县国税局统一组织专家评估团队实施。当年纳税评估 107 户，补缴入库各类税款和滞纳金共 895 万元。四是利用征管软件全面采集纳税人的涉税信息，推动政府部门建立、健全涉税信息交换平台，从源头堵塞漏征漏管。五是制定风险管理、纳税评估、税源管理、绩效考核等 8 项配套管理办法，指导风险管控、税源监控和纳税评估，规范干部下户行为，理顺获取的第三方数据。六是开展税收稽查，对水泥、煤炭和黑色金属矿采选等 11 户重点企业进行专项稽查，共查补税款 804.83 万元，加收滞纳金 11.59 万元，罚款 20.2 万元。七是开展打击发票违法犯罪活动，选定重点整治检查企业 33 户，经查实有问题 11 户，取得虚开增值税专用发票 381 份，套开普通发票 17 份，共查补税款 586.62 万元，加收滞纳金 800 元，罚款 2000 元。移送公安机关侦查 6 户。

税收优惠 2013 年，县国税局为农、林、牧、渔等各类企业减免所得税 175.21 万元，为 8 户福利企业和 2 户资源综合利用企业分别退税 483.1 万元、344.2 万元，分别为污水处理企业和特定建材产品生产企业免征增值税 157.89 万元、1227.95 万元，为 9 户出口企业退增值税 85.1 万元，办理免抵调库增值税 126.6 万元。

（张正利）

【“营改增”扩大试点运行】 8月1日8时，县国税局营业税改增值税扩大试点系统上线运行，为一般纳税人福建广电网络集团有限公司大田分公司开具首份广播影视服务业增值税普通发票，金额 688 元。至 9 时，该企业共开具增值税普通发票 8 份，金额 7584 元。

（张正利）

【国税局机构调整】 10月，县国税局以适应税收征管改革，进行内部机构设置调整。局机关内设办公室（财务科并入）、政策法规科、税收科、收入核算科、征管科技科（征收管理科和信息中心合并）、人事教育科、监察室、纳税服务科 8 个科室；设 1 个直属机构稽查局；设置税源管理第一、二、三、四分局 4 个派出机构。人员优化配置，税源管理人员占 48%、稽查人员占 12%、办税服务人员和行政管理人员各占 20%。

（张正利）

【“道德讲堂”举办】 2013 年，县国税局坚持每月开展一次“道德讲堂”活动。通过唱歌曲、看短片、诵经典、讲故事、学模范、送祝福等形式，让干部职工讲述自己和身边发生的事，坚定理想信念，培育良好道德风尚，以“关爱社会、奉献社会”为己任，开展学雷锋做好事和“一堂一善事”活动。当年，全局为县福利院和谢洋敬老院捐款 2300 元，为建设镇中小学教师节和关爱女童分别捐款 6000 元、1350 元，扶持挂钩的建设镇建强、建忠、建丰村 6 户贫困户 5500 元。

（张正利）

地方税收

【概况】 2013 年，大田县地方税务局以组织收入为中心，创新规范化税收执法、科学化税收征管、标准化纳税服务、人性化队伍建设、常态化廉政防控和精细化行政管理“六项工作机制”，打造联系一批（10 户）重点税源企业，建设一个标准化办税服务厅，挂钩联系一个美丽乡村，设立一个思想、廉政、文化教育基地，办好一个职工食堂，建设一个文体活动中心，组织一支学雷锋志愿服务队等“七个一”特色平台，转作风，促发展，各项工作取得新成绩。局办税服务厅被团省委认定为 2012 年度青年文明号”，县局获县委、县政府“2013 年度服务大田发展先进单位一等奖”，年度全县民主评议行风政风第一名，局团支部被团县委授予“五四红旗团支部”。张玉明被省残疾人工作委员会评为“全省扶残助残先进个人；陈开柽、苏晋赋被市地税局评为“十佳税源管理服务标兵”高岚为“十佳办税服务标兵”，市地税局为陈明、池建民、林乐杭记三等功；张建祥、郭春林被县委、县政府分别评为“精神文明建设先进工作者”“巾帼建功先进个人”。

税费征收 2013 年，县地税局组织各项收入 6.99 亿元，比上年增长 1.3%，其中，各项税收收入 4.84 亿元，同比下降 3.67%；各项非税收入 2.15 亿元，同比增长 14.64%。县级一般预算收入 3.57 亿元，同比下降 6.3%。

2013 年大田县地方税务局税收收入情况

表 15　　单位：万元、%

项目	入库额（万元）	比上年	
		增减额（万元）	增减率 %
一、营业税	17034.32	2058.42	13.74
二、企业所得税	11344.78	1351.06	13.52
三、个人所得税	5528.72	-104.89	-1.86
四、房产税	1075.50	253.07	30.77
五、城市维护建设税	2045.17	91.95	4.66
六、印花税	613.11	-18.37	-2.91
七、土地使用税	473.91	85.42	21.98
八、资源税	2555.23	200.37	8.51
九、车船税	340.35	-5.35	-1.55
十、土地增值税	2194.96	-383.98	-14.89
十一、烟叶税	1188.70	180.68	17.92
十二、耕地占用税	795.46	-2702.71	-77.26
十三、契税	3231.72	-2849.93	-46.86
合　计	48421.93	-1845.06	-3.67

2013年大田县地方税务局非税收入情况

表16　　　　单位：万元、%

项目	入库额（万元）	比上年	
		增减额（万元）	增减率%
一、教育费附加	1551.91	-151.78	-8.91
二、地方教育附加	999.28	-11.15	-1.10
三、文化事业建设费	32.40	-21.97	-40.41
四、基本养老保险费	8117.17	1224.03	17.76
五、失业保险费	691.00	75.53	12.27
六、医疗保险费	6254.94	423.37	7.26
七、工伤保险费	1685.26	290.60	20.84
八、生育保险费	435.61	126.12	40.75
九、税务其他罚没收入	14.80	12.05	438.18
十、税务行政性收费	0.00	-3.17	-100.00
十一、其他收入	1719.28	781.52	83.34
合　计	21501.65	2745.15	14.64

税收征管　2013年，县地税局一是抓好计划管理和税收分析，依法征税、应收尽收，不收“过头税”，同时加强旬、月、季和收入关键时点的税收预测分析。二是加强税种和行业管理，加大对建筑、房地产等重点行业的营业税及“营改增”试点企业后续管理；建立健全企业所得税税负预警机制，发挥涉税中介机构的鉴证作用，提高汇算清缴质效；落实企业重组和股权转让税收管理制度，规范采矿、房地产、建筑业税收征管措施；开展税收执法督察，发现的问题依法落实整改，全年抽查纳税人136户、补缴税款43.19万元。三是加强重点税源管理，发挥重点税源监控中心和纳税评估中心的作用，对重点企业及重点建设项目逐户进行税源调查，掌握相关资料；贯彻《福建省税收保障办法》，推进社会综合治税，利用第三方涉税信息，进行分析、比对、核查，确保税收及时足额入库。四是完善收入考核机制，制定《大田县地方税务局税费收入考核办法（试行）》，税费并重，设立六项考核指标和奖惩措施。五是打击税收违法行为，全年立案15户，检查18户，查补税款93.12万元，加收滞纳金14.5万元，罚款49.11万元。

纳税服务　2013年，县地税局开展“马上就办、办就办好”活动，提高纳税服务效能。一是简化办税手续资料，11月16日，“涉税资料管理系统”和“电子印章管理系统”上线，涉税资料影像化存储、一户式查询和无纸化流转，逐步实现涉税资料电子化管理，避免纳税人重复提供相同纸质资料。二是增加即办和提速非即办事项，扩大“窗口即办、后续管理”范围，12月18日起，即办事项增加133项，达223项，53项非即办事项办结时限压缩到原来的60%，并推行主件齐全的，先予受理、办理，事后补齐资料的“容缺受理”制度，提高一次性办结率。三是县国、地税联合办税，在双方办税服务厅互设办税窗口和网络专线，分别互配国税、地税征管系统，在其中一方办税服务厅纳税人即可办理纳税申报、税务登记等双方的业务，全年县国税局代征地方税费99.4万元。四是主动公开办税流程、时限、责任人、服务承诺等信息，增加办税公开透明度；在双方办税服务厅设立“国地税联合纳税维权中心”，建立双方联动的纳税人维权事项快速处理协调机制，保护纳税人权益。五是落实税收优惠政策，全年减免个人房产交易税收2422.82万元、残疾人提供劳务个人所得税2.07万元、小型微利企业税收3.13万元、从事农林种植收入企业所得税205.34万元、营林工程营业税16.18万元，分别减免新农村建设和事业单位建设耕地占用税39.01万元、57.99万元；认定符合条件的权益性投资收益不征税收入97.58万元；加计扣除安置残疾人企业工资353.44万元；税前扣除资产损失4.88万元。

（颜建谋）

【存量房交易评估系统运行】　12月16日，县地税局根据县政府《大田县存量房交易价格指导意见（试行）》，存量房交易评估系统上线运行，对全县存量房产从建筑结构、年限、坐落地段周边环境等因素综合考虑，综合评估存量房实际交易价格，实现公平税负和堵塞漏税现象。

（颜建谋）

【“五型团队”建设】　2013年，县地税局按照省局提出建设学习型、服务型、和谐型、廉洁型、实干型的“五型团队”目标，争创市地税系统团结好、开拓好、廉洁好的“三好班子”。制定《大田县地方税务局人才库管理办法》，建立税收征管、政策法规、信息宣传、文艺体育等方面人才库；建立“局长接待日”制度，为干部职工办实事、好事，营造和谐氛围；制定“2013年廉政风险防范实施方案”，建立个人廉政档案和风险点信息库，排查、公示廉政风险点和防范措施，并举办“税收执法风险与防范”专题培训班；开展“贯彻十八大精神，转作风、提效能、促发展”主题教育活动，加大效能督查和投诉、查处力度，整治“庸懒散奢”“吃拿卡要报”等问题。

（颜建谋）

2013年，大田县矿物采选工业有规模企业71家、职工1.13万人，产值87.6亿元，利税5.49亿元。（县经贸局办公室提供）

金 融

□编辑：陈吉浣

中国人民银行大田县支行

【概况】 2013年，中国人民银行大田县支行以“强管理、重创新、强服务、保稳定、促和谐”为目标，执行稳健的货币政策，强化管理，提升金融服务水平，促进重点工作及各项业务有序开展。年底，人行县支行设办公室、信贷调统股、外汇管理股、保卫股、营业室3股2室。有员工29人，其中本科学历14人、大专11人，中级职称19人、初级10人。

当年，县支行获“2008—2011年度全省人行系统调查统计工作先进集体”“2009—2012年节能减排工作先进集体”“2012年度全省银行卡业务发展先进集体”称号，被县委、县政府评为支持第三产业发展先进单位。全年调研信息被国办、人行总行等上级行及地方政府各级刊物采用312篇（条），继续位居市人行系统信息调研考评前列。

存款贷款 2013年，全县金融机构本外币各项存款余额76.05亿元，比上年增长6.13%；各项贷款余额66.04亿元，比上年增长20.96%，其中，短期贷款27.49亿元，同比增长13.3%；中长期贷款38.22亿元，同比增长26.07%。全县发行基金净投放7.93亿元，比上年增长61.51%。全县银行结汇总额1765万美元，比上年下降37%，付汇总额423万美元，比上年增长988%；对外贸易进出口总值7941万美元，比上年下降67%，其中，出口7439万美元，同比下降69%；进口502万美元，同比增长105%，进出口顺差6937万美元。

2013年大田县金融机构本外币存款余额情况

表17 单位：万元、%

项目	年底余额（万元）	比上年	
		增减额（万元）	增减幅度%
一、单位存款	310711	–6251	–1.97
二、个人存款	439291	43421	10.97
1. 储蓄存款	438326	42562	10.75
2. 保证金存款	7	7	100.00
3. 结构性存款	958	852	803.77
三、财政性存款	6755	3413	102.12
四、临时性存款	729	316	76.51
五、其他存款	3018	2994	12475.00
合 计	760504	43893	6.13

2013年大田县金融机构本外币贷款余额情况

表18 单位：万元、%

项 目	年底余额（万元）	比上年	
		增减额（万元）	增减幅度%
一、短期贷款	274947	32268	13.30
1. 个人贷款及透支	144012	16879	13.28
2. 单位贷款及透支	100770	9789	10.76
3. 贸易融资	30165	5600	22.80
二、中长期贷款	382235	79054	26.07
1. 个人贷款	276911	62953	29.42
2. 单位贷款	105324	16101	18.05
三、票据融资	450	310	221.43
四、各项垫款	2789	2789	100.00
合 计	660421	114421	20.96

货币政策 2013年，人行县支行执行稳健的货币政策，推动信贷产品创新，支持区

域经济发展。一是制定《大田县金融部门加大对实体经济有效投入的实施意见》《大田县金融部门关于进一步加强农村金融服务实施意见》《创新农村金融服务方式推动特色农业发展实施意见》等文件，引导金融机构进一步优化信贷结构、促进经济转型升级。指导金融机构为不同经营类型、不同发展阶段中小企业量身定做金融产品与服务。全年，共发放中小微企业贷款45.3亿元、“守合同、重信用”企业免担保贷款2210万元、接力贷款300万元、信用贷—善融贷260万元等。二是加大金融支农力度，全年发放支农再贷款1.25亿元；引导农信社发放农户贷款18.6亿元、“龙头企业加产业公司加基地加农户”贷款3800万元、“合作社加担保公司加信贷”贷款3045万元，支持特色农业发展的做法与成效得到上级行肯定。三是推进“民生金融创业惠民”工程，推广农民工返乡创业、青年创业、妇女创业贷款和生源地信用助学贷款等。四是指导金融机构制定实施人民币贷款利率放开管制后的管理办法与定价机制；督促地方法人金融机构加强流动性管理，科学把握贷款增量、节奏与投向；推动跨境人民币业务发展，资本项下人民币业务总量位居三明各县（市）第三位。

金融服务 2013年，人行县支行坚持普惠金融理念，不断完善金融服务基础平台，服务经济社会发展。一是提升金融统计与调研工作水平。指导大田晋农商村镇银行、兴业银行大田支行等新设金融机构熟悉掌握金融统计制度，确保数据报送的及时性、准确性；加强重点课题点评制度，定期向地方党政机关报送金融运行分析报告，发挥决策参谋作用，全年被市级以上刊物采用的调研报告17篇、工作信息156条。金融研究、政务信息工作在三明中心支行考评名列前茅。二是继续优化支付结算环境。推动矿产业和茶叶种植业等使用手机支付业务，全年办理手机支付业务8900多户、金额2.43亿元；推广助农取款业务，查询、取款交易、取款金额分别比上年增长28.96倍、10.53倍、7.39倍；创建建材销售刷卡无障碍批发市场。三是做优做细经理国库工作。全年办理直接支付3022笔、金额393.42万元；完善财税库信息共享平台，确定“一般资料通过QQ平台共享、涉密资料手工交接”信息共享机制，提高统计分析质量；严格执行国库资金防范三级审批制度和国库制度。四是改进完善人民币流通及反假币管理机制。建立小面额人民币兑换主办银行制度并开展巡查，拓宽供应渠道和残损币兑换“绿色通道”，并对外误付假币进行专项治理。

金融稳定 2013年，人行县支行督促金融机构执行《中国人民银行三明市中心支行金融管理与服务暂行办法》，加大对各项业务的行政执法检查力度。做好大田晋农商村镇银行、兴业银行大田支行等新设金融机构开业管理，对其拟任高管人员实行开业前集中约谈，使其顺利开业运营；加大对政府融资平台、民间融资、非法金融活动、融资性担保业、典当行、小额贷款公司等风险监测力度，监测实体经济信用风险；跟踪关注企业担保链传染风险。针对全县各项存款增幅不断下滑、不良贷款和不良贷款率明显攀升等情况，支行多次以呈阅件向县委、县政府报告，并对金融机构进行风险提示。建立金融消费权益保护工作长效机制，并开展“金融知识普及月”活动。

外汇管理 2013年，人行县支行做好外汇管理各项基础工作，推进货物贸易外汇管理改革和资本项目简政放权，做好资本项目信息系统上线推广。完善与外经、银行、税务、重点涉外企业的沟通联系制度，开展重点涉外企业动态跟踪性主体监测，防范跨境贸易资金异常流动风险；创建涉外企业微信平台，传达最新政策，回应疑难问题，受到上级部门表扬和涉外企业好评；继续推行网上年检和会计师代申报制，参检率100%。

征信管理 2013年，人行县支行开展征信体系建设，多载体、多形式宣传国务院《征信业管理条例》，提高全社会诚信意识；做好机构信用代码发证，增量机构信用代码证发放100%；落实“专机专用”“双人临柜”征信查询制度，防范金融案件发生。

反洗钱管理 2013年，人行县支行与县公安局、检察院联合制定《反洗钱工作联络协调及可疑交易线索核查合作制度》《涉案账户资金快速查询、冻结协作暂行细则》，建立专人联系制度，全年与司法机关进行案情会商8次；引导金融机构主动识别涉嫌洗钱等非法客户交易活动，配合人行三明市中心支行对县农信社、人保财险公司开展反洗钱执法检查。

（涂振平）

【金融生态县创建】 2013年，人行县支行持续“金融生态县”创建活动，绘制“县、乡、村”三级金融生态图谱，创建相关工作得到副省长张志南批示表扬；福州中心支行副行长晏露蓉、陈耕先后莅县调研“金融生态县”创建工作，均给予肯定。经省市人行及人行总行、国家发改委推荐，为全省参加创建“全国小微企业信用体系建设试验区”活动的唯一县，被市委、县委列入深化改革发展重点领域工作之一。通过多方协调和反复论证，基本建立大田县企业信用信息交换平台工作体制与机制，并举办了创建全国小微企业信用体系建设试验区活动启动仪式，金融生态县创建的做法得到各级领导肯定，被《福建日报》等主流媒体推介。

（涂振平）

【“风险防控年”活动】 2013年，人行县支行开展“岗位（廉政）风险防控年”活动，成立领导小组，制订实施方案，梳理职责职权，落实防范措施和党风廉政建设责任制，坚持党组每季研究党风廉政建设工作制度，将执行中央“八项规定”及实施细则和党政机关厉行节约反对浪费条例纳入党风廉政建设责任制检查考核内容。

（涂振平）

银监会三明监管分局大田办事处

【概况】 2013年，银监会三明监管分局大田办事处按照“管风险、管法人、管内控、提高透明度”的要求，坚持防范化解金融风险，履行属地监管职责，督促辖区内银行业机构依法合规经营，提高服务水平，营造良好的金融运行环境，支持地方社会经济发展。

督导宏观政策执行 2013年，大田银监办召开银行业机构负责人联席会议4次及日常非现场监管和现场检查、约见谈话、调研督查等，督促银行业机构科学安排信贷投放总量，加强产业和行业信贷指导，确保信贷资金进入实体经济，加大力度支持符合要求的重点建设项目、重点产业规划、节能减排和生态环保项目等领域，实现小微企业和涉农两项贷款当年增量不低于上年、贷款增速不低于全部贷款增速“两个不低于”，确保县“六大战役”项目建设按时序推进。

风险重点监管 2013年，大田银监办进行县农村信用联社年度综合监管评级和存贷比等流动性监管指标监测，发出风险提示单1份，约见高管人员谈话，限期整改，并推进“突击替岗”和风险滚动排查，严防流动性风险；召开银监、邮储银行、邮政局“三方联动”座谈会2次，加强邮储银行代理网点监管，重点督导内控规范化评级四级的屏山营业所，促进内控升级。

案件防控和安全维稳 2013年，大田银监办与各银行业机构一把手签订目标责任书，督查辖内8家银行业机构案件防控工作，加强内部风险排查，严防外部风险侵入，进行案防自查自纠；配合公安部门抽查营业网点安全保卫工作，对存在的风险隐患责成立即整改；与公安、工商等部门对非法集资陈案和涉嫌非法集资广告进行专项清理，打击非法集资，提高群众风险意识。

银行业机构审批 2013年，大田银监办初审报批“大田晋农商村镇银行”设立、兴业银行三明三钢支行迁址大田并更名、农行县支行东门分理处升格更名等事项。

银行业高管人员任职资格管理 2013年，大田银监办审核报批辖内银行业机构17名高管人员任职资格；对邮储银行县支行行长、县农村信用联社理事长（理事）、监事长、主任及基层社高管人员进行2012年度履职评价。

（杨 汀）

【信用联社新增资本批复】 9月，大田银监办初审并报三明监管分局同意，县农村信用联社2012年度资本公积和未分配利润转增注册资本2324.61万元，农村信用社的资本充足率得到提升。

（杨　汀）

【大田晋农商村镇银行开业】 10月19日，大田晋农商村镇银行股份有限公司开业，址在建山路6号。由晋江农商银行发起，7家企业法人共同投资，注册资本1亿元，其中晋江农商银行占59%，大田县兴田城市建设投资有限公司、小华煤业有限公司各占10%，晋江市华晋建华陶瓷有限公司占6%，大田县山福矿业有限公司、盛田石化有限公司各占5%，大田县安然水务环保有限公司、金茂矿业有限公司分别占4%、1%。年底，全行员工24人，各项存款余额1.03亿元，其中储蓄存款7709万元；各项贷款余额7496万元，涉农贷款占96.87%，其中农户贷款余额3561万元。

（叶　琳）

【兴业银行大田支行开业】 11月12日，兴业银行股份有限公司三明三钢支行迁址大田县均溪镇建山路27号，更名“兴业银行股份有限公司三明大田支行”，为三明分行分支机构。两层营业面积976.48平方米，一层设贵宾客户服务专柜、理财室、私人银行理财区、24小时自助银行服务区、电子银行体验区，营业厅免费无线网络（WiFi）覆盖，服务功能完善。开业当天支行设立慈善助学金，为本县贫困学生捐款10万元。年底，有员工26人，各项存款余额2.01亿元，其中储蓄存款1.45亿元；各项贷款余额4475万元。

（洪新阳）

中国工商银行股份有限公司大田支行

【概况】 2013年，中国工商银行股份有限公司大田支行围绕“强个金、大公司、全机构”战略，提升网点效率和竞争力，改进风险管理、内部控制和服务作风，按照市分行确定的工作重点，结合支行工作实际，克服不利因素，一些重点专业取得新成绩，全年实现拨备前利润3181万元，比上年增长23.5%。在三明分行二类行全年综合经营绩效考核中保持第六名，进步位次第四名；中间业务收入考评、案件防范责任制量化管理考核分别位居第六、第三；罗光富被三明分行评为优秀信息员。年底，机关内设综合部、客户部、业务部，营业大厅1个营业网点，附行式自助银行1个，离行式2个，共有员工40人。

存款贷款　2013年，工行大田支行人民币存款余额5.58亿元，比上年下降23.87%。其中，储蓄存款2.84亿元，同比下降7.19%；公司存款0.69亿元，同比下降55.77%；机构及同业存款2.05亿元，同比下降24.35%。各项贷款余额7.37亿元，同比增长42.83%。其中，个人贷款3.96亿元，同比增长46.13%；公司类贷款3.41亿元，同比增长39.75%；年底，公司及个人不良贷款各1户，共1003万元，不良率1.3%。

内控管理　2013年，工行大田支行坚持“内控优先”原则，落实内控外防管理制度，以制度管人，开好每月一次案件防范分析会，警钟长鸣；坚持节假日领导带班和日常安防巡查，监督保安规范履职；不定期检查安防设备运转情况，存在的问题和风险隐患及时整改、消除；组织员工在晚间业务学习时进行“规范操作、拒绝风险”讨论，推进业务运营“屡查屡犯”风险专项治理工作。9月，人行三明中心支行在全面综合执法检查中，对大田支行工作给予肯定。全年实现无案件、无重大责任事故、无差错的“三无”经营目标。

金融服务　2013年，工行大田支行降低离柜率，抓好柜面转账汇款可分流率建设，创新大堂经理分配和管理方案，新增两名大堂引导员，配合大堂经理与柜员开展业务；加强业务部门班后培训，鼓励培养业务能手，提高业务结算核算质量，7月，大田支行推广企业对账单自助打印，完成设备安装并投入使用，优化对公客户账户回单服务流程，提升服务水平；开展以投诉、服务评价器、临柜五步法专项考核服务整治活动，并邀请上级行服务办人员对员工进行规范服务姿势和用语培训，提升服务标准。

（李美玲）

【敬老助学活动】 1月17日，工行大田支行派员慰问武陵乡敬老院18位老人，给他们送上食用油、面条、大米等春节物品，价值近2000元；当年，大田支行还资助奇韬洋地村困难大学生胡茂城学费3000元；给梅山初级中学等学校捐款7700元。

（李美玲）

【金融知识宣传】 6月1日，工行大田支行在营业厅前面举办以“消费者权益保护宣传月”为主题的“普及金融知识万里行”活动，向公众宣传金融知识，发放相关材料600余份，营造“学金融、懂金融、用金融”的社会氛围。

（李美玲）

【新业务开办】 2013年，工行大田支行加大创新业务的营销推广力度。办理科祥商贸有限公司首笔“企业网银自主结汇”业务5.4万美元，首批试点“企业对账单自助打印”和“预填单”业务网点；开办创新产品“特需医疗金”新型养老金业务，为银泉纯净水厂等25家企业代缴养老金12.5万元。

（李美玲）

【诈骗犯罪防范】 2013年，工行大田支行做好“技防加人防”工程，构筑识别假冒开户的风险防控三道防线。识破湖南长沙、江西吉安、福建南靖等3起作案人假开户和2起客户资金诈骗事件，犯罪嫌疑人弃身份证而逃，维护了客户利益和金融稳定。

（李美玲）

中国建设银行股份有限公司大田支行

【概况】 2013年，中国建设银行股份有限公司大田支行贯彻上级行工作会议精神，转方式、调结构、深服务，完善硬基础，提升软实力，投入全省建行“二次创业”热潮，客户服务能力和市场竞争力得到双提升，各项业务稳步健康发展，实现利润5305万元，比上年增长26.1%。年底，支行内设办公室、业务部和营业部，辖储蓄专柜、镇东支行营业网点，员工44人。当年，支行被评为2012年度全省建行系统先进单位。

存款贷款 2013年，建行大田支行各项存款余额11.95亿元，比上年增长12.44%，其中，对公存款6.54亿元，同比增长12.64%；储蓄存款5.41亿元，同比增长12.29%。各项贷款余额13.53亿元，同比增长14.67%，其中，对公贷款8.25亿元，同比增长25.03%；个人住房贷款3.62亿元，同比增长13.07%；个人消费贷款1.66亿元，同比下降16.93%。不良贷款余额134万元，同比下降40.97%，不良贷款率0.1%。

内控管理 2013年，建行大田支行围绕全行中心任务，建设惩治和预防腐败体系，实现“不发案、不误人”和“不伤企业”的内控目标。一是开展党务、行务公开，贯彻落实中央“八项规定”、总行党委“十项要求”和省分行党委“九项意见”，加强作风建设，倡导移风易俗、绿色健康、禁奢倡廉的新风尚，增强员工勤俭节约、艰苦奋斗的自觉性，营造廉洁和谐文明氛围。二是开展案件防控专项活动，按照上级行统一安排部署，开展“学党章、守纪律、正品行”主题教育实践和“抓基层、强管理、防案件”专项治理活动，与员工行为、经商办企业、参与民间融资等专项排查结合，与“领导人员每季一课”“案例警示教育读书季”活动结合，与案件风险大排查“百日行动及党的群众路线教育实践活动相结合，提升制度执行力，消除案件风险隐患。三是加强要害岗位轮岗制度和岗位监督，细化岗位分工，明确各岗位职责、内容和要求，健全岗位职责体系；以定期和不定期排查等手段监督职责履行情况，及时纠正违规现象。四是严肃违规问题责任追究制度，制定2013年《案件防控及内控管理工作动态考核办法》和《营运管理专项考核办法》，加大对所属各部门、网点党风廉政建设和案件防控考核力度，与绩效挂钩实行积分管理，对存在问题、责任人进行积分处理，提升内控管理水平。

金融服务 2013年，建行大田支行坚持“以客户为中心”的经营理念和“客户至上”的服务理念，不断规范服务流程，提高服务标准，强化服务考核，开展“规范经营行为、提升服务水平”百日活动，做好网点、人员、窗口、培训、环境、大堂服务、投诉处理服务工作“七到位”。在福田路101号增设离行式自助银行，完善网点布局，增配存取款自助设备1台；2个营业网点各增配1名人员，增强网点服务能力；全年培训员工8期260人次，提高服务意识和专业水平；配备2名专职大堂经理，引导和分流客户、答复客户业务咨询、受理投诉。

（林　玲）

【省分行风险总监到县】 1月10日，建行省分行风险总监王东标率风险部、审批部、评估部负责人等5人到大田支行调研，市分行行长林城陪同。王东标一行先到福建华伦特重工有限公司了解企业生产经营情况；走访福建省四方置业有限公司，该公司董事长陪同察看项目现场，了解“龙腾盛世”项目建设和县域房地产开发情况及市场走势；关注大田支行信贷资产质量等。当年，建行大田支行为“龙腾盛世”项目发放贷款2.3亿元。

（林　玲）

【支行领导岗位调整】 5月29日，建行市分行党委聘李兴超任大田支行党支部书记、行长。6月7日，聘李勇任大田支行委派营业主管（二级分行部门副经理级），解聘林起耿支行委派营业主管职务，另行安排工作。

（林　玲）

【电商业务开办】 10月28日，建行大田支行与县政府签订电子金融服务战略合作框架协议。当年，建行大田支行顺应电子商务发展潮流，结合传统金融服务优势与新兴电子商务服务应用结合，搭建“善融商务”电子商务金融服务平台，对员工加强电商业务知识培训；制定《2013年建行大田支行电商专项考核办法》，激励员工开展新兴业务。至年底，支行新增进件商户69户、动户51户、融资总额930万元，三项完成率得分居全市建行系统第一，完成交易额5069万元，位居第二。

（林　玲）

【会计运营质量提升】 2013年，建行大田支行出台《营运管理专项考核办法》，抓好会计核算质量，降低稽核差错率。会计人员加强凭证审核，按照《柜面操作规范》，办理好每一笔业务，全年稽核差错率控制在万分之三以内，未出现关注类差错。

（林　玲）

中国农业银行股份有限公司大田县支行

【概况】 2013年，中国农业银行股份有限公司大田县支行按照省、市分行工作会议部署，大力拓展市场和调整结构，服务地方经济建设，经营业绩良好，全年实现拨备后利润6130万元，比上年增长31.6%。年底，支行内设综合部、运营财会部、风险管理部/信贷管理部、客户部，城区设支行营业部、岩中支行、东门支行、南大街分理处，乡（镇）设上京营业所，有营业网点5个，员工87人。4月，李天明被市政府授予“三明市劳动模范”称号。

存款贷款 2013年年底，农行县支行各项存款余额11.72亿元，同比增长5.3%，其中，对公存款余额4.82亿元，同比增长3.2%；个人存款6.9亿元，同比增长6.8%。各项贷款余额11.07亿元，同比增长11.2%。

内控管理 2013年，农行县支行加强内控管理工作，一是根据会计规范化管理要求，严格进行会计监管，检查发现的问题，及时整改到位；严格贷前检查、审查和审批，明确各环节主责任人职责，同时做好贷后管理。二是做好各条线自律监管，对重点部位、要害岗位和薄弱环节加强检查，督促各项内外检查发现问题的整改，尤其对总行风险审计和广州审计分局在线审计发现的问题，及时制定整改措施，确保整改质量和成效。三是开展年度银行业机构案件风险排查活动和员工行为排查，成立活动领导小组，制定活动方案，对网点员工操作行为、重要岗位员工轮岗、对账工作等全面进行排查，发现问题及时整改；落实岗位轮换和强制休假制度，确保稳健经营。四是开展以不良资产处置、员工参与经商办企业和民间借贷及非法集资、农户贷款风险为主要内容“三项专项治理”活动，制定实施方案和任务分解表，明确治理重点和措施，推进活动稳步进行和经营业务健康发展。

金融服务 2013年，农行县支行一是为烟农进行专属金融服务，向桃源镇烟农发放惠农金叶卡476张，为全县烟农代付烟草收购资金1300多万元，发放金叶卡贷款386万元，解决烟农购烟苗、薄膜和化肥等资金需求。二是做好小面额人民币投放和残损币回收，设置专门窗口和便民服务点，办理残损币、零钞兑换，满足群众对人民币的券别需求。三是实施“赢在大堂”策略，在各营业网点配备大堂引导员，分流和引导客户使用自助机具，增强人性化服务水平，增添柜面服务亲和力。

（林纪伟）

【新一代核心业务系统上线】 10月，农行县支行新一代核心业务系统（BoEing）投产上线，全面替换原有核心业务系统（ABIS），将对公存款、现金管理、支付结算、交易资金托管、贷款业务、投资理财和对公客户信息管理等业务切换到新的系统，建立统一的客户视图，整合客户信息和各类业务，提高支行业务运行和服务客户能力。

（林纪伟）

【南大街分理处新址购置】 12月，农行县支行购置均溪镇建山路99号（104—107号）店面，作为南大街分理处营业网点用房，面积287.03平方米，投资1500万元。

（林纪伟）

【东门分理处升格】 12月，位于桥山路1号的农行县支行东门分理处，经三明银监分局批准，升格为“农行大田东门支行”，隶属不变。

（林纪伟）

【举办“三基本”培训班】 2013年，农行县支行对全体柜员集中进行岗位资格基本知识、农行营业机构管理基本制度和操作、防案基本技能“三基本”培训学习，共举办10期，累计培训752人次。

（林纪伟）

中国邮政储蓄银行股份有限公司大田县支行

【概况】 2013年，中国邮政储蓄银行股份有限公司大田县支行以拓展市场，提升效益能力建设为重点，加速转型，开展“合规教育年”活动，加强管理，带动风险防控、提高服务、促进业务经营，各项工作持续健康发展，实现收入、利润“双超”目标。金融业务收入4562万元，比上年增长29.91%，其中自营业务收入3236万元，超计划19.42%，同比增长42.46%，列全省第18位、全市第一；利润2080万元，同比增长53.39%，列全市第二。支行营业部被省分行评为2011—2012年度“四星级网点”。9月，邮储三明市分行任命陈汉榕为邮储大田县支行行长。10月，根据上级行机构改革有关规定，县支行分类为年度二类，设综合管理部、综合业务部/三农金融部2个部门。

存款贷款 2013年，邮储银行县支行各项存款余额8.82亿元，同比下降4.23%，其中储蓄存款余额7.97亿元，同比下降2.09%（自营网点余额1.87亿元，同比增长3.89%）；公司存款0.85亿元，同比下降20.56%。各项贷款余额4.08亿元，同比增长48.25%。不良贷款余额15.81万元，同比下降83.34%，逾期率0.07%，不良贷款率0.04%，同比下降0.34%。

内控管理 2013年，邮储银行县支行继续开展“合规教育”和“创建平安邮储建设”活动。一是突出案件风险点和关键点的防控。定期召开案件防控会议，签订案件防控责任书，强化支行行长在案件防控中第一责任人的责任和意识；通过风险防控系统，对案件高发点进行预警和控制，同时加大案件风险排查及问责力度。二是加强员工教育。在企业文化教育中长期、持续植入案件防控意识宣传和教育；开展“合规教育宣传月”活动，学习银行监管部门的规定汇编及邮储银行员工禁止性规定；鼓励员工主动参加各类任职资格考试，提升专业素质，提高合规经营和案件防控能力。三是抓好员工管理，落实岗位轮换、强制休假、近亲属回避、人员排查等制度。四是加强合规管理，突出第二道防线的作用，提高全行风险监测水平，发挥风险经理的现场作用，把问题解决在基层。定期召开银邮案防联席会议，加强沟通；按“名行实所”代理协议规定，主动监督指导，履行责任；借助银监机构，推进代理网点内控

管理。从源头上把握信贷质量，降低信贷风险。

金融服务 2013年，邮储银行县支行以“客户为中心”“管理规范”为重点，在上京镇设立金融服务中心，方便群众办理存、贷款业务；继续开展“服务双星”评选活动，组织服务规范和技能培训，每月对网点进行现场服务规范检查，提高员工综合服务能力和营业网点服务质量。开展金融消费者权益保护宣传和客户满意度调查活动，营造和谐稳定的金融发展环境。全年，接到客户投诉9起（均为无正当理由投诉），满意度98%。

（颜贻地）

【**抵押贷款新产品开办**】 3月，邮储银行县支行在个人纯房产抵押基础上开办房产抵押组合担保贷款，单户授信额度最高500万元，贷款期限最长5年；5月，开办小水电抵押贷款，单户授信额度最高1000万元，贷款期限最长5年。至年底，分别发放贷款135万元、260万元。

（颜贻地）

中国银行股份有限公司三明大田支行

【**概况**】 2013年，中国银行股份有限公司三明大田支行坚持“做最好的银行”的目标，以市场为导向，注重科技进步和服务创新，发挥传统外汇业务专长，做好本外币存贷款、国际结算、贸易融资、消费信贷、外汇汇款及买卖、黄金交易、信用卡、电子银行、代收付业务、代销基金、保险、国债、综合理财等各类产品及咨询服务，支持地方经济发展。

存款贷款 2013年年底，中行大田支行人民币各项存款余额2.1亿元，比上年下降32.69%，其中公司存款1.4亿元，同比下降20.45%；储蓄存款6912万元，同比下降49.18%。各项贷款余额4.3亿元，同比增长49.83%，其中公司贷款2.6亿元，零售贷款1.7亿元。不良贷款余额91万元，不良贷款率0.43%。

内控管理 2013年，中行大田支行加强合规文化建设，提升内控防案水平。一是分条线对八项重点环节涉及业务自我评估检查，提高一线员工自我整改意识，固化合规操作。二是定期对现金、重要空白凭证、柜员“双十禁”和“五个严禁”执行情况、业务印章管理、印鉴卡保管使用及查库制度落实等柜台和重要风险点进行现场检查，做好授信风险管理；落实防案工作责任制，当值安全员检查营业前、中、后重点安全环节，填写登记簿，及时汇报发现的问题，并在次日晨会进行点评。三是开展合规文化教育，进行员工思想道德、案件防控教育和异常行为排查，组织员工学习防范非法集资、远离民间借贷、远离案件等文件和有关规定，培育员工法律法规和行为准则的红线、规避违规风险、不确定事项报告“三个意识”，形成全员合规、事事合规的氛围。四是开展创建“平安中行”活动，下发省、市分行《安全保卫情况通报》《案件风险预警提示》等文件，每月开展一次应急演练和营业场所安全检查，提高基层员工应对突发事件能力、及时发现并排除隐患；同时实行区域负责、落实消防安全责任制，并与人行共同举办消防演练；对保安执勤规范化管理，不定期检查值班情况，加大自动柜员机巡查频度和力度，确保安全运行。

金融服务 2013年，中行大田支行一是根据柜台服务“举手招迎”“微笑服务”“站立服务”“礼貌问候”“双手接递”“礼貌送别”“六要素”和现场管理要求，检查督促网点营业秩序、环境卫生及员工仪容、态度等，每月调阅录像进行检查，每周集中一次技能演练测评，提升柜员办事效率，当年被省分行评为高效优质服务网点。二是制定“支行年度民主评议行风工作实施细则”，参与金融服务月和金融知识进万家服务活动，邀请客户上门体验支行产品和服务，聘请5位行内社会监督员，提升支行对外服务形象。三是拓展惠农小额分期付款业务，发展贵金属代理、白银宝等产品销售和电子银行客户，为31家企事业单位代发薪，其中为供电公司代发薪230户、石牌中学76户、职业中专112户，在省分行“双向交易”大赛中取得好成绩。四是督促大堂经理分流、引导客户，提升服务质量。

（林伯镇）

大田县农村信用合作联社

【概况】 2013年，大田县农村信用合作联社围绕“电子银行建设年”和“风险防控年”要求，挖掘潜力，坚持服务“三农”宗旨，优化信贷资产质量、调整信贷投放结构，拓宽增收渠道，建设“客户、股东和员工满意，基业长青、受人尊重”的现代化金融机构，支持县域经济发展。年底，县联社职能部门11个，营业部1个，信用社16个、分社7个；员工191人、派遣工57人，其中本科学历109人、专科116人，高级职称1人、中级36人、初级71人。

存款贷款 2013年，全县信用社各项存款余额32.27亿元，比上年增长4.81%，市场占有率42.46%。各项贷款余额24.73亿元，同比增长10.7%，市场占有率37.45%，其中涉农贷款24.64亿元，同比增长10.74%。存贷款总量居全县金融机构首位。

内控管理 2013年，县信用联社强化内控监督检查管理，推进稳健经营。一是加强新增贷款管理，落实贷款贷前调查、贷中审查、贷后检查“三查”责任，从源头防范和化解各类风险。二是强化责任清收，加强考核和责任落实，调动积极性，上下联动，内外互动清收到期贷款。三是规范费用开支和做好富余资金运营，提高使用效益，全年实现约期存款利息收入4206万元，占各项收入的13.26%。四是加强员工管理，落实岗位轮换和突击替岗制度，全年岗位轮换86人，突击替岗30人，涉及主任、委派会计、信贷员、出纳员等。五是加强日常监督检查和案件防控风险排查，增配远程监控中心人员，实行网点24小时远程监视；现场检查员工操作行为、对账、柜台和票据业务等，并对网点开展20社次序时检查、7次专项检查，对22名会计、信贷员、主任进行离任审计。六是完善信息披露制度，联社2012年度总体经营情况在福建农信网和营业网点公开披露，接受广大社员监督。七是强化理事会“三农”职能，9月，按省联社要求，理事会下设“三农”委员会，并制定工作细则。八是开展创建学习型单位活动，组织员工参加银行业从业资格、柜员等级、客户经理等级和电子银行业务知识考试，形成全员学习氛围。当年，获高级柜员等级3人，取得中级客户经理资格7人。

金融服务 2013年，县信用联社提升优化金融服务水平，一是加大农户等小额贷款投放力度，累计投放1.98亿元，其中春耕生产贷款1.23亿元，林业生产加工贷款1886万元，农村青年创业贷款430万元，下岗失业人员再就业贷款4298万元，巾帼妇女小额贴息贷款80万元，生源地助学贷款827万元。二是支持中小企业发展，累计投放中小微企业贷款16.32亿元，年底余额9.57亿元。三是7月开展信用企业及星级信用户评信授信活动，全年为35家A级以上信用企业和74户星级信用户授信贷款4700万元；并从外县引进信贷资金，以社团贷款形式为规模企业放贷1.76亿元；推出新产品“接力贷款”业务，解决小微企业经营周期和贷款期限错配问题，减轻小微企业财务负担，全年办理“接力贷款”300万元。四是推进电子银行建设，成立电子银行部门，配备专职人员，负责全县信用社电子银行业务制度建设和业务推广；升级改造电子银行自助机具，新增建设、兴业分社在行式自助银行，对营业部、桃源、广平信用社自助银行加装新设备，湖美信用社加装自动柜员机取款设备；同时推出客户端和贴膜卡两项手机银行业务，签约手机银行客户2909户，覆盖率0.71%，户均交易50笔。五是做好人民币现金服务，投放小面额币2025万元，回收残损币1688万元。六是进行网点建设和改造，建设信用社整体翻建、营业部重新装修、兴业分社迁址，重新规划功能分区，提升网点服务功能。七是开展金秋助学和贫困帮扶结对子活动，为16名贫困学生捐助3.75万元，为挂钩村石牌镇上坡村新农村建设捐助物资折人民币7.5万元。

（林五二）

【联社“三会”换届】 6月，县信用联社按照省联社关于县级联社换届的要求，修订完善章程、换届工作方案和社员代表选举办法等，选举产生县联社第三届社员代表大会代表59名、理事会理事9名、监事会监事5名，选举张上志为理事长、乐初道为监事长，聘廖世星为联社主任、郑瑞柏为副主任。

（林五二）

【信用联社团委成立】 9月，经团县委批准成立共青团大田县农村信用合作联社委员会，召开第一次团员大会，选举产生第一届团委委员5人，林玲任书记、陈丽娜任副书记。

（林五二）

【股金分红】 9月，县信用联社经省联社同意和银监局核准，对当年8月底在册的社员股东进行分红，红利分配为每10股送1股派0.5元（含税），分红后联社注册资本金2.55亿元，增加2324万元。

（林五二）

【联社办公楼购置】 2013年，县信用联社与县政府沟通协调，购置赤岩山路2号农业企业总部大厦作为联社办公楼，总价2.2亿元。占地9871.3平方米，建筑面积4.29万平方米，共27层，其中地面楼高26层。

（林五二）

中国人民财产保险股份有限公司大田支公司

【概况】 2013年，中国人民财产保险股份有限公司大田支公司维护保险市场秩序，提升内在服务，促进自我发展。全年保费收入2961.67万元，比上年增长6.79%，占市场份额47.05%。其中，企业财产险保费65.47万元，同比下降24.1%；家庭财产险81.09万元，同比下降3.2%；责任险464.8万元，同比增长47.81%；意外健康险121.12万元，同比增长163.39%；货运险0.5万元，同比下降49.49%；农业保险655.52万元，同比增长6.95%；机动车辆险1573.17万元（商业车险1202.14万元、交强险371.03万元），同比下降3.44%，占市场份额33.5%。全年理赔结案1549件，支付赔款1246.99万元，分别同比增长8.49%、同比下降21.86%，赔付率42.1%。其中，企财险赔付17.76万元，赔付率27.12%；家财险21.62万元，赔付率26.66%；责任险123.16万元，赔付率26.5%；农业险201.29万元，赔付率30.71%；意外健康险20.58万元，赔付率16.99%；机动车商业险596.58万元，赔付率49.63%；机动车交强险266万元，赔付率71.69%。农业险未决赔款150万元，全年利润243.67万元，同比下降41.08%。

8月，三明市分公司聘牛鹤翎为大田支公司主要负责人。大客户闽通长运股份有限公司大田支公司（含汽车站）车辆由总公司统一投保，不再向人保大田支公司投保。年底，公司内设综合部、销售业务一、二部，下属城郊、广平、上京3个营销服务部，共有正式员工8人，劳务派遣工9人，营销员20人。

（陈开篇）

【见义勇为保险赔付】 5月8日，人保财险大田支公司为梅山乡陈高楼家属支付见义勇为保险补偿金7.9万元。梅山乡72岁的村民陈高楼于2012年5月6日在抢救陷入泥泞稻田的小孩时触电身亡，被县政府授予见义勇为先进个人称号。

（陈开篇）

【敬老慰问】 2月，人保财险大田支公司组织志愿者给谢洋乡敬老院6位院民送去春节慰问金1800元，大米和食用油价值1000元；8月20日，牛鹤翎代表人保财险大田支公司，在县民政局局长、湖美乡乡长陪同下看望湖美乡敬老院24位院民，送上慰问金1万元。

（陈开篇）

【省分公司领导到大田支公司调研】 8月14日，人保财险省分公司副总经理袁辉率车商部总经理方晓东等一行3人到大田支公司进行车险业务调研督导，三明市分公司副总经理郑春辉等陪同。

（陈开篇）

【新险种开办】 2013年，人保财险大田支公司新开办教职工、电梯、电动车和助力车、养老机构责任险，至年底收保费6.35万元。其中，教职工责任险参保学校13所、1181人，提供保险保障3.54亿元，保费收入3.56万元；承保医院、宾馆、大型超市等公共服务领域特种设备10部电梯责任险，收保费6410元；承保电动车、助力车第三者责任险71台，每台保费80元，共收保费5680元；承保全县老人服务单位敬老院、养老院、福利院养老机构责任险19家、对象88人，每起事故保险责任累计限额150万元，每人12万元，收取保费1.58万元。

（陈开篇）

【政策性农业新保险开办】 2013年，人保财险大田支公司开办烟叶种植保险，全县投保种植烟叶1000公顷，每公顷保额4500元、保费405元，共收保费40.5万元，全部由县政府承担。

（陈开篇）

【保险代理拓宽】 2013年，人保财险大田支公司与新成立的大田晋农商村镇银行、兴业银行大田支行建立保险合作关系，为客户办理家财险、企财险、意外险、车辆保险等保险服务，共收保费5.43万元。

（陈开篇）

中国人寿保险股份有限公司大田县支公司

【概况】 2013年，中国人寿保险股份有限公司大田县支公司以科学发展观为统领，坚持“攻坚克难、稳中求进、奋力拓展”的总基调，根据完成预算、巩固市场份额的目标，实施创新驱动发展战略，规范经营，诚信服务，做到有质量、有效益地增长。全年保费收入6179.14万元，比上年下降0.61%，其中，续期保费3920.8万元，同比增长16.46%；首年保费1736.19万元，同比下降27.71%；短期性保费522.15万元，同比增长16.13%。办理各类赔案638件，赔付金额327.2万元，其中长期险赔付187.1万元，短期险赔付140.1万元。

7月，县支公司经理谢泽平调梅列区支公司，三明分公司监察部经理王舒调任县支公司经理。年底，全县设营销服务部11个，员工30人、代理业务员256人。

（涂新红）

【新险种推出】 1—6月，县支公司推出“国寿福禄双喜两全保险（分红型）”“国寿瑞鑫两全保险(分红型2013版)”等新险种，至年底，共收保费513.8万元。

（涂新红）

【计生家庭保险开办】 2013年，县支公司与县计生协会联合开办“生育关怀—计划生育家庭意外伤害保险”，由县政府支付每户保费50元、保额6.3万元，全县二女绝育手术计生家庭投保1万户，收保费50.2万元。全年理赔13户，赔付4.77万元。

（涂新红）

【大案理赔】 2013年，县支公司为太华镇村民陈某车祸意外死亡赔付吉祥卡E款意外险身故金8万元；为被保险人吴某患宫颈癌死亡赔付重大疾病终身保险金6万元；为被保险人林某因煤矿作业爆炸死亡，赔付国寿绿洲团体意外伤害保险金15万元。

（涂新红）

大田县重点建设项目之一——金象温泉城项目（石牌镇党政办提供）

综合管理

□ 编辑：陈吉浣

发展计划管理

【概况】 2013年，大田县发展和改革局坚持“质量”和“效益”，突出“持续”和“转型”，推进县域经济平稳较快发展，各项工作取得明显成效。

年度计划编制与实施 2012年12月末，县发改局完成2013年大田县国民经济和社会发展年度计划编制，并提交县第十六届人民代表大会第二次会议审议通过。

2013年大田县国民经济和社会发展各项主要计划指标及完成情况：

全县生产总值增长13%，当年完成135.29亿元，同比增长10.8%；

农林牧渔业总产值增长4.5%，当年完成41.89亿元，同比增长4.8%；

规模以上工业增加值增长20%，当年完成89.52亿元，同比增长15.4%；

固定资产投资增长20%，当年完成157.73亿元，同比增长31.6%；

社会消费品零售总额增长16%，当年完成34.27亿元，同比增长14.6%；

出口总值（海关口径）增长12%，当年完成7412万美元，同比增长12%；

实际利用外资（验资口径）增长12%，当年完成1210万美元，同比增长13.3%；

地方公共财政收入增长10%，当年完成7.39亿元，同比增长10.3%；

居民消费价格指数控制在104%以内，当年实际102%；

城镇居民人均可支配收入和农民人均纯收入各增长13%，当年实际分别为2.48万元、1.07万元，分别同比增长11.1%、13.1%；

城镇登记失业率控制在3.29%以内，全年城镇登记失业率2%。

项目审批 2013年，县发改局与中央、省、市各级下放的审批权限衔接，审批建设项目179个，总投资60.87亿元，受理办结率100%。其中，批复项目40个，总投资13.91亿元；备案项目139个，总投资46.96亿元。

项目竞赛 2013年，县发改局落实项目带动战略，继续开展项目竞赛活动，年初制订“七个重大项目组”工作方案，年中开展“百日会战”攻坚活动，“七个重大项目组”实施重点项目（含省、市重点项目29个）123个，总投资483.25亿元，当年完成投资81.31亿元。其中，重大交通基础设施项目6个，完成投资3.29亿元，东部新城及城市规划建设项目14个，完成投资13.74亿元，工业经济重点投资项目44个，完成投资28.79亿元，民生及社会事业项目21个，完成投资8.09亿元，现代服务业及旅游项目14个，完成投资12.92亿元，农业产业化及生态保护项目17个，完成投资13.29亿元，重大水利工程项目7个，完成投资1.19亿元。全县新引进项目193个，总投资739.43亿元，当年实际到资53.75亿元。县级项目储备库储备总投资在500万元以上且符合国家产业政策的项目432项，其中得到转化实施330项，转化率76.39%。

争取上级补助 2013年，县发改局共争取到省级以上发改部门工业、农业、社会事业等补助项目33个、金额6885万元。其中，补助闽江上游尤溪流域防洪二期工程（大田段）2000万元、县主城区污水收集系统工程1500万元、县造福工程危房改造项目593万元、县粮油储备建设项目400万元，其他项目2392万元。

（乐进朝）

【项目成果对接】 6月18日，县发改局牵头组织122家企业参加省政府在福州举办的“第十一届中国·海峡项目成果交易会”，共对接项目成果61项，总投资19.7亿元，征集企业技术难题31项，邀请科研院所专家5人参会；参展新产品4个，福联兴豪华游艇、金泰铝业铝镁合金线展品受关注。

（乐进朝）

【发展第三产业】 2013年，县发改局利用全县第三产业发展联席会议制度，牵头组织有关部门加强主要支撑指标的监测调度，全县实施第三产业重点项目59个，完成投资42.3亿元；新培育投资千万元以上三产企业23家，新增限额以上商贸流通企业8家。全年第三产业增加值37.29亿元，同比增长8.3%。

（乐进朝）

【企业股权上市】 2013年，县发改局继续抓好上市企业梯队建设，加强上市培训服务，华灿生物、华伦特重工、万华实业、盛鑫矿业、鑫鹭峰矿业有限公司等5家企业被列入省重点上市后备企业；7月18日，华伦特重工在海峡股权交易中心挂牌上市，为该中心首批挂牌企业。

（乐进朝）

人力资源和社会保障管理

【概况】 2013年，大田县人力资源和社会保障局，加强岗位责任制和绩效目标管理，促进就业工作稳定、社会保险制度全覆盖、和谐劳动关系建立。当年，市政府授予县政府“创建国家级创业型城市先进工作单位”、县人力资源和社会保障局、桃源镇人力资源和社会保障服务中心“创建国家级创业型城市就业先进工作单位”称号。

就业再就业 2013年，县人力资源和社会保障局实行职业指导和介绍免费服务，帮助就业和再就业，持续开展创业带动就业、培训引导、政策支持、资金扶持和基地示范等创业服务工作，开办各类创业培训班15期、375人。完善小额贷款运行机制，发放小额担保贴息贷款3896万元，实现自主创业150多人，带动就业760多人，审批、支持5家劳动密集型小企业贷款1000万元，审核、发放当年到期小额担保贷款贴息533.78万元。落实就业扶持政策，为就业困难人员263人发放社会保险补贴25.1万元。当年，全县城镇新增就业2293人，城镇下岗失业人员实现再就业1199人，其中城镇就业困难人员再就业385人；新增农村劳动力转移就业5821人，均超额完成任务的10%左右。年底，城镇登记失业率2%，低于市控制任务1.6个百分点。

社会保障 2013年，县人力资源和社会保障局稳步提高社保待遇，城镇参保职工基本医疗保险统筹基金封顶线从5万元提高到8万元，门诊特殊病种由13种增至18种；建立居民大病补充险，实行城乡居民基本医疗保障一体化，居民医保统筹支付封顶线从6万元调整为8万元；参保居民在一、二、三级医疗机构住院发生的政策范围内医疗费用，其支付比例由原来的70%、60%和50%分别调整为85%、75%和65%；参保居民孕产妇住院分娩医疗费用由原来补助400元、剖宫产补助1000元统一调整为分娩补偿880元、二级以上医院补偿1100元。继续提高企业退休人员基本养老金水平，月人最低提高269元。

企业职工养老保险。全县参保企业501户、2.29万人，分别比上年增长1.1%、9.27%，审批职工退休359人；全年征收保费8333.36万元，为企业离退休人员5874人按时足额发放养老金1.4亿元，社会化管理100%。

机关事业单位养老保险。全县参保288户、2195人，征收保费2153万元，为离退休人员1001人发放养老金3783万元。

城乡居民社会养老保险。全县参加新型农村社会养老保险和城镇居民养老保险12.54万人，个人缴费1371.48万元；为60周岁以上符合条件的城乡居民4.06万人，发放基础养老金2572.58万元；新确认被征地农民养老保险对象963人，为60周岁以上被征地农民2845人、发放养老保险金284.79万元。

工伤保险。全县参保企业621户、2.86

万人，征收保费1539.5万元；依法认定工伤388起、支付保险金961.4万元。

生育保险。全县参保企业467户、1.94万人，征收保费396.69万元，为61人支付生育金40.61万元。

失业保险。全县参保企业464户、1.79万人，征收保费636.87万元；为失业人员613人按时足额支付失业金261.6万元。

医疗保险。年底，城镇职工参保447户、2.6万人，征收基金6471.17万元，其中统筹账户3956.45万元，个人账户2514.72万元。当年统筹账户支出2422.08万元，个人账户1906.4万元，统筹账户结余1534.37万元，个人账户608.32万元；统筹账户累计结余2260.12万元，个人账户3289.39万元。城镇居民参保1.28万户，基金收入310.88万元、支出214.08万元。

职工权益保障 2013年，县人力资源和社会保障局完善维权长效机制，加大企业用工监察力度，劳动合同签订率95%；下发《关于完善企业工资保证金制度的通知》，保障了建筑行业兑现农民工工资；分别与县检察院、县法院联合制定企业职工、农民工维权机制，会同县委群工部、公安部门及时处置恶意欠薪案件。全年处置欠薪案件108件，为2095人追回欠薪1654.1万元。提高劳动争议案件办案效率和质量，促进和谐劳动关系的形成，工伤认定388件，劳动争议立案187件，结案179件，结案率95.7%，为劳动者挽回经济利益1002万元；处理信访案件、答复办结37件，办结率100%。

（田有炼）

【缝纫技能大赛】 2月21日，县人力资源和社会保障局、总工会、福建格林集团联合举办第三届“格林”杯职工缝纫技能大赛，参赛选手80多人，决出一等奖1名、二等奖2名、三等奖3名、优胜奖14名。获奖者均获得县人力资源和社会保障局颁发的职业技能证书，前六名获奖者被县总工会授予“技术能手”称号。

（田有炼）

【企业用工服务】 2013年，县人力资源和社会保障局到企业摸清用工需求和意向，通过各种渠道向社会公布，相继开展“春风行动”“重点企业专场招聘会”等多场就业服务活动，提供就业岗位6500多个，促进人力资源供求信息对接。强化校企合作，鼓励县内培训机构和职业介绍工作走“培训加职介”多元化招工之路。出台大田县《关于缓解企业用工短缺，做好用工服务十条措施》，服务企业用工。全年组织企业招工2450多人，培训技术工人3364人次。

（田有炼）

【技能大师工作室获批】 2013年，白龙眼镜店工作室获省人力资源和社会保障厅批准为“福建省技能大师工作室”，是县和省眼镜行业首个省级技能大师工作室，领衔人国家一级验光师张少清。

（田有炼）

安全生产监督管理

【概况】 2013年，全县坚持“管行业必须管安全、管业务必须管安全、管生产经营必须管安全”和“党政同责、一岗双责、齐抓共管”，树立安全生产底线意识和红线思维。县安委会制定《县安委会成员单位挂包指导乡（镇）安全生产工作制度》和《进一步明确乡（镇）党委、政府及县直有关部门安全生产监督管理职责》等文件，建立长效机制，采取有效措施，强化责任落实，加大查处力度，认真整改问题，推进全县安全生产形势持续稳定。全年共发生各类生产安全事故42起，无较大以上生产安全事故，各项指标均控制在市政府下达指标范围内。生产安全事故亿元生产总值死亡率0.17，比上年下降0.05；10万人死亡率7.38，比上年下降1.28；道路交通万车死亡率2.79，比上年下降0.55；煤炭百万吨死亡率保持零。职业病危害因素监测覆盖率80.8%，接触职业病危害工人健康体检率77.3%。

2013 年大田县各类生产安全事故情况

表 19

项目	事故情况							
	起数	比上年 + -%	死亡		受伤		经济损失	
			人数	增减 %	人数	增减 %	金额（万元）	增减 %
工矿商贸企业	2	-33.33	2	-33.33	—	平	153.70	-13.39
生产性道路交通	26	+52.94	10	-9.09	24	+71.43	11.80	-45.87
火 灾	14	-22.22	—	平	—	平	81.80	-2.39
合 计	42	+10.53	12	-14.29	24	+71.43	247.30	-12.98

说明：道路交通事故，2012 年为全部；2013 年统计口径变化，为生产性交通事故

（林开族）

【“打非治违”专项行动】 5月，各乡（镇）、行业主管部门根据县安委会关于《大田县进一步推进安全生产“打非治违”工作实施方案的通知》，围绕“工作要深入、执法要严格、措施要落实、事故要下降”的总体要求，铁腕打击非法违法和违规违章生产行为，及时发现和整改安全隐患，防范和遏制重特大安全事故发生。至年底，共出动执法人员（不包括公安部门）3520 人次，检查企业 4123 家次，开展联合执法行动 229 次，关闭非法违法生产经营建设单位 17 家。其中，排查各类矿山 157 个、矿产勘查项目 24 个、尾矿库 34 座，依法立案查处严重无证非法采矿 2 起，打击非法水洗矿（砂）点 29 个，强制关闭无证非法矿山 4 个；分别查处建设工地、危险化学品非法违法行为 4 起、2 起，取消油漆经营资格企业 3 家；消防、特种设备、烟花爆竹、冶铸等行业领域查处非法违法生产经营建设行为 186 家（次）。

（林开族）

【安全生产大检查和重点整治“百日行动”】 6月 14 日，县政府按照国务院、省、市关于开展安全生产大检查和重点整治“百日行动”的部署，召开动员大会，县安委会分别下发危险化学品、尾矿库、煤矿、非煤矿山、建筑施工、燃气、消防、特种设备、道路交通等九个行业领域“重点整治百日行动”实施方案。8 月 8 日，在第三季度防范重特大生产安全事故会议上进行再动员再部署，12 月 2 日，县安委会组织大检查“回头看”。至年底，全县各级各部门按照“全覆盖、零容忍、严执法、重实效”的要求，督查检查企事业单位和场所共 6213 家（次），排查发现各类安全隐患 8231 条，整改完成 8134 条，占 98.8%，正在督促整改 97 条；责令改正、限期整改、停止违法行为 269 起（不包括道路交通违法行为），停产停业整顿单位 22 家，暂扣有关许可证 6 家，关闭非法违法生产经营单位 11 家，处罚 47.76 万元。

（林开族）

【“安全生产月”活动】 6 月，全县围绕“强化安全基础，推动安全发展”主题，多角度、多层面集中开展安全生产宣传教育活动。各乡（镇）、县直有关单位和企业举办安全生产法律法规知识讲座 141 场（次）、听众 8400 多人次，出宣传专栏 698 期（次）、张贴标语 3300 余张，通过中小学生向各界人员发放宣传单 2.6 万份；11 日，开展“安全生产宣传咨询日”活动，共发放各种宣传手册、资料 4100 余份，悬挂横幅 29 条，安全图片展览 60 余幅，接受群众咨询 180 余人次。

（林开族）

【安全生产达标创建】 2013 年，县安委会下发《关于深化安全生产标准化建设工作的通知》，按照“一级抓巩固，二级、三级抓提升”的要求，持续做好安全生产标准化建设，并不断加以改进，提升岗位、专业和企业达标水平。至年底，红狮、新岩、鑫城、盛岩水泥，飞鹰、万华、格林实业，华闽、弘惠纸业，昌盛、宝山机械，晨华铸造、长鑫船舶，

大联新型材料和旭日、建华纺织等16家企业全部通过国家专业标准评定，比市下达任务多4家。

（林开族）

【年度安全生产目标责任考评】 2013年，全县18个乡（镇）年度安全生产工作目标责任与综治、计划生育等工作由县委统一组织考评。实行千分制考评办法，每个乡（镇）缴纳安全生产考核押金1.5万元，年度考评达850分（含850分）以上，全额返还；800分（含800分）以上的按80%返还，其余扣缴；800分以下的，全额扣缴。年度考评设一等奖1名，奖励3万元；二等奖2名，各奖励2万元；三等奖3名，各奖励1万元。对生产安全死亡事故超过县政府下达控制目标的，实行“一票否决”，取消安全生产评先评优资格。经考评：一等奖谢洋乡，二等奖梅山乡、石牌镇，三等奖均溪镇、桃源镇、吴山乡。

（林开族）

【安全生产事故隐患排查治理】 2013年，大田县被省安监局定为开展安全生产事故隐患排查治理信息统计试点县。各乡（镇）、县行业主管部门结合安全生产大检查和“百日行动”，对历次检查督查、暗访暗察和突击检查中发现的隐患或问题，逐一建立台账，及时督促企事业单位按照生产事故“零容忍”的要求，制订整改方案，明确责任人和整改期限，跟踪督促落实。全年，各级各部门、企事业单位共排查发现各类安全隐患1.42万条，完成整改1.4万条，占98.6%，正在整改224条。排查重大火灾隐患2项，其中，大田县中国旅行社未按规定设置疏散指示标志、应急照明及室内消火栓，楼梯间设置形式不符合规定，2月26日县政府挂牌督办后，经整改，于8月1日销案；星光幼儿园设在四楼，且疏散通道未按规定设置应急照明、教学楼1—4层右侧设置铁栅栏，11月11日县政府挂牌督办后，经整改，于12月5日销案。

（林开族）

环境保护

【概况】 2013年，大田县环境保护局围绕改善环境质量和建设“幸福大田、美丽大田”中心任务，创建国家级生态县，推进生态建设、污染防控、污染物总量减排、环境监管和自身能力等环境保护工作。境内主要河段水质均符合国家有关标准，闽江流域交界断面水质达到二类标准。城区空气质量达到国家二级标准，区域环境噪声和交通噪声均达到功能区要求。县域环境质量指数为99.59%，生态环境质量为优。

环保宣传 2013年，县环保局把中共十八大关于生态文明建设作为环保宣传的新方向，在“6·5”世界环境日，以“同呼吸、共奋斗”为主题，开展生态创建进企业、进学校、进社区的“三进”宣传活动；与团县委、文明委、树和林业发展有限公司联合开展“小袋鼠行动”，发放环保手袋，举办学生作文、朗诵、演讲等比赛活动，宣传环保知识；通过《环境与发展》《三明环境保护》《大田政讯》《岩城快讯》等刊物和平安三明、大田新闻网等网站，宣传大田生态环境保护工作，全年发表环保信息72条。

建设项目环境管理 2013年，县环保局开展“马上就办、办就办好”活动，服务全县发展大局和重点项目建设。全年共审批各类建设项目102个，均在承诺时限内办结，总投资13.9亿元，其中环保投资0.70亿元，占总投资的5.02%。把好建设项目环境准入关，执行建设项目环境影响评价和环保设施同时设计、施工、竣工验收和投入使用“三同时”制度，共完成149家企业的验收工作。

环境监察 2013年，县环境监察大队执行《排污费征收使用管理条例》，依法实施排污申报登记动态管理，发放排污许可证73本，依法足额征收排污费289.43万元。加强环境污染事故和纠纷调查处理，落实限时办结制度，健全环境信访工作责任和值班制度，维护群众环境权益；处理省、市转办件及领导批办件、人大议案、政协提案共64件，按期办结“12369”环保热线投诉165件，结案率100%。对全县高风险、重污染企业和集中式饮用水水源地开展“查隐患、保安全”环境安全大检查行动，检查企业159家，下发整改通知书24份，行政处罚6家。建成污染源在线监控系统，完成12个国控、省控企业在线监控设备安装和联网运行。

环境监测 2013年，县环境监测站注重环境监测综合能力建设，对照监测站标准化建设要求，投入资金200多万元，改造实验室，购置环境监察、监测设备，条件得到较大改善，实验室具备对水、气、噪声等64个环境因素项目的监测能力。开展常规、建设项目环保和污染源监督性监测，全面完成城区四个季度的大气、降尘、降水和均溪河城区段三个断面、高才省控断面地表水及城区四个饮用水源两个月一次的常规监测，20个建设项目完成“三同时”环保设施验收监测，12个国控、省控企业和重金属污染企业监督性监测。

（翁作湖）

【中华环保联合会曾晓东到县调研】 6月14日，中华环保联合会副主席兼秘书长曾晓东一行4人到京口工业园区的福建正仁环保有限公司调研，了解该公司垃圾无害化处理、环保砖制造、环保科技研发及技术应用等项目，对该公司采用相关专利和国际先进的第三代“热解干馏气化”技术，将垃圾变为可燃气体新能源用于烧砖的工艺给予肯定。

（翁作湖）

【省级生态县考核验收通过】 12月10—11日，省环境保护厅副厅长陈宁率生态省建设领导小组主要成员单位代表及有关专家等考核验收组15人，对大田县省级生态县创建工作进行考核验收。听取县委、县政府创建省级生态县工作汇报，观看生态县建设专题片和技术报告演示，查阅相关资料，现场考察26个生态建设示范点，并进行民意调查。创建省级生态县通过考核验收。当年，全县265个村全部获得市级以上生态村命名，18个乡镇全部获得省级生态乡（镇）命名，其中石牌、屏山、谢洋、吴山、梅山等5个乡镇通过国家级生态乡镇考核验收，年底，全县国家级生态乡（镇）7个。

（翁作湖）

【国家三级环境监测站建设验收】 12月16日，省环境监测中心站站长刘闽生率有关专家对县环境监测站标准化建设进行考核验收，听取县环保局实施监测站标准化建设的工作汇报，并根据国家环保总局《关于开展全国环境监测站标准化建设达标验收工作的通知》和《环境监测站建设达标验收内容及考评方法》，对机构与人员、监测经费、仪器设备、监测用房、业务能力和水平、质量管理等六个方面进行检查和现场审核。经考核认定，大田县环境监测站通过国家三级站标准化建设验收。

（翁作湖）

【开展环境污染事件应急演练】 12月，县环保局与市环保局在飞鹰实业有限公司联合开展当年度突发环境污染事件应急演练，以提高应对突发环境事件的快速反应和现场处置能力。当年，全县28家重金属企业和国控企业编制应急预案，完成备案11家。

（翁作湖）

【污染物总量减排】 2013年，县环保局按照市政府下达的污染物总量减排任务，落实责任。一是结构减排，加快水泥、造纸等高能耗、高污染和落后产能淘汰步伐，拆除石凤、岩城等4家水泥企业6条立窑生产线；关停兴洲、闽发纸业、万宅造纸3条抄宽1092毫米生产线。二是工程减排，明都、华兴矿业等6家企业选矿废水循环回用工程以及鑫城、新岩水泥脱硝工程、鹭峰矿业脱硫工程建成投入使用，建成海和钢铁脱硫工程，减少重金属、氮氧化物和二氧化硫的排放。三是强制性清洁生产，审核验收清洁生产企业19家、审核评估18家。全县减排化学需氧量462.62吨、氨氮57.5吨、二氧化硫79.3吨、氮氧化物208.4吨。

（翁作湖）

国土资源管理

【概况】 2013年，大田县国土资源局全面完成集体土地所有权发证，全县土地节约集约利用水平位于全省前列，矿政管理工作继续保持全省先进行列，矿山水土流失治理工作得到省国土资源厅肯定，县国土资源局水土保持工作被县政府评为二等奖。

法规宣传 2013年，县国土资源局开展“4·22”世界地球日和“6·25”全国土地日宣传活动，悬挂宣传标语、横幅24条，设置宣传栏8个，发放《中华人民共和国矿产资源法》《中华人民共和国土地管理法》等宣传材料3000余份。

执法监察 2013年，县国土资源局执行县委、县政府保护耕地、保障发展用地、和谐征迁、节约集约用地、土地执法监管等土地管理共同责任机制，建立查处国土资源违法犯罪行为联席会议工作制度，县法院、监察、国土等有关部门密切配合，打击国土资源违法行为。全年依法立案查处国土资源违法案件29起、处罚66.33万元；办理省、市、县及有关部门批转的信访件257件，接待群众来访25批次、73人次。

矿产资源开发管理 2013年，县国土资源局挂牌出让采矿权1宗、价款42.1万元，办理延续登记采矿许可证7宗、收取采矿权出让价款6.4万元，受理初审省、市级发证采矿权14宗，新办矿产品经营许可证55本，年检63本。开展采矿权人年度报告监督，现场检查矿山144个，年检率100%。实施第二轮矿产资源开发整合，全县应关闭矿山26个，已按规定要求关闭24个，待采矿许可证到期时实施关闭2个。至年底，完成整合矿山8个并取得采矿许可证；落实矿山开采生态恢复治理保证金制度，全年催缴县本级矿山生态治理保证金31万元。

地质勘查管理 2013年，县国土资源局加强矿产勘查管理，健全内部审查制度和勘查项目协查台账，延续登记项目30个，野外核实、验收高才坂、金竹坑等详查项目，协查武陵矿区煤矿地质普查等24个项目。对到期的勘查项目发出停止勘查通知书18份。开展矿山储量动态监督管理，全县提交2012年度储量动态检测年报69份。

地质灾害防治 年初，县国土资源局编制地质灾害防治方案，实行汛期24小时值班、汛期巡查和地质灾害速报等八项防治工作制度。经专家实地排查，全县地质灾害隐患点353处，全部设立警示牌和发放防灾明白卡、避险明白卡。完成武警中队后山、前坪卫生院等2个滑坡治理工程，省国土资源厅补助195万元；五中、前坪中心小学后山等2个地质灾害点治理项目在施工，省国土资源厅补助230万元。全年督办用地单位做好地质灾害危险性评估40份。

建设用地管理 2013年，县国土资源局审理报县政府审批城区个人建房102宗、面积1.36公顷。拍卖、挂牌出让经营性土地使用权32宗、面积96.67公顷，成交价6.33亿元；协议出让土地1宗、面积0.15公顷，收取出让金558万元。经省、市政府批准农用地转用和征收土地16个批次、1个单独选址，共49个项目、面积169.53公顷。依法依规征用农村集体土地面积143.96公顷，支付征地补偿费3978.9万元，保障被征地农民的合法权益。

地籍与测绘管理 2013年，县国土资源局办理土地登记1064宗，颁发土地证书3015本、面积166.84公顷；土地使用权抵押登记643宗、面积118.87公顷，抵押金额14.88亿元。组织基础测绘并做好成果管理和利用工作，培育和规范测绘市场，为用地单位（个人）提供测绘图幅230宗、面积700公顷。

耕地保护与用地规划 2013年，县国土资源局落实国土资源部“保增长保红线行动”和基本农田“五不准”的要求，全县划定基本农田1.07万片、保护面积1.67万公顷，占全县耕地的83.77%。全年办理建设用地项目土地规划预审39宗、面积361.63公顷。当年补充耕地98.91公顷，占任务数的114.13%，保持耕地占补平衡。

土地收储 2013年，县土地储备中心加强土地储备，增加用地来源，全年收储国有土地20宗，面积22.23公顷。

（陈尾英）

【矿山生态环境治理】 年初，县国土资源局向87个矿山下达当年度矿山生态环境恢复治理任务333.73公顷，并将矿山生态环境治理情况列为上年度矿山年检要件，未实行和未完成年度矿山植被治理任务的年检不予通过。当年，全县选种本土化、适应力强的红叶石楠、木荷、香樟、松、杉等树种近35万株，播撒草籽500多公斤，完成矿山水土流失和“青山挂白”综合治理面积336.73公顷，投资3791万元。汤泉南矿段、仙亭煤矿、山贵崎煤矿、东景田煤矿、贵竹林矿山等成为绿色矿山和矿山地质环境恢复治理的样板。

（陈尾英）

【耕地年产值标准调整】 2月1日，县政府调整公布新的耕地年产值和征地补偿标准，全县的旱地耕地每公顷年产值由1.65万元调整为1.95万元，水田耕地每公顷年产值按原规定不同类型2.1万元—3.3万元不变。征收耕地补偿费按原标准执行，即土地补偿费按耕地年产值10倍、安置补助费按15倍、青苗补偿费按1倍补偿。

（陈尾英）

【银川矿区一期矿山地质环境治理】 2月26日，银川矿区矿山地质环境治理示范工程项目一期工程启动，工期300天。治理面积90公顷，分十八湾、428线、银场沟、南坑4个标段实施，首期工程国土资源部、财政部补助2000万元，至年底，完成总工程量的90%，投入资金1775万元。

（陈尾英）

【仙亭煤矿绿色矿山试点】 4月，位于上京镇境内的永安煤业有限责任公司上京分公司仙亭煤矿被国土资源部批准为第三批国家级绿色矿山试点单位，全省入选单位4家。

（陈尾英）

【“三旧”改造】 6月1日，县政府出台关于《“旧城镇、旧厂房、旧村庄”改造工作方案（试行）》（简称“三旧”改造）。县成立各项目旧城改造工作指挥部，国土、住建、法制等部门联合制定征地拆迁补偿规范文件，由县政府公布执行。住建、国土等部门指导改造地块的规划编制，并加强引导和政策调控。全年，旧村庄改造恢复耕地68.69公顷，旧城镇、旧厂房改造盘活存量建设用地5.33公顷。

（陈尾英）

【国土资源与城乡规划建设管理专题培训】 6月14日，县国土资源局与县委组织部、住房和城乡规划建设局联合举办国土资源管理与城乡规划建设管理专题培训班，各乡（镇）分管国土资源和村镇规划建设的领导、国土资源所和村镇规划建设服务中心负责人等90余人参加。邀请省国土资源厅、住房和城乡规划建设厅领导授课，内容包括国土资源执法监察、城乡规划编制、实施管理等相关知识。

（陈尾英）

【矿山、地质灾害视频监控系统投用】 6月，县国土资源局在全市率先建成的矿山、地质灾害视频监控系统投入使用，投资189万元。在银顶格、川石、广福矿业、前坪下地地面塌陷区等重点矿区、无证非法盗采矿点、地质灾害现场安装4个视频监控点位。系统包括前端视频图像采集系统及视频监控信息指挥中心，采用大于5公里的远距离高清镜头，将前端视频图像通过中国电信专用光纤线路传输至该局视频监控指挥信息中心，实现全天候动态监测，可以即时发现非法采矿行为和地质灾害情况。

（陈尾英）

【“万村地质灾害群测群防”培训】 7月29日至8月8日，县国土资源局聘请省国土资源厅地质环境监测中心三明站站长、高级工程师罗昌谟，到乡（镇）开展“万村地质灾害群测群防”巡回集中教学培训18场、935人，对象为各乡（镇）分管领导及县、乡（镇）两级国土资源防灾人员、驻村干部、村主干和防灾人员、列入乡级以上地质灾害防治方案受威胁单位负责人、村（居）民户主和辖区矿山企业负责人。培训内容包括汛期地质灾害隐患排查、险情巡查和预警监测，预防人为活动引发的地质灾害，临灾条件下启动、实施防灾预案以及组织群众防灾避灾工作等。

（陈尾英）

【首批旧村复垦项目完成】 2013年，县国土资源局推进城乡建设用地增减挂钩旧村复垦项目建设，对无人居住旧房、地灾威胁群众搬迁、新农村建设后闲置的宅基地进行退宅还耕，全县涉及前坪、吴山、桃源、建设、广平、均溪、济阳、湖美、梅山、谢洋、华兴等11个乡镇87个村1233户，占地98公顷，至年底，11个乡镇首批旧房全部拆除，恢复耕地面积68.69公顷，完成增减挂钩指标60.80公顷，占省国土资源厅核定指标112.6%，已交易先行核定的城乡建设用地增减挂钩指标54公顷，收入1.83亿元。历史上首次完成旧村复垦项目。

（陈尾英）

【水土流失结合土地整治项目实施】 2013年，县国土资源局在太华镇汤泉村和大合村、前坪乡黄龙村实施结合水土流失治理的土地整治项目3个，总投资800万元，总规模21.73公顷，新增耕地18公顷，省国土资源厅补助800万元，至年底，3个项目均已竣工。

（陈尾英）

【打击非法采矿专项行动】 2013年，县国土资源局按照省、市有关严厉打击非法违法采矿专项行动、打击非法开采稀土矿产“雷霆行动”的部署和要求，排查辖区内各类非法违法采矿行为，依法依规对1起涉嫌非法采矿犯罪案件移送司法机关立案查处，8名盗采者被刑事处罚，涉嫌非法开采矿产资源犯罪在案羁押2人。

（陈尾英）

【国家卫星遥感图片执法检查】 2013年，县国土资源局对照国家卫星遥感图片资料进行土地矿产自查自纠，对照2012年度国土资源部下发的卫片疑似违法用地21个图斑开展实地核查。其中，违法图斑14个、违法用地11宗、面积3.34公顷（耕地1.05公顷），合法图斑7个、合法用地5宗。立案查处11宗，罚没款14.6万元。大田卫星遥感图片执法检查通过国土资源部验收。

（陈尾英）

【农村集体土地所有权确权发证】 2013年，县国土资源局开展农村集体土地所有权确权登记发证，并委托三明市地学科技有限公司全面进行外业调查和内业整理。年底，全县18个乡镇265个村共绑定宗地2902宗，发放农村集体土地所有权证书267本、面积19.8万公顷，登记发证率100%。

（陈尾英）

【土地整理】 2013年，县国土资源局实施济阳乡大墘、石牌镇桃坑、吴山乡科山、锦山和张坑等村土地整理项目4个，总规模221公顷，可新增耕地面积22.72公顷。新申报的谢洋乡科里等3个村、石牌镇三坊村2个土地整理项目获市国土资源局批复，整理规模74.67公顷，可新增耕地6.07公顷。年底，大墘村项目通过市国土资源局验收，桃坑、科山和锦山、张坑村3个项目均已竣工；谢洋乡科里等3个村、石牌镇三坊村2个项目完成工程量15%。

（陈尾英）

工商行政管理

【概况】 2013年，大田县工商行政管理局围绕建设服务型、法治型、创新型、效能型“四型工商”的目标，以中共十八大精神为引领、以工商文化为主线、以改革创新为动力、以高效履职为目标“四为”要求，持续推进“服务、监管、维权”工作品牌创建和队伍建设，服务县域经济和社会发展。当年，局团支部被团省委评为“福建省五四红旗团支部”。

注册管理 2013年，县工商局继续采取降低工商登记注册门槛、简化手续、支持延续等措施，为企业提供良好的发展环境。全县新办企业登记注册409户，吊销登记59户，注销登记64户，当年企业总数2472户，注册资金103亿元；新设立外商投资企业2户；新发展个体工商户1851户，注册资金1.81亿元，从业3978人，个体工商户总数9200户，注册资金5.27亿元，从业1.76万人；新发展私营企业312户，注册资金9.08亿元，私营企业总数1719户，注册资金69.81亿元，从业1.61万人。年底，全县共有各类市场主体1.17万户，注册资本总额达108.27亿元，分别比上年增长7.34%、7.7%。

经济合同管理 2013年，县工商局监督拍卖合同32件，标的金额7.44亿元；办理企业动产抵押物登记22起，为企业融资3.39亿元。查处合同违法案件11件，处罚款1.46万元。

广告管理 2013年，县工商局办理户外广告登记130件，临时户外广告备案68件。加强对医疗、药品、保健食品、媒体等广告重点整治，立案查办各类违法广告14起，案值4.8万元，处罚款9万元，广告违法率控制在1%以内。

商标管理 2013年，新增申请注册商标

68件。当年全县共有有效注册商标467件，其中新认定省著名商标3件，复审认定1件；商标管理由阶段性、专项整治向日常规范、长效监管转变，继续加强打击侵犯知识产权和假冒伪劣商品工作，开展打击侵权假冒、维护民生安全和商标印制企业专项整治行动。全年立案查处商标侵权案8件，案值5万多元，罚款3万元。

行政执法 2013年，县工商局开展专项整治，加强市场监管和违法违章查处，规范市场秩序。查处取缔无照经营，共立案62起，罚没金额64.05万元，向相关部门抄告无证无照信息315份；开展节日市场、集贸市场、夏季饮料市场、农村食品市场、校园周边和猪肉、食用油、乳制品等各类专项整治行动40多次，出动执法人员2056人次，检查食品经营户4671户次，发出责令整改通知书35份，下架销毁过期食品约15公斤，立案查处食品类案件60件，罚没款16.43万元；没收不符合食品安全标准的食品约28公斤，无中文标签进口酒595瓶、假冒“红牛”饮料18罐、商标侵权白酒88瓶；受理食品类申诉举报28件，为消费者挽回经济损失1.64万元。利用销售点情报管理系统POS机巡查1549次，巡查食品经营企业628户，巡查商品1.57万个；上传快速检测食品1513批次，抽样送检食品样品39个。

（乐晓卓）

【消费者权益保护】 2013年，县工商局加强消费维权工作，一是开展光影宣传。在电视台和广告屏循环播放宣传标语，制作和播放消费热点图文影像，向消费者宣传相关维权知识。二是“3·15”期间开展现场答疑。联合消委会成员单位和各类企业在时代广场开展现场接诉咨询活动，分管领导现场“开门办公”，共发放宣传材料700多份，受理消费者投诉8起，接受消费者咨询157人次。三是课堂互动。到职业中专开展模拟“12315”现场办公活动，向学生讲解当今消费投诉热点，引导学生理性消费，增强维权意识。四是开展“送知识、送服务——消费维权进乡村”活动，共悬挂宣传横幅12条，发放宣传资料300多份，接受消费者咨询112人次。全年共受理消费者咨询、申诉、举报254件，其中受理、办结申诉189件，调解成功164件，成功率86.77%，为消费者挽回经济损失64.28万元。一起消费者燃放烟花炸伤眼睛消费纠纷，经工商局与法院的调解，烟花经销商赔付消费者54.6万元。全年，县工商局通过行政调解与诉讼调解衔接工作机制，由法院调解确认8件，标的金额3万元，挽回经济损失2.11万元。

（乐晓卓）

【农民专业合作社新增69家】 2013年，县工商局继续实施“168”党建工作机制，推行“村党支部加合作社”模式，新发展各类农民专业合作社69家，注册资本共2.79亿元。年底，全县有茶叶、油茶、果树种植、林业生产、畜牧、水产养殖等各类农民专业合作社333家，注册资本共8.86亿元。

（乐晓卓）

【物流产业发展扶持】 2013年，县工商局围绕县委、县政府关于把大田打造为闽中内地辐射闽南沿海“桥头堡”的前沿阵地的目标，主动融入，推动大田县物流产业发展。一是拓展窗口服务功能，指导物流企业登记注册，依法取得主体资格；二是依法加强对物流产业的监管，建立物流企业信用分类监管制度，指导规范物流企业个私条款；三是发挥“12315”投诉举报网络作用，及时调查跟进有关物流投诉举报，快速有效办结。年底，全县共有物流企业46户，注册资本1.32亿元。其中，新注册成立物流企业32户，注册资本9461万元。

（黄清渊）

物价管理

【概况】 2013年，大田县物价局围绕“稳物价、调结构、保民生、促和谐”目标及宏观调控任务，推进价格改革，疏导价格矛盾，规范和整顿价格秩序，开展“平价商店”活动，保持价格总水平基本稳定。当年，县物价局报送的价格信息被省级以上刊物、网站采用70篇，市级采用37篇，县级采用15篇，评分累计426分，获省价格系统县（市、区）

组第一名。

价格总水平 2013年，县物价局强化措施，落实国家宏观调控政策，市场价格总体水平小幅上涨，全县居民消费价格指数102.0%，比上年下降0.7个百分点。

价格管理 2013年，县物价局加强价格调控，服务扩大内需。一是重点监测粮油、副食品、建材等重要商品价格，坚持每周报送2次价格监测表。二是开展城市供电、供水定期成本和京丰发电有限公司上网电价成本监审，金园、后坂洋、汇龙地下停车场停车服务和大田安然燃气有限公司管道材料及安装工程的收费标准监审；做好县供电公司2012年城乡同网同价执行情况审价工作；审定“乌町洋”经济适用住房销售基准价格方案、“德润保障性住房小区”限价商品住房销售均价方案；会同住建局、财政局核定赤岩保障性住房小区公共租赁住房租金标准，报县政府研究后执行。三是转报奇韬镇文经水电站、上京二级水电站技改后上网电价。

收费管理 2013年，县物价局继续加强行政事业性收费管理。一是规范各类收费行为。按照省物价局《福建省幼儿园收费管理办法》要求，规范民办幼儿园保育教育费收费标准，对报备的收费标准进行审核、确认；调整县公办幼儿园和延长五中住宿费收费标准；转报县医院调整空调降温费、“120”救护车费价格标准；审定金园、后坂洋、汇龙地下停车场的停车服务、县委党校各类培训班、职业中专职业技能鉴定站考前培训、农业局农村财会任用证培训考试、林业局相关林业生产和安全技术培训考试等收费标准；审定大田安然燃气有限公司管道材料和安装工程收费标准，报县政府研究。二是加强中小学校教材价格和校安工程建设有关行政事业性收费的管理和监督；配合有关部门加强对建设工程监理、房地产中介服务和交易手续费收费的跟踪管理，规范房地产建设和销售过程的收费行为。三是执行中央和省出台的各项收费政策，加强收费许可证的规范管理。进行减征、免征范围、对象跟踪督查；收费项目和标准调整、变更、取消时，对收费许可证即时变更、收回，严格管理。四是按时完成“全国行政事业性收费动态监管系统”建设和2012年度行政事业收费单位审验183个，全部合格；收费总额9636.44万元，其中行政性收费5306.97万元，事业性收费4329.47万元。

价格行政执法 2013年，县物价局加强价格行政执法工作，一是开展各大超市、商场和部分乡镇集贸市场经营者明码标价执行情况和牵头组织成员单位对电信领域侵害消费者权益行为等专项检查；元旦、春节等重要节日市场价格及旅游景点、客运票价、成品油和石油液化气价格执行情况巡查。二是开展工程招标代理服务、涉农收费、保障性住房收费和规范医疗服务价格活动及4个驾校培训收费的专项检查，查出有违价行为工程招标代理公司2家，违价款8.45万元，实施经济制裁8.85万元，其中没收8.45万元，罚款0.4万元。三是配合县监察局、纠风办、农业局、卫生局、经贸局等部门参与减轻农民和企业负担及纠正医药购销、医疗服务不正之风等专项治理检查；针对投诉举报农村客运擅自提价行为，召开价格提醒告诫会，发放告诫函78份，会同县交通局、交警大队多次上路检查，遏止农村客运违价行为。全年查处价格违法案件3件，违价金额15.56万元，实施经济制裁19.52万元，其中没收违价款15.56万元，罚款3.96万元。接受群众来访来电和部门转办举报件16件，其中医疗卫生2件，交通12件，物业2件。

价格认证 2013年，县价格认证中心接受司法、行政机关和仲裁机构委托，对刑事、民事、行政、经济等案件中涉案物品的价格进行准确价格鉴定，对国有资产、房产、地产进行价格评估认证，对各类抵押物、拍卖物、过期无主物、留置物及保险理赔、索赔等物品和婚姻财产价值进行准确的价格鉴定；为有关部门提供价格服务。全年共受理价格认证业务110件，标的金额354.72万元，其中刑事案件87件，金额267.98万元；行政案件18件，金额56.94万元；价格认证4件，金额26.5万元；调解价格纠纷1件，金额3.3万元。

（林照有　连幼琴）

【平价商店活动】 9月16日至10月15日，县物价局启动平价商店活动，品种有粮油蛋类月牙长粒米、5升/桶金龙鱼调和油、红壳鲜鸡蛋，肉类猪腿肉、肋条肉和蔬菜类白萝卜、大白菜、卷心包、土豆、莜麦菜等共10个品种。城区五家超市及日日鲜蔬菜配送中心参与活动，补助每家启动资金3000元，蔬菜类销售价格低于同类产品市场平均价20%，粮油肉蛋类低于5%，采取“先控后补”进行差价补贴，所需资金从价格调节基金专项资金中拨付并列支。其间，共销售大米36.92吨，调和油3686桶，鲜鸡蛋15.35吨，猪腿肉4.56吨，肋条肉3.3吨，莜麦菜6.92吨，土豆7.49吨，白萝卜8.54吨，大白菜8.81吨，卷心包15.65吨，共补贴差价7.77万元，支出价格调节基金9.57万元。

（林照有　连幼琴）

【行政事业性收费动态监管系统建设】 10月，县物价局按照省物价局统一部署，建设“全国行政事业性收费动态监管系统”，完成全县157个收费单位基本信息、收费项目、收费标准、年审数据录入，实现行政事业性收费同步统一规范管理。

（林照有　连幼琴）

【价格调节基金征收】 2013年，县物价局牵头，会同财政、经贸、地税部门做好县价格调节基金征管，全年共征收价格调节基金748.8万元。

（林照有　连幼琴）

审　计

【概况】 2013年，大田县审计局依法履行审计监督职责。全年审结项目（单位）31个，其中，预算执行6个、经济责任14个、专项资金3个、政府投资1个，政府交办项目6个、企业专项资金审计调查项目1个。配合上级审计部门完成审计项目2个。查纠违纪违规金额2048万元，管理不规范金额9.25亿元，其中，下达审计决定应缴财政金额1660万元，应归还原资金渠道122万元，应调账处理2.8亿元。向上级审计机关和县委、县政府提交审计综合报告、审计工作报告39篇，呈阅件6篇，其他审计信息39篇，审计信息被上级审计机关和县政府采用21篇。

当年，县审计局被市审计局评为农村中小学布局调整审计调查工作先进集体，获2012年度统计工作评比一等奖，获省审计机关社会保障资金审计工作先进集体、省审计厅2012年度审计统计工作先进单位称号，获审计署中国时代经济出版社、《中国审计》编辑部2013年度审计宣传工作先进单位称号。

县本级财政预算执行情况审计 2013年，县审计局对县财政局、地税局、住房和城乡规划建设局、人口和计划生育局、畜牧水产中心、人民防空办公室6个部门单位2012年度预算执行情况进行审计。审计发现，预算收入管理方面，县地税局未按规定及时足额征收税款、存在预征部分企业税款及漏征税费；县财政多缴非税收入、部分收入未及时缴库；县计生局社会抚养费应收未收，征收率较低；县人防办部分防空地下室易地建设费未及时足额征收；县住建局收入预算编制不够准确。预算支出方面，县财政支出预算不够细化，部分预算支出管理、核算不够严格；人防办等部门单位违反规定使用财政资金，存在滞留、挤占、坐支财政收入等。共查出未按规定征收缴纳收入7039万元，预算编报不真实不完整126万元，预算编制批复不规范3503万元，违规变更调整预算6万元，资金滞留闲置4.46亿元，扩大开支范围11万元，违规出借财政资金265万元，会计核算不实2.8亿元，其他问题金额703万元。作出审计决定应上缴财政收入1121万元。县审计局针对性提出审计建议，依法出具审计报告，下达审计决定，责成有关单位整改。同时，向县人大、政府提交审计结果和工作报告。

领导干部任期经济责任审计 2013年，县审计局制定《2013年大田县经济责任审计工作方案》，推进任中经济责任审计。围绕履行经济责任的过程和效果、执行方针政策和遵守财经法纪等方面实施审计，重点关注重大管理决策、活动产生的经济、社会、生态效益情况。从资金取得、管理与使用的合法性、合规性、合理性及内部控制制度健全性情况、重大经济事项的决策程序及操作流程等分析与评价责任人，客观公正界定责任。全年分别审结领导干部任期、任中经济责任项目8个、6个，其中县直党政机关科级干部12人、乡（镇）党委书记、乡（镇）长各1人。查出违规金额1588万元，管理不规范金额2534万元，做出审计决定应上缴财政639万元。

固定资产投资审计　2013年，县审计局组织固定资产投资审计中心完成政府投资竣工结算审计项目310个，送审工程总造价5.74亿元，审计净减3812.49万元，平均审减率6.64%；完成政府投资工程预算（标底）审计项目46个，送审工程预算（标底）总造价9.38亿元，审计净减9919.5万元，平均审减率为10.58%。揭露、纠正政府投资项目预、结算存在的问题。

政府投资项目跟踪审计　2013年，县审计局对2009年5月至2012年12月中小学校舍安全工程资金管理使用、工程建设管理等情况进行跟踪审计，发现部分工程预算编制欠规范，未按县政府的有关规定进行工程竣工结算审计等问题。向被审计单位提出整改意见和建议，督促相关责任单位采取措施整改纠正，加强施工过程管理监督检查。

其他审计事项　2013年，县审计局一是配合市审计局开展全国全省统一实施的2个审计项目，审计地方政府性债务，综合分析县、乡两级政府性债务总体情况、负债率、在全市位次及风险评估；配合审计2012年度扶贫、救灾专项资金分配、使用、管理、拨付及项目建设成效情况等，促进扶贫、救灾资金和相关政策落实，提高专项资金使用效果。二是开展专项审计或审计调查4个。调查县兴田城投公司国有资产（资本）投向结构的合理性、效益性，审计查出违规金额258万元，管理不规范金额2908万元，资产不实13万元，损益不实1843万元，分析问题产生的原因，提出解决的对策；检查和评估县农发资金管理、分配、使用效益，分析影响财政专项资金使用效益的原因，为县政府及有关部门提供独立的意见和建议，提高专项资金的使用效益；调查县堤防工程维护管理费征收、管理、使用情况及效益，揭示问题，促进管理，确保专款专用，提高资金的使用效益；跟踪审计大田县农村公路世界银行贷款资金收支、项目投资建设情况，针对存在问题提出审计建议，促进项目资金规范、合理、有效使用。三是完成县政府交办的审计事项6个，调查大田一中后勤服务站客房部的资产和经营损益情况、县自来水公司2010—2012年运行成本情况；审计兴田城投公司县保障性住房秋桐小区限价房建设项目资本金投入情况、县财政局对县水岸人家农民集中安置小区建设项目投入情况、县煤炭工业公司和县建筑材料工业公司2012年1月至2013年9月财务收支情况。提出审计建议，出具审计报告，为政府决策提供参考依据。

（林起昌）

【后续审计】　6月，县审计局执行县政府《关于进一步加强审计监督做好审计决定执行工作的意见》，组织后续审计小组，对县财政局、地税局、公安局、教育局、农办、疾病防治控制中心6个单位2012年同级审发现问题整改和审计意见采纳情况进行跟踪检查，将检查的整改情况列入审计工作报告报县人大常委会，县人大常委会对审计工作报告做出审议意见，督促整改工作落实。

（林起昌）

【内部审计】　2013年，县审计局加强有关单位内审项目现场指导与沟通，提高内审工作质量。县农村审计总站及所属基层审计站配合县纪委、组织部、监察局、财政局对2012年度全县265个村主干实施任期经济责任审计，摸清了村集体家底，共查出违纪金额136.66万元，贪污、挪用集体财物6人，金额16.25万元，其中移送司法机关处理3人；进行专项审计，对存在的问题整改情况进行督查，促进村级财务收支规范管理。

（林起昌）

【审计干部集中培训】　2013年，县审计局审计干部20人，进行1期5天集中培训，内容有审计证据收集、取证的方法、审计文书的种类、使用等和注意事项，政府投资项目跟踪审计内容与方法及改进经济责任审计的评价等。规范审计行为，增强审计干部的责任和创新意识，提高审计能力。

（林起昌）

质量技术监督

【概况】 2013年，大田县质量技术监督局服务经济转型发展，突出质量强县、品牌创建和标准引领工作，确保加工食品、特种设备和质监队伍安全，提升依法行政、技术保障和创先争优水平，为推进建设创新创造、宜居宜业的美丽大田提供质量保障。

行政执法 2013年，县质监局围绕民生科学执法，提升依法行政水平，一是开展民生安全“质检利剑”专项行动。重点抓好化肥、农药、农膜三类产品监督执法；与当地乡镇政府、县安委会及相关行业主管部门联合开展7次特种设备执法行动，立案查处违法案件18起，罚没款18.11万元。二是开展“六五”普法活动。邀请检察机关开设专题讲座，解读最高人民检察院和最高人民法院《关于办理危害食品安全刑事案件适用法律若干问题的解释》，强化质监工作防范失职渎职等犯罪意识；开通短信服务平台，向企业宣传新颁布的《中华人民共和国特种设备安全法》、安全常识和质监业务。三是建立网络维权队伍。确定2名网络信息员兼职普法维权，从各主要门户网站和影响力大的社区、论坛等，了解和收集网上有关本单位的舆情信息动态，进行法律咨询、法律援助、大要案督查等，形成全方位立体维权格局。全年查处案件31起，罚没款入库30.18万元，没有行政复议诉讼案件。

质量监管 2013年，县质监局以“质量强县”入手，提升企业产品质量和管理水平，全年工业产品质量合格率95.8%，位列全市第一。一是服务重点项目。帮助31个重点项目解决实际困难47个，为企业特种设备作业人员岗位培训79人次。二是提升质量基础，制订“质量月”活动实施方案，开展“质量月”活动。推动华伦特公司等3家企业导入ISO9001质量管理体系认证，九道山茶业等4家企业获有机转换产品认证证书，象山岩茶业等2家企业通过“国家良好农业规范（GAP）”种植模式认证；推动仙顶茶业公司导入卓越绩效管理模式，参加市政府质量奖评选，新岩水泥获福建省质量管理先进企业称号。三是开展认证认可，督促县疾控中心等5家检验实验室做好资质认定自查及监督巡查工作；开展水泥、人造板、农产品等10家认证企业体系认证行政监管网格化检查和轮胎、汽车内饰件、家具产品环保认证、玩具、电线电缆、手机、小家电等CCC目录内产品执法整治，维护消费者合法权益。四是开展9项工业产品专项整治和监管风险排查、整改，落实证后监管措施，确保工业产品质量安全；确定人造板作为重点产品质量提升行动，现场检查13家人造板生产企业，督促企业签订产品质量承诺书。五是加强工业产品生产许可监管，会同市局督促原美化工公司申办工业产品生产许可证，全县11家获证企业提交年度自查报告，年审率100%；出动监管人员67人次，巡查每家企业2次以上，巡查覆盖率100%；督促列入产业政策淘汰名单的奇韬水泥厂上报注销申请。六是撰写调研文章14篇，其中获市局一、三等奖各1篇，县领导批示4篇。

品牌建设 2013年，县质监局围绕县“十二五”品牌发展规划和全县支柱、优势产业集群打造品牌提升工程，县政府兑现2012年经济建设领域品牌创建奖励金282.6万元。制订年度品牌工作计划，为企业创牌提供导向服务，提高企业创牌成功率。推动企业加强各类名牌展示展销活动，不断扩大“大田高山茶”品牌宣传，“大田肉兔”入选“闽产的·世界的——福建省国家地理标志产品图文丛书（三）”，纸制品、木制品、机械产品质量和知名度不断提升。品牌创建工作入选“年度大田十大新闻”之一。

计量管理 2013年，县质监局贯彻国务院“计量发展规划”，一是突出民生计量监管。完成定量包装商品净含量计量检验、水表检定标准建项；开展小衡器、砝码、加油机计量检定量值比对，检定计量器具5847台件，其中减免小衡器、血压计、压力表等检定收费4527台件，费用13.65万元；对定量包装商品净含量检验77批次，合格72批，合格率93.5%；立案查处计量秤作弊1起、商品量计量不合格7起。二是落实能源计量政策。配合“国家城市能源计量中心”建设，完成企业能源审计2家、能源计量审查材料上报3家、重点用能企业计量监督检查17家；督促鑫城水泥、翔鹏工贸2家企业开展能源数据采集。三是加强安全计量监管。结合省道路交通安全专项整治，对1家机动车安检机构和1家综检机构进行监督检查；联合交通部门对辖内18家二类以上机动车维修企业在用的百分表、游标卡尺、外径千分尺、压力表等70余台件计量器具进行检定（校准）和备案建档；与县矿业管理部门协调沟通，检查煤矿、非金属矿等重点领域企业11家，安全防护计量器具59台件，合格率100%；与县环保部门协调，配合省市计量技术机构，对县内6家重点排污企业污染源自动监测设备计量器具进行监督检查和检定，提高污染治理设施运行率和污染物排放达标率。四是利用“金质小课堂”学习平台，组织局所干部职工学习国务院《计量发展规划（2013-2020）》；开展“5·20”世界计量日系列活动，向部门、行业和社会宣传“规划”，为落实“规划”营造良好的氛围。

标准化管理　2013年，县质监局以标准引领，提升产品质量。一是抓好农业标准化。“高山茶栽培”“生姜”2个“农业标准化示范区”分别通过国家和省级验收；“雪山萝卜种植标准化示范区”入选第八批国家农业综合标准化示范区项目；桃源镇“蔬菜种植农业标准化示范区”入选第七批省级农业标准化示范区建设项目计划。二是推进标准制定。全国工具酶标准化工作组完成2012年制定的5项国家标准意见征求，推荐7个国家标准申请国家标准委立项，其中县内福建南生科技有限公司主导制定4项；县广联木业公司参与制定的《轻型木结构—结构用指接规格材》（LY/T 2228—2013）行业标准由国家标准委发布，是县首个参与制定的行业标准；县林业科技推广中心主导制定的省地方标准《厚朴栽培技术规程》由省质监局批准发布，5月20日实施；大田梅林国有林场主导修订的《柳杉培育技术规程》《福建柏培育技术规程》2个项目被列入当年第一批省地方标准制修订计划；省矿山机械及冶铸产品质量监督检验中心申报矿山机械产品标准2项。三是推进地理标志产品后续保护。县陵百兔业养殖场、均溪镇烤兔店等2个单位获批使用“大田肉兔”地理标志保护产品专用标志，投入使用标志5万个；与畜牧水产、林业部门等沟通，推动大田槐猪、早兴风吹茶等项目申报地理标志产品保护，做好申报前期调研工作。四是做好标准化基础工作。办理企业执行产品标准登记注册12家、15项；办理代码4417家，其中新办1009家、变更378家、换证587家、年审2195家，注销239家，其他9家；新办理条形码注册、续展各4家，变更3家；配合专项整治，完成48家次企业标准实施情况监督检查；首批组织6家企业8人参加全省质监系统标准化岗位免费培训，均取得“福建省标准化人员资格证书”。

特种设备监察　2013年，县质监局在“安全生产月”活动中，受市局委托制作《中华人民共和国特种设备安全法》宣传图册和资料3万份，县内发放3000余份。突出特种设备安全源头监管，重点开展电梯、液氨制冷系统、燃气、起重机械等安全大检查和“百日行动”；全年检查使用单位180家，做检查记录135家，检验特种设备331台（件）、钢瓶4429只、压力管道7000米，排查各类隐患286条，无发生特种设备安全事故；公共领域电梯专项整治通过省、市级验收，15台自动扶梯、2台自动人行道安装防夹装置，6个单位12台电梯办理责任保险；排查茶叶加工报废气瓶和超期瓶444只，新纳入管理712只、送检气瓶432只，全面实施气瓶数字化管理，3个气体充装单位完成软硬件安装调试，气瓶条码扫描入库3320只。

加工食品监管　2013年，县质监局对加工食品监管突出重点防控，开展5个食品安全专项整治行动。巡查食品生产企业、“五类”经营单位及小作坊159家次，新办食品生产企业许可（QS）证2家、换证13家、年审22家；普查建档小作坊85家（列入目录64家），核准发证3家，通过现场审核1家；新办五类经营单位开业审查4家，累计

18家。抽查各类食品350批次，其中监督抽查和风险监测241批次，不合格3批次，合格率98.75%；企业委托或发证检验93批次；快速检测仪检测16批次。深化食品生产安全风险排查活动，发出责令整改通知书12份，立案查处食品案件5起，食品案件线索移送公安机关查处1起。召开37家食品生产企业落实年度主体责任汇报会，约谈企业负责人12场71人次，举办各类培训6场、参加231人次，组织26家高风险食品企业负责人参加省局培训班，推动企业主体责任落实。同时，开展“质监邀您看企业，食品安全大家行”活动，张贴奖励告示牌，完善投诉制度，推进食品行业诚信体系建设；配合上级做好生产加工环节食品安全（含食品、食品添加剂和化妆品）监管职能划转筹备工作。

（陈精份）

【省质监局领导到县调研】 3月25日，省质监局局长黄维礼一行3人察看了福建省矿山机械及冶铸产品质量监督检验中心，并看望慰问干部职工；同时，到全国工具酶标准化工作组秘书处——福建南生科技有限公司，考察研发实验室，与县长熊旭明、副县长余维语就质监工作如何融入当地党委政府工作、服务经济社会发展进行交流。市质监局局长单新民等陪同。

（江萍萍）

【食品添加剂专项整治】 6月24日，县质监局在打击餐饮业添加非食用物质和滥用食品添加剂行为专项整治中，发现张某某加工经营的“九层粿”涉嫌添加卫生部公告不得添加的非食用物质“硼砂”，依法将案件移送县公安局侦查。为县首起移送公安的涉嫌加工食品添加非食用物质案线索。

（乐加先　张珍）

【电梯应急处置与救援机制完善】 2013年，县质监局成立县电梯事故应急处置领导小组，统一电梯事故应急处置、救援指挥和协调；同时成立电梯事故应急处置联动小组，对电梯应急事件及时实施救援，并与“110”建立联动机制；应急救援队伍在时代广场开展救援预案演练1次，提高特种设备安全应急处理水平。

（吴文理）

【锅炉技改获奖】 2013年，县质监局帮助县广联木业有限公司对锅炉进行系统改造，针对木制品企业以木屑和下脚料为燃料而不能充分利用及燃烧问题，增设一套喷燃装置，锅炉喷燃装置项目获县科技进步二等奖。

（杨玉姬）

【省质检中心能力验收申请】 2013年，均溪镇福田路侧省矿山机械及冶铸产品质量监督检验中心，在通过省质监局实验室计量认证现场评审的基础上，争取省项目资金260万元，完成大院围墙、绿化、操场等硬件设施；并与福建省水暖消防产品质量监督检验中心、三明市产品质量检验所、福建省产品质量检验研究院签订检测结果互认协议，计量认证换证通过现场验收。中心建设全部完成，向省质监局提出省级质检中心能力验收申请。

（章晋青）

【服务环境优化】 2013年，县质监局落实中央“八项规定”，简化流程、减少环节、提高服务效能，推行“马上就办，办就办好”，优化服务软环境。923家小微型企业免征代码证工本费，为企业减免计量检定费13.65万元，对外业务职能股室开展负责人亮岗评议活动，代码窗口被县行政服务中心评为“优胜窗口”或“红旗窗口”6次。

（江萍萍）

食品药品监督管理

【概况】 2013年，大田县食品药品监督管理局以保障药品、食品、保健品和医疗器械“三品一械”质量安全，促进生物医药产业健康发展为目标，打击非法生产、经营、添加、宣传保健食品的“四非”行为，开展打击药品违法生产、经营和加强药品生产经营范围规范建设及监管机制建设为主要内容的“两打两建”为重点专项整治，进一步整合资源、科学监管，打造无缝监管平台，有效保障全县人民群众饮食用药安全。当年，县食品药品监管局获省食品药品监管系统“依法行政示范单位”，全市食品药品监管系统绩效考评二等奖，获县委、县政府“2013年度服务大田发展先进单位三等奖”，县“民评工作第二名”；大田县获“全省首批药品安全示范县”称号。

市场监管 2013年，县食品药品监管局围绕“监管地域无盲区、监管单位无盲点、监管环节无断层、监管品种无遗漏、监管职责无缝隙”的监管目标，实施网格化、标准化、痕迹化、电子化、规范化日常监管。全年开展打击保健食品“四非”、药品“两打两建”、违法医药广告等专项整治行动18次，共出动383人次，检查经营、使用单位638家次。

药品稽查 2013年，县食品药品监管局依法行政，严格执法，继续发挥县际合作、部门协作、信息互动、股室联动、技术支撑、专项打击六个平台作用，严厉打击药械违法行为。全年查处药械、保健食品违法案件45件，罚没款15.38万元，列全市第一。其中，保健食品案17件，假冒保健食品59款，共763盒（瓶），货值4.03万元，罚没款9.03万元。

药市发展 2013年，县食品药品监管局帮助和扶持药品批发企业向农村配送药品，实现乡（镇）、村药品配送100%。鼓励投资者在大田发展药业，全县有医疗器械生产企业、药品批发企业各1家，药品零售店51家，医疗器械、保健食品、化妆品经营企业分别有15家、81家、71家。药品经营企业有高级药师2人、中级5人、初级75人；执业药师7人、从业药师9人。其中，大众医药有限责任公司经营中药714种、西药含中成药1365种，医疗器械276种，销售额2677万元。年底，全县各类医疗机构509家。

（温荣科）

【药品抽检】 2013年，县食品药品监管局配合市药监所开展药品抽检107批次、保健食品18批、化妆品7批，检出不合格6批，占4.55%。

（温荣科）

【违法广告监测】 2013年，县食品药品监管局进行药品、医疗器械、保健食品广告监测，依法向县工商局移送涉嫌药品违法广告1起。当年，县电视台停止播放药品、医疗器械和保健食品广告。

（温荣科）

【药品不良反应监测】 2013年，县食品药品监管局对药品进行不良反应监测，覆盖面、数量、质量都有提高，全年上报306例，比上年增加96例、增长45.71%，其中新的、严重的病例75例，医疗器械72例，分别比上年增长15.38%、80%。报告总数居全市第一，新的、严重的病例居第二。

（温荣科）

盐政管理

【概况】 2013年，大田盐务局加强盐业市场管理，按省盐业公司要求为主做好盐业销售，并兼营酒类、食用油类、调味品、生活日用品等四大类的非盐产品销售，全县非盐产品终端客户96个，比上年增加1个，全年销售额44.56万元、比上年下降19.86%。

盐政管理 2013年，省盐务局继续实行盐业运输许可证制度，由省盐业公司实行配送制。全县碘盐供应网点维持39个，其中城区6个、农村33个。

盐业销售 2013年，全县销售各种盐1563吨，比上年下降5.57%，其中，自然盐1162吨，比上年下降11.57%；多品种盐6吨，比上年增长8.59%；甲亢盐5吨，比上年增长25%；福建原盐198吨，比上年增长8.59%；无碘日晒盐（供选矿业用）14吨，比上年下降57.06%；腌制盐150吨，比上年增长27.33%；新增销售加碘海晶盐28吨。

盐政稽查 2013年，大田盐务局出动65人次，到农村、社区碘盐供应网点、农户及集贸市场检查盐业市场和群众用盐情况，没有发现盐业违法案件。

（陈岳林）

【新品种食盐销售】 2013年，省盐业公司新增贡晶盐、福晶盐食用盐品种，为原生态海盐精制、小包装（每包300克），具咸足味更鲜、疏松易溶。大田盐业支公司在城区超市销售，全年销量约1吨。

（陈岳林）

统计管理

【概况】 2013年，大田县统计局履行统计

“信息、咨询、监督”职能，提升统计服务水平，注重研究分析，提高数据质量，发挥统计的参谋和助手作用；以企业一套表改革为核心，高质量、高标准完成统计改革任务；解决统计薄弱问题，充实力量、完善制度，形成面向统计用户、面向统计基层、面向调查对象的现代化服务型统计思想意识和工作氛围。

统计业务 2013年，县统计局按照国家统计报表准确、及时、全面上报各种统计数据，完成县生产总值、工业、农村社会经济、批发零售和住宿餐饮业、固定资产投资、房地产经营业、劳动工资、外经贸易、能源、旅游、文化产业等统计；城市社会经济调查队和农村社会经济调查队分别完成城乡住户、消费品价格、服务业、限额以下贸易业、工业品价格和农业粮食产量、农村固定资产投资等及畜禽监测统计，及时为县委、县政府、有关部门和社会公众提供统计服务。

统计执法 2013年，县统计局继续按照“依法治统、依法兴统”的工作思路，进一步加强统计法制建设，加大统计法律法规宣传力度，执行统计报表报送登记制度和执法错案责任追究制度，建立健全统计法律文书和统计执法程序。当年立案查处基层单位统计违法行为8家，树立统计法的权威，保障统计数据的真实性和及时性，遏制统计弄虚作假的违法现象。

城乡社会经济调查 2013年，县城市社会经济调查队对城镇70户居民生活收支情况和商品消费价格、工业品出厂价格情况等进行调查。经统计，当年城镇居民人均可支配收入2.48万元，人均消费性支出1.4万元；对城区785种商品和服务项目进行价格调查，居民消费价格指数为102%；并对51家工业企业72种主要产品出厂价格进行调查。县农村社会经济调查队对全县农业粮食产量和80户农村住户进行调查，经统计，当年农民人均纯收入1.07万元，人均生活消费性支出7995元。

统计服务 2013年，县统计局围绕县委、县政府中心工作，加强统计调研、分析和资料编辑整理，全年共向县委、县政府提供统计分析、统计报告、统计调查73篇，统计信息192条，完成市调查队约稿39篇；编辑统计月报12期，统计年鉴1册；发布国民经济和社会发展统计公报1份；提供咨询服务1069人次；出具统计相关证明16份。

（黄初齐）

【统计改革】 2013年，县统计局按照国家统计部门部署，进行统计制度改革，一是推进“企业一套表”统计方法制度改革。完成当年“规模以上工业、限额以上批发零售住宿餐饮企业、资质以内建筑业企业、房地产开发经营企业和重点服务业”的统计数据联网直报。二是实施城乡住户调查一体化改革。根据上级统一安排，按分层、多阶段随机抽样方法在全县抽取10个调查点，每个点各抽取10户共150户作为新的调查样本，其中城镇样本70户，农村80户，分别比上年增加20户、10户。

（黄初齐）

吴山乡阳春村茶叶集中加工区（吴山乡党政办提供）

科学技术

□编辑：陈昭才

科学技术研究与开发

【概况】 2013年，大田县科技局组织实施科技项目4项，其中机械铸造1项、农林2项、其他1项，下达科技经费80万元。

2013年大田县科技项目情况

表20 单位：万元

序号	项目名称	类别	研究开发内容	承研单位	经费（万元）
2013-1	薄壁型工艺品铸造技术科研项目	科研	采用我国传统组芯地坑造型方法和应用现代浇注系统设计理论，研发薄壁型工艺品整体铸造技术，开发文化鼎系列工艺品	福建华伦特重工股份有限公司	20
2013-2	利用秸秆生产生物质多功能生态板研发项目	科研	采用台湾北辰绿能科技有限公司的一种无机防火胶泥，以农作物秸秆为原料，利用生产木材胶合板的热压机械，应用自主研发的生产工艺技术，生产“生物质多功能生态板”	大田县广联木业有限公司	20
2013-3	新型速生材炭化热处理技术开发与应用	科研	研究炭化热处理特性及工艺、不同速生材树种的最佳热处理工艺，解决速生材尺寸稳定性差、耐腐性差和有关技术问题	福建雄峰木业有限公司	20
2013-4	科技服务平台建设	产学研	产学研结合、科技项目管理、科技宣传培训等	县生产力促进中心	20
合计	—	—	—		80

（涂丽燕）

【企业研发平台建设】 4月，华伦特重工有限公司技术研发中心开工建设；华闽纸业有限公司技术中心被确认为县首家市级企业技术中心；南生科技有限公司的工具酶开发企业工程技术研究中心被认定为省级工程技术研究中心，该公司科研工作站国家级博士后赵超被列为中国博士后科学基金资助人员，获一等资助8万元。

（涂丽燕）

【创新创业者协会成立】 4月13日，在县委党校一楼会议室成立。入会会员53人，涉及20多个行业，大田兴才职业培训学校校长被推举为协会第一届会长。该协会属地方性自愿组成的非营利性社会团体，服务于县创业者创办的企业或有志于创业的个人，为创业者提供政策引导、创业培训、资金、项目、技术、人才支持，提升创业者创新能力。

（涂丽燕）

【科技项目扶持工作】 2013年，县科技局共向上争取项目资金补助86万元。其中，福建南生科技有限公司的“新药生物源纤维蛋白止血贴的临床前研究”项目，入选省科技厅科技成果转化和产业计划项目，获科技资金补助 100 万元，当年已拨付 80 万元进行项目实施；县生产力促进中心的“大田县木薯产业服务平台建设”项目被列入市科技局项目计划，获科技资金补助 6 万元。

（涂丽燕）

【全国县（市）科技进步考核获得通过】 2013 年，县科技局按 2010—2012 年度全国县（市）科技进步考核工作要求，组织、协调相关单位，收集材料上报，通过 2013 年全国县（市）科技进步考核。

（涂丽燕）

【省科技型企业认定】 2013 年，县科技局共组织上报省科技型企业 15 家，万华实业、三井科技、宝山机械、海能动力装备科技、汇鑫铸造、华伦特重工、金门压机制造、飞鹰实业（三明）、鑫鹭峰实业 9 家企业被认定为福建省科技型企业。

（涂丽燕）

【参与行业标准制定】 2013 年，由县广联木业公司参与制定的行业标准《轻型木结构——结构用指接规格材》正式发布，标准号为 LY/T 2228—2013，2014 年 1 月 1 日起实施。这是大田县参与制定的国家林业局首个行业标准。

（涂丽燕）

科技推广与普及

【概况】 2013 年，全县共举办各类技术培训 34 期、3600 多人（次）。其中，专业技术提高培训 12 期、1000 多人次，农村青年实用技术培训 22 期、2600 多人次。

（涂丽燕）

【县科普统计通过验收】 6 月 18 日，县科技局根据国家科技部《关于认真开展全国科普统计工作的通知》要求，组织科技、科协、教育、文化、卫生、农业、林业、水利、工会、妇联、团县委等 31 个单位，按时完成并上报全县科普统计汇总材料和光盘，并通过省验收。

（涂丽燕）

【科技下乡】 2013 年，县科技局组织科技人员 80 多人次，到各乡（镇）开展科技、文化、卫生“三下乡”及科普集市活动，举办农作物栽培新技术、现代茶叶生产技术、果树种植管理、烟草种植和烤烟技术、肉兔生态养殖、特色畜牧养殖等讲座 16 场；科学技术咨询服务 1000 多人次；发放科技材料 2.5 万份、农业实用新技术丛书 5000 多册；展出科普、防震减灾、生态茶园建设等挂图 100 多幅。

（涂丽燕）

科学技术成果

【概况】 2013 年，县科技进步奖共评出 2010—2012 年度获奖项目 15 项，其中一等奖 1 项、二等奖 4 项、三等奖 10 项，涉及生物、医药、农林、工程等领域，共有 94 人获奖，发放奖励金 37 万元。专利授权 49 件，其中发明 3 件、实用新型 29 件、外观设计 17 件。

2010—2012 年度大田县科技进步奖获奖名单

表 21

奖 项	项目名称	承担单位	主要完成人
一等奖	T4DNA 连接酶研发	福建南生科技有限公司	郑登忠 黄发灿 郑巧蓉 徐宁龙 郭晓崴 陈吉铺
二等奖	“绿蕾”一号金银花优良品种推广	大田县自然源药材种植有限公司	李碧芳 苏志坚 陈梦海 陈海婴 叶慧娟
	木薯优良品种引进及高效栽培技术集成研究与示范	大田县农技站	周高山 陈首看 郑景生 林庆伟 陈昌毕 郭典固 谢锦秀 陈占软 曾垂术 刘其森
	茶树病虫害绿色防控技术研究与应用	大田县植保植检站	田新湖 陈益生
	锅炉喷燃装置	大田县广联木业有限公司	吴文盘 颜章钞 杨玉姬 陈家志 柯绍灶

续表 21

奖 项	项目名称	承担单位	主要完成人
三等奖	超声乳化加人工晶体植入治疗白内障	大田县医院五官科	黄起基　温春泉　郑七二　廖美玉 林廷稳　徐　强　蔡良煊
	妇科腹腔镜微创手术	大田县医院	王红英　薛素梅　颜燕芳　夏运梅 毛梅芳　徐海燕　范榕榕　郭淑华 林树跃　陈丽华
	产科三维成像技术	大田县妇幼保健院	吴红女　林瑞芬　陈秋梅　林大平
	《作物测土配方施肥专家系统》数字平台研发应用	大田县彩通软件工作站	杨朝磅
	柠檬甜柑引种扩繁及优质高效栽培	大田县桔鑫果场	陈长江　高上联　周高山
	优质稻新品种引进与开发	大田县种子站	吴新增　刘连生　王英泮　肖庆泉 张祥球　周和谐　陈占软　陈志权 曾垂术
	烟秆代料栽培食用菌技术研究	大田县食用菌技术推广站、大田县烟草分公司	刘传森　邱发奋　陈文韬　郭齐汤 苏启苞
	大田县地质灾害气象监测预警系统	大田县华云科技服务有限公司	高丽娥　吴林峰　卢恩德　高青芳 李　桥　胡炳太　张诚官
	茶叶揉捻机传动及成形部件改进	大田县闽盛机械有限公司	杨承墩　尤助南　郭子翔　高超洪
	废弃低品位褐铁矿尾渣回收综合利用	福建鑫鹭峰实业股份有限公司	许仙敏　黄金信　陈其兴　张汉泉 陈　智　卢　萍

（涂丽燕）

2013 年大田县授权专利情况

表 22

类型	序号	专利号	专利名称	申请人地址	申请人（或单位）
发明专利	1	C07K0014750000	纤维蛋白原的制备方法	福田路华灿生物科技有限公司	华灿生物科技
	2	2011101035409	纤维蛋白止血贴及其制作方法	福田路华灿生物科技有限公司	南生科技公司
	3	2011100092137	生物质微环境调控发酵方法及装置	均溪镇赤岩路 1 号 1 幢 502 室	郑 冰
实用新型专利	1	201320262709X	LED 柔性灯条	武陵乡宏图街 44 号	陈高文
	2	2013201231907	一种坐垫	均溪镇凤山西路 40 号大田县委宣传部	廖新淼
	3	2013201231752	一种床垫纺织内衬	均溪镇凤山西路 40 号大田县委宣传部	廖新淼
	4	201320123188X	一种纺织材料	均溪镇凤山西路 40 号大田县委宣传部	廖新淼

续表 22

类型	序号	专利号	专利名称	申请人地址	申请人（或单位）
实用新型专利	5	2013201231733	一种经纱传送机构	均溪镇凤山西路 40 号大田县委宣传部	廖新淼
	6	2012206019949	三脚架	梅山乡梅秀新街 36 号	吴同华
	7	2013202007256	一种鸳鸯饮料瓶	均溪镇凤山西路 26 号 3 幢 502 室	黄智耕
	8	2013201148399	一种用于车缝活动松紧带的缝纫机高低压脚	梅山乡香坪村 40 号	叶聿吝
	9	2013201652126	摄影云台锁紧结构	梅山乡梅秀新街 36 号	吴同华
	10	2013203111153	自动贴纸、薄膜机	均溪镇香山路 183 号 101 室	林宗兴
	11	2012206748934	一种简易型粉料包装装置	建山路 31 号 1–201 室	邱　伟
	12	2012206744609	一种粉料除杂装置	建山路 31 号 1–201 室	邱　伟
	13	2012206744505	一种螺旋式粉料包装装置	建山路 31 号 1–201 室	邱　伟
	14	2012206912248	一种填充式包装机料位控制装置	均溪镇玉田村门后坑工业区	黄开午
	15	2012207055393	一种电机机芯冲压机	均溪镇玉田村门后坑工业区	黄开午
	16	2013204264457	一种饮料包装用密封盖	石牌镇下洋村 33 号	魏垂仙
	17	2013204205001	一种线形金属材料拉丝装置	均溪镇福塘小学	周赞龙
	18	2013203991242	V 法造型模具正负气控制装置	均溪镇福田路 246 号	宝山机械公司
	19	2013203583648	一种可注润滑油链轨	湖美乡湖上村 13 号	施生面
	20	201220674892X	一种回转烘干炉炉芯	建山路 31 号 1–201 室	邱　伟
	21	2013200786208	一种棱骨	均溪镇后坂洋 4 号	闽盛机械公司
	22	2013200511807	一种助听器用可充电电池	桃源镇排吉村 6 号	黄开锦
	23	2012206913274	一种多功能农用砍刀	均溪镇玉田村门后坑工业区	黄开午
	24	2012206913289	一种竹木粉末收集装置	均溪镇玉田村门后坑工业区	黄开午
	25	2012206744276	一种粉料包装脱气除尘装置	建山路 31 号 1–201 室	邱伟
	26	2013200785760	茶叶揉捻机揉桶移位装置	均溪镇后坂洋 4 号	闽盛机械公司
	27	2013200656986	一种病床推床组合康复装置	广平镇万宅村	余昌东
	28	2013200638691	一种轮椅病床组合康复装置	广平镇万宅村	余昌东
	29	2013205181413	一种自动送料机	武陵乡仕洋村 30 号	陈进宝
外观设计专利	1	2013300731376	摄影云台迫紧旋钮	梅山乡梅秀新街 36 号	吴同华
	2	2012305520485	三脚架	梅山乡梅秀新街 36 号	吴同华

续表 22

类型	序号	专利号	专利名称	申请人地址	申请人（或单位）
外观设计专利	3	201330415916X	公交车扶手（1）	梅山乡沧洲村 246 号	朱秀红
	4	2013304149628	镜框（吸盘）	梅山乡沧洲村 246 号	朱秀红
	5	2013304177134	服装 (01)	太华镇群团村 170 号	田增年
	6	2013302104745	花洒（13531）	均溪镇华坑村 56 号	严晓玲
	7	2013303055888	七分裤	桃源镇前村村 026 号附 2 号	张钟英
	8	2013302104730	花洒（13031）	均溪镇华坑村 56 号	严晓玲
	9	2013303368416	盖子	石牌镇下洋村 33 号	魏垂仙
	10	2013304167166	立式小便器（1）	梅山乡沧洲村 246 号	朱秀红
	11	2013304169388	立式小便器（2）	梅山乡沧洲村 246 号	朱秀红
	12	2013304177149	服装 (02)	太华镇群团村 170 号	田增年
	13	2013303188752	跳舞毯 (001)	屏山乡美阳村 99 号	郭显诚
	14	2013303188786	跳舞毯 (002)	屏山乡美阳村 99 号	郭显诚
	15	2013304159526	公交车扶手（2）	梅山乡沧洲村 246 号	朱秀红
	16	2013303379995	顶喷（音乐）	均溪镇华坑村 56 号	严晓玲
	17	2013304188317	松香助熔断剂导电率测定装置（2）	梅山乡沧洲村 246 号	朱秀红

（涂丽燕）

地震工作

【概况】 2013 年，县调整充实抗震救灾指挥部成员和防震减灾助理员，明确各组成单位和相关人员的职责，发挥县群测群防在防震减灾工作中的作用。县地震办被三明市地震局授予“2011—2013 年度三明市地震系统先进集体”称号。

（涂丽燕）

【防震减灾宣传】 5 月 9 日，城区各有关单位及中小学校开展了地震应急避险疏散演练，提高公众防震减灾意识和避险技能。当年，县地震办以“5·12”防震减灾日、科技活动周、防震减灾宣传月、“10·13”国际减灾日为契机，到各社区、中（小）学、幼儿园开展防震减灾知识宣传活动，发放防震减灾宣传手册 2.3 万份，宣传挂图 1600 张；建成防震减灾科普教育基地一处。

（涂丽燕）

【防震减灾体系建设】 2013 年，县地震办健全“监测预报、震灾预防、紧急救援”防震减灾三大工作体系。加强地震遥测台和 GPS（全球定位系统）基准站监测仪器的维修、维护，做好台站监测环境的保护；新增 4 个宏观观测点，并做好各类宏观异常的调查、核实、跟踪及上报工作；配合省地震局地震预警信息发布系统在县的机房建设，该项工作已完成前期机房选址、设计工作；在城区按Ⅲ类标准建成 3 处地震应急避难场所。依托县消防大队、三泉矿山救援队，组建一支 64 人的专业地震应急救援队，并配备价值 320 万元的地震应急救援设备。至年底，全县共有武警、公安应急抢险队伍 156 人，应急医疗救护队 139 人，应急物资保障队伍 77 人，应急通讯保障队伍 60 人，地震应急救援志愿者队伍 39 人，共 535 人，各队伍均制定了相关应急预案。

（涂丽燕）

专业技术队伍

【概况】 2013年，全县有各类专业技术人员5257人，占全县总人口的1.41%，每万人口中有专业技术人员141人。各类专业技术人员中，高级职称484人、中级2055人、初级2718人。

2013年大田县各类专业技术人员情况

表23　　单位：人

类　别	合 计（人）	职　称（人）		
		高 级（人）	中 级（人）	初 级（人）
农业技术人员	336	38	164	134
卫生技术人员	696	59	220	417
教育专业人员	3978	369	1564	2045
科学研究和技术服务人员	67	4	33	30
水利、环境专业人员	60	5	24	31
文化、体育专业人员	54	3	24	27
公共管理专业人员	60	6	24	30
交通运输专业人员	6	0	2	4
总　计	5257	484	2055	2718

（涂丽燕）

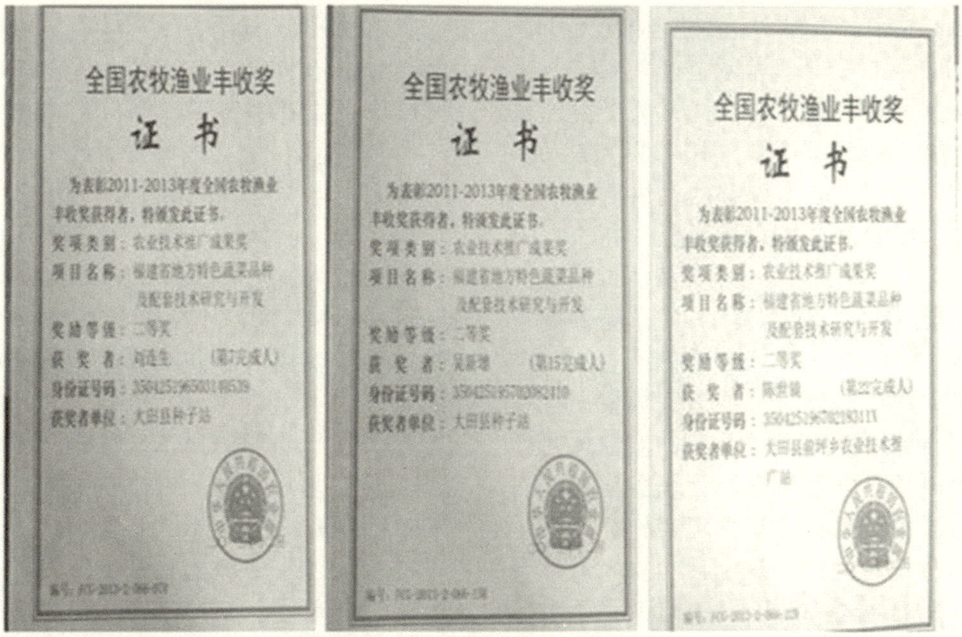

县种子站、前坪农技站三项农技推广成果获全国农牧渔业丰收奖二等奖（县农业局提供）

教育

□编辑：林万端

综 述

【概况】 2013年，全县幼儿园（班）122所(个)，在园幼儿1.39万人；小学96所(点)，在校生2.13万人；中学20所，在校生1.35万人。全县教育系统教职工4568人，其中，公办3969人，非公办599人。公办教师中，研究生学历13人，大学本科1787人，专科1370人，中专726人，高中及以下的73人；正高职称1人，高级524人，中级2606人，初级782人，未定级的56人。

德育工作 2013年，全县中小学德育工作坚持立德树人，加强理想信念和“中国梦”教育，引导学生践行社会主义核心价值观。评出教育系统文明单位3个、文明学校35所、“三好生”423名、优秀学生干部134名、文明班级136个、校园文化先进学校21所、“书香校园”和“行为规范示范校”各16所。由县文明办、教育局、司法局、关工委、团县委联合组建的“青春魂·中国梦”25人讲师团进校园开展160个课题的宣讲活动。县委宣传部、团县委、教育局联合举办“中国梦·青春梦·我的梦”读书征文和演讲比赛，评出征文奖51名、演讲奖16名；优秀指导教师67名。

智育工作 2013年，县教育局根据县政府《关于全面提高教育教学质量的实施意见》，修订《大田县小学教学常规管理实施细则》和《大田县中学教学常规管理实施细则》，加强教学常规管理。一是全县建立8个督导责任区，聘任督学28名。对文江、奇韬等15所中小学实施素质教育督导评估。二是教育局举办小学业务副校长、教导（或教务主任）等教学管理人员培训班，组织学习《教学常规管理实施细则》《教学常规管理的领导与执行力》等教育教学管理理论，提高教育教学管理水平。三是加强教研活动，提高课堂教学质量。小学以实小、城一小、城二小、城三小、均溪中小等5所学校为龙头，把全县小学划分为五个教研片区，共组织上公开课109节，参与听课教师1200多人次；中学开展片际教研活动33次、38个学科，1200名教师参研。县教育局举办中小学课堂教学比赛和教师技能大赛，获奖338名，其中课堂教学168名、技能大赛170名。36名教师获得“教学能手”称号。四是教学质量检测。6月，全县1956名小学毕业生参加毕业考试，语文科及格率86.69%、优秀率33.77%；数学科及格率86.92%、优秀率61.75%；综合科（英语、科学、品德与社会3科合卷）及格率70.39%、优秀率27.44%。9200名初中生参加中招单项考查，其中体育、理化生实验操作各2309人，英语口语2165人，信息技术2417人。全县报考普通高考、高职单考3550人，其中，文科1123人（文史类883人、艺术类156人、体育类84人），理科1839人（理工类1686人、艺术类27人、体育类126人），高职单考588人（计算机类58人、交通运输类33人、文化教育类48人、财经类114人、旅游类34人、艺术设计传媒类8人、制造类91人、电子信息类114人、农林牧渔类78人、医药卫生类10人）。普通高校本一上线365人，上线率12.3%；本二上线1446人，上线率48.8%。县委、县政府在教师节表彰“双高普九”“先进单位”35个（乡镇、县直部门各6个，中小学校23所），“先进个人”138名（乡镇18人、县直部门10人、教育部门110人）。

体育工作 2013年，全县中小学推行国家体育锻炼标准，开展多种形式的强身健体活动。全县2293名初中毕业生参加升学体育考试，总及格率98.22%，优秀率83.72%；高考体育专业上线159人，其中本科96人，专科63人。

艺术工作 5月4日，县教育局和宣传部、团县委联合主办纪念“五四”运动94周年青春歌会暨县歌《爱在大田》主题歌会。组织选送200幅优秀作品参加省、市“中国人寿杯”少年儿童绘画作品展，城二小学生王少婷获省三等奖，县教育局获省优秀组织奖；获市奖10人，其中一等奖3人、二等奖2人、三等奖5人，优秀指导教师奖5人。以一中和城区其他学校部教师部分教师组成的合唱团，城区其他学校参加市庆祝第29个教师节颁奖文艺演出获贡献奖。

语言文字工作 5月14日，县语委办组织中小学生参加第16届全国推广普通话“中华诵·经典诵读”和规范汉字书写大赛。一中教师章山花获省“中国梦·爱国情”诵读大赛一等奖。9月，组织学生“第五届福建省学生规范汉字大赛”，李妍瑾、颜声、陈珂璐、刘宇菲、郑颀、梁森等获特等奖，廖骁威、涂志煜、谢榛、黄岱玥等获一等奖，林子墨获二等奖，陈玉华、陈婕获三等奖；五中颜建光、均溪中小范承锋等获“优秀教师指导奖”。城关一小被评为“福建省语言文字规范化示范校”，五中被评为“福建省规范汉字书写特色校”。

教育经费 2013年，县投入预算内教育经费4.29亿元，占当年县财政支出的25.98%。中央、省拨农村义务教育免杂费及补助公用经费1976万元（省拨1581万元，县承担395万元）；补助寄宿生生活费236万元（省拨189万元，县承担47万元），受益学生4828人（小学1943人，初中2885人）；义务教育阶段免教科书费270万元；免作业本费89万元（省拨71.23万元，县承担17.77万元）。生源地助学贷款累计2408人（当年新增933人），贷款额2093.22万元（2013年新增贷款522.72万元）；为普通高中家庭经济困难学生625人发放助学金110万元（省补助88万元，县配套22万元）；中职学生免学费462.5万元（省补助370万元，县配套92.5万元）、发放助学金295万元。

扫盲工作 2013年，全县成人文盲率3.52%，其中青壮年文盲率0.18%，均低于国家（2015年，成人文盲率降低到6%以下，青壮年文盲率控制在1%左右）的扫盲指标。

特殊教育 2013年，全县有特殊教育学生307人，其中随班就读221人（小学139人，初中72人，高中10人）。县特殊教育学校1所，教职工22人，其中本科学历6人，大专13人，中专3人；高级职称2人，中级10人，初级7人，未定级的3人。在校生86人（小学75人，初中11人），小学一年级招生7人。

校园安全 2013年，全县中小学校从教育、管理、落实等方面抓学校安全工作。一是抓好安全制度落实。推行安全工作“一岗双责”制度，严格学校保安人员的管理，履行保安岗位职责，做到持证上岗。二是开展隐患排查治理、安全监管、宣传教育三项行动，落实主体合法、组织保障、规章制度、宣传教育、安全培训、安全条件、隐患治理、校园及周边管理、事故管理和应急管理“十个方面”责任，建立健全人防、物防、技防、协防为一体的治安防控网络。三是县教育局组织开展中小学幼儿园安全工作检查，发出整改通知书121份，整改率100%。四是做到安全教育进会场、进课堂，做到校长有专题，教师有教案，师生有《安全知识手册》。五是组织中小学幼儿园开展消防、地震逃生、防踩踏、紧急疏散等各种类型的演练活动121次，提高防范风险能力。六是与县交通部门沟通协调，开通学生周末班车线路16条，解决9个乡镇15所农村寄宿制学校540名学生的周末往返交通问题。

当年，县教育局获教育部“全国第四届中小学生艺术展演活动优秀组织奖”、省政府“高水平高质量普及九年义务教育县”、“福建省中小学生安全知识网络竞赛组织奖”和全国第二届教育门户网站“区县级优秀网站”称号。均溪中心小学教师林幼春被市委组织部等评为“十大杰出女性”。

（连占斗　林进栖　郝　泉　廖乃灯　章选东　连雪卿　陈吉胜　王英德）

【职专学生获市技能大赛奖】 3月15—17日，县职专选派87名学生参加由市教育局、人力资源和社会保障局等6个部门联合主办的职业学校技能大赛，获奖50人次，其中，一等奖7人，二等奖13人，三等奖30人。

（张 斌）

【林小暄等获省市科技创新奖】 4月，县教育局推选师生参加第28届福建省青少年科技创新大赛，六中林小暄的《关于“废旧自行车”的调查和处理建议》获一等奖；一中施晶等3人共同完成的《农业发展之路，何去何从？——福建大田县农业生产老龄化调查研究》获二等奖；一中罗春阳的《新型适用校园宿舍楼安全管理外门》获三等奖。获科技辅导员创新成果竞赛奖2项，其中，六中教师叶聿灏的《水火箭自动开伞器》获二等奖；一中教师林启福的《城市固结性地面调查研究活动方案》获三等奖。

5月，县选派学生参加第28届三明市青少年科技创新大赛，一中叶继宏等3人合作完成的《延续土堡文化的精髓——福建大田县土堡的保护和开发探索》获一等奖；五中徐孝已的《多功能动力发电机》获二等奖；上京中学陈龑的《校（胸）卡防丢器》获二等奖。

（张 斌）

【林镛参加中国基础教育改革高端论坛】 4月20—21日，县教育局局长林镛参加在北京大学举办的“2013年中国基础教育改革与杰出人才培养高端论坛”，并作题为《让每一个孩子成为最好的自己》的区域课改经验介绍。

（陈吉胜）

【纪念“五四”运动94周年青春歌会】 5月3日，由县委宣传部、团县委、教育局、文广局主办和职专承办的“激扬青春·爱满大田”——纪念“五四”运动94周年青春歌会暨县歌《爱在大田》传唱活动在县影剧院举行。一中、五中、职专、县公安局等单位表演了歌曲、舞蹈、音乐剧等19个节目，歌会在《爱在大田》县歌合唱中闭幕。

（陈吉胜）

【网上教研直播在大田举行】 5月17日，由省教育厅主办、省教育管理信息中心承办、大田县教育局协办的福建省“先学后教·高效课堂”网上教研直播活动在大田县实验小学举行。教师郭新芳、张江梅（实小），罗丽华（鸿图中学）、刘建川（六中）等分别示范中小学语文、数学“先学后教·高效课堂”课。教育厅选派的20名优秀通讯员在大田县全程跟踪报道。

（陈吉胜）

【有偿家教清理】 9月9日，县政府出台《大田县治理中小学在职教师从事有偿家教的暂行办法》，组织学校校长对社会公开承诺，学校领导与全体教师层层签订责任状，公布举报电话，进行明察暗访，全面开展家教园清理工作。县教育局在全县开展整治有偿家教专项行动，共清理“家教园”42处（城区36处、乡镇6处），开除城区学校继续参与“家教园”的自聘教师2名。印发《致全县家长的一封公开信》，提高家长的思想认识，明确有偿家教的害处，拒绝有偿家教。

（陈吉胜）

【家庭教育指导中心成立】 10月20日，县教育局主办的中小学幼儿园家庭教育指导中心在县教育局揭牌成立。配有家庭教育指导教师30名、讲师60名。与全国中华家庭教育研究院联合举办培训班，培训家庭教育高级讲师和指导教师90名。

（陈吉胜）

【市初中毕业班思品学科研讨会在大田召开】 10月23—25日，市初中毕业班思想品德学科学业检测与评价研讨会在大田五中举行。参加会议的有12个县（市、区）的初中思想品德教研员等100余人。会议由市教科所教研员王毕珍主持，并作《分析反思提升》专题讲座，县教师进修学校教研员柯永卓作《对课堂有效教学的几点思考》专题讲座。

（陈吉胜）

【市中职教学法培训在大田举行】 10月28—31日，市中等职业学校数学教师专业教学法培训在大田职专举行。参训的有全市15所中职学校29名数学骨干教师，省职教中心教研员陈锋和三明学院教师雷晓宁、张茂华、市教科所职教室主任傅敏锐分别作专题讲座。

（陈吉胜）

【“资源全覆盖”项目教师培训】 11月1—4日，县教育局、教师进修学校举办“教学点数字资源全覆盖”项目骨干教师培训班，全县260多名教师分批参加培训。培训内容有“教学点数字教育资源全覆盖”项目介绍、硬件设备的安装与运行维护、数字资源的接受与使用、利用数字资源开展教学活动、中心校与教学点的协同教研活动、典型案例展示等。

（陈吉胜）

【黄仲咸教育基金发放】 11月13日，黄仲咸教育基金2013年度发放仪式在一中举行。共发放助学金8万元，受益的有老区贫困优秀学生80人（一中42人，五中38人），每人1000元。

（陈吉胜）

【农村薄弱学校改造】 2013年，全县实施农村义务教育薄弱学校改造项目43个。其中，新建2个（吴山中心小学学生宿舍和食堂项目、城三小教学楼A幢建设项目），建筑面积4688平方米，投资751万元；改建项目41个，建筑面积2.1万平方米，投资1259万元。新建、改建总面积2.57万平方米，投资2010万元，其中，中央补助资金1182万元，县级配套资金828万元。

（温兴聪）

【青少年学生校外活动开展】 2013年，县青少年校外活动中心举办各类活动32项、参加6237人次。其中，公益性活动有家长课堂、科普展览、科技体验、心理咨询、心理辅导、开放书吧、电子阅览室等7项，参加2836人次；主题教育活动有歌咏比赛、棋艺大赛、篮球赛、演讲比赛、经典朗读、舞蹈大赛等6项，参加1300人次；素质特长培训有音乐、美术、体育、书画、器乐等19项，115班、2101人。

（林芳铿）

【校安工程建设】 2013年，广平中学、广平镇丰庄小学、奇韬镇中心小学等3个项目被列入省、市校舍安全工程规划，重建面积5100平方米，总投资765万元，其中，争取省级补助资金589万元，县级配套资金176万元。

（温兴聪）

【义务教育质量监测】 2013年，大田被省定为开展义务教育质量监测样本县。9月，完成18所样本校的义务教育质量监测工作，其中，小学有实小、城一小等12所，初中有二中、三中、五中等6所。

（廖乃灯）

学前教育

【概况】 2013年，全县幼儿园（班）122所（个），其中公办园（班）92所（个），企业办3所，民办园27所，在园幼儿1.39万人，其中公办园9063人，民办园4817人。3—5周岁入园率达93.5%，学前三年毛入园率113.03%。

当年，全县有示范园16所，其中省级1所、市级2所、县级13所（民办园2所）。建设第二中心幼儿园、石牌镇中心幼儿园通过县示范园评估。星光、城东村、金苹果、大风车等民办幼儿园被市教育局评为“民办教育工作先进单位”。

（林 蓉）

【学前教育基础设施建设】 2013年，全县有公办幼儿园建设项目5个，新（改扩）建面积1.02万平方米，共投资1032万元。其中，新建项目1个（桃源中心幼儿园），建筑面积3583平方米，投资700万元（争取省级资金256万元，县级配套资金444万元）；利用农村闲置校舍改扩建项目4个（屏山、济阳、湖美中心幼儿园、石牌镇小湖幼儿园），改造面积6634平方米，投资332万元（争取省级资金168万元，县级配套资金164万元）。

（温兴聪）

【学前教育片区管理】 2013年，县教育局制定《关于开展学前教育片区管理工作的通知》，将全县18个乡镇中心幼儿园和27所民办园划为3个片区，由省、市示范园牵头进行片区管理，定期开展片区内幼儿园的评估指导，逐步形成县、片、园三级分工明确、职能分明的网络结构，积极构建上下联动、共同参与的管理格局。

（林 蓉）

【《3—6岁儿童学习与发展指南》方案制订】 2013年，县教育局下发《关于制定落实〈3—6岁儿童学习与发展指南〉实施方案的通知》

（以下简称“指南”），并成立贯彻落实“指南”领导小组和专家指导组。6月，举办“指南”培训班，200多名幼儿教师参训，各乡镇分别开展二级培训。通过集中学习、教研活动、现场观摩、案例教学、专题研讨、经验交流等形式，把“指南”精神落实到实际工作中。

（林　蓉）

【幼儿园常规管理考评】 2013年，县教育局制定《大田县幼儿园保育教育工作常规管理考评细则（试行）》。开展全县幼儿园常规管理工作考评，对园务管理、制度建设、园容园貌、安全工作、卫生保健、保育工作、家长工作、教案编写、课堂教学、教研工作、办学行为等进行全面检查。

（林　蓉）

初等教育

【概况】 2013年，全县有小学96所（点），其中县直属小学4所，中心小学19所，村级完小6所，教学点67个。教学班616个，在校生2.13万人，一年级招生4480人，毕业生2956人。适龄儿童入学率（含女童、适龄残疾儿童）达100%。有教职工1803人，其中公办1679人，非公办124人。公办教师中大学本科学历234人，专科775人，中专602人，高中55人，初中及以下13人；高级职称22人，中级1360人，初级238人，未定级59人。

当年，柯坑中心小学、广平镇元沙小学通过省级标准化学校评估，吴山、桃源中心小学通过省级标准化学校复评。

（连仁胜）

【俞建平到县调研课改工作】 3月25—27日，市教科所所长俞建平率教研员一行9人到县调研小学课改工作，深入实小、均溪中心小学听取语文、数学、英语、美术等“先学后教·高效课堂”教学。

（连仁胜）

【南益希望小学（石牌）落成】 4月1日，南益希望小学（石牌）举行落成仪式。香港福建希望工程基金会顾问、闽港经济合作促进会办公室副主任林劲，南湖针织时装有限公司总经理徐履兴，县委常委、统战部部长江太生，县委常委、宣传部部长、教育工委书记章玲等为“南益希望小学”揭牌。香港福建希望工程基金会为该校捐赠电脑、课桌椅等教学设备价值50万港元。

（陈吉胜）

【大田课改在省台报道】 6月，福建电视台综合频道和新闻频道《新闻启示录》栏目以《我的课堂我做主》为题，报道大田县课改情况，时长15分钟。

（连仁胜）

【城三小落成】 9月，城关第三小学落成并投入使用。该校位于均溪镇福田路西侧，2011年9月筹建，投资3500万元，占地2.29万平方米，建筑面积1.14万平方米。建有教学楼、综合楼、体育馆、标准化图书馆、科学实验室、科学探究室、音乐室、舞蹈室、美术室、录播室、运动场等，是一所高标准、高起点的现代化学校。新招一至四年级10个教学班、学生506人，其中一年级招生318人；有教职工29人。

（连仁胜）

【“红领巾相约中国梦”主题队会】 10月11日，团县委、县少工委在实小举办全县“红领巾相约中国梦”主题队会观摩活动。参加活动的有全县中小学少先队总辅导员及实验小学师生代表100多人。开展理想信念教育，共设“了解中国梦”“歌颂中国梦”“放飞中国梦”三个板块，让少先队员了解建队纪念日的由来、少先队和党团的关系、总书记习近平参加“快乐童年，放飞希望”主题队日活动时对少年儿童提出的希望等。

（陈吉胜）

【“侨青楼”资金捐赠】 12月27日，泉州市侨联青委会会长、泉州七匹狼体育用品有限公司董事长吴鸿达向均溪中心小学捐赠“侨青楼”建设资金25万元。

（陈吉胜）

中等教育

【概况】 2013年，全县有中学20所，其中，高中1所，完中4所，职专1所，初中14所。在校生1.35万人，其中，初中7903人，高中5595人。招生5114人（初中2948人，高中2166人），毕业生5859人（初中2309人，高中3550人）。教职工2059人，其中，公办1940人，非公办119人。公办教师中，研究生学历13人，大学本科1485人，大专370人，中专26人，高中及以下46人；高级职称492人，中级970人，初级478人。

（余孔值）

【市生物教学研讨会在大田召开】 3月28日，全会在大田一中召开。参加会议的有各中学高三生物学科教师40多人。大田一中教师田日量和尤溪一中教师余作南分别作《二轮复习策略与做法》和《高三二轮专题复习的实施过程》专题讲座。大田一中教师邱功发和尤溪一中教师苏亦飞分别上“细胞生命活动的物质基础”同课异构的教学观摩课。

（陈吉胜）

【职专学生技能大赛获奖】 4月8—15日，县职专学生参加省在泉州举办的职业院校技能大赛，获奖11人次，其中一等奖2人、三等奖5人、优秀奖4人。

5月25—27日，大田职专手工制茶选手林发燃、周艳华代表福建省参加在贵州省贵定县举行的2013年全国职业院校技能大赛（中职组）“贵定云雾贡茶杯”手工制茶比赛，林发燃获10级茶叶生产与加工专业手工制茶（乌龙茶）二等奖，周艳华获11级茶叶生产与加工专业手工制茶（扁形绿茶）三等奖。

（陈吉胜）

【校企合作签约仪式】 5月17日，大田职专与福建仙顶实业有限公司举行校企合作签约揭牌仪式。校长林凤瑮与总经理刘起城签署合作协议，并为“大田职专茶叶生产与加工专业教学实训基地”揭牌。

（陈吉胜）

【市中职专业研讨会在大田召开】 5月31日，市中职学校专业规范化建设交流研讨会在大田职专召开，参加会议的有全市各中职学校教务主任25人。会议由市教科所职教室主任傅敏锐主持。与会人员学习了《福建省中等职业学校省级重点专业建设标准（试行）》，并对《三明市重点专业评估标准》进行研讨。

（陈吉胜）

【信息技术科无纸化考试】 6月，县1964名普通高中学生参加学业基础会考信息技术学科无纸化考试，将原来笔试部分合并到上机操作考试，每场次考试时间由原来60分钟增加到90分钟。

（章选东）

高等教育

【概况】 2013年，全县高等教育有县电大工作站和县职工业余学校办高等教育班，专（兼）职教师18人，其中大学本科学历16人，专科2人；高级职称6人，中级11人，初级1人。共开办专业69个、147班，953人；当年招生458人，毕业310人。县电大工作站被市电大评为先进单位。

县电大工作站 2013年，全站有专职教师10人，均为大学本科学历。其中高级职称3人，中级6人，初级1人。共开办专业64个、139个班、785人，新招生377人，毕业245人。其中，中央广播电视大学开放教育共开设10个专业、44个班、493人，新招生217人，毕业生151人。本科有法学、汉语言文学、会计学、行政管理、学前教育等5个专业，专科有法学、行政管理、会计学、学前教育、建筑工程与管理等5个专业；奥鹏远程教育中心合作高校5所，分别是东北师范大学、东北大学、西南交通大学、四川农业大学、吉林大学，共开办数学及应用数学、计算机技术、土木工程、采矿工程、机械工程及自动化、安全工程、机电一体化、电气工程及其自动化、金融学、动物医学、农学、林学、水产养殖、药学等本（专）科专业54个、95个班、292人，新招生160人，毕业94人。

县职工业余学校 2013年，全校有专（兼）职教师8人，其中大学本科6人，专科2人；高级职称3人，中级5人。开设5个专业、8班，在校生168人，其中，与福建农林大学联办的电气化及其自动化专业大专2个班、48人，法学大专2班、43人，会计学大专2班、42人；与东北农业大学联办的计算机科学与技术本科1班、18人，工商管理本科1班、17人。新招生81人，毕业65人。

（郑祥全　范起阳）

【县电大工作站迁址】　1月9日，县电大工作站由凤山西路5号迁至玉山路12号，共有校舍面积1136平方米。

（郑祥全）

【网络教育专业开设】　2013年秋季，县电大工作站经省电大奥鹏远程教育学习中心批准，与吉林大学网络教育学院合作，开设本科药学、通信工程和专科药学等3个专业，首批招生18人。

（郑祥全）

成人教育

【概况】　2013年，全县有成人教育学校23所，专（兼）职教师135人，其中大学本科73人，专科44人，中专（高中）18人；高级职称49人，中级78人，初级7人，未定级1人。开设中等专业技术教育5个专业、9班、563人，新招生210人，毕业139人。举办各科类型培训班367期、1.97万人。

当年，县卫生进修学校被省乡村医生培训中心评为“乡村医生培训先进单位”；县老年大学被市老龄委评为“敬老文明号”单位；县农广校被省农业广播电视学校、农民科技教育培训中心评为2012年度农业广播电视教育培训先进集体。

县委党校　2013年，县委党校有专职教师11人，其中，本科学历10人，大专1人；高级讲师、讲师各5人、助讲1人。全年共举办各种培训班18期、1859人次，其中，科级干部进修班2期、70人，青年干部培训班1期、42人，村党支部书记培训班1期、36人，在岗大学生村官培训班1期、38人，非公经济组织入党积极分子培训班1期、50人，就业大中专毕业生转正定级培训班1期、121人，农村党员大户（茶叶经营管理）创业示范班培训1期、50人，县工商联常委执委培训班1期、70人，县生态综合领域行政执法资格培训班1期、279人，科级干部学习贯彻党的十八大精神专题轮训班6期、727人，城乡规划建设管理与国土资源管理培训班1期、70人，现代农业专题培训班1期、70人，组织异地培训6班（次）、236人。全年聘请专家学者、省市县乡及县直部门领导授课42人次；派骨干教师到基层党校、单位上专题课48场（次）、受教育人数3840人次。

教师进修学校　2013年，全校有教职工33人，其中专任教师32人。专任教师大学本科22人，大专6人，中专4人；高级职称18人，中级13人，初级1人。举办培训班112期、8973人（次），其中幼儿教学研训3期、260人，网络辅导教师培训1期、35人，信息化能力建设和教育技术能力培训，51期、4096人次，数字教育资源全覆盖项目培训3期、220人，学校财经管理知识培训1期、64人，教学业务管理培训1期、112人，骨干班主任培训1期、90人。

卫生进修学校　2013年，全校有专（兼）职教师25人，其中大学本科学历18人，大专5人，中专2人；高级职称6人，中级17人，初级2人。开办护理专业4班、121人，其中大专1班、36人，中专3班、85人。招收新生50人，毕业63人。

老年大学　2013年，全校有专（兼）职教师22人，其中大学本科10人、专科7人、中专4人、高中1人；高级职称5人、中级16人、未定级1人。开设22个专业、25个班、1329人次。其中，太极拳2班、145人，南音1班、32人，电脑1班、16人，乒乓球1班、103人，台球1班、29人，声乐1班、106人，烹饪1班、36人，器乐2班、36人，电子琴1班、47人，国学1班、37人，腰鼓1班、78人，交谊舞1班、130人，摄影摄像1班、17人，推拿按摩1班、23人，舞蹈2班、197人，养生舞1班、88人，拉丁舞1班、85人，化妆1班、43人，中医保健1班、27人，棋牌1班、16人，书法1班、18人，诗词1班、20人。

县农广校　2013年，全校有专（兼）职教师27人，其中大学本科12人、专科9人、中专6人；高级职称15人、中级9人、初级3人。开设中等教育3个专业、5班、442人，新招生160人、毕业76人。其中，现代农艺技术3班、366人，新招生160人；企业经营管理1班、63人，毕业63人；会计、统计与审计1班、13人，毕业13人。举办各种技术培训班85期、7675人，其中无公害茶叶等病虫害防治技术12期、1130人，茶叶生产与加工技术13期、1121人，超级稻、再生稻生产技术5期、453人，国家级木薯综合实验10期、1110人，农业法律法规2期、183人，兽药、饲料经营和质量管理1期、73人，农村沼气技术6期、585人，测土配方施肥技术9期、659人，莴苣等蔬菜生产栽培和病虫害防治技术12期、715人，食用菌栽培技术6期、436人，农业标准化生产技术2期、192人，农民专业合作社2期、285人，村级农民技术员2期、225人，农村财务知识1期、223人，农村信息员2期、285人。

乡镇文化技术学校 2013年，全县有乡镇文化技术学校18所，兼职教师18人，其中本科学历1人，大专16人，中专1人；中级职称18人。举办各种实用技术培训130期、1.26万人次；初三毕业生就业前引导性培训22期、2941人。

（郭立新 杜生池 陈小忠 罗晓明 涂婷 郑祥旦）

【大学生村干部培训班】 5月27—31日，县委党校举办大学生村干部培训班，参训38人。培训内容有中共十八大精神学习辅导、做好新形势下发展农村党员工作、基层党建工作特色做法、青年干部成长之路、健全村级财务制度与规范村级财务管理、如何当好一名合格的村官和农业产业化发展状况分析等7个专题，并参观大田中央苏区革命历史陈列馆、县反腐倡廉教育基地——“第二集美学村”旧址和永春县美丽乡村——美岭村。

（郭立新）

【县老年大学建校25周年文艺晚会】 7月5日，县老年大学在县影剧院举行庆祝建校25周年“夕阳银发闪光辉”文艺晚会。学员表演了腰鼓舞《欢天喜地》、快板《构建和谐好校园》、舞蹈《欢聚一堂》和《潇洒女兵》、南音清唱《风打梨》和《武当太极剑》、交谊舞《炫出银龄美》等节目。观看晚会的有全体师生和社会各界人士共800多人。

（罗晓明）

【《校园之窗》通讯员培训】 11月26日，县老年大学举办校报《校园之窗》通讯员培训班，由国学班教师、校刊主审何希义主讲，通讯员及班委共50余人参加培训。老年大学校报《校园之窗》创刊于2010年，每期4版，每年2期，印数500份。

（罗晓明）

【岩城大讲堂举办】 2013年，县委党校承办“贯彻党的十八大精神，转作风、提效能、促发展”为主题的岩城大讲堂专题讲座4场，中共中央党校党史教研部教授、博士生导师祝彦，福建省委党校、省行政学院应急管理培训中心主任、教授肖文涛，上海国泰君安期货有限公司董事长、经济学博士、上海交通大学、同济大学兼职教授何晓斌，中共三明市委委员、市委党校常务副校长汪震国等作专场讲座。县直机关及乡镇干部800多人听讲。

（郭立新）

【师德教育】 2013年下半年，结合党的群众路线教育活动，依托大田“第二集美学村”旧址爱国主义教育基地和反腐倡廉教育基地，县教育局、进修学校和一中、五中、鸿图中学、实幼等单位分别开展中小学校长和教师的师德教育。

（连占斗）

文化·体育

□编辑：潘梅

文学艺术

【概况】 2013年，县文联发挥所属文艺协会作用，推动文艺创作取得新成果，举办作家采风、摄影展各1次，出版《白岩山》杂志3期，作品集正式出版6部、内部出版3部；诗歌、楹联作品获奖各1人，在全国网络书法评选中获奖1人；6位作者加入中华诗词学会等国家级文艺协会7人次；1人书法作品入展全国性书展3次，1人出资办诗报4期，1人举办个人作品研讨会2次；

（严垂壁）

【林承芳书法获奖与入编】 7月，均溪镇珠宝山村民林承芳（中国书法家协会高级研修员）在中央数字电视书画频道举办的“第三届书画频道迎新春网络评选活动”中获书法组二等奖，作品入编《第三届迎春书画电视展播作品集》。

（严垂壁）

【6部文艺作品集公开出版】 7月，县国税局苏诗布的小说集《白鹤》，由中国文联出版社出版，32开本，36万字。8月，县文联严垂壁创作的历史人物传记作品集《武探花林宜春》（海西作家文丛之一），由中国文联出版社出版，32开本，10万字；石牌中心小学林起茂的当代人物传记《兴业之光暖人心》，由中国文联出版社出版，11万字，32开本，印刷1000册；桃源中心小学叶建穗的诗集《花开的声音》，收录诗歌127首，32开本，由中国文联出版社出版。9月，均溪镇玉田村党总支和村委会组织编写的《仙亭山》文艺作品集，由中国文联出版社出版，15万字，32开本，印刷3000册。12月，上京镇人民政府组织编写的《三田文化荟萃》文艺作品集，由团结出版社出版，12万字，32开本，印刷5000册。

（严垂壁）

【3部个人作品集内部出版】 8月，县粮食局退休干部卢占师的格律诗集《清烟飘渺美云天》出版，收录诗歌百余首，32开本，印刷1000册；桃源镇老书法家萧国彬先生出版《贤里书集》，16开精装本，印刷1500册。9月，县赏石协会李春孟个人奇石画册专辑集结出版，32开本，印刷500册。

（严垂壁）

【张建田《我是大田人》作品研讨会】 10月5日，县文联举行在大田出生生活过的作家张建田的散文集《我是大田人》首发仪式；28日召开张建田作品《我是大田人》研讨会，有作家、文学爱好者近百人参加，对该书发表评价。

（严垂壁）

【县职工摄影展】 11月，由县总工会主办，县文化馆、县摄影家协会承办的全县职工摄影展览在县总工会举办，展出40名职工摄影作品80多幅，观众2000多名。

（范可杰）

【“大田中央红军村”文学采风活动】 11月2日，县作协举办苏区大田“中央红军村”采风活动，邀请市、县23名文人学者参加。采风团参观了华兴乡京口村叶炎煌烈士故居、武陵乡百束村朱德旧居暨大田特区委旧址、闽中工委会址、大田中央苏区革命历史陈列馆、红四军指挥部旧址、红军井；实地察看了红四军马路岭、霞山炮楼战斗遗址等14处革命遗址遗迹。并召开“苏区大田，红色记忆”座谈会。

（严序雄）

【林生垚楹联作品获奖】 12月，文江乡村民林生垚的楹联作品《赞绛州澄泥砚》，在山西省新绛县绛州澄泥砚研制所、新绛县楹联诗词学会、山西社民满意度测评中心举办的“中国·绛州澄泥砚首届国际有奖征诗、征联大赛”中，获得优秀奖。

（严垂壁）

【颜建光的书法作品获奖】 12月，大田五中教师颜建光先后入展由中国书法家协会主办的大爱妈祖——首届中华“妈祖杯”全国书法篆刻大展、首届“三苏奖”全国书法展览、全国首届书法小品展，并获得“农行杯”首届中国电视书法大赛三等奖。当月，其作品还入展由福建省文联主办的“八闽丹青奖”福建省书法双年展。

（颜建光）

【6位作者加入国家级文艺会员】 2013年，严垂壁、陈秀田加入中华诗词学会；潘文轩、严垂壁、卢占师、苏兰田加入中国楹联学会；林生垚加入中国民间文艺家协会。

（严垂壁）

【《大田文艺》杂志创新】 2013年，《大田文艺》杂志经广泛征求有关方面意见，对原刊名《白岩山》及栏目设置等进行改版，以文学性、地域性、创新性为办刊理念，立足大田，辐射福建，面向全国发送交流。当年共编辑出版3期（总第32、33、34期），刊发文艺作品180篇（幅）。

（郑宗栖）

【潘文轩出资续办《岩城诗刊》】 2013年，福建岩城律师事务所律师潘文轩个人出资办《岩城诗刊》诗联报，发行4期，每期16开4版，吸引了港澳台及许多内地作者参与。

（严垂壁）

群众文化

【概况】 2013年，县文体广电出版局以宣传中共十八大精神为主题，围绕元旦、春节、元宵节等节庆日，与有关部门配合开展群众性文化活动。

（严垂壁）

【县赏石协会成立】 3月，县白岩公园内举行“大田县赏石协会成立大会暨首届观赏石展览”，有会员38人，来自市区及各县观赏石爱好者100多人现场交流、观摩了首届观赏石展览。此次展览共征集各类奇石200多方，并邀请赏石专家进行评审。县观赏石协会在县委党校大院内建立活动中心，各周末开展“每周一石”品鉴沙龙活动，交流玩石心得。

（严垂壁）

【参加省学生规范汉字书写获奖】 5—9月，各学校组织学生参加由省教育厅、省语委举办的第五届福建省学生规范汉字书写赛中，有13人次获奖，其中特等奖6项、一等奖4项、二等奖1项、三等奖2项，成绩位列全市之首。

（颜建光　严垂壁）

【“非遗”进校园活动】 6月8日，中国第八个“文化遗产日”期间，县文化馆开展“非遗进校园”活动，将县内风土人情、文化遗产制作成展板，分别到县一中、五中、六中、职专、鸿图中学校园展出，宣传本土文化遗产，提高学生的文化遗产保护意识。

（连福石）

【群众文化活动会演】 7—9月，县文化馆主办的“激情广场群众文化活动汇报演出”在大田时代广场举行。本次活动共演出10场，县文艺爱好者、业余文艺表演团体、各艺术培训班等800多名演员参加了演出，观众达7000多人次。

（连福石）

【少儿歌手在三明赛区选拔赛获奖】 12月7日，县文化馆组织8名歌手，参加在市老年活动中心由市文化广电新闻出版局主办、市艺术馆承办的2013年“海峡杯”首届闽台少儿歌手大奖赛三明赛区选拔赛。获得2个铜奖、3个优秀奖，县文化馆获优秀组织奖。

（连福石）

图　书

【概况】 2013年，全县开展村级农家书屋建设，县有图书发行单位和图书馆各1家，全年销售各类图书1123万元，图书馆藏书2.69册，4月，县图书馆通过全国二级图书馆的评估定级。

新华发行集团大田分公司 2013年，福建新华发行集团有限责任公司大田分公司在岗人员25人，各类图书销售总额1123万元、比上年下降8.32%，完成上级预算任务103.02%，人均销售额45万元，实现利润98.67万元，人均创利3.95万元，同比增长82.87%。分公司根据集团公司《关于全省开展争创“三优”门市竞赛活动的通知》精神，投资65万元对门市部进行装修改造，扩大营业面积150平方米，为读者提供全开架自选购书环境。

图书馆 2013年，县图书馆总藏书量2.6万册，全年总流通量2.03万人次。对外设有外借室、报刊阅览室、少儿阅览室、电子阅览室、政府信息查阅点等。自2008年以来，接收73个单位送来的公开信息纸质文件4624条、电子版信息4569条。1—3月，县图书馆完成大田县数字图书馆网站建设，域名为dtlib.cn。至年底，图书馆网站正常运行。

（姜彩云）

【农家书屋建设】 2013年，县图书馆参与269个农家书屋建设，先后到石牌镇小湖村、湖美乡湖上村、均溪镇上华村、建设镇元山村、桃源镇东坂村、济阳乡济中村和济阳村等农家书屋进行相关建设工作指导。

（姜彩云）

【群众读书活动开展】 2013年，县图书馆开展各类读书活动6次。一是2月5日—8日在东街口发放杨柳青年画1000余份。二是大年初一在图书馆楼下举办春节灯谜活动，吸引近千人参加。三是图书馆服务宣传周期间在东街口举办“全民爱读书，人人有书读——县图书馆免费开放啦”主题宣传活动，近5000余人参观了主题展板、特藏文献展，并发放《大田县数字图书馆资源推介》宣传单千余份。四是为“纪念毛泽东诞辰120周年”，在图书馆宣传栏举办《光辉的历程》、《永远的丰碑》等主题宣传教育图片展。五是暑期举办少儿绘画、少儿中国象棋、少儿舞蹈培训及中国象棋少儿比赛等系列培训活动。

（姜彩云）

文 物

【概况】 2013年，县博物馆做好文化宣传工作，配合中央电视台四套《远方的家》、十套《地理中国》做好对大田土堡群及大田人文、民俗风情的拍摄工作。“大田土堡群”被列入全国重点文物保护单位，均溪镇东坑村郑氏祖祠、桃源镇桃源村荥阳祠两处涉台文物被列为省级文物保护单位。全县共有全国重点文物保护单位5处，省级文物保护单位15处，县级文物保护单位27处。

（严序雄）

【文物保护单位申报获批】 年初，省政府发文公布均溪镇东坑村郑氏祖祠、桃源镇桃源村荥阳祠为第八批省级文物保护单位；4月，县政府发文公布屏山乡美阳村的章公肇十墓、均溪镇周田村的富衍堂为第七批县级文物保护单位；5月，国务院发文公布“大田土堡群”为第七批全国重点文物保护单位，包括芳联堡、琵琶堡、安良堡、泰安堡、广崇堂5处。

（严序雄）

【第一次可移动文物普查】 4月，县政府成立可移动文物普查工作领导小组，普查人员100多人分批分次进行培训，10月完成调查摸底工作。普查结果：全县有4家国有单位存在335件可移动文物，其中县博物馆263件、县委党史研究室68件、县档案馆2件、县五中2件。

（张小英）

文化市场

【概况】 2013年，县文体广电出版局以净化校园周边文化环境为重点，加大网吧、电子游戏厅等场所的整治力度，进一步规范全县文化市场经营环境。

（严序雄）

【校园周边文化环境专项整治】 2013年，县文化市场综合执法大队以校园周边、城区夜市和乡镇集市为重点检查对象，联合有关部门加强检查，取缔校园周边地下游戏机室

5家，无证贩卖出版物的小摊点23家；取缔黑网吧2家，收缴电脑25台。县文体广电出版局、县环保局，在中高考期间采取开会、发通知等形式对县城内16家歌舞娱乐场所实行不定时、不间断巡查和突击检查，创造安静舒适的应考环境，并牵头整顿规范新皇冠酒吧超范围经营歌舞娱乐项目。

（严序雄）

【整合城区网吧】 2013年，县文体广电出版局在全市率先启动城区网吧整合，由原来的19家整合至11家，全年出动执法人员800多人次，处罚违法违规网吧8家，停业整顿5家，责令限期整改10家，罚款3.3万元。

（严序雄）

地方志工作

【概况】 2013年，大田县地方志编纂委员会办公室突出二轮修志工作重点，抓好综合年鉴编纂、出版、发行及其他各项工作，为全县科学发展、跨越发展提供地方志服务，并对明朝、清朝版旧县志进行点校。当年，被市方志委评为地方志工作先进单位，被县委、县政府评为2011—2012年度文明单位。

二轮县志编修 2013年，县方志办一是制定总纂方案，从1月开始，分独立成卷、合成编纂、审核评审三个阶段进行。同时，按照各个责任编辑的工作范围，明确分工、责任到人。二是对内部资源进行整合，成立总纂工作班子，设总纂1人，总纂协审2人，负责全志整合、修改，形成总纂稿。三是请省、市方志委的专家对县志篇目把关修改，各编辑人员按照省、市方志委的修改意见进行调整、补充、完善。四是根据工作进展情况于每月末召开工作推进会，倒计时安排工作时间表，明确方向，加快进度，促进工作开展。

综合年鉴编纂 2013年，县方志办一是抓进度保质量。1—3月，各承编单位完成初稿编写；4—6月，由本办编辑人员完成编辑修改、向单位反馈、领导审核把关和编辑总纂工作；7月，交付出版社印刷出版，并做好稿件校对工作。年底，着手《大田年鉴（2014）》编纂的前期工作，制订编写方案，以县委办、县政府办名义下发。二是抓特色促创新。围绕县委、县政府的中心工作，主动作为，从综合年鉴的编目、内容等方面进行创新，服务经济社会发展。特别是为凸显地方产业特色，在“大田概貌”中的“特色产业”条目中，新增“大田雪山萝卜”的内容；对有的类目、分目标题进行了修改、提炼，规范了书眉、图表等其他内容。三是抓发行扩影响。当年，发行《大田年鉴（2012）》392册。

（潘　梅）

【《大田年鉴（2012）》出版发行】 5月，《大田年鉴（2012）》由方志出版社出版公开发行，县委办、县政府办下文要求各机关、企事业单位做好征订工作。

（潘　梅）

【《大田年鉴（2013）》送交出版】 7月，《大田年鉴（2013）》完成编纂任务，交付出版社出版。全鉴类目共31个，分目199个，条目1000个，约56万字。

（潘　梅）

【综合年鉴编纂情况介绍】 12月，全省综合年鉴培训班在厦门集美举办，大田县在培训班上作《抓特色促创新，推进综合年鉴上新水平》的典型发言。

（潘　梅）

档案工作

【概况】 2013年，大田县档案局坚持依法管档，做好各项工作。一是指导35个机关单位、6个乡（镇）、8个居委会当年立卷，在6个乡镇开展“国际档案日”宣传活动；指导县群工部、县纪委、县职专、均溪镇、城区办等单位清理历年积存文件材料归档；审核批准4个机关单位编制《机关文件材料归档范围和文书档案保管期限表》；进行档案登记40个单位，其中乡（镇）4个、县直机关15个、企事业单位21个；指导县农村社保中心开展档案管理上等级工作。二是检查和指导县内省、市级国有建设项目的档案工作，主要有县体育文化中心、县京口工业园区、元沙煤矿、广平矿区配套建设项目等省、市级项目7个；县级重点建设项目有校安工程建设等12个。三是馆藏档案目录数据录入51卷、4855条目，检查5162卷、11.07万条目；抢救破损档案30卷、裱糊3677页。四是接待查档2081人次、查阅档案1572卷次。政府现行文件信息公开中心接收已公开的文件859份，其中纸质文件431份、电子文件428份；接待查阅8人次，复印12页。

（李建忠）

广播电视

【概况】 2013年，大田县广播电视台围绕县委、县政府的中心工作，开辟新闻专栏，办好专题节目，做好宣传工作。一是由省、市、县各级政府共同投入的农村有线广播应急预警系统建设工程通过市级验收，完善全县广播电视公共服务体系。二是完成265个村3180场电影放映任务。三是转播好中央、省、市广播节目，办好本县新闻。广播播出稿件1760件，被市台采用247件，位列全市第6名；被省台采用51条，位列全省第22名。四是开设专栏，宣传文明建设成果。县广播电视台策划开设了《人勤春早》《深化争创省级生态县城》《深入开展创城整治行动》等十几个专栏节目。同时，继续开办《岩城经纬》《健康同行》《纠风之窗》等专题节目。9月，与县旅游局合作开办《游在大田》栏目，与县公安局联办《警方在线》栏目。全年共播出电视专题130多期，共制作播出电视新闻1856多条，其中省台采用40条、市台采用221条。

当年，县广播电视台内设办公室、新闻部、事业股、计财股、行业管理股5个股室，下辖18个乡（镇）广播电视站，在编干部职工42人。

（徐刚毅）

【广播电视作品获奖】 2月，县广播电视台翁双卿主创的长消息《民情日记“晒”到两会上》和系列报道《大田天津茶城开业》分别获2012年度“三明广播电视新闻奖·广播类”二等奖、三等奖。

3月，县广播电视台涂智靖、周富健主创的短消息《民情日记“晒”到两会上》和涂智靖主创的长消息《大田：20位茶农“抱团”勇闯津门》分别获2012年度“三明广播电视新闻奖·电视类”二等奖、三等奖。

2013年，周富健播音作品《轻松时刻》和刘娉婷电视播音作品《大田新闻》分别获2012年度三明广播电视播音与主持作品奖二等奖、三等奖。

（徐刚毅）

【曾垂育获省“见义勇为模范”称号】 8月6日，省精神文明建设指导委员会授予桃源广电站负责人曾垂育第三届福建省“见义勇为模范”称号。

（徐刚毅）

【广播电视安全播出无事故】 2013年，县广播电视台做好全县广播电视节目安全播出工作，全年安全播出电视9702小时、广播5527小时，转播中央电视台第一套电视节目8760小时、转播福建电视台公共频道电视节目851小时，本台自制节目电视播出91小时、广播52小时。全年无发生非法信号入侵破坏现象，广播电视节目安全播出无事故。

（徐刚毅）

【农村有线广播三级联控完成】 2013年，县广播电视台在全县264个村农村有线广播村村响建设的基础上，实施农村广播县、乡、村三级联播联控应急预警系统建设，与乡镇协调沟通选定广播机房位置，11月21—23日进行设备安装调试，并由四川华塑设备有限公司派员对农村有线广播应急预警系统进行技术培训。11月底，全县18个乡镇广播室和县广播室县、乡、村三级广播联控工程完工。

（徐刚毅）

【农村电影放映全面完成】 2013年，县广播电视台继续实施农村电影放映工程，对18台数字电影放映机实行GPS定位管理，保证了农村公益电影和商业片放映质量和数量，实现城乡100%数字电影放映，观众人数达80万人（次），实现265个村放映场次和覆盖率达到100%的目标。

（徐刚毅）

【大仙峰电视微波站设施完善】 2013年，县广播电视台投入资金220多万元改造大仙峰机房，完善工作和生活设施，加强台站的硬件设施，保障中央电视台一套、七套和福建电视台一套的电视信号及中央广播电台一套、省一套、三明台等三套调频广播信号安全优质播出。

（徐刚毅）

群众体育

【概况】 2013年，县文体广电出版局全面推进体育设施建设，健全完善体育组织网络，培育体育人才队伍，开展各项群众性体育活动，组织开展新年群众登高活动、第一届大学生篮球联赛、“金威杯”气排球友谊赛、“金象温泉杯”羽毛球比赛、乒乓球赛、“供电杯”篮球比赛等各类赛事，促进群众体育新发展。

（严序雄）

【参加市羽毛球公开赛获奖】 6月，县羽毛球协会组团参加在市体育中心体育馆举行的2013年三明市“翠碧情”羽毛球公开赛，分获男子甲组、处级组第一名。

（严序雄）

【第二十八届“岩城杯”篮球赛举行】 8月，由县文体广电出版局、县篮球协会主办、惠峰矿业公司赞助的第二十八届“惠峰杯”篮球比赛暨第八届群星俱乐部篮球联赛在县灯光篮球场举行，县内21支代表队200多名篮球爱好者参加。经角逐，县公安局代表队获得甲组第一名，县供电公司、名门大酒店代表队分获甲组第二、三名；前坪代表队获得乙组第一名，桃东、县教育代表队分获乙组第二、三名。

（严序雄）

体育训练与竞赛

【概况】 2013年，县文体广电出版局落实“一县一品”工程，聘请原省体工队羽毛球项目退役运动员郑远杭担任主教练，挖掘培养羽毛球好苗子，向省、市体校输送优秀体育后备人才。

（严序雄）

【市中小学生运动会参赛获奖】 5月，县少体校组队参加市中小学生运动会，其中，在市体育中心举办的羽毛球比赛中，获小学甲组团体第二名、女子团体第三名、小学甲组、乙组男子单打第二名各1人，武术比赛获团体第二名、个人比赛获9金15银7铜；在尤溪县体育馆举办的乒乓球联赛暨少儿乒乓球锦标赛中，分获小学组男子甲组、乙组团体第二名，分获女子甲组、乙组团体第四名、第三名，获男子乙组单打第一名、女子乙组单打第三名各1人。

（严序雄）

【张杰在全国运动会获奖】 9月8日，大田籍运动员张杰，在沈阳市举办的第十二届全运会举重项目男子62公斤级决赛中，以319公斤的总成绩获得亚军。

（严序雄）

【省全民健身运动会跆拳道参赛获奖】 10月2—4日，县文体广电出版局组团参加在福州举办的福建省全民健身运动会跆拳道大奖赛。选手吴同彬获30公斤第一名，颜烨、林伯乐、刘芹烨分获42公斤、40公斤、30公斤第二名。

（陈继绵）

【省航空模型参赛获奖】 11月22—24日，大田六中组织学生参加在沙县举行的2013年福建省全民健身运动会航空模型比赛暨福建省青少年航空模型锦标赛。选手廖尚彪获火箭助推滑翔机第四名，林凤圳获小力士火箭伞降第十七名，郑杰获东风一号火箭带降第二十一名。小团体获P1T-1弹射飞机竞时赛第二名、S6A/2带降火箭竞时赛第三名。

（陈丽明）

【省武术太极拳参赛获奖】 12月，县老体协代表队参加在福州体育馆举办的2013年福建省全民健身运动会“恒丰银行杯”武术太极拳比赛，获得团体铜牌1枚，个人金牌7枚、银牌2枚、铜牌18枚的好成绩。

（陈丽明）

卫　生

□编辑：魏庆赐

医药卫生管理

【概况】　2013年，全县各类医疗卫生机构530家，其中，县、乡（镇）医疗卫生机构23家［县医院、中医院、疾病预防控制中心（卫生监督所）、妇幼保健院、卫生进修学校、社区卫生服务中心各1家，乡镇卫生院17家］，民营医院4家（协和医院、民生医院、东南医院、平安医院），社会医疗机构43家（包括厂矿、学校及其他部门医疗室），社区卫生服务站8家，村卫生所（室）369家，个体诊所83家。全县卫生系统在编人员762人，其中，管理人员26人，卫生专业技术人员584人，其他专业技术人员45人，工勤人员39人，试用期人员68人。乡村医生496人，个体医生86人，卫技人员社区卫生服务站25人、社会医疗机构52人、民营卫生机构335人、个体86人。病床1170张，每千人3.06张。全县卫技人员1127人，千人均3.4人。全年医疗单位门诊人数53.85万人次，比上年增长14.38%，住院4.3万人次、，比上年增长21.81%，其中，县级医院门诊人数28.39万人次，比上年增长6.13%，住院2.14万人次，比上年增长15.68%；乡镇卫生院门诊人数25.46万人次，比上年增长25.23%，住院2.16万人次，比上年增长28.57%。全县医疗单位总收入2.04亿元（财政补助2787.28万元），比上年增长25.93%，其中，县级1.46亿元（财政补助2141.8万元），比上年增长32.73%，乡镇卫生院总收入5808.68万元（财政补助2263.28万元），比上年增长10.78%。全县医疗单位总支出1.97亿元，总结余745.8万元，其中，县级医院总支出1.41亿元，收支对抵结余498.99万元；乡镇卫生院总支出5561.88万元，业务收支对抵结余246.8万元。

（郭曾荣）

【国家基本药物制度继续实施】　4月，继续实施国家基本 药物制度，县第二批153个村卫生所实行药品零差率销售，服务人口15.29万人，省、县财政按建制村服务人口每人拨款补助7.5元。

（郭曾荣）

【县级公立医院改革】　2013年，县卫生系统县级公立医院改革，一是实行药品零差率。2月1日起县医院、中医院实行药品零差率销售，取消药品（器械、耗材）加成。同时，适当调高县级两家医院部分诊疗费收费标准。二是试行医院院长、医生年薪制。从4月起，县医院、中医院试行院长、医生年薪制，院长的工资划入县卫生局发放，医院按医生职称级别发放年薪。三是实行单病种付费改革。从4月1日起，县医院、中医院对市政府规定的30个病种全部执行单病种限价收费标准。

（郭曾荣）

公共卫生

【概况】　2013年，县卫生局加强对重点传染病的预防控制和公共场所、饮用水、餐饮服务等卫生监督，巩固卫生应急综合示范县创建成果，推进基本公共卫生服务项目，开展爱国卫生运动，保障人民群众身体健康。

基本公共卫生服务　2013年，全县累计建立居民健康档案27.73万份，建档率88.25%，健康档案合格率95.3%；建立预防接种证6114人，建证率100%，各种单苗接种率均达99.68%以上。0—6岁儿童健康管理：新生儿访视率85.3%，儿童健康管理率80.88%，儿童系统管理率75.43%。孕产妇健康管理：早孕建册率86.56%，孕妇健康管理率80.61%，产后访视率86.03%；老年人健康管理：辖区内65岁以上老年人3.06万人，体检2.38万人，体检率77.84%；高血压患者健康管理：辖区内高血压患者4.68万人，健康管理1.74万人，管理率37.19%，规范管理率63.07%；糖尿病患者健康管理：辖区内糖尿病患者2.18万人，健康管理4643人，管理率21.25%，规范管理率63.45%；重性精神疾病患者规范管理率66.42%；法定传染病疫情报告率和报告及时率、突发公共卫生事件报告率均100%，落实卫生监督协管制度，信息报告率100%；中医药健康管理1.81万人，其中，0—3岁儿童6942人，65岁以上老人1.12万人。

疾病控制 2013年，县卫生局坚持“预防为主”，加强疾病防控。一是传染病疫情报告。全年共报告法定传染病16种1124例，报告发病率353.40/10万，比上年下降3.66%。各病种发病情况：艾滋病3例、病毒性肝炎320例、麻疹2例、痢疾13例、肺结核170例、伤寒＋副伤寒3例、猩红热1例、淋病98例、梅毒109例、钩体病1例、手足口病278例、其他感染性腹泻105例、流行性腮腺炎12例、流行性感冒5例、风疹2例、急性出血性结膜炎2例。法定传染病报告死亡肺结核和手足口病各1例，报告死亡率0.63/10万。二是免疫规划常规接种。全年报告出生儿童6942人，建卡率100%。卡介苗基础免疫99.95%(4388/4390)；脊灰疫苗基础免疫99.95%（23632/23643）、加强免疫接种率99.96%(5030/5032)；百白破三联混合疫苗基础免疫99.95%（23548/23559）、加强免疫接种率95.61%（6649/6954）；麻风疫苗基础免疫99.92%（8243/8250）、麻风腮疫苗加强免疫99.93%（7617/7622）；白破二联苗加强免疫99.84%（3175/3180）；乙肝疫苗基础免疫99.68%（20761/20827），其中第一针及时率97.26%（4906/5044）；乙脑基础免疫99.95%（7861/7865）、加强免疫99.9%（6963/6970）；流脑基础免疫99.92%（16296/16309），A+C流脑加强免疫99.9%(7625/7633)；甲肝疫苗99.96%(7334/7337)。三是免疫规划统一接种。4月份，对城区2005年1月1日以后、农村2009年1月1日以后出生的儿童开展免疫规划疫苗查漏补种月活动，其中麻疹疫苗查补接种率98.78%（451/466）、脊灰疫苗查补接种率98.23%（444/452）。12月，对全县2010年1月1日以后出生的儿童开展脊灰疫苗强化免疫和麻疹疫苗查漏补种活动，其中脊灰疫苗强化免疫接种率99.1%（20220/20414），麻疹类疫苗查补接种率100%（379/379），各乡镇、各年龄组接种率均达到95%以上。四是重点传染病防控。全年接受艾滋病自愿咨询和检测304人，采集看守所羁押人员HIV抗体检测431份，检测结果均为阴性。对发廊、洗浴中心、KTV等重点娱乐场所重点人群开展行为干预38家、1323人次。新增HIV感染者和病人11例、淋病99例、梅毒116例、尖锐湿疣99例、生殖道沙眼衣原体感染30例、生殖器疱疹21例。采集检测手足口病标本17份，其中EV71型阳性2例、CVA16阳性1例、其他肠道病毒阳性13例、检测阴性1例。发放麻风病线索调查表274份，回收率100%，未发现可疑麻风病人。血检不明原因发热病人197人次，均未检出疟原虫阳性者。新登活动性肺结核病人169例，涂阳82例，涂阳率48.5%，其中新发涂阳80例。五是业务质量管理。7月，开展第三周期公共卫生医师定期考核，考核结果合格率100%（31/31）。7—9月，县疾控中心开展2011年、2012年度疾病预防控制绩效考核工作，按千分制测算2011年度区域指标得分820分、机构指标得分900分，2012年度区域指标得分771分、机构指标得分891分，并于9月10—11日通过市质监局市卫生局评审组的复核检查。11月，县疾控中心通过市质监局实验室资质认定监督评审考核，授权批准检测能力参数26大类339项及1名授权签字人资格。

卫生监督 2013年，全县重点做好餐饮服务、公共场所、饮用水卫生和职业卫生监督监测工作。一是卫生许可。全年共受理餐饮服务单位预防性审查183件，验收151件，新发餐饮服务许可证241件，延续53件，变更44件，注销30件，餐饮服务单位持证率96.5%（910/943）。公共场所经营单位预防性审查46件，验收44件；新发公共场所卫生许可证53件，延续7件，变更14件，注销12件，复核46件，公共场所经营单位持证率达100%。开展放射诊疗的医疗机构放射诊疗许可证持证率100%（23/23），从事放射工作人员放射工作人员证持证率86.36%（38/44）。发放集中式供水单位卫生许可证7件。二是量化分级。对辖区863家持证餐饮服务单位首次开展动态等级评定，完成年度等级评定516家，其中A级单位1家、B级36家、C级479家。同时，对56家旅店业和3家游泳场所开展量化分级评定，共取得旅店业A级单位6家、B级15家、C级35家，游泳场所C级单位3家。三是卫生监测。全年医疗机构监测88家，合格率85.5%（496/580）；托幼机构监测44家，合格率76.1%（455/598）；一次使用卫生用品生产企业监测1家，合格率95%（19/20）；医疗污水监测1家，合格率100%（4/4）；完成农村安全饮水工程水质监测80份，市政集中式供水水质监测42份，二次供水水质监测6份，城镇集中式供水水质监测63份，学校自备供水水质监测16份，分散式供水水质监测4份。抽检各类食品59份，合格率100%；餐具消毒效果监测679户次5104份，合格率85%（4338/5104）。监测公共场所微小气候84户次209个点，合格率81.8%（171/209）；监测公共用品178户次1147份样品，合格率84%（963/1147）；监测游泳池水3户次11份样品，合格率100%。作业场所职业病危害因素监测覆盖率80.77%（42/52），其中煤炭开采类监测合格率88.4%（228/258），其他行业监测合格率74.6%（176/236）。碘盐监测300份，合格率99.66%（299/300）。四是卫生体检。全年完成从业人员健康体检5294人，职业健康监护体检139家、2353人次，发现疑似职业病230人、职业禁忌者631人；2012—2013学年全县学生体检3.04万人，发现视力不良9492人，不良率31.25%。五是卫生行政处罚。全年共受理举报投诉6起，答复率100%；行政处罚18起，罚款和没收违法所得金额16.79万元。5月29日，城区某酒楼发生1起承办家宴引发食物中毒28人，经现场流行病学、食品卫生学调查和实验室检测，确定为副溶血性弧菌污染红鲟八宝饭和广芥三鲜菜肴所致的普通食物中毒事件，经及时、有效应对处置，28例中毒患者均痊愈。并没收违法所得2.06万元，罚款12.33万元。六是重大卫生保障。全年开展食品、公共场所、职业卫生、饮用水等专项检查与整治15次，做好春节、国庆等节假日、高考期间、大型会议食品安全保障13次。

卫生应急 2013年，县、乡两级医疗卫生机构储备应急设备、救治药品、消杀灭药品、个人防护物品、监测检验设备等应急物资321万元。全县18个乡镇卫生院成立卫生应急办公室，265个村成立卫生应急工作领导小组。调整县突发公共卫生事件专家咨询委员会，下设医疗救治组18人，疾病防控组、卫生监督组各14人。调整突发公共卫生事件专家库，由县内各相关专业54名专家组成。全县乡镇卫生院、村卫生所、学校、有毒有害企业均建立卫生应急信息员，共372名。修订《大田县人感染禽流感应急预案》《大田县地震灾害救援应急方案》等预案。1月，县卫生局组织人感染高致病性禽流感防控桌面演练1场，县疾控中心、县医院等单位相关专业人员35人参与演练。7月13—14日，在受“苏力”超强台风袭击导致洪涝灾害的文江乡和石牌镇部分村庄，开展灾后防病工作，对60幢受淹房屋约6500平方米的内外环境进行消毒杀菌处理。

妇幼保健 2013年，县妇幼保健工作坚持保健与临床相结合、预防为主的方针，加强儿童和孕妇系统管理。一是孕产妇系统管理。全县分娩产妇数6815人，活产数6865人；产前检查人数6684人，产检率97.36%；孕产妇系统管理6281人；系统管理率91.49%；产后访视6487人，产后访视率94.49%；住院分娩活产数6865人，住院分娩率100%，剖宫产率14.62%；全县高危产妇筛查1620人、占23.77%，高危产妇管理、住院分娩均100%。孕产妇梅毒检测数6568

人，检测率96.38%，梅毒临床确诊数4人；孕产妇死亡1人，无发生新生儿破伤风。二是儿童系统管理。全县共有7岁以下儿童3.6万人，体检3.45万人，体检率95.61%，3岁以下儿童1.91万人，系统管理1.79万人，管理率93.51%，全县共筛查出高危儿1062人，筛查率约为3.08%，管理率100%。三是围产儿管理。全县低出生体重儿196人，发生率2.86%；出生缺陷儿14人，发生率2.04‰；死胎6人，死产5人，早期新生儿死亡22人，围产儿死亡率4.80‰；新生儿死亡25人，死亡率3.64‰；婴儿死亡46人，死亡率6.70‰；5岁以下儿童死亡58人，死亡率8.45‰。四是新生儿听力和疾病筛查。全县听力筛查6865人，已查6525人，筛查率95.05%，无发生听力障碍。新生儿疾病应查6865人，已筛查5520人，筛查率80.41%，未查出先天性甲状腺功能低下症和苯丙酮尿症。五是婚前医学检查。全县当年结婚4417对，婚前检查4401对，婚检率99.64%。其中，男婚检HIV筛查4401人，符合结婚医学条件4315人，符合率98.05%，建议暂缓结婚24人，暂缓率0.5%；检出各类疾病238人，患病率5.41%。其中，女婚检HIV筛查人数4401人，符合结婚医学条件4353人，符合率98.91%；检出各类疾病377人，患病率8.57%。查出的各类疾病均给予相应的治疗及指导。六是托幼机构卫生保健。全县共有托幼园所24所，入托儿童7686人，体检7538人，体检率98.07%，患病1961人，治疗1388人，体弱儿114人，体弱儿管理114人，已转归87人，对检出疾病和缺点的儿童进行了矫治，为幼教人员验发健康证483名，其中幼儿保育员78名，幼儿教养员354名，幼儿炊事员41名，其他人员10名。七是妇科病普查普治。3—8月，全县共普查妇女1215人，检出患病748人，患病率61.56%，其中，宫颈糜烂轻度187人、中度18人、重度5人，宫颈息肉23人；查出细胞学TCT报告异常58人，其中非典型鳞状细胞35人，宫颈上皮低度病变17人、高度病变5人，鳞状细胞癌1人；子宫肌瘤289人，患病率23.79%；乳腺小叶增生648人，患病率53.33%。动员治疗334人。查出的各类疾病均得到治疗，做到早防早治。

爱国卫生 2013年，县爱国卫生工作一是继续推进省级卫生县城创建，开展省级文明县城、省级卫生县城、国家生态县城“三城同创”活动，4月和9月分别开展统一环境卫生整治。创建均溪镇红星、玉田等8个省级卫生村。9月，通过市爱卫会省级卫生县城市级初评和灭鼠先进城区复查验收。12月，通过省爱卫办暗访检查。二是开展除“四害”（苍蝇、蚊子、老鼠、蟑螂）活动。9月，在城区开展大规模“四害”灭杀，投放溴敌隆鼠药2.5吨。三是4月全县开展以“美丽中国，健康生活——摒弃乱吐乱扔陋习”为主题的第24个全国爱国卫生月活动。四是实施农村改水改厕。农村自来水普及率94.96%、无害化厕所普及率89.64%。五是11月19日开展“世界厕所日”活动，宣传主题为“使用卫生厕所，洗手健康永久，享受幸福生活”，促进群众养成健康行为，降低肠道传染病等疾病的传播风险，营造全民健康的生活环境。

（郭曾荣　肖其富　马晓红）

【妇幼重大公共卫生服务】 2013年，全县实施妇幼重大公共卫生服务项目。一是农村孕产妇住院分娩补助，全县符合补助条件的农村孕产妇领取住院分娩补助2071人，发放补助款82.84万元。二是农村育龄妇女增补叶酸预防神经管缺陷，为2562人次发放叶酸、服用率42.37%。三是为城乡低保妇女妇科病免费普查789人，查出的各类疾病大部分得到相应的治疗。四是农村孕妇和城市低保孕妇免费产前筛查诊断，对怀孕15—206周的孕妇进行采血筛查，对怀孕18—24周的孕妇进行超声初筛。全年共筛查2945人，血清检查检出高风险、彩超检查查出异常各91人，均建议到上级医院进一步诊治。

（郭曾荣）

【健康宣传教育】 2013年，县卫生局与县电视台联办《健康同行》栏目，每半个月播出1期，每期15分钟，共播出24期；全年卫生宣传日（周）开展各种活动12场次，接受公众健康咨询8500余人次；举办健康培训与讲座320余场，受教育5500余人次；健康教育宣传栏出刊360期；印制并发放健康教育材料12.5万份，开展健康生活方式示范单位创建活动，通过县卫生监督所验收的示范食堂3个、示范社区2个、无烟单位3个。

（郭曾荣）

新型农村合作医疗

【概况】 2013年，全县新型农村合作医疗政策措施不断完善，加强定点医疗机构监管，规范运作和基金补偿，从5月1日起，新农合基金实行市级统筹，执行门诊报销封顶线和报销比例、住院起付线和报销比例、重特大疾病住院报销范围及标准、住院押金和结算方式、转诊方式和报销流程方面“六统一”管理，扩大参合农民受益面，提高受益水平。全县参加新农合医疗的农村居民29.97万人、参合率99.99%，中央、省、市、县财政对参合农民每年人均补助从290元提高到330元；全年筹集资金9889.50万元，纳入县财政新农合基金专户管理，其中省级以上财政补助6713万元、县级1678.15万元，农民个人缴纳1498.35万元（含县财政为全县3.67万名农村低保户、五保户等特殊人员统筹支付的个人参合资金183.25万元），各级财政补助和农民个人参合资金收缴完成率均达100%。

（郑启祥）

【新农合医疗政策调整】 5月1日起，县执行全市统一的基金统筹补偿标准，住院医药费用一级医院补偿不设起付线，300元以内部分补偿比例60%，300元以上部分补偿比例95%；二级医院补偿起付线400元，补偿比例85%；三级医院补偿起付线600元，实行分段补偿，即600—4000元补偿50%，4000—8000元补偿65%，8000元以上补偿70%。住院费用基金补偿全年封顶10万元。门诊特殊病种从19个增加到27个，其门诊费用补偿不设起付线，补偿比例分70%和80%两个层次，年补偿封顶0.2万元—3万元不等，其中终末期肾病不设封顶线。普通门诊费用补偿不设起付线，补偿比例60%，次均补偿封顶40元，年补偿封顶400元/户。

（郑启祥）

【新农合基金分配支付】 2013年，新型农村合作医疗基金分为风险基金、住院统筹基金、门诊统筹基金、重大疾病住院高额医疗费用补充补偿基金四种。风险基金每年只提取筹资总额的3%，达到10%后不再提取，主要用于应对基金非正常超支的风险；住院统筹基金和门诊统筹基金直接用于参合农民住院和特殊病种门诊与普通门诊的医药费用补偿；参合农民重大疾病住院高额医疗费用补充补偿基金按每人每年提取30元，实行全市统筹，参合农民属新农合基金补偿范围内住院全年累计费用，扣除新农合基金补偿总额后，差额超过6000元以上的部分，分段按比例进行补充补偿，年度内实际受益的金额最高为22万元。全年共支出基金1.03亿元，其中参合农民医药费用补偿支出9383.91万元，参加重大疾病住院高额费用补充补偿支出899.01万元。

（郑启祥）

【新农合医疗补偿】 2013年，全县新农合住院总费用1.62亿元，补偿4.2万人次，基金补偿8670.96万元，次均补偿2064.86元，实际补偿率53.59%。特殊病种门诊总费用621.62万元，补偿3.87万人次，基金补偿435.39万元，次均补偿112.41元，实际补偿率70.04%。普通门诊总费用536.89万元，补偿8.63万人次，基金补偿277.56万元，次均补偿32.15元，实际补偿率51.70%。

（郑启祥）

医院建设

【概况】 2013年，全县各医疗卫生单位结合实际，强化科学管理，多方筹集资金，加强基础设施建设，添置医疗设备，改善医疗服务环境，县、乡两级医疗卫生机构的医疗质量和服务水平得到提升。

（郭曾荣　曾玉洁　吴培源）

【卫技人员公开招聘】 8月，县卫生系统经公开招聘，共录用卫生专业技术人员68名，其中县直医疗卫生单位45名，乡镇卫生院23名。根据市卫生局、市公务员局《关于开展2013年招聘临床医学专业本专科毕业生为乡镇卫生院培养临床医师工作的通知》等文件精神，公开招聘“专升本”乡镇卫生院临床医师1名。

（郭曾荣）

【县级医疗机构建设】 2013年，县卫生系统加大医疗机构项目建设力度，县中医院迁建项目，完成门诊楼、医技楼、病房楼地下室及地上主体框架，总建筑面3.36万平方米，完成投资6000万元。县卫生监督所综合楼建设项目，完成六层主体，总建筑面积1750平方米，总投资350万元。县妇幼保健院搬迁中医院旧址，完成产权过户变更手续。

（郭曾荣）

【乡镇卫生院建设】 2013年，乡镇卫生院建设完成华兴、谢洋、前坪、石牌等4个卫生院改扩建和环境改造，其中，华兴卫生院加层建筑面积590平方米，前坪卫生院屋面改造300平方米，谢洋卫生院病房改造106平方米、护坡加固50平方米，石牌卫生院环境改造，混凝土路面铺设200平方米、围墙100米、挡土墙200平方米。总投资225万元，其中，中央补助100万元，县财政补助125万元。扶持3个乡镇卫生院实施中医和妇科特色科室建设，投资15万元。

（郭曾荣）

【村卫生所规范化建设】 2013年，县卫生系统完成52个村卫生室外观标识牌设置、环境绿化及内部规范管理等标准化建设，县财政拨款17.8万元。

（郭曾荣）

【医疗设备添置】 2013年，县医院、县中医院投入400万元，购置先进医疗设备高端彩超机、数字放射诊断仪(CR)、体外冲击波碎石机、大生化仪、全自动血培养仪各1台，微量注射泵2台等，县医院与企业合作引进大型医疗设备1.5T核磁共振仪1台；建设、石牌等乡镇卫生院投入80万元，添置数字放射诊断仪(DR)1台、大生化仪2台和一批应急设备。

（郭曾荣　曾玉洁　吴培源）

医学教育与科研

【概况】 2013年，全县选送医务人员参加上级医院进修29人次；组织在职人员报名参加医学通讯继续教育351人、网络医学继续教育225人；参加各种短期培训、学术交流等58人次；当年获得护士执业资格的有33人、执业医师资格28人、执业助理医师资格21人。三明职业技术学院大田卫校教学点招收2013级护理专业1个班、35人，学制3年。7月，县卫校2010届护士班毕业68人。年底，县卫校在校全日制护理班3个、144人。

（郭曾荣）

【乡村医生规范化培训】 8—9月，县卫校继续举办每期10天乡村医生规范化培训4期、486人，全部通过省乡村医生培训中心组织的统一考试。

（郭曾荣）

红十字会

【概况】 2013年，县红十字会开展人道主义救灾、救助、救护工作，提高备灾救灾能力，完善红十字会网络建设，加大筹资宣传力度，推进社会救助活动。1月29日至2月7日，在县影剧院门口组织1100人次无偿献血，献血量36万毫升；实行患有恶性肿瘤、急性白血病、尿毒症、先天性心脏病、再生障碍性贫血的城乡居民87人大病医疗救助，得到省级医疗救助基金补偿70.31万元。

（林添江　林一民）

社会生活

□编辑：魏庆赐

人口和计划生育

【概况】 2013年，大田县围绕中共十八大提出的人口和计生工作奋斗目标，贯彻省、市人口和计划生育工作会议精神，着力解决人口出生率和自然增长率、出生人口性别比、出生人口缺陷发生率等“三高”问题，统筹解决人口问题，推动人口计生工作平稳健康发展。全县总人口37.35万人，人口出生6865人、出生率18.38‰，自然增长率10.12‰，出生人口政策符合率86.86%，出生人口女男性别比100 ：110.32，完成市下达的年度责任目标任务。大田县获国家计生委授予“全国计划生育优质服务先进单位”称号，被省、市政府评为“人口计生先进县二等奖”，被市委、市政府评为“2009—2011年度人口计生工作先进单位”；均溪镇东门社区、前坪乡山川村被国家计生协会评为“全国基层群众自治示范村（居）”，前坪乡被国家计生委评为第二批全国人口和计划生育依法行政示范乡镇，谢洋、济阳乡被省委、省政府评为2013年人口和计划生育依法行政示范乡镇，上京、桃源、谢洋、济阳等乡（镇）和县人口计生巡回法庭被市委、市政府评为“三明市2009—2011年度人口和计划生育依法行政先进单位”，广平大吉村、梅山德州村、湖美后坑村被市委、市政府评为全市落实计生基本国策模范村。

（曾建新　陈淑丹）

【人口和计生工作会议】 2月18日，县委、县政府在县影剧院召开全县人口计生工作会议，县、乡（镇）、村三级领导干部600多人参加。会议由县长熊旭明主持，县委常委、纪委书记廖金辉宣读《关于表彰2012年度人口和计划生育工作先进单位及2009—2011年度人口和计划生育工作先进个人的决定》，副县长张爱兰作主题发言，县人大常委会副主任、县计生协会会长温如校作计生协会工作专题发言，县委书记汤俊生作总结讲话并向各乡（镇）和县直有关单位颁发2013年人口计生目标责任书。

5月8日，县人口和计划生育形势分析会在县政府五楼会议室召开，县四套班子领导、各乡（镇）党政主要领导、分管计生领导、计生办主任、计生服务所所长、计生协会副会长等100多人参加。会议由县委常委、纪委书记廖金辉主持，副县长张爱兰分析当前人口计生形势和安排部署年内人口计生工作，县人大常委会副主任、计生协会会长温如校就计生协会工作做讲话。

6月3日，县委、县政府在龙山宾馆七楼会议室召开全县人口和计划生育宣传服务月活动动员会，县四套班子分管计生领导、各乡（镇）党委书记、分管计生领导、计生办主任、服务所所长、县直相关单位主要领导参加。县委常委、纪委书记廖金辉主持会议，副县长张爱兰分析当前人口计生形势和安排部署人口计生、宣传服务月工作。

12月16日，县委、县政府在龙山宾馆七楼会议室召开人口和计划生育宣传服务月活动动员会，县四套班子分管计生领导、各乡（镇）党委书记、分管计生工作领导、计生办主任、服务所所长、县直有关单位主要领导参加。县委常委、纪委书记张勇民主持会议，副县长陈钦梅分析当前人口和计生形势、安排部署2014年度人口计生和宣传服务月工作。

（陈淑丹）

【“诚信计生·幸福家庭”创建】 3月4日，县人口计生领导小组制定下发《关于进一步深化诚信计生·幸福家庭创建工作的意见》。25日，县人口计生领导小组在文江乡召开“诚信计生·幸福家庭”创建工作现场会，对计生诚信户实行双查分类管理、节育措施知情选择。在18个乡（镇）和23个相关部门配备电脑和有关设备，安装“创建诚信计生·幸福家庭一卡通管理系统”，投入资金12万元。4月2日，市人口计生委发文推广该做法。

（陈淑丹）

【计生优质服务建设】 2013年，县计生服务站配备电梯1部，并配副主任医师1名，选派1名检验人员参加国家、省举办的“计生服务机构检验质控培训班”培训，当年共投入152万元。并为6337人提供免费孕前优生健康检查。

（陈淑丹）

【计生奖励及扶持补助】 2013年，县政府制定下发《计划生育特殊家庭救助帮扶意见（试行）》，对计划生育独生子女伤残、死亡的家庭和计划生育手术并发症对象，从经济、居住、养老等方面给予救助扶持。当年，共兑现各类法定奖励338.6万元，二女户建房补助53万元，农村二女户孩子上高中194户免交学费、住宿费，兑现成才奖励44.04万元，为3户失去独生子女家庭一次性补助9万元；发放第十批幸福工程资助款137万元，救助计生贫困母亲83户、332人；为410户计生困难户发放小额贴息贷款505万元。

（陈淑丹）

民政工作

【概况】 2013年，县民政工作坚持“上为中央分忧、下为百姓解愁”的工作宗旨和“以民为本、为民解困、为民服务”的工作核心理念，围绕中心，服务发展，各项民政工作取得较好成绩。当年，县民政局获2012年度县政府绩效考评三等奖；被市公务员局、市民政局评为“2007—2012年度市民政系统先进集体”；被省民政厅授予“2012年度村（居）委员会换届选举工作先进单位”称号。大田县被省委、省政府和省军区授予“双拥模范县”称号。

救灾救济 2013年，全县继续实行农村住房统一保险和自然灾害救济救助责任保险，由省财政拨付保费80.13万元，全县农村住房统一保险7.6万户，对受灾民房每户最高赔偿1万元；市、县财政拨付保费48.32万元，把32.21万自然人纳入自然灾害救济救助责任保险，因灾死亡人员最高赔偿10万元。全年受灾农户69户、282人，财保公司理赔35.06万元，其中死亡、受伤各1人，理赔17.9万元。当年发放救灾款60万元，救灾棉被756床、应急包36套。10月，县制定临时困难救助制度，统筹临时救助基金36.7万元，对因病、就学、突发灾害和其他原因造成暂时困难的家庭，通过村（居）、乡（镇）、县民政局三级审核，给予非定期、非定量的临时生活救助，最高救助金5000元。至年底，救助临时困难家庭31人次、8.8万元。继续实施城乡困难群众医疗救助，为城镇困难群众236人次，发放救助金61万元；农村困难群众8919人次，发放救助资金302.43万元，其中“一站式”结算救助8657人次、资金231.55万元；资助参加新农合困难对象1.21万人、资金60.45万元和城镇困难对象参加医保853人、资金4.27万元。县中医院、大田协和医院为五保、低保对象免除住院医疗费用29人次、1.02万元。开展城市流浪乞讨人员救助管理，上街服务25次，救助236人次，发救助金28万元。为全县106名孤儿发放基本生活费103.2万元。

城乡居民低保 2013年1月起，农村低保标准由原来的每人每年1800元提高到1900元，补助标准由每人每月110元提高到120元；五保户集中和分散供养水平由每人每月400元、300元分别提高到530元、410元；城镇低保标准按照最低工资的38%设定，10月起，低保标准由330元提高到360元。当年，全县共有农村低保对象3073户、9903人，发放低保金1612.51万元，月人均补助135.7元；农村五保1503人，发放五保金795.68万元，月人均补助441.2元；城镇低保对象601户、1301人，发放低保金429.8万元，月人均补助275.3元。19家养老机构88人投保责任险，缴保费1.58万元。

优抚安置 2013年，县开展创建省级“双拥模范县”工作，财政拨款245万元支持部队建设，在春节、“八一”建军节期间慰问驻军和重点优抚对象，发放慰问金20.1万元。将县重点优抚对象和农村60周岁以上退伍士兵的身份证、户口簿、退伍证等有关信息录入优抚管理系统，以提高服务水平。按照国家民政部和省民政厅规定提高优抚对象生活补助标准，全年为1684人重点优抚对象和农村60周岁以上退伍士兵发放抚恤金440万元，为驻军10名无工作随军家属发放生活保障金3.84万元，人月均320元；651人重点优抚对象门诊医疗补助金11.72万元，人均180元；住院医疗补助金1081人次、20.24万元；义务兵家属323户、优待金296.02万元，其中城镇33户、农村290户；军人立功受奖奖金7.9万元。当年，共接收退役士兵168人，其中农村160人、城镇8人，发放地方经济补偿金254.16万元。4月，接收并在县环境生态综合执法局安置符合条件转业士官3人；推荐退役士兵参加省退伍军人培训中心职业技能培训110人。

村（居）民自治 2013年，县民政局与县纪委、组织部等部门共同制定下发《关于进一步加强村务监督委员会建设的实施方案》《关于抓好社区党风廉政建设的实施方案》《关于巩固清理规范社区组织机构挂牌检查评比与工作考核成果的工作方案》，加强村（居）民主监督工作，促进了农村基层党风廉政建设。做好村（居）委会换届选举后的各项工作，于3月、8月指导湖美宏才村、石牌盖山村依法补选村委会主任工作。继续做好高校毕业生服务社区的招募工作，新招募高校毕业生4名，分别派往赤岩、仙亭、白岩、东门4个社区居委会进行为期两年的学习锻炼；并对2011年、2012年招募的8名服务社区高校毕业生进行考核。与中国电信大田分公司共同创建星级信息化社区活动。当年，均溪镇南街、东门2个社区被省民政厅、中国电信福建公司命名为“福建省第二批五星级信息化社区”；均溪镇仙亭社区被市民政局、中国电信三明分公司评为“三星级信息化社区”。

殡葬改革 2013年1月起，大田在全市首个、全省第7个实行境内死亡人员殡葬基本服务费全免除，所需费用由县财政全额承担，包括遗体火化和接运费；对城乡低保对象、城镇“三无”人员、农村“五保”供养对象、重点优抚对象、革命“五老”人员以及县级公安机关开具允许火化证明无名尸体，还给予免除72小时内普通冷藏（冻）柜遗体存放费、遗体接运专用尸袋费和一个价值200元以内的骨灰盒费。当年，全县境内共火化遗体1862具，免除殡葬费220.42万元。其中：基本殡葬费每具1083.57元，共201.76万元；困难群众对象142人（城乡低保66人、农村五保59人、重点优抚10人、革命“五老”人员7人），免除项目费用2.28万元；处理公安立案侦查案件移送无名尸体11具、费用16.38万元。10月11日，县政府常务会研究决定，对村级新建骨灰楼建筑使用面积达100平方米、200平方米的，分别给予补贴2万元、3万元，县民政局统一设计骨灰楼建设图纸，要求各村委会按规范建设公益性骨灰楼，引导和鼓励农村绿色殡葬改革。

社团管理 2013年，县委办、县政府办制定下发《大田县关于进一步培育发展和规范管理社会组织的实施意见》，县民政局制定下发《关于开展行业协会行业自律与诚信创建活动的通知》和《关于开展民办非企业单位塑造品牌与服务社会活动的通知》，加强社会组织创新管理和行业协会、民办非企业单位自律与诚信建设。当年，全县新成立登记社团有海峡茶业交流协会、赏石协会、创新创业者协会、永春商会、农村专业技术协会、梓溪林发旺文化经济促进会等6家；新成立登记民办非企业单位有小树林幼儿园、平安医院、阳光青少年体育俱乐部、乐助社会工作服务中心等4家；注销古筝艺术学校。年检社团138家、民办非企业单位32家，全部合格。

（陈之争）

【全省减灾救灾工作会议在大田召开】 3月，省减灾救灾工作会议在大田召开，省民政厅副厅长罗万荷、救灾救济处处长许胜、全省9个设区市民政局救灾业务分管领导和救灾科（处）长，县委书记汤俊生、县长熊旭明、副县长谢军、民政局长陈成册等45人参加会议。罗万荷传达2013年全国减灾救灾工作会议精神，部署2013年全省减灾救灾工作。

（陈之争）

【高龄补贴制度建立】 10月11日，县政府常务会议研究通过《大田县高龄老人生活补贴发放方案》，为年满85周岁未享受机关和企事业养老金的本地户口高龄老人发放补贴。标准为85—89周岁人月30元，90—99周岁人月50元，100岁以上人月200元，按季发放。至年底，为全县2274人发放补贴费24.29万元，其中85—89周岁老人1727人、补贴15.54万元，90—99周岁老人535人、补贴8.03万元，100岁以上老人12人、补贴0.72万元。

（陈之争）

【村级信息员培训】 10月26日，县民政局在大田职专举办村级灾害信息员业务培训，18个乡（镇）、东风农场社会事务办主任和265个村级灾害信息员共284人参加，并全部取得结业证书。培训内容有自然灾害基础和业务、灾情统计、城乡低保、政策性保险等知识。

（陈之争）

【福利彩票销售】 11月15日，县民政局经国家民政部福利彩票中心批准，新开设“中福在线”即开型彩票销售营业厅，首批配置20台投注机。采取特许经营管理模式和销售厅集中销售方式，发行销售、资金结算、形象管理、服务规范“四统一”；实行在线集中控制和管理、实时监控、系统自助控制和随机派发奖项。当年，全县销售福利彩票659.23万元，其中电脑福利彩票550.35万元、刮刮乐72.4万元、中福在线36.48万元。

（陈之争）

【老区扶建】 2013年，省、市老区部门扶持县老区社会发展和农村基础设施建设项目13个，资金38万元，其中武陵乡“中共特区委旧址”维修9万元，百束村建设老年活动中心、岬坪村修路各3万元，茶山村、红君村修路各2万元；太华镇汤泉村饮水工程4万元，万湖村修路3万元，群团村、泮车村修路各2万元；桃源镇西安村、杨坑村修路各2万元；石牌镇龙坑村、谢洋乡坑口村修路各2万元。县财政对老区扶建每个项目各补助1万元，共13万元。

（陈之争）

【勘界区划与地名确认】 2013年，县民政局开展新一轮乡级界线联检，制定下发《大田县乡级行政区域界线联合检查工作实施方案》。10月，完成均溪——华兴等15条乡级界线，与漳平、三元等2条市县级界线联检并联合开展平安边界建设工作，促进边界的和谐稳定。加强地名管理，依法命名石牌镇“金象温泉城”“仙峰养生温泉旅游度假区”，上京镇“京延路”和吴山乡“福建高山茶文化创意产业园”等地名，并在城区设置首期40块灯箱式路牌。

（陈之争）

【慈善救助】 2013年，县慈善总会募集善款280.54万元，开展助老、扶贫、助学等。发放帮扶资金256.81万元，其中“冷暖工程”52.91万元、残疾人安居工程49.2万元、太华群团村道路建设40万元、奇韬文经村饮水工程15万元、助学45.6万元、济困27.9万元、助医11.8万元、助孤1.84万元、四川芦山地震灾区捐款6.94万元、爱心超市及其他公益事业5.62万元。

（陈之争）

【婚姻与孩子收养登记】 2013年，县民政局对婚姻登记服务大厅改造升级，新增服务评价、电子监控等设备，提升婚姻登记服务水平。实行免费颁证服务，颁证率达60%以上。当年，全县共办理结婚登记5664对、离婚登记560对，补发结婚证717对，补发离婚证34本，出具无婚姻登记记录证明3222份。办理孩子收养登记3件。2月，县婚姻登记中心被省民政厅命名为“第二批全省民政系统行风建设示范单位”。

（陈之争）

【社会福利中心与敬老院建设】 2013年，县民政局开展农村五保幸福互助园建设试点工作，建成太华甲魁村幸福互助园，补助资金19.5万元。县社会福利中心一期工程项目儿童福利院、敬老院及光荣院2、3号楼竣工并完成装修，建筑面积1.08万平方米，投资3000万元。上京、太华、桃源、梅山、前坪等5所农村敬老院省民政厅每所补助资金90万元，县财政配套资金各10万元。年底，5所敬老院竣工，建筑面积1500多平方米。

（陈之争）

【社工职业考试】 2013年，县民政局制定社会工作者职业水平考试奖励办法，12名民政干部和16名社区工作者参加全国社会工作者职业水平考试，合格5名，其中社会工作师1名，助理社会工作师4名。

（陈之争）

老龄工作

【概况】 2013年，全县有60岁以上人口3.84万人，占全县人口10.4%。县老龄委继续贯彻党和国家的方针政策，围绕“六个老有”目标开展“敬老工程”“敬老文明号”创建活动。县老年大学、湖美乡敬老院、南街居委会获县“敬老文明号”称号，县老年大学、湖美乡敬老院获市级“敬老文明号”称号。开展老年人慰问活动，对农村困难老人进行调查，巩固和发展老年基金会和创收基地，全县有老年基金会9个、资金60万元。

（林启亮）

【高龄老人慰问】 重阳节期间，县老龄委慰问90周岁以上老人579人、发放慰问金7.26万元，其中，90—94周岁487人、慰问金4.87万元，人均100元；95—98周岁79人、慰问金1.58万元，人均200元；99周岁以上13人、慰问金8100元，人均623元。10月10日，县委书记汤俊生、副县长谢军带领县直有关部门领导慰问湖美乡敬老院老人26人，送棉衣26件、慰问金1万元。

（林启亮）

库区移民工作

【概况】 2013年，大田县人民政府水电站库区移民开发局（简称“县移民局”）立足民生，积极作为，促进移民经济发展，维护了库区安定稳定。一是稳步推进平安创建。调整充实库区维稳队伍，在县群工部设立信访窗口，建立健全库区综治信访维稳“1+N”调解机制，将“平安库区”创建工作经费纳入县财政年度预算，县政府向库区乡（镇）政府下达“平安库区”创建责任书，创建工作纳入全县综治考核。每季度召开一次稳定情况分析会，开展矛盾纠纷和信访问题排查化解活动，严格按照信访“路线图”要求办理信访问题。全年共接待移民群众来访3次11人，受理移民群众信访件13件，初信初访办结率和息诉率、信访突出问题和矛盾纠纷化解率均达95%以上，不出村、不出乡、不出县的“三不出”覆盖率达85%以上，全县95%以上的库区村达到“平安库区村”的标准。二是持续改善库区民生。全年共实施移民项目31个，安排移民资金1715万元。其中，大中型水库移民后扶项目23个，安排项目资金772万元，发放直补资金354万元；小型水库移民扶助项目5个，安排扶助基金87万元；街面库区库周复建项目3个，支付库周专业项目复建工程款502万元。报批2013年度后扶扶助项目19个，批复移民资金659万元，其中大中型水库移民扶持项目13个、资金552万元；小型水库移民扶助项目6个、资金108万元。开展“温暖在库区、倾情为移民”活动，为困难移民户、五保户、低保户和就学困难移民子女296户（人）送去慰问金8.38万元。做好湖美乡湖上、后平、宏才等村的挂村帮扶工作，落实项目资金39.25万元。全年共组织移民参加省、市、县移民机构举办的各类实用技术和职业技能培训231人次，“雨露计划”培训315人次。鼓励和引导移民子女参加福建工程移民职业技术学校学历教育。三是深化“阳光库区”建设。核减直补移民18人，直补资金及时足额发放，推行政务公开，坚持和完善受益移民代表参与项目管理的办法，保障移民群众的知情权、参与权、表达权和监督权，确保项目实施和资金使用安全。当年，县移民局被县委、县政府评为“文明单位”，被省库区移民开发局核准保留“全省‘平安库区’

创建工作先进集体”称号。

（张逢宝）

【城东村标准厂房一期项目竣工】 6月，均溪城东村标准厂房一期工程竣工，该项目位于小溪坂移民安置点，于2012年7月动工，为五层框架结构，建筑面积4154平方米，投资540万元。产权为城东村集体所有，可为城东村及清网移民提供500个就业岗位。

（张逢宝）

【昆山村大桥竣工】 7月26日，华兴昆山村平板危桥拆除重建工程竣工，经验收合格交付使用。该桥长110米，桥面宽6米，桥墩高8.7米，人群荷载3500帕，总投资310万元，其中移民后扶资金投入100万元。

（张逢宝）

【市移民局领导到县调研】 7月，市移民局黄正康局长一行4人，到市委、市政府确定的“党建富民强村”工程首批重点推进示范村谢洋乡坑口村开展调研活动，对该村提出“理清发展思路、统筹村庄规划、用好移民政策、完善基础设施、致力城郊旅游、做强特色产业”的要求。该村近年来投入移民后扶资金200多万元，实施了路灯建设、房屋立面修缮、房前屋后道路硬化及沟渠整治等移民后扶项目。

（张逢宝）

【职业技能培训举办】 7—12月，市移民局在县举办小车驾驶员、茶艺师和家政服务等3个培训班，共101名库区直补移民参训。经考试分别取得C1汽车驾驶资格证书、茶艺师、家政服务职业技能证书41人、30人、30人。

（张逢宝）

【水库移民创业小额贷款贴息试点】 2013年，大田县被省移民局列入新增10个贷款贴息试点县之一，县制定《大田县大中型水库移民创业小额贷款贴息试点方案》。5月起，凡列入大中型水库后期扶持范围的农村直补移民，经贷款银行自审、自核、自贷、自收，贷款额度在10万元（含10万元）以内、期限在3年（含3年）以内的生产开发和生产经营贷款项目，在贷款期满全部还本付息后，可获得同期贷款基准利率的贴息补助，同一时期每户申报一个项目。至年底，有199户农村直补移民办理贴息贷款1453万元，贴息约90万元。

（张逢宝）

【库区村环境综合整治】 2013年，均溪城东村被市移民局列入库区移民环境综合整治市级试点村，被县列入“美丽乡村”建设重点村，着重进行乱搭建、乱堆放、乱种养“三乱”整治和绿化、美化、净化“三化”工作，投入资金100多万元。湖美乡高才移民新村按照立面设计、规格颜色、进料渠道、补助标准“四统一”方式，对31户（幢）、4610平方米房屋立面装修，共补助资金34.8万元。

（张逢宝）

【移民文化活动中心建设】 2013年，全县建成均溪城东、湖美高才、华兴昆山等9座库区移民文化活动中心，其中新建3座，利用学校旧教学楼装修6座，总建筑面积达5206平方米，配备“移民书屋”和电脑、健身、乒乓球、棋牌、台球、多功能活动室等。共投入资金511万元，其中移民资金392万元，省读书援助协会14万元，乡、村自筹105万元。

（张逢宝）

【移民村“亮化工程”建设】 2013年，湖美高才、湖上、后平和谢洋坑口等4个村路灯建设项目竣工投入使用，项目总路长17公里，共安装223盏高杆路灯、18盏壁灯、3盏投光灯，投入移民资金88万元，为库区群众的生产生活带来方便。

（张逢宝）

社会新风

【概况】 2013年，团县委、县妇联等单位，组织开展志愿者和关爱活动，捐资助学、助困和文明服务等，传播社会主义新风尚。

（王尧钦）

【家庭反腐倡廉防线建立】 元旦、春节期间，县妇联与组织部、纪委为“构筑家庭助廉防线，创建廉洁文明家”，联合向全县领导干部家属发倡议书750份，移动用户廉洁短信、彩信3万个，提高家庭成员反腐倡廉意识和能力，稳定和谐家庭环境。

（叶新慧）

【探访被资助贫困学生】 1月4—8日，香港华恩基金会促学经理江荣基、华恩助学部主任梁翠芳，香港城市大学老师曾玮洪及大学学生一行8人组成探访团到大田县探访被资助的贫困学生。

（王尧钦）

【结对帮扶困难户慰问】 1月30日，团县委副书记龚翰和团县委班子领导到广平铭溪村，走访慰问结对帮扶的困难家庭，送去生活用品和慰问金2000元。

（王尧钦）

【迎新春送春联活动】 2月6日，团县委开展“幸福大田·青春情暖”迎新春送春联活动，组织来自毓英书法培训中心10名青少年书法爱好者在县时代广场为广大群众义写、书写，发放春联1000余副。

（王尧钦）

【“青年文明号”服务月活动开展】 3月，团县委组织“青年文明号”单位志愿者一是到各社区开展法律援助、就业指导、医疗保健、计划生育、业务咨询等便民利民服务；二是围绕生态文明建设开展“清洁家园”志愿服务，组织各学校团员开展清扫所在社区卫生死角、清除杂草垃圾等，宣传爱山、爱水、节能减排、保护环境的理念；三是组织青年志愿者到县京口工业园区参加党员干部义务植树；四是开展文明劝导服务，发挥“青”字品牌优势，组织青年志愿者走上街头，对街道乱扔乱倒垃圾、乱丢弃物、乱停车辆等现象进行劝导，协助交警纠正道路交通不文明行为。

（王尧钦）

【“三八”维权月活动】 3月13日，省妇联副主席马义英到县与县妇联、公安、司法等单位，在建设镇街道开展“三八”维权月接访、法制宣传活动，发放妇女维权、反邪教、禁毒等法律法规宣传材料8万份，答复群众咨询15人次。

（叶新慧）

【缅怀革命先烈活动】 清明节期间，城区各中小学师生先后到革命烈士陵园开展祭奠活动；县委常委、纪委书记廖金辉，县人大常委会副主任郑宜堆，副县长谢军，县政协副主席高石麟和民政局、团县委、关工委、均溪镇等单位领导参加以上活动和讲话。

（王尧钦）

【灾区捐款启动仪式】 4月26日，县青年企业家协会在福建仙顶实业有限公司举行“2013年年会暨向四川省雅安地震灾区捐款仪式”，27名青年企业家为灾区捐款3.86万元。

（王尧钦）

【关爱农民工子女“微心愿”活动】 5月初，团县委开展关爱农民工子女“微心愿”活动，一是通过策划、征集、实地入校走访等方式，向全县农民工子女和留守儿童发布“微心愿”。按农民工子女、留守儿童的心愿，在成本100元即可入选微心愿。全县共征集微心愿213个。二是扩宣传、广认领，通过QQ群、公告、县新闻网等方式向社会发布认领信息，引导社会公众关注和参与活动。共被认领微心愿248个、金额2.1万元。三是圆梦醒。“六一”节期间，分别在农民工子女集中地均溪中心小学和留守儿童较多的梅山中心小学组织开展“微心愿”六一圆梦公益活动。

（王尧钦）

【“五四”运动94周年纪念活动】 5月3日，县委办、县政府办在县影剧院举办纪念“五四”运动94周年青春歌会暨县歌《爱在大田》传唱活动，歌会分为青春作证、歌声飞扬、激情拉歌、爱满大田四个篇章。县直有关部门、企事业单位干部职工和群众500多人参加活动。

（严景业）

【中学生“中国梦”主题演讲活动】 5月10日，县委宣传部、团县委、教育局联合在鸿图中学学术报告大厅举行以“中国梦·青春梦·我的梦”为主题演讲比赛，比赛分为初中组和高中组两场，有16所学校16名选手参加角逐。评出一等奖2名、二等奖4名、优秀奖10名。

（严景业）

【捐资助学】 5月14日，福建高校澳门学生联合会和省学生联合会20多名港澳台学生到武陵“八一希望小学”开展“关爱帮扶”活动，资助价值3000元的学习用品；9月，团县委开展2013年“希望工程圆梦”助学活动，资助3名同学1.2万元；10月16日，雨笑爱心基金会创始人周石荣一行到县部分农村，对3名曾遭受意外伤害和重大疾病的学生进行走访慰问，捐助1.5万元。

（王尧钦）

【创文明县城青年志愿者活动】 5月，团县委组建一支200多人青年志愿者服务队，分四批进行培训后，到城区的建山、凤山、宝山路开展卫生保洁、清理小广告、文明劝导等服务。

（王尧钦）

【大学生暑期社会实践活动】 7月15日，闽江学院法律系暑期社会实践队到革命老区武陵乡，开展以“关爱下一代，托起中国梦”为主题的诚信计生普法宣传活动。悬挂宣传横幅2条，分发各类宣传手册、宣传单500多份。

（严景业）

【“激情广场”文艺活动】 7月15日起，县文化馆每周六晚在白岩、时代、岩城广场等示范点开展“激情广场”文艺演出活动8场，参加演出300多人次，形式多样、内容丰富。

（严景业）

【“中国梦·青春魂”宣讲活动】 10月起，县文明办、司法局、教育局、关工委、团县委五部门联合组建由23名讲师组成的报告团，赴各中小学开展由160个课题组成的“青春魂·中国梦”宣讲活动。

（田尔丰）

【关爱老人健康义诊活动】 重阳节期间，县妇联与县东南医院的医生护士一行9人到湖美乡敬老院举办“关爱老人健康义诊活动”，为全乡120人进行健康咨询，餐前测试血糖、血压、心电图等项目指标。

（叶新慧）

【捐款资助活动】 2013年，县妇联收到社会各基金会捐款资助28.04万元，资助贫困学生182人，金额15.68万元。其中，美国角声基金会助学6万元、资助贫困女大学生20人，年人均3000元；香港华恩基金会资助贫困学生120人，金额8.4万元；省妇女儿童发展基金会结对子款5600元，资助小学生20人；县“巾帼文明岗”为“冷暖关爱工程”捐款1.3万元。

（叶新慧）

【“夕阳红”服务队】 2013年，全县各基层关工委组建的“夕阳红”服务队成为文明创建活动的重要力量，均溪镇关工委的“青少年普法”和“农村青年致富引路”服务、屏山乡关工委的播撒“法理”服务、奇韬镇关工委的“护林、修路”和“计生宣传”服务、均溪镇玉田村关工委的“第二集美学村”爱国主义教育和反复倡廉宣传服务等工作尤具特色。

（池其政）

【“温馨社区”活动】 2013年，均溪镇南街社区继续做精做细“温馨社区”创建活动，通过“一帮一”志愿服务及“爱心敲敲门”“就业扶持”“巾帼调解队”“邻里守望卡”和“和睦邻里节”等行之有效的创新模式，打造了“温馨、和谐、平安”的社区品牌。

（刘晓玲）

【青年志愿者服务活动】 2013年，县青年志愿者队伍建设得到加强，各项志愿服务形式多样，内容丰富。大田一中有6000余人次参加的“带法回家”“爱国主义教育基地宣讲”“交通文明劝导”和“绿舟”社团等青年志愿者服务项目工作，大田五中有“爱我大田，美我家乡”环保行动、“宣传十八大、亲情暖大田”送春联活动、关爱孤寡老人的“金晖行动”和“守望邻里，情暖人间”的志愿服务工作。

（黄秀凤）

人民生活

【职工生活】 2013年，全县在岗职工2.02万人，比上年增加668人，其中，国有单位职工1.07万人，平均人数1.06万人；城镇集体单位职工4439人，平均人数4427人。全年工资总额8.36亿元，同比增长14.2%，其中，国有单位职工工资总额4.95亿元，人均4.68万元；城镇集体职工工资总额1.74亿元，人均3.93万元。县社会劳动保险管理中心为离退休人员5874人、发放养老金1.4亿元，人月均1986.15元；机关社保管理中心使用财政预算资金为机关事业单位离退休人员1001人、发放退休金3783万元，人月均

3149.35 元。

（吴仁孝）

【农民生活】 2013 年，据农村抽样调查显示，全县农民人均总收入 1.32 万元，比上年增长 8.19%；人均纯收入 1.07 万元，增长 13.11%。人均生活消费支出 7995 元，增长 13.88%，其中，食品消费支出 3605 元，增长 13.30%；衣着支出 610 元，增长 10.21%；居住支出 854 元，增长 19.44%。年末户均生产性固定资产原值 3761.4 元，增长 26.81%；人均居住面积 48.78 平方米，下降 4.96%。

（叶丽珠）

2013 年大田县农民人均食品消费情况

表 24　　单位：元

品　名	2013 年	2012 年
合 计	3207.01	3011.7
谷 物	624.18	717.4
薯 类	18.36	4.9
豆 类	16.68	10.0
食品油	117.17	144.1
蔬菜及制品	329.55	282.9
肉、禽、蛋、奶及制品	1032.92	1000.9
水产品及制品	74.83	59.0
烟、酒	552.24	430.6
茶叶、饮料	184.99	131.5
其他类食品	256.09	230.7

2013 年年末大田县每百户农民期末主要耐用消费品拥有情况

表 25　　单位：台、辆、部

品名 \ 数量 \ 年份	2013 年	2012 年
洗衣机	78 台	74 台
电冰箱	85 台	70 台
热水器	75 台	64 台
自行车	9 辆	16 辆
摩托车	90 辆	83 辆
电话机	27 部	30 部
移动电话	100 部	100 部
彩色电视机	99 台	100 台
家用计算机	33 台	27 台
影碟机	0 台	41 台
空调	21 台	26 台
抽油烟机	11 台	10 台
微波炉	17 台	19 台
照相机	2 台	3 台
汽车	10 部	7 部

（叶丽珠）

大田城关建山路夜景（林志健 摄）

乡镇概况

□编辑：魏庆赐

均溪镇

【概况】 2013年，全镇辖村23个、居委会8个，村民小组205个；总户数2.64万户。人口7.56万人，其中非农业户1.34万户、人口3.44万人，镇财政收入1375.66万元，比上年增长2.36%。

农业 2013年，全镇耕地面积710.67公顷，其中水田523.12公顷、旱地187.55公顷；拥有农机总动力1.4万千瓦；粮食总产量5673吨，同比减少0.26%；出售生猪1.8万头。全镇农林牧渔业总产值3.83亿元，同比增长12.32%。

工业 2013年，全镇有规模以上企业32家（国有1家、集体2家、私营29家），比增1家，职工总数1.51万人，拥有工业固定资产5.11亿元；销售收入22.63亿元，实现利税1.96亿元；实施技改项目13项，投入资金1.84亿元；完成工业总产值41.12亿元，同比增长17.42%。

招商引资 2013年，镇有三资企业7家，总投资3.34亿元，吸引外资4232万元，完成外贸供货值1.78亿元。

商业服务 2013年，全镇社会消费品零售额7105万元，同比增长12.25%；集市贸易额23.25亿元，同比增长0.35%；流通领域的国有、集体、私营企业及个体工商户共189家；2家金融机构，服务网点6个。第三产业增加值5610万元，同比增长18.71%。

交通邮电 2013年，全镇拥有机动车1480辆（客车35辆、轿车757辆、卡车350辆、农用车128辆、拖拉机210辆），同比增加81辆；有固定电话机1.73万部，与上年持平，手机4.78万部，同比增加500部。

社会事业 2013年，全镇教育事业投入210万元，（重点为中心小学、福塘小学翻扩建）。有各类学校35所、在校学生2.44万人，同比增加108人。闭路电视用户2.03万户，同比增加202户，广播电视覆盖率100%，有95%的村开通数字电视。均溪医院有病床56张、医务人员62人；97%的人口饮用自来水。

人民生活 2013年，全镇农民人均纯收入1.26万元，同比增长18.87%，人均住房村民30平方米、居民26平方米，每百户拥有洗衣机72台、自行车93辆、电视机100台（彩电99台）、电冰箱40台、摩托车78辆，80%的农户用上电磁炉、液化气。

社会保障 2013年，全镇享受低保村民1209人、发放低保金129.52万元，享受基础养老金村民4653人、发放养老金359万元（55元/人·月）。村民参加新农合1.93万人、收取医保基金193.8万元；为476人次支付医疗补偿费138万元。

（陈泽旭）

【便民服务中心成立】 9月，均溪镇成立“便民服务中心”制定《均溪镇便民服务中心管理制度》。办公室200平方米，内设：民政、财政、城建、国土、农技、林业、司法、计生等服务窗口，实现“一站式办公，窗口式服务”。开通八闽农村党风网、大田·均溪网址为smdtx.zhnc.org。内容涵盖图片新闻、党务公开、村务公开、强农惠农、农村“三资”、廉政建设、预警监管、公告公示等，建立发光二极管LED屏宽带电视。

（陈泽旭）

【工贸矿区水土流失治理】 10月，均溪镇在银顶格骏原工贸矿区进行水土流失治理，规划分三期实施，第一期项目已清堆积矿区矿土砂面积90公顷，排引水沟长722米、修建拦土坝1座，长40米，坝底宽7米、高6米、坝顶宽1.5米，排土场刷坡整治8条共1.4公里，采空区填埋土石方96万平方米。建成宜耕宜绿的“耕作园”面积60公顷。投资1543万元，其中县财政补助400万元，企业业主筹集1143万元。

（陈泽旭）

【“美丽乡村”建设】 2013年，均溪镇投资246.8万元，在后华村建造田园风光型美丽乡村。清淤河道1.1公里、修建河岸1.66公里、拦水坝4处。村道绿化3.75公里；在村民居住区域修建休闲公园2处已建成2500多平方米、凉亭2座，铺设鹅卵石步游道300米。

（陈泽旭）

【周田溪治理】 2013年，均溪镇投资178.8万元，对周田溪流域进行综合治理，修建护岸堤坝300米、增建桥亭2座、加宽加高上下游两端桥头河堤护岸80米，造林（含补植）302公顷，封山（含补植）760公顷。建立“河长”制，落实管理职责。

（陈泽旭）

广平镇

【概况】 2013年，全镇辖村14个、林果场1个，村民小组193个；总户数1.09万户、人口3.9万人，其中非农业户1330户、人口2285人。镇财政收入570万元，比上年增长3.64%。

农业 2013年，全镇耕地面积1331.8公顷，其中水田1267.33公顷、旱地64.47公顷；拥有农机总动力1.48万千瓦，粮食总产量1.12万吨，同比减少3.45%；出售生猪2.05万头，全镇农林牧渔业总产值4.18亿元，同比增长9.14%。

工业 2013年，全镇有规模以上企业13家（国有1家、集体2家、私营10家），与上年持平；职工总数3522人，拥有工业固定资产10.1亿元；销售收入13.13亿元，实现利税1956万元；实施技改项目3项，投入资金6230亿元。完成工业总产值12.64亿元，同比下降43.5%。

商业服务 2013年，全镇社会消费品零售额4838万元，同比增长2.5%；集市贸易额1.9亿元，同比增长5.56%；流通领域的国有、集体、私营企业及个体工商户215户；2家金融机构服务网点3个。第三产业增加值8221万元，同比增长3.8%。

交通邮电 2013年，全镇拥有机动车796辆（客车15辆、卡车78辆、农用车114辆、拖拉机90辆、轿车499辆），同比增加27辆。有固定电话2135部，同比增加27部；手机2.76万部，同比增加300部。

社会事业 2013年，全镇教育事业投入1144.3万元，有各类学校16所，在校生3186人，同比增加200人；闭路电视用户4320户，同比增加297户；镇卫生院有病床20张、医务人员21人；95%的人口饮用自来水。

人民生活 2013年，全镇农民人均纯收入1.04万元，同比增长12.02%，人均住房村民64平方米、居民45平方米；每百户拥有洗衣机63台、自行车39辆、电视机100台（彩电99台）、电冰箱47台、摩托车98辆，38%的农户用上液化气、电磁炉。

社会保障 2013年，全镇享受低保村民1089人、五保村民126人，发放保障金182.5万元；享受基础养老金村民4069人、发放270万元（55元/人·月），村民参加新农合3.05万人，收取医保基金213.45万元、参保率97.66%；为1.34万人次支付医疗补偿费624.95万元。

（林圆圆）

【公路建设】 5月，广平镇广平至铭溪8公里三级公路改建竣工通车，路面宽8米，投资890万元；相继动工建设广平至华口8.2公里、东景至丰庄5.32公里，2条7米宽三级公路，投资6053万元；同时建设大吉至松阳5米宽四级公路8.03公里，投资570万元。至年底，完成广平、苏桥、元沙、万筹村4条村道混凝土路面铺设，计10公里，上级补助520万元。

（林圆圆）

【文昌阁办学百年纪念活动】 10月2日，广平龙湖堂理事会、广平中学举办广平文昌阁办学百年纪念活动，参加庆典有本县中学教育工作者、往届校友及镇村企事业单位800多人，纪念活动共募集教育资金120多万元。

（林圆圆）

【镇公租房建设】 2013年，广平镇政府筹资500万元，在广平村开发建设公租房65套、占地面积1145平方米，建筑面积3431平方米，解决镇干部职工住房难题。

（林圆圆）

【“美丽乡村”建设】 2013年，广平镇开展“美丽乡村百日会战”活动，抓好栋仁特色村和铭溪、广平中心村建设，投入1700多万元，开发建成城后、葛藤坪、官丘、下坂厝4个新型小区，占地2.9万平方米，建筑面积5.1万平方米，公共设施占地1.59万平方米，采用新理念设计，建房125幢，安置居民192户，惠及951人；新建3座休闲公园，绿化2700平方米、安装村道路灯90盏；投入200万元修筑铭溪河滨路2.6公里、石护栏2.3公里，并完成铭溪三岔路口整治及绿化工作；开展农村“家园清洁行动”，建立健全垃圾处理长效机制，从源头上解决垃圾管理问题，在全县目标责任考评获“美丽乡村”竞赛活动三等奖。

（林圆圆）

【生态保护】 2013年，广平镇做好联发、大竹林煤矿和红狮水泥配套矿山及犁田峰工业园区水土流失综合治理，年内投入资金200万元，完成镇内流域土石方清理9.2万立方米、砌筑河堤6.86公里、护栏1公里，防渗渠道4条、2.43公里；加大生态综合执法力度，重点打击水洗砂等违法行为，取缔非法洗砂点14处、摧毁大型洗砂设备6套，解决各类信访问题20件，在全县目标责任考评获水土保持工作三等奖。

（林圆圆）

【惠民政策落实和办实事】 2013年，广平镇政府落实惠民政策，发放粮食直补资金277.72万元、种粮补贴46.33万元，能繁母猪补贴13.59万元；完成13个村安全饮水工程，铺设自来水管道112.8公里，惠及7222人；开展“干部结对帮扶济困”活动，帮扶35户、资金4.5万元；开展各类实用技术培训17场次、受训人员600人次。

（林圆圆）

【农业经济项目建设】 2013年，广平镇引进水稻新品种12个、建立示范片3个、推广新品种1000公顷。建立茶叶病虫绿色防控技术示范片66.67公顷，新建茶叶加工标准厂房1座；在东西坑片改造低产毛竹53.33公顷，在万筹、岬头村种植油茶林33.33公顷；新建烤烟房16座，落实各类补助资金47万元。有市级农业产业化龙头企业2家，其中“五龙山”茶叶有限公司被评为县“守合同重信用”企业，“五龙山”牌茶叶获市级知名商标。

（林圆圆）

【工业经济项目建设】 2013年，广平镇省重点项目水井坑煤矿、元沙煤矿和广平矿区配套项目超序时推进，秦朝木业引进国际领先的木材超高温改良设备和加工设备，进行碳化技改和专利产品的研发生产；新引进大兴工贸、德润物流及亿泰矿业项目开工建设，总投资1.5亿元。当年纳税超百万企业4家。

（林圆圆）

上京镇

【概况】 2013年，全镇辖村16个，村民小组161个；总户数6808户、人口2.45万人，其中非农业户2045户、人口3127人。镇财政收入614万元，比上年增长7.91%。

农业 2013年，全镇耕地面积998.93公顷，其中水田893.6公顷、旱地105.33公顷；拥有农机总动力9263千瓦；粮食总产量7761吨，同比增长12.51%；出售生猪1.35万头。全镇农林牧渔业总产值2亿元，同比增长9.89%。

工业 2013年，全镇有规模以上企业17家（国有1家、集体3家、私营13家），同比增加4家；职工总数3675人，拥有工业固定资产12亿元；销售收入19亿元，实现利税2.9亿元；实施技改项目2项，投入资金1.2亿元。完成工业总产值28.58亿元，同比减少7.66%。

招商引资 2013年，全镇引进三资企业4家，总投资1.63亿元。

商业服务 2013年，全镇社会消费品零售额7040万元，同比增长6.22%；集市贸易额5412万元，同比增长16.39%；流通领域的国有、集体、私营及个体工商户867户；3家金融机构服务网点3个。第三产业增加值2496万元，同比增长2.51%。

交通邮电 2013年，全镇拥有机动车692辆（客车12辆、卡车312辆、小汽车305辆、农用车38辆、拖拉机25辆），同比增加64辆。有固定电话3960部，同比减少20部；手机1.13万部，同比增加1100部。

社会事业 2013年，全镇教育事业投入380万元，有各类学校7所，在校生1958人、同比减少57人；闭路电视用户3450户，同比增加11户；镇卫生院有病床30张，医务人员21人；75%的人口饮用自来水。

人民生活 2013年，全镇农民人均纯收入1.2万元，同比增长15.38%，村民人均住房50平方米、居民36平方米，每百户拥有洗衣机66台、自行车20辆、彩色电视机98台、电冰箱38台、摩托车70辆，57%的农户用上液化气、电磁炉。

社会保障 2013年，全镇享受低保村民760人、发放低保金7.11万元，享受基础养老金村民2233人、发放基础养老金145.99万元（55元/月·人）。村民参加新农合1.95万人，收集医保基金94万元、参保率98.86%；为4608人次支付医疗补偿费291.5万元。

（唐名谦）

【下溪口村烟基地建设】 3月，县烟草公司投入150万元，在上京镇下溪口村实施烟叶种植基地项目，其中投入120万元，铺设烟基混凝土路面宽2米、长1公里，修建防洪堤高2.5米、长300米；集中连片密集式建烤烟房12座，一次性可烘烤14.4公顷烟田的烟叶，当年竣工投入使用，投入30万元。

（唐名谦）

【出境村道混凝土路面铺设】 6月，上京镇丰田村至漳平市灵地乡西坑村道铺设混凝土路面，宽4.5米、长2.1公里。12月竣工，投资90万元，其中省补助31万元、县补助7.75万元，村自筹51.25万元。

（唐名谦）

【镇敬老院竣工】 10月，上京镇在京西路铸鼎垅建镇敬老院，占地面积3333.5平方米、建筑面积905平方米，钢筋混凝土结构，楼高3层，共有20间，12月底竣工，设有40张床位和厨房、餐厅、办公室、储藏室、活动室等多功能房，集生活、健身、娱乐休闲于一体，投资168万元，其中省补助90万元，县财政补助10万元，镇自筹68万元。

（唐名谦）

【镇非公企业党支部成立】 2013年，上京镇16家非公企业联合成立党组织，3家实行挂靠，溪口煤矿、华阳光电有限公司、永丰煤矿有限公司、丰田巷口水电站4家分别成立党支部，有中共党员25人。

（唐名谦）

桃源镇

【概况】 2013年，全镇辖村13个，村民小组83个；总户数6018户、人口2.12万人，其中非农业户1084户、人口4122人。镇财政收入609万元，比上年增长10.13%。

农业 2013年，全镇耕地面积1005.33公顷，其中水田938.66公顷、旱地66.67公顷；拥有农机总动力1.78万千瓦；粮食总产量7755吨，同比增长15.52%；出售生猪1.24万头。全镇农林牧渔业总产值2.29亿元，同比增长9.57%。

工业 2013年，全镇有规模以上企业8家（私营），同比减少1家；职工总数1321人，拥有工业固定资产9.95亿元；销售收入9.97亿元，实现利税3672万元；实施技改项目12项，投入资金8876万元。完成工业总产值9.73亿元，同比增长28.7%。

招商引资 2013年，镇有三资企业1家，总投资1200万元，吸引外资300万元。

商业服务 2013年，全镇社会消费品零售额8487万元，同比增长15.51%；集市贸易额4832万元，同比增长7.93%；流通领域的国有、集体、私营企业及个体工商户共465家；2家金融机构，服务网点4个。第三产业增加值1.01亿元，同比增长38.36%。

交通邮电 2013年，全镇拥有机动车1250辆（客车6辆、卡车242辆、小汽车394辆、农用车364辆、拖拉机244辆），比增34辆。有固定电话1957部，同比减少78部；手机1.65万部，同比增加200部。

社会事业 2013年，全镇教育事业投入1462.6万元，有各类学校3所，在校生1071人，同比减少216人；全镇有闭路电视用户1961户，同比增加92户；镇卫生院有病床32张，医务人员24人；全镇有96%的人口饮用自来水。

人民生活 2013年，全镇农民人均纯收入1.22万元，同比增长11.93%，人均住房村民24.3平方米、居民16.2平方米，每百户拥有洗衣机64台、自行车61辆、电视机99台（彩电91台）、电冰箱27台、摩托车97辆，全镇有27%的农户用上液化气、电磁炉。

社会保障 2013年，全镇享受低保村民558人、发放低保金101.74万元，享受基础养老金村民2125人、发放基础养老金140.2万元（55元/人·月）。村民参加新农合1.73万人，收取医保基金93.91万元，参保率96.8%。为4366人次支付医疗补偿费152万元。

（黄绍邦）

【荥阳祠列入省级文物保护单位】 1月28日，郑氏宗祠“荥阳祠”被省政府列入第八批省级文物保护单位；9月5日，举行省级文物保护单位揭牌（匾）仪式暨2013年祭祖大典活动。参加此次活动有台湾工党主席郑昭明、三明市统战部副部长武丹、县政协主席郑建勋、县人大常委会副主任郑宜堆及来自全国各地的郑氏宗亲800多人。

（苏晋板、黄绍邦）

【安良堡入选国家文物保护单位】 5月6日，据国务院《关于核定并公布第七批全国重点文物保护单位的通知》，大田土堡群安良堡等被列为第七批全国重点文物保护单位。

（黄绍邦）

【华伦特重工在海峡股权交易中心挂牌】 7月18日，福建省华伦特重工股份有限公司在福州市福建海峡股权交易中心正式挂牌，为三明市首家在该中心挂牌的企业。

（黄绍邦）

【省领导到桃源调研】 8月29日，省委常委、纪委书记倪岳峰一行在市领导邓本元、冯新婷，县领导汤俊生、熊旭明、廖金辉等陪同下，到桃源镇调研基层党风廉政建设并实地考察蓝玉“美丽乡村”建设、镇农村集体“三资”监管等工作。

（黄绍邦）

【集镇污水处理厂建成】 9月，桃源镇集镇污水处理厂项目动工，位于桃源村“古岭脚”处，占地面积4333平方米，是以“高负荷渗滤系统加人工湿地污水处理系统”为主体的污水处理设施，铺设污水收集管道8.5公里，日处理污水能力500吨，污水处理后水质达到《污水综合排放标准》（GB8979—1996）的一级标准。年底竣工并投入使用，总投资350万元。

（苏晋板　黄绍邦）

【东坂村民族特色村寨试点】 9月29日，桃源镇东坂畲族村被国家民委确定为全国少数民族特色村寨建设试点村。

（黄绍邦）

【新村造福工程建设】 2013年，桃源镇翁厝村大湾新村造福工程，项目是福建省第一批重点扶持的造福工程集中安置区，采取规划、征地、“三通一平”、管理、配套设施“五统一”模式，建成一个新型农村社区。年底，已完成一期工程100户居住房屋56栋，占地1.99万平方米，建筑面积2.7万平方米，铺设混凝土路面1.2公里，安装路灯30盏，环境绿化面积6533.37平方米，投资4980万元，并规划建休闲广场、休闲公园、综合服务中心等配套设施。

（黄绍邦）

太华镇

【概况】 2013年，全镇辖村24个，村民小组280个；总户数8030户、人口3.55万人，其中非农业户687户、人口1718人。镇财政收入1440万元，比上年增长32.23%。

农业 2013年，全镇耕地面积1738.27公顷，其中水田1512.2公顷、旱地226.07

公顷；拥有农机总动力2.3万千瓦；粮食总产量1.51万吨，同比增长9.42%；出售生猪1.6万头。全镇农林牧渔业总产值3.92亿元，同比增长8.59%。

工业 2013年，全镇有规模以上企业15家（集体4家、私营11家），与上年持平；职工总数2556人，拥有工业固定资产16.7亿元；销售收入28.3亿元，实现利税2.64亿元；实施技改项目25项，投入资金5.57亿元。完成工业总产值33.43亿元，同比增长17.88%。

商业服务 2013年，全镇社会消费品零售额3.05亿元，同比增长31.47%；集市贸易额2.99亿元，同比增长11.15%；流通领域国有、集体、私营及个体工商户共1510户；2家金融机构服务网点3个。第三产业增加值1.18亿元，同比增长11.32%。

交通邮电 2013年，全镇拥有机动车1549辆（客车30辆、卡车435辆、小汽车635辆、农用车261辆、拖拉机188辆），同比增加82辆。有固定电话1万部，同比减少400部；手机2.65万部，同比增加1200部。

社会事业 2013年，全镇教育事业投入702万元，有各类学校12所，在校生2850人，同比减少92人；全镇有闭路电视用户4610户，同比增加211户；镇卫生院有病床46张，医务人员24人；全镇有97%人口饮用自来水。

人民生活 2013年，全镇农民人均纯收入1.06万元、同比增长6.23%，人均住房村民57平方米、居民34平方米，每百户拥有洗衣机89台、自行车39辆、彩电100台、电冰箱93台、摩托车99辆，全镇81%的农户用上液化气、电磁炉。

社会保障 2013年，全镇享受低保村民1049人、发放低保金148.76万元，享受基础养老金村民2821人、发放146.66万元（55元/月·人）。村民参加新农合3.07万人，收集医保基金142.33万元、参保率97.69%；为2.94万人次支付医疗补偿费233.59万元。

（陈建材）

【罗丰工业园区建设】 2013年，太华镇在罗丰工业园区征用土地、平整场地33.33公顷，完成一期平台、道路、高压线路架设、防洪沟和挡土墙等基础设施；“岬百垅”挡土墙C段素土回填平整3.33公顷，累计投资3000万元。

（陈建材）

【新型轻质隔音墙板加工】 2013年，太华镇在县政府“九·八”招商会推介废渣再利用，发展循环经济的项目。引进香港伟华集团有限公司，拟在罗丰工业园区投资2.11亿元，占地面积25.67公顷，采用煤矸石筑陶粒（砂）生产线和轻质隔音墙板生产线相关配套设施。建四条生产线，规划年消化38万吨以上煤矸石及其他工业废渣，年可产煤矸石筑陶粒（砂）100万立方米，轻质隔音墙板180万平方米，产值（不含税）3.17亿元，净利润6000余万元。可安排就业100多人。

（陈建材）

【罗丰铭晟精密铸造项目建设】 2013年，太华镇罗丰铭晟精密铸造项目第一、二条生产线稳定生产，月产铸件100余吨。完成第三条生产线厂房基础建设，地面混凝土铺设，投产后月可产铸件60余吨，投资1000万元。

（陈建材）

【“美丽乡村”项目建设】 2013年，太华镇投入1000余万元，在罗丰、汤泉片区开展环境连片整治，集镇建微动力氧化塘1个，日处理污水300吨，公路沿线安装无动力一体化污水处理设施368套，建日处理100吨污水人工湿地和150吨微动力污水站各1座，新建垃圾池75个，增设垃圾箱233个，改造厕所24座；坡屋面改造200座，种植名贵树种3000余株，楼间设立景观花带500余条，绿化面积6000平方米，完成造林抚育面积292.27公顷，森林覆盖率达75.4%。继续抓好山贵崎矿山治理示范点建设，做好矿山水土流失治理和植被恢复工作。

（陈建材）

建设镇

【概况】 2013年，全镇辖村12个，村民小组123个；总户数5601户、人口2.51万人，其中非农业户154户、人口883人。镇财政收入1113.59万元，比上年增长124.77%。

农业 2013年，全镇耕地面积983.16公顷，其中水田852.2公顷、旱地130.96公顷；拥有农机总动力9411千瓦；粮食总产量8029吨，同比减少5.55%；出售生猪3.1万头。全镇农林牧渔业总产值2.68亿元，同比增长8.5%。

工业 2013年，全镇有规模以上企业18家（集体3家、私营15家），同比增加3家；职工总数4456人，拥有工业固定资产11.12亿元；销售收入7.92亿元，实现利税6042亿元；实施技改项目2项，投入资金2500万元。完成工业总产值14.37亿元，同比下降0.28%。

招商引资 2013年，全镇共引进三资企业3家，总投资6000万元，吸引外资633万元，完成外贸供货值882万元。

商业服务 2013年，全镇社会消费品零售额11.18亿元，同比增长36.11%；集市贸易额10.43亿元，同比增长9.82%；流通领域的国有、集体、私营及个体工商户853户；2家金融机构服务网点2个。第三产业增加值1.34亿元，同比增长9.84%。

交通邮电 2013年，全镇拥有机动车1006辆（客车30辆、卡车171辆、小汽车581辆、农用车112辆、拖拉机112辆），同比增加11辆。有固定电话3102部，同比增加2部；手机2.31万部，同比增加142部。

社会事业 2013年，全镇教育事业投入10万元，有各类学校7所，在校生3354人，同比增加1003人；闭路电视用户3815户，比增2户；镇卫生院有病床35张，医务人员27人；100%人口饮用自来水。

人民生活 2013年，全镇农民人均纯收入1.21万元，同比增长13.08%，人均住房村民55平方米、居民46平方米；每百户拥有洗衣机98台、自行车43辆、彩色电视机203台、电冰箱110台、摩托车204辆，100%农户用上液化气、电磁炉。

社会保障 2013年，全镇享受低保村民798人、发放低保金129.3万元，享受基础养老金村民2918人、发放183.67万元（55元/人·月）。村民参加新农合1.94万人，收集医保基金87.09万元、参保率100%；为1万人次支付医疗补偿费184万元。

（林新捷）

【顺天来彩陶制品公司入驻】 1月，福建顺天来彩陶制品有限公司入驻建设镇六堡岬工业园区，占地10公顷，建年产3万吨瓷泥和200万件瓷瓶、酒瓶等彩陶瓷生产线2条，总投资1亿元。

（林新捷）

【建华路改造竣工】 2月，建设镇建华路改造竣工，路面宽24米、长250米，铺设混凝土路面。该工程2012年12月动工，镇财政自筹，总投资63万元。

（林新捷）

【联瑞、大同二座桥梁竣工】 2月，镇政府和建设村建联瑞桥，桥面宽12.5米，长25米，其中路面宽8米，左右人行道2.25米，架设石栏杆50米，11月竣工。总投资110万元，其中省补助39万元，大田县联瑞建材有限公司捐资71万元。10月，镇政府在大同村建设大同桥，桥面宽4.5米、长60米。12月竣工，总投资60万元，其中省补助29.7万元，镇财政自筹30.3万元。

（林新捷）

【建设溪小流域治理竣工】 11月，建设镇建设溪小流域治理一、二期工程竣工。砌筑建民桥至许家桥河堤5.4公里，清理河道4.4公里，人行道混凝土铺设、架扶杆各1.3公里，绿化种植柳树1.8公里、红叶石楠300米、沿阶草麦冬350米；砌筑二中至建忠河堤1.93公里、河道清淤1.09公里、浆砌河堤1.85公里。工程于2011年3月动工，总投资3824万元，其中国家补助1147万元，镇政府自筹2677万元。

（林新捷）

【贵竹林休闲公园建成】 3月，镇政府自筹资金在建爱村贵竹林处，兴建贵竹林休闲公园，铺设混凝土步行道800米，建管理房1座，8月竣工，投资110万元。

（林新捷）

【村部综合楼改造竣工】 4月，建爱村改造装修村部综合楼门头、围墙、屋顶等，9月竣工，投资15万元，其中县财政补助3万元、村级自筹12万元。5月，建民村部三层办公楼装修，9月竣工，投资7万元，其中县财政补助3万元、村自筹4万元。

（林新捷）

【琵琶堡入选国家级文物保护单位】 5月，建国村澄坑自然村游姓祠堂琵琶堡被列为全国第七批重点文物保护单位。该堡始建于明代崇祯年间（公元1628—1644年），占地850平方米，建筑面积540平方米，三进歇山式建筑，形如落地琵琶。

（林新捷）

【县消防二中队综合楼竣工】 10月，位于建设镇建强村的县消防二中队综合楼竣工，占地面积6900平方米、建筑面积2550平方米，框架结构、楼高4层，内设办公室、兵营宿舍、厨房、餐厅、娱乐等活动功能。可增强对周边乡镇灾害救助的应急功能。总投资700万元，其中建设镇资助110万，太华、广平、奇韬镇各资助30万元、文江乡资助20万元。

（林新捷）

石牌镇

【概况】 2013年，全镇辖村16个，村民小组136个；总户数4856户、人口1.95万人，其中非农业户715户、人口1197人。镇财政收入617.88万元，比上年增长17.02%。

农业 2013年，全镇耕地面积698.13公顷，其中水田501公顷、旱地197.13公顷；拥有农机总动力8000千瓦；粮食总产量4750吨，同比下降0.54%；出售生猪1.8万头。全镇农林牧渔业总产值1.22亿元，同比增加7.02%。

工业 2013年，全镇有规模以上企业5家（集体1家、私营4家），同比增加1家；职工总数3192人，拥有工业固定资产1.92亿元；销售收入9.07亿元；实施技改项目2项，投入资金2635万元。完成工业总产值8.86亿元，同比增长25.5%。

招商引资 2013年，镇有三资企业1家，总投资8000万元，吸引外资4000万元，完成外贸供货值5000万元。

商业服务 2013年，全镇社会消费品零售额5430万元，同比增长48.77%；集市贸易额1600万元，同比增长35.59%；流通领域的国有、集体、私营企业及个体工商户692户；1家金融机构服务网点1个。第三产业增加值达9345万元，同比增长6.61%。

交通邮电 2013年，全镇拥有机动车783辆（客车5辆、卡车381辆、小汽车192辆、农用车168辆、拖拉机37辆），同比增加52辆。有固定电话3002部，同比减少121部；手机1.01万部，同比增加1435部。

社会事业 2013年，全镇教育事业投入60万元，有各类学校3所，在校生1039人，同比减少9人；全镇有闭路电视用户2629户，与上年持平；镇卫生院有病床21张，医务人员19人；全镇100%的人口饮用自来水。

人民生活 2013年，全镇农民人均纯收入8472元、同比增长13.2%，人均住房村民40.5平方米、居民28平方米，每百户拥有洗衣机52台、自行车26辆、彩色电视机96台、电冰箱48台、摩托车96辆，全镇有84%的农户用上液化气、电磁炉。

社会保障 2013年，全镇享受低保村民546人，发放低保金79.2万元；享受基础养老金村民2084人、发放137.5万元（55元/人·月）。参加新农合村民1.6万人，收取医保基金111.68万元，参保率90.5%。为村民7300人次支付医疗补偿费268.7万元。

（范成省）

【高速路口至福田桥道路改造】 2013年，石牌镇实施高速路口至福田桥道路改造工程，分为A、B、C、D线，总长2.61公里；铺设沥青混凝土路面，同时改造雨污分流管和街道路灯，实施管线下地，人行道旁种植花木。其中，A线（高速路口——福田桥）宽40米、长1.78公里，B线（老厝村部——仙峰桥）宽35米、长491米，C线（老厝村部——旧石拱桥）宽24米、长161米，D线（C线——旧石拱桥东侧——B线）宽18米、长178米。总投资8600万元。至年底，完成A线福田桥到石牌派出所路段工程项目，县财政拨款，完成投资2000万元。

（范成省）

【高速路口至福田桥沿街建筑房屋立面装修】 2013年，石牌镇实施高速路口至福田桥沿街房屋立面装饰133幢、3万多平方米。并拆除凸显的防盗网，清理违章搭盖，统一安装空调外机罩，店面更换卷帘门、规范商店门牌，增设夜景工程、种植花草。总投资2300万元。至年底，县财政拨款，完成投资1800万元。

（范成省）

【均溪河老厝段防洪堤建设】 2013年，大田老厝段闽江上游尤溪流域一期防洪堤工程，上级投资按防洪能力20年一遇的标准砌筑防洪堤1300米，投资1560万元。

（范成省）

【村级饮水工程建设】 2013年，石牌镇村级安全饮用水工程长溪村铺设自来水管道3.25公里，投资95万元，其中县财政补助51万元、村自筹44万元；桃山村铺设自来水管道3.16公里，投入90万元，其中县财政补助36万元、村自筹54万元；石坑村铺设自来水管道1.98公里，投入60万元，其中县财政补助22万元，村自筹38万元；马山村铺设自来水管道2.24公里，投入72万元，其中县财政补助34万元、村自筹38万元。共解决3450人饮水安全问题。

（范成省）

【黎祥食品项目建设】 2013年，大田县黎祥食品加工项目在石牌镇上坡村小汤泉工业园区投资建设。规划占地8.67公顷，其中生产车间、仓储用地各4万平方米。建设自动生产线4条和日处理120吨污水处理设施1座，其中加工制造巧克力制品生产线2条。采用先进生产工艺，年生产加工巧克力食品、烘焙食品、糖果等休闲食品8000多吨，产值3亿元，创利税3000多万元。提供就业岗位300多人。

（范成省）

奇韬镇

【概况】 2013年，全镇辖村12个，村民小组71个；总户数4852户、人口1.46万人，其中非农业150户、人口352人。镇财政收入571万元，比上年下降29.48%。当年，被市委、市政府授予“三明市2009—2012年度文化先进乡镇”称号。

农业 2013年，全镇耕地面积724.73公顷，其中水田667.83公顷、旱地56.9公顷；拥有农机总动力6501千瓦；粮食总产量6295吨，同比增长4.15%；出售生猪6825头。全镇农林牧渔业总产值1.95亿元，同比增长10.8%。

工业 2013年，全镇有规模以上企业7家（集体2家、私营5家），与上年持平；职工总数2631人，拥有工业固定资产5.35亿元；销售收入8.4亿元，实现利税6996万元；完成工业总产值6.13亿元，同比下降35.95%。

招商引资 2013年，镇有三资企业21家，总投资4.9亿元，吸引外资3760万元，完成外贸供货值1840万元。

商业服务 2013年，全镇社会消费品零售额3789万元，同比增长3.04%；集市贸易额2226万元，同比增长2. 44%。流通领域的国有、集体、私营企业及个体工商户386户；1家金融机构服务网点1个。第三产业增加值1855万元，同比增长3.23%。

交通邮电 2013年，全镇拥有机动车399辆（客车6辆、卡车47辆、小汽车283辆、农用车51辆、拖拉机12辆），同比增加64辆。有固定电话1510部，同比增加103部；手机7506部，同比增加682部。

社会事业 2013年，全镇教育事业投入52.5万元，有各类学校2所，在校生1083人，同比减少146人；全镇有闭路电视用户1575户，同比减少117户；镇卫生院有病床25张、医务人员14人；全镇88.2%的人口饮用自来水。

人民生活 2013年，镇农民人均纯收入1.11万元，同比增长12.8%，人均住房村民41.1平方米、居民29.9平方米，每百户拥有洗衣机55台、自行车13辆、彩电98台、电冰箱28台、摩托车88辆，43.5%的农户用上液化气、电磁炉。

社会保障 2013年，全镇享受低保村民440人、发放低保金58.08万元，享受基础养老金村民1674人、发放111.6万元（55元/人·月）。参加新农合村民1.26万人，收取医保基金81.17万元、参保率98.37%；为6973人次支付医疗补偿费174.7万元。

（林昌俊）

【“美丽乡村”建设】 2013年，镇政府实施龙坪村“美丽乡村”建设，完成省道沿线“青瓦白墙”坡屋面及立面改造房屋47座，建造休闲绿化公园2800平方米，建凉亭1座，投资71.5万元。

（林昌俊）

【水泥立窑生产线拆除】 2013年，镇政府拆除五龙山超标污染严重的奇韬镇水泥厂立窑生产线。发放66位下岗职工经济补偿费87.22万元。

（林昌俊）

【集镇生活污水处理】 2013年，镇政府在集镇所在地建日处理生活污水280吨的氧化塘585平方米，投资15万元。

（林昌俊）

华兴乡

【概况】 2013年，全乡辖村10个，村民小组107个；总户数4600户、人口1.37万人，其中非农业户272户、人口646人。乡财政收入530.61万元，比上年增长23.27%。

农业 2013年，全乡耕地面积419.2公顷，其中水田299.8公顷、旱地119.4公顷；拥有农机总动力1750千瓦；粮食总产量3202吨，同比增长3.66%；出售生猪7400头。全乡农林牧渔业总产值1.32亿元，同比增长6.45%。

工业 2013年，全乡有规模以上企业9家（私营），与上年持平；职工总数1625人，拥有工业固定资产10.2亿元；销售收入14.8亿元，实现利税4433万元；实施技改项目7项，投入资金1.1亿元。完成工业总产值15.05亿元，同比增长28.63%。

商业服务 2013年，全乡社会消费品零售额3085万元，同比增长5%；集市贸易额225万元，同比增长15.39%；流通领域的国有、集体、私营企业及个体工商户共191户；1家金融机构服务网点1个。第三产业增加值457万元，同比增长5.06%。

交通邮电 2013年，全乡拥有机动车123辆（卡车6辆、小汽车47辆、农用车48辆、拖拉机22辆），同比增加11辆。有固定电话950部，同比减少308部；手机4563部，同比增加38部。

社会事业 2013年，全乡教育事业投入64.8万元，有各类学校4所，在校生149人，同比减少28人；闭路电视用户579户，同比减少59户；乡卫生院有病床12张，医务人员7人；82%人口饮用自来水。

人民生活 2013年，全乡农民人均纯收入8878元，同比增长8.33%，人均住房村民32平方米、居民25平方米，每百户拥有洗衣机40台、自行车47辆、电视机91台（彩电83台）、电冰箱6台、摩托车50辆，40%农户用上液化气、电磁炉。

社会保障 2013年，全乡享受低保村民400人、发放低保金50万元，享受基础养老金村民1573人、发放基础养老金89.8万元（55元/人·月）。村民参加新农合1.18万人，收集医保基金81.9万元、参保率99%；为2800人次支付医疗补偿费130万元。

（林炳锻）

【国土资源所办公楼竣工】 3月，华兴乡国土资源所办公楼竣工，位于乡政府大院内，2012年7月动工，占地120平方米，楼高4层半，建筑面积590平方米，投资128万元，由县国土资源局拨款。

（林炳锻）

【昆山村文化活动中心建设】 8月，昆山村文化活动中心综合楼完成主体工程，占地230平方米，楼高3层半，建筑面积700平方米，投资95万元，其中县移民局、县委组织部分别补助25万元、7万元，乡村自筹53万元。

（林炳锻）

【乡村道路改造】 9月，华兴乡对横坑至京口乡道和杞溪村自然村道路面进行混凝土铺设；杞溪自然村道长1.2公里、宽3.5米，11月竣工，投资48万元，其中县补助46万元，村自筹2万元。横坑至京口乡道长4.42公里、宽4.5米，预算投资220万元，至年底铺设2.2公里，投资110万元，其中省、市县补助72万元，乡自筹32万元。

（林炳锻）

【油茶高产示范基地建设】 9月，华兴乡

实施三明市油茶高产栽培示范基地建设，规划面积64公顷，其中京口村28.33公顷、昆山村22.33公顷、横坑村13.34公顷，建道路与灌溉系统、水平梯带和绿化带，采用科学施肥、修枝整形，挖穴补植等技术措施提高产量。投入改造资金185.7万元，其中市、县补助84万元，3个村的油茶业主自筹101.7万元。同时，在横坑村建设基地观光台，投资37万元。

（林炳锻）

【昆山危桥改建】 10月，昆山危桥改建工程竣工，桥长100米、宽6米，钢筋混凝土结构，2012年6月动工。总投资320万元，其中省交通厅补助138.6万元，省、市移民局分别补助100万元、20万元，县补助61.2万元。

（林炳锻）

屏山乡

【概况】 2013年，全乡辖村13个，村民小组151个；总户数4787户、人口1.58万人，其中非农业户322户、人口443人。乡财政收入379.85万元，比上年增长3.5%。当年，县委、县政府授予屏山乡“生态农业、旅游经济类乡（镇）综合考评”和“创建文明乡（镇）竞赛活动先进单位”2个二等奖，2013年度人口和计划生育工作、第三产业发展责任目标、创建国家生态工作考评先进单位3个三等奖；内洋、蒋山村获得“2012—2013年度精神文明建设“文明村”称号；屏山、美阳、内洋、王坪、和坑、蒋山村获得“综治和平安建设工作先进村居”称号；江山美人茶业有限公司李志忠，一方茶业公司章进设被授予“优秀民营企业家”称号。

农业 2013年，全乡耕地面积622.87公顷，其中水田577.73公顷、旱地45.14公顷；拥有农机总动力4647千瓦；粮食总产量4616吨，同比增长1.72%；出售生猪1.46万头。全乡农林牧渔业总产值1.66亿元，同比增长9.93%。

工业 2013年，全乡有规模以上企业3家（私营），同比减少1家；职工总数1239人，拥有工业固定资产4.49亿元；销售收入1.94亿元，实现利税431万元。完成工业总产值2.36亿元，同比增长31.11%。

招商引资 2013年，乡有三资企业3家，总投资4500万元，吸引外资340万元，完成供货总值538万元。

商业服务 2013年，全乡社会消费品零售额1773万元，同比增长20.2%；集市贸易额871.2万元，同比增长5.6%；流通领域的国有、集体、私营企业及个体工商户438户；2家金融机构服务网点2个。第三产业增加值760万元，同比增长16.92%。

交通邮电 2013年，全乡拥有机动车179辆（客车2辆、卡车30辆、小汽车95辆、农用车30辆、拖拉机22辆），同比减少5辆。有固定电话890部，同比减少10部；手机6300部，同比增加300部。

社会事业 2013年，全乡教育事业投入14万元，有各类学校4所，在校生259人，同比减少47人；闭路电视用户373户，同比增加25户；乡卫生院有病床15张，医务人员12人；92%的人口饮用自来水。

人民生活 2013年，全乡农民人均纯收入9821元，同比增长7.89%，人均住房村民55平方米、居民44平方米，每百户拥有洗衣机40台、自行车35辆、电视机158台（彩电152台）、电冰箱63台、摩托车80辆，22%的农户用上液化气、电磁炉。

社会保障 2013年，全乡村民享受低保442人，发放低保金93.04万元，享受基础养老金村民1750人、发放115.5万元（55元/人·月）。参加新农合村民1.33万人，收集医保基金93.18万元，参保率95.44 %；为6496人次支付医疗补偿费137.38万元。

（陈振耀）

【领导到乡考察】 3月4日，三明市人力资源和社会保障局局长曹建华一行6人到乡考察劳动保障基层组织、基础工作、基本能力“三基”建设工作。实地察看了乡劳动保障事务所机构窗口建设，提出争取“编制、人员、经费、场所、制度和工作”六到位，提升人力资源社会保障整体服务水平。

6月17日，省政府发展研究中心副研究

员吴元兴一行2人，在市环保局正处级调研员岳建民、副县长苏迎平陪同下，到乡考察国家级生态乡镇创建工作。并先后到大方广高山生态茶基地、内洋村生态茶叶一条街查看，验收乡污水处理设施（氧化塘）、垃圾处理设施等。

6月21日，湖南省株洲市政协委员一行16人，在县茶业局领导陪同下，到乡考察大方广茶业有限公司东方美人茶基地，并参观茶园。

8月8日，国家农业部科教司副司长刘艳，中国科协农技中心主任张晓军一行8人，在省科协副主席游建胜，科普部部长武红谦，县人大常委会主任陈汉良，县委常委、纪委书记廖金辉等领导陪同下，考察屏山乡茶叶协会，并在乡政府会议室召开座谈会，乡党政领导、乡茶叶协会会长苏启绵、种茶大户代表等参加座谈会。

10月24日，三明军分区司令员林能秋一行4人，在县武装部政委吴昌年、部长杨兴和及乡党政领导陪同下，查看了乡人武部工作环境、茶园，考察东方美人茶种植基地，肯定了成绩，指出乡的思路，立足生态，围绕以茶园建设为中心，加快“美丽屏山”建设。

10月29日，原沈阳军区司令员、上将钱国梁一行6人，在县委书记汤俊生及乡党政领导陪同下，参观茶香小镇、高山茶园和“东方美人”茶生产基地等。

11月21日，县长熊旭明带领农办、住建、财政、交通、发改、国土、林业、水利、旅游等有关部门领导到乡查看大方广高山茶叶生态基地、茶山生态旅游栈道、内洋村原始生态林地，了解生态环境、乡村生态旅游项目开发和建设情况，协调解决困难和问题。

（陈振耀）

【“七一”表彰大会】 7月1日，屏山乡在乡政府三楼会议室召开庆祝建党92周年暨“七一”表彰大会，乡班子成员，20个党支部书记，受表彰的先进集体代表和优秀党务工作者、优秀共产党员，乡机关全体党员等50余人参加。乡党委书记连仁山为获得先进的5个党支部、21名优秀共产党员、4名优秀党务工作者颁奖。

（陈振耀）

【市人大领导到乡调研】 7月5日，三明市人大常委会主任徐铮一行6人在县委书记汤俊生、县人大常委会主任陈汉良等陪同下到乡调研。调研组一行深入大方广生态茶园、现代加工厂房等地进行调研，书记连仁山就屏山茶产业的发展情况以及今后茶产业发展思路做了汇报。徐铮主任对屏山近年茶业的发展给予肯定，并指出，屏山要在县委县政府的领导下，继续实施“生态立乡，茶业富民，旅游活业，美丽屏山”的战略，立足生态，严格控制“农药残留”，确保茶产品安全，实现基地健康持续发展。

（陈振耀）

【首届“道德模范”表彰】 12月23日，屏山乡在乡政府会议室召开“德耀茶乡、美丽屏山”首届道德模范表彰大会，县委宣传部副部长、文明办主任蒋先切，文明办副主任陈启东、乡党政领导和乡村主要干部等70余人参加，会上分别表彰了郭文速、陈传兴等10人为“助人为乐”“诚信守信”“敬业奉献”“孝老爱亲”等道德模范。

（陈振耀）

【茶叶品牌创建】 2013年，屏山乡成立商标申请注册指导站，培育、规范使用和保护商标。当年高峰茶业有限公司“崇圣岩及图”被三明市工商行政管理局认定为“三明市知名商标”，被福建省工商行政管理局认定为“2012年度福建省著名商标”，同时是县首批茶叶企业产品获得浙江公信认证有限公司颁发的有机转换产品认证证书；利民茶叶专业合作社“怡方”乌龙茶经省农业厅评审为2013年福建省名牌农产品。

（陈振耀）

吴山乡

【概况】 2013年，全乡辖村9个，村民小组90个；总户数2824户、人口1.01万人，其中非农业户452户、人口690人。乡财政收入436万元，比上年增长6.86%。

农业 2013年，全乡耕地面积389.33公顷，其中水田260.8公顷、旱地128.53公顷；拥有农机总动力1.15万千瓦；粮食总产量3438吨，同比减少1.8%。农林牧渔业总产值2.02亿元，同比增长8.6%。

工业 2013年，全乡有规模以上企业2家（私营），同比减少2家；职工总数2256人，拥有工业固定资产7.2亿元；销售收入14.42亿元，实现利税9880万元；实施技改项目1项，投入资金8000万元。完成工业总产值9.69亿元，同比下降39.21%。

商业服务 2013年，全乡社会消费品零售额4785万元，同比增长13.5%；集市贸易额6037万元，同比增长11.98%；流通领域的国有、集体、私营企业及个体工商户527户；有1家金融机构服务网点1个。第三产业增加值2513万元，同比增长8.98%。

交通邮电 2013年，全乡拥有机动车165辆（客车5辆、卡车43辆、小汽车37辆、拖拉机80辆），同比增加8辆。有固定电话1689部，同比增加15部；手机9336部，同比增加102部。

社会事业 2013年，全乡教育事业投入30万元，有各类学校3所，在校生812人，同比增加36人；闭路电视用户604户，同比增加29户；乡卫生院有病床10张，医务人员9人；98%人口饮用自来水。

人民生活 2013年，全乡农民人均纯收入1.1万元、同比增长15%，人均住房村民65平方米、居民35平方米，每百户拥有洗衣机82台、自行车43辆、电视机136台（彩电110台）、电冰箱72台、摩托车105辆，70%农户用上液化气、电磁炉。

社会保障 2013年，全乡享受低保村民262人、发放低保金34.8万元，享受基础养老金村民1103人、发放养老金69.8万元（55元/人·月）。参加新农合村民8272人，收集医保基金41.36万元，参保率100%。为9270人次支付医疗补偿费127.99万元。

（林惠萍）

【岩兴工业气体建设】 2013年，吴山乡在洋头工业园区建设岩兴工业气体项目，规划年产氢气277万标立方米，高纯氧142万标立方米，液体氧1697吨、液体氮2.5万吨、液体氧5.1万吨，年产值达1.6亿元。提供就业岗位150人。

（林惠萍）

【高山茶叶精品深加工】 2013年，吴山茗山茶叶公司完成茶叶加工厂房建筑630平方米及设备安装，投资570万元，年加工茶叶140吨。大田高峰茶叶有限公司完成厂房主体建设、装修1000平方米和设备购买等，投资930万元。并继续洽谈九龙高山生态茶园种植区及生态观光林区规划、用地、租地、征地等事宜。

（林惠萍）

【“美丽乡村”建设】 2013年，吴山乡在阳春、和洋村实施“美丽乡村”建设项目；其中阳春村危房改造26户26幢3900平方米，铺设自然村道路面和架设路灯各3.2公里，建休闲长廊及公园120平方米，建饮水蓄水池1个，铺设自来水管道2公里，投入资金70万元；和洋村泰九垅自然村道混凝土路面铺设1.5公里、河道整治1.6公里；茶城边新村建设“三通一平”，小河道盖板260米，生态茶园机耕道路铺设混凝土路面2公里，景观亭选址3个，已动工建设2个，村内杆线迁移及省道沿线茶叶加工厂门面改造装修35座315平方米，投资160万元。

（林惠萍）

【中心幼儿园建设】 2013年，在吴山村建吴山乡中心幼儿园占地2378平方米，建筑面积2760平方米，已完成主体工程及装修，内设活动室，食堂、幼儿和教职工宿舍，并添置幼儿床铺、课桌椅及教学设备，投资368.1万元，其中省补助210万，县补助110万元，乡补助15.5万元，村自筹32.6万元。

（林惠萍）

【110千伏输变电工程竣工】 2013年，110千伏吴山输变电工程建设竣工，11千伏出线一回线接入220千伏鹤冲变、35千伏出线3回、10千伏出线10回，配置40千伏安变压器1台，投资2600万元。

（林惠萍）

【出县境村道建设】 2013年，吴山乡实施出县境村道东埔至永春一都村道建设，长1.5公里，设计路面宽4米，征地和建设预计投资130万元。当年，已完成投资57万元，其中，乡财政补51万元、村自筹6万元。谢洋乡白玉村至东埔村道路面混凝土铺设长1.9公里，宽4米，投资110万元，其中县财政补97万元、乡补9万元、村自筹4万元。

（林惠萍）

济阳乡

【概况】 2013年，全乡辖村12个，村民小组118个；总户数2775户、人口9961人，其中非农业户94户、人口218人。乡财政收入218.9万元，比上年增长20%。

农业 2013年，全乡耕地面积388.53公顷，其中水田382.53公顷、旱地6公顷；拥有农机总动力5862千瓦；粮食总产量4804吨，同比减少1.98%；出售生猪7650头。全乡农林牧渔业总产值1.41亿元，同比增长9.3%。

工业 2013年，全乡有规模以上企业5家（私营），与上年持平；职工总数1203人，拥有工业固定资产4.33亿元；销售收入7.76亿元，实现利税2571万元；实施技改项目5项，投入资金2.18亿元。完成工业总产值8.96亿元，同比增长35.76%。

招商引资 2013年，全乡共引进三资企业2家，总投资6000万元。

商业服务 2013年，全乡社会消费品零售额5631万元，同比增长11.11%；集市贸易额710万元，同比增长22.41%；流通领域的国有、集体、私营企业及个体工商户187户；1家金融机构服务网点1个。第三产业增加值1.35亿元，同比增长25%。

交通邮电 2013年，全乡拥有机动车255辆（客车2辆、卡车70辆、小汽车118辆、农用车55辆、拖拉机10辆），同比增加22辆。有固定电话630部，同比减少231部；手机4521部，同比增加219部。

社会事业 2013年，全乡教育事业投入52.3万元，有学校1所，在校生450人，同比增加95人；闭路电视用户447户，与上年持平，乡卫生院有病床14张，医务人员11人；88%人口饮用自来水。

人民生活 2013年，全乡农民人均纯收入1.15万元，同比增长16.08%，人均住房村民41平方米、居民32平方米，每百户拥有洗衣机64台、自行车37辆、彩电138台、电冰箱39台、摩托车246辆，有70%农户用上液化气、电磁炉。

社会保障 2013年，全乡享受低保的村民356人、发放保障金63.91万元；享受基础养老金的村民1146人、发放71.49万元（55元/人·月）。村民参加新农合8027万人，收集医保基金35.83万元，参保率97.2%；为7845人次支付医疗补偿费131.87万元。

（柳成志）

【“三农”服务中心及公共租赁房竣工】 9月，济阳乡政府院内“三农”服务中心及公共租赁房竣工。占地2621平方米，5层框架结构，建筑面积2604平方米。2012年8月动工，总投资600万元，其中省补助88万元，县财政补100万元，乡自筹412万元。

（柳成志）

【乌山头农业休闲观光项目引进】 9月，济阳乡引进泉州客商在高升村乌山头开发农业休闲观光园，总投资4000万元。至年底，一期工程投资2050万元，完成机耕道4.8公里，开发油茶园66.67公顷、铁皮石斛中草园33.33公顷、黄花菜33.33公顷、罗汉松等珍贵树木40公顷；二期项目预计投资2800万元，规划种植油茶100公顷和机耕道铺设混凝土路面。

（柳成志）

【新型建材试产】 10月，海汇新型建材在济阳卓宅自然村试产，该项目2012年8月由济阳乡政府引进澳门客商投资6500万元建设；以煤矸石为主要原料，年产环保新型建筑用砖3500万条。

（柳成志）

【岩龙生态农业项目建设】 10月，济阳乡引进福州市平潭县客商在德仁村建设岩龙生态农业项目，总投资2000万元。至年底，完成厂房建设1000平方米，机耕道4公里，果园6.67公顷，油茶园20公顷，蓄水池3个容积90立方米。

（柳成志）

谢洋乡

【概况】 2013年，全乡辖村14个，村民小组91个；总户数2005户、人口8306人，其中非农业户184户、人口245人。乡财政收入518.27万元，比上年增长18.21%。当年，在全县宣传思想工作综合考评中获二等奖，安全工作一等奖。

农业 2013年，全乡耕地面积740公顷，其中水田264.8公顷、旱地475.2公顷；拥有农机总动力2860千瓦；粮食总产量5329吨，同比减少2%；出售生猪5130头。全乡农林牧渔业总产值1.41亿元，同比增长10.16%。

工业 2013年，全乡有规模以上私营企业1家，同比减少1家，职工615人；拥有工业固定资产4700万元；销售收入3500万元，实现利税226万元。完成工业总产值9745.3万元，同比增长18.85%。

商业服务 2013年，全乡社会消费品零售额805万元，同比增长1.51%；集市贸易额278万元，同比增长3.73%；流通领域的国有、集体、私营及个体工商户共319家；1家金融机构服务网点2个。第三产业增加值786万元，同比增长3.83%。

交通邮电 2013年，全乡拥有机动车415辆（客车3辆、卡车153辆、小汽车66辆、农用车142辆、拖拉机51辆），同比增加31辆；有固定电话1879部，同比增加2部；手机4068部，同比增加110部。

社会事业 2013年，全乡教育事业投入115万元，有各类学校3所，在校生125人、同比减少22人；闭路电视用户616户，同比增加4户；乡卫生院有病床12张，医务人员9人；98%的人口饮用自来水。

人民生活 2013年，全乡农民人均纯收入8770元，同比增长12.01%，人均住房村民45平方米、居民37平方米，每百户拥有洗衣机45台、自行车21辆、电视机132台（彩电100台）、电冰箱45台、摩托车68辆，75%的农户用上液化气、电磁炉。

社会保障 2013年，全乡享受低保村民481人、发放低保金47万元，享受基础养老金村民805人、发放养老金25.56万元（55元/人·月）。村民参加新农合7214人，收集医保基金50.49万元，参保率89.49%；为3865人次支付医疗补偿费95万元。

（苏晋平）

【村道改造】 2013年，谢洋乡在科里、仕福、碧山、珍山等村进行村道路改造13.1公里，完成混凝土路面铺设8.3公里，路基4.8公里，投资260万元，其中省补助168万元，村自筹92万元。

（苏晋平）

【三和新村建设】 2013年，谢洋乡在谢洋村建设三和新村，占地8公顷，当年，106户建设房屋88座，其中完成主体工程三层半18座、三层25座、二层23座、一层框架22座。投资2000万元。

（苏晋平）

【中小学教学综合楼续建】 2013年，谢洋乡在原址新建中小学教学综合楼，并进行操场混凝土铺设及校园绿化，占地2100平方米，建筑面积1580平方米，投资270万元，其中省、市补助185万元，乡自筹85万元。

（苏晋平）

【国家级生态乡镇创建】 2013年，谢洋乡投资100万元，完善乡村环卫设施，添置垃圾桶120个，建公厕13座、污水处理设施氧化塘1口，10月，通过环保部委托省环保厅国家生态乡镇验收。

（苏晋平）

【水土流失治理】 2013年，谢洋乡实施和春溪小流域和省100个重点乡镇水土流失治理项目，建设护岸护坡1公里，封山200公顷，茶园套种桂花、罗汉松、竹柏等树种35.33公顷；建设机耕道3公里、排水沟1公里，河道清淤2公里，投入资金230万元。

（苏晋平）

【饮水工程建设】 2013年，谢洋乡铺设集镇和怀德、三角尾、草垄崎、谢洋等4个村自来水管道9.5公里，投资180万元，其中省补助110万元，乡政府自筹70万元。解决620户、1800多人的日常安全饮水。

（苏晋平）

【茶叶产品获奖】 2013年，谢洋乡在县第八届高山茶文化节评比中，象山岩茶业有限公司选送的“东方美人”茶、“金观音”茶获得银奖；宏展茶叶合作社和金山茶叶合作社选送的“铁观音”获铜奖。象山岩茶业有限公司同时取得国家良好农业规范和市场准入QS认证。

（苏晋平）

武陵乡

【概况】 2013年，全乡辖村9个，村民小组94个，总户数3372户、总人口1.27万人，其中非农业户202户、人口308人。乡财政收入629.63万元，比上年增长134.94%。

农业 2013年，全乡耕地面积588.47公顷，其中水田483.47公顷、旱地105公顷；拥有农机总动力7687千瓦；粮食总产量3967吨，同比增长11.84%；出售生猪7730头。全乡农林牧渔总产值1.28亿元，同比增长9.4%。

工业 2013年，全乡有规模以上企业6家（私营），同比减少1家；职工总数470人，拥有工业固定资产1.07亿元；销售收入7.42亿元，实现利税3587万元；实施技改项目5项，投入资金1.55亿元，完成工业总产值6.62亿元，同比增长11.64%。

招商引资 2013年，乡有三资企业1家，总投资3000万元，吸引外资480万元。

商业服务 2013年，全乡社会消费品零售额4106万元，同比增长1.21%；集市贸易额2053万元，同比增长11.82%；流通领域的国有、集体、私营企业及个体工商户278户；1家金融机构、服务网点1个，第三产业增加值2713万元，同比增长10.51%。

交通邮电 2013年，全乡拥有机动车349辆（客车2辆、卡车28辆、小汽车293辆、农用车14辆、拖拉机12辆），同比减少46辆。有固定电话596部，同比减少296部；手机4696部、同比增加1652部。

社会事业 2013年，全乡教育事业投入15万元，有各类学校3所，在校生649人，同比增加196人。闭路电视用户985户，同比增加50户；乡卫生院有病床12张，医务人员10人。91%人口饮用自来水。

人民生活 2013年，全乡农民人均纯收入7619元，同比增长11.5%，人均住房村民24平方米、居民19平方米，每百户拥有洗衣机58台、自行车13辆、电视机63台（彩电60台）、电冰箱22台、摩托车62辆；79%农户用上液化气、电磁炉。

社会保障 2013年，全乡享受低保村民365人、发放低保金46.94万元，享受基础养老金村民1670人、发放养老金93.37万元（55元/人·月）。村民参加新农合1.06万人，收集医保基金67.37万元，参保率96.72%；为4599人次支付医疗补偿费60.96万元。

（郭传东　张善涛）

【村级安全饮用水建设】 1—9月，乡政府在全乡9个村建设安全饮用水工程，铺设自来水管道长50公里，解决9897人饮用安全卫生水，总投资482万元，其中国家补助313万元、其余村自筹。

（郭传东　张善涛）

【公租房建设】 8月，武陵乡在政府后山建设公租房，占地572平方米，建筑面积2853.6平方米，框架结构楼高5层、70套，主体工程12月竣工，总投资370万元。

（郭传东　张善涛）

【凯力机械加工有限公司引进】 8月，乡引进的“福建省大田县凯力机械加工有限公司”落户大石工业园区，业主连华潭，总投资5000万元，年加工机械配件1万吨，分二期投资，至年底投资1000万元。

（郭传东　张善涛）

【水土流失综合治理】 2013年，乡政府在上岩村实施水土流失综合治理项目，河道清淤1.2公里，砌筑护岸坡长1.7公里、高3米，挖排水沟2.7公里、建蓄水池14口，铺设碎石路面、路边排水沟各1.25公里；茶园改梯面面积40公顷，封山育林面积690公顷；种植罗汉松、桂花、紫薇5000多株；设立宣传牌12块。总投资513万元，其中省财政补助410.4万元，县财政补助102.6万元。

（郭传东　张善涛）

【高压线路架设】 2013年，武陵乡从梅林变电所架设220千伏高压线路长15公里，总投资1.67亿元。为乡工业的发展提供充足的电力。

（郭传东　张善涛）

【自然村道路面铺设】 2013年，武陵乡政府在岬坪、百東、仕洋、大石5个自然村道路铺设混凝土路面，长7.2公里、宽3.5米，投资98万元，其中省财政补助55万元，村自筹43万元。

（郭传来 张善涛）

文江乡

【概况】 2013年，全乡辖村20个、村民小组117个；总户数6464户，总人口2.17万人，其中非农业户219户、人口529人，乡财政收入497.95万元，比上年增长8.53%。

农业 2013年，全乡耕地面积931.53公顷，其中水田846.67公顷、旱地84.86公顷；拥有农机总动力8653千瓦；粮食总产量7346吨，同比增长6.98%；出售生猪1.2万头。全乡农林牧渔业总产值2.87亿元，同比增长7.49%。

工业 2013年，全乡有规模以上企业6家（集体2家、私营4家），同比减少1家，职工总数695人，拥有工业固定资产4.1亿元；销售收入6.18亿元，实现利税5021万元；实施技改项目7项，投入资金2200万元；完成工业总产值4.68亿元，同比下降30.57%。

招商引资 2013年，乡有三资企业2家，总投资1800万元，吸引外资450万元，完成外贸供货总值1630万元。

商业服务 2013年，全乡社会消费品零售额9870万元，同比增长16.25%；集市贸易额9989万元，同比增长8.81%；流通领域的国有、集体、私营企业及个体工商户共414家；2家金融机构服务网点2个。第三产业增加值8004万元，同比增长4.16%。

交通邮电 2013年，全乡拥有机动车528辆（客车35辆、卡车230辆、农用车156辆、拖拉机107辆），同比增加20辆；有固定电话机2116部，同比增加4部，手机1.11万部，同比增加100部。

社会事业 2013年，全乡教育事业投入140万元，有各类学校11所，在校学生657人，同比减少370人。闭路电视用户4389户，同比增加3户。乡卫生院有病床30张，医务人员13人。98%以上人口饮用自来水。

人民生活 2013年，全乡农民人均纯收入9579元，同比增长11.7%，人均住房村民42平方米、居民32平方米，每百户拥有洗衣机62台、自行车34辆、电视机187台（彩电159台）、电冰箱56台、摩托车123辆，54%以上农户用上电磁炉、液化气。

社会保障 2013年，全乡享受低保村民726人、发放低保金212.3万元，享受基础养老金村民2554人、发放养老金168.6万元（55/人·月）。参加新农合村民1.86万人、收集医保基金130.2万元，参保率99%，为638人次支付医疗补偿费156.3万元。

（吴煌珠）

【村部办公楼建设】 1月，典坑村部办公楼动工，建筑面积300平方米，混凝土框架结构，楼高3层，投资40万元；8月竣工，2月联盟村部办公楼动工，建筑面积420平方米，混凝土框架结构、楼高3层、投资50万元，12月竣工。资金各村自筹。

（吴煌珠）

【木薯示范园项目验收】 1月，文江乡大中村承担国家农业部热带作物（木薯）标准示范园建设项目，投资120万元，种植木薯67公顷。11月6日，该项目通过国家农业部、省农业厅专家组验收。

（吴煌珠）

【溪河流域综合治理】 5月，文江乡龙门溪流域水土流失综合治理项目竣工面积693公顷，总投资225.15万元，其中国家补助75万元，乡村自筹150.15万元，该项目2012年6月动工。

（吴煌珠）

【大安至朱坂村道路面铺设】 7月动工，12月竣工，铺设混凝土路面1.6公里，宽4.5米，投资68.8万元，其中省、市、县补助20.8万元，乡、村自筹48万元。

（吴煌珠）

【旧宅基地垦复】 10月，文江乡乡在文江、后洋、光明、花桥等14个试点村旧宅基地垦复耕地工程竣工，共增耕地面积5.95公顷。

（吴煌珠）

【薯兔养殖基地创建】 11月，文江乡薯兔养殖专业合作社挂牌成立，拥有社员15户。在文江村建设养殖基地，利用木薯叶为饲料，计划养殖肉兔13万只。分为二期实施，第一期已完成建养兔场2000平方米，养殖肉兔1.2万只。拟投资4000万元。

（吴煌珠）

【便民服务中心建立】 12月，乡政府投资7万元，在院内一楼修缮便民服务中心大厅，办公面积40平方米、内设经管、林业、国土、村建、计生、接待咨询和监督7个综合服务窗口，开展为民办理证照、项目呈报、代理和咨询等服务。

（吴煌珠）

【朱坂"阔公丰场戏"申遗筹备】 2013年，文江乡实施阔公庙、阔公大戏台修缮，投资50万元。与三明学院对接协作，成立"朱坂丰场戏"艺术研究中心；撰写的《大田朱坂丰场戏的历史与现状》调研文章入选《福建省艺术研究院研讨汇编》。阔公丰场戏拟申报省级非物质文化遗产。

（吴煌珠）

【乡村民俗调解队成立】 2013年，文江乡率先成立乡村民俗调解队，推选各村德高望重的老党员、老干部、知名人士25人组成。实行属地管理，在法律范围内灵活调处群众各种矛盾和纠纷，促进社会和谐。

（吴煌珠）

梅山乡

【概况】 2013年，全乡辖村21个，村民小组195个，总户数6804户、总人口2.51万人，其中非农业户470户、人口630人。乡财政收入650万元，比上年增长7.3%。

农业 2013年，全乡耕地面积1093.33公顷，其中水田940公顷、旱地153.33公顷；拥有农机总动力7630千瓦；粮食产量1.02万吨，同比减少3.77%；出售生猪1.7万头。全乡农林牧渔总产值3.68亿，同比增长8.24%。

工业 2013年，全乡有规模以上企业1家（私营），同比减少2家；职工总数1492人，拥有工业固定资产4.5亿元；销售收入2.4亿元，实现利税1249万元；完成工业总产值3.4亿元，同比增长14.86%。

商业服务 2013年，全乡社会消费品零售额2810万元，同比增长5.24%；集市贸易额1735万元，同比增长8.37%；流通领域的国有、集体、私营企业321家；1家金融机构服务网点2个，第三产业增加值3178万元，同比增长2.81%。

交通邮电 2013年，全乡拥有机动车335辆（客车31辆、卡车43辆、小汽车112辆、农用车95辆、拖拉机54辆），同比增加26辆。有固定电话1836部、同比减少14部，手机1.02万部、同比增加610部。

社会事业 2013年，全乡教育事业投入250万元，有各类学校13所，在校生838人，同比增加6人。闭路电视用户580户，同比增加67户；乡卫生院有病床20张，医务人员13人。98%的人口饮用自来水。

人民生活 2013年，全乡农民人均纯收入1.01万元、同比增长12.7%，人均住房村民49平方米、居民32平方米，每百户拥有洗衣机30台、自行车2辆、彩电96台、电冰箱12台、摩托车57辆，90%的农户用上液化气、电磁炉。

社会保障 2013年，全乡享受村民低保310人、发放低保金18万元，享受基础养老金2943人、发放206万元（55元/人·月）。村民参加新农合2.09万人，收集医保基金143.54万元，参合率99.2%；为4330人次支付医疗补偿费109万元。

（章婉虹）

【龙口福利院建设】 9月，梅山乡在龙口村动工建设乡福利院，占地900平方米，建筑面积700平方米，砖木结构，二、三层各1幢，面积分别为300平方米、400平方米，共有34间，设有20张床和厨房、餐厅、办公室、储藏室、活动室等多功能房，集生活、健身、娱乐休闲于一体。投资130万元，其中县专项资金补助90万元，乡政府自筹40万元。

（章婉虹）

【省造福工程项目实施】 2013年，梅山乡宝山新村列入省造福工程项目，完成房屋立面装修34座、2.4万平方米，并建造花圃、花带等绿化面积300平方米，投资260万元，其中省补助100万元，其余乡财政自筹。

（章婉虹）

【安全饮用水工程建设】 2013年，梅山乡在金阳、沈口、雄峰、西书等村建安全饮用水工程，铺设自来水管道长4.23公里，可供1600人口日常饮用水，投资110万元，其中县补助50万元，其余村自筹。

（章婉虹）

【林业产品链项目实施】 2013年，梅山乡继续实施茂林珍稀花木有限公司二期项目，投资2850万元，建设珍稀花木生态观光园100公顷，“两高一优”竹林抚育466.67公顷，幼林抚育1533.33公顷；以林、竹为原材料兴办竹木加工厂5家，实现产值2500万元。

（章婉虹）

【茶园和油茶生态基地开发】 2013年，梅山乡继续推进生态茶园和万亩油茶基地开发，建成茶园有西坑36公顷、龙兴40公顷，福梅农业开发有限公司生产的“铁观音”茶，在大田第八届中国高山茶文化节中获得“银质”奖。依托世欧和鑫宏瑞两个油茶合作社，成立乡“油茶办”，编制《梅山乡万亩油茶基地建设规划方案》，推进万亩油茶示范基地建设，当年，在金阳种植油茶33.33公顷，投资500多万元，全乡拥有油茶面积600多公顷，年产值700万元。

（章婉虹）

【出乡境村道路面铺设】 2013年，梅山乡实施西坑村至文江乡民主村道路铺设混凝土路面工程，长5公里（梅山乡境内3.2公里）、宽4.5米，投资130万元，其中乡财政投入77万元，村自筹50万元。

（章婉虹）

湖美乡

【概况】 2013年，全乡辖村16个，村民小组107个；总户数3970户、人口1.34万人，其中非农业户210户、人口314人。乡财政收入413.53万元，比上年增长9.11%。

农业 2013年，全乡耕地面积580.13公顷，其中水田360.67公顷、旱地219.46公顷；拥有农机总动力6132千瓦；粮食总产量3627吨，同比减少6.23%；出售生猪7052头。全乡农林牧渔业总产值1.63亿元，同比增长7.95%。

工业 2013年，全乡有规模以上私营企业1家，与上年持平；职工总数841人，拥有工业固定资产8433万元；销售收入893万元，实现利税613万元；实施技改项目14项，投入资金2518万元。完成工业总产值4024万元，同比增长25.75%。

招商引资 2013年，全乡有三资企业2家总投资1.8亿元，吸引外资1.6亿元。

商业服务 2013年，全乡社会消费品零售额719万元，同比增长11.99%；集市贸易额4838万元，同比增长8.39%；流通领域的国有、集体、私营企业及个体工商户252户；有1家金融机构服务网点1个。第三产业增加值2445万元，同比增长7.45%。

交通邮电 2013年，全乡拥有机动车130辆（客车6辆、卡车15辆、小汽车60辆、农用车20辆、拖拉机29辆），同比增加7辆；有固定电话1432部，同比增加45部；手机4806部，与上年持平。

社会事业 2013年，全乡教育事业投入96.2万元，有各类学校6所，在校生492人，同比减少160人；闭路电视用户640户，同比减少12户；乡卫生院有病床12张，医务人员10人；100%人口饮用自来水。

人民生活 2013年，全乡农民人均纯收入1.05万元，同比增长8.07%，人均住房村民45平方米、居民29平方米，每百户拥有洗衣机45台、自行车10辆、电视机105台（彩电102台）、电冰箱15台、摩托车96辆，全乡有20%的农户用上液化气、电磁炉。

社会保障 2013年，全乡享受低保村民431人、发放低保金83.72万元，享受基础养老金村民1650人、发放养老金108.9万元（55元/人·月）。参加新农合村民1.15万人，收集医保基金48.5万元、参保率98%；为2216人次支付医疗补偿费48.57万元。乡敬老院被市老龄委和市民政局分别评为市级“敬老院文明号”“一星级”农村五保供养服务机构。

（王晓华）

【福联兴（福建）游艇生产项目建设】 11月，湖美乡引进福联兴游艇生产项目入驻京口工业集中区，并动工建设，一期项目投资2.2亿元，建厂房占地面积5.7万平方米，年计划生产中小型轻型游艇50艘，高精密铸塑机500台，可提供就业80人。

（王晓华）

【浩特纺织项目投产】 12月18日，湖美乡引进浩特国际有限公司旗下企业——福建浩特纺织科技有限公司在京口工业集中区投产，已投资1.4亿元，年生产纺织产品面料9000吨，加工纺织面料6000万米，成衣500万件。公司注册资本3388万美元。

（王晓华）

【西燕精品村建设】 2013年，湖美乡建设“美丽乡村”西燕精品村，培育生态苗木33.33公顷，绿化2.13公顷，铺设混凝土路面6.8公里，清理河道360米，砌筑防洪堤300米，农户坡屋面装修和立面改造64户，建农用沼气池29个和1座人工湿地公园2980平方米。投入资金800万元。省、市、县生态环境、美丽乡村建设现场会多次在西燕村召开。

（王晓华）

【教育设施改善】 2013年，湖美乡完成中学综合楼学生食堂地板铺设，墙壁粉刷和用电线路改造，投入10万元；学生宿舍楼门窗安装、地板铺设、卫生间装修、墙壁粉刷等，投入45万元，县财政拨款55万元；完成中心小学独立幼儿园坡屋面改造，内外墙装修和户外活动场所改造、市教育局拨款25万元；汉口、前进小学坡屋面改造、门窗更换，墙壁粉刷，投入16万元，其中乡补助4万元。

（王晓华）

【移民文化活动中心使用】 2013年，湖美乡和高才村移民文化活动中心投入使用，建筑面积分别为779.5平方米、760平方米，内配有阅览、乒乓球、桌球室等设施，总投资158万元，其中省级移民后扶资金128万元，乡补助30万元。

（王晓华）

【村道路灯安装】 2013年，湖美乡湖上、后平、宏才、高才、岬才5个移民村道路13.76公里，共安装路灯178盏，省级投入库区移民后期扶持资金106万元。

（王晓华）

前坪乡

【概况】 2013年，全乡辖村11个，村民小组55个；总户数1859户、人口7355人，其中非农业户112户、人口211人。乡财政收入430.71万元，比上年增长46.82%。当年，前坪乡获全县年度绩效综合考评、人口计生工作责任目标考评2个二等奖，规模以上工业经济和第三产业发展、乡（镇）项目竞赛、农业农村工作、信访工作考评等5个三等奖。

农业 2013年，全乡耕地面积570.53公顷，其中水田213.06公顷、旱地357.47公顷；拥有农机总动力5580千瓦；粮食总产量2830吨，同比下降17.47%；出售生猪3317头。全乡农林牧渔业总产值1.34亿元，同比增长8.06%。

工业 2013年，全乡有规模以上企业15家（集体1家、私营14家），同比减少2家；职工总数2223人，拥有工业固定资产8.9亿元；销售收入12.6亿元，实现利税6128万元。完成工业总产值22.92亿元，同比下降1.67%。

招商引资 2013年，乡有外资企业2家，总投资1800万元，吸引外资850万元，完成外贸供货值1300万元。

商业服务 2013年，全乡社会消费品零售额616万元，同比增长5.3%；集市贸易额860万元，同比增长0.58%；流通领域的国有、集体、私营企业124家；1家金融机构服务网点1个。第三产业增加值2000万元，同比增长33.33%。

交通邮电 2013年，全乡拥有机动车214辆（卡车77辆、小汽车70辆、农用车41辆、拖拉机26辆），同比增加5辆。有固定电话824部，同比减少60部；手机2173部，同比增加3部。

社会事业 2013年，全乡教育事业投入26万元，有各类学校4所，在校生226人、同比减少41人；闭路电视用户560户，同比增加38户；乡卫生院有病床6张，医务人员

5人；88%人口饮用自来水。

人民生活 2013年，全乡农民人均纯收入1.13万元，同比增长11.88%；村民人均住房75平方米，居民24平方米；每百户拥有洗衣机37台、自行车13辆、电视机109台（彩电98台）、电冰箱28台、摩托车77辆；70%的农户用上液化气、电磁炉。

社会保障 2013年，全乡享受低保村民225人、发放低保金33.42万元，享受基础养老金村民871人、发放养老金55.24万元（55元/人·月）。村民参加新农合6681人，收集医保基金43.04万元、参保率98.69%；为2760人次支付医疗补偿费31.5万元。

（颜小虹）

【茶叶、生姜生产扶持】 2013年，前坪乡扶持茶叶发展，以黄龙、福井、下坑村为主，规划宜茶山场86.67公顷，农户连片新开茶园1.33公顷以上的，每公顷给予补助4500元，新建茶叶加工厂每平方米补助20元，新开茶园机耕路每公里补助5000元，新建茶园蓄水池每个补助500元；在规划山场开发茶园的村，每公顷奖励1500元。做强生姜产业，建立标准化示范区466.67公顷、核心示范区200公顷；实施保鲜仓储及交易中心项目，投资3600万元；农户规模种植2公顷—13.33公顷的每公顷补助3000元—4500元，13.33公顷以上每公顷补助6000元；新建规模加工厂每座补助2万元。全年生姜产量4500吨，产值2250万元，农民人均增加收入639元，带动就业700多人。

（罗必莲）

【项目建设】 2013年，前坪乡加快银顶格66.67公顷工业园区建设，至年底投入2.86亿元，开发土地32.33公顷，省重点铸造企业鑫鹭峰实业有限公司入驻园区，二期工程完成铸造车间厂房主钢架、第二条日产150吨石灰气烧炉生产线炉体主体制作安装，冶铸一体化冶炼高炉炉体及配套热风系统外壳非标制作，投入1.51亿元。同时，推进和晟机械铸造有限公司万吨铸造项目建设。综合利用低品位铁矿资源，引进国内同类型先进冶炼——铸造一体化"短流程"铸造生产工艺，年回收利用低品位褐铁矿30万吨、减排选矿尾渣7.5万吨、节约标煤3.45万吨。

（罗必莲）

【生姜合作社获表彰】 2013年，前坪乡按照"合作社加社员加基地"模式产业化经营生姜，"金绿"生姜专业合作社有会员254人，合作社与福建农林大学联合进行生姜栽培、洞藏、深加工等技术攻关，选育的新品种"金姜"通过省农作物品种审定委员会认定，"金绿"生姜专业合作社被省科技厅、公务员局、人力资源开发办公室联合授予"福建省科技特派员工作先进集体"称号。

（罗必莲）

【"美丽乡村"建设】 2013年，前坪乡实施"美丽乡村"建设，一是新建垃圾池14个，添置垃圾箱（桶）71个，每村至少有1名保洁员定时清扫、清运生活垃圾，并与村民代表签订卫生保洁责任状，督促村民"门前三包"，同时清理河道560米，净化环境；二是组织乡村干部与企业职工127人，开展矿山义务植树，购买桂花、罗汉松等苗木近万株赠送给村民栽种，绿化矿山与美化家园相结合，全年造林95.33公顷，矿山绿化15.33公顷；三是拆除粮站、供销社旧房屋，新建休闲场所380平方米和电子显示屏（LED）党务、政务公开栏，集镇铺设8米宽混凝土路面120米、下水道260米，路面设置0.8米宽绿化带260米，种行道树4300多株，安装路灯12盏。

（颜小虹）

【"三治理"实施】 2013年，前坪乡开展地质环境、水土流失和小流域"三治理"，全年投资2758万元。一是治理"银顶格——川石"矿区地质环境，完成428线坡面覆盖客土8万平方米，种桉树1.55万株，建截水沟、排水沟、急流槽等1480米，银场沟点1号坝前期水电安装，投资2000万元；二是完成川石废弃矿区混凝土道路铺设、挡土墙、排水陡槽等2170米，建8口沉沙池容积40立方米，植树绿化16.4公顷，投资158万元；三是完成三角溪小流域河道清理，路面铺碎石和平整机耕道11.45公里，浇筑混凝土和浆砌石1280立方米，种杉木、木荷等水保林10公顷，封禁山450公顷，投资600万元。

（罗必莲）

【计划生育户奖励补助】 2013年，前坪乡实行计划生育家庭奖励和补助措施，对独生子女户、二女户子女考上县一中的分别奖励200元、300元；考上大专、本科的奖励300元—800元；独生子女户和二女户家庭建房补助500元、3000元；开发茶园每亩补助300元—500元，种植生姜每亩补助200元—400元。

（颜小虹）

【挂钩帮扶】 2013年，县纪委、人口和计生局、机关事务管理局、建材公司等单位挂钩黎明、湖坪、黄龙、下坑4个村，解决饮水、交通、环境卫生等20多个问题，落实帮扶资金35万元，33名干部与21户困难户结对，救助每户200元—500元，解决生活等困难问题；推行“党员加合作社加基地加农户”，培育12个年收入10万元以上的党员和创业能手，培植生姜、茶叶、养猪、兔、竹鼠等8个项目，每个项目带动7户，4个村农民共增收80多万元、村财增收32万元。

（罗必莲）

县城社区

【概况】 2013年，大田县城区管理办公室辖8个社区（居委会），面积12平方公里，常住人口13393户、34385人。有共建理事会成员单位196个，社区工作人员68人（含由省民政厅招募的社区志愿者6人），二级环卫工人和管理人员59人。一年来，城区办在创建生态社区，创新城市管理方面做好卓有成效的工作，城区面貌进一步改善，白岩社区被中共三明市委宣传部授予“三明市理论宣传示范点”称号；东门社区获“全国人口计生基层群众自治示范居委会”称号；镇东社区被县委、县政府确定为“生态社区示范点”建设。

加大管理力度 2013年，城区办围绕创建省级文明县城为工作目标，一是建立健全二级环卫清扫保洁制度，在实行一清扫、二保洁的基础上，延长重难点路段保洁时间，增配二级环卫工人，社区干部和辖区共建单位分片巡查、督查，确保市容环境干净整洁。二是联合县综合执法大队、镇、村（居）、辖区共建单位开展乱搭乱建集中整治活动11次，共拆除违章搭建的鸡棚、鸭舍、猪圈、车棚363处。三是清理“牛皮癣”小广告6000余处、卫生死角100余处，清除杂草垃圾400多吨，投放鼠药9公斤。

推进社区服务 2013年，城区办一是加强对弱势群体的帮扶工作，先后为城镇贫困居民办理低保439户、976人，发放低保金22.15万元；走访慰问特困户、残疾人438户，发放慰问金3.1万元；为60岁以上的老年人进行健康咨询、免费体检。二是开办以电脑基础、家政服务、家电维修、美容美发为内容的创业培训班8期，为39户提供小额贷款195万元，为121人提供就业岗位270个，实现就业或再就业78人。三是做好城镇居民的医疗保险，新增参保人员771人，续保9714人，医保覆盖率达96%。

精神文明共建 2013年，城区办将辖区划分为精神文明共建片区8个、文明安全小区23个，成立文明安全片区理事会，以此为依托，开展群众文体活动。白岩社区开展巧媳妇“十字绣”、跳绳比赛活动；东门社区成立老年活动中心，设有健身房、乒乓球室、台球室、棋牌室、聊天室，添置、配备健身器材，开展全民健身活动；南街社区开展“爱心敲敲门”、迎端午“包粽子”活动，营造邻里相互尊重、关爱生命的和谐氛围；仙亭社区开展环保日“我为绿地添光彩”主题活动，发动辖区居民种花植树；各社区以市民文明学校为载体，开办“道德文化讲坛”，开展“身边好人评选”“文明我先行”活动，对社区居民进行思想道德、法律法规、科技文化和职业等方面教育。全年开办“道德讲坛”20期，受众1176人。

创新综治工作 2013年，县城区办按照综治工作纵向到底、横向到边的要求，筑牢维护社会治安稳定的“第一道防线”，一是开展普法宣传活动，发放宣传单1.9万多份，出宣传板报96板。二是把城区划为八大网35个小格，每格配备维稳协调员5人，形成属地管理的网格化管理体系。三是入户走访，采集常住人口基本信息，特别是对流动人口聚集的小区作为防范重点，掌握动态，定期巡查。四是每月召开综治工作例会，做好矛盾纠纷排查调解132起。

计生管理服务 2013年，县城区办一是坚持每月召开计划生育工作例会制度，对辖区计划生育工作部署安排和详情分析，把握动态。二是实行网格化管理，每个社区都配备计生管理员，实现镇、社区、网格三级管理无缝隙、全覆盖。三是坚持集中清理清查、违法案件处理和社会抚养费征收同步进行。四是落实激励政策，加大帮扶救助力度。全年出生人口291人，政策符合率90.72%，办理独生子女149户；“双查”6111人；清理清查违法超生80件；依法向法院申请强制执行有能力又拒不缴纳社会抚养费案4件、37.3万元；征收社会抚养费3万元；兑现奖励模范执行计划生育政策10户，发奖励金1万元；发放计生困难户扶助资金3户、0.3万元；办理独生子女家庭保险1235人，实现独生子女家庭生育保险100%。

（魏初曦）

大田美丽乡村一角（县农办新农村办提供）

人物

□编辑：郑祥果

先进人物

范训木 男，大田县均溪镇人，1973年1月出生，大专文化，1996年2月参加工作，2011年10月加入中国共产党。福建省邮政速递物流有限公司大田营业部揽投员。2013年4月，被授予“福建省劳动模范”称号。

1996年，他到县邮电局后，先后在农村支局、县局营业厅工作。2001年，邮政局成立包特组，他成了一名普通的全球邮政特快专递（EMS）投递员。在邮政速递岗位上，“用户的来电就是命令”成为他的座右铭，只要客户拨打11185，城区范围30分钟内上门揽收邮件。他秉持“客户第一”，把客户的事当成自己的事来办。2012年，投递快件2.31万件，救活“死件”200多件，妥投率100%，投诉率为零。其中，上门揽收快件8659件，成功率100%。他有固定客户30多户，全年为公司创收35万元。多年来，他没有上下班概念，手机24小时开着，只要用户需要，就立即上门收件。

14年的邮政服务工作，他兢兢业业，得到客户和同事的认可，多次获得省、市、县的表彰。其中2009年，被市总工会评为“三明市十佳职业道德标兵”，获三明邮政速递物流公司“先进个人”，所在营业部获省级“工人先锋号”称号；2010年，被省总工会评为第八届省“十佳职业道德标兵”，并授予福建省“五一”劳动奖章；2011年，被全国总工会评为第十二届“全国职工职业道德建设先进个人”。

（县总工会）

肖玉林 女，大田县桃源镇人，1970年11月出生，大学文化，1990年8月参加工作。大田县城关第二小学教研室主任，小中高职称。2013年4月，被授予“福建省劳动模范”称号。

她参加工作20多年来，秉持“忠心教育、热心教改、潜心教研、真心育人”的理念，以教育名家为榜样，博采众长，结合实际，开发出“读书结合，以读促写”“学—思—研—得”等新颖教学方法，主编县校本教材《书海拾贝》，供全县小学师生使用。近5年，她承担各级各类公开课30多节，开设讲座10多场，为小学语文科教改革做出突出贡献；所任班科成绩年年稳居全县前三名，参加市县技改比赛5次获得一等奖。

她善于开拓，勇于创新，所负责的课题《课内外阅读双轨运行，提高学生读写水平》分获省、市一等奖。在县“九五”规划重点课题开题仪式上，福建师大教科院院长余文森教授称赞她的《伯牙绝弦》是一堂具有全国一等奖质量的好课。她撰写的论文20多篇获奖，其中6篇发表在全国中心期刊上。她所指导的教师有10多人获课堂教学比赛一等奖，16篇论文在省、市级刊物发表；指导的学生20多人次获奖，30多篇作品在《小火炬》《小学生周报》《课堂内外》等刊物发表。

肖玉琳常在周末、节假日把“留守儿童”带回家，给予母亲般的关怀；对“问题”学生，主动亲近，促进转化。近几年，她为30多名“留守儿童”“问题学生”“贫困学生”提供衣物和现金帮助8000余元。她钟情于山区教育，2012年8月，她婉拒厦门市教育局的高薪聘请。

2002—2009年，她先后6次被县、市评为“优秀班主任”“优秀教师”“学科带头人”。

2010年4月，被评为三明市“劳动模范”；9月，被省政府授予“特级教师”称号；11月，被省教育厅确定为学科带头人培养对象。2011年5月，被评为“市优秀课题教师”。

（县总工会）

严秀兰 女，大田县均溪镇人，1985年6月出生，高中文化，2004年8月参加工作。大田县高级茶艺师、县第九届政协常委。2013年4月，被授予“福建省劳动模范”称号。

2006年起，她先后到安溪、武夷山学习茶叶加工、制作技艺。2009年9月回乡，开始在广平、奇韬等乡镇种植高山茶8公顷，时值绿茶价格低迷，她利用所学的红茶加工工艺，用绿茶原料改做红茶，首创大田县红茶产品，价格倍升。她还利用夏季乌龙茶原料加工红茶，大幅提升乌龙茶价值，拓展茶农致富空间。她不辞劳苦，深入茶乡，指导茶农更新观念，传授制茶新技术、新工艺，共同从事红茶生产。她倾心对茶农、茶厂和销售员进行培养，引导他们去外地开设茶叶专卖店、连锁店，并在资金、技术、销售方式等方面全力协助。在她的引导下，全县上百家茶厂制作红茶，城区上百家茶庄销售红茶；发动86户茶农发展红茶生产，建立生态茶园300多公顷，2012年产值4000多万元。

她的产品通过绿色食品认证，多次获省、市名茶称号，本人获得2011—2012年度“大田高山茶销售明星”称号。

她致富不忘本，热心公益事业，近3年向县慈善总会捐赠价值2万元物品，捐资5万元用于“玉田第二集美学村”旧址保护，捐款6万元资助贫困生上大学。

（县总工会）

杨显金 男，江西省兴国县人，1971年8月出生，初中文化，1991年3月参加工作。福建省永安煤业有限责任公司上京分公司仙亭煤矿采煤307班班长，中级工。2013年4月，被授予“福建省劳动模范”称号。

2005年8月，他到仙亭煤矿工作，上班最早、下班最迟；常帮人顶岗，任劳任怨，知难而上；平时关心员工生活，营造和谐班组氛围。任班长5年间，他每月出勤都在27天以上。创新落实安全生产责任制，所带的班组共安全采煤23万余吨。创立“小班架柱刻记”作业法，并与当月小班长的班补考核挂钩；强制井下使用放炮器，杜绝违章作业和安全事故。在材料管理上，制定严格的管理考核制度。工资分配实行全员民主管理，将出勤与工效结合考核，赢得职工信赖和领导的好评，职工队伍稳定率达98%。他所在班组多次被公司评为优秀班组。本人2009年被永安煤业公司评为劳动模范；2010年，被评为三明市劳动模范；2011年、2012年分别被省能源集团公司评为优秀班组长。

（县总工会）

肖衍星 男，大田县上京镇人，1963年8月出生，大专文化，1986年6月加入中国共产党，1991年1月参加工作。桃源镇司法所副所长、司法助理员、调委会副主任。2013年8月，被司法部授予“全国人民调解能手”称号。

他在基层司法所工作23年来，关注民生、维护群众利益，以强烈的工作责任感和社会使命感投入到人民调解工作中，创新开展组织、规划、责任、人员、制度、调解的“六到位”调解工作模式。化解各种社会矛盾纠纷，共调解纠纷案件1500多起，调解成功率达98%，调解协议履行率99%，赢得了群众和上级领导的赞誉。

（范清萍）

曾垂育 男，大田县上京镇人，1979年5月出生，大专文化，1997年12月参加工作，1999年6月加入中国共产党，桃源镇广播电视站站长。2010年7月，被省委、省政府授予“全省防洪抢险救灾先进个人”称号；2013年9月，获“第三届福建省道德模范”“见义勇为模范”称号。

1997年，他18岁赴西藏服役。1998年抗洪中，与战友扛沙袋、护机场；暴雨中，为藏民抢收麦子；火海中，他英勇救人。2000年，转业回乡任桃源镇广电站站长。

2010年6月15日12时许，桃源镇遭遇特大洪水，下沪峰村民颜贻德房子被泥石流冲毁，妻子受伤，11岁的儿子被埋在泥石流中，仅露出头部，情况十分紧急。正在镇政府吃午饭的曾垂育，听到呼救声，立即放下碗筷，扛起锄头，冲到泥石流处，不顾石块滚落，奋力把泥土刨开，并且用身体挡住不断下滑的泥石流。半小时后，孩子刚被救出，泥石流立即倾泻覆盖了抢救地点。颜贻德感激地说：“是曾站长和镇干部们给了我儿子第二次生命！”

刚救完小孩，又传来险情。桃源林梅里河坝决口30多米，咆哮的洪水涌入，南街顿时成水乡泽国。许多老人、小孩无助地爬上屋顶或小高地大声呼救，随时都有被洪水吞噬的危险。他主动请缨，用绳索绑住橡胶轮胎，第一个跳入齐脖深的水中，来回穿梭近2公里，与洪水中搏斗3个多小时，将53名受困群众转移到安全地带。他顾不上休息，又立刻到河堤决口处，组织人员搬沙石、打木桩、垒沙袋、堵缺口。

洪水过后，桃源当地广电线路受损严重，电视信号不稳。他不顾妻子在县医院临盆，仅用4天时间，与同事共同将受损的500多户广电线路全部修复。曾垂育说：“在危急时刻，做这些事是完全应该的。”如今他不仅是镇广电站站长，还是一名驻村干部，肩负镇里森林防火等工作。2010—2013年，他先后被评为“中国好人榜见义勇为好人”“全省新闻界防洪抢险救灾先进个人”，市“新长征突击手”“优秀共产党员”称号，入选“三明见义勇为好人榜”，获“五四青年奖章”。

（林芳芳　张知松　陈　鹏）

陈光昶　男，大田县梅山乡人，1969年12月出生，1988年大田一中毕业，大学文化，1992年9月参加工作，1995年5月加入中国共产党。时任广东省高级人民法院刑三庭审判员、审判长。2013年，12月4日，被司法部、全国普法办、中央电视台联合评为“2013年度全国十大法治人物。”

1992年，陈光昶厦门大学法律系毕业后到三明中级人民法院工作；2004年11月，通过竞考选调到广东省高院工作。

他在法院工作20年，始终坚持法官的职业操守，以过硬的业务能力和突出的工作实绩，得到广大人民群众的信赖和称赞。他审结刑事案件3000多宗，没有发生一例错案，也没有一例案件被发回改判；他先后承办了广东阳江“3·26”特大黑社会性质组织案、深圳律师刘尧毁坏财物案、雷州教师陈康炳校园杀人案等系列重大、疑难案件，都能准确处断，有效伸张正义，维护稳定。他先后被评为“全国模范法官”、一等功臣，获“全国五一劳动奖章”，被誉为“铁案判官”“纠错专家”。

（林　丹　张知松）

黄永恒　男，大田城关人，1972年10月出生；1990年大田一中毕业，1994年毕业于同济大学，获工学学士学位；1999年毕业于清华大学，获工学硕士学位，同年赴美留学。2002年，获美国内布拉斯加林肯大学博士学位。后进入耶鲁大学森林与环境学院作博士后研究。2006年，获聘美国德州A&M大学生物与农业工程系终身教授。2013年12月，获美国水环境联合会颁发的2013年度工业污水治理奖——鲁道夫勋章。这是该奖项设立64年来，首次颁授给中国科学家。

黄永恒经过10多年潜心研究，在水环境重金属污染治理方面取得重大技术突破，发明了活性铁反应器（TM）。该技术已成功运用于发电厂、采矿厂、炼油厂等排放污水中重金属的去除和场地重金属污染的整治修复。该项技术处理重金属污染与现有技术比较，具有效率高、成本低的优势，可满足美国国家排污标准（NPDES）的系列要求，具有广阔的应用前景和巨大的商业价值。该项技术已由美国德州A&M大学向西门子公司给予独家许可技术授权，即将在世界范围内进行商业化推广和应用。

（张知松　田一中）

逝世人物

许爱民（1926.2—2013.4）　男，山东莱芜人。1946年11月参加工作，1948年11月加入中国共产党。历任中国人民解放军班长、排长、指导员。1954年3月，转地方工作，历任大田县城关铁厂、万湖铁厂、铭溪铁厂、广平铁厂副书记、书记、厂长，县交通局副局长、局长、党支部书记、党总支书记。1983年4月离休。

（陈辉文）

林其祥（1927.8—2013.5） 男，福建莆田人。1949年8月参加工作，1952年10月加入中国共产党。历任莆田县张乡农会主席、第五区公所财粮委员、坂头土改工作队队长、第五区宣传委员，润口、黄石区公所区长；大田县一铁厂副厂长、上京煤矿矿长、县委支前办公室主任、物资局代局长、税务局副教导员、人行副行长、矿机厂厂长、物资局副局长。1989年8月离休。

（陈辉文）

汪阿山（1931.8—2013.7） 男，浙江萧山人。1949年4月参加工作，1954年5月加入中国共产党。历任安徽省桐沪县大队战士、上海公安中队2营3连战士、3517部队炮兵3连排长（福建晋江、泉州）。1958年转业地方工作，历任大田南门铁厂管理员、华温砖瓦厂副书记、赤头坂伐木场工会主席、副场长。1985年离休。

（陈辉文）

孙玉正（1923.5—2013.8） 男，山东荣成人。1945年3月参加工作，1946年1月加入中国共产党。历任中国人民解放军31军战士、班长、排长。1952年12月转地方工作，历任惠安县东苓区委组织委员、粮站主任，大田县七一铁厂副厂长、交通局公路大队大队长，均溪、太华、石牌粮站主任。1983年12月离休。

（陈辉文）

李福臻（1926.7—2013.10） 男，山东乳山人。1947年7月参加工作，1948年7月加入中国共产党。历任中国人民解放军13纵队39师117团1营机枪连战士，31军93师227团1营机枪连班长、担架排长、227团后勤处副政治指导员、政治处组织股正连级干事、227团1营机枪连指导员。1960年10月转地方工作，历任福州市一中总务处副主任，大田县林业局桃源和城关采购站站长、林木经销公司经理。1985年5月离休。

（陈辉文）

余开锦（1927.2—2013.12） 男，福建仙游人。1949年8月参加工作，1956年1月加入中国共产党。历任晋江公安支队战士、排长，三明公安支队助理员，大田县果品公司人秘股股长、土产公司副组长、县供销社人事科科长。1988年7月离休。

（陈辉文）

4月15日，大田县检察院在院会议室举办第9期“学先进须经典”道德讲坛活动（县文明办提供）

重要文件选编

□编辑：魏兰兰

中共大田县委
大田县人民政府　文件

中共大田县委　大田县人民政府关于加快发展现代农业进一步推进农村改革发展的实施意见

田委发〔2013〕1号

各乡（镇）党委、政府，县直各单位：

2013年我县农业农村工作的总体要求是：根据中央、全省、全市农村工作会议和中央、省委、市委1号文件精神，按照县委十二届四次全会的部署，围绕建设创新创造、宜居宜业幸福大田的工作目标，加快农村经济转型发展，积极发展现代农业，努力创建美丽乡村，进一步增强农村发展活力，提升新农村建设水平，推动“三农”工作再上新台阶。主要预期目标是：农林牧渔业总产值增长5.0%，农民人均纯收入增长14.5%。

一、加快现代农业建设，夯实农业发展基础

1.稳定发展粮食生产。大力推广超级稻、再生稻和测土配方施肥等水稻关键增产技术，全县建立超级稻示范片19个；认真落实粮食综合直补、水稻玉米良种补贴、粮食储备制度和稻谷最低收购价政策；开展水稻种植保险，落实稳定粮食播种面积 。

2.培育壮大特色农业产业集群。提升高山生态茶产业区，以屏山、吴山、武陵、谢洋、济阳等乡镇为重点，从生态、健康、品牌入手，加强农药、化肥市场监管，确保从“茶园到茶杯”的安全；引导茶企、茶农用好民生银行授信贷款10亿元等资金支持，培育大方广、仙顶实业等2—3家规模大、实力强、有品牌的现代茶产业龙头企业；扩大大田高山茶天津一条街规模，在目前开设16家高山茶门店的基础上，再开设15家以上；办好第八届茶文化节，借助林博会、茶博会、网络销售等平台，打响大田高山茶品牌；发展庄园式茶庄和茶乡休闲旅游，着力建立省级农民创业园示范基地。建设桃源生态农业示范区，以桃源镇、东风农场、赤头坂采育场、良种场为重点，推进桃源国家级蔬菜标准园建设，创建万亩全国蔬菜标准园；注重林冠下综合利用，推进红菇、金线莲等林下菌类、中草药的种植，提高林地利用率；发展设施农业和休闲农业，抓好赤头坂森林休闲区、自然保护区旅游小区建设，着力建立省级农民创业园。培育精品特色产业园，每个乡镇因地制宜培育1个特色农业精品园，提升全县特色产业发展；扶持大方广茶业、仙顶茶业、龙翔食品、闽农农业、高峰茶业、桔鑫果场等企业扩大生产规模，提高科技含量，提升经营水平，增强辐射带动能力，力争新增省级龙头企业1—2个；完成新造油茶林0.5万亩，抚育2万亩，加快总投资6亿元的三九军大生物科技项目建设；实施烟叶产业提升工程，优化烟叶品种结构，种植烟叶1.8万亩、产量5万担。

3.夯实现代农业基础设施。严格执行耕地保护制度，加快农田基础设施建设，完成水利投资1.1亿元，建设水利重点项目6个，持续推进闽江上游尤溪流域防洪二期工程建设，完成建设镇、桃源镇集镇河段综合治理，实施屏山溪、和春溪、三角溪水土流失治理4.8万亩，完成建设溪、元沙溪河道清淤整治工程。加快实施农田水利重点项目，完成水渠防渗修复43.2公里，堤防加固3.7公里，岸坡护砌7.6公里。实施农业综合开发项目，实施小流域治理1.02万亩。深入推进测土配方施肥、土壤有机质提升等项目建设，建立测土配方施肥示范片100个，示范面积4000亩，推广测土配方施肥技术45万亩。建立小型水利设施管护基金，认真落实农业排灌工程运行管理费用由财政适当补助政策。

4. **加强农产品市场体系建设。**推进福建高山茶文化创意产业园建设，完成茶叶交易市场、茶文化风情商业街、茶博物馆建设。规划闽中农产品加工园，促进优势农产品集中和有效供给。继续推进“万村千乡市场工程”，继续改造建设集贸市场、农家店、农村便利店，完善城乡商业网点。大力培育现代流通方式和新型流通业态，发展农产品网上交易、连锁分销、物联网和农民网店。支持供销社、大型商贸集团、邮政系统开展农产品流通，推进农超、农企、农校产销对接。规范和降低农产品市场收费，执行鲜活农产品运输“绿色通道”政策，落实粮油、生猪活体等重要农产品储备，确保主要农产品市场供应充足、价格基本稳定。

5. **加快农业品牌建设。**完善监管、检测、标准化、可追溯等四大体系，确保食品质量安全。鼓励支持农业产业化龙头企业、农民合作社等各类农业生产经营主体，新增无公害农产品、绿色食品和有机农产品认证5个以上，福建省著名商标1个。鼓励支持品牌农产品参加全国、全省、全市展览展销活动。实施“商标富农”工程，培育打造一批特色鲜明、质量稳定、信誉良好、市场占有率高的品牌农产品。

二、创新农业生产经营体制，稳步提高农民组织化水平

6. **稳定农村土地承包关系。**按照依法自愿有偿原则，引导农村土地承包经营权有序流转，鼓励和支持承包土地向专业大户、家庭农场、农民合作社流转，发展多种形式的适度规模经营。健全土地流转服务平台建设，强化服务，积极探索创新农村土地承包经营纠纷调处体系机制。

7. **提高农户集约经营水平。**认真落实奖补政策，扶持联户经营、种养大户、家庭农场发展。大力培育新型农民和农村实用人才，继续实施“阳光工程”和农村实用技术远程培训，培训农民1万人以上。实施新型职业农民素质提升工程，积极选送种养大户、家庭农场经营者、农民合作社负责人、立志务农的初高中毕业生和返乡创业农民工到农业大中专院校进行免费学历教育和农业职业技能培训。

8. **规范发展农民专业合作社。**指导和整合农民专业合作社，开展农民合作社示范社创建活动，新增省级农民专业合作社示范社2家、市级示范社3家、县级示范社10家。落实合作社税收优惠政策，推动国家补助项目形成的资产移交合作社管理，指导合作社建立健全项目资产管护机制。开展合作社信用评定，对示范社开展联合授信。广泛开展合作社带头人、经营管理人员和辅导员培训，引导高校毕业生到合作社工作。积极探索与台湾农民合作组织交流合作方式和模式，推进农业交流合作。

9. **培育壮大农业产业化龙头企业。**支持仙顶茶业、大方广茶业、龙翔食品、闽农农业等龙头企业技改扩建，加快推进农业产业化项目建设，力争纳入省上固定资产投资补助资金盘子。支持龙头企业与省内外高校院所开展科技合作，建立农业科技示范点，增强龙头企业科技创新、品牌创建、文化创意、标准创设能力。鼓励龙头企业通过兼并、重组、收购、控股等方式组建大型企业集团，落实龙头企业上市融资激励政策，保障项目用地。引导龙头企业加强产业化示范基地建设，与农户建立紧密型利益联结机制，让农户更多分享加工销售收益。择优推荐一批潜力好、基础实、带动强的龙头企业参加新一轮省、市龙头企业评选。

三、培育发展新型农业社会化服务主体，推进农业服务机制创新

10. **完善农业公益性服务体系。**继续实施基层农技推广体系改革与建设，不断改善农业科技推广条件。充分发挥乡镇或区域性农业技术推广、动植物疫病防控、农产品质量安全监管等公共服务功能。健全基层农技推广机构和队伍，落实提高乡（镇）农技推广服务人员工资福利政策，鼓励和引导农林院校毕业生到乡镇农技推广机构工作。

11. **发展农业经营性服务组织**。鼓励支持农民合作社、专业技术协会、农民用水合作组织、农民经纪人、涉农企业通过政府订购、定向委托、招投标等方式，按市场化运作广泛参与农业生产全程服务。引导经营性服务组织参与公益性服务，为农业生产提供生产性服务。健全农村社区综合维修服务体系。落实对符合条件的农业经营性服务业免征营业税政策。

12. **加快农业综合服务平台建设**。开展“三农”服务中心规范化建设，整合乡镇站所经济技术和政务资源，设立“一站式”服务窗口，不断提升服务质量和服务水平。建立健全村级“三农”综合服务站，充分发挥农村“六大员”、农村实用人才带头人等作用，聚集一支相对稳定的农民自我服务队伍。进一步推动科技下乡“双百”行动，落实院县共建、农村科技服务超市、庄稼医院、专业服务公司加合作社加农户、涉农企业加专家加农户等服务模式，积极推行技物结合、技术承包、全程托管服务。

13. **推进农村信息化建设**。加快农村信息服务点建设，实现“世纪之村”农村信息化平台覆盖全县所有建制村，每个村选聘1名专兼职信息员。引导各村利用“世纪之村”平台开展农村电子政务、电子农务、电子商务和便民服务，建立服务“三农”的“信息超市”。依托“世纪之村”农村信息化平台，组织政府门户网站和农业155、农副产品等涉农网站与“世纪之村”平台相互开通端口，实现涉农信息资源整合与共享。

四、加快推进农村集体产权制度改革，有效保障农民财产权益

14. **加快推进农村土地确权登记颁证工作**。健全农村土地承包经营权登记制度，强化对农村耕地、林地等各类土地承包经营权等权物保护。深化集体林权制度及其配套改革，完善林地所有权和使用权保护。推进茶果园确权登记颁证工作，做好水域确权登记和养殖证发放工作。巩固农村集体土地所有权确权登记发证成果，启动村庄地籍调查，加快确权登记颁证工作，加大集体土地登记地籍数据库系统信息平台建设力度。

15. **加快农村征地制度改革**。依法征收农民集体所有土地，完善征地补偿办法。落实提高征地补偿标准政策，严格执行征地程序，推行和谐征迁“五五工作法”，补偿资金不落实的不得批准和实施征地。严格执行农村土地整治和城乡建设用地增减挂钩政策，将“造福工程”实施过程中需要搬迁的旧宅基地复垦纳入增减挂钩范围，土地增值收益主要用于补偿被拆迁农户以及集中安置区基础设施配套建设。建立健全集体建设用地转让、作价（出资）入股、出租等流转制度，推动集体建设用地实现与城镇国有建设用地相同的权能。

16. **强化农村集体“三资”管理**。积极探索集体经济多种有效实现形式，不断壮大集体经济实力。以清产核资、资产量化、股权管理为主要内容，加快推进农村集体“三资”管理的制度化、规范化、信息化。健全农村集体财务预决算、收入管理、开支审批、资产台账和资源登记等制度，构建农村集体产权交易平台，引入招投标和公正公开公平竞价机制，严格农村集体资产承包、租赁、处置和资源开发利用的民主程序，加大集体财务公开力度，强化对公开事项及时性和公开内容真实性的监督，加快建设全县统一的农村集体“三资”管理服务平台，提高农村集体“三资”监管水平。加强对惠农资金、工程项目、土地补偿费等村级专项审计。

五、加快推进城乡一体化进程，促进公共资源均衡配置。

17. **加强农村基础设施建设**。开展“交通攻坚年”活动，动工建设“泉三”高速上京互通口、国道“纵五”周田至长溪路段、汽车站迁建、闽中“公路港”等，推进途经我县“长永泉”铁路、“湄渝”高速和国省道前期工作。继续实施公路路网工程，加快推进“镇镇有干线”规划项目建设，新建农村公路30公里，安保工程200公里，具备通客车安全条件的乡村开通农村客运。继续实施农村饮水安全工程，强化饮用水源地保护，着力解决7.14万人饮水安全问题。继续实施农村沼气工程建设，建设沼气池500口、乡村沼气服务网点5个。持续推进新一轮农村电网改造升级工程，动工建设京口110千伏输变电工程，推进百石220千伏输变电工程前期工作。持续推进50户以上自然村光纤宽带的接入，提高农村地区接入宽带质量。继续完善村级公益事业一事一议财政奖补机制，推进公益性乡村债务清理化解试点建设。

18. **加快农村社会事业发展。**实施农村薄弱学校改造计划，扩建薄弱学校37个；深化农村中小学寄宿生“食宿改善工程”，为48个中小学校学生宿舍楼安装热水器，改善住宿条件；配齐义务教育阶段的教学仪器设备和图书资料，确保95%义务教育学校完成标准化建设。加快城关第三小学建设，确保9月底前完工并投入使用；加快农村幼儿园发展，农村小学增设附属幼儿园44个班。开展城乡中小学校结对帮扶和支教活动，推动城区优质教育资源向农村学校倾斜。巩固国家卫生应急示范县成果，建立覆盖县、乡镇医疗卫生机构卫生应急指挥视频系统，并实现与省、市卫生应急视频系统互联互通。力争全县所有建制村卫生所达到国家标准。提高新农合政府补助标准和农村医疗救助基金筹集标准，推行农村居民重大疾病医疗保险。继续完善农村公共文化服务体系，加强乡镇综合文化站、村级文化活动室、农家书屋建设，继续实施农村电影放映文化惠民工程。推进福建高山茶文化创意产业园、凯天龙文化创意产业园、福建仙峰养生温泉度假区等重点文化产业园区项目建设，提升文化内涵。加快城区有线电视数字化整体转换工作，力争上半年完成城区有线电视数字化整体转换工作；逐步改造我县有线电视主干光缆网，进一步完善县内主干光缆环网，提高信号传输的安全性和可靠性。继续推动城乡一体化社会保障制度，逐步提高新型农村社会养老保险基础养老金和农村低保标准。进一步改善农村五保供养对象生活条件，提高供养标准，续建县社会福利中心，新建3所农村敬老院。

19. **稳步推进农业转移人口市民化。**深化户籍管理制度改革，放宽落户条件，加强对农村转移劳动力的职业技能培训，建立健全城乡统一的公共就业服务体系，促进农村人口向城镇集聚。全面实行流动人口居住证制度，逐步实现流动人口凭居住证与城镇居民在医疗卫生、计生服务、子女就学、住房政策、职业介绍等方面享受平等权益。多渠道多方式改善进城务工人员的居住条件，将符合条件的进城务工人员逐步纳入城镇住房保障体系，探索利用农村集体建设用地建设农民工宿舍。保障农村妇女、儿童、老人等留守人群的生产生活和生命安全。

20. **大力推进农村扶贫开发。**大力实施贫困户自立增收工程，加强农村扶贫对象的动态管理，深化党员干部“一助一”“三个一”及“党员干部结对帮扶济困”等活动，落实帮扶到户政策。强化农民创业致富技能培训，实施“雨露计划”培训700人以上。深化扶贫开发整村推进工程，大力推进党员干部驻村任职工作。加大造福工程危房改造力度，完成“造福工程”搬迁1500人、农村危房改造1000户，县里重点抓1个百户集中安置示范点，各乡（镇）重点抓1个30户以上造福搬迁示范点。

21. **大力开展美丽乡村建设。**按照基层组织建设好、产业精美、生态优美、村庄秀美、乡风和美、生活甜美“一好五美”的目标，实施党建创新、产业富民、茂林清水、村容整洁、素质提升、幸福家园“六大工程”，推进城乡环境综合整治“点线面”攻坚计划，2013年每个乡镇突出抓好中心村、特色村等2—3个村作为示范村，县里培育10个精品村，着力打造一批在全省、全市具有影响力的、独具特色的美丽乡村。用好城乡建设用地增减挂钩、农村“三旧改造”等政策，增加美丽乡村公共配套建设投入。借鉴村企共建模式，引导社会各界投资捐助建设美丽乡村。

22. **持续推进中心镇建设。**按照“工业化和城镇化良性互动、城镇化和农业现代化相互协调”的要求，进一步加大建设镇、桃源镇2个市级中心镇建设力度，确保全年实施中心镇项目16个，完成投资2.53亿元。合理配置教育、医疗、文化以及污水处理、垃圾清扫等公共服务资源。结合生态县创建和“四绿”工程建设，大力创建国家级生态乡镇。

23. **强化水土流失治理和生态保护**。加大水土流失治理力度，实施水土流失治理面积12.97万亩。落实“河长”责任制，深化均溪河、文江河的流域治理，推进太华镇山贵崎煤矸场和万湖矿区、建设镇贵竹林矿山、均溪镇上蔡十八弯矿区、前坪乡川石矿区后洋－川石片等矿山水土流失治理，做好闽湖库区网箱养殖综合整治工作。继续推进“四绿”工程建设，完成造林绿化5.38万亩，其中人工造林1.8万亩，林分植被修复2.9万亩，绿色城市0.03万亩，完成绿色村镇绿化0.25万亩、绿色通道0.1万亩、绿色屏障0.3万亩。新增绿色乡镇1个、绿色村庄22个。2013年，完成省级生态县创建。落实森林生态补偿政策，加强野生动植物保护。

24. **提高防灾减灾能力**。进一步完善防灾减灾体系，继续推进农村气象灾害防疫体系建设，加快人工影响天气基础设施建设。加强防汛抗旱、地质灾害群测群防体系建设。强化森林“三防”体系，推进林火视频综合监控系统工程和重大林业有害生物综合防控体系建设。建立健全动物疫病监测体系，大力推行植保专业化防治，加强外来危险性有害生物的监控。

六、完善乡村治理机制，推进农村基层民主政治建设

25. **加强农村基层组织建设**。推动乡镇工作职能由行政管理型向服务型转变，把乡镇转向加强领导、统筹协调、营造发展的氛围、维护社会稳定上来。开展党建创新工程，进一步推广农村“168”党建工作机制。建立健全村干部报酬保障和增长机制，调动村干部积极性。继续落实选聘高校毕业生到村任职工作。大力推进“村党组织＋农民专业合作组织”模式，提升合作组织协作互助职能。有序发展民事调解、文化娱乐、婚丧喜庆理事会等社区性社会组织，发挥农民自我管理、自我服务、自我教育、自我监督的作用。

26. **强化农村基层民主管理**。健全基层党组织领导的充满活力的农村基层群众自治制度，继续推行“两评两述三公示”“四议两公开”“村务决策听证”“户代表会议”等工作法。充分发挥村务监督委员会作用，进一步建立责权明晰、衔接配套、运转有效的村级民主监督机制。推进农村基层权力运行公开化、规范化，完善农村基层党务公开、乡镇政务公开、村务公开和基层站所办事公开制度。

27. **强化农村党风廉政建设**。健全完善农村基层党风廉政建设领导体制和工作机制，把党风廉政建设责任制向村级延伸，推进农村惩治和预防腐败体系建设。严格执行中央“改进工作作风、密切联系群众”八项规定。加强农村廉政建设，推行农村“六要”群众工作法，落实农村基层干部廉洁履行职责的各项要求。建立农村廉政监督检查工作机制，开展集中查办和预防涉农惠农领域贪污贿赂等职务犯罪专项工作。

28. **保障农村社会稳定**。扎实抓好全省“加强和创新社会管理综合试点县”工作，明确信访工作责任，严格落实信访事项“路线图”，妥善化解和处理矛盾纠纷。依法保障外出村民在本村、外来人口在居住村的民主权利和物质利益。加强农村抗灾救灾、警务消防、疫病防控等设施建设，提高农村学校、医院等公共设施建筑质量，增强农村突发公共事件和自然灾害的应对处置能力。深化“平安大田”建设，推进综治信访维稳“1+N”联动规范化建设，完善农村治安防范网络，落实村级综治协管员、平安中心户长和在农村警务室连续工作一定年限人员的有关激励政策。加强农村交通安全管理，创建平安畅通县。严厉打击乡村黑恶势力、“黄赌毒”和各种刑事犯罪。深入开展“六五”普法，加强农村法制宣传教育，深化农村精神文明建设。落实党的民族和宗教政策，依法管理农村宗教事务。

七、完善强农惠农富农政策，健全农业支持保护制度

29. **加大财政投入力度**。持续加大财政用于“三农”的支出，着力构建三农投入稳定增长机制，确保总量持续增加、比例稳步提高。继续开展银政企合作，积极争取省、市相关财政补贴资金，整合各级各部门涉农资

金和资源，提高资金使用效益。积极发挥财政资金的导向作用，加大农林招商引资力度，引导社会各方面资金投资农业和农村。

30. **落实农业补贴政策**。认真落实粮食直补、良种补贴和农资综合补贴政策。新增农业补贴重点向主产区集中，向专业大户、农民专业合作社倾斜。完善农资综合补贴动态调整机制，落实种粮大户补贴政策。完善畜牧业生产扶持政策。

31. **创新农村金融服务方式**。引导银行业金融机构持续加大涉农信贷投入，确保涉农贷款增量不低于上年、涉农贷款增速不低于各项贷款平均增速。积极培育村镇银行等农村新型金融组织机构，鼓励区外银行在我县设点或开办业务。落实农户生产性贷款风险补贴政策。扩大农村有效担保物范围，推进农村土地承包经营权、林权、房屋、茶果园经营权等有效担保物抵押贷款。加快农业保险体系建设，落实保费补贴政策，推进农房、水稻种植、森林综合、渔工、渔船、能繁母猪等政策性保险。

各级各部门要切实加强和改善对“三农”工作的领导，进一步强化“三农”重中之重意识，切实把重视“三农”落实到政策制定、工作部署、财力投放、干部配备上，更加自觉地落实县委、县政府的决策部署，切实转变工作作风，深入基层调查研究，不断提高“三农”工作水平，为加快推动我县城乡一体化，率先实现全面建成小康社会奋斗目标做出新的更大贡献。

2013 年 3 月 27 日

大田县人民政府　文件

大田县人民政府关于印发大田县投资兴业优惠政策试行规定的通知

田政〔2013〕5 号

各乡（镇）人民政府，县直各单位：

经研究决定，现将《大田县投资兴业优惠政策的试行规定》印发给你们，请结合实际，认真贯彻执行。

2013 年 3 月 26 日

大田县投资兴业优惠政策的试行规定

为了进一步加大招商引资力度，吸引更多科技环保型、产业链、税性高的大项目、好项目落户我县，促进产业集聚、布局集中、发展集约，推动县域经济又好又快发展，除执行国家、省、市现行有关优惠政策和扶持措施外，结合我县实际，另作如下规定：

一、用地方面

1. 工业项目建设用地原则上按照《关于工业用地招标拍卖挂牌出让的若干意见（试行）》（田政文〔2007〕35 号）有关规定执行，鼓励集约节约用地。

2. 工业项目建设用地以省政府规定的工业用地最低价为出让起始价通过挂牌方式出让，企业摘牌后按土地出让合同约定缴清土地出让金和相关税费。

3. 凡以上述方式取得土地使用权，一年以上未动工建设的，必须依法缴纳土地闲置费；两年以上未动工建设的，由县政府依法无偿收回土地使用权。

二、税费方面

1. 坚决取消不符合规定的收费项目，严禁擅自出台收费项目。经有权机关批准的收费标准就低不就高，能减免则减免。

2. 对每年向县缴纳税收 100 万元以上的企业，县政府给予表彰。

三、融资方面

1. 建立重大项目、重点企业资金需求与银行金融产品的对接合作平台。根据国家金融法规政策和各商业银行有关规定，采取银团贷款、社团贷款等形式，尽量满足企业资金需求。县内各金融机构在国家利率政策允许范围内最大限度地优惠中小企业。

2. 实行灵活有效的融资担保办法，积极支持行业协会牵头组建行业性担保机构。担保公司要以服务中小企业，促进银企合作，发展地方经济为宗旨，不断创新担保品种，积极为符合产业政策的中小企业提供担保服务，搭建融资服务平台，县政府对担保公司按当年担保业务金额万分之五给予奖励。

四、用工方面

1. 加强企业用工服务管理。对县内非公有制规模企业和新引进重点企业，实行用工报告和联络制度。县内重点企业空岗在100人以上或需一次性委托招聘人数在50名以上的，企业可向县招工主管部门申报。各用工企业把用工条件、岗位要求、工资福利待遇、招工数量、劳动时间等情况报告给县招工主管部门后，由县招工主管部门组织工会、妇联、团委、学校、司法等部门协助工人的招收、培训、派遣和劳动合同签订、劳动纠纷调处、劳资权益维护。

2. 帮助企业缓解用工短缺。建立“政府引导、企业为主、社会参与、市场配置”的用工服务机制，重点保障县内非公有制规模企业和新引进的重点企业用工。县各级企业用工服务协调机构应根据各类企业用工需求，制定实施相应服务用工工作方案，引导企业积极参与诚信用工承诺，鼓励“以工招工”，建立和扶持一批社会职介机构和职业技能培训基地，引导重点企业与职介机构签订战略合作协议，加强企业员工上岗前的职业技能培训，帮助企业提高员工素质。

五、服务方面

1. 巩固和扩大行政审批制度改革成果。各部门要继续完善告知承诺制、一审一核制、网上审批、重点项目代办、并联审批、企业联合年检、基建投资审批综合改革等制度，采取有效措施，不断提高政府部门促进投资、服务企业的效能。

2. 建立重点项目跟踪负责制。实行县以上重点项目有一个县领导挂包、一套工作班子、一笔前期经费、一个目标考核办法。招商引资单位派专人全程跟踪服务，协助项目业主做好项目筹建各项工作。

六、优惠方面

1. 凡符合国家产业政策、环保政策的固定资产投资1亿元以上的工业生产性项目和固定资产投资2000万元以上的新办农业产业化项目的生产厂房建设用地，土地征迁报批费用由县负责，办证费用由业主负责。

2. 固定资产投资1亿元以上的工业生产性项目在投资协议签订二年内建成投产的，在固定资产投资达国家规定的投资强度后按供地面积3.6万元/亩给予奖励。奖励资金用于该项目基础设施建设和新技术工艺的推广应用。

固定资产投资2000万元以上的新办农业产业化项目的生产厂房建设用地，项目业主竞得项目建设用地并缴清土地出让金和相关税费后动工建设一个月内，县政府按供地面积3.6万元/亩奖励企业，作为基础设施建设费用和“五新”技术的推广应用。

3. 固定资产投资1亿元以上的工业生产性项目在投资协议签订两年内建成投产，从投产之日起三年内，根据投资的企业实缴税收（指增值税、营业税、企业所得税、个人所得税）所形成的当年县级实得财力，第一年按100%额度予以奖励，第二、三年按50%额度予以奖励，作为投资企业技术改造、产品创新、扩大生产发展扶持资金。

固定资产投资2000万元以上的农业综合开发、农产品加工流通、农业产业化投资项目实现的企业所得税，按政策能免则免，由税务部门办理；不能免的企业所得税地方财政实得部分第一年按100%，第二、三年按50%由财政奖励。

4. 为让企业留住管理科技人才，在东部新城规划范围内集中安排一定面积的商住用地，通过挂牌方式出让给企业作为企业技术研发中心和高管人员及专家公寓综合楼建设用地。在工业项目建成达产后，工业企业通过挂牌方式取得商住用地，依法缴清土地出让价款及相关税费，在企业技术研发中心和高管人员及专家公寓综合楼按县政府规划要求动工建设后三个月内，县政府将商住用地出让溢价属县地方财政实得部分奖励给企业，用于扶持企业技术研发中心建设。

项目固定资产投资1亿—5亿元（含5亿元）、规划园区内投资强度达国家规定标准1倍以上、项目建成投产后三年内累计缴纳税收5万元/亩的企业配套5亩以内（含5亩）；

项目固定资产投资5亿–10亿元（含10亿元）、规划园区内投资强度达国家规定标准1.5倍以上、项目建成投产后3年内累计缴纳税收10万元/亩的企业配套10亩以内(含10亩）；

项目固定资产投资10亿元以上、规划园区内投资强度达国家规定标准2倍以上、项目建成投产后3年内累计缴纳税收15万元/亩的企业配套15亩以内（含15亩）。

以上商住用地两证办给企业，不得擅自转让、转租，确需转让的须经县政府同意并返还县政府给予的相关奖励资金。

七、其他方面

1. 对促进我县经济社会发展有突出贡献的投资者及其主要经营者，由县政府授予“大田县荣誉市民”称号。

对在“以商引商”培育产业集群，促进国家、省重大项目落户我县等方面做出突出贡献的县内外企业家和各界人士，由县政府聘请其为“大田县政府经济发展顾问”。

2. 促进人才引进。可实行“户口不迁、关系不转、来去自由”的人才引进政策，采取与高等院校和科研机构合作、聘请专家教授兼职等方式聚才引智，在公租房、限价房、子女入学等方面享受当地居民同等待遇。

把引进的人才纳入我县国家和省突出贡献专家、享受国务院特殊津贴专家、县级科学技术进步奖、劳动模范的选拔和评选范围。

八、附则

1. 本规定由县招商局负责解释。

2. 本规定固定资产投资指土地、机器设备购置费用和土建安装费用及勘探、设计等前期费用的实际投入，由县发改局牵头，县统计局、审计局、财政局、招商局共同确认。

3. 特大项目的优惠政策另行“一事一议”。

4. 签订合同必须在县政府法制办备案。

5. 本规定自2013年3月26日起执行，田委发〔2009〕4号文规定的投资优惠政策同时废止。本规定执行前签订的项目合作协议按原有优惠政策执行。

大田县人民政府
关于培育壮大货物运输业
发展的实施意见

田政文〔2013〕49号

各乡（镇）人民政府，县直有关单位：

为大力培育壮大公路货物运输业，推动“大县城商贸集中区”建设，促进我县货物运输产业加快发展，结合我县当前实际，对县政府出台的《大田县人民政府关于进一步扶持货物运输业发展的实施意见》（田政文〔2012〕46号）进行调整完善，提出如下实施意见：

一、进一步加大财税扶持力度

1. 鼓励新增货车落籍（联营）和非正常外挂车辆回迁本县。凡在本实施方案实施之日起与我县货运企业联营的新增货运车辆和主动办理回迁我县的非正常外挂车辆（以下简称外挂车），按两个档次实行奖励，即：核定吨位10吨以下的每辆奖励2000元，10吨以上（含10吨）的每辆奖励2500元。新购车户和外挂车回迁户持公安交管部门转籍证明、行驶证、营运证、身份证、银行卡复印件及（应携带原件核对）向县交通运输局申报。由县交通运输局根据申报情况进行审核、登记造册，出具审核意见，报送县财政局，县财政局审核并报县政府审批后予以拨付车辆所有人。

2. 支持壮大货运企业（货运公司、物流公司或车队）增加自有营业性货车总吨位。经公安交管、交通运输部门认定属货运企业新增购置的车辆，按其缴纳车辆购置税予以全额奖励，本县货运企业互相买卖、转让和联营车辆不予奖励。县财政局审核报县政府审批后予以拨付车辆所属货运企业。

3. 为了培植壮大我县货运企业，减少货运业税收流失，按规范组建具有一定规模的货运企业自有营业性货车产生的营运税收采取先征后奖政策，县财政对货运企业缴纳的税收收入县实得部分的85%进行奖励，其中奖励资金60%部分货运企业必须用于购买自有营业性货运车辆，以增加货运企业自有运输能力。缴纳的税收经税务机关确认，在货运企业提供新购车辆有效凭据后，县财政局审核并报县政府审批后予以拨付。

4. 与我县货运企业联营的运输车辆。县财政给予缴纳的税收收入县实得部分的75%奖励给车辆购置资金提供方，10%奖励给联营货运企业。由联营企业依联营协议、缴税凭证、行驶证、营运证、身份证、银行卡复印件，统一汇总，当月奖励，在次月20日前，缴纳的税收经税务机关确认，县财政局审核并报县政府审批后，由县财政局给予拨付。

5. 在税务窗口自行缴纳税收的个体运输户。县财政给予缴纳的税收收入县实得部分的50％进行奖励。由纳税人向税务机关提供行驶证、营运证、身份证、银行卡复印件，税务机关统一汇总，当月奖励，在次月20日前，缴纳的税收经税务机关确认，县财政局审核并报县政府审批后予以拨付车辆所有人。

6. 支持规范组建货运企业（货运公司或车队）。对经审核符合自开票纳税人条件的货运企业，可认定为自开票纳税人。对暂不具备自开票纳税人条件的货运企业，按现行税法规定执行。

7. 凡是贷款购买营运货车且加入规范组建货运企业的，由县财政给予贷款贴息（包括银行卡手续费）两年，其标准为不超过购车人贷款或刷卡当日各商业银行执行的中国人民银行同期贷款的基准利率。由有关货运企业持能证明购车人贷款购买营运货车的相关凭据，即：机动车登记证书、计（付）利息或计（付）银行卡手续费凭证、银行借据或刷卡单、借款合同或分期付款合同的复印件（应携带原件核对）、贷款银行确认证明等，到县财政局办理相关手续，由县财政局审核并报县政府审批后通过货运企业支付给购车人。

8. 鼓励货运企业对陈旧的营运货车进行报废更新，更新后新增运力享受同等优惠政策。

二、进一步加大信贷支持力度

1. 各金融机构要创新信贷产品，大力支持货物运输业发展。对规范组建的货运企业因发展运力、吸引外挂车回迁落籍需要融资，应予以提供优惠贷款支持。货运企业应按商业银行具体要求办理有关手续。各金融机构对货运企业信贷支持额度作为年终考核内容之一。

2. 县交通运输局、经贸局、非公办、汽车销售与物流协会要积极帮助协调货运企业贷款担保或联保等问题。探索组建专门的行业担保机构，为货运企业提供信贷担保服务。

三、进一步加大服务管理力度

1. 成立大田县扶持货物运输业发展协调小组，由县交通运输局牵头，公安交管、财政、税务、工商等部门配合，并充分发挥县汽车销售与物流协会的作用，认真抓好本实施意见的组织实施。各有关部门要从全县经济发展大局出发，增强服务意识，创新服务方式，提高服务质量，为我县货物运输业发展营造良好外部环境。

2. 各有关部门和单位要严格执行相关优惠政策，严禁任何部门向货运企业摊派收费。要加强对外挂车辆的认定，做好外挂车辆和新组建货运企业车辆的建档工作，建立外挂车辆登记与查询制度，对外挂车辆实施跟踪管理，尤其要防止本县车辆通过外挂再回迁以享受优惠政策，影响我县税费征管秩序。

3. 各乡（镇）要本着交通安全属地管理的原则，切实抓好辖区内道路交通安全管理工作。有煤炭、水泥和矿山企业等货源较充足的乡（镇）要积极协调相关企业使用本县运力，支持我县货物运输业发展。有条件的乡（镇）可以依靠社会力量或依托较大的企业组建货运企业，为当地企业提供运输服务。

4. 县公安交管部门对新增货车落籍和外挂车回迁要给予提供优惠和便利，对外迁车辆要按相关规定从严把关。县交通运管部门要把好运输企业市场准入关，规范运输企业经营行为；督促运输企业和个体运输业者严格执行车辆维护管理规定，对与我县货运企业联营的运输车辆在进行二级维护和检测时给予提供方便，并在相关收费方面给予优惠。县交通路政部门要以治理超限运输为契机，加大打击车辆非正常外挂行为及车辆超限超载处罚力度，维护运输市场秩序，保护合法经营。

5. 县税务部门要改变工作方式，加强税收征管。凡是按规定规范组建的货运企业，经审核可成为自开票纳税人，给予批准办理自开票纳税人；对暂不具备自开票纳税人条件的货运企业，按照法律法规的有关规定执行。为个体运输户纳税提供方便。县交通综合行政执法大队在办理车辆年度审验手续时要先检查车辆完税证明或免税证明，对不缴或未缴税收的车辆不予办理审验手续。鼓励承运我县煤炭、石灰石、铁矿石、水泥等地方产品的车辆使用本县的运输发票，并享受相关的优惠政策。

6. 货运企业要积极拓展货物运输业务，做到合法经营，依法纳税；要认真研究并采取优惠措施吸引社会零散货运车辆加入，不断增加运力总量，做大做强企业；要加强内部安全管理制度建设，落实各项安全管理责任制，努力实现安全生产。凡是享受奖励政策营运车辆，五年内不得转出到本县，县公安交管、交通运管部门、货运企业要严格把关，否则县财政将从货运企业如数追回其享受优惠政策的相关款项。

7. 各有关乡（镇）和部门要结合实际尽快研究制定落实本实施意见的具体措施和办法，确保县政府的决策部署落到实处，推动我县货物运输业健康快速发展。

四、其他

1. 本意见规定的奖励对象税收统计口径不含稽查补缴税款、滞纳金、退税款及与营业收入无关税收和非税收入。

2. 对企业、单位、个人在申请奖励资金过程中，有弄虚作假骗取、套取奖励资金等违法违纪行为的，政策主管部门、财政部门有权追回被骗取、套取的奖励资金，有关部门可依照《财政违法行为处罚处分条例》（国务院第427号令）的规定对当事企业、单位、个人予以处罚；构成犯罪的移交司法机关依法追究刑事责任。

本实施意见自下文之日起试行，试行期间遇国家税收政策调整按新税收政策执行。原县政府出台的田政文〔2012〕46号文不再执行。

2013年5月24日

大田县人民政府办公室 文件

大田县人民政府办公室关于抓紧妥善解决当前企业拖欠职工工资问题的紧急通知

田政办〔2013〕7号

各乡（镇）人民政府，县直有关单位：

最近一段时间来，我县各地不同程度出现企业拖欠职工工资现象，并多次引发部分职工集体上访。2013年春节将至，为确保企业职工在节前能够按时足额拿到工资，切实保障劳动者合法权益，维护社会安定稳定，根据国务院和省、市有关文件精神，结合我县实际，经县政府同意，现将有关事项和要求紧急通知如下：

一、明确工作责任。各乡（镇）政府、县直有关部门要进一步统一思想认识，从维护社会稳定大局的高度，按照属地管理、谁主管谁负责的原则，把解决企业拖欠职工工资问题作为当前一项重要任务来抓紧抓实。各乡（镇）政府要负责对本辖区内的企业拖欠工资情况进行排查，并对辖区内职工工资支付工作负总责。县人社部门要加强组织协调和督促检查，加大劳动监察执法和劳动争议调处力度，并协助各部门做好劳动者工资基数统计核实、监督发放等工作；县经贸、住建、交通运输、水利、环保、国土、林业、农业、农办、教育、电力、通信等部门负责对本行业在建施工项目的施工单位拖欠工资情况进行排查，督促拖欠工资的施工单位及时整改；县总工会要组织开展贯彻实施劳动保障法律法规情况的监督活动，指导基层工会、企业工会及时发现和处理欠薪问题，对用人单位拒绝改正违法行为的，要及时提请并协助有关部门处理。

二、开展专项检查。各乡（镇）政府要抓紧组织对本行政区域内所有企业和在建工程项目支付职工工资情况逐一排查，特别是矿山企业、来料加工小企业（鞋服、针织、电子等），发现拖欠工资问题或欠薪苗头及时督促企业妥善解决；对反映投诉的企业工资历史拖欠问题，也要认真加以解决。要加强行政司法联动，依据《刑法修正案（八）》及省人社厅《关于加强对拒不支付劳动报酬案件查处工作的通知》（闽人社〔2012〕205号）的有关规定，严厉打击欠薪逃匿行为。对涉及工资问题的举报投诉案件，要按照“快立、快查、快处”的要求，及时调查处理。对因拖欠工资问题引发的劳动争议，要按照“快立、快审、快结”的原则，及时纳入“绿色通道”快速进行调处。对已缴纳工资保证金的企业拖欠的工资，要及时动用工资保证金进行支付。

三、落实清偿主体。各类企业都应依法按时足额支付职工工资，不得拖欠或克扣。建设工程承包企业追回的拖欠工程款应当优先用于支付拖欠的职工工资。因建设单位或工程总承包企业未按合同约定与建设工程承包企业结清工程款，致使建设工程承包企业拖欠职工工资的，由建设单位或工程总承包企业先行垫付。因建设单位或工程总承包企业违反规定发包、分包给不具备用工主体资格的组织或个人，造成职工工资被拖欠的，由建设单位或工程总承包企业承担清偿责任。

四、加大清偿力度。对乡（镇）政府投资的工程项目拖欠的工程款，由乡（镇）政府负责限期清偿，涉及拖欠职工工资的应先行垫付。对房地产开发等项目拖欠的工程款，应督促建设单位限期还款，涉及拖欠职工工资的由建设单位先行垫付。对不具备还款能力的项目，可采取资产变现等措施筹措还款资金。各有关部门要及时准确地向人民法院提供建设单位拖欠工程款的信息，帮助建筑企业通过法律途径解决拖欠工程款问题。对已通过诉讼程序进入执行阶段的拖欠工程款，要配合支持人民法院加大执行力度。对监管责任不落实、工作不到位和政府工程项目拖欠工程款而导致拖欠工资问题引发群体性事件的，将对有关乡（镇）、部门和单位的相关责任人实行责任追究。

五、完善长效机制。各乡（镇）政府、县直有关部门要抓紧完善企业工资支付的相关政策规定，建立健全企业劳动保障守法诚信制度、工资支付监控制度；指导和督促各工程建设单位和招标代理单位严格按照《大田县人民政府办公室关于建立企业工资保证金制度实施意见的通知》（田政办〔2011〕138号）要求，把缴纳企业工资保证金列入施工招标文件和《施工合同》的必备条款，作为建设市场准入条件之一，切实发挥工资保证金的作用。县人社、住建、公安和工会等相关部门要进一步完善联动联查、协作办案、群防群治的工作机制，强化劳动监察执法，切实保障职工工资按月足额支付。要进一步规范建设工程分包行为，加强建设项目资金管理，从源头上防止发生拖欠工程款导致拖欠职工工资问题。对有拖欠工程款问题的房地产开发企业，一律不得批准其新开发建设项目和为其办理用地手续。对存在拖欠职工工资问题的工程施工企业，要依法对其市场准入、招投标资格和新开工项目施工许可等进行限制，并予以相应处罚。

六、健全应急体系。各乡（镇）政府、县直有关部门要按照“快速反应、赶赴现场、协调配合、控制局面、妥善处理”的原则，健全完善因拖欠克扣劳动者工资引发的群体性突发事件应急处置机制，加强组织领导，提高处置效能。对于拖欠时间长、涉及数额大、一时无法解决的拖欠工资，以及企业主欠薪逃匿的，可通过动用企业欠薪应急保障金等资金渠道先行垫付部分工资，或给予被拖欠工资的职工必要的生活救助，帮助其解决生活困难。

七、加强舆论宣传。各乡（镇）政府、县直有关部门要充分利用广播电视、板报专栏、网络媒体等现有宣传工具，广泛开展法律法规宣传，并组织力量深入各工程施工工地和其他使用职工较多的企业进行重点宣传教育，引导企业依法支付工资和职工依法理性维权，防止职工因讨薪而发生违法犯罪的行为。要进一步畅通举报投诉渠道，向社会公布职工维权投诉电话和地址。各乡（镇）政府、县直有关部门要指定专人负责此项工作（具体人员名单和联系方式于1月20日前上报县劳动保障监察大队，联系电话7227799，邮箱dtldjc@163.com），并做好值班安排，发现问题及时报告并及时妥善处置，确保我县春节期间社会安定稳定。

2013年1月16日

大田县人民政府办公室关于进一步完善机关事业社会养老保险政策的通知

田政办〔2013〕14号

各乡（镇）人民政府，县直各单位：

为进一步完善我县机关事业社会养老保险政策，根据省劳动厅、省财政厅《关于贯彻〈福建省人民政府办公厅关于省直机关事业单位工作人员养老保险有关问题的通知〉的实施意见》（闽劳社〔2002〕36号），省劳动社会保障厅《关于省直机关事业单位职工养老保险有关问题的补充通知》（闽劳社文〔2008〕185号）、《关于进一步完善省直机关事业单位养老保险政策有关问题的通知》（闽劳社文〔2009〕179号），省人社厅《关于本省企业和机关事业单位之间流动参保人员养老保险关系转移接续问题的通知》（闽人社文〔2010〕346号）和县政府办《转发县劳动和社会保障局等部门关于大田县机关事业单位工作人员养老保险有关问题的实施意见的通知》（田政办〔2003〕66号）等有关文件精神及规定，经县政府同意，现就有关事项通知如下：

一、由机关事业单位流动到企业以及在不同机关社保统筹经办机构之间流动的参保人员，应办理养老保险关系转移接续手续。基金转移标准为：

（一）关于统筹基金转移。统一按本人1998年1月1日后各年度实际缴费工资12%的总和转移。

（二）关于个人账户转移。1998年1月1日以前，转移个人缴费部分的本息；1998年1月1日至2005年12月31日，按11%个人账户规模（含利息，下同）转移；2006年1月1日以后，统一按8%个人账户规模转移。

欠缴养老保险费的单位和个人，在办理基金转移时应先补清所欠的单位和个人应缴纳的养老保险费，否则不能办理转移手续。

二、从2013年1月1日起，参加机关事业社会养老保险的离退休人员养老金暂不作为单位缴费基数。

三、参加机关事业社会养老保险的人员未按规定套改档案工资的，退休时应按规定重新套改档案工资。实际缴费工资低于重新套改后档案工资的，应按规定一次性补缴足相应的养老保险费。

四、因单位主体不存在而进行机关事业社会养老保险金清偿预留的，单位应对距法定退休年龄不足5年的内退人员，按本人最新缴费工资为基数，一次性预缴至法定退休年龄时的养老保险费，同时按规定标准办理养老金清偿预留。若单位以其本人最新缴费工资为基数、按每年递增10%一次性预缴养老保险费至法定退休年龄，其到达法定退休年龄前可按国家和省有关规定调整在职档案工资，办理退休时可按调整后的档案工资作为基数计发养老金。

五、机关事业社会养老保险金支付项目为：①基本离退休（退职）费；②生活补贴费；③丧葬费。

六、本通知下发后过去的规定与本通知意见不一致的，以本通知为准，今后国家和省市有新规定的，按新规定执行。

2013年1月31日

大田县人民政府办公室关于下达2013年住房保障工作目标任务的通知

田政办〔2013〕39号

各有关乡（镇）人民政府，县直有关单位：

根据《三明市人民政府办公室关于下达2013年住房保障工作目标任务的通知》（明政办〔2013〕32号）要求，为确保目标任务的全面完成，结合我县实际情况，现将我县保障性住房建设任务分解下达你们，请按要求抓好落实。

一、目标任务

开工建设保障性住房、棚户区改造住房共1426套（户）。其中实物建设任务1376

套，实物建设任务是廉租房60套、公共租赁房993套、限价商品房200套，棚户区改造58套，垦区危旧房改造65户。基本建成保障性住房、棚户区改造住房共672套（户），新增发放廉租住房租赁补贴50户。

以上任务细分详见附件。

二、工作要求

各有关单位要确保按时足额提供要素保障，为项目建设节约时间、赢得主动，确保项目工程早开工、早竣工。

（一）足额筹措资金。在财政预算安排中优先安排保障性安居工程建设资金。按规定从土地收让收入、公积金增值收益中足额提取住房保障建设资金。按要求积极争取上级各类住房保障补助资金。

（二）确保用地供应。在新增用地计划中，单列保障性安居工程建设用地，确保净地供应。

（三）加快项目建设。确保所有新开工项目于2013年6月完善手续并全面开工建设，年底前完成下达的基本建成任务。严格执行招投标管理规定，加强工程监督管理，确保质量安全。

（四）规范管理工作。健全层级管理机构和实施机构。强化招投标管理，防止围标、串标和非法转分包行为；规范供地行为，落实净地供应政策；严格资金监管，确保资金落到实处；完善价格监审，严格控制保障房销售价格；加强资产管理，避免国有资产流失；进一步落实多部门联合审查机制，确保分配公平。

附件：2013年大田县保障性安居工程目标任务分解表

2013年3月26日

大田县人民政府办公室关于落实省、市促进工贸企业稳定增长措施的通知

田政办〔2013〕71号

各乡（镇）人民政府，县直有关单位：

进一步落实稳增长政策措施，把握稳中求进工作总基调，加快转变经济发展方式，推动产业转型升级，确保实现全年目标，根据省政府《关于进一步促进工贸企业稳定增长六项措施的通知》(闽政发明电〔2013〕1号)、《关于进一步促进工贸企业稳定增长补充措施的通知》（闽政发明电〔2013〕3号）和市政府办公室《关于贯彻落实省促进工贸企业稳定增长措施的通知》（明政办〔2013〕63号）精神，经县政府同意，结合我县实际制定贯彻落实意见，现将有关事项通知如下：

一、强化政策宣传贯彻。对省、市出台的有关促进工业经济发展的政策措施，各乡（镇）、县直有关部门要认真研究，有针对性地做好宣传贯彻，将上级的扶持政策和鼓励措施宣传落实到每家工业企业。并指导企业用好用足相关政策措施，确保出台的各项稳定增长措施落实到位，鼓励企业多接单、多生产，支持企业开拓国内、国际市场，促进全县工贸企业稳定增长。

二、鼓励企业增产增效。2013年，省级财政一次性安排2亿元用于奖励有市场、有效益的企业扩大生产。对2012年已缴税金（含政策性税收优惠及退税部分）达120万元以上，且2013年季度用电量在150万千瓦小时以上的制造业企业，根据企业季度工业产值同比增长15%—30%、30%及以上分档，分别按季度同比新增用电量每千瓦时给予0.05元、0.1元奖励，对单家企业奖励不超过150万元；新投产企业奖励电量和已缴税金均按30%折算。由县经贸局会同财政、税务、统计、电力等部门对符合条件的企业进行初审后，根据省、市文件精神将应奖企业的相关材料审核报送市经贸委及相关部门，积极向上争取奖励资金。对于符合省上用电补贴条件的制造业企业除享受省上补助政策外，由县财政安排专项资金，按省上文件规定档次分别再给予每度电价补贴0.025元、0.05元的配套奖励。

根据水电资源情况，适时调整用电峰谷时段，鼓励部分有市场、有效益、高载能产品企业错峰生产。从二季度开始，省上将对电价趸售区选取特定行业执行延长用电谷时段2小时，相应缩短用电平时段的措施。

三、执行丰、弃水期电价。充分利用我

县丰富的水电资源，对符合产业政策的铁合金冶炼和结晶硅生产企业执行丰弃水期电价，鼓励企业多生产、多用电。本次弃水期电价优惠政策执行时间为2013年1月至6月。全省符合产业政策的企业累计用电量在7亿千瓦时及以下时100%执行弃水期电价，超过7亿千瓦时部分执行丰水期电价(两部制电价)。生产过程中，各企业1—3月的电量，先按县大工业电价（两部制电价）结算电费，暂不予以退补；4—5月的电量，全额按照弃水期电价（单一制电价）结算电费。待6月底将全省符合产业政策的企业1—6月累计电量统计后，由省电力公司、华电福建公司根据丰、弃水期电价电量结算比例进行统一清算。

四、持续加大技改投入。2013年省级财政安排3亿元技改专项资金，围绕《福建省企业技术改造专项行动计划》确定的重点任务，滚动实施500个“百项千亿”重点技改项目,优先支持具备发展后劲、适应市场需求、社会贡献大以及年内可投产的项目。对2012年已缴税金(含政策性税收优惠及退税部分)达150万元以上的项目承担企业，按项目建设期内银行贷款实际发生额或技术设备投资额的5%给予贴息或补助，单个项目不超过500万元。

（一）项目申请条件：（1）由经贸部门备案（审批或核准）且已开工建设；（2）项目建设期内银行贷款实际发生额不低于2000万元或设备技术投资额不低于1000万元。

（二）项目申报材料：（1）福建省企业技术改造专项资金申请表;（2)项目备案(审批或核准）文件；（3）省财政厅、审计厅确认的优选中介机构库的会计师（审计师）事务所出具的银行贷款专项审计报告或购置主要设备及技术专项审计报告；（4）税务机关出具的企业已缴税金证明材料；（5）企业法人营业执照复印件及有特殊规定的文件。以上申报材料中的资金申请表及审计报告格式可在省经贸委门户网站下载。

（三）项目按属地原则申报。各单位可在8月31日前分批次申报，省技术改造专项资金安排实行成熟一批、下达一批，组织审核后分批下达。

(四)根据技术改造专项资金年度规模，资金安排以年内投产为优先原则，项目原则上不超过连续两年安排。当年已由中央和省级财政其他专项资金补助的项目原则上不重复安排。

（五）对于符合省上技改贴息或补助条件的制造业工业企业，除享受省上贴息或补助政策外，由县财政安排专项资金，按省上文件规定档次分别再给予建设期内银行贷款实际发生额或技术设备投资额的1%给予贴息或补助（单个项目不超过100万元）的配套奖励。

五、进一步减轻企业负担。继续执行省、市出台的房产税、土地使用税和计量表检定费、江海堤防工程维护费等费用优惠政策。

（一）继续执行涉及工业企业、外贸流通性企业房产税、土地使用税等暂缓征收政策，并将暂缓征收调整为“即征即奖”方式，支持企业转型升级技术改造和扩大先进产能等，单家企业年度奖励金额不超过500万元；属于国家发展改革委《产业结构调整指导目录(2011年本)》中限制或淘汰类、项目用地未按时开发、不符合国家产业政策和清洁生产要求，不符合污染物总量控制目标的高耗能、高污染和未完成当年淘汰落后产能任务等企业项目，以及项目建设用地未达到《福建省工业项目建设用地控制指标》（闽国土资综〔2008〕199号）要求的企业，不享受优惠政策。

1.申报时间：2011年11月以来暂缓征收和已入库的企业房产税、土地使用税，以及2013年一、二季度暂缓征收的企业房产税、土地使用税申报时间为2013年7月30日前；2013年三季度申报时间为10月30日前；2013年四季度申报时间为2014年1月30日前。

2.申报材料：（1）申请报告；（2）税收征收奖励资金审核表（见附件）；（3）税务部门出具的纳税证明(原件);（4)按照“谁审批谁负责”的原则，由企业所属地经贸或发改部门出具的是否符合产业发展“即征即奖”的证明；（5）国土部门出具的企业项目建设用地是否达到《福建省工业项目建设用地控制指标》要求的证明；（6）环保部门出具的企业项目环评意见；（7）项目审批、核准或备案文件（复印件）。申请材料一式三份，并按以上顺序装订成册。

3. 奖励办法：具体由县经贸局负责受理并按规定程序报批后予以兑现。审批材料由经贸、地税、财政部门各留存一份。

（二）对涉及工业企业、外贸流通性企业的电能表检定费、水表检定费、煤气表检定费、医疗卫生计量器检定费、压力表检定费、电子秤检定费等费用，按照现行标准的70%征收。具体由县质监局落实。

（三）将江海堤防工程维护费由原来按照工业企业、外贸流通企业上年销售收入或营业收入的0.9‰改为按照流转税额的0.9‰征收。具体由县地税局、财政局、水利局落实。

六、推动企业转型升级。2013年全省继续调剂燃气电厂气量不少于10万吨左右，支持陶瓷、玻璃、石化等行业企业组织调整能源结构，实现天然气替代，加快企业技术改造，推动产业转型升级。具体由县经贸局落实。

七、支持县内采矿、选矿企业发展。《大田县人民政府关于扶持采矿、选矿企业发展的实施意见》（田政文〔2012〕72号）有关扶持政策继续执行至2013年底。

八、鼓励工业企业、建筑业采购县内工业产品。支持工业企业进入国内外大型零售企业采购供应商目录。对于获得省上奖励的装备制造业龙头企业、工业企业，县财政分别再给予其获得奖励金额30%的奖励。县内各类工程项目在原材料采购中应优先使用县内工业产品。对不使用县内工业产品的工程项目，县政府将视情取消其相应的各项政策优惠。

各乡（镇）人民政府应认真贯彻落实省、市、县扶持工贸企业政策措施，及时安排好辖区内符合条件的企业积极申报各类奖励、补助材料，发挥好政策叠加效应，促进企业稳定增长。

本通知从2013年1月1日起执行，执行时间暂定至2013年底。

附件：房产税土地使用税征收奖励资金审核表

2013年5月28日

屏山荣园栈道（茶业局提供）

统计资料

编辑：魏庆赐

经济统计资料

【国民经济和社会发展情况】

2013 年大田县国民经济和社会发展情况

表 26

项　　目	单 位	2013 年	增长（%）
一、综合	—	—	—
大田县生产总值（GDP）	亿元	135.30	10.80
其中：第一产业	亿元	24.97	4.90
第二产业	亿元	73.04	13.70
第三产业	亿元	37.29	8.30
人均生产总值	万元	4.35	9.69
第三产业占全县生产总值比重	%	27.56	-0.24
二、农业	—	—	—
农林牧渔业总产值	亿元	41.81	5.10
其中：农业产值	亿元	26.30	4.40
林业产值	亿元	7.11	7.80
牧业产值	亿元	7.14	5.00
渔业产值	亿元	1.00	5.80
农林牧渔服务业	亿元	0.27	4.60
粮食产量	万吨	11.80	1.50
甘蔗产量	万吨	2.20	-2.00
烟叶产量	万吨	0.38	6.40
蔬菜瓜果类产量	万吨	54.64	5.70
油料作物产量	万吨	0.19	4.00
水产品产量	万吨	0.59	5.30
其中：淡水养殖	万吨	0.59	5.30
肉蛋奶总产量	万吨	2.56	23.00
生猪出栏数	万头	20.65	0.80
羊出栏数	万头	2.01	6.80

续表 26

项　　目	单 位	2013 年	增长（%）
家禽出栏数	万只	139.85	8.10
农民人均纯收入	元	10682.00	13.10
三、工业	—	—	—
工业总产值	亿元	230.35	-0.62
其中：规模以上工业产值	亿元	230.35	-0.62
四、邮政业务总量	万元	1849.00	11.70
五、固定资产投资（不含农户）	亿元	157.73	31.58
六、社会消费品零售总额	亿元	34.27	14.60
七、财政、金融	—	—	—
（一）地方公共财政收入	亿元	7.39	10.30
（二）地方公共财政支出	亿元	16.52	23.60
（三）本外币存款余额	亿元	76.05	6.10
（四）本外币贷款余额	亿元	66.04	21.00
八、文化、教育、卫生	—	—	—
小学在校学生数	人	21295	7.00
普通中学在校学生数	人	13498	-7.00
医院床位数	张	1206	-2.70
卫生技术人员	人	895	-7.00
九、劳动工资	—	—	—
单位从业人员	人	21381	3.10
其中：国有	人	11458	-5.60
城镇集体	人	4513	78.50
其他	人	5410	-11.00
单位从业人员全年平均劳动报酬	元	40420.00	10.80
其中：国有	元	45021.00	10.40
城镇集体	元	39203.00	-6.60
其他	元	31828.00	7.10
十、人口	—	—	—
总 户 数	户	100175	-0.10
总 人 口	人	373529	1.20
其中：城镇人口	人	90602	0.80
非城镇人口	人	282927	1.30
出生人数（以计生为准）	人	6865	12.00
出生率（以计生为准）	‰	18.38	1.78
死亡人数（以计生为准）	人	3085	1.35
死亡率（以计生为准）	‰	8.26	0.01
自然增长率（以计生为准）	‰	10.12	1.77

（黄初齐）

【规模以上工业企业主要经济效益指标】

2013年大田县规模以上工业企业主要经济效益指标情况

表27

项目	单位	2013年	增长（%）
产品销售收入	亿元	258.30	10.10
利税总额	亿元	14.13	1.60
其中：税金	亿元	8.79	4.00
利润	亿元	5.34	-2.20
亏损企业数	个	27	—
亏损总额	亿元	0.78	-4.70
产销率	%	98.77	-0.18
总资产贡献率	%	19.33	-1.54
成本费用利润率	%	2.14	-0.33
资本保值增值率	%	101.26	-11.19
劳动生产率	万元/人、年	48.00	22.11
流动资产周转	次数/年	6.77	-0.23
资产负债率	%	58.90	1.89
综合指数	%	440.80	15.69

4月25日，福建省第一批省级科技型企业华伦特重工有限公司举行技术研发中心开工奠基仪式。（桃源镇党政办提供）

大田县申报“中央苏区县”专记

为了恢复大田在土地革命时期的历史地位，体现党的实事求是精神，以告慰革命先烈，同时激发大田人民牢记革命历史，继承和发扬革命传统，促进我县经济社会科学发展跨越发展，根据中共三明市委的工作部署，于2009年特别是2011年大田县全面启动申报中央苏区县工作。在省委、省政府和市委、市政府以及县委、县政府的高度重视下，在中央、省、市委党史研究室的精心指导下，在县直有关部门和乡镇的密切配合下，经过县“申苏”工作领导小组特别是县委党史研究室全体成员的不懈努力与坚持，“申苏”工作取得圆满成功。2013年7月，中央党史研究室正式确认大田县为原中央苏区范围，享受国务院《赣闽粤原中央苏区振兴发展规划》的各项优惠政策。

2009年7月14日，县委、县政府成立大田县申报苏区县及争取老区政策工作领导小组，县委书记赵荣生任组长，县委常委、常务副县长熊旭明，县委常委、统战部部长张英跃，副县长陈庆建任副组长；2011年10月9日，调整大田县“申苏”工作领导小组组成人员，县委书记赵荣生任组长，县委副书记、县长汤俊生任第一副组长，县委常委统战部长江太生、县政府副县长谢军任副组长；2011年12月31日，县委常委（扩大）会议，增补县人大常委会副主任郑宜堆、县政协副主席张友生为“申苏”工作领导小组副组长。

2011年10月，县委书记赵荣生多次主持召开会议，贯彻落实市委申苏工作部署，专题研究大田县申报中央苏区县有关事宜；党史室廖舒静、杨连益、郑晓婷等赴南京中国第二历史档案馆、南京图书馆、古籍书店，从《中华民国史档案资料汇编》《中央周刊》等查阅到申苏重要档案资料，查阅到关于大田县1929年建立党组织的三条重要佐证资料；10日，县委书记赵荣生、县委常委统战部长江太生一行到省委党史室、省老区办专题汇报大田“申苏”工作，省老区办主任罗万荷、省委党史研究室副主任巩玉闽、一处处长王盛泽、二处处长黄超凡分别对大田“申苏”工作提出指导意见；11日，大田县申报中央苏区范围攻坚工作领导小组会议召开，研究工作；12日，市委常委、秘书长余红胜率大田等五个“申苏”县主要领导和党史室负责人赴中央党史研究室专题汇报“申苏”工作。

2011年12月8日至9日，省委党史研究室原副主任林强，市委常委、秘书长余红胜一行考察调研大田申苏工作，考察武陵乡、屏山乡革命遗址、遗迹。

2012年1月，大田县人民政府发布公告征集革命文物。屏山乡蒋山村涂业捐献“德化县路口乡苏维埃政府”印章一枚；屏山乡美阳村郭孝汆捐献济屏乡苏维埃政府筹备会记录稿、苏维埃政府组成人员名单、分田清册、朱德赠送的书箱、旗帜等革命文物。

2012年2月16日，《中共大田县委大田县人民政府关于申请确认大田县属于原中央苏区范围请示及附件》正式定稿，并送达省委党史研究室转送中央党史研究室；17日，省政府副省长倪岳峰到大田调研，专题听取大田县委县政府关于“申苏”工作汇报。副省长倪岳峰表示要尽全力为大田申苏协调解决问题，并亲自审阅《中共大田县委大田县人民政府关于申请确认大田县属于原中央苏区范围请示及附件》《“申苏”简讯》《中国苏维埃》《呈阅件》等。副省长倪岳峰还协助协调省委党史研究室、省老区办为大田单独出具转报请示文件；28 日，省委党史研究室向中央党史研究室转报《中共大田县委、大田县人民政府关于请求确认大田县为中央苏区范围的请示》（闽委史〔2012〕13 号）。省政府副省长倪岳峰亲赴中央党史研究室呈送闽委史〔2012〕13 号文件及附件材料，并专题汇报大田“申苏”工作及佐证情况。

2012 年 4 月，朱德旧居、中共大田特区委旧址、谢武乡苏维埃政府旧址—武陵乡百束村林笏隆烈士故居修缮完成。22 日，县委书记赵荣生参加三明“申苏”座谈会后，主持召开县委专题会议，安排部署中央党史研究室副主任李忠杰到我县考察调研准备工作，审定大田中央苏区革命历史流动展板内容，审核“申苏”专题片《红动大田》；23 日，中央党史研究室副主任李忠杰在市委书记黄琪玉，市委常委、秘书长余红胜，市委党史研究室主任王仁荣等陪同下到我县调研申报中央苏区范围工作；29 日，中央党史研究室原副主任石仲泉、省委党史研究室原副主任林强在市委党史研究室主任王仁荣等陪同下到大田县考察申苏工作。赵荣生汇报大田“申苏”工作以及重要佐证材料，廖舒静介绍大田中央苏区革命斗争历史基本情况。

2012 年 5 月，在大田县桃源镇广汤村发现一枚红军手雷；江太生到大田建党创始人、革命烈士叶炎煌故居考察；赴龙岩长汀，向参加“福建省苏维埃政府成立 80 周年纪念大会”的中央党史研究室专家领导汇报大田申苏工作进展情况，听取指导意见。

2012 年 6 月，以市委党史研究室主任王仁荣为组长的“中央红军村”命名考核组一行，到武陵乡百束村、均溪镇玉田村考察调研命名工作；省委党史研究室副主任郑龙一行到建设镇红军标语房及红军墓、均溪镇红四军指挥部旧址、玉田乡苏维埃政府旧址、马路岭炮楼战斗遗址、桃源镇东坂村红九军团驻扎地旧址、彭德怀元帅旧居郑氏祖祠考察。

2012 年 7 月，江太生拜会革命烈士叶炎煌的孙子叶伟忠、孙媳林怡新，了解叶炎煌烈士革命事迹；县委党史研究室发现日文版《中国苏维埃运动的研究》一书，在《苏维埃运动区域现状》一个篇章中，大田被列入闽西苏维埃范围，为确认大田属于中央苏区范围提供有力佐证。

2012 年 8 月，大田中央苏区革命历史陈列馆布展工作全面完成，制作完成《大田县委、大田县人民政府关于申请确认大田属于原中央苏区范围请示及附件》补充材料并寄呈中央党史研究室；大田革命先烈叶炎煌之孙叶伟忠一家返乡恳亲，参观大田中央苏区革命历史陈列馆、红四军指挥部旧址、红军井以及叶炎煌烈士故居陈列馆；江太生、廖舒静到福州，向中央党史研究室第一研究部副主任李蓉专题汇报大田“申苏”工作又一重大发现——日文版秘密等级《中国苏维埃运动的研究》，资料记载大田是闽西北革命根据地；23 日，省政府副省长倪岳峰在有关材料上作重要批示：“据省委党史研究室反馈，从目前申报中央苏区县报送的材料看，大田县的工作比较细致、材料比较扎实，名列申报县的前列”；25—26 日，林强到大田指导“申苏“工作，参观考察大田中央苏区革命历史陈列馆、叶炎煌烈士故居、武陵乡百束村林笏隆烈士故居、湖美乡高才村苏维埃政府旧址、北上抗日先遣队驻扎地旧址等，应邀为大田县委中心组学习（扩大）会作《历史选择了中国共产党》的专题讲座。

2012 年 9 月，大田县确定中国工农红军第四军指挥部旧址、红军井、集美职业学校旧址、中国工农红军第四军驻扎地旧址（屏山乡万应庙）、高才乡苏维埃政府遗址、龙门战斗遗址、文韬乡苏维埃政府旧址、大田中央苏区革命历史陈列馆、红九军团驻扎地旧址暨三民乡苏维埃政府旧址、叶炎煌烈士故居等 9 处革命遗址遗迹为县级“爱国主义教育基地”；大田县均溪镇玉田村被命名为三明市首批“中央红军村”；19 日，大田中央苏区革命历史陈列馆揭牌，省委党史研究室主任逄立左，市委常委、秘书长余红胜为陈列馆揭牌并讲话。余红胜还深入“中央红军村”玉田村调研，并就红色文化宣传、教育、红色旅游开发等工作提出具体要求。

2013 年 2 月 26 日，县委常委扩大会充分肯定“申苏”工作成效，并对中央红军村推进工作提出具体意见；3月2日，在均溪镇玉田村举行“中央红军村”揭牌仪式；5月28日，三明市委书记邓本元到武陵乡考察调研闽中工委会址及大田革命历史纪念馆，对加快老区苏区发展提出具体指导意见；7月11日，召开闽中工委会址保护与利用现场办公会议；7月23日，中央党史研究室《关于原中央苏区范围认定的有关情况》(中史字〔2013〕51号)发布，确认大田县属于原中央苏区范围，大田“申苏”工作圆满成功。

大田“申苏”大功告成，这是一项功在当代、利在千秋、承传先贤、惠泽后世的千秋大业、不朽史业，在大田历史上，将写下厚重的一笔。确认大田县属于原中央苏区范围，恢复了大田在土地革命时期的历史地位，将给大田老区苏区人民极大政治荣誉，必将激发大田人民牢记革命历史，发扬革命传统，在全面建设小康社会的伟大进程中争取更大的成就。同时，也有利于各级政府对原中央苏区县扶持政策的落实。

在申报中央苏区县过程中，大田县“申苏”工作团队团结协作，攻坚克难，有序推进，圆满完成工作任务，受到省、市、县充分肯定。2013年11月，三明市委、市政府《关于表彰申报“中央苏区县”工作先进集体和先进工作者的决定》（明委〔2013〕37号），表彰大田县委党史研究室为先进集体，荣记集体三等功；表彰江太生、廖舒静、杨连益、郑晓婷四位同志为先进工作者。12月，《红色大田·绿色发展》出版发行，市委副书记余红胜作序。该书记录大田“申苏”工作历程，展示大田红色文化遗存，提出红色大田、绿色发展格局。2014年1月，大田县委、县政府做出《关于表彰申报“中央苏区县”工作先进集体、先进工作者和积极分子的决定》（田委〔2014〕1号），授予中共大田县委党史研究室等10个单位为“申报‘中央苏区县’先进集体”、廖舒静等29人为“申报‘中央苏区县’先进工作者”、郑仁水等20人为“申报‘中央苏区县’积极分子”荣誉称号。

（中共大田县委党史研究室）

附 录

□ 编辑：涂庆南

教育 文化 卫生单位名录

【主要教育单位名录】

2013 年大田县主要教育单位名录

表 28

名 称	类型	地 址	电 话	负责人
大田县教育局	教育	均溪镇玉山路 12 号	7222064	蔡建峰
教师进修学校		均溪镇玉山路 12 号	7237838	林再生
福建电大工作站	教育	均溪镇玉山路 12 号	7233968	俞建营
大田一中	高中	均溪镇文山路 17 号	7223612	颜良重
大田二中	完中	建设镇建设村 272 号	7408219	郑兴民
大田三中	完中	桃源镇桃源街 108 号	7382819	林照斌（主持）
大田四中	初中	吴山乡吴山新村 161 号	7328007	柯文炳
大田五中	完中	均溪镇天山路 43 号	7266826	连青阳
大田六中	初中	均溪镇白岩山南路 116 号	7335006	田剑锋
大田职专	职专	均溪镇福田路 160 号	7223634	林凤瑮
大田鸿图中学	民办完中	均溪镇白岩山南路 118 号	7305366	余真毅
石牌初级中学	初中	石牌镇石牌村 46 号	7249666	郑承国
上京初级中学	初中	上京镇上京村京南路 4 号	7363103	吴成本
太华初级中学	初中	太华镇群团村	7391390	郭兆志
广平初级中学	初中	广平镇五峰村 151 号	7416386	余志味
奇韬初级中学	初中	奇韬镇奇韬村 399 号	7438122	陈育海
文江初级中学	初中	文江乡文江村 162 号	7458005	郑宝珍
梅山初级中学	初中	梅山乡龙际路 003 号	7468005	陈春买
湖美初级中学	初中	湖美乡湖美街 22 号	7488013	颜全圣
华兴初级中学	初中	华兴乡华兴街 6 号	7232212	章志钢
武陵初级中学	初中	武陵乡宏图街 44 号	7358023	刘永志
柯坑初级中学	初中	上京镇柯坑村	7366250	池上裕
实验小学	小学	均溪镇文山路 8 号	7240909	吴建玲
城关第一小学	小学	均溪镇雪山北路 58 号	7226693	杜肆贰

续表 28

名 称	类型	地 址	电 话	负责人
城关第二小学	小学	均溪镇玉山路 22 号	7322688	吴生煌
城关第三小学	小学	均溪镇福田路 22 号	7333189	陈光养
均溪中心小学	小学	均溪镇温镇村 53 号	7201999	徐明煦
石牌中心小学	小学	石牌镇石牌村 061 号	7242939	叶建穗
上京中心小学	小学	上京镇上京村 90 号	7363027	郑超胜
桃源中心小学	小学	桃源镇桃源村 4 号	7382961	郑得星
太华中心小学	小学	太华镇太华村 36 号	7391131	苏元炜
建设中心小学	小学	建设镇建设村 274 号	7408112	肖方信（主持）
广平中心小学	小学	广平镇广平村 133 号	7416838	林其渊
奇韬中心小学	小学	奇韬镇奇韬村 399 号	7438133	程传章
文江中心小学	小学	文江乡文江村 175 号	7458977	林 泉
梅山中心小学	小学	梅山乡梅秀新街 246 号	7408612	施生劲
前坪中心小学	九年一贯制	前坪乡黎明村 8 号	7478596	郭守寨
湖美中心小学	小学	湖美乡湖美街 19 号	7488016	廖明嵩
华兴中心小学	小学	华兴乡华安村 4 号	7232212	陈仁稳
屏山中心小学	九年一贯制	屏山乡屏山村兴屏路 2 号	7308256	陈联生
吴山中心小学	小学	吴山乡吴山村 163 号	7328001	柯传琦
济阳中心小学	九年一贯制	济阳乡济阳村 14 号	7348820	章赞扬
谢洋中心小学	九年一贯制	谢洋乡谢洋村文兴路 14 号	7338158	涂振接
武陵中心小学	小学	武陵乡宏图街 11 号	7358033	柳成铭
柯坑中心小学	小学	上京镇柯坑村	7366278	叶聿祥
实验幼儿园	幼儿园	均溪镇前山路 33 号	7226966	王雯君
特殊教育学校	特校	均溪镇玉山路 12 号	7335399	林秀梅
青少年学生校外活动中心	校外活动中心	均溪镇玉山路 12 号	7231606	林芳锃

（陈吉胜）

【主要文化单位名录】

2013 年大田县主要文化单位名录

表 29

名称	类型	地址	电话	负责人
大田县文体广电出版局	文化	大田县建山路 14 号	0598-7222157	林春忠
大田县文化馆	文化	大田县建山路 14 号	0598-7222012	连福石
大田县博物馆	文化	大田县建山路 14 号	0598-7230968	陈其忠
大田图书馆	文化	大田县文山路 9 号	0598-7222216	姜彩云
大田县少体校	体育	大田县银山北路 2 号	0598-722215	王建民
大田县影剧院	文化	大田县建山路 14 号	0598-7226211	林乐朝
大田县文联	文化	大田县凤山西路 40 号	0598-7222093	乐加固（兼）

（严序雄）

【主要卫生单位名录】

2013年大田县主要卫生单位名录

表30

名　称	类型	地 址	电　话	负责人
大田县卫生局	卫生	建山路19号	7222132	陈永晶
大田县医院	卫生	雪山北路180号	7222137	林其汉
大田县中医院	卫生	建山路69号	7222047	高石麟
大田县疾病预防控制中心（县卫生监督所）	卫生	南山路150号	7222017	郑雪珍
大田县妇幼保健院	卫生	建山路8号	7222038	林大平
大田县卫生进修学校	教育	建山路19号	7222312	陈小忠
大田县均溪社区卫生服务中心	卫生	建山路17号	7222085	陈小忠
大田县石牌卫生院	卫生	石牌镇石牌街62号	7242970	施发珏
大田县桃源中心卫生院	卫生	桃源镇桃源村81号	7382377	陈瑞华
大田县上京卫生院	卫生	上京镇京南路5号	7363105	肖佳篇
大田县太华卫生院	卫生	太华镇太华村42号	7391350	詹光治
大田县建设中心卫生院	卫生	建设镇建设街273号	7408159	涂黎明
大田县广平卫生院	卫生	广平镇五峰村148号	7416368	蒋联义
大田县奇韬卫生院	卫生	奇韬镇奇韬村372号	7438113	郑爱华
大田县文江卫生院	卫生	文江乡文江新村40号	7458095	李凤培
大田县梅山卫生院	卫生	梅山乡龙际路14号	7468008	陈加文
大田县前坪卫生院	卫生	前坪乡红萍路15号	7478178	郑启红
大田县湖美卫生院	卫生	湖美乡仁美村18号	7488008	杨连张
大田县华兴卫生院	卫生	华兴乡华兴街7号	7335769	吴昌贺
大田县屏山卫生院	卫生	屏山乡兴屏路41号	7308224	苏庆棋
大田县武陵卫生院	卫生	武陵乡宏图街10号	7358031	高加堘
大田县吴山卫生院	卫生	吴山乡吴山村15号	7328191	杨连熠
大田县济阳卫生院	卫生	济阳乡新街12号	7437120	林生军
大田县谢洋卫生院	卫生	谢洋乡文兴路18号	7338008	林起庙
大田县民生医院	卫生	建设镇建设街	7409066	陈生前
大田县协和医院	卫生	建山路206号	7222088	郑 昌
大田县东南医院	卫生	凤山东路80号	7231938	林传权
大田县平安医院	卫生	建山路231号	13385085765	余育承

（郭曾荣）

企业名录

【部分工业企业名录】

表 31

企业名称	企业类型	法定代表人负责人	注册资本（万元）	经营范围	成立日期	住所
大田县上京水泥厂	集体所有制	陈天齐	939.56	债权债务清理	1990-03-16	上京镇梅林岩石洋
大田县均溪房地产开发公司	集体所有制	吴办斌	800.00	债权债务清理	1990-05-21	均溪镇院内
大田县农村信用合作联社	股份合作制	张上志	25571.20	金融存、贷款等业务	1989-11-01	均溪镇建山路 16 号
大田县水泥厂	全民所有制	詹联国	841.50	非生产性资产管理及技术咨询	1989-11-16	均溪镇凤山西路 28 号
大田石凤企业公司	全民所有制	吴美采	2126.00	仅供合资及清理债权债务用	1989-08-09	均溪镇建山路 188 号
大田县自来水公司	全民所有制	曾少杰	684.00	城市供水	1989-05-20	均溪镇银山北路 1 号
大田县矿产开发公司	全民所有制	吴绍荣	1527.00	矿山管理、矿产品销售	1989-05-30	大田县均溪镇建山路 4 号
大田县建筑工程公司	集体所有制	郑建生	806.00	债权债务清理	1989-05-30	均溪镇宝山路 4 号
大田县建筑工程第二公司	集体所有制	刘连垣	649.80	债权债务清理	1989-06-05	均溪镇凤山中路 156 号
大田县梅林水泥厂	集体所有制	田承衍	980.00	水泥生产	1994-05-23	大田县上京镇梅林村
大田县煤炭工业公司	全民所有制	涂贵榕	1507.00	矿山采掘设备、建筑材料销售；煤炭销售咨询；提供煤炭销售过磅服务	1994-06-10	均溪镇凤山中路 189 号
大田灵川水泥有限公司	有限责任公司（国有控股）	苏始烟	2420.40	水泥生产	1994-10-29	大田县上京镇灵川村
大田县林业建设投资公司	全民所有制	邹得棉	1457.00	营林生产，规划设计，林业生产检查验收，投资核算，有偿投入销售林木产品	1993-06-05	均溪镇雪山南路 3 号
大田县恒华铁矿有限公司	其他有限责任公司	吴士鑫	1100.00	铁矿开采、销售	2000-12-27	大田县太华镇汤泉村 288 号
大田县岩城水泥有限责任公司	有限责任公司（国有控股）	陈秋琛	14552.86	水泥生产	2001-06-28	大田县广平镇万筹村
大田县永丰民爆器材专卖有限公司	有限责任公司（国有控股）	郑庆樟	500.00	民爆物品销售	1999-09-14	大田县均溪镇建山路 193 号 F 幢 201-204 室
大田铭溪石凤水泥熟料有限公司	有限责任公司（国有控股）	吴美采	1349.32	水泥生产	1997-01-02	大田县广平镇铭溪下坪

续表 31

企业名称	企业类型	法定代表人负责人	注册资本（万元）	经营范围	成立日期	住所
大田县华太铁矿深加工有限公司	其他有限责任公司	吴士鑫	1000.00	铁矿精选、加工	1998-04-16	大田县太华镇黄沙村
大田县建设有色金属矿	集体所有制	吴学榜	1008.00	矿山开采、矿产品销售	1995-07-06	建设镇建爱村
大田县鑫盛小额贷款有限公司	其他有限责任公司	黄少勇	20000.00	小额贷款	2012-03-13	大田县均溪镇建山路 193 号 B 幢 C 区 01-03 号店
仙顶高山茶文化研究所有限公司	其他有限责任公司	陈美叶	500.00	高山茶文化研究，茶叶种植、加工、销售及茶叶机械等零售	2012-04-17	大田县均溪镇福田大道福田工业区 A 幢三楼
三明市融通典当有限公司	其他有限责任公司	蔡金英	2200.00	抵押典当	2012-04-18	大田县均溪镇建山路 253 号
三明市钻石置业有限责任公司	有限责任公司	姜鲸鲸	2000.00	房地产开发，酒店、物业管理，茶叶种植、加工和新产品开发	2012-05-15	大田县吴山乡和洋村
福建正元物业服务有限公司大田分公司	有限责任公司	戴跃军	500.00	物业管理	2013-12-26	大田县均溪镇凤山东路 78 号
大田县水泥投资有限公司	有限责任公司（国有独资）	陈祥治	500.00	水利、水务投资及其资产管理	2013-04-01	大田县均溪镇凤山东路 261 号
福建省水利投资集团（大田）水务有限公司	其他有限责任公司	陈兴俊	1000.00	开发、建设、经营水务项目	2013-06-07	大田县均溪镇银山北路 1 号
大田县金凤凰农业开发有限公司	有限责任公司（国有独资）	郑成鑫	500.00	农业开发项目投资与管理	2013-06-28	大田县均溪镇建山路 72 号
大田县锦田公路建设有限责任公司	有限责任公司（国有独资）	郑际楷	5000.00	基础设施项目经营管理，建筑材料销售	2013-06-30	大田县均溪镇凤山中路 209 号
大田县日丰地热开发有限公司	有限责任公司（国有控股）	陈祥倬	900.00	电力、热力、燃气生产、供应	2013-10-28	大田县均溪镇福田大道 345-5 号
浩沙实业（大田）有限公司	有限责任公司（外商投资企业法人独资）	施鸿雁	2000.00	面料、服饰、体育用品、橡胶制品、包装制品的制造。	2013-11-11	大田县京口工业集中区
紫金财产保险股份有限公司三明支公司大田营销服务部	股份有限公司分公司	范巧玲	250000.00	商业保险业务	2013-11-27	大田县均溪镇玉山路 31 号
中国电网福建大田县供电有限公司	有限责任公司	郑光华	2000.00	电力运行、电网管理和电力工程建设	1989-09-30	大田县均溪镇后坂洋 1 号
大田县闽通公交交通有限公司	有限责任公司	林建华	500.00	公交客运	2014-01-13	大田县均溪镇香山路 17 号

续表 31

企业名称	企业类型	法定代表人负责人	注册资本（万元）	经营范围	成立日期	住所
三明新元沙矿业有限公司	有限责任公司（国有控股）	陈晞	10000.00	矿业投资开发，矿山机械、机电产品及配件、建筑材料的销售	2009-01-06	大田县广平镇兴埔村
福建兴田城市建设投资有限责任公司	有限责任公司（国有独资）	叶式教	10000.00	城市建设	2010-09-29	大田县均溪镇银山北路 2 号 1 幢
福建省三宝城镇建设投资有限公司	有限责任公司（国有控股）	乐景斌	600.00	城镇建设	2011-01-11	大田县建设镇建设街 1 号
聚祥（大田）生物科技有限责任公司	有限责任公司	黄荣灿	530.00	木薯、马铃薯、葛粉食品类生产	2004-04-30	大田县文江乡文江村
大田县国有资产投资经营有限责任公司	有限责任公司（国有独资）	熊旭明	3000.00	经营管理大田县人民政府授权的国有资产	2004-08-19	大田县均溪镇建山路 188 号
大田县地方储备粮直属库	全民所有制	苏良彪	620.00	粮食收购、仓储和销售	2005-10-12	大田县均溪镇凤山中路 175 号
大田县大华金陵矿业有限公司	其他有限责任公司	高烨翔	1200.00	矿产品精加工、销售	2006-09-15	大田县奇韬镇桃舟村吾坑
三明市正合房地产开发有限公司	有限责任公司	翁剑	2000.00	房地产开发、物业管理	2010-01-18	大田县均溪镇建山路 60 号
大田县京口工业园开发建设有限公司	有限责任公司	刘永生	5000.00	工业园区投资、管理	2010-02-03	大田县华兴乡京口村
大田县田阳旅游开发有限公司	有限责任公司（国有独资）	陈益存	600.00	旅游开发及管理	2007-12-14	大田县均溪镇凤山西路 1 号
兴业证券股份有限公司大田建山路证券营业部	其他股份有限公司分公司（上市）	林裕光	26000.00	证券经纪、投资、承销、保荐及证券基金、金融产品代销	2014-02-13	大田县建山路 23 号

说明：注册资金 500 万元以上

（黄清渊）

【部分三资企业名录】

2013 年大田县部分三资企业名录

表 32

企业名称	企业类型	法定代表人（负责人）	注册资本（万元）	经营范围	成立日期	住所
华润水泥（大田）有限公司	有限责任公司	潘永红	1242.92	水泥制品及其他新型建筑材料销售	2011-04-29	大田县均溪镇凤山西路 36 号
大田石凤水泥有限公司	有限责任公司	李祖协	748.00	水泥生产	1993-10-04	大田县均溪镇凤山东路 82 号
大田县南湖针织时装有限公司	有限责任公司	徐伟福	728.00	针织时装产品及其配套产品生产	1994-11-25	大田县均溪镇福塘村“秋竹垅”

续表 32

企业名称	企业类型	法定代表人（负责人）	注册资本（万元）	经营范围	成立日期	住所
格林实业（三明）有限公司	有限责任公司	赵建河	1351.00	服装生产、轻工产品进出口贸易、投资与企业管理咨询服务	2010-05-31	大田县均溪镇福田工业区 H 幢
福建省仙峰养生温泉旅游开发有限公司	有限责任公司	李世快	1420.00	旅游景点开发、旅游设施建设及配套服务	2010-07-07	大田县石牌镇石牌路 1 号 1 楼
飞鹰实业（三明）有限公司	有限责任公司	黄金杯	1100.00	无纺布、PU 合成皮革的生产与销售；货物、技术进出口业务；投资咨询管理业务	2010-07-29	大田县华兴乡京口工业区
福建省浩特纺织科技有限公司	有限责任公司（台湾法人独资）	施毅然	3388.00	高档织物面料研发织造，服装生产销售，布料销售	2012-12-17	大田县京口工业集中区

说明：注册资金 500 万元以上

（黄清渊）

【部分私营企业名录】

2013 年大田县部分私营企业名录

表 33

企业名称	企业类型	法定代表人（负责人）	注册资本（万元）	经营范围	成立日期	住所
三明市翔荣贸易有限公司	有限责任公司	周进乐	1000.00	建材、机电产品、矿产品、金属材料销售	2011-04-28	大田县均溪镇富山新村
三明市宏陶贸易有限公司	有限责任公司	罗联炳	1000.00	家具、建材、金属材料、化工产品、机械设备、五金交电、日用品、农畜产品销售；再生物资回收	2011-03-17	大田县均溪镇富山新村
大田县广福矿业有限公司	有限责任公司	吕宇东	3000.00	铁矿石、铅锌矿精选	2004-10-26	大田县前坪乡下坑村
福建省华达工贸有限公司	有限责任公司	陈振蕊	1380.00	工程机械租赁，工程机械、农副产品、建材、机电产品、化工产品、金属材料、五金交电、汽车配件、办公用品、纺织品销售	2004-11-08	大田县石牌镇石牌村
大田县飞麟新能源科技有限公司	有限责任公司	严红	1180.00	风力发电、太阳能发电技术开发、咨询，矿产品开采、销售	2004-12-03	大田县石牌镇石牌路六迪坑
三明市鑫豪木业有限公司	有限责任公司	田承衍	500.00	木制产品的制造、销售	2004-12-09	大田县上京镇隆美村

续表 33

企业名称	企业类型	法定代表人（负责人）	注册资本（万元）	经营范围	成立日期	住所
福建省顺嘉矿业开发有限公司	有限责任公司	吕海洋	3500.00	矿产品开采、销售	2004-12-17	大田县均溪镇建山路
大田县梅山璞溪水利发电有限公司	有限责任公司	涂其鹤	1000.00	水力发电	2005-03-18	大田县梅山乡璞溪村
大田县海鑫矿业有限公司	有限责任公司	谢宝琼	1188.00	矿产品开采、精选、销售	2005-04-01	大田县广平镇铭溪村
三明市一鹏房地产开发有限公司	有限责任公司	黄少勇	1601.00	房地产开发	2005-05-20	大田县建山路 60 号
大田县上丰矿业有限公司	有限责任公司	章景宏	1500.00	矿产品加工、销售	2005-06-15	大田县济阳乡上丰村
大田县国成工贸有限公司	有限责任公司	张晓东	1000.00	矿产品、普通金属材料、建筑材料、化工产品、碳素制品、服装、水泥原辅材料销售	1999-02-12	大田县均溪镇凤山东路 181 号
大田县岩能发电有限公司	有限责任公司	杜常春	1303.60	水力发电	1999-07-07	大田县均溪镇南山路 179 号
大田县鹭峰矿业有限公司	有限责任公司	许仙敏	1200.00	铁矿采选、销售和石灰石、硫矿、焦炭、生铁、五金交电商品、汽配、轮胎、润滑油脂销售	1999-11-19	前坪乡湖坪村
福建仙峰华捷温泉酒店有限公司	有限责任公司	林壮伟	1600.00	酒店及物业管理	2012-11-06	大田县石牌镇石牌路 1 号
大田县三星汽车运输站	普通合伙企业	郑为强	1600.00	货运、汽车维修和车辆、货运保险代理等	1993-03-11	石牌镇石牌村
大田县岩城水泥熟料有限公司	有限责任公司	庄祖坤	2435.37	水泥熟料制造、销售	1994-06-27	大田县广平镇万筹村
岩泉啤酒（福建）有限公司	有限责任公司	蔡荣誉	1632.00	啤酒生产	1994-12-26	大田县均溪镇白岩山北路 4 号
大田县昌盛机械制造有限公司	有限责任公司	周　敏	1000.00	铸钢球制造；生铁、铸件制造及销售；金属材料、建筑材料、废旧金属购销	1995-04-06	均溪镇凤山东路 80 号
大田县鑫城水泥工业有限公司	有限责任公司	黄秀琪	10300.00	水泥生产、水力发电	2003-12-26	广平镇下坪
大田县前峰矿业有限公司	有限责任公司	涂振界	1500.00	矿产品开采、加工、购销和空心砖生产	2004-06-14	均溪镇宝山路 109 号

续表 33

企业名称	企业类型	法定代表人（负责人）	注册资本（万元）	经营范围	成立日期	住所
大田县京福林业投资有限公司	有限责任公司	陈源济	1500.00	林木种植、木材供销，锯材、木材采伐	2004-06-25	大田县均溪镇福田大道53号
大田县五环矿产品有限公司	有限责任公司	周初楚	1000.00	矿产品生产及尾矿渣、建筑材料、矿山工程机械配件购销	2004-09-08	大田县均溪镇银顶格
大田县东润汽车贸易有限公司	有限责任公司	林挺汉	1005.00	汽车及配件、建筑材料销售和汽车险代理	2004-09-17	均溪镇福田大道
诚通房地产开发有限公司	有限责任公司	蔡文祥	5189.00	房地产开发	2003-03-06	大田县石牌镇后溪坂
福建南生科技有限公司	有限责任公司	黄发灿	1100.00	生物制品研究、开发	2003-04-01	大田县均溪镇福田大道
农翔（福建）食品有限公司	有限责任公司	乐初且	2000.00	蜜饯、茶叶加工，预包装食品；林木种植、销售	2003-04-22	大田县均溪镇北山路19号
大田县景宏矿产品有限公司	有限责任公司	郑承泰	1000.00	煤炭、水泥、钢材、建筑材料销售	2003-06-06	大田县广平镇万筹村212号
大田县大吉林业采育有限公司	有限责任公司	江　湖	1330.00	林木种植；原木、板材、方料销售	2003-07-03	广平镇东景村
大田县新岩水泥有限公司	有限责任公司	田承衍	1000.00	水泥生产、石灰石开采及销售	2003-10-29	上京镇梅林洋石岩
大田县金鹏矿业有限公司	有限责任公司	苏志班	1000.00	矿产品开采、销售	2003-11-27	大田县太华镇张地村
大田县仁坂水电站	普通合伙企业	陈屏屏	1098.00	水力发电	2003-11-27	文江乡大中村
大田县明岩矿业有限公司	有限责任公司	郭镇洪	1500.00	矿产品、生铁、焦炭、金属材料、建筑材料购销	2001-12-28	均溪镇银山南路16号
大田县朝阳矿业有限公司	有限责任公司	涂红卫	1000.00	铁精矿粉精选、销售	2002-02-04	济阳乡高升村
大田县全通汽车贸易有限公司	有限责任公司	李家全	1001.00	汽车、汽车零部件、建筑材料、生铁销售；机动车保险	2002-03-22	均溪镇建山路193号
福建省明益水电有限公司	有限责任公司	苏谈益	2000.00	水力发电	2002-08-08	大田县屏山乡王坪村
大田县宝树矿业有限公司	有限责任公司	谢海态	3000.00	铅、锌矿采选、销售	2002-10-08	大田县梅山乡盖竹村
大田县明发矿业有限公司	有限责任公司	林永起	2000.00	煤炭批发；焦炭、金属矿产品、非金属矿产品、建筑材料、化工产品、塑料制品、生铁销售	2002-11-07	大田县谢洋乡谢洋村1号

续表 33

企业名称	企业类型	法定代表人（负责人）	注册资本（万元）	经营范围	成立日期	住所
大田县盛发矿业有限公司	有限责任公司	郑仙祖	1000.00	矿产品精选、销售	2002-12-20	大田县均溪镇福田大道150号
大田县兴安水电开发有限公司	有限责任公司	林丽娜	1000.00	水力发电	2002-12-20	大田县建山路193号D幢2402室
大田县文江大中水电站	普通合伙企业	林渊标	1406.45	水力发电	2003-01-25	大田县文江大中村
福建华闽纸业有限公司	有限责任公司	郭友实	2000.00	纸品生产	2000-08-25	大田县均溪镇福塘工业园区
大田县惠通贸易有限公司	有限责任公司	林晋莹	1020.00	汽车、汽车零部件、普通机械、润滑油销售	2000-09-27	大田县均溪镇福田大道
三明市佳宝科技有限公司	有限责任公司	郑新雷	3000.00	电子产品、保健用品、健身器材、清洁用品、建筑材料制造、销售	2000-12-11	大田县均溪镇凤山东路688号
福建鸿图房地产开发有限公司	有限责任公司	游开辉	10000.00	房地产投资、开发	2000-12-27	大田县均溪镇福田大道102号
大田县盛田石化有限公司	有限责任公司	田光梯	1000.00	汽车、柴油、润滑油零售	2001-02-13	上京镇梅林村
大田县华通汽车贸易有限公司	有限责任公司	林恩河	1001.00	汽车销售和机动车保险代理	2001-02-22	大田县福田路140号
大田县昌盛发电有限公司	有限责任公司	李陆华	1030.00	水力发电	2001-04-12	均溪镇凤山东路26号
大田县弘惠纸业有限公司	有限责任公司	孙惠强	2210.00	机制纸制造、销售	2001-04-30	均溪镇赤岩山路29号
福建省大众医药有限责任公司	有限责任公司	乐正成	1100.00	药品销售	2001-08-07	均溪镇宝山路16号
大田县宏城建筑工程有限公司	有限责任公司	刘连垣	2016.00	房屋建筑	2005-08-08	大田县均溪镇凤山中路156号
福建益建建筑工程有限公司	有限责任公司	韦　卫	2600.00	房屋建筑、装修及土石方、建筑防水工程	2005-08-30	大田县福田大道102号
大田县岩峰矿业有限公司	有限责任公司	郑爱华	2000.00	矿产品加工、销售	2005-09-06	大田县均溪镇上华村埔山
大田县均溪香口坑硫矿有限公司	有限责任公司	周调顺	1000.00	矿产品加工、销售	2006-03-16	大田县均溪镇和丰村上蔡香口坑
大田县骏原工贸有限公司	有限责任公司	陈克援	1000.00	矿产品加工、销售及劳保用品、建筑材料、机械设备销售	2007-08-10	大田县均溪镇福塘村

续表 33

企业名称	企业类型	法　定代表人（负责人）	注册资本（万元）	经营范围	成立日期	住　所
大田县益智物资贸易有限公司	有限责任公司	吴金田	1003.00	金属材料、化工产品、机械设备、五金交电、冶金材料、建筑材料、日用品、矿产品、农畜产品、钢铁铸件、教学设备仪器、实验室设备、体育器材、汽车、工程机械租赁	2007-08-29	大田县石牌镇石牌村街道
大田县长鑫船舶配件制造有限公司	有限责任公司	刘莺官	6000.00	铸件制造、销售	2007-08-30	大田县上京镇三阳村
大田县鑫磊矿业有限责任公司	有限责任公司	詹兴振	4300.00	铅锌矿、铜矿、铁矿精选	2006-10-18	大田县太华镇群团村
福建省金杉木业有限责任公司	有限责任公司	陈建全	1800.00	木制品生产、加工	2006-11-24	大田县上京镇灵川村
大田县炽鑫矿业有限责任公司	有限责任公司	蒋加炽	1006.00	矿产品开采、销售	2006-11-24	大田县前坪乡前坪村
福建省松岩矿业有限公司	有限责任公司	林志同	1000.00	矿产品开采、销售	2006-12-01	大田县均溪镇上华村
大田县福源工程机械厂	个人独资企业	曾万道	1300.00	机械加工	2006-12-04	大田县均溪镇温镇村
大田县博古典当有限公司	有限责任公司	蔡灵玲	1000.00	典当业务	2006-12-07	大田县均溪镇凤山东路 32 号
大田县华荣建材贸易有限公司	有限责任公司	乐加扬	1668.00	建筑材料、钢材、五金交电、农副产品的销售、废旧金属回收，矿产品购销	2007-02-05	大田县均溪镇建山路 18 号
大田县伟业贸易有限公司	有限责任公司	叶树东	1000.00	汽车、汽车配件，摩托车、轮胎、生铁、焦炭、铸钢件、铸铁件、矿产品、家具、建筑材料及化工材料、机制纸、皱纹卫生纸、再生纸袋纸、工业废渣销售	2007-02-07	大田县均溪镇竹西滩水坝一楼
大田县伊鑫新型材料有限公司	有限责任公司	林　凯	3000.00	建筑新型材料、钢材、五金、水泥、水泥增强剂及辅助材料、石灰石、石灰、矿产品、工业废渣购销，物流，普通货物仓储、包装、搬运装卸等	2007-02-08	大田县均溪镇赤岩山路 42 号

续表 33

企业名称	企业类型	法定代表人（负责人）	注册资本（万元）	经营范围	成立日期	住所
大田县广联木业有限公司	有限责任公司	吴文盘	1000.00	木制品生产	2007-03-30	大田县石牌镇小汤泉工业项目区
三明鑫融融资担保有限公司	有限责任公司	田光梯	10089.00	贷款担保	2006-09-05	大田县均溪镇建山路 60 号
福建省金鸡园区开发有限公司	有限责任公司	李世快	1000.00	投资与资产管理	2009-09-27	大田县济阳乡济中村
大田县智源矿业有限公司	有限责任公司	丁宜相	1000.00	矿产品销售	2009-10-23	大田县均溪镇香山路 66 号
大田县和晟机械制造有限公司	有限责任公司	丁家霖	1000.00	铸件制造及生铁购销	2009-11-06	大田县前坪乡湖坪村
大田县武陵上岩村锦林林场	个人独资企业	叶 云	1200.00	林木种植、管理，林场自产材销售	2009-11-17	大田县武陵乡上岩村
大田县红狮物流有限公司	有限责任公司	乐有烧	1000.00	物流，汽车配件、五金交电、化工建材、金属材料零售	2009-12-14	大田县太华镇仕坑村下垅口
三明市尚润商贸有限责任公司	有限责任公司	温美华	5000.00	预包装食品，木雕工艺制品、其他工艺品、日用百货、五金交电、矿产品、建筑材料销售	2010-01-18	大田县岩城文化广场一号楼五号店
三明市桂园融资担保有限公司	有限责任公司	乐木锯	10500.00	贷款担保	2010-01-25	大田县均溪镇栋山路 128 号
大田县东丰矿业有限公司	有限责任公司	蒋宗珠	2000.00	矿产品、化工原料、建材及矿山机械配件、酒店设备、五金交电、家具、电子产品、日用百货、工艺品、通讯（信）设备销售	2010-01-27	大田县均溪镇凤山东路 688 号
福建省仙廷大酒店有限责任公司	有限责任公司	陈美河	1077.70	酒店业投资、经营	2010-02-03	大田县岩城文化广场
大田县福旺贸易有限公司	有限责任公司	刘岩峰	2000.00	工艺品、矿产品、化工原料、建筑材料等销售	2010-03-03	大田县均溪镇建山路 180-20 号
大田县金指贸易有限公司	有限责任公司	谢剑彬	3000.00	工矿设备、机电设备、建材、矿产品购销	2010-03-09	大田县梅山乡卓坑里
大田县开拓物资贸易有限公司	有限责任公司	叶式载	1019.00	工业制品、矿产品、木制品、汽车销售	2010-03-17	大田县均溪镇河滨东路 15 号
大田县富豪年华酒家	个人独资企业	范佳壮	1100.00	餐饮、住宿	2009-02-27	大田县均溪镇宝山路 115 号

续表 33

企业名称	企业类型	法定代表人（负责人）	注册资本（万元）	经营范围	成立日期	住所
福建万华实业有限公司	有限责任公司	郑清坪	22288.00	合成革、无纺布、革用浆料生产及销售	2009-03-20	大田县吴山乡吉洲工业园
大田县凯祥矿业有限公司	有限责任公司	温荣操	5000.00	矿产品、建材及矿山机械配件销售	2009-04-27	大田县均溪镇福塘村
福建省融捷融资担保有限公司	有限责任公司	游丽琼	10360.00	贷款担保	2009-06-18	大田县均溪镇建山路 18 号
福建华灿生物科技有限公司	有限责任公司	黄发灿	2500.00	生物技术产品的研发；购销农畜产品	2009-07-06	大田县均溪镇后坂洋
大田县盛岩水泥有限公司	有限责任公司	郑国明	1380.00	水泥及石灰石、磷石膏、矿山废渣、工业废渣、纸制品销售	2008-07-16	大田县广平镇万筹村
大田县山福矿业有限责任公司	有限责任公司	乐珍珍	2000.00	矿产品、金属材料、建筑材料等销售	2008-07-25	大田县均溪镇建山路 263-16 号
三明市磐睿融资担保有限公司	有限责任公司	陈 滢	2000.00	贷款担保	2008-08-13	大田县均溪镇宝山路 32 号二楼
大田县双兴矿业有限公司	有限责任公司	王春亭	1015.00	瓷土加工、销售；矿产品销售	2008-09-16	大田县吴山乡吉洲工业区 1 号综地
福建好的生活用品有限公司	有限责任公司	陈春霞	1000.00	纸品生产、销售和进出口业务	2008-10-16	大田县福塘轻工业园区
福建省天利和矿业有限公司	有限责任公司	章经忠	1020.00	矿产品购销	2007-11-13	大田县太华镇坑头村
大田县云龙牧业生态养殖场	个人独资企业	李振云	1000.00	生猪养殖	2007-11-19	大田县均溪镇输林村
大田县国勇商贸有限公司	有限责任公司	陈国勇	1600.00	家具、矿产品、化工产品、机械配件、建筑材料、塑料制品、五金销售	2007-11-22	大田县均溪镇香山路 183 号
大田县晨华铸造有限公司	有限责任公司	陈永挺	2100.00	焦炭、生铁、水渣、钢材、木材、家具、煤、矿产品及铸件购销	2007-12-06	大田县前坪乡湖坪村
大田县岩盛铸造有限公司	有限责任公司	林已杰	1000.00	铸铁件、铸钢件制造、销售	2008-01-11	大田县武陵乡大石村
三明市裕民经贸有限公司	有限责任公司	陈振祥	1680.00	工程机械、五金交电、汽车配件、矿产品、农副产品销售	2008-01-28	大田县均溪镇赤岩山路 25 号、26 号
大田县华能达机械铸造有限公司	有限责任公司	郑允训	1000.00	铸铁件、铸钢件制造、销售，机械加工、销售	2008-01-29	大田县太华镇小华村

续表 33

企业名称	企业类型	法定代表人（负责人）	注册资本（万元）	经营范围	成立日期	住所
大田县原美化工有限公司	有限责任公司	谢宝琼	2000.00	硫酸（工业用）生产；矿产品购销	2008-03-03	大田县广平镇铭溪村
大田县恒信融资担保有限公司	有限责任公司	林央锦	3000.00	贷款担保	2008-04-10	大田县岩城文化广场3号楼
大田县天崴贸易有限公司	有限责任公司	温荣晶	1080.00	矿产品和生铁、铸件、矿山机械、建筑材料、五金机电销售	2008-04-14	大田县均溪镇凤山东路141号
大田县永利融资担保有限公司	有限责任公司	肖丽燕	1000.00	贷款担保	2008-04-15	大田县均溪镇雪山北路80号
三明市富友石墨矿业有限公司	有限责任公司	游正余	1000.00	矿产品加工、浮选、销售	2008-05-22	大田县建设镇建爱村
大田红狮水泥有限公司	有限责任公司	章小华	18000.00	水泥生产	2008-05-28	大田县太华镇小华村
大田县丰德盛商贸有限公司	有限责任公司	刘肇力	1116.00	机电产品、建筑材料销售	2008-06-04	大田县石牌镇街道138号
大田县祥瑞融资担保有限公司	有限责任公司	邱光龙	2000.00	贷款担保	2010-04-15	大田县均溪镇凤山中路158号
三明煌森工贸有限公司	有限责任公司	刘建平	5000.00	矿产品、农副产品、工业用品销售、对外贸易、货运代理	2010-05-06	大田县石牌镇街道1号
三明七洲工贸有限公司	有限责任公司	邱建法	5000.00	农副产品、再生金属、服饰、建筑材料、五金机电、纺织产品销售	2010-05-06	大田县石牌镇石牌路1号
福建法林进出口贸易有限公司	有限责任公司	吴雅玲	3000.00	农副产品、矿产品、再生金属、服饰、化工产品、摩托车销售	2010-05-06	大田县石牌镇石牌路1号
福建雅府房地产开发有限公司	有限责任公司	陈良金	2000.00	房地产开发	2010-06-07	大田县建设镇综合市场
大田县大通建材有限公司	有限责任公司	程开腾	2000.00	工业制品销售	2010-06-12	大田县均溪镇福田大道127号
三明市神龙现代农业综合开发有限公司	有限责任公司	田光梯	1000.00	林木种植和药材、花卉培育、销售	2010-06-29	大田县石牌镇老厝村
大田县建设镇德兴木材加工厂	有限责任公司	林进福	2300.00	木制品加工	2010-07-07	大田县建设镇建设村
福建联邦汇建材有限公司	有限责任公司	陈永萍	5000.00	家具、建筑材料、装饰装潢材料及其他工业制品销售	2010-07-13	大田县均溪镇锦绣福田99号

续表 33

企业名称	企业类型	法定代表人（负责人）	注册资本（万元）	经营范围	成立日期	住所
福建鑫丰矿业有限公司	有限责任公司	王昌盛	1000.00	矿产品开采、销售	2010-12-07	大田县前坪乡湖坪村
大田县仙峰房地产置业有限公司	有限责任公司	张晓毅	1350.00	房地产开发，建筑材料、矿产品销售	2010-12-23	大田县石牌镇石牌路 1 号
三明市玉鑫融资担保有限公司	有限责任公司	范绍埠	11000.00	贷款担保	2011-01-05	大田县均溪镇赤岩山路
福建瑞京投资有限公司	有限责任公司	郑国雄	1000.00	工业园区基础设备投资建设、建筑材料销售	2011-01-11	大田县华兴乡京口工业集中区
大田县汇鑫铸造有限公司	有限责任公司	丁华通	10000.00	机械铸造、销售及对外贸易	2011-01-14	大田县太华镇仕坑村
三明福裕房地产有限责任公司	有限责任公司	林 盛	2000.00	房地产开发	2011-03-02	大田县均溪镇福田路 136 号
大田县山水大酒店有限公司	有限责任公司	陈碧卿	2800.00	餐饮、住宿等	2011-03-08	大田县均溪镇宝山路 16 号
大田县九禾商贸有限公司	有限责任公司	严千年	1000.00	矿产品、建材、五金交电、农副产品批发及零售	2011-03-15	大田县均溪镇河滨东路 20 号
三明乾丰房地产有限公司	有限责任公司	俞雅青	1000.00	房地产开发	2011-03-25	大田县均溪镇河滨东路
大田县长亿车业有限公司	有限责任公司	李家盛	1000.00	汽车销售、维修和车辆施救等	2011-03-30	大田县石牌镇长溪村
福建闽农农业发展有限公司	有限责任公司	汪其选	5000.00	林木、花卉、蔬菜、水果种植及农副产品加工、保鲜	2011-04-11	大田县石牌镇桃坑村
大田县朝阳商贸有限公司	有限责任公司	叶美毓	2068.00	阀门、机电产品、门、五金、交电、化工产品、建材、生铁销售	2010-08-05	大田县均溪镇建山路 18 号
福建省前峰矿业投资有限公司	有限责任公司	吴士鑫	2000.00	矿业、工业、农业、房地产业、商贸投资	2010-08-09	大田县均溪镇宝山路 109 号
福建省四方置业有限公司	有限责任公司	周闽湘	6000.00	房地产开发	2010-08-11	大田县均溪镇建山路 93 号
福建正仁环保有限公司	有限责任公司	陈首强	3000.00	垃圾、污水无害化处理；太阳能利用；环保空心砖制造、销售；环保科技研发及技术应用；环保工程投资	2010-08-25	大田县华兴乡京口村

续表 33

企业名称	企业类型	法定代表人（负责人）	注册资本（万元）	经营范围	成立日期	住所
大田县旺辉贸易有限公司	有限责任公司	乐有烧	1000.00	金属材料、化工产品、五金交电、建筑材料、机械设备、矿产品、劳动防护用品、农产品批发及零售	2010-09-16	大田县石牌镇长溪村
福建省中森置业有限公司	有限责任公司	林志涵	2000.00	房地产、农贸市场开发经营	2010-10-13	大田县均溪镇福田大道
福建鑫欣源竹木有限公司	有限责任公司	曾森建	3600.00	竹、木制品加工	2010-10-15	大田县桃源前厝村工业园区
福建省岩海通贸易有限公司	有限责任公司	许建伟	2100.00	汽车、化工产品、机械设备、机电、五金、农副产品、焦炭、生铁、铸铁件购销	2010-11-01	大田县均溪镇香山路
大田县金阳矿业有限公司	有限责任公司	李卓捷	3000.00	结晶硅加工，结晶硅、矿产品、矿山机械、建筑材料、水渣销售	2010-11-10	大田县石牌镇小汤泉工业集中区
大田县铭和建材有限公司	有限责任公司	池昌森	1500.00	煤矸石多孔空心砖生产与销售；金属材料、矿产品、五金交电、建筑材料、木材等销售	2010-11-19	大田县广平镇兴埔村
三明市康华塑料科技有限公司	有限责任公司	蔡建福	2000.00	塑料相关制品研发及生产、销售	2012-03-13	大田县京口工业区
福建省鑫陵矿业有限公司	有限责任公司	罗春彩	3000.00	矿产品、建筑材料、化工原料、装饰材料、塑料制品、日用百货、服装鞋帽、五金交电、电子产品、农副产品购销	2012-03-15	大田县建设镇建爱村
福建仙顶实业有限公司	有限责任公司	高世忠	5000.00	茶叶种植加工、生态农业观光，茶具、茶叶机械设备、矿产品销售	2012-03-15	大田县福田大道标准厂房
大田县丰华矿业有限公司	有限责任公司	刘生庆	1200.00	铁矿、硫铁矿购销	2012-04-06	大田县均溪镇宝山路 109 号
三明龙跃纺织有限公司	有限责任公司	项晓虎	1680.00	仿真人工皮革生产、销售	2012-04-26	大田县京口工业集中区
大田县金泰矿业有限公司	有限责任公司	苏志贤	2000.00	矿产品购销	2012-05-10	大田县太华镇张地村

续表33

企业名称	企业类型	法定代表人（负责人）	注册资本（万元）	经营范围	成立日期	住所
福建宇隆超纤有限公司	有限责任公司	张树仁	1888.00	超纤合成革生产、销售	2012-06-04	大田县京口工业区
福建省林大农业生态有限公司	有限责任公司	杨新芹	1000.00	中草药、茶叶、油茶、果树、蔬菜种植；鸡鸭养殖	2012-06-19	大田县均溪镇温镇村102号
大田县鑫沃矿业有限公司	有限责任公司	郭镇洪	1000.00	矿产品、生铁、焦炭、金属材料、建筑材料销售	2011-11-04	大田县福田大道152号
大田县先锋矿业有限公司	有限责任公司	蒋顺涛	1020.00	矿产品、建筑材料、机械设备、化工产品、五金交电、农畜产品销售	2011-11-08	大田县前坪乡前坪村
大田县南天园林绿化有限公司	有限责任公司	林丽勤	1200.00	绿化树苗、花卉、中药材种植、销售，矿产品、建材购销	2011-11-23	大田县均溪镇前山路56-1号
三明市福润新型建材有限公司	有限责任公司	林炳钗	1000.00	煤矸石页岩空心砖生产与销售	2011-11-23	大田县广平镇栋仁村工业园区
福建华灿南生兽药有限公司	有限责任公司	黄发灿	1000.00	农畜产品购销	2011-11-23	大田县均溪镇福田大道后坂洋4号
三明市三泉矿山救护有限公司	有限责任公司	吴士全	1000.00	矿山抢险	2012-02-16	大田县建设镇建设村
大田县联诚贸易有限公司	有限责任公司	曾少军	1000.00	工业制品及汽车配件销售	2012-02-17	大田县均溪镇福田路319号
黎祥（大田）食品有限公司	有限责任公司	吴萍静	2500.00	食品生产	2012-02-17	大田县石牌镇上坡村
福建育灯纺织有限公司	有限责任公司	杨清田	2000.00	PU革、无纺布、化纤布生产及销售	2011-04-28	大田县京口工业集中区
大田县华光创业投资有限公司	有限责任公司	赵明春	1753.00	投资与资产管理	2011-05-09	大田县均溪镇后坂洋4号
三明建华纺织有限公司	有限责任公司	王伟华	2000.00	人工皮革材料生产项目筹建、人造合成革销售	2011-05-13	大田县京口工业集中区
三明旭日纺织有限公司	有限责任公司	张金盾	3000.00	PU合成革生产及销售	2011-05-20	大田县京口工业集中区
福建大联新型材料发展有限公司	有限责任公司	欧阳成积	5000.00	PU革、PU-PVC复合革、无纺布生产、销售及对外贸易	2011-05-25	大田县京口工业集中区

续表 33

企业名称	企业类型	法定代表人（负责人）	注册资本（万元）	经营范围	成立日期	住所
福建省茂林珍稀花木有限公司	有限责任公司	郑成建	1000.00	珍稀花木、药用植物、花卉、城镇绿化苗种植与销售，园林绿化工程开发	2011-06-02	大田县梅山乡香坪村
大田县华阳光电有限公司	有限责任公司	施发济	3000.00	工业硅生产与销售	2011-06-14	大田县上京镇隆美村
福建大仙峰名贵苗木有限公司	有限责任公司	陈如意	1000.00	树木、城镇绿化树木种植，园林绿化工程开发	2011-07-13	大田县均溪镇雪山北路 156 号
福建省凯天龙实业有限公司	有限责任公司	温荣学	5000.00	房地产开发，建筑材料销售，软件开发、销售及技术服务	2011-07-14	大田县均溪镇凤山东路 688 号
大田县文昌投资管理有限公司	有限责任公司	刘佳秋	1242.00	投资与资产管理	2011-07-18	大田县均溪镇后坂洋 4 号
福建大云山珍稀花木有限公司	有限责任公司	姚继华	1000.00	花木、城镇绿化树木、药用植物种植与销售，园林绿化工程开发	2011-07-18	大田县均溪镇栋山路 128 号
大田县尖山农场	有限责任公司	郭守杭	1500.00	鸡、鸭、鱼饲养、茶叶种植、农副产品销售	2013-07-08	大田县屏山乡屏山村
大田县毓富农场	有限责任公司	郭盛富	1200.00	茶叶种植、家禽饲养、农副产品销售	2013-07-29	大田县屏山乡瑞美村
福建省尚鑫汽车销售有限公司	有限责任公司	周承禄	1100.00	汽车、汽车配件、电子电器销售	2013-07-30	大田县均溪镇赤岩山路
大田县绿海农场	有限责任公司	陈世真	1500.00	家禽饲养、茶叶种植、旅游休闲	2013-08-15	大田县屏山乡和坑村
大田县联瑞建材市场服务有限责任公司	有限责任公司	吴联昌	1000.00	建材市场经营	2013-09-05	大田县建设镇建设村佰玖丘
福建省思叶生态农业有限公司	有限责任公司	林发金	1000.00	蔬菜、果树种植；农业生态休闲、观光旅游开发，农业、林业、畜牧业、水产养殖业技术开发、旅游业投资	2013-09-22	大田县桃源镇东风农场
大田县森泰林场	普通合伙企业		1180.00	油茶、花卉、绿化树种植与销售	2013-10-09	大田县梅山乡梅秀新街 88 号
大田县冠通矿业有限公司	有限责任公司	唐名苹	1000.00	矿产品；生铁、铸件、焦炭、金属材料、工业炉渣、石膏、黏土、化工原料、废旧物资回收	2013-10-17	大田县均溪镇河滨东路 63-1 号

续表 33

企业名称	企业类型	法定代表人（负责人）	注册资本（万元）	经营范围	成立日期	住所
泉州市英豪物流有限责任公司大田分公司	有限责任分公司	陈志贤	1000.00	货运	2013-10-18	大田县均溪镇河滨东路 34 号
大田县建设镇林池木竹加工厂	个人独资企业	池上卫	3000.00	木制品生产、销售	2013-10-24	大田县建设镇建国村
福建先福贸易有限公司	有限责任公司	郑明叶	1000.00	农产品销售、仓储，金姜深加工	2013-10-30	大田县前坪乡前坪村
福建省八峰生态农业有限公司	有限责任公司	林发金	1000.00	蔬菜、果树种植，生态农业休闲、观光旅游开发，农业、林业、畜牧业、水产养殖业技术研发，旅游业投资	2013-10-31	大田县桃源镇东风农场
大田闽台茶机具产业基地开发有限公司	有限责任公司	李志伟	1000.00	园区基地开发建设，茶机具的研发、销售	2013-11-06	大田县吴山乡和洋村
大田县尧顺发体育用品有限公司	有限责任公司	乐光宾	1000.00	包袋加工、销售，体育用品销售	2013-11-06	大田县均溪镇福塘轻工业区标准厂房
大田县乌山头农业休闲观光有限公司	有限责任公司	涂书墩	1200.00	生态农业休闲、观光旅游的开发与管理，农业、林业、畜牧业开发、旅游业投资	2013-11-07	大田县济阳乡高升村
大田县凯力机械加工有限公司	有限责任公司	连华潭	1000.00	矿山机械设备制造，生铁、焦炭、矿产品购销；废旧物资回收	2013-11-11	大田县武陵乡大石村
福建省融天房地产开发有限公司	有限责任公司	陈金土	1200.00	房地产开发	2013-03-18	大田县均溪镇香山路 183 号 C 幢 3 号楼
大田县伟业物流有限公司	有限责任公司	叶秋明	1000.00	货运、仓储、包装、装卸和汽车及汽车配件、建筑材料、生铁、焦炭、矿产品销售	2013-03-26	大田县华兴乡京口村
大田县中瑞贸易有限公司	有限责任公司	朱忠华	1000.00	钢材、水泥、矿产品、建筑材料、水暖管道及配件、农产品销售	2013-05-09	大田县文江乡文江村 131 号
大田县峰鼎贸易有限公司	有限责任公司	林伦峰	1010.00	钢材、水泥、矿产品、建筑材料、农产品销售	2013-05-09	大田县均溪镇建山路 193 号
大田县岩城物流有限公司	有限责任公司	林秀萍	3000.00	货运、仓储、包装、装卸和水泥、矿产品的销售	2013-06-08	大田县吴山乡程堂村

续表 33

企业名称	企业类型	法定代表人（负责人）	注册资本（万元）	经营范围	成立日期	住所
大田县德润物流有限公司	有限责任公司	吴翔	1000.00	仓储、包装、装卸和汽车及汽车配件、轮胎、五金电器、建筑材料、水泥、生铁、焦炭、矿山机械、矿产品购销	2013-06-09	大田县广平镇东景工业项目区
三明键泓房地产开发有限公司	有限责任公司	张建宗	3000.00	房地产开发经营、物业管理、建材销售	2013-06-17	大田县均溪镇凤山中路 118 号
大田县奔腾农场	有限责任公司	章志雄	1500.00	鸡、鸭、鱼的饲养、茶叶种植、农副产品销售	2013-07-08	大田县济阳乡济阳村
大田县金野农场	有限责任公司	郭传旺	1500.00	鸡、鸭、鱼饲养、茶叶种植、农副产品销售、旅游休闲	2013-07-08	大田县屏山乡美阳村
大田县鑫蕾农场	有限责任公司	郭传草	1500.00	鸡、鸭、鱼养殖、茶叶种植、农副产品销售	2013-07-08	大田县屏山乡美阳村
大田县腾龙新型建材有限公司	有限责任公司	田守平	1000.00	石灰生产、销售	2012-11-16	大田县上京镇隆美村
福建岩兴气体有限公司	有限责任公司	卢维攀	3600.00	工业气体研发，气体设备和配件、机电产品购销，液氧、液氩、液氮批发	2012-11-21	大田县均溪镇凤山西路 36 号
大田安然燃气有限公司	有限责任公司	王晋	1000.00	燃气器具及配件、烘烤器具、取暖器具、厨具销售、安装、维修	2012-11-27	大田县均溪镇建山路 27 号
大田县华瑞投资有限公司	有限责任公司	邱祥有	1000.00	房地产业、物流业、汽车运输业投资	2012-11-28	大田县凤山中路 158 号
福建三九军大生物科技有限公司	有限责任公司	黄志强	3000.00	生物技术、医药保健品、化妆品研发，化妆品销售，中药材、油茶树种植	2013-01-07	大田县石牌园工业区三九军大科技园
大田县龙山大酒店有限责任公司	有限责任公司	林联超	1200.00	餐饮、住宿	2013-01-16	大田县文山路 6 号
福建省诚晔现代物流有限公司	有限责任公司	易瑞庆	2000.00	货运、仓储等	2013-01-17	大田县均溪镇银山南路 45 号
福建省大兴工贸有限公司	有限责任公司	张英野	3000.00	铁矿破碎；建筑材料、金属材料、机械设备、五金交电、矿产品、农畜产品、化工产品销售；再生物资回收；煤炭批发	2013-01-24	大田县广平镇万宅村
福建省浩特贸易有限公司	有限责任公司	林美黛	1000.00	服装纺织品及其原材料的销售、对外贸易，高档织物面料研发	2013-01-30	大田县均溪镇建山路 60 号（建行综合楼九楼）

续表 33

企业名称	企业类型	法定代表人（负责人）	注册资本（万元）	经营范围	成立日期	住所
三明市港润纺织有限责任公司	有限责任公司	林少琴	1000.00	织物面料、服装生产，纱线、布料、服装销售、进出口贸易	2013-01-30	大田县京口工业集中区
福建京口洋生态农业有限公司	有限责任公司	林廷跃	1000.00	油茶树、茶叶树、苗木、果树、蔬菜种植与销售，农业、林业、畜牧业技术开发	2013-03-15	大田县均溪镇建山路193号
福建闽台农机具产业基地投资有限公司	有限责任公司	李志伟	1000.00	农机具研发、销售、房地产开发	2012-06-28	大田县吴山乡和洋村
三明市汇邦贸易有限公司	有限责任公司	池建国	1000.00	黄金、白银批发，矿产品、化工产品、生铁、五金交电、建筑材料销售，茶树种植，茶叶初加工	2012-07-10	大田县均溪镇河滨东路赤岩山路
福建省铭晟机械有限公司	有限责任公司	周小丽	2000.00	机械铸件制造与销售	2012-07-10	大田县太华镇罗丰村
福建三井科技有限公司	有限责任公司	柯婉娥	5000.00	纺织品织造、销售	2012-07-25	大田县京口工业集中区
大田县亚艺新型环保建筑材料有限公司	有限责任公司	黄其众	1500.00	干混砂浆的生产和砂浆、混凝土、建筑材料销售	2012-08-28	大田县石牌镇上坡村
同乐（福建）物流有限公司	有限责任公司	乐长锵	1200.00	货运、仓储、物流配送；水泥、金属材料、建筑材料、机电设备、矿产品销售	2012-08-30	大田县石牌镇长溪村
福建金泰铝业有限公司	有限责任公司	涂明水	3000.00	铝合金线材、铝铸件生产、销售	2012-09-13	大田县桃源镇仙头工业区
三明万鸿置业有限公司	有限责任公司	杨善峰	4133.33	房地产开发、物业管理、建材购销	2012-09-18	大田县香山路999号
福建省凝祥贸易有限公司	有限责任公司	林明卿	1000.00	食品、乳制品、建筑材料、办公耗材、铝合金制品、管道、水泥制品、电线电缆、卫生洁具、消防设备、金属材料、冶金设备、照明电器、工程机械设备及配件、酒店设备及用品、花卉批发零售	2012-10-17	大田县均溪镇建山路193号
福建天蟾生态农业有限公司	有限责任公司	苏志强	1000.00	茶树、毛竹、林木、果树、花卉种植	2012-10-30	大田县石牌镇盖山村

续表 33

企业名称	企业类型	法定代表人（负责人）	注册资本（万元）	经营范围	成立日期	住所
福建省宝宸建设有限公司	有限责任公司	陈吉财	1000.00	房屋建筑工程、市政公用工程、钢结构工程、土石方工程、城市路灯与照明工程	2013-11-18	大田县均溪镇福田大道 297 号
大田县金乐矿业有限公司	有限责任公司	王培金	1000.00	矿产品购销	2013-11-19	大田县均溪镇文山路 6 号
福建省星华誉贸易有限公司	有限责任公司	施生顺	1000.00	矿产品购销	2013-11-19	大田县上京镇隆美村
三明磐仕文化传媒有限公司	有限责任公司	林乐云	1000.00	广告设计、制作、发布，企业形象策划，会展服务，建筑装潢设计，夜景工程	2013-11-25	大田县均溪镇福田大道 136 号
三明众鑫置业有限公司	有限责任公司	吴学锋	3000.00	房地产开发，建筑材料销售	2013-12-13	大田县均溪镇福田大道 99 号
大田县德润置业有限公司	有限责任公司	吴建国	2000.00	房地产开发，房屋租赁，建筑材料销售	2011-06-13	大田县均溪镇福田大道 99 号
福建双嘉汽车发展有限公司	有限责任公司	邱　零	3850.00	汽车及配件销售、二手车中介服务；汽车装潢；农业机械、机电产品、建筑材料、电子数码产品销售；对旅游业、酒店业、房地产投资	2009-09-11	大田县济阳乡济中村
大田县相思岛垂钓休闲中心	个人独资企业	刘春干	2000.00	垂钓服务	2013-12-27	大田县湖美乡高才村
银辉生物燃料科技有限公司	有限责任公司	方玉香	1000.00	生物质成型燃料研发销售	2013-12-18	大田县奇韬镇奇韬村
大田县元庄新型墙体材料有限公司	有限责任公司	庄德雄	1000.00	煤矸石页岩空心装生产与销售	2013-12-18	大田县上京镇梅林村
福建茶天下度假旅游开发有限公司	有限责任公司	吴文盘	1000.00	旅游开发、管理	2013-12-23	大田县屏山乡内洋村
金钥匙物业有限公司大田分公司	有限责任公司分公司	黄德凯	5000.00	餐饮、物业管理、家政服务、保洁等	2014-01-06	大田县均溪镇建山路 193 号
大田县红旗山生态农业农场	普通合伙企业		1000.00	生态农业休闲、观光旅游开发，农作物、蔬菜、果树种植与销售，家禽养殖销售	2013-12-25	大田县东风农场
大田县汉林坂贸易商行	个人独资企业	林高善	2000.00	农副产品销售、咨询	2013-12-27	大田县湖美乡林兜村

说明：注册资金 1000 万元以上

（黄清渊）

村级、社区概况

【村级概况表】

2013年大田县村级概况

表34

乡镇别	村别	村民小组（个）	户数（户）	人口（人）	耕地（亩）	集体经济收入（万元）	农民人均纯收入（元）	党支部书记	村委会主任
均溪镇	红星	19	2264	6721	284	433.48	13405	陈有尧	杜成开
	玉田	21	1634	5085	151	279.11	13406	范立朝	范明辉
	福塘	17	1223	3977	421	48.22	13339	陈奇旭	陈有桂
	金岭	4	205	619	220	15.83	10721	陈世建	陈长垵
	宋京	16	667	2104	1113	78.12	12361	范庭国	范训桑
	良元	6	301	983	427	37.75	11783	温乃早	温乃早
	郭村	5	214	678	179	24.45	11617	柳书政	柳书政
	翰林	5	219	690	364	27.45	11437	李勤寮	李克火
	温镇	8	709	2320	733	84.11	12657	温兴邦	温兴邦
	周田	8	452	1492	716	74.07	12475	周仁潮	刘连垣
	许思坑	5	242	800	415	29.16	11468	周以际	张开用
	建成	4	241	777	392	41.50	11992	柳书明	柳传河
	东坑	12	549	1837	683	48.31	12722	郑祥建	郑祥序
	金山	6	265	833	285	38.04	12388	郑宜桧	郑在标
	上华	12	536	1803	736	47.03	12654	杨开笔	杨逢垒
	和丰	8	290	967	357	38.14	12326	周有桥	周仲军
	和丰坪	6	322	1053	520	25.94	12166	周调泉	周调泉
	后华	6	307	935	525	77.18	12258	严序泽	严取煜
	华坑	6	354	1110	423	60.64	12020	严建国	林章主
	上太	10	539	1663	833	53.40	12442	严祖忠	严景聪
	太山崎	7	284	924	689	11.40	10751	林善报	林传代
	大道山	3	118	373	194	10.16	10652	郑联灶	郑联灶
	城东	11	1096	3515	—	94.03	12096	刘春雷	刘青晓
桃源镇	桃源	11	1393	3668	2630	26.33	12614	陈来勇	张福财
	西安	10	417	1396	1080	1.34	12373	涂志成	郑金发
	东坂	9	259	904	902	0.11	11368	张吉清	巫振桂
	桥山	6	176	745	597	4.47	11917	林传广	郑得忠
	翁厝	8	421	1558	1762	49.17	11906	翁文普	翁文东
	前厝	3	292	1123	1136	3.96	11691	郑永胜	郑圣烨
	前村	8	238	910	997	7.36	12818	张兆良	张兆高
	广汤	7	606	2372	2058	16.31	12665	张钟荫	王振庭

续表 34

乡镇别	村别	村民小组（个）	户数（户）	人口（人）	耕地（亩）	集体经济收入（万元）	农民人均纯收入（元）	党支部书记	村委会主任
桃源镇	杨坑	6	248	933	956	18.19	11994	柯仁城	肖兆海
	上举	4	134	570	559	1.19	12099	肖先奋	肖先钦
	蓝玉	5	495	2023	1680	18.90	12199	肖基传	肖君烈
	桃新	3	188	605	359	1.12	12165	陈月珠	苏桂明
	桃林	3	67	273	364	2.92	10711	涂德热	涂景堤
上京镇	上京	18	574	2699	1694	74.47	13108	陈乘俥	陈天利
	上平	16	509	2294	1447	53.70	12860	吴义社	吴嵩仑
	黄城	13	501	2208	2102	33.04	11317	曾垂贤	陈兆治
	桂坑	9	251	1060	1214	13.44	11198	肖文强	陈长城
	城口	9	275	1139	847	27.70	10984	黄来樟	陈昌双
	丰田	10	241	1138	886	17.58	10824	林初权	朱升本
	南坑	5	156	653	562	114.93	11175	俞上海	魏初周
	溪尾	8	154	726	502	5.87	11386	魏初美	魏初彬
	下溪口	10	268	1255	818	21.96	11141	刘美气	刘美亿
	溪口	11	401	1844	878	20.10	11041	刘育聚	刘育科
	三阳	6	183	871	530	56.72	11520	叶一忍	叶正要
	赤水	13	325	1462	1141	41.09	12518	魏瑞宙	魏初钿
	梅林	10	298	1352	800	66.99	12718	田美省	田守平
	隆美	8	231	1068	576	23.29	12757	田有楷	田有新
	灵川	7	217	743	477	51.96	12753	田民云	田民耶
	延京	8	179	875	510	29.15	12786	陈源苗	陈初太
石牌镇	石牌	6	250	1093	350	59.99	9214	—	陈亨国
	老厝	10	350	1576	425	43.88	9329	陈宜耿	陈华聪
	上坡	8	275	1119	394	58.20	8757	郑大温	黄兴媛
	马山	6	168	768	318	12.18	7855	陈立准	陈立准
	盖山	6	113	573	259	16.34	7727	苏诗格	陈开乾
	拱桥	5	129	448	369	12.77	8176	陈开聪	苏亨龙
	石坑	7	153	721	526	50.39	7884	陈开佾	陈祥碧
	长溪	13	296	1276	512	53.44	8395	李春华	李家旗
	小湖	13	400	1779	1061	97.91	9040	乐景川	乐发广
	桃山	8	320	1442	1043	22.80	8386	杜元旺	杜启栈
	桃坑	8	290	1322	1103	22.34	8104	乐见茁	乐见墙
	鳌江	14	470	2156	1545	28.23	8531	郑允超	吴文教
	三坊	9	295	1320	1071	51.33	8325	张加慧	张永柏
	下洋	10	270	1170	460	9.25	8388	魏起安	魏开仁
	龙坑	8	249	1097	645	11.41	7858	李游燕	乐丁校
	京程	5	113	466	391	10.70	7340	刘起生	刘志锻

续表 34

乡镇别	村别	村民小组(个)	户数(户)	人口(人)	耕地(亩)	集体经济收入(万元)	农民人均纯收入(元)	党支部书记	村委会主任
太华镇	玉井	9	237	1080	852	35.78	10602	叶美地	叶高考
	群团	34	702	3230	1999	166.23	11056	陈增旭	陈兴鸿
	华溪	7	270	1255	1010	140.83	10590	陈文团	陈文团
	太华	4	105	481	258	19.58	10478	田增久	郑初迁
	小华	12	243	1106	1228	107.00	10615	林新涛	林新琳
	温坑	12	270	1258	713	24.84	11105	连仁芳	陈正德
	仕坑	10	293	1342	1035	30.38	11125	唐丁分	吴为堆
	魁城	18	743	3502	2356	67.47	11154	连晋慎	连春圳
	张地	6	187	881	566	53.70	10772	连福绍	连福成
	万湖	36	789	3680	2999	93.11	11111	詹文潭	连华贤
	西埔	10	342	1563	872	118.89	10896	乐首活	连礼校
	甲魁	8	184	843	590	43.49	10652	苏进汇	苏进报
	大合	12	270	1240	1016	32.29	11032	周庆泉	廖首统
	莒坑	7	156	729	815	56.19	10233	连善智	连礼河
	坑头	9	174	810	565	64.56	11012	周初旺	周初柱
	汤泉	27	733	3319	2161	79.59	10783	蒋先贯	陈文峰
	黄沙	6	182	844	863	82.96	10521	张流汉	张善满
	锦溪	5	105	474	378	12.46	10169	周先杰	周先湘
	华山	8	220	1002	750	21.81	10080	章国首	章国首
	泮车	6	156	730	791	23.69	10452	郑联队	郑联队
	罗丰	14	425	1965	1675	60.73	10590	高超广	方正焕
	池元	8	206	944	788	61.45	10095	陈德水	陈德水
	德安	8	258	1115	1223	18.76	10188	陈开清	郑长纯
	高星	4	93	428	571	32.06	9977	黄荣积	罗振忠
建设镇	建爱	12	514	2460	70.51	74.74	12073	黄文广	黄长造
	建忠	12	622	3012	101.52	138.38	12178	陈生怀	吴 荣
	建设	21	683	3204	112.59	98.42	12157	林起舜	林进光
	建强	7	446	1621	59.75	131.13	12060	林书刊	池邦坦
	建民	7	345	1449	59.97	8.73	12057	郑永祥	林书涛
	建丰	17	903	3163	92.92	98.62	12071	高超样	高上洁
	建乐	9	443	2289	76.18	21.45	11988	高加禄	高忠来
	建国	7	253	1203	52.17	103.24	11895	田生炳	田生柯
	和平	10	408	1879	76.86	99.95	12267	郑永彭	唐方春
	元山	8	269	1251	59.81	40.79	12022	池承焕	—
	大同	10	445	2151	178.95	19.86	11832	廖尚本	吴联聪
	香浮	3	116	498	41.93	27.22	11928	周进乐	周文舍

续表 34

乡镇别	村别	村民小组（个）	户数（户）	人口（人）	耕地（亩）	集体经济收入（万元）	农民人均纯收入（元）	党支部书记	村委会主任
广平镇	广平	24	1142	4385	2818	63.60	10416	郭兆水	林乐标
	五峰	12	457	1702	984	46.34	10412	蒋承隆	蒋佑宝
	万筹	15	640	2420	1162	82.01	10414	郑恢仪	郑恢宋
	万宅	5	272	1044	815	44.66	10399	余开湘	余有暖
	元沙	27	1465	5859	2708	81.06	10364	张家龙	张玉茂
	苏桥	23	1623	6231	3087	92.96	10419	廖乃座	廖上桂
	铭溪	19	1019	3868	1153	95.60	10390	池 忠	池其莹
	栋仁	29	1367	5282	2472	139.10	10499	郑福焕	—
	岬头	4	202	778	568	16.00	10090	林长南	林长棋
	东景	5	170	650	470	18.36	10046	李兴勇	陈盛世
	西园	8	374	1369	1114	50.13	10044	王上溪	王孔火
	丰庄	11	547	1943	1644	21.71	10181	罗施秀	罗联滨
	大吉	6	81	293	335	11.68	10239	方兴忠	—
	兴埔	3	149	590	352	6.29	10192	廖兆森	廖加强
	龙宫场	2	83	338	295	—	—	郑恢洽（场长）	—
奇韬镇	奇韬	23	1351	4092	3254	92.03	11059	郑登举	郑登均
	东佳	11	450	1313	408	99.49	10367	张春埜	郑祥样
	丁华	3	107	314	975	13.14	10605	郑丁炫	—
	西韬	3	220	657	646	66.46	11587	吴成贤	郑光钗
	文经	9	815	2493	532	149.62	10616	方来源	方来培
	桃东	3	370	1175	878	76.33	13100	方来然	方来荣
	桃舟	3	340	1049	437	50.07	12521	黄裕佳	黄其为
	洋地	5	325	970	456	25.88	10650	胡上润	胡上福
	龙坪	4	275	874	1061	61.47	10771	黄祥阳	王新广
	金华	2	118	349	527	15.51	10486	陈思模	郑丁炫
	龙溪	2	139	438	1580	15.13	10600	林上萍	—
	永德	3	192	506	117	21.29	10592	罗秋莲	刘梨养
武陵乡	武陵	12	476	1910	1028	6.90	7515	林其源	林新昌
	红君	11	330	1323	797	8.35	7458	林 燕	林彩用
	桃溪	16	530	1978	1524	21.55	7481	林共河	林广文
	上岩	12	357	1506	1134	46.12	8759	叶一美	叶一栽
	百東	12	415	1582	1133	33.68	7182	林光恬	林光记
	茶山	7	205	782	663	19.75	7698	陈丁勇	陈玉滨
	岬坪	7	143	608	581	5.69	7849	陈玉见	陈进新
	大石	14	632	2414	1657	35.99	7270	林庆业	林永湖
	仕洋	3	82	296	310	14.09	8023	陈进省	陈进省

续表34

乡镇别	村别	村民小组（个）	户数（户）	人口（人）	耕地（亩）	集体经济收入（万元）	农民人均纯收入（元）	党支部书记	村委会主任
华兴乡	华安	9	546	1589	816	98.61	9213	郑贤津	郑肇平
	仙峰	12	596	1816	748	76.78	9146	翁扬鑫	翁扬七
	早兴	15	480	1465	779	10.18	9164	卢开室	卢维收
	张乾	10	339	1049	600	27.05	8763	邱斯煌	邱旺良
	杞溪	7	224	683	326	107.05	8021	陈捷选	陈德力
	柯坑	8	294	882	491	27.08	7599	杨景光	杨景雄
	横坑	12	297	909	570	19.01	7834	杨廷茅	杨廷韶
	京口	17	876	2634	875	323.87	9207	叶玉团	杨金华
	昆山	15	563	1723	788	130.00	9167	程开理	程立坦
	洪坑	2	113	352	295	14.04	8825	颜和洁	李勤操
屏山乡	屏山	12	371	1188	738	38.11	10227	张　慧	郭守棋
	内洋	16	618	2174	1229	106.81	10276	苏庆俊	苏启绵
	溪头	15	325	1122	695	26.30	9679	苏华隆	苏诗鑫
	玉屏	16	453	1506	930	20.44	9648	陈进相	陈其捷
	芹阳	9	204	678	401	7.51	9647	陈荣侯	陈开丹
	和坑	18	580	2055	1241	53.11	9658	陈吉潮	陈世真
	美阳	15	610	2062	1234	19.36	10248	郭文杰	郭显楣
	瑞美	15	341	1205	738	18.17	10108	郭盛理	郭开敬
	内山	6	170	628	415	15.92	9270	郭传珍	陈兴程
	王坪	8	160	528	346	38.11	9579	章进步	章选服
	杨梅	8	278	974	617	20.10	9279	章进怡	章进电
	蒋山	5	155	556	342	16.56	9279	章永伟	章永敏
	许坑	8	190	676	417	29.65	9289	章双标	章进楠
济阳乡	济阳	17	439	1689	1070	145.76	11744	涂育现	涂文欣
	济中	11	256	956	716	103.25	11383	涂友第	涂扬宗
	三扎	4	100	367	263	9.84	11377	涂育棍	涂育棍
	德仁	5	109	368	233	3.10	11676	涂秋龙	涂学良
	芳林	6	123	422	233	9.43	11384	章选读	章选煌
	国庆	11	215	768	375	23.06	11451	涂继星	涂国相
	上丰	16	302	1128	729	17.77	11493	涂双跃	涂有德
	泮林	8	161	557	274	6.35	11447	涂开兴	涂文启
	高升	11	161	619	432	30.63	11623	涂凤绵	涂德俊
	砚坑	4	98	346	183	22.34	11445	章桂胜	章前程
	大儒	14	395	1423	621	73.53	11585	章华纯	章斯忠
	大乾	11	322	1100	699	7.45	11449	陈士历	章金龙

续表 34

乡镇别	村别	村民小组（个）	户数（户）	人口（人）	耕地（亩）	集体经济收入（万元）	农民人均纯收入（元）	党支部书记	村委会主任
吴山乡	张坑	3	99	333	294	19.10	10510	章思礼	章德偕
	锦山	10	231	923	917	58.40	10393	刘贵忠	刘登提
	科山	9	193	723	737	87.81	10361	刘珍珊	刘振华
	程堂	8	287	1141	646	30.69	10867	陈兴繁	陈兴途
	吴山	21	589	2395	1061	128.39	11208	陈生文	陈广亮
	和洋	6	165	647	274	28.05	13473	陈荣耀	陈德书
	阳春	17	441	1739	1249	129.67	11328	林开望	林开安
	东埔	4	95	373	304	28.76	10133	林成发	林传丁
	梓溪	12	272	1169	358	146.56	10267	林芳梓	林起明
谢洋乡	谢洋	12	201	847	1210	27.00	8623	林昌兴	林玉添
	怀德	13	235	1017	1512	25.50	8624	林天赐	林起满
	坑口	4	86	456	302	51.40	8845	林开品	林起坛
	白玉	3	56	275	301	0.90	8859	林芳靛	林起汉
	象山	4	95	365	412	28.80	8801	林起周	林凤枢
	科里	11	248	1158	1613	22.47	8896	林起超	林丁勇
	珍山	8	195	845	1216	25.56	8753	林起树	林文基
	草垅崎	4	111	502	714	5.15	8640	林昌多	林昌多
	三角尾	3	55	236	321	7.93	8739	林起兴	林起兴
	上珍	3	63	265	423	2.40	8667	陈春坦	陈春暖
	蕉坂	2	47	186	305	5.95	8833	林起周	林开联
	和春	6	92	425	605	16.68	8802	林永镁	林广谋
	碧山	4	79	386	524	16.50	8844	林凤征	林丁铬
	仕福	14	258	1098	1642	65.19	8876	林起库	林起聪
文江乡	文江	13	840	2780	1698	54.74	10206	陈汝治	余育大
	大中	10	498	1702	1067	32.72	9914	李凤铨	乐荣森
	民主	9	448	1465	945	26.20	9645	叶德扬	吴上垠
	大文	6	394	1310	658	26.64	6826	陈先幼	陈先安
	小文	4	190	630	543	4.70	9748	余成碧	余孟洒
	典坑	3	112	370	509	37.59	9755	林上贡	陈启沙
	朱坂	12	612	2085	1656	53.63	10430	廖世右	廖启赐
	琼口	7	490	1660	977	22.79	9665	余联跃	余联修
	白沙	2	95	300	280	15.38	8899	黄其政	黄其政
	大安	4	280	920	500	66.51	9504	廖尚堆	廖世前
	桥下	3	115	410	322	5.25	10007	陈启土	陈兴贡
	龙门	5	320	1060	527	19.79	9655	周延炽	周学淼
	光明	5	282	910	545	9.74	9437	林启加	林联山

续表 34

乡镇别	村别	村民小组（个）	户数（户）	人口（人）	耕地（亩）	集体经济收入（万元）	农民人均纯收入（元）	党支部书 记	村委会主 任
文江乡	后洋	4	220	930	403	60.23	9891	林朝喜	林廷敬
	温厝	3	251	860	626	28.61	9582	周学贝	邓招伟
	花桥	3	158	560	470	17.61	9791	范祖现	王秀达
	小芹	5	192	680	461	26.39	9263	柯永味	柯永令
	山芹	2	123	425	316	11.19	9404	林志江	林永野
	昭文	12	420	1390	845	8.51	9766	杨丰炤	杨连肆
	联盟	5	205	690	625	31.91	9605	陈升彩	余志帛
梅山乡	新楼	5	95	366	171	10.32	10049	陈育苑	陈育苑
	梅山	16	529	1999	1217	89.41	10181	吴日光	吴有溪
	郭井	14	422	1736	1159	39.09	10094	吴占宝	吴英炳
	秀岭	16	489	1822	2068	46.83	10091	詹宏天	陈清溪
	沈岭	9	397	1626	869	100.23	10176	吴同针	吴同村
	沈口	10	289	1125	610	28.84	10211	陈正樟	陈正樟
	雄锋	13	390	1538	1025	53.70	10162	吴秉恩	吴步炉
	盖竹	2	98	425	294	50.24	9930	朱自诚	朱福荣
	德州	3	90	347	234	7.96	9900	黄初绍	黄初绍
	沧州	17	578	2184	1790	67.48	10103	陈天湖	陈在灼
	璞溪	4	167	636	471	71.66	9630	苏宗古	苏宗柯
	西书	13	455	1743	986	26.32	10158	吴开炜	吴树春
	西坑	7	292	1146	926	40.76	10114	叶清涵	叶聿相
	龙口	7	172	661	412	28.72	9970	陈高炉	陈占佳
	岭后	5	212	815	464	27.56	9650	陈上楼	陈开金
	金阳	14	437	1693	797	35.35	10009	林初导	林顺秩
	高泉	12	403	1523	942	30.31	10133	陈占建	陈高桥
	长坑	8	212	832	388	13.44	9973	陈文炉	陈先炼
	长津	6	195	704	400	34.59	9840	陈高料	陈如丹
	香坪	10	285	1008	876	33.86	10345	叶长坤	叶德禄
	黎坑	4	127	514	301	59.81	10034	吴美世	吴志翔
湖美乡	大尤	4	131	486	500	19.53	10399	刘春坤	刘春海
	前进	5	177	807	410	71.15	10332	林芳艮	林芳佤
	旺建	12	453	1609	660	67.87	10392	廖应社	廖士漳
	西燕	5	278	970	1175	36.75	10502	林桂春	张芳才
	元安	9	320	1148	932	25.64	10661	颜全路	颜建活
	仁美	10	354	1211	560	17.81	10670	廖斯椿	廖生捋
	湖上	11	324	1137	575	45.76	10699	施素梓	施生晖
	岬才	9	244	823	340	41.10	10443	施发党	施发党
	宏才	12	370	1277	779	17.22	10345	施生兴	施生杰

续表 34

乡镇别	村别	村民小组（个）	户数（户）	人口（人）	耕地（亩）	集体经济收入（万元）	农民人均纯收入（元）	党支部书记	村委会主任
湖美乡	长坂	5	167	577	291	5.73	10263	吴仁贤	吴祥卢
	后坪	4	106	357	563	27.82	10286	吴祥电	吴全友
	高才	3	85	291	225	25.10	11879	刘建友	刘春干
	后坑	4	99	331	412	9.93	10343	施生茂	施生奇
	林兜	6	267	912	381	45.58	10326	林高善	林高善
	汉口	4	195	682	320	32.46	10485	吴其灯	林文拱
	仁东	4	151	492	292	18.05	10499	廖生瑞	廖生图
前坪乡	前坪	6	180	635	932	50.70	11291	蒋加俊	蒋加物
	黎明	7	214	894	1025	52.40	11320	陈其烈	蒋先斜
	上地	4	109	467	641	24.90	11242	林佳军	林佳军
	下坑	7	255	1014	975	107.60	11361	廖春麻	廖正井
	下地	4	115	497	634	64.40	11247	林绍炳	林绍楼
	山川	4	124	589	618	136.50	12054	林建都	丁长池
	湖坪	7	205	874	1066	103.80	11281	林英清	陈进坊
	黄龙	6	171	726	828	41.30	11198	林建翁	林芳秋
	北坑	2	86	310	450	33.80	11226	杨先修	杨先修
	福井	4	162	637	745	41.20	11287	张青领	张春茂
	吉坑	4	125	501	644	25.50	11158	林延昌	林延昌

【社区（居委会）概况表】

2013 年社区（居委会）基本情况

表 35

居委会	常住人口		区域面积（平方千米）	享受低保情况			医保情况（人）	支部书记	主任
	户数	人口		户数	人数	补助金额(元/月)			
白岩	1968	5048	1.30	69	146	32900	1272	连荣诗	（兼）
文昌	1725	4193	0.82	41	93	21670	1061	唐清香	（兼）
玉凤	2432	6985	0.86	87	194	44400	1897	郭秀花	（兼）
仙亭	1570	3797	3.25	41	91	20990	1331	郑秀桂	（兼）
南街	2003	5405	0.68	69	150	33260	1768	刘晓玲	（兼）
赤岩	1114	2881	1.60	38	82	18270	1086	陈春辉	（兼）
东门	1494	3552	1.73	57	135	30210	1148	柳梅妹	郑爱萍
镇东	1087	2524	1.87	37	85	19740	922	林开发	（兼）
合计	13393	34385	12.11	439	976	221440	10485	—	—

（城区办）

前鉴勘误

《大田年鉴（2013 年）》勘误表

表 36

栏目	页序	行序	误	正
卷首彩图	9	2 图	图为张杰家乡广平元沙村观看比赛现场	图为元沙村民在张杰老家观看比赛实况转播
编纂机构	1	12	主任 林元圈	副主任 林元圈
	1	倒 3	陈新珠	删除
大田概况	17	14	主任 林元圈（2010.3—	副主任 林元圈（2010.3—
工业	126	倒 3	工业经济效益综合指数提高 391.29%	删除提高
	131	表 2 2 行	红狮水泥产量 22.11 万吨	红狮水泥产量 221.1 万吨
	137	表 9 3 行	东升包装制品制造复合袋 0.33 万条	东升包装制品制造复合袋 330 万条
彩页	大田县公安局	14 行	交警大队	交管大队
	大田县卫生局	4 行	医疗卫生机构 515 家	医疗卫生机构 514 家
		8 行	民营医院 4 家	民营医院 3 家
	供电公司	6 行	水电站 166 座，装机 14.4 万千瓦	水电站 180 座，装机容量 14.65 万千瓦
	农村信用合作联社	3 行	员工 250 余人	员工 184 人、派遣工人 58 人
		6 行	存款 43.03%	存款 42.97%
		图 6	联社党委	联社党委领导
	交通运输局		全县公路总里程 1653 公里	全县公路总里程 1620.9 公里
	烟草专卖局	3 行	现有在职职工 145 人	员工 146 人
		7 行	收购烟叶 4.15 万箱	收购烟叶 2074.4 吨
	住建局	图 2	迷人的建山路	建山路夜景
	地税局	6 行	增长 18%	增长 19.06%
	均溪镇	8 行	农林牧渔业总产值 4.38 亿元	农林牧渔业总产值 3.41 亿元
			以上工业总产值 41.38 亿元	以上工业总产值 35.02 亿元
		9 行	镇财总收入 1129.19 万元	镇财总收入 1343.96 万元
			农民人均纯收入 11150 元	农民人均纯收入 1.06 万元
	华兴乡	3 行	总户数 4533 户 13297 人	总户数 4507 户 1.35 万人
		4 行	农林牧渔业总产值 1.05 亿元	农林牧渔业总产值 1.24 亿元
			工业总产值 11.7 亿元	工业总产值 11.47 亿元
		彩二页 3 行	工业总产值 11.7 亿元	工业总产值 11.47 亿元
	石牌镇	3 行	农林牧渔业总值 1.2 亿元	农林牧渔业总值 1.14 亿元
			工业总产值 9 亿元	工业总产值 7.06 亿元
		5 行	企业 81 家	企业 450 家
		彩页二页图 1	别墅透视	新家包装
		图 3	新泉包装	别墅透视

续表 36

栏目	页序	行序	误	正
彩页	吴山乡	3 行	总人口 9021	总人口 1.22 万
			人均纯收入 8403 元	人均纯收入 9579 元
	谢洋乡	彩页二页图 3	笋	槟榔芋
	桃源镇	2 行	总人口 20643 人	总人口 2.14 万人
		5 行	农林牧渔总产值 2.16 亿元	农林牧渔总产值 2.09 亿元
		6 行	农民人均纯收入 10780 元	农民人均纯收入 1.09 万元
	上京镇	4 行	工业产值 36.3 亿元	工业产值 30.95 亿元
		4 行	工农业总产值 39.3 亿元	工农业总产值 32.77 亿元
		5 行	农民人均纯收入 10824 元	农民人均纯收入 1.04 万元
		5 行	农业总产值 1.61 亿元	农林牧渔总产值 1.82 亿元
	太华镇	1 行	总人口 3.34 万人	总人口 3.45 万人
		彩二 3 行	工农业总产值 28.11 亿元	工农业总产值 31.97 亿元
			农业总产值 3.566 亿元	农林牧渔总产值 3.61 亿元
			工业总产值 24.5416 亿元	工业总产值 28.36 亿元
	建设镇	彩一 2 行	距离建设中的渝湄高速铭溪互通口 10 公里	删除
			总人口 2.4 万人	总人口 2.49 万人
	广平镇	彩二图 2	梨田峰工业园区	犁田峰工业园区
	奇韬镇	3 行	总户数 3550 户	总户数 4852 户
		8 行	年发电量 2132 多万千瓦时	年发电量 2132 万千瓦时
		12 行	农林牧渔业总产值 1.59 亿元	农林牧渔业总产值 1.76 亿元
	文江乡	彩一 2 行	总人口 2.07 万人	总人口 2.13 万人
		彩二图 5	南宋活化石——朱坂阔公戏	朱坂阔公戏
	梅山乡	图 3	璞溪村验收	璞溪村生态村验收
	湖美乡	彩一 4 行	为全县面积最多 1.45	删除
		彩二图 2	旺建攀贵堡	旺建攀桂堡
	前坪乡	彩二图 4	高峰金姜示范基地	鑫鹭峰铸造车间
	地方志办公室	图 1	主任：林元圈	副主任：林元圈
		6 行	1993—2012 年，连年被三明市方志委表彰为地方志工作先进单位	2010—2012 年，连续被三明市方志委评为先进单位
2012 年组织及领导人名录	17	右第 14 行	主任	副主任（主持）
	22	左第 6 行	饶建伟	饶建南
		左第 7 行	未注明职务	副行长
宣传思想工作	45	左第 7 行	授予“的”	删去“的”